신명기

ESV 성경 해설 주석

편집자 주

• 성경의 문단과 절 구분은 ESV 성경의 구분을 기준하였습니다.
• 본문의 성경은 《성경전서 개역개정판》과 ESV 역을 주로 사용하였습니다.

신명기

ESV 성경 해설 주석

어거스트 H. 콘켈 지음

홍병룡 옮김

국제제자훈련원

추천의 글

성경은 하나님의 생명의 맥박이다. 성경은 사망에서 생명으로 옮겨 주는 생명의 책
이다. 성경은 하나님의 창조와 구원 디자인에 따라 삶을 풍요롭게 하는 생활의 책이
다. 성경을 바로 이해하고 적용해서 그대로 살면 우선 내가 살고 또 남을 살릴 수 있
다. '하나님의 생기'가 약동하는 성경을 바로 강해하면 성령을 통한 생명과 생활의
변화가 분출된다. 이번에 〈ESV 성경 해설 주석〉 시리즈가 나왔다. 미국 필라델피아
웨스트민스터신학교의 이언 두기드 교수와 남침례교신학교의 제임스 해밀턴 교수
와 커버넌트신학교의 제이 스클라 교수 등이 편집했다. 학문이 뛰어나고 경험이 많
은 신세대 목회자/신학자들이 대거 주석 집필에 동참했다. 일단 개혁주의 성경신학
교수들이 편집한 주석으로 신학적으로 건전하다. 〈ESV 성경 해설 주석〉은 또한 목
회와 신앙생활 전반에 소중한 자료다. 성경 내용을 총체적으로 이해하고 적용한 주
석으로 읽고 사용하기가 쉽게 되어 있다. 성경 각 권의 개요와 주제와 저자와 집필
연대, 문학 형태, 성경 전체와의 관계, 해석적 도전 등을 서론으로 정리한 후 구절마
다 충실하게 주석해 두었다. 정금보다 더 값지고 꿀보다 더 달고 태양보다 더 밝은
성경 말씀을 개혁주의 성경 해석의 원리에 따라 탁월하게 해석하고 적용한 〈ESV 성
경 해설 주석〉이 지구촌 각 교회 지도자들과 성도들에게 널리 읽혀서 생명과 생활
의 변화를 통해 하나님의 영광이 극대화되기 바란다.

권성수 | 대구 동신교회 담임목사

4

〈ESV 성경 해설 주석〉은 미국의 건전한 개혁주의 전통에 서 있는 젊고 탁월한 학자들을 중심으로 집필된 해설 주석이다. 이 책은 매우 읽기 쉬운 주석임에도 세세한 부분까지 놓치지 않고 해설을 집필해 놓았다. 성경 전체를 아우르는 신학적 큰 그림을 견지하면서도 난제는 간결하고 핵심을 찌르듯 해설한다. 목회자들이나 성경을 연구하는 이들은 이 주석을 통해 성경 기자의 의도를 쉽게 파악하여 설교와 삶의 적용에 적절하게 활용할 수 있을 것이다.

김성수 | 고려신학대학원 구약학 교수

ESV 성경은 복음주의 학자들이 원문에 충실하게 현대 언어로 번역한다는 원칙으로 2001년에 출간된 성경이다. ESV 번역을 기초로 한 이 해설 주석은 성경 본문의 역사적 의미를 밝힘으로써, 독자가 하나님의 영감된 메시지를 발견하도록 도울 목적으로 기획되었다. 각 저자는 본문에 대한 학문적 논의에 근거하여 일반 독자가 이해하고 적용할 수 있도록 충실하게 안내하고 있다. 또한 성경 각 권에 대한 서론은 저자와 본문을 이해하는 데 큰 도움을 준다. 이 주석은 말씀을 사모하는 모든 사람들, 특별히 말씀을 선포하고 가르치는 책임을 맡은 이들에게 신뢰할 만하고 사용하기에 유익한 안내서다.

김영봉 | 와싱톤사귐의교회 담임목사

〈ESV 성경 해설 주석〉은 성경 해석의 정확성, 명료성, 간결성, 통합성을 두루 갖춘 '건실한 주석'이다. 단단한 문법적 분석의 토대 위에 문학적 테크닉을 따라 복음 스토리의 흐름을 잘 따라가며, 구약 본문과의 연관성 속에서 견고한 성경신학적 함의를 제시한다. 성경을 이해하는 데 관심 있는 일반 독자들은 이 책을 통해 최신 해석들을 접할 수 있으며, 설교자들은 영적 묵상과 현대적 적용에 통찰을 얻을 수 있을 것이다.

김정우 | 총신대학교 명예교수, 한국신학정보연구원 원장

〈ESV 성경 해설 주석〉은 단락 개요, 주석 그리고 응답의 구조로 전개되기 때문에 독자는 성경의 말씀들을 독자 자신의 영적 형편에 적합하게 적용할 수 있다. 특히 절 단위의 분절적인 주석이 아니라 각 단락을 하나의 이야기로 묶어 해석하기 때문에 본서는 성경이라는 전체 숲을 파악하는 데 더없이 유익하다. 목회자, 성경 교사, 그리고 성경 애호적인 평신도들에게 추천할 만하다.

김회권 | 숭실대학교 기독교학과 구약신학 교수

성경 주석의 가장 중요한 사명은 하나님의 말씀을 바르게 해석하고 오늘날 청중에게 유익하게 적용할 수 있도록 안내하는 일이다. 〈ESV 성경 해설 주석〉은 목회자와 성도 모두에게 성경에 새겨진 하나님의 마음을 읽게 함으로 진리의 샘물을 마시게 할 뿐 아니라 하나님을 더욱 사랑하는 마음을 불러일으킨다. 성경과 함께 〈ESV 성경 해설 주석〉을 곁에 두라. 목회자는 강단에 생명력 있는 설교에 도움을 얻을 것이고 일반 독자는 말씀을 더 깊이 깨닫는 기쁨을 누릴 것이다.

류응렬 | 와싱톤중앙장로교회 담임목사, 고든콘웰신학교 객원교수

주석들의 주석이 아니라 성경을 섬기는 주석을, 학자들만의 유희의 공간이 아니라 현장을 섬기는 주석을, 역사적 의미만이 아니라 역사 속의 의미와 오늘 여기를 향하는 의미를 고민하는 주석을, 기발함보다는 기본에 충실한 주석을 보고 싶었다. 그래서 책장 속에 진열되는 주석이 아니라 책상 위에 있어 늘 손이 가는 주석을 기다렸다. 학문성을 갖추면서도 말씀의 능력을 믿으며 쓰고, 은혜를 갈망하며 쓰고, 교회를 염두에 두고 쓴 주석을 기대했다. 〈ESV 성경 해설 주석〉은 나를 성경으로 돌아가게 하고 그 성경으로 설교하고 싶게 한다. 내가 가진 다른 주석들을 대체하지 않으면서도 가장 먼저 찾게 할 만큼 탄탄하고 적실하다. 현학과 현란을 내려놓고 수수하고 담백하게 성경 본문을 도드라지게 한다.

박대영 | 광주소명교회 책임목사, 《묵상과 설교》 편집장

또 하나의 주석을 접하며 무엇이 특별한가 하는 질문부터 하게 된다. 먼저 디테일하고 전문적인 주석과 학문적인 논의의 지루함을 면케 해주면서도 성경 본문의 흐름과 의미 그리고 중요한 주제의 핵심을 잘 파악하게 해 준다는 점을 들 수 있다. 그래서 분주한 사역과 삶으로 쫓기는 이들의 시간과 에너지를 절약해 준다는 이점이 있다. 또한 본문에 대한 충실한 해석뿐 아니라 그 적용까지 이끌어낼 수 있도록 돕는다는 점이 유익하다. 더불어 가독성이 뛰어나다는 점에서 설교를 준비하는 이들뿐 아니라 성경을 바로 이해하기 원하는 모든 교인들에게 적합한 주석이다.

박영돈 | 작은목자들교회 담임목사, 고려신학대학원 교의학 명예교수

성경이 질문하고 성경이 답변하게 하는 방법을 찾는 것은 이 시대에 성경을 연구하거나 가르치거나 설교하는 이들의 가장 큰 고민거리라고 할 수 있다. 그동안 접했던 많은 성경 주석서들은 내용이 너무 간략하거나 지나치게 방대했다. 〈ESV 성경 해설 주석〉은 이 시대의 목회자들뿐만 아니라 진리를 갈망하는 모든 신자들, 특히 제자

훈련을 경험하는 모든 동역자들에게 매우 신선하고 깊이 있는 영감을 공급하는 주석이다. 첫째, 해석이 매우 간결하고 담백하면서도 깊이가 있다. 둘째, 영어 성경과 대조해서 본문을 폭넓게 이해할 수 있다. 셋째, 성경 원어 이해를 돕기 위한 세심한 배려는 목회자뿐만 아니라 성경의 깊이를 탐구하는 모든 신앙인들에게도 큰 유익을 준다. 넷째, 이 한 권으로 충분할 수 있다. 성경이 말하기를 갈망하는 목회자의 서재뿐만 아니라 말씀을 사랑하는 모든 신앙인들의 거실과 믿음 안에서 자라나는 다음 세대의 공부방들도 〈ESV 성경 해설 주석〉이 선물하는 그 풍성한 말씀의 보고(寶庫)가 되기를 염원한다.

故 박정식 | 전 은혜의교회 담임목사

〈ESV 성경 해설 주석〉는 성경 본문을 통해 저자가 드러내기 원하는 사고의 흐름을 따라가면서 예수님을 중심으로 하는 구원계시사적 관점에서 친절히 해설한다. 《ESV 스터디 바이블》의 묘미를 맛본 분이라면, 이번 〈ESV 성경 해설 주석〉을 통해 복음에 충실한 개혁주의 해설 주석의 간명하고도 풍성한 진미를 기대해도 좋다. 설교자는 물론 성경을 진지하게 읽음으로 복음의 유익을 얻기 원하는 모든 크리스천에게 독자 친화적이며 목회 적용적인 이 주석 시리즈를 기쁘게 추천한다.

송영목 | 고신대학교 신학과 신약학 교수

일반 성도들이 성경을 읽을 때 곁에 두고 참고할 만한 자료가 의외로 많지 않다. 그런 점에서 〈ESV 성경 해설 주석〉이 한국에 소개되는 것을 매우 기쁘게 생각한다. 학술적이지 않으면서도 깊이가 있는 성경 강해를 명료하게 담아내고 있기 때문이다. 성경을 바르고 분명하게 이해하려는 모든 성도들에게 큰 도움이 되리라 확신하며 추천한다.

송태근 | 삼일교회 담임목사, 미셔널신학연구소 대표

본 시리즈는 장황한 문법적 · 구문론적 논의는 피하고 본문의 흐름을 따라 단락별로 본문의 핵심을 파악할 수 있도록 도와주는 매우 간결하고 효율적인 주석 시리즈다. 본 시리즈는 석의 과정에서 성경신학적으로 건전한 관점을 지향하면서도, 각 책의 고유한 신학적 특성을 드러내 보여주는 것도 소홀히 하지 않는다. 특히 본 시리즈는 목회자들이 설교를 준비할 때 본문 이해의 시발점으로 사용하기에 적절하며, 평신도들이 읽기에도 과히 어렵지 않은 독자 친화적 주석이다. 본 시리즈는 성경을 연구하는 모든 이들에게 매우 요긴한 동반자가 될 것이다.

양용의 | 에스라성경대학원대학교 신약학 교수

메시아적 시각을 평신도의 눈높이로 풀어낸 주석이다. 주석은 그저 어려운 책이라는 편견을 깨뜨리고 성경을 사랑하는 모든 이의 가슴 속으로 살갑게 파고든다. 좋은 책은 평생의 친구처럼 이야기를 듣고 들려주면서 함께 호흡한다는 점에서 〈ESV 성경 해설 주석〉은 가히 독보적이다. 깊이에서는 신학적이요, 통찰에서는 목회적이며, 영감에서는 말씀에 갈급한 모든 이들에게 열린 책이라고 할 수 있다. 서사적 구조와 시의 적절한 비유적 서술은 누구라도 마음의 빗장을 해제하고, 침실의 머리맡에 두면서 읽어도 좋을 만큼 영혼의 위로를 주면서도, 말씀이 주는 은혜로 새벽녘까지 심령을 사로잡을 것으로 믿는다. 비대면의 일상화 속에서 말씀을 가까이하는 모든 이들이 재산을 팔아 진주가 묻힌 밭을 사는 심정으로 사서 평생의 반려자처럼 품어야 할 책이다.

오정현 | 사랑의교회 담임목사, SaRang Global Academy 총장

〈ESV 성경 해설 주석〉 시리즈의 특징은 신학자나 목회자들에게도 도움이 되겠지만 평신도 지도자인 소그룹 인도자들의 성경본문 이해에 대한 통찰력을 제공한다. 건강한 교회의 공통분모인 소그룹 활성화를 위하여 인도자의 영적 양식은 물론 그룹원들의 일상을 새로운 각도에서 조명하는 원리를 찾아주는 데 도움을 준다. 서로 마음이 통하는 반가운 친구처럼 손 가까이 두고 싶은 책으로 추천하고 싶다.

오정호 | 새로남교회 담임목사, 제자훈련 목회자네트워크(CAL–NET) 이사장

〈ESV 성경 해설 주석〉은 내용이 충실하여 활용성이 높고, 문체와 편집이 돋보여 생동감을 주기에 충분하다. 이와 함께 본문의 의미를 최대한 살려내는 심오한 해석은 기존의 우수한 주석들과 어깨를 나란히 할 만큼 정교하다. 또한 본 시리즈는 성경 각 권을 주석함과 동시에 성경 전체를 관통하는 그리스도 중심의 구속사적 관점을 생생하게 적용함으로써 탁월함을 보인다. 설교자와 성경 연구자에게는 본문에 대한 알찬 주석을 제공한다는 차원에서 오아시스와 같고, 실용적인 주석을 기다려온 평신도들에게는 설명이 뛰어나다는 점에서 가장 이상적인 해설서로 적극 추천한다.

윤철원 | 서울신학대학원 신약학 교수, 한국신약학회 회장

설교자들은 늘 신학적으로 탄탄하면서도 성경신학적인 주석서가 목말랐다. 학문적으로 치우쳐 부담되거나 석의가 부실한 가벼운 주석서들과는 달리 〈ESV 성경 해설 주석〉은 깊이 있는 주해와 적용에 이르기까지 여러 면에서 균형을 고루 갖춘 해설 주석서다. 한국 교회 강단을 풍성케 할 역작으로 기대된다.

이규현 | 수영로교회 담임목사

ESV 성경은 원문을 최대한 살려서 가장 최근에 현대 영어로 번역한 성경이다. 100여 명의 대표적인 복음주의 학자와 목회자들로 구성된 팀이 만든 ESV 성경은 '단어의 정확성'과 문학적 우수성뿐만 아니라 그 의미를 깊이 있게 드러내는 영어 성경이다. 2001년에 출간된 이후 교회 지도자들과 수많은 교파와 기독교 단체에서 널리 사용되었고, 현재 전 세계 수백만의 그리스도인들이 사용하고 있다. 〈ESV 성경 해설 주석〉은 무엇보다 개관, 개요, 주석이 명료하고 탁월하다. 포스트모던 시대에도 진지한 강해설교를 고민하는 모든 목회자들과 성경공부 인도자들에게 마음을 다하여 추천하고 싶다. 이 책을 손에 잡은 모든 이들은 손에 하늘의 보물을 잡은 감사를 느끼게 될 것이다.

이동원 | 지구촌교회 원로목사, 지구촌 목회리더십센터 대표

〈ESV 성경 해설 주석〉은 '성경'을 '말씀'으로 대하는 신중함과 경건함이 부드럽지만 강력하게 느껴지는 저술이다. 본문의 흐름과 배경을 알기 쉽게 보여주면서 본문의 핵심을 명확하게 제시하는 묘한 힘을 가지고 있다. 연구와 통찰을 질서 있고 조화롭게 제공하여 본문을 보는 안목을 깊게 해 주고, 말씀을 받아들이는 마음을 곧추세우게 해 준다. 주석서에서 기대하는 바가 한꺼번에 채워지는 느낌이다. 설교를 준비하는 목회자, 성경을 연구하는 신학생, 말씀으로 하나님을 만나려는 성도 모두에게 단비 같은 주석이다.

이진섭 | 에스라성경대학원대학교 신약학 교수

ESV 성경 간행에 이은 〈ESV 성경 해설 주석〉의 발간은 이 땅을 살아가는 '말씀의 사역자'들은 물론, 모든 '한 책의 백성'들에게 주어진 이중의 선물이다. 본서는 구속사에 대한 거시적 시각과 각 구절에 대한 미시적 통찰, 학자들을 위한 학술적 깊이와 설교자들을 위한 주해적 풀이, 그리고 본문에 대한 탁월한 설명과 현장에 대한 감동적인 적용을 다 아우르고 있는 성경의 '끝장 주석'이라 할 만하다.

전광식 | 고신대학교 신학과 교수, 전 고신대학교 총장

〈ESV 성경 해설 주석〉은 처음부터 그 목적을 분명히 하고 집필되었다. 자기 스스로 경건에 이르도록 성장하기 위해서, 또 다른 사람들을 가르치기 위해서, 성경을 진지하게 연구하는 모든 사람들에게 도움을 주기 위해서라고 밝힌다. 목사들에게는 목회에 유익한 주석이요, 성도들에게는 적용을 돕는 주석이다. 또 누구에게나 따뜻한 감동을 안겨주는, 그리하여 주석도 은혜가 된다는 것을 새삼 확인할 것이다. 학적인

주석을 의도하지 않았지만, 이 주석의 구성도 주목할 만하다. 한글과 영어로 된 본문, 단락 개관, 개요, 주해, 응답으로 구성되어 있다. 만약 신구약 한 질의 주석을 곁에 두길 원하는 성도라면, 〈ESV 성경 해설 주석〉 시리즈는 틀림없이 실망시키지 아니할 것이라고 확신한다.

정근두 | 울산교회 원로목사

말씀을 깊이 연구하는 일부의 사람들에게는 원어 주해가 도움이 되겠지만, 강단에 서는 설교자들에게는 오히려 해설 주석이 더 요긴하다. 〈ESV 성경 해설 주석〉은 본문 해설에 있어 정통 신학, 폭넓은 정보, 목회적 활용성, 그리고 적용에 초점을 두었다. 이 책은 한마디로 설교자를 위한 책이다. 헬라어나 히브리어에 능숙하지 않아도 친숙하게 성경 본문을 연구할 수 있다는 점에서 주변 목회자들에게 적극적으로 추천하고 싶다. 목회자가 아닌 일반 성도들도 깊고 풍성한 말씀에 대한 갈증이 있다면, 본 주석 시리즈를 참고할 것을 강력하게 권하고 싶다.

정성욱 | 덴버신학교 조직신학 교수

입고 있는 옷이 있어도 새 옷이 필요할 때가 있다. 기존의 것이 낡아서라기보다는 신상품의 맞춤식 매력이 탁월하기 때문이다. 〈ESV 성경 해설 주석〉 시리즈는 분주한 오늘의 목회자와 신학생뿐 아니라 성경교사 및 일반 그리스도인의 허기지고 목마른 영성의 시냇가에 심길 각종 푸르른 실과나무이자 물 댄 동산과도 같다. 실력으로 검증받은 젊은 저자들은 개혁/복음주의 신학과 신앙의 깊은 닻을 내리고, 성경 각 권의 구조와 문맥의 틀 안에서 저자의 의도를 핵심적으로 포착하여 침침했던 본문에 빛을 던져준다. 아울러 구속사적 관점 아래 그리스도 중심적 의미와 교회-설교-실천적 적용의 돛을 바라보게 함으로써 본문의 지평을 한층 더 활짝 열어준다. 한글/영어 대역으로 성경 본문이 제공된다는 점은 한국인 독자만이 누리는 보너스이리라. "좋은 주석은 두껍고 어렵지 않을까"라는 우려를 씻어주듯 이 시리즈 주석서는 적절한 분량으로 구성된 '착한 성경 해설서'라 불리는 데 손색이 없다. 한국 교회 성도의 말씀 묵상, 신학생의 성경 경외, 목회자의 바른 설교를 향상시키는 데 〈ESV 성경 해설 주석〉 시리즈만큼 각 사람에게 골고루 영향을 끼칠 주석은 찾기 어려울 듯싶다. 기쁨과 확신 가운데 추천할 수 있는 이유다.

허주 | 아세아연합신학대학교 신약학 교수, 한국복음주의신약학회 회장

〈ESV 성경 해설 주석〉은 정확무오한 하나님의 말씀을 전하는 설교자와 전도자들에게 훌륭한 참고서다. 성경적으로 건전하고 신학적으로 충실할 뿐 아니라 목회 현장에 실질적인 도움이 된다. 나 또한 나의 설교와 가르침의 사역에 활용할 수 있기를 고대한다.

대니얼 에이킨(Daniel L. Akin) | 사우스이스턴침례신학교 총장

하나님은 그의 아들에 대해 아는 것으로 모든 열방을 축복하시려는 영원하고 세계적인 계획을 그의 말씀을 통해 드러내신다. 이 주석이 출간되어 교회들이 활용할 수 있게 된 것만으로 행복하고, 성경에 대한 명확한 해설로 말미암아 충실하게 이해할 수 있게 해 준 것은 열방에 대한 축복이다. 물이 바다를 덮음같이 하나님의 영광에 대한 지식이 온 땅에 충만해지는데 이 주석이 사용되길 바란다.

이언 추(Ian Chew) | 목사, 싱가포르 케이포로드침례교회

〈ESV 성경 해설 주석〉은 탁월한 성경 해설과 깊이 있는 성경신학에 바탕한 보물 같은 주석이다. 수준 높은 학구적 자료를 찾는 독자들뿐만 아니라 읽기 쉽고 이해하기 쉽도록 잘 정리된 주석을 원하는 사람들에게도 적합하다. 목회자, 성경교사, 신학생들에게 이 귀한 주석이 큰 도움이 되고 믿을 수 있는 길잡이가 되리라 확신한다.

데이비드 도커리(David S. Dockery) | 사우스이스턴침례신학교 석좌교수

대단한 주석! 성경을 배우는 모든 학생들에게 도움이 될 수 있도록 최고 수준의 학자들이 성경의 정수를 정리하여 접근성을 높여서 빠르게 참고하기에 이상적인 주석이다. 나 또한 설교 준비와 성경 연구에 자주 참고하고 있다.

아지스 페르난도(Ajith Fernando) | 스리랑카 YFC 교육이사, *Discipling in a Multicultural World* 저자

〈ESV 성경 해설 주석〉은 성경교사들의 기초 자료로서 활용성 높은 최고의 주석 중 하나다. 일반 독자들도 쉽게 이해할 수 있는 동시에 강해설교가들에게 충분한 배움을 제공한다. 이 주석 시리즈는 성경을 제대로 배우고자 하는 전 세계 신학생들에게도 표준 참고서가 될 것이다.

필립 라이켄(Philip Graham Ryken) | 휘튼칼리지 총장

〈ESV 성경 해설 주석〉에 대하여

성경은 생명으로 맥동한다. 성령은 믿음으로 성경을 읽고 소화해서 말씀 대로 살아가는 사람들에게 맥동하는 생명력을 전해 준다. 하나님께서 성 경 안에 자신을 계시하셨기 때문에 성경은 꿀보다 달고 금보다 귀하며, 모 든 부(富)보다 가치 있다. 주님은 온 세상을 위해 생명의 말씀인 성경을 자 신의 교회에 맡기셨다.

또한 주님은 교회에 교사들을 세우셔서 하나님의 말씀이 무엇을 의미 하는지를 설명해 주고 각 세대에 어떻게 적용해야 하는지를 분명하게 보 여주도록 하셨다. 우리는 이 주석이 하나님의 말씀을 진지하게 공부하는 모든 사람들, 즉 다른 사람들에게 가르치기 위해 성경을 연구하는 사람들 과 스스로 경건에 이르도록 성장하기 위해 성경을 공부하는 사람들에게 큰 유익을 주길 기도한다. 우리의 목표는 성경 본문을 그리스도 중심적으 로 명료하고 뚜렷하게 설명하는 것이다. 모든 성경은 그리스도에 대해 말 하고 있으며(눅 24:27), 우리는 성경의 각 책이 우리가 "예수 그리스도의 얼 굴에 있는 하나님의 영광을 아는 빛"(고후 4:6)을 보도록 어떻게 돕고 있는 지 알려주길 원한다. 그런 목표를 이루고자 이 주석 시리즈를 집필하는 저 자들에게 다음과 같은 원칙을 제시했다.

- 올바른 석의를 토대로 한 주석 성경 본문에 나타나 있는 사고의 흐름과 추론 방식을 충실하게 따를 것.
- 철저하게 성경신학적인 주석 성경은 다양한 내용들을 다루지만, 그리스도 안에서 완성된 구속이라는 단일한 주제를 말하고 있다는 점에서 성경 전체를 하나의 통일된 관점으로 볼 수 있게 할 것.
- 전 세계를 대상으로 한 주석 성경과 신학적으로 신뢰할 만한 자료들을 가능한 한 많은 사람들에게 공급하겠다는 크로스웨이(Crossway)의 선교 목적에 맞게 전 세계 독자들이 공감하고 필요로 하는 주석으로 집필할 것.
- 폭넓은 개혁주의 주석 종교개혁의 역사적 흐름 안에서 오직 은혜와 오직 믿음으로 말미암아 오직 그리스도 안에서 오직 성경의 가르침을 따라 오직 하나님의 영광을 위한 구원을 천명하고, 큰 죄인에게 큰 은혜를 베푸신 크신 하나님을 높일 것.
- 교리 친화적인 주석 신학적 담론도 중요하므로 역사적 또는 오늘날 신학적으로 중요한 문제들과 성경 본문에 대한 주석을 서로 연결하여 적절하고 함축성 있게 다룰 것.
- 목회에 유익한 주석 문법적이거나 구문론적인 긴 논쟁을 피하고, 하나님을 경외하는 마음으로 '성경 본문 아래 앉아' 경청하게 할 것.
- 적용을 염두에 둔 주석 오늘날 서구권은 물론이고 그 밖의 다른 세계에서 살아가는 사람들이 처한 상황과 성경 본문이 어떻게 연결되는지를 간결하면서도 일관되게 제시할 것(이 주석은 전 세계 다양한 상황 가운데 살아가는 사람들을 대상으로 하기 때문에).
- 간결하면서도 핵심을 찌르는 주석 성경에 나오는 단어들을 일일이 분석하는 대신, 본문의 흐름을 짚어내서 간결한 언어로 생동감 있게 강해할 것.

이 주석서에서 기본적으로 사용한 영역 성경은 ESV이지만, 집필자들에게 원어 성경을 참조해서 강해와 주석을 집필하도록 요청했다. 또한 무조건 ESV 성경 번역자들의 결해(結解)를 따르라고 요구하지도 않았다.

인간이 세운 문명은 시간이 흐르면 무너져서 폐허가 되지만, 하나님의 말씀은 영원히 서 있다. 우리 또한 바로 그 말씀 위에 서 있다. 성경의 위대한 진리들은 시간과 공간을 뛰어넘어 말하고, 우리의 목표는 전 세계적으로 적용될 수 있는 방식으로 그 진리들을 전하는 것이다.

하나님께서 자신의 말씀을 연구하는 일에 복을 주시고, 그 말씀을 강해하고 설명하려는 이 시도에 흡족해 하시기를 기도한다.

차례

약어표

참고 자료 I

AB   Anchor Bible

ADB   *Anchor Bible Dictionary*. Edited by David Noel Freedman. 6 vols. New York: Doubleday, 1992.

AHw   *Akkadisches Handwörterbuch*. Wolfram von Soden. 3 vols. Wiesbaden, 1965–1981.

ANET   *Ancient Near Eastern Texts Relating to the Old Testament*. Edited by James B. Pritchard. 3rd ed. Princeton: Princeton University Press, 1969.

BAR   *Biblical Archaeology Review*

BASOR   *Bulletin of the American Schools of Oriental Research*

Bib   *Biblica*

COS   *The Context of Scripture*. Edited by William W. Hallo and K. Lawson Younger, Jr. 4 vols. Leiden: Brill, 1997–2017.

DJD   Discoveries in the Judean Desert

HS   *Hebrew Studies*

IEJ   *Israel Exploration Journal*

ISBE   *International Standard Bible Encyclopedia*. Edited by Geoffrey W. Bromiley. 4 vols. Grand Rapids, MI: Eerdmans, 1979–1988.

ISR   *Interdisciplinary Science Reviews*

JBL   *Journal of Biblical Literature*

JCS   *Journal of Cuneiform Studies*

JETS   *Journal of the Evangelical Theological Society*

JPSTC   The JPS Torah Commentary

JQR   *Jewish Quarterly Review*

JR   *Journal of Religion*

JSOTSup Journal for the Study of the Old Testament Supplemental Series

MNTSS   McMaster New Testament Study Series

TDOT   *Theological Dictionary of the Old Testament.* Edited by G. Johannes Botterweck, Heinz-Josef Fabry, and Helmer Ringgren. Translated by John T. Willis et al. 15 vols. Grand Rapids, MI: Eerdmans, 1974–2018.

VT   *Vetus Testamentum*

VTSup   Supplements to Vetus Testamentum

ZAW   *Zeitschrift für die alttestamentliche Wissenschaft*

성경 |

개관

신명기는 모세가 죽기 직전 요단 골짜기에서 이스라엘 백성에게 전한 세 번의 연설을 통해 전한 말을 기록한 내러티브다. 모세는 요단강 건너 약속의 땅에 설 수 없었다(신 3:23-29). 그 대신 여호수아를 후계자로 삼아 하나님께서 족장들에게 주신 약속이 실현되는 현장으로 백성들을 이끌도록 했다. 이 책은 31-34장의 에필로그로 막을 내리는데, 모세의 마지막 말과 행동, 여호수아의 리더십 계승, 제사장들이 관리하는 언약궤 속의 토라 사본을 통해 토라가 계속 이어지게 하는 모세의 대책, 백성들에게 가르쳐 기억하게 한 모세의 노래 등에 관해 짧게 설명한다.

신명기는 다양한 자료를 담고 있다. 그 범위는 모세가 언약을 받는 자리에서 백성에게 전한 말(5:1)에서부터 기록된 토라까지 아우른다. 토라는 언약(31:9)과 여러 역사적 물체가 담긴 언약궤 수송을 책임진 제사장들이 운반해야 했다. 이 책은 토라 외에도 32-33장에 나오는 긴 시와 같이 다른 출처를 사용하기도 한다. 신명기는 이전에 시내산에서 언약으로 받은 내용을 단순히 되풀이하는 책이 아니다. 그보다는 이제 곧 기업으로 받을 땅에 들어갈 때, 지파들이 다함께 살 수 있게 해주는 지침으로 그 언약이 주어졌음을 재확인한다. 하나의 중앙 예배 장소와 모든 지파가 수행해야 하는 연중 순례에 상당한 초점을 두고 있으나, 정작 성막에서 수행하는 실제 행사나 의례에 관한 설명은 거의 없는 편이다. 그 대신 궁핍하고 소외된 사람들을 돌보는 일을 크게 강조한다. 언약이 요구하는 하나님에 대한 사랑과 경외는 공동체 내의 정의와 조화를 통해 나타나는 법이다.

신명기는 흔히 "모세복음"(Gospel according to Moses)[1]으로 불리는데, 이는 신명기의 빠른 이해를 돕는 별칭이다. 신명기는 구약을 통틀어 신학에 대한 가장 체계적인 진술을 제공하고 있다. 이스라엘에게 하나님의 은혜에 경외와 사랑으로 반응하도록 요구하는(10:12) 선언서 역할을 한다. 하나님에 대한 참된 사랑은 자신이 언약에 들어갈 때 그분의 이름을 헛되게 여길지 모른다는 두려움을 불러일으킨다. 그 언약에 신실치 못하다는 것은 비극이고 언약 위반에는 저주가 따른다. 반면 사랑과 경외를 겸비하면 하나님의 모든 길로 행하고 헌신된 마음으로 그분을 섬길 수 있게 된다. 가장 근본적인 것은 겉으로 드러나는 할례가 아니라 그 의식이 상징하는 마음의 할례이며, 이는 언약 맹세에 대한 확고한 헌신을 말한다(10:16).

그런 사랑은 하나님의 인격을 올바르게 이해하는 데서 시작된다. 시내산에서 받은 계시로 이스라엘은 홀로 하나님이라 불릴 자격이 있는 분을 알게 되었고, 그 외에 다른 신이 없음을 배웠다(4:35-39). 이 선언은 맹렬한 불, 곧 짙은 어둠을 꿰뚫고 하늘의 중심부로 찬란하게 타오르는 불길을 묘사하는 대목에서 절정에 이른다. 모세가 이 설교를 하는 취지는, 시내산에서 이스라엘과 언약을 맺은 분이 그 누구와도 비교할 수 없는 존재임을 말하는 데 있다. 이것이 거룩한 그분에 대한 올바른 이해다. 이 하나님은 통속적인 모든 것에서 독립되었고 물질세계와도 구별되는 분이다. 통속적인 모든 것은 그분께 의존하고 있으나, 그분은 다른 모든 신이나 존재와는

---

1 대니얼 블록이 쓴 책의 제목으로 신명기에 관한 신학적, 윤리적 성찰을 담고 있다. 참고. Daniel I. Block, *Gospel according to Moses*, Eugene, OR: Cascade, 2012.

달리 결코 통속적인 것에 의존하지 않는다는 점을 분명히 해야 한다. 그런 신의 개념은 고대에 알려진 적이 없다. 이러한 하나님을 안다는 것은 이스라엘에게 은혜로운 선물이 아닐 수 없다. 그들의 조상들로부터 시작된 은혜요 자비다. 불타는 산에 나타나신 이 하나님을 아는 지식은 그분을 사랑하고 경외하라는 명령의 본질이다. 하나님에 대한 그런 지식이 있을 때, 이스라엘은 할례받은 마음으로 살아갈 수 있다.

언약의 총체적 요건은 이른바 위대한 쉐마(Shema, 6:4-5)에 진술되어 있다. 쉐마란 이스라엘이 알아야 할 것을 진술한 말씀을 들으라는 명령이다. 언약의 사람은 (이 구절의 주석이 설명하는 바와 같이) 누구나 온 마음과 뜻과 힘을 다해 하나님을 사랑해야 한다는 것이다. 사랑은 어떤 느낌이나 옳은 일을 행한다는 일반적 관념으로 축소될 수 없다. 사랑은 맹세를 통해 유일한 하나님과 그분에 대한 충성 고백으로 시작되는 십계명에 규정되어 있다. 이 고백은 안식일, 부모, 생명, 결혼, 재산, 진실 존중을 출발점으로 삼는 인생의 가치관으로 증명된다. 다른 사람의 아내나 재산에 대한 그릇된 욕망 때문에 이런 계명들을 위반해서는 안 된다. 이런 요건은 공동체 생활을 설명하며 더욱 확대된다. 여기에는 모든 지파가 하나같이 일 년에 세 번씩 예배 중심지로 순례하겠다는 고백이 포함된다. 이는 공동체에서 다른 충성을 가르치는 모든 이들을 추방함으로써 온전히 보호될 것이다. 또한 음식에 관한 일상의 관습, 각 지파의 취약한 일원에 대한 대책, 선한 질서 유지에 필요한 사법 및 교육 제도의 설립을 통해 지켜질 것이다.

모세의 기록된 토라의 가르침에는, 장차 약속의 땅에서 살아갈 지파들의 삶에 영향을 미칠 여러 우발 사태를 다루는 규정이 들어 있다. 여기에는 전쟁, 재산 보호, 죽음과 혼란의 시기에 가족 부양하기, 무법하고 무자비한 인간들이 날뛸 때 선한 질서 유지하기 등이 포함된다.

언약의 요건들은 언약 갱신과 영속성에 대한 규정으로 마무리된다. 모세는 더 이상 하나님의 말씀을 중재하는 데 참여하지 않을 것이다. 대신 그 요건들은 기록되어 장차 온 이스라엘이 예배할 장소로 하나님께서 선택하신 곳에서 7년마다 되풀이되어야 한다. 기록된 이 토라는 궤 안에 영구히 보관될 것이다. 그래서 그 궤를 언약궤라고 부른다. 그것은 위대한 왕, 곧 이스라엘을 창조하시고 그들에게 열방 중에 제사장 나라가 되라는 명령을 주신 그분의 발판으로 영원토록 알려질 것이다(참고. 대상 28:2). 시내산의 언약은 이스라엘이 하나님과 이웃을 어떻게 사랑할 것인지에 대한 영원한 가르침이 될 것이다.

그러므로 신명기는 모세오경의 결론이자 선지서들의 토대가 된다. 이스라엘이 약속의 땅을 기업으로 받는 일에 착수한다. 시내산의 언약이 갱신되고 족장들에게 주어진 약속이 실현되기 시작했다. 모세의 생애가 막을 내리고, 여호수아의 지휘 아래 새로운 세대가 들어서는 모습을 그리고 있다. 이들은 약속된 안식으로 들어갈 세대가 될 것이고(신 3:20), 이 책은 그곳을 안식의 땅으로 만들 가르침을 제공한다. 여호수아서에서 열왕기에 이르는 이스라엘 이야기를 기록한 선지자들은 그 나라를 언약의 말씀이라는 견지에서 평가한다. 이스라엘의 위대한 선지자들, 특히 이사야와 예레미야는 신명기를 하나님께서 이스라엘에게 주신 가르침의 원천으로 사용한다.

제목

신명기를 가리키는 대중적인 히브리어 이름은 세페르 데바림(*Sefer Devarim*, '말씀의 두루마리')이며, 이는 엘레 핫데바림(*'elleh haddebarim*, '이것이 그 말씀이다')의 약어다. 이 제목은 신명기에 나오는 첫 두 단어이며, 책을 명명하는 히브리의 표준 방식을 따른다. 신명기는 또한 랍비 문헌에 자주 나오듯 '토라의 반복'이라는 제목으로 번역하기도 한다. 신명기는 어떤 의미에서는 시내산에서 받은 언약의 반복이지만 그럼에도 매우 다른 강조점을 보여준다. 출애굽기와 레위기는 대체로 성막, 성막 건축, 의례에 관심을 둔다. 신명기도 성막을 다룬다고 단순하게 생각할 수 있지만, 실제로는 예배 장소는 강조하되 그곳에서 수행하는 의례에 대해서는 전혀 언급하지 않는다. 따라서 토라를 단순히 반복한다고 말할 수 없다.

신명기는 시내산에서 받은 가르침 내지 교훈을 가리키는 토라, 즉 히브리어 정경의 첫 번째 부분을 구성하는 단일 개체의 결론부다. '신명기'(申命記, Deuteronomy)라는 제목이 적절한 까닭은, 이 책이 믿음의 백성에게 창조주와 그의 창조 사역을 소개할 뿐 아니라 대체로 그 초점을 언약의 가르침, 곧 사람들이 하나님과 그리고 서로와 관계 맺는 법을 가르치는 데 두기 때문이다.

'신명기'라는 이름은 신명기 17:18의 헬라어 번역을 기반으로 한다. 하지만 그 이름은 이 책에 대한 개념을 왜곡해서 전달할 소지가 있다. 이 구절은 왕에게 주어지는 지시의 맥락에서 나오는데, 왕은 "이 율법책의 복사본"[미쉬네 하토라 하조트(*mishneh hatorah hazo't*)]을 옆에 두고 읽어야 한다. 헬라어를 사용하는 유대인을 위해 이 히브리어는 '이 두 번째 율법'이라고 읽을 수 있는 토 듀테로노미온 투토(*to deuteronomion touto*)로 번역되었다. 어구 자체만 놓고 보면, 이는 사용 가능한 사본으로 입증된 율법에 대한 헌신보다는 '또 하나의 율법'이라는 의미를 전달할 수 있다. 구약의 대다수 책이 그렇듯 헬라어 번역본에 나온 이름들이 라틴어역 성경을 거쳐 영어 번역본들로 이어졌다.

저자

전통적으로 유대인과 그리스도인 모두 모세를 신명기의 저자라고 여겨왔다. 마르틴 루터의 독일어 번역본은 오경의 책들을 모세의 것으로 여기며 순서에 따라 이름을 지었다. 따라서 신명기는 '모세의 다섯 번째 책'(das fünfte Buch Mose)이다. 그리스도 시대 이전의 유대교를 지배한 견해는 하나님께서 토라 전체를 모세에게 받아쓰게 하셨다는 것이었다. 하지만 탈무

드와 교부 시대(주후 300년경) 이후로 현인들은 사안이 그보다 더 복잡하다는 입장을 견지했다. 신명기 34:5-12에 나오는 모세의 죽음에 관한 이야기를 모세 자신이 썼을 리는 없다. 모세가 장사된 곳이 "오늘까지"(34:6) 알려지지 않았다는 표현이 신명기에 다섯 번 더 나온다(2:22; 3:14; 10:8; 11:4; 29:4)는 사실은 이 이야기의 최종 양식이 모세 이후에 기록되었음을 시사한다. 이런 표현이 신명기부터 열왕기하까지 모두 55번이나 나온다. 이는 서기관들이 이런 글들에 최종 양식을 부여한 시기를 가리킬 수 있다.

고대 근동의 문학적 관습에 따라 신명기는 익명의 저술로 묘사된다. 이 책 어디에도 저자는 언급되지 않는다. 이 책은 때로 1인칭으로 나오는 모세의 말과 행동을 보도하는 차원에서 3인칭으로 기록되어 있다. 그러나 그 저술에 대해 구약의 다른 어느 책보다 더 많은 것을 말해준다. 신명기 31:9-13은 모세가 '이 율법(토라)을 썼다'고 선언하는데, 그 율법은 모세가 행한 두 번째 연설의 대부분이며 신명기에서 가장 긴 구절을 이룬다(4:44-28:68). 이 기록된 문서는 언약궤를 운반하는 제사장들이 맡아 관리했다. 신명기에는 기록된 토라에 대한 언급(6:6-9; 11:18-21; 17:18-20; 28:58)이 많이 나오는데, 그 모든 언급은 모세가 모압 평지에서 구두로 전달한 가르침을 초기에 필사했음을 가리킨다.

성경의 증언에 따르면, 토라의 일부 판본이 여호수아와 이스라엘 백성과 함께 요단강을 건넜다고 한다. 이스라엘 백성은 약속의 땅에 들어갈 때, 토라의 말씀에 신실하기만 하면 하나님의 약속이 반드시 이루어진다는 확신을 가지고 결의와 용기를 다지라는 격려를 받는다(수 1:5-9). 이스라엘이 요단강을 건넌 후, 여호수아는 토라의 말씀에 따라 언약을 새롭게 하는 의식을 거행하고(8:30-35) 그 땅을 소유했다(23:3-6; 24:24-26). 적어도 이런 내용이 모세의 두 번째 연설에서 가장 큰 비중을 차지했음이 틀림없다.

모세의 이런 가르침은 서기관들의 작업을 통해 계속 권위 있는 말씀으로 이어졌다. 신명기의 가르침은 결국 이스라엘에게 주어진 예언의 말씀에서 언약적 평가의 기반이 된다. 여호수아서와 사사기는 신명기의 관심사를 그 특징으로 한다. 여호수아의 죽음에 관한 두 기사는 언약의 성취와 실패라는 주제를 설명해준다(수 24:29-31; 삿 2:6-10). 왕의 역할과 관련된 신명기의 가르침은 사무엘이 이스라엘에게 다른 나라의 왕들이 어떻게 다스리는지 경고할 때 뚜렷이 나타난다(삼상 8:11-18). 신명기는 군대와 왕실의 권력 집단을 세우지 말라고 경고한다(신 17:14-20), 이는 훗날 이스라엘과 유다의 대다수 왕들이 범했던 죄다. 왕은 언약 아래서 동등하게 백성 가운데 한 사람이 되어야 한다. 신명기는 이스라엘과 유다의 왕들 한 명 한 명의 성공을 가늠하는 척도다.

모세는 특히 이스라엘에게 가나안 족속을 따라 그들의 우상을 숭배하지 말라고 말한다. 이스라엘과 유다 왕국은 이런 신명기의 권면에 순종하는지 여부에 따라 심판을 받는다. 어떤 왕이 선한지 또는 악한지도 정치적 성공이 아니라 언약에 대한 충성이 결정한다. 앗수르 사람들은 오므리를 이스라엘의 가장 위대한 왕으로 알고 있지만, 그의 업적은 열왕기상 16:23-28에서 단 여섯 구절밖에 배당받지 못했다. 그는 사마리아를 수도로 삼은 장본인이지만, 페니키아(베니게)의 우상 숭배가 특징이 될 만큼 그의 왕조는 하나님이 보시기에 악한 일을 행했다. 오므리 왕조는 45년(주전 885-841년)밖에 지속되지 않았으나, 그 기간에 우상 숭배와 싸우는 이야기가 열왕기의 약 3분의 1을 차지한다(왕상 16:23-왕하 10:27). 열왕기는 다윗 시기로부터 포로로 잡혀가는 시기에 이르는 4세기 반을 다루고 있다.

오므리 왕조의 짧은 기간은 열왕기 내러티브의 취지를 전형적으로 보여준다. 히브리 정경에 속한 전기 선지서(여호수아서, 사사기, 사무엘서, 열왕기)는 신명기적이라고 볼 수 있다. 이 선지서의 서기관들은 대로 신명기의 메시지를 적용하면서 신명기의 언어를 이어가기 때문이다. 정경 형태의 신명기에는 모세에게 주신 계시를 설명하는 정보가 보완되어 있다. 머리말에 나오는 족속들에 관한 역사적 언급 및 설명(신 2:10-12, 20-23; 3:9, 11, 14) 등은 서기관들이 모세의 메시지를 여러 세대의 이스라엘을 위한 살아 있는 말씀으로 제시할 때 덧붙인 것이다.

저작 연대와 배경

신명기의 표제는 모세가 연설한 시기와 계기를 명백히 진술한다(1:1-5). 이 연설은 호렙에 있었을 때부터 40년이 끝날 무렵에 모압 평지에서 이루어졌다. 연대기가 아주 구체적으로 밝혀진다. 이스라엘 백성은 언약 계시를 받고 나서 둘째 해에 시내산에서 여정을 시작했다(민 10:11-12). 이후 가데스 바네아에서 출발해 시내산에서 떠난 지 38년째 되는 해에 세렛 시내를 건넜다. 첫 번째 언약을 맺었을 때의 전사들이 모두 죽고 나서 일어난 일이었다. 그 배경은 이스라엘 백성이 여호수아의 지휘 아래 약속의 땅으로 들어갈 때, 언약을 갱신하고 지키라는 모세의 마지막 명령이 주어지는 상황이다.

출애굽 시기

이스라엘은 이집트 파라오 메르넵타(주전 1212-1182년)의 묘비에 한 족속의 이름으로 나온다. 그 묘비는 가나안 땅 전역에 걸친 파라오의 출정을 기념하는 시로 끝난다.[2] 일부 학자들은 이 이스라엘이 성경의 이스라엘과 관계가 있음을 부인한다. 성경의 이스라엘이 그처럼 이른 시기에 존재할 수 없다고 보기 때문이다. 그러나 이 묘비에 언급된 이스라엘은, 성경에 나오는 가나안 이주가 람세스 2세의 통치기(주전 1279-1212년)인 후기 청동기 시대에 실제로 일어났다는 증거다. 이 위대한 파라오는 역사적으로 국고성 라암셋을 건축했고, 성경에 따르면 이 성을 건축하는 데 이스라엘 노예들이

---

2 이 묘비는 카이로의 이집트 박물관에 있다. 플린더스 페트리(Flinders Petrie)가 1896년에 발굴한 것으로 '이스라엘'이란 이름이 새겨진 가장 초창기의 비문이 담겨 있고, 이스라엘은 사사기에 나온 대로 가나안 지방의 한 족속으로 묘사된다. 가나안에 관한 마지막 시는 제임스 K. 호프마이어(James K. Hoffmeier)가 번역해 *COS*, 2.6에 실었다.

동원되었다(출 1:11).[3] 이것이 성경에 언급된 그 도시를 의미한다면, 출애굽 연대는 주전 13세기로 추정할 수 있다.

일부 학자들은 다음 두 가지 이유로 출애굽이 그보다 200년 전에 일어났다고 믿는다. 첫째, 성전이 건축된 연대가 출애굽 시기로부터 480년째 되는 해라고 밝히고 있기 때문이다(왕상 6:1). 솔로몬의 통치가 대략 주전 930년에 끝났으므로 출애굽은 주전 15세기에 일어난 셈이다. 이 연대는 중기 청동기 시대의 종말을 고하며 가나안의 주요 도시국가들이 몰락함을 보여주는 고고학적 증거와 상관관계가 있다. 추론하건대, 가나안 역사의 이 단계는 여호수아서에 묘사된 정복의 결과였다고 본다.[4] 그런 해석에 따르면, 이스라엘 백성은 이전의 국고성, 곧 출애굽 이야기에서 새로운 이름(라암셋, 출 1:11)을 붙인 도시를 건축했어야 한다. 두 연대 간의 간격을 해결할 수 있는 방법이 하나 있다. 그것은 성경에 나오는 초기 연대기에서 흔히 볼 수 있고, 특히 사사기의 이른 시기에 볼 수 있는 40년이란 개략적인 기간에 주목하는 것이다. 40년은 각 사사와 관련된 세대를 언급한다. 성전 건축에 대한 언급이 이 기간을 포함하는 만큼 열왕기에 나오는 480년을 40년씩 열두 세대에 해당하는 것으로 해석하는 일이 타당하다. 그런데 실제 연대기에서는 여성이 20대일 때 자녀들을 출산하므로 연대기적으로 살아 있는 한 세대는 대략 상징적인 기간의 절반에 해당한다. 이 기간에

---

3 이집트 역사와 이스라엘 출애굽 시기의 상관관계에 대한 논의는 W. H. Shea, "Exodus, Date of the," *ISBE* 2:230-38을 참고하라. 기존에 알려진 이집트 역사를 성경에 진술 또는 암시된 내용과 연관시키기란 무척 까다롭다. 주전 13세기의 출애굽을 변호하는 입장은 케네스 키친(Kenneth Kitchen)의 다음 글에 나와 있다. Kenneth Kitchen, "Egyptian and Hebrews, from Raamses to Jericho," in *The Origin of Early Israel - Current Debate: Biblical, Historical, and Archaeological Perspectives*, ed. Shmuel Ahitov and liezer D. Oren (Beer-Sheva: Ben-Gurion University of the Negev Press, 1998), 65-131. 그리고 Kitchen, "The Exodus: Time and Place," *ADB* 2:702-704도 참고하라.

4 출애굽이 이른 시기에 일어났다는 입장을 변호하는 책으로 John J. Bimson, *Redating the Exodus and the Conquest*, JSOTSup 5 (Sheffield, UK: Almond Press, 1981)가 있다. 빔슨의 주장은 중기 청동기 시대와 가나안의 주요 성읍들(여리고, 하솔, 헤브론, 아랏, 단 등)의 몰락에 관한 그의 고고학적 해석에 기반한다. 상관관계를 맺기 위해 빔슨은 중기 청동기 시대의 종말에 대한 표준적 연대를 100년가량 낮추어 주전 1450년경으로 잡아야 한다.

대한 연대기 정보는 애매모호하고 제한되어 있다. 따라서 성경 정보 해석자는 두 가지 대안 중 하나를 선택해야 한다. 즉 출애굽기에 나오는 도시 라암셋이나 열왕기에 나오는 숫자 중 하나를 상징으로 간주하는 것이다. 람세스 2세와 솔로몬 사이의 기간은 기껏해야 300여 년밖에 되지 않기 때문이다.

신명기 저술

19세기 초 독일 신학자 데 베테(W. M. L. de Wette)는 신명기의 저술 시기를 요시야 시대로 잡으면서 매우 유명해졌다. 그는 신명기를 열왕기하 22-23장에 묘사된 개혁, 곧 요시야가 예배를 오직 예루살렘 성전에서만 드리도록 하는 장면과 연결시켰다. 성전을 수리하는 과정에서 책 하나가 발견되었고, 여선지자 훌다는 그것이 토라임을 확인했다. 데 베테는 신명기가 요시야의 개혁에 청사진 역할을 하도록 그의 통치 기간에 저술된 것으로 결론지었다. 데 베테 이후의 비판적 학문은 신명기 저술을 성전을 깨끗이 수리하는 동안 발견한 책(왕하 22:8)과 연관을 지어야 한다는 이론을 계속 이어갔다.[5] 물론 요시야의 행동이 신명기의 영감을 받은 것이라는 점은 긍정할 수 있으나, 신명기의 기원이 성전에서 발견된 책에 있다는 주장은 입증할 수 없다. 히스기야에서 요시야에 이르는 유다 왕들에 관한 역대기의 이야기는 예루살렘 중심의 예배를 추진하려는 노력이 있었음을 알려준다.

신명기가 요시야 시대에 기록되었다고 주장하는 비판적 학문과는 반대로, 신명기의 규례들은 열왕기에 묘사된 중앙집권적 개혁보다 더 이른 시기의 것이다. 요시야가 개혁을 취하는 데 신명기가 분명 권위를 부여하기

---

5 신명기의 기원에 관한 합의가 있었다고 생각하면 안 된다. 참고. William Creighton Graham, "The Modern Controversy about Deuteronomy," *JR* 7 (1927): 396-418. 그래함은 홀셔(G. Hölscher)와 애덤 웰치(Adam Welch)의 견해에 관해 논의한다. 전자는 신명기를 먼 훗날 포로시대 이후의 책으로 간주한 반면, 후자는 사무엘로 시작되는 선지자 그룹들과 연관 지었다. 이처럼 큰 차이가 난다는 것은 이런 종류의 문학비평에 주관성이 개입하고 있음을 가리킨다.

는 했지만, 세부적 가르침은 시기적으로 그 개혁보다 앞선다. 예컨대 요시야의 개혁과 신명기 사이에는 다양한 간격이 존재한다. 열왕기에서는 예루살렘에 온 제사장들이 거기서 섬길 수 없다고 하지만(왕하 23:9), 이는 모든 레위인이 동등하다고 말하는 신명기 18:6-8과 상반된다. 신명기는 거짓 예언을 검사하는 법을 제공하지만(신 13:2-6) 제사장들의 우상 숭배를 검사하는 법(왕하 23:5, 20)은 제공하지 않는다. 중앙집권에 대한 요구는 역대기(대하 29-31장)에 분명히 나오듯 요시야보다 한 세기 이른 히스기야 시대에 이미 시작되었다. 아하스는 앗수르의 영향을 받아 다양한 형태의 우상 숭배를 도입했는데, 이런 내용은 신명기에 전혀 언급되어 있지 않다(왕하 23:5-8, 11-13). 그러므로 신명기는 이스라엘의 바벨론 유수 이후로 유다 왕들이 실행했던 여러 개혁으로 입증된 것처럼, 서기관들이 계속 이어가고 선지자들이 설파했던 모세의 언약을 기록한 책이다.

신명기의 조약 언어

20세기 중반부터 학계는 신명기가 대인관계와 국제관계를 규정하는 데 사용된 고대 조약 및 법과 관련된 언어적 특징을 상당수 공유하고 있음을 주시해왔다. 1955년에 님루드(Nimrud, 고대의 칼후, 성경의 갈라)에 위치한 나부(Nabu) 신전 근처에서 여러 조약의 350개 단편들이 발굴되었다. 이 조약들은 므낫세 당시의 앗수르 왕 에살핫돈(에사르하돈)이 맺은 것으로, 유다를 비롯한 여러 속국에게 그의 아들이자 상속자인 아슈르바니팔에게 충성을 맹세하도록 요구하는 내용이다. 일부 학자는 이런 것들이 신명기, 특히 신명기 28:20-57에 나오는 저주들과 밀접한 연관이 있다고 생각했다. 보다 최근에 유명 도시 알라라크(Alalakh) 근처 텔 타이낫(Tell Ta'yinat)에 위치한 고대 시리아 영토에서 동일한 조약이 발굴되었다. 이는 유다의 왕들이 그 조약에 종속되었고 성전에 그 사본이 있었을 것임을 보여준다.

하지만 그런 문학적 비교는 저술 연대를 결정하는 데 별 도움이 되지 않는다. 서기관들은 수천 년 동안 조약을 맺을 때 줄곧 비슷한 전승을 사용해왔기 때문이다. 따라서 신명기의 서기관들이 어느 한 조약에 의존했다는 주장은 전혀 타당하지 않다. 가뭄(28:23), 죽음(26절), 종기와 염증(27절), 시력 상실(28-29절), 강간(30절), 재산 박탈(33절), 기아로 인한 식인 행위(53-57절)와 같은 엣살핫돈의 저주는 모두 그 뿌리가 모세보다 훨씬 앞선 이집트의 중왕국과 신왕국 시대까지 거슬러 올라간다. 그런 비교는 신명기의 저작 연대를 파악하는 데 외부 증거로 가치가 없다. 그와 같은 용어법은 특정 시기의 이스라엘 서기관들뿐 아니라 모세에게도 친숙할 것이기 때문이다.

키친(Kitchen)과 로렌스(Lawrence)가 실시한 고대 근동의 조약과 법과 언약에 관한 폭넓은 분석은 레반트 전역에 걸친 주전 3천 년에서 1천 년에 이르는 백 편도 넘는 문헌에 대한 상세한 분석을 다함께 종합한다.[6] 이 분석에 따르면, 신명기의 일반 형식은 히타이트 제국과 그 많은 시리아 종속국가들의 몰락 직전인 모세 시대, 곧 주전 2천 년대 후기의 조약들과 가장 비슷하다. 이 조약들은 조항, 문서 보관, 문서 낭독 그리고 증인들을 포함하는 만큼 이전의 법률 모음들과 구별된다. 역사적 머리말의 존재는 주전 2천 년대 후기의 조약들이 그 시대 전과 후에 알려진 모든 조약들과 다른 차별성이 있음을 보여준다. 주전 1천 년대 조약들의 증거가 부분적이라는 이유로 이것이 신명기의 저작 연대에 대한 증거라는 점이 종종 부인되고 있다. 그러나 적어도 오늘날의 모든 정보가 신명기 형식이 모세 시대와 일관성이 있음을 가리킨다는 점은 주목할 만하다.

신명기와 상관관계가 있는 것 하나는 오로지 주전 1259년에 맺은 히타이트와 이집트의 조약에서만 발견된다. 비문의 두 가지 측면이 신명기와 닮았다. 첫째는 저술의 제목이다. "람세스 2세가…하투실 3세와 맺은 조약"은 신명기 1:1에 나온 구절("모세가…선포한 말씀")과 비슷하다. 둘째는 이

---

6 이제껏 알려진 모든 조약을 망라하는 문서는 다음 책에 들어 있다. Kenneth A. Kitchen and Paul J. N. Lawrence, *Treaty, Law and Covenant in the Ancient Near East*, 3 vols. (Wiesbaden: Harassowitz, 2012).

어서 나오는 묘사다. "람세스 2세가 말하기를…(족보가 이어진다)"는 신명기 1:5("모세가…이 율법을 설명하기 시작하였더라")과 유사하다. 모세가 람세스의 궁전에서 자라고 그곳의 외무부에서 일했다면, 이런 유형의 조약문을 작성하는 데 참여했을 테고, 거기서 배운 기술과 문학 형식을 이스라엘 백성과 소통하고 글을 쓰는 데 이용할 수 있었을 것이다. 그런 상관관계는 설명할 필요가 있다. 적어도 신명기의 여러 요소가 모세 시대에서 나오는 문서들과 가장 비슷하다는 점은 분명하다.

신명기의 역사

성경의 모든 책이 그렇듯, 신명기는 살아 있는 텍스트이지 앞에서 논의한 고대 조약문들처럼 매장된 역사적 문서가 아니다. 신명기는 모세가 이스라엘에게 전한 마지막 연설에서 그 원래 계기를 찾을 수 있지만, 모세 이후의 모든 선지자들, 특히 여호수아서에서 열왕기하에 이르는 길고 암울한 내러티브에서 이스라엘에 대한 하나님의 심판을 선포하는 선지자들을 위한 연설로 보존된다. 이 서기관들과 선지자들은 훗날을 위한 명료화 작업과 설명을 통해 계속해서 신명기를 살아 있는 말씀으로 만든다. 신명기의 언어는 훗날 이런 책들에 나오는 선지자들과 놀라운 연관성이 있다. "오늘까지"란 어구는 구체적으로 포로시대 이전 기간에 대한 신명기의 관심사를 표현하는 데 사용된다. 이스라엘 백성이 아닌 자들을 강제 노동시킨 것(왕상 9:21), 거짓 예배의 제단을 파괴한 것(왕하 10:27), 언약궤(왕상 8:8), 에돔의 반역(왕하 8:22; 14:7; 16:6) 등이 이에 해당한다. 이 어구는 신명기에서 유배 이전 제1성전기, 곧 국가가 요시야 시대에 정점에 도달한 것처럼 혁명적인 문화 개혁을 겪었을 때와 관련해 사용되고 있다.

신명기는 이스라엘이 명절을 기념할 때 찾는 중앙의 한 예배 장소에 초점을 둔다. 이 책은 그 중심 처소를 거명한 적은 없지만 다윗이 세운 수도를 가리키고 있음이 명백하다. 신명기는 하나님께서 그분의 이름을 두신 곳으로 한 장소 이상을 생각하지 않는다. 하나님께서 선택하실 장소로 자격을 갖춘 곳은 예루살렘밖에 없다. 따라서 예루살렘을 정복하기 전까지는 모든 지파가 와서 섬길 만한 중심지가 없었다. 그 기간 동안 하나님께서 선택하신 곳은 어디에 있든 이스라엘 사람 또는 유대 사람의 예배 장소로 제한된다. 가나안 사람의 사당에서 드리는 예배는 금지되었다.

이스라엘이 약속의 땅에 들어가는 것을 계기로 신명기가 저술되었음을 감안하면, 갱신된 언약 제정에 몇 가지 중요한 변화가 있는 것을 이해할 수 있다. 모세는 언약을 갱신하면서 장차 모든 이스라엘 백성이 성전에서 예배드릴 수 있는 중앙 정부를 마음속에 그려본다. 이런 지침은 이전의 입법 자료에는 나오지 않는다. 더 나아가 신명기는 중앙집권 정부의 직분, 특히 왕을 비롯해 사사, 제사장의 적절한 역할을 위한 대책을 세운다. 이 책은 채무 노예 상태에서의 해방과 재산과 관련된 여성의 권리 보호와 같은 다른 규례에서도 상당한 차이를 보인다. 이혼에 관한 법은 신명기에만 나온다. 신명기에는 혼인 관계가 깨어질 경우 여자의 혼인 지참금과 그 밖의 재산을 보호하는 규정이 들어 있다. 물론 한 국가인 이스라엘을 위해 수정된 이런 규례들은 분명 금세 효력을 발휘할 수 없을 것이다. 훗날 솔로몬이 온 국민을 위한 유일한 예배 장소로 성전을 봉헌하기까지(왕상 6:1) 무려 열두 세대가 지나야 한다. 그때에 이르기까지 이스라엘은 사사기와 사무엘서의 내러티브에서 보듯, 대체로 독립적이면서 종종 전쟁을 벌이는 지파들의 연합 형태를 띤다. 그러므로 신명기는 시내산에서 받은 첫 번째 율법을 '대체하는' 두 번째 율법이 아니라, 본래의 언약을 '갱신하는' 언약으로 읽는 것이 합당하다. 일단 예루살렘을 포함해 약속의 땅을 완전히 점령한 뒤에는, 이 갱신된 언약 조건과 의무들이 한 국가로 살아가는 새로운 상황에 매우 적합하다.

장르와 문학적 특징

신명기는 모압 평지에서 모세가 언약을 재확인하는 이야기다. 언약을 재확인하는 끝부분에 모세의 노래가 나오는데(32:1-43), 이는 여호와(Yahweh)와 이스라엘이 새롭게 맺은 언약에 대한 일종의 증언이다. 그 노래는 판권장(reaffirmation)로 끝난다. 이는 고대의 문서에서 흔하게 찾아볼 수 있는 예로, 그 문서 기록에 관한 세부 사항을 제공한다(44-47절). 신명기의 내러티브는 모세가 가나안 땅을 바라본 다음(48-52절), 백성에 대한 족장의 마지막 축복을 선언하며(33:1-29) 마무리된다. 이어서 모세의 죽음과 장사(34:1-8), 여호수아의 리더십 계승(9절)에 관한 서술이 나온다. 이 책은 모세를 이스라엘의 모든 선지자보다 우월한 인물로 만드는 찬사(10-12절)로 끝난다. 비중이 가장 큰 부분은 언약 형식(1:1-32:47)으로 되어 있고, 이는 고대 근동의 다른 조약들에 나오는 것과 비슷한 요소로 이루어져 있다.

고대 근동 세계에서 내려오는 진흙과 돌로 만든 비문에 보존된 법과 조약과 언약은 모두 백 개가량 된다. 이 비문은 언약 맹세를 한 시점에서 만든 것들이다. 레반트 전역에 걸쳐 주전 3천 년부터 페르시아 시대에 이르는 모든 문서를 포괄적으로 살펴보면, 그 문서들을 대략 15개 구성 요소의 견지에서 분석할 수 있다.[7] 이 모든 요소를 다 포함하는 문서는 없으며, 세기에 따라 그 체제가 다양하고 특정한 시대와 장소에 따라 다양한 특징이 나타난다. 신명기는 고대 언약의 범주를 이용해 다음과 같은 개요로 분석할 수 있다. 상당수의 이런 요소가 역사적 성찰과 함께 산재해 있다. 보다 간단히 만들기 위해 역사적 성찰은 이 개요에 별도로 표기하지 않았다.[8]

---

7   이 문서들을 번역, 분석한 결과가 다음 책에 실려 있다. Kitchen and Lawrence, *Treaty, Law and Covenant*. 제3권에 나오는 차트들은 각 시기에 공통된 요소를 보여준다. 지리적 차이는 그만큼 중요하지 않다.

8   이 개요는 Kitchen and Lawrence, *Treaty, Law and Covenant*에 나오는 신명기 분석을 각색했다.

신명기의 언약 내러티브는 모세가 행한 세 편의 연설로 기록되어 있다. 그 전체는 다음의 서술형 제목으로 소개되고 있다. "이는 모세가…선포한 말씀이니라"(1:1). 이런 유형의 제목은 주전 1천 년대에 널리 퍼져 있었으나 일찍이 주전 3천 년대에도 (시리아의 고대 도시국가 에블라에서) 알려져 있었다. 이어서 다양한 형식의 '이렇게 말하다'가 따라오는데, 여기서는 모세가 "이 율법을 설명하기 시작하였더라"(5절)라고 나온다. "이 율법[토라]"이란 어구는 신명기에 15번 나오는데 대부분이 처음과 끝에 나온다. "이 율법[토라]"으로 언급된 신명기의 해당 부분은 4:44에서 처음 도입된다. "모세가 이스라엘 자손에게 선포한 율법은 이러하니라." 이 토라에 대한 해설은 28:15-68에 나오는 저주들로 마감된다. "이 율법"은 위탁과 낭독 대목(29:27; 31:9-12, 24)에서 거듭 언급되고, 마지막으로는 모세의 노래 끝부분(32:46)에 나온다. 이 토라에 대한 해설이 모세의 두 번째 연설이며 신명기에서 가장 큰 비중을 차지한다. 첫 번째 연설에서는 주로 수차례에 걸친 역사적 보고(2:10-12, 20-23; 3:9, 11, 14)와 더불어 제목과 머리말이 제공된다. "이 율법"은 4장에서 소개되는데 시내산의 의미에 대한 긴 해설이 이어지고, 마침내 "여호와는 하나님이시요 그 외에는 다른 신이 없음을 네게 알게 하려 하심이니라"(4:35)는 말로 끝난다. 이 토라에 대한 해설 다음에 나오는 모세의 마지막 연설은 언약의 위탁과 낭독 지시를 포함하며, 이 내러티브는 모세의 죽음으로 끝을 맺는다.

신학

신명기의 주관심사는 여호와를 사랑하고 경외함의 필요성에 있다. 하나님은 구체적으로 그분의 이름으로, 시내산과 토라에 계시된 그 신으로 알려져야 한다. '거룩한 하나님'의 인격과 존재를 올바로 이해한다면 그분 외에 다른 신은 있을 수 없다(신 4:35, 39). 모세는 자비를 구하는 기도를 할 때 "천지간에 어떤 신이 능히 주께서 행하신 일 곧 주의 큰 능력으로 행하신 일같이 행할 수 있으리이까"(3:24)라고 묻는다. 그 거룩한 분은 만물의 창조주이자 모든 생명의 근원이시다. 알려질 수 있는 모든 것은 이스라엘에게 계시된 그 하나님께 완전히 의존하고 있다. 이스라엘은 그분의 목소리로 가르침을 받아왔고, 맹렬한 불 가운데서 여호와의 음성을 들었다(4:36). 이스라엘이 하나님의 계시와 구속의 대상이 된 것은 오직 그들을 향한 하나님의 사랑에 기인한다(37절). 그렇다고 해서 이스라엘이 그저 다른 나라들 중에서 선택되었다는 뜻이 아니다. 하나님은 족장들에게 주신 계획을 통해 이스라엘을 '창조하셨고' 그 후손을 이집트에서 구속하셨다. 그러므로 "마음을 다하고 뜻을 다하고 힘을 다하여"(6:5) 하나님 여호와께 헌신하는 것은 이스라엘 백성의 의무다. 쉐마(4절)가 신명기를 잘 요약하고 있다.

여호와 우리 하나님은 한 분이라는 고백은 그분과 비교할 수 있는 다른 신은 없다는 말이다. 이 고백은 일차적으로 다신교를 반대하는 진술이 아니지만, 다른 신이 존재한다고 간주하더라도 이는 여호와를 아는 이들에게는 전혀 무의미하다. 쉐마는 무엇보다 이사야가 명시한 것처럼(사 40:18, 25) 여호와는 비할 데 없는 분임을 선언하는 것이다. 공간과 시간을 창조하신 분을 공간과 시간의 제약을 받는 그 어떤 것이나 존재에도 견줄 수 없다. 그러므로 이스라엘은 오로지 그분의 사랑과 보살핌에 전적으로 충성할 수밖에 없다.

여호와(Yahweh)의 주권

하나님을 사랑하고 경외하는 법을 배우는 신학은 큰 종주국의 조약으로 지배를 받는 백성의 형태로 표현되어 있다. 종주국은 자기가 지배하는 백성의 후원자가 되어 그들의 안녕을 돌보고 그들을 위험에서 보호하게 되어 있다. 신명기는 고대의 어떤 것과도 다르게 종주국을 묘사하되 하나님의 자비와 주권의 견지에서 묘사한다. 하나님께서 이스라엘을 위해 행동하신 것은 시내산에서 계시된 대로 그분이 자비로우시기 때문이다(출 33:17-19; 34:5-6). 이 백성은 줄곧 반역을 일삼아왔다. 신명기는 이 백성이 은혜로운 통치를 받을 자격이 없다는 점을 분명히 한다(신 9:4-7). 이 민족은 처음부터 주님께 반항할 줄밖에 몰랐다. 그러나 자비의 하나님은 또한 역사의 하나님이시다. 그분은 이스라엘을 통해 자신의 목적을 이루기 위해 그들을 창조하셨다. 그 백성이 약속의 땅을 차지하고 복을 누리는 것은, 주님이 그들의 조상에게 주신 약속, 즉 아브라함에게 열방이 그를 통해 복을 받게 하겠다는 말씀(창 12:3)으로 시작되는 그 약속에 충실하시기 때문이다.

이 민족은 하나님께서 스스로를 위해 한 백성을 구속하기로 선택하신 결과다. 그들은 이 땅의 모든 민족들 가운데 제사장의 나라로서(출 19:5-6), 보배로운 백성으로서 하나님을 대변한다. 그들은 언약을 통해 열방에게 하나님을 대변하고 인류를 향한 그분의 뜻을 이루는 수단이 된다. 다른 어느 왕이나 민족도 이를 방해할 수 없다. 바로 이런 이유로 그들은 자신들이 소집할 수 있는 어떤 군대보다 더 막강한 왕들의 땅에 들어갈 수 있다. 그들이 언약 관계를 계속 유지할 수 있는 것도 하나님의 자비하심 덕분이다. 그들의 위상은 그들의 의로움이나 올바른 마음과는 아무런 관계가 없다. 그들의 종주국(주님)은 통치에 실패할 수 없고, 그분의 주권은 목적을 이루는 능력을 수반한다. 그분은 이스라엘을 포함한 모든 것의 창조주시며, 그분의 구속 사역을 이루실 것이다.

하나님을 사랑하고 경외하며 언약을 지키는 일은 단순히 의지의 문제가 아니다. 언약 관계가 결정으로 맺는 것이라면 언약 준수는 배워야 할 덕목이다. 모세는 이스라엘 백성에게 주님을 경외하는 법을 배워야 한다고 거듭 권면한다(신 4:10; 14:23; 17:19; 31:12-13). 무언가를 배우고 싶다면 가르침을 받아야 한다. 모세는 이스라엘 백성을 가르칠 책임이 있고(4:1, 5, 14; 6:1), 이스라엘 백성은 그들의 자녀들을 가르쳐야 한다. 이 가르침은 단지 언약의 실제 요건을 이해하고, 그 요건을 각 상황에서 실행하는 법을 배우는 공식적인 성격만 띠지 않는다. 이 가르침은 또한 일상 속에서 실천되어야 한다. 그러자면 관례와 반복, 상징을 통해 마음에 새겨야 한다.

쉐마에 바로 잇따르는 것은 여호와의 능력과 임재를 고백하는 일이며, 여기에는 마음과 뜻과 재물의 헌신이 요구된다(6:4-5). 이는 집에서나 길에서 일어날 때부터 잠자리에 들 때까지 이 말씀을 입에 담으라는 요구다(6-9절). 이 말씀을 손목에 매고 이마에 붙이고 집 문설주에 써서 붙여야 한다. 이 명령은 이스라엘이 약속의 땅에 들어간 후 맹세하는 맥락에서 반복된다(11:18-20). 이것이 언약의 복을 받는 수단이다. 시편 1편에서 본질적으로 이런 생각이 시편 전체를 소개하고 있다. 하나님의 인정을 받아 그분이 주시는 인생의 복을 누리는 사람을 묘사한다. 이 사람은 악인들의 꾀를 따르지 않고 죄인들의 길에 서지 않으며 어디서도 선을 찾지 못하는 냉소주의자와 어울리지 않는다. 그 대신 토라를 즐거워하며 밤낮으로 묵상한다.

이는 끊임없이 토라 말씀에 몰두하라는 뜻이 아니라, 이 말씀이 몸에 배어 자연스럽게 행동을 지배하도록 말씀을 습득하라는 뜻이다. 이 말씀을 손과 이마에 매어 무엇을 행하고 보고 생각하든 그 영향 아래 있는 것이다. 이런 사람들이 풍성한 삶을 살고 언약의 복을 누린다. 이는 공동체와 개인 차원 모두에서 일어난다. 7년마다 이 토라를 온 나라에 공개적으로 낭독해야 하며(신 31:11-13), 왕은 토라를 알고 그에 따라 나라를 다스릴 책임이 있다(17:18-19). 이 토라를 알고 지키면 이스라엘의 지혜가 열방에 알려질 것이다(4:6-8). 토라의 길을 배우는 것이 공동체 전체의 생활방식이 되면 주변 나라들이 보고 놀라워하며 감탄할 것이다. 이 백성의 하나님만큼 하나님께서 가까이 계신 나라가 어디 있겠는가? 그 나라를 규례로 다스리는 근원은 무엇인가? 언약의 삶을 배운다는 것은 삶의 방식을 지적으로 분별하는 문제인 동시에 사법적으로 행사하는 문제다.

언약에 대한 충성

모세를 통해 주어진 열 가지 말씀, 즉 십계명은 하나님, 가족, 더 넓은 단위의 공동체와 관련된 언약적 헌신을 명시하고 있다. 십계명은 포괄적이어서 생명 상실에 대한 책임, 부모에 대한 의무, 가족에 대한 헌신, 재산 존중 등의 근본적인 문제를 다룬다. 각 개인과 특히 상관있는 것은 말씀 사용인데, 법적 상황에서든 일상생활에서든 진실을 잘못 전하기 쉽기 때문이다. 따라서 언약을 맹세한 사람은 십계명의 가치관을 언제나 마음에 새겨야 한다. 언약 아래 있는 자는 욕심을 부려서는 안 된다. 다시 말해, 대인관계를 침해하는 어떤 일도 행할 생각조차 해서는 안 된다. 음탕한 눈으로 여자를 바라보거나 타인의 재산을 가지려고 공모하는 것조차 하나님과의 관계와 다른 사람들과의 관계를 침해하는 일이다.

신명기에 따르면, 언약의 실천은 이처럼 인생의 폭넓고 중요한 측면과 더불어 일상생활의 일부를 이루는 활동에까지 확장된다. 이스라엘 전체가 연합하기 위해 중앙집중식 예배를 이루라는 요구는 개인의 일상생활에 중

대한 영향을 미친다. 예컨대 인간의 삶에 음식보다 더 기본적인 것은 없다. 중앙집중화와 함께 어디서나 먹을 수 있도록, 제사에 사용된 거룩한 음식과 일반 음식은 반드시 구별이 이루어져야 한다. 그래서 신명기는 처음으로 제사용이 아닌 음식을 위한 도살에 관해 논의한다. 제물로 하나님께 바친 다음 성전에서 먹는 음식에 대한 인식이 반드시 필요하다. 아울러 창조 질서의 분류에 따라 먹을 수 있는 음식 또는 인간이 섭취하기에 적합하지만 언약 밖의 사람들만 먹을 수 있는 음식에 대한 인식도 있어야 한다. 토지 소유자들은 거룩한 식량을 생산할 책임이 있다. 이는 공동체에 의존하는 사람들, 특히 자산이 없는 이들을 부양하는 수단이 된다.

안식일의 요건과 성전 의례는 언약의 구속적 측면을 거듭 강조한다. 이스라엘 백성은 십일조와 처음 난 것을 빠짐없이 드려야 할 뿐 아니라 감사 제물도 후하게 드려야 한다(신 15:19-16:17). 백성들은 자신들이 한때 이집트의 노예로 살다가 하나님의 자비로 구속을 받았고, 그것도 그들의 공로가 전혀 없이 그렇게 되었음을 기억해야 한다. 신명기에서 모든 성전 의례는 공동체 내 가난한 사람들에게 음식을 공급하는 역할을 한다. 명절은 달의 위상(位相)에 따라 정해진 시기이므로 이를 잘 계산해 엄밀하게 지켜야 하는데, 이는 명절에 기대어 양식을 공급받는 이들이 있기 때문이다. 양식은 하나님의 복이며 양식의 생산, 분배, 소비의 모든 측면에서 그와 같은 고백이 이루어졌다. 성전에서 각 개인은 하나님께서 삶의 필수품을 공급하신다는 고백과 함께, 자신이 레위인이나 과부 같은 부양자를 돌보는 의무를 잊지 않고 다 행했음을 엄숙히 선서해야 한다(26:1-15). 음식과 관련된 언약 요건에 많은 신경을 쓸 때에도 매순간 먼저 하나님을 사랑할 것을 권면한다. 일상생활의 경제와 활동은 토지 사용, 채무 문제, 식량 생산, 고아와 과부와 레위인 돌봄을 중심으로 이루어진다. 하나님을 사랑하고 경외하는 것이 사실상 일상의 모든 활동으로 표현되고 있다.

배타적인 언약 관계에서 중요한 다른 측면은 땅의 소유 및 가나안 종교들과 타협하지 말라는 금지 규정이다. 선물로 받은 땅을 유지하려면 언약 관계에 대한 단호한 충성이 필요하다. 언약 위반에 따르는 저주들을 보면 땅에서 쫓겨날 것이라는 경고로 끝난다(28:63-65). 이런 경고는 이 경고는 또한 모세 연설의 도입부(4:25-26)와 마지막 권면(30:15-19)에서도 나타난다. 언약 준수를 위협하는 문제 가운데 하나가 주변 종교들과 섞이는 혼합주의다. 이러한 위험은 이스라엘 가운데서 그런 영향을 깨끗이 제거함으로 최소화해야 한다. 이에 해당하는 히브리어 단어가 헤렘(*kherem*, '진멸', 2:34; 3:6)이다. 이 단어는 '하나님께 속하는 것을 지정하다', '거룩하다'라는 뜻을 지닌 셈족 언어에 해당한다. 물건을 하나님께 봉헌하겠다는 맹세[카다쉬(*qadash*)]는 통속적인 것 가운데서 그것을 거룩한 용도로 떼어놓겠다는 뜻이다. 이런 봉헌은 제사장이나 성전을 후원하는 데 사용될 수 있으나 가난한 자를 부양하기 위한 십일조도 포함한다(26:13). 처음 난 것과 같은 다른 품목을 봉헌하는 것도 통속적인 것과 구별된다(레 27:26-28). 이런 것은 하나님께 속하기에 더 이상 일반적인 용도로 사용될 수 없다. 그런 경우에 산 짐승은 죽임을 당할 것이다. 이는 또한 신명기에서 보듯 인간에게도 해당할 수 있다.

정복의 경우에 성읍들은 하나님께 바쳐진 것이며 이는 돌이킬 수 없는 일이다. 하나님께서 그 전투를 치르고 그분의 백성에게 그 땅을 영원히 허락하셨기 때문이다. 하나님의 심판이 가나안 주민들에게 임한 것은 그들의 죄악 때문이다. 그러나 이스라엘 안에서도 배교가 생길 수 있으며, 이 경우에 동일한 종류의 정화 작업이 필요할 것이다(신 13:16-17). 돌이킬 수 없는 봉헌이라는 동일한 요건이 그 땅의 족속들에게도 적용된다(20:16-18). 이런 작업을 실제로 어떻게 수행해야 하는지 신명기는 명시하지 않는다. 가나안 사람들이 모두 칼을 맞고 죽지는 않았을 테지만, 그 신학적 의도는 절대적이다. 즉 우상 숭배 관습을 결코 용납할 수 없다는 것이다. 이스라엘 사람뿐 아니라 가나안의 다양한 집단이 행하는 우상 숭배도 마찬가지다. 신명기에 따르면, 언약을 일관되게 실천하기 위해서는 어느 정도의 물리적인 분리가 반드시 필요하다. 하나님을 사랑하고 경외하는 일은 심판을 배제하지 않으며 오히려 때로는 요구한다.

성경의 다른 본문과 그리스도와의 관련성

신명기는 히브리어 성경의 정경에서 가장 많이 언급되는 책 중 하나가 되었다. 쿰란의 성경 사본들을 보면, 신약 시대 직전에 성경이 사용된 방식을 알 수 있다. 사본이 가장 많이 발굴된 세 권의 책은 시편(모두 39권), 신명기 (32권), 이사야서(22권)다. 이는 이 세 책이 신약성경에서 사용되는 빈도와도 일치한다.

전기 선지서들에 나오는 신명기

히브리 전승에서 선지서들은 전기 선지서와 후기 선지서 두 그룹으로 나뉜다. 전기 선지서는 여호수아서, 사사기, 사무엘서, 열왕기로 구성된다. 후기 선지서에는 이사야서, 예레미야서, 에스겔서, 12권의 소선지서들이 속한다. 바티칸 사본, 시나이 사본, 알렉산드리아 사본 등 가장 초창기의 기독교 성서 사본들이 실제로 이런 구분을 따랐다. 이 사본들에는 첫 번째 예언의 역사가 여호수아, 사사기, 열왕기 1-4장으로 이루어져 있다. 룻기가 그 기간에 일어난 이야기로 사사기 다음에 삽입되었다는 점 하나가 다르다. 그러나 두 전승 모두 이런 책들이 가나안 정복에서 바벨론 유수에 이르는 이스라엘 이야기를 아우르는 하나의 거대한 예언적 저술임을 인정한다. 고대의 모든 기록물이 그렇듯 이 책들도 모두 익명이지만, 신명기에 주어진 토라에 대한 충실성에 따라 이스라엘의 이야기를 평가하는 하나의 연속적인 내러티브다.

여호수아서는 다음과 같이 권면하며 신명기의 내러티브를 이어간다. 결의와 용기를 품으라, 모세가 명령한 모든 것을 신중하게 지켜라, "이 율법[토라]"(서론의 '장르와 문학적 특징'을 참고하라) 책을 백성의 입에서 떠나지 말게 하고 밤낮으로 그것을 묵상하라는 권면이다(수 1:6-8). 이스라엘 백성은 여리고성과 아이성을 정복한 직후 에발산에 제단을 쌓았는데(수 8:30-35), 이는 신명기에서 모세가 명령한 일이었다(신 11:29: 27:4-8). 그곳에서 토라에 나온 그대로 복과 저주를 낭독했다. 이 사건은 여호수아서 말미에서 모든 지파의 기업에 관한 묘사가 나온 후 다시금 기록되고 있다. 세겜에 모든 지파가 모인 것을 설명하는 광범위한 보고서와 여호수아의 긴 연설이 나온다. 주님을 따름으로 생명을 선택하라는 도전을 신명기 방식으로 요약한 내용이다(수 24:1-24). 여호수아는 백성들에게 순종하겠다는 약속을 받은 후, 신명기에서 요구하는 대로 "율법 책"에 쓰인 언약을 맺고(수 24:25-26) 돌 기념비를 세워 그곳에서 한 맹세의 증거로 삼았다.

여호수아의 죽음은 여호수아서의 끝부분과 사사기의 앞부분에 기록되어, 신명기의 요구 사항과 관련해 백성이 처신한 바를 설명한다. 여호수아서의 마지막 대목은, 백성들이 언약을 맺은 후 각자의 기업으로 돌아가기 위해 해산하는 장면이다(수 24:28-31). 여호수아는 가아스산 북쪽 에브라임에 있는 그의 땅에 장사되었고, 여호수아의 세대 전체도 비슷하게 그 언약에 충실했다. 이 대목은 사사기 내러티브의 서론에서 그대로 반복되지만(삿 2:6-10) 마지막 줄에 이르러서는 여호수아 이후의 세대가 여호와를 알지 못했다고 말한다. 가나안 땅의 정복은 여호수아 13:1에 기록된 대로 여호수아가 죽고 나서 한참 후까지 완료되지 않았다. 그러나 그 진술은 주제에 따라 여호수아서와 사사기로 나뉜다. 여호수아서는 주님이 족장들에게 하신 약속을 지키는 가운데 얼마나 언약에 충실하셨는지를 들려주고, 사사기는 이스라엘이 모세의 가르침을 지키는 일에서 얼마나 충실하지 못했는지를 들려준다. 여호수아서는 가나안 땅이 어떻게 주님의 선물로 이스라엘의 소유가 되었는지를 들려주고, 사사기는 이스라엘이 어떻게 그 땅의 사람들과 어울리며 가나안 사람이 되었는지를 들려준다.

이 논점은 사사기 19장에서 구체적으로 밝혀진다. 한 레위인이 그의 첩을 에브라임으로 데려오려고 유다의 베들레헴으로 가는 이야기다. 그가 첩과 함께 돌아오는 길에 여부스(훗날의 예루살렘) 근처에 왔을 때 날이 어두워진다. 그들은 숙소를 찾아야 했는데 일부러 이방의 가나안 성읍을 피하고 하룻밤 묵을 장소를 찾기 위해 베냐민의 기브아로 간다(삿 19:11-26). 그들은 거기서 환대를 받지 못하는데, 이는 고대 사회에서 큰 낭패였다. 마침내 이스라엘 사람이 아닌 한 노인이 들판에서 일하고 집으로 돌아오는 길에 그들을 자기 집으로 초대한다. 그날 밤 그 성읍의 남자들이 찾아와 손님들과 성관계를 맺겠다고 우긴다. 그들은 일차적 욕망이 채워지지 않자 레위인의 첩을 학대해 죽음에 이르게 한다. 이 이야기는 의도적으로 창세기 19:4-10에 나오는, 소돔에서 롯이 처했던 상황을 반영하고 있다(참고. 삿 19:22-25). 단지 사람들의 이름과 장소만 바뀌었을 뿐이다. 소돔은 가나안의 죄악을 전형적으로 보여주며, 그런 행실이 이제 이스라엘을 특징짓고 있다.

신명기적 역사

전기 선지서들의 내러티브에는 신명기의 언어와 경고에 대한 언급이 자주 나온다. 미디안의 억압 아래서 이스라엘 백성이 하나님께 부르짖는다(삿 6:7-10). 익명의 선지자가 나타나 신명기의 경고를 연상시키는 말로 그들의 실패를 책망한다. 이스라엘 백성이 다른 나라들처럼 왕을 원한다고 하자 선지자 사무엘은 고대 왕들의 전형적인 세금 부과와 강제 노동을 거론하며 그들에게 경고한다(삼상 8:10-18). 이런 모습은 형제인 이스라엘 백성과 함께 언약 아래에 있는 자로서 토라 사본을 옆에 두고 그 말씀을 따라 살아야 하는 왕의 모습(신 17:18-20)과는 정반대된다. 이스라엘이 앗수르 왕 살만에셀의 치하에서 포로로 잡혀갈 때, 열왕기는 이스라엘이 모세의 말에 주의를 기울이지 않은 모습을 열거하며 신명기의 용어로 긴 설교를 제공한다(왕하 17:7-18). 산당을 세우고 우상을 숭배한 것, 많은 선지자들의 경고를 무시한 것, 목이 곧아 완고한 것 등을 구체적으로 언급한다.

  신명기가 전기 선지서들에 미친 영향이 워낙 크다보니 모세오경에 대한 비평적 연구에 패러다임의 전환을 불러왔다. 마르틴 노트(Martin Noth)는 이 예언적 역사는 신중하게 구상한 계획에 따라 다양한 전승을 다함께 묶은 한 저자의 작품이라고 인정했다.[9] 노트는 신명기의 형식이 전기 선지서들로 알려진 네 권의 서론 역할을 한다는 입장을 지지했다. 그는 신명기 전체가 7세기 중반 여호야긴이 감옥에서 풀려난 뒤(왕하 25:27-30), 한 서기 편집자 또는 저자가 저술한 책이라고 했다. 노트는 이 저자가 그 기간 전체에 대한 연대기적 틀을 만들고 포괄적인 이스라엘 역사책을 저술했다고 보았다. 이 전통적인 자료들은 독립적으로 배열되었고, 앞을 내다보고 뒤를 돌아보는 요약문이 만들어진 순서대로 하나씩 정리되었다. 이 대목들은 간단한 표현을 단조롭게 반복하는 구절, 하나님의 율법에 대한 연속적인 언급, 순종의 필요성, 불순종에 따른 끔찍한 결과 등을 담고 있다. 그래서 전기 선지서들은 신명기적 역사라는 이름으로 불리게 되었다.

그러나 신명기는 노트가 주장하듯 전기 선지서들의 서론이 아니다. 신명기는 모세가 마지막으로 설파한 말이며, 그의 삶과 가르침에 대한 적절한 결론에 해당한다.[10] 하지만 노트의 저서는 신명기가 전기 선지서들의 권면과 경고와 약속에 미친 영향을 더 잘 이해하는 데 도움이 된다. 노트 이후 이스라엘 역사에 관한 여러 이론들, 곧 여호수아서에서 열왕기하에 이르는 책들에 나오는 자료의 상당 부분을 포함한 것으로 추정된 J, E, D, P라는 딱지가 붙은 이론들은 점차 폐기되었다. 신명기는 그 자체가 하나로 통합된 저서이고, 이후의 선지서는 이스라엘의 삶에 대한 연속적인 책으로서 이스라엘에 관한 매우 다양한 기록을 다함께 묶어 통일된 메시지를 지닌 완성본으로 만든 것이다. 신명기는 이 위대한 작품에 문학적, 역사적 맥락을 제공한다. 이 책은 노트의 견해처럼 포로로 잡혀갔던 한 사람의 저서가 아니었다.

학자들 사이에는 이 예언적 저술의 일부 형식이 요시야 시대에 존재했

9 　마르틴 노트(Martin Noth)의 영역본은 *The Deuteronomistic History*, trans. by Jane Doull et al, JSOTSup 15 (Sheffield, UK: JSOT Press, 1981)다.

10　신명기의 기원과 역할에 대한 유익한 연구로는 다음 책을 추천한다. Daniel I. Block, "Recovering the Voice of Moses: The Genesis of Deuteronomy," *JETS* 44/3 (2001): 385-408. 신명기가 후대를 위해 최신판으로 편집된 것을 보면, 모세가 분명 전체를 다 쓴 것은 아니지만 이스라엘이 출애굽 과정에서 받은 토라에 대해서는 책임이 있었다.

다는 여론이 있다. 당시는 예루살렘에 집중된 예배와 다윗 왕조의 통치에 대한 희망이 컸던 시기였다.[11] 요시야는 신명기에 규정된 대로 정확히 토라를 따랐으나(왕하 23:25) 므깃도에서 이집트 왕 바로 느고의 손에 죽음으로써 그의 통치는 비극적으로 끝나고 말았다(왕하 23:29). 그때부터 예루살렘은 이집트의 지배를 받았고, 이어서 포로시대가 될 때까지는 바벨론의 지배 아래 있었다. 열왕기는 므낫세를 요시야처럼 매우 존귀한 왕조차도 돌이키지 못한 포로 됨의 원흉으로 비난하는데(왕하 23:26-27; 24:3-4), 이 평가는 유다가 포로로 잡혀간 후 열왕기가 완성되는 과정 가운데 내려진 것일지도 모른다. 그러나 열왕기는 다윗으로부터 포로시대까지 400년도 넘는 기간을 망라하고 여기에 수많은 선지자들이 나온다. 이사야는 열왕기하 18-21장의 기사에서 볼 수 있듯 왕족 사건에 개입한 대표적인 선지자다. 열왕기의 이전 판본들은 그 책들의 출처를 가리키는 독특한 형식을 보면 알 수 있다.[12] 이스라엘의 예언적 역사를 기록하는 일부 형식이 히스기야 시대에 이미 존재했다.

　이 기나긴 예언의 역사를 우리가 현재 가지고 있는 책들로 나눈 과정은 아직 알려지지 않았다. 그러나 그 책들은 이스라엘이 신명기에 표현된 언약에 충실했는가에 따라 이스라엘의 이야기를 들려주는 연속적인 내러티브다. 이스라엘은 정치적 실체로서는 종말에 이르겠지만, 그것이 언약의 종말은 아닐 것이다. 전기 선지서들은 시편 2편에서 거행된 왕의 임명을 통해 신성한 왕국이 도래할 것을 확증하고, 신명기에서 모세가 가르친 왕국의 실현을 내다본다.

11　열왕기에 나타난 희망에 대해서는 다음 글이 다루고 있다. Frank M. Cross, "The Themes of the Book of Kings and the Structure of the Deuteronomistic History," in *Canaanite Myth and Hebrew Epic: Essays in the History of the Religion of Israel* (Cambridge, MA: Harvard University Press, 1973), 274-289.

12　이전 판본들에 대한 증거는 다음 논문을 참고하라. August H. Konkel, "Hezekiah in Biblical Traditions," (PhD diss. Westminster Theological Seminary, 1987), 124-126.

후기 선지서들에 나오는 신명기

모든 예배를 예루살렘 성전 중심으로 거행하려는 요시야의 개혁에 신명기가 크게 영향을 끼친 것이 분명하다. 그는 통치하는 동안 토라를 낭독하라는 요구를 따랐을 가능성이 많다(신 31:10-11). 예레미야의 예언은 주전 622년 요시야의 개혁 즈음에 시작되어 주전 586년 포로로 잡혀간 이후까지 지속된다. 신명기의 언어와 영향이 예레미야서에서 두드러질 것이라고 예상해볼 만하다. 사실 예레미야 7장에 나오는 성전 설교를 연상시키는 예레미야 19:1-20:6과 같은 산문 설교의 다수가 그런 경우인 듯하다. 예레미야는 예루살렘 주민들의 몰락을 묘사하기 위해 부서진 옹기의 교훈을 사용한다(렘 19:1-2, 10). 이 장에서 예레미야 19:3-9의 경고에 나오는 신명기적 언어에 주목하자. 여기서 예레미야는 유다 왕들을 상대로 무죄한 자의 피를 흘리지 말고 산당의 우상 숭배를 그만두라고 경고한다. 지나가는 구경꾼들은 온통 파괴되고 식인 행위로 전락한 성읍을 보고 조롱할 것이다. 이 구절들은 그 단락에 잘 융합되어 있고, 특히 옹기[박부크(baqbuk)]와 예루살렘 계획의 깨뜨림[박코티(baqqoti)]이라는 언어유희로 되어 있지만, 반역한 성읍에 적용된 언약의 언어를 뚜렷이 보여준다. 예레미야는 언약을 위반하는 이들에게 신명기의 저주를 적용하는 포로시대의 선지자로서 그의 설교에 신명기가 어떤 영향을 미쳤는지 자주 보여준다.

신명기의 언어와 주제는 다른 예언 문학에서도 찾아볼 수 있다. 신명기의 주제들은 우상 숭배와의 싸움, 예배의 중앙집중화, 출애굽, 언약, 이스라엘의 선택, 율법 준수, 땅의 기업 등을 포함한다.[13] 호세아도 신명기처럼 우상은 장인의 수공품에 지나지 않다고 주장하면서 우상 숭배에 대한 반

---

13 참고. Moshe Weinfeld, *Deuteronomy and the Deuteronomistic School* (Oxford: Clarendon Press, 1972), 320-365. 바인펠트는 서기관 집단이 요시야 시대에 일을 시작해 포로시대까지 이어졌고, 특히 전기 선지서들과 예레미야서에 영향을 주었다고 주장했다. 이 책의 긴 부록에는 신명기 주제들을 중심으로 신명기적 어구 목록을 만들었다.

론을 편다(호 8:6, 13:2). 그는 신명기 특유의 표현(예. 신 17:2)인 '언약의 위반'[아베루베리트(*'aberuberit*), 호 6:7; 8:1]을 거론한다. 언약을 어기는 것은 하나님을 잊어버리는 것과 같다(호 13:6; 신 8:11-14). 이사야서는 신명기에서 두드러진 언어를 사용해 이스라엘이 언약에 불순종했기 때문에 하나님께서 그들을 정죄하는 모습으로 시작한다. 이사야서는 이스라엘의 불순종에 대해 증인들의 증언을 요구하는 하나님의 부르심으로 말문을 연다. 고대의 언약과 이스라엘의 행위에 대한 증인은 하늘과 땅이며(사 1:2), 이는 신명기에 거듭 나오는 호소다(신 4:26; 30:19; 31:28; 32:1). 이사야는 하나님께서 자식을 양육한 일에 대해 거론한다. 이는 신명기에서 사용된 하나님과 이스라엘의 관계에 대한 은유 중 하나다(14:1; 32:6, 18). 이사야서 1장은 이스라엘을 정죄하고, 모세가 권면한 대로 선을 행하고 정의 구하는 법을 배우라는 호소로 말문을 연다(사 1:2-20). 예루살렘과 그곳의 지도자들이 특히 비난을 받는다. 그들이 신명기가 요구한 대로 고아와 과부를 돌보는 일에 완전히 실패했기 때문이다.

신약에 나오는 신명기

신명기는 예수님의 생애에서도 두드러진다. 예수님의 생애에서 가장 중요한 순간 가운데 하나가 마귀에게 시험을 받을 때다(마 4:1-11). 이 사건은 예수님의 세례 직후에 나온다. 예수님이 세례에 복종하여 공개적인 회개 고백으로 용서의 필요성을 인정하는 이들과 자발적으로 동일시되는 순간이었다. 예수님은 이처럼 의로움을 추구하는 자들과 동일시된 후(참고. 사 51:1) 성령의 인도를 받아 마귀의 시험에 직면한다. 이는 장차 십자가를 통해 영화롭게 되어 아버지의 뜻에 순종하기 위해 준비하는 중요한 단계 중하나다. 광야에 있는 예수님의 상황은 이스라엘이 약속의 땅으로 가는 여정에서 겪은 처지와 비슷하다. 예수님이 금식했던 40일은 한 세대의 기준이 광야에서 보낸 40년이었던 것처럼 완전한 기간이라고 할 수 있다. 이런 환경에서 예수님은 몸이 극한에 이르렀던 만큼 하나님께 완전히 의존해 있었다. 마찬가지로 광야에서 이스라엘도 하나님의 공급하심에 전적으로 의존해 있었다.

그러나 이스라엘은 하나님을 신뢰하는 시험에 실패하고 말았다. 신명기에서 모세는 그들에게 광야의 교훈과 하나님을 신뢰할 필요성을 배우라고 권면한다. 그들은 이제 풍요로운 땅에 들어가겠지만, 그렇다고 그들의 필요가 바뀌지는 않을 것이다. 그들은 여전히 같은 방식으로 존재 자체를 위해 하나님께 의존하고 있다. 하나님께서 주신 만나는 사람이 떡으로만 사는 것이 아니라는 교훈을 가르친다(신 8:3). 인간은 죽음을 막을 수 없다. 그러므로 인간의 안녕은 생명의 한시적 양식일 뿐인 떡을 생산하는 능력 이상에 달려 있다. 마귀가 예수님에게 돌을 떡으로 만들라고 유혹할 때(마 4:3), 예수님은 모세가 이스라엘에게 준 말로 적절하게 응답하신다. 우리가 하나님께 의지함은 떡을 넘어서는 것을 위해서다. 떡만으로는 생명을 만들 수 없다.

마귀의 두 번째 유혹은 예수님에게 성전의 탑에서 뛰어내리라는 것이었다. 시편 91:12을 증거 본문으로 인용하며 하나님께서 그에게 속한 생명을 보호하신다고 주장하면서 유혹했다. 이 시험의 속임수는 성전에서 뛰어내리는 것은 신뢰의 증거가 아니라 신뢰의 부족을 보여준다는 점에 있다. 이스라엘이 약속의 땅에 들어와 좋은 것으로 가득한 집을 갖게 될 때, 하나님께서 그들을 이집트에서 인도해내셨다는 사실을 잊은 채(신 6:12) 맛사에서 그랬던 것처럼 여호와를 시험해서는 안 된다(6:16). 그들의 생명 자체가 하나님께서 함께하신다는 증거다. 예수님은 마귀에게 모세의 권면으로 대답하면서(마 4:7) 하나님은 이스라엘이 불평하면서 그랬듯 임재하심의 증거를 보여달라고 요구할 분이 아니라 다만 신뢰할 분임을 분명히 밝힌다.

마귀의 마지막 시험은 그야말로 우상 숭배의 시험이었다. 마귀는 자기에게 충성하면 그 보답으로 세상의 모든 나라를 주겠다고 예수님에게 약속한다(마 4:8-9). 이는 이스라엘 백성이 하나님의 풍성한 선물을 받을 때 주의하라고 모세가 준 근본적인 경고였다. 그들은 스스로 주의하여 오직 하나님만 섬기고 그분의 이름으로 헛되게 맹세해서는 안 되었다(신 6:13).

이처럼 예수님이 모세의 권면에 근거해 명백하고 결정적인 말씀을 하신 후 마귀는 떠나갔다(마 4:10-11). 이번에는 하나님께서 천사들의 섬김을 통해 예수님에게 필요한 것을 공급하신다.

사도 바울의 서신들 가운데 신명기의 신학은 로마서 9-11장에서 이스라엘의 회복을 변호하는 대목으로 구현되어 있다. 바울은 먼저 하나님께서 항상 선택받은 자를 통해 일하셨기에 그분이 약속이 무효화되지 않았음을 입증한다(롬 9:6-29). 이어서 이스라엘의 현재 상황에 대해 이야기한다(롬 9:30-10:21). 세 번째 부분에서는 하나님께서 과연 자기 백성인 이스라엘을 버리실 수 있었는지에 대한 문제를 다룬다(롬 11:1-36). 바울은 신명기에 나온 모세의 메시지를 해석하며 이스라엘의 현재 상황에 대해 언급한다. 답변은 두 부분으로 나뉜다. 첫째는 복음의 본질에 관한 것이고(롬 9:32-10:13), 둘째는 하나님께서 복음을 통해 이스라엘과 맺는 관계와 관련이 있다(롬 10:14-21).

이스라엘은 그리스도가 토라의 목표이고(롬 10:4) 그 가르침의 성취라는 진리를 깨닫지 못해 넘어지고 말았다. 토라에 상술된 하나님의 의(義)는 그리스도 안에서 찾도록 되어 있다. 이스라엘은 하나님께서 의로움과 관련해 공평하신 분이고, 그 의는 그리스도를 믿는 모든 사람에게 주시는 하나님의 선물임을 이해하지 못했다. 바울은 로마서 10:6-11에서 언약의 갱신에 관한 논증을 제시한다. 그는 이 갱신을 복음 전파를 통해 일어나는 일이라는 견지에서 설명한다. 신명기 29:21-28에서 내다본 이스라엘의 포로생활은 사실상 그리스도가 오실 때까지 계속되었다. 포로시대는 그분의 오심과 함께 막을 내린다. 예수님은 새로운 언약을 제정하셨고 30장에 예견된 언약의 갱신을 달성하셨다. 이 갱신된 언약의 일원이라는 표시는 바로 예수 그리스도를 주님으로 고백하는 믿음이다. 모세가 30:11-14에서 약속한 것, 곧 그 말씀이 가까이 있음을 이제 복음 전파를 통해 들을 수 있다. 이는 바울이 복음에서 전하는 믿음의 말씀이다(롬 10:8-9). 바울은 토라의 말씀에 대해 들은 바를 그 말씀의 성취인 메시아에게 적용한다. 메시아는 멀리 있지 않다. 하늘에서 내려왔기 때문이다. 그분이 전파하는 말씀이 마음속에 있다는 것은 새 언약의 사역이 믿음을 통해 일어났다는 표시다.

바울은 신명기의 후반부를 모세로부터 그의 시대와 이후에 이르는 언약 이야기에 관한 예언적 묘사로 해석한다. 신명기의 언약이 성취될 것이란 이런 기대는 쿰란 공동체의 지도자 '의(義)의 스승'이 재구성된 문서(4QMMT)의 마지막 권면에서 표명했던 바다. 그는 쿰란 공동체가 마침내 모세가 약속한 언약의 갱신을 경험하고 있다고 믿었다. 언약의 성취와 관련해 이스라엘이 넘어졌다고 해서 그들에게 하나님의 은혜가 못 미치는 것은 아니다(롬 10:14-21). 불순종하고 반역하는 백성일지라도 하나님은 계속해서 은혜를 베풀고 계신다. 그분은 토라를 깨닫지 못했던 이방인들을 통해 이 은혜를 깨닫도록 그 백성을 자극하실 것이다.

이제까지 성경 곳곳에 나타나는 신명기의 영향력을 몇 가지 표본을 들어 살펴보았다. 이를 통해 모세의 설교가 구속 이야기의 처음부터 끝까지, 즉 하나님께서 시내산에서 언약을 세우신 때로부터 그리스도를 통해 새 언약을 성취하고 이스라엘을 궁극적으로 구속하시기에 이르기까지 심대한 영향을 미쳤음을 잘 알 수 있다. 신명기에 대한 암시 또는 직접적인 언급은 사실상 성경의 모든 책에서 찾아볼 수 있다.

신명기 설교하기

모세는 이스라엘을 향한 마지막 권면에서 모든 시대에 해당하는 믿음의 요구 사항을 명백히 제시한다. 첫 번째 요구는 하나님에 대한 신뢰이며, 이를 신명기는 하나님을 경외하고 사랑하는 법을 배우는 것으로 묘사한다(신 6:1-2; 11:1-2). 이 말씀은 신명기에서 계명을 지켜야 할 요건에 따라 정의되어 있다. 이 요건을 율법주의적인 의미로 받아들이면 안 된다. 계명 자체를 율법주의로 해석할 수 없다. 예수님은 가장 큰 계명이 무엇이냐는 질문에 신명기 6:4-5의 말씀으로 대답하셨다. "네 마음을 다하고 목숨을 다하고 뜻을 다하고 힘을 다하여 주 너의 하나님을 사랑하라 하신 것이요"(막 12:30). 사랑하라는 계명은 바리새인이 그랬듯 그 계명에 일련의 규율을 추가해서 지킬 수 있는 것이 아니다. 그래서 예수님은 바리새인 식의 해석을 참지 못하신다. 아무리 좋은 의도와 열정, 자부심에서 나온 해석일지라도 신명기에 나온 하나님의 요구를 완전히 오해했기 때문이다. 사랑과 경외는 신뢰와 순종을 불러일으키는 내적 동기다. 사랑은 돌봄과 지지를 받을 수 있다는 확신 속에서 이루어지는 헌신이다. 순종은 불순종에 따른 결과를 두려워하기에 생기는 반응이다.

하나님에 대한 사랑 고백은 신명기 5:6-15에 나오는 십계명의 처음 네 계명에서 찾아볼 수 있다. 하나님에 대한 배타적인 신뢰(제1계명과 제2계명), 하나님의 이름과 관련된 맹세(제3계명), 하나님의 안식에 들어가며 구속된 백성이 되었음을 고백하는 안식일 준수(제4계명)가 그것이다. 신명기 설교의 중심에 있는 이 계명들은 기독교적 견지에서 설명되어야 한다. 새 언약에 대한 충성 서약은 주 예수님에 대한 헌신으로 표현된다(롬 10:6-10). 이 헌신 고백은 세례를 받을 때 이루어진다. 안식일 준수는 하나님의 구속을 선언하는 하나의 방식이다. 특히 히브리서 3:1-4:11이 가르치듯 출애굽과 함께 시작된 안식에 들어가는 것이다. 그리스도인은 구속됨, 즉 이스라엘의 유월절 식사를 예수님이 마지막 유월절 식사에서 제자들에게 가르치신 성만찬을 통해 기억한다. 부활은 그 구속의 새 언약적 성취다. 그런 이유로 신약 시대의 그리스도인들은 이미 매주 첫 날을 구속적 안식을 고백하는 날로 구별하기 시작했다.

하나님께 신실한 삶

예수님이 예루살렘에 계실 때, 한 율법학자가 가장 큰 계명에 무엇이냐는 질문을 하며 예수님을 시험한다(막 12:28-34). 예수님은 신명기 6:4의 쉐마로 응답하시고, 그에 따르는 당연한 결과를 덧붙이신다. "네 이웃을 네 자신과 같이 사랑하라"(막 12:31). 이웃을 사랑하라는 말씀은 레위기 19:18에 나오지만, 그 요건은 신명기에 설명되어 있다. 신명기 5:6-14에 나오는 첫째 계명에서 넷째 계명까지는 유일하게 거룩하신 하나님에 대한 절대적 헌신을 요구한다. 하나님은 생명과 모든 물질적 안녕의 근원이시다. 모든 것이 그분께 속해 있다. 그러므로 우리는 우리의 삶을 그분께 전적으로 드리고, 또한 다른 이들을 사랑해야 한다.

신명기 5:15-19에 나오는 다섯째 계명에서 아홉째 계명까지는 이웃을 사랑하는 수단들이며, 여기에 생명과 가족, 재산, 진실 보호가 포함된다. 다른 사람들과의 관계에서 이 모든 계명을 지킨다면 이웃을 자기 자신처럼 사랑하는 것이다. 예수님께 가장 큰 계명이 무엇인지 물었던 그 지식인은 이를 완전히 인정한다는 반응을 보인다. 이 계명들을 준수하지 않는다면 제물을 드리는 모든 의식은 아무런 가치가 없다고 말한다(막 12:32-33). 예수님은 박식한 이 남자의 합리적인 반응을 인정하시는 한편, 이 남자는 하나님께서 그분 나라의 시민에게 무엇을 기대하시는지 이해하고 있다. 신명기에서 제사는 가난한 자에게 양식을 제공하는 행사인 큰 추수 모임으로 한정된다. 예수님의 말씀은 그분이 처한 상황에서 신명기를 설명하고 있다. 마찬가지로 우리도 신명기 말씀을 우리의 상황에 맞게 설교해야 한다. 이것이 하나님 나라의 복음이다.

또 다른 경우에 한 부유한 관리가 예수님께 달려와 어떻게 해야 영생을 얻을 수 있는지 물어본다(막 10:17). 예수님은 신명기 5:16-20의 말씀, 곧 인간관계에 대한 가르침을 담은 여섯 계명을 언급하며 응답하신다(막 10:19). 그 관리는 자기가 어릴 때부터 그 규정들을 지켰다고 대답한다. 예수님은 신명기에서 짧은 교훈을 끌어내어 이렇게 응답하신다. "네게 있는 것을 다 팔아 가난한 자들에게 주라"(막 10:21). 그는 마음과 뜻과 재산을 다해 하나님을 사랑한다는 것이 무슨 뜻인지 깨달아야 한다. 이는 모든 소유가 하나님께 속해 있다는 뜻이다. 그가 신명기에서 요구하는 대로 하나님을 사랑하려면 그의 많은 재산이 자기를 위해 사용하는 자기 것이 아님을 알아야 한다. 좋은 설교는 우리의 삶과 소유가 하나님께 속해 있기 때문에 그것을 어떻게 다른 사람들과 나눌 수 있는지 설명한다. 이는 창조주와 구속자에 대한 사랑이 요구하는 바다.

다른 사람들에게 신실한 삶

인간의 삶은 가족 단위로 움직인다. 제5계명, 곧 언약의 백성에게 아버지와 어머니를 공경하라고 요구하는 계명의 본질은 인간의 삶이 가족에 달려 있다는 것이다. 이것은 규율로 축소할 수 없는 신명기의 율법 중 하나다. 하지만 예수님 당시의 신명기 해석자들은 그 계명을 중심으로 여러 규율을 만들었다. 그런 규율들은 하나님에 대한 사랑을 보여주지 못했다. 바리새인들은 정결함에 대해 빈틈이 없었으나, 부모 공경에 관한 한 부모를 돌보는 대신에 재산을 예물로 드릴 수 있다는 규율을 만들었다(마 15:2-8). 이는 신명기에 나오는 하나님의 말씀을 무효로 만드는 행위였다.

신명기에 나오는 제10계명은 사랑의 요구 사항을 분명히 표현한다. 그 계명은 마음속에서 일어나는 일, 곧 사람이 어떻게 생각하는가에서 시작된다. 우리 각자는 이웃의 아내를 탐내서는 안 된다(신 5:21). 이는 단지 간음을 금지할 뿐 아니라, 다른 사람의 아내에게 정욕을 품기만 해도 이미 간음한 것이고 하나님과 이웃에 대한 사랑을 위배하는 것으로 본다. 부모 공경, 부부관계의 신실함, 성욕의 절제는 가정생활의 필수 조건으로 신명기를 설교할 때 꼭 다루어야 할 사항이다. 설교 시간에 이런 계명들을 실제로 실행하는 많은 실제 예를 제공해야 한다.

가족은 공동체의 지지가 필요하다. 따라서 각 개인은 이웃의 재산을 조금도 탐해서는 안 된다(5:19). 도둑질은 남의 재산을 착복하는 행위가 아니라 그것을 갖고 싶어 하는 탐욕에서 시작된다. 이와 비슷하게, 그릇된 욕망을 통제한다는 것은 자기 이익을 위해 진실을 회피하고 속이는 말을 사용하기보다는 진실을 말하기에 적합한 사고방식이다. 이것이 이웃됨의 기본이고, 좋은 설교를 지지하는 기둥 중 하나가 되어야 한다.

생명과 가족과 재산은 모든 사회에 안정을 가져오는 세 가지 기본적인 가치이며, 이 가치가 신명기 전체에 스며들어 있다. 하나님은 이스라엘에게 생명을 주시고, 그들을 선택된 안식처로 이끌고 계신다. 그곳에서 그들은 가족을 보호하고 재산을 소중히 여기고 공동체의 온전함을 지키며 가난한 자를 돌봐야 한다. 이 토라의 상세한 가르침은 이런 일을 일상생활에서 어떻게 행하는지 많은 예를 제공한다. 이런 가르침은 예수님을 따르는 제자도의 기초가 된다. 모세가 이스라엘 백성을 약속의 땅에서 잘 살도록 준비시키는 과정에서 이런 근본적인 진리가 신명기 전체에서 개진되고 있다. 이 모세복음은 우리를 안식처, 곧 최종적인 구속으로 인도하시는 예수 그리스도의 사역에서 그 목표에 이른다(히 4:1-10). 신명기의 권면이 히브리서에서 되풀이되고 있다. "그러므로 우리는 두려워할지니 그의 안식에 들어갈 약속이 남아 있을지라도 너희 중에는 혹 이르지 못할 자가 있을까 함이라"(히 4:1). 이는 참된 믿음에 따르는 두려움이다. 하나님을 사랑한다는 것은 신명기의 가르침에 따라 산다는 뜻이다. 믿음이란 모세가 이스라엘에게 지키라고 권면하는 가르침을 다 이행하지 못할까 두려워하는 것이다. 신명기는 가장 포괄적으로 기독교의 제자도에 대해 설교하고 있다.

해석상 난제

신명기는 대체로 해석하기 어렵지 않은 단도직입적인 산문이다. 텍스트도 히브리 성경에 보존된 것 중 최상급에 속한다. 헬라어 번역본을 통해 알려진 텍스트의 차이로 어떤 구절의 해석에 실제로 변화가 일어나거나 전체 메시지가 영향을 받는 경우는 무척 드물다. 신명기의 주된 난제는 병행 문서들과 다른 데서 생긴다. 때로는 신명기 내에서 그렇기도 하고, 모세오경의 다른 구절과 비교해서 그런 경우도 있다. 그중 세 가지 중요한 문제는 사법 제도의 제정, 출애굽 경로, 제사장의 역할과 관계가 있다.

사법 조직에 관한 세 편의 기사는 서로 연관성이 있음에 틀림없다. 첫 번째는 모세가 장인 이드로의 지시에 따라 군사 체계를 세운 기사다(출

18:13-27). 두 번째는 이스라엘 백성이 만나에 대해 불평한 것과 관련해 하나님의 지시대로 70인 장로를 선택한 기사로 민수기 11장에 나온다. 세 번째는 사사 임명의 주도권을 백성이 취하고 모세의 지시에 따라 그 일이 수행되는 기사로 신명기에 나온다. 셋은 단일한 사건의 변형이기보다는 광야에서 수립된 단일한 리더십 제도를 묘사하는 듯하다.

출애굽 경로는 민수기와 신명기에 묘사되어 있는데 두 기사에는 차이점이 있다. 신명기에 따르면, 이스라엘 백성은 출애굽 후 둘째 해에 가데스를 떠나 남동쪽으로 엘랏만을 향해 여행하고 세일과 에돔의 경계에서 38년을 보낸다(신 1:46-2:3; 2:14). 그들은 엘랏 근처 남쪽 끝에 있는 아라밧 골짜기를 건너 세렛 시내를 향해 북쪽으로 갔고, 거기서 모압으로 들어간다. 민수기 33장의 여정에 따르면, 이스라엘 백성은 가데스 바네아로 가기 전 엘랏만에 있는 에시온게벨에서 진을 쳤다. 그들은 출애굽한 지 38년째 되는 해에 가데스를 떠나는데, 당시 아론이 호르산에서 죽음을 맞이했다(민 33:37-39). 거기서부터 그들은 모압의 변경을 향해 북쪽 길을 따라 여행한다(민 33:41-44). 민수기 20:1에 따르면 가데스에 이른 것은 40년째가 되는 해다. 민수기의 내러티브에 따르면 가데스를 두 번 방문한 셈이다. 한 번은 정탐꾼을 보냈을 때이고(민 13:26), 다른 한 번은 모압으로 가는 여정 중에 일어난 일이다(민 33:36-37). 민수기 33장에 나오는 여정은 모압으로 향하는 길에 엘랏만을 향해 남쪽으로 여행한 것을 묘사하지 않는다. 거기에 나오는 모든 지명은 사해 남쪽을 돌아 북쪽으로 가는 길에 있다. 일부 학자는 모압에 들어가는 묘사가 두 번 나오는 것은, 그들이 각각 다른 경로로 한 번 이상 이주했음을 시사한다고 본다.[14] 민수기와 신명기의 내러티브는 모

---

14 참고. Yoahnan Aharoni, *The Land of the Bible: A Historical Geography*, rev. ed., trans. and ed. A. F. Rainey (Philadelphia: Westminster, 1979), 200-206. 아하로니는 이것을 역사적으로 시간이 흐르면서 영토가 변동된 것으로 설명한다. 역사적 지리에 관한 책에서 그는 에돔이 도착하기 전의 미디안이 세련된 문명 국가였고 이집트와 좋은 관계를 맺었다고 설명한다. 당시에는 시혼 왕국인 헤스본으로 직접 가는 여정에 아무런 저항이 없었다고 한다. 이후 에돔과 모압에 정착민이 자리를 잡으면서 이스라엘은 남쪽에서부터 더 긴 경로로 우회하지 않을 수 없었다.

세를 단 한 번의 출애굽을 성사시켜 가데스 바네아로 인도한 지도자로 묘사한다. 거기서 모압을 통과해 약속의 땅에 들어가기 전 반란이 일어나 그들은 광야에서 40년간 방황하게 된다. 여행 과정에 어떤 차이가 있든지 간에 그 기사들은 단 한 번의 출애굽을 묘사한다는 점에서 통일성을 띤다.

제사장의 역할에 관한 한, 신명기는 레위인과 제사장으로 섬기는 아론의 후손을 따로 구별하지 않는다. 그렇지 않았으면 아론의 아들들에게 국한되었을 과업과 보수가 레위인에게도 주어진다(신 18:1-8). 하지만 민수기 4:47에 나온 인구조사 결과에 따르면, 레위인의 과업은 회막 봉사와 운반에 국한되어 있다. 민수기에서 히브리어 용어 아보다(*'abodah*, "봉사", 예. 민 3:31)는 오로지 성막의 구조물과 기구를 준비하는 레위인의 일에만 사용되며 제사장의 일에는 사용된 적이 전혀 없다. 다른 곳에서는 이 단어가 성전의 의례적 기능을 다루는 모든 활동을 의미하기는 한다. 신명기는 레위자손인 제사장들을 토라 문서가 담긴 언약궤의 관리인들이라고 명시하는데(31:9), 이는 민수기에서 제사장의 일을 묘사하는 것과 뚜렷한 대조를 이룬다.

이런 차이점을 다루는 가장 오래된 방법은 그 본문들을 조화시키는 방식을 찾는 것이다. 이 방법은 때로는 기사들을 조화시키기 위해 다른 책에서 끌어온 한 부분을 삽입하는 모세오경의 텍스트 자체까지 거슬러 올라간다. 본 주석에서는 정탐꾼을 보내는 대목에 이런 실례가 나오는 점을 짚을 것이다. 사마리아오경은 신명기와 민수기를 조화시키기 위해 민수기 13장의 서두에 신명기 1:22-23을 삽입한다. 모든 기사들은 부분적인 데다 주제에 따라 배치되어 동일한 사건의 다른 측면을 묘사한다고 가정해도 무방하다. 출애굽과 관련된 다양한 장소와 묘사를 상호보완적인 관계로 규합하기 위해 조화시키는 방법을 도입한 것이다.

이런 해석에 대해 할 말이 많지만, 시간 경과의 영향력 역시 고려하지 않으면 안 된다. 서기관들은 전승을 이어받아 그것을 그들의 청중과 상관있는 것으로 만들었다. 신명기는 언약 백성이 약속의 땅에서 완전히 새로운 상황에 처할 것을 내다본다. 더 이상 성막을 운반할 필요가 없으면 레위인의 역할은 반드시 바뀌게 될 것이다. 신명기는 한 성전과 단일한 예배 장소가 생길 날을 기대하고 있다. 이는 모세 이후로 몇 세기가 지나야 될 일이다. 그러나 모세 이후에 그 글을 쓰던 서기관들은 이런 변화가 일부 실현되기 시작하는 시기에 살았을 것이다. 요시야 시대에 성전에서 토라가 발견되었을 때, 단일한 예배 장소에 대한 그 메시지의 상관성이 그 기능을 수행하는 레위인의 역할과 더불어 청중에게 즉시 와 닿았을 것이다.

서기관들이 사용한 또 하나의 방법은 특정한 주제를 특정한 방식으로 묘사하기 위해 자료를 배치하는 것이었다. 민수기는 출애굽을 약속의 땅으로 향하는 전환점으로 다룬다. 신명기는 출애굽 사건을, 한 세대 후에 이스라엘을 모압 평지로 이끈 신앙의 실패를 피하라는 일종의 권면으로 뒤돌아본다. 서기관들이 모세가 백성에게 남긴 메시지를 기록할 즈음, 방황하던 시절의 장소들과 그 지명의 의미가 이미 널리 알려져 있었을 것이다. 그 사건들의 개요(contours)는 잘 알려져 있었고 사람들을 권고하는 용도로 잘 설명되었다. 광야의 전승에 관한 정보는 하나님께서 그분의 백성을 인도하신 장소들과 더불어 그 사건들의 연대기를 작성하기에는 불충분하다. 사건 전체를 정확히 서술하기에는 충분한 정보가 없는 만큼, 신명기에 나오는 차이점들은 그 책의 목적 안에서 해석되어야 한다 그렇다고 해서 사건들의 중요한 의미가 감소하지 않는다. 각 저술의 목적을 이해하는 데 필요한 정보를 우리가 알고 있기 때문이다.

I. 모세의 첫 번째 연설(1:1-4:43)

  A. 모세의 마지막 메시지의 배경(1:1-5)

  B. 광야의 여정(1:6-3:29)

    1. 가데스 바네아 근처의 여정(1:6-2:1)

      a. 호렙에서 준비함(1:6-18)

      b. 가데스 바네아에서 반역함(1:19-2:1)

    2. 벳브올에 이르는 여정(2:2-3:22)

      a. 세렛 시내를 건너는 여정(2:2-15)

      b. 아르논을 건너는 여정(2:16-37)

      c. 요단 동편을 소유함(3:1-22)

    3. 모세의 기도(3:23-29)

  C. 신실함에 대한 권면(4:1-40)

    1. 이스라엘의 지혜(4:1-8)

      a. 생명의 말씀(4:1-4)

      b. 말씀에 순종함(4:5-8)

    2. 생명을 지키기 위한 경계(4:9-22)

      a. 가르침을 무시하지 않도록 경계하라(4:9-14)

      b. 우상 숭배를 경계하라(4:15-22)

    3. 우상 숭배의 결과(4:23-28)

      a. 포로로 잡혀가는 징벌(4:23-28)

      b. 회개를 통한 회복(4:29-31)

    4. 이스라엘의 비할 데 없는 하나님(4:32-40)

      a. 하나님께서 이스라엘을 선택하심(4:32-38)

B. 모세의 노래(32:1-44)

   1. 이스라엘의 반석(32:1-6)

     a. 여호와의 이름에 대한 서문(32:1-3)

     b. 여호와의 완전한 일(32:4)

     c. 어리석고 패역한 백성(32:5-6)

   2. 이스라엘과의 관계(32:7-18)

     a. 이스라엘의 후원자(32:7-14)

     b. 이스라엘의 반역(32:15-18)

   3. 하나님의 주권과 구속(32:19-42)

     a. 이스라엘에 대한 분노(32:19-25)

     b. 열방에 대한 징벌(32:26-35)

     c. 이스라엘의 구속(32:36-42)

   4. 종결부: 하나님의 보복을 기뻐하다(32:43)

   5. 서명(32:44)

C. 모세의 마지막 권면(32:45-47)

D. 하나님께서 모세를 느보산으로 부르시다(32:48-52)

E. 모세의 축복(33:1-29)

   1. 번쩍이는 모습으로 시내산에서 오신 여호와(33:1-5)

   2. 지파들에 대한 축복(33:6-25)

   3. 이스라엘, 하나님의 복을 받은 백성(33:26-29)

F. 모세의 죽음(34:1-12)

   1. 모세가 약속의 땅을 바라보다(34:1-4)

   2. 모세의 죽음과 장사(34:5-7)

   3. 여호수아의 위임(34:8-9)

   4. 모세에 대한 찬사(34:10-12)

ESV Expository Commentary
Deuteronomy

Deuteronomy
신명기
1:1-18

¹ 이는 모세가 요단 저쪽 숩 맞은편의 아라바 광야 곧 바란과 도벨과 라반과 하세롯과 디사합 사이에서 이스라엘 무리에게 선포한 말씀이니라 ² 호렙산에서 세일산을 지나 가데스 바네아까지 열 하룻길이었더라 ³ 마흔째 해 열한째 달 그달 첫째 날에 모세가 이스라엘 자손에게 여호와께서 그들을 위하여 자기에게 주신 명령을 다 알렸으니 ⁴ 그때는 모세가 헤스본에 거주하는 아모리 왕 시혼을 쳐죽이고 에드레이에서 아스다롯에 거주하는 바산 왕 옥을 쳐죽인 후라 ⁵ 모세가 요단 저쪽 모압 땅에서 이 율법을 설명하기 시작하였더라 일렀으되 ⁶ 우리 하나님 여호와께서 호렙산에서 우리에게 말씀하여 이르시기를 너희가 이 산에 거주한 지 오래니 ⁷ 방향을 돌려 행진하여 아모리 족속의 산지로 가고 그 근방 곳곳으로 가고 아라바와 산지와 평지와 네겝과 해변과 가나안 족속의 땅과 레바논과 큰 강 유브라데까지 가라 ⁸ 내가 너희의 조상 아브라함과 이삭과 야곱에게 맹세하여 그들과 그들의 후손에게 주리라 한 땅이 너희 앞에 있으니 들어가서 그 땅을 차지할지니라

¹ These are the words that Moses spoke to all Israel beyond the Jordan in the wilderness, in the Arabah opposite Suph, between Paran and

Tophel, Laban, Hazeroth, and Dizahab. 2 It is eleven days' journey from Horeb by the way of Mount Seir to Kadesh-barnea. 3 In the fortieth year, on the first day of the eleventh month, Moses spoke to the people of Israel according to all that the Lord had given him in commandment to them, 4 after he had defeated Sihon the king of the Amorites, who lived in Heshbon, and Og the king of Bashan, who lived in Ashtaroth and in Edrei. 5 Beyond the Jordan, in the land of Moab, Moses undertook to explain this law, saying, 6 "The Lord our God said to us in Horeb, 'You have stayed long enough at this mountain. 7 Turn and take your journey, and go to the hill country of the Amorites and to all their neighbors in the Arabah, in the hill country and in the lowland and in the Negeb and by the seacoast, the land of the Canaanites, and Lebanon, as far as the great river, the river Euphrates. 8 See, I have set the land before you. Go in and take possession of the land that the Lord swore to your fathers, to Abraham, to Isaac, and to Jacob, to give to them and to their offspring after them.'

9 그때에 내가 너희에게 말하여 이르기를 나는 홀로 너희의 짐을 질 수 없도다 10 너희의 하나님 여호와께서 너희를 번성하게 하셨으므로 너희가 오늘날 하늘의 별같이 많거니와 11 너희 조상의 하나님 여호와께서 너희를 현재보다 천 배나 많게 하시며 너희에게 허락하신 것과 같이 너희에게 복 주시기를 원하노라 12 그런즉 나 홀로 어찌 능히 너희의 괴로운 일과 너희의 힘겨운 일과 너희의 다투는 일을 담당할 수 있으랴 13 너희의 각 지파에서 지혜와 지식이 있는 인정받는 자들을 택하라 내가 그들을 세워 너희 수령을 삼으리라 한즉 14 너희가 내게 대답하여 이르기를 당신의 말씀대로 하는 것이 좋다 하기에 15 내가 너희 지파의 수령으로 지혜가 있고 인정받는 자들을 취하여 너희

의 수령을 삼되 곧 각 지파를 따라 천부장과 백부장과 오십부장과 십부장과 조장을 삼고 ¹⁶ 내가 그때에 너희의 재판장들에게 명하여 이르기를 너희가 너희의 형제 중에서 송사를 들을 때에 쌍방 간에 공정히 판결할 것이며 그들 중에 있는 타국인에게도 그리 할 것이라 ¹⁷ 재판은 하나님께 속한 것인즉 너희는 재판할 때에 외모를 보지 말고 귀천을 차별 없이 듣고 사람의 낯을 두려워하지 말 것이며 스스로 결단하기 어려운 일이 있거든 내게로 돌리라 내가 들으리라 하였고 ¹⁸ 내가 너희의 행할 모든 일을 그때에 너희에게 다 명령하였느니라

⁹ "At that time I said to you, 'I am not able to bear you by myself. ¹⁰ The Lord your God has multiplied you, and behold, you are today as numerous as the stars of heaven. ¹¹ May the Lord, the God of your fathers, make you a thousand times as many as you are and bless you, as he has promised you! ¹² How can I bear by myself the weight and burden of you and your strife? ¹³ Choose for your tribes wise, understanding, and experienced men, and I will appoint them as your heads.' ¹⁴ And you answered me, 'The thing that you have spoken is good for us to do.' ¹⁵ So I took the heads of your tribes, wise and experienced men, and set them as heads over you, commanders of thousands, commanders of hundreds, commanders of fifties, commanders of tens, and officers, throughout your tribes. ¹⁶ And I charged your judges at that time, 'Hear the cases between your brothers, and judge righteously between a man and his brother or the alien who is with him. ¹⁷ You shall not be partial in judgment. You shall hear the small and the great alike. You shall not be intimidated by anyone, for the judgment is God's. And the case that is too hard for you, you shall bring to me, and I will hear it.' ¹⁸ And I commanded you at that time all the things that you should do."

〰〰〰 단락 개관 〰〰〰

표제, 약속의 땅 구역, 수령 임명

모세가 가르침을 베푼 환경이 그 장소와 시기를 중심으로 잘 묘사되어 있다. 모세의 설교를 나타내는 복합적인 표제는 시기와 장소들을 단편적으로 묶어놓은 것처럼 보일지 몰라도 질서정연한 대칭 구조를 지닌다. 그러므로 환경에 대한 묘사를 정리 방식에 따라 이해할 필요가 있다.

> A 모압을 지나기 전 광야에 있던 장소(1절)
>   B 모세가 첫 번째 연설을 한 시기(2절)
>   C 모세의 가르침이 시작된 날짜(3절)
>   B′ 모세가 두 번째 연설을 한 시기(4절)
> A′ 요단 동편을 정복한 후 모압에 있던 장소(5절)

교차구조의 첫 두 행은 광야 여정이 시작된 지점을 밝히고, 마지막 두 행은 그 여정이 모압 평지에서 끝났음을 알려준다. 이 포괄적인 수미상관 구조는 이 설교들이 40년에 걸쳐 이루어졌음을 설명한다.

히브리어 본문은 신명기 2:1 다음에 단락 구분을 암시하며 서론의 내러티브를 두 단위, 즉 1:1-2:1과 2:2-29로 나눈다. 1:1-5에 표제가 나온 후 이 내러티브의 첫째 부분은 호렙을 떠나라는 명령(6절)과 함께 시작된, 출애굽한 해에 일어난 사건들을 포함하고 있다. 둘째 부분은 40년에 걸친 거류의 마지막 시기에 시작된다. 하나님께서 이스라엘에게 그동안 가데스 바네아 산지를 충분히 돌아다녔다고 말씀하신 때다. 신명기 1:6과 2:3은 특정한 운(韻)을 가지고 있다. 쉐베트 바하르(*shevet bahar*, '너희가 이 산에 거주했다', 1:6)와 소브 에트 하르(*sob 'et har*, 너희가 이 산을 두루 다녔다', 2:3)다. 표제는 두 부분을 각각 소개한다. 첫째 부분은 그들이 호렙을 떠났을 때이고, 둘째 부분은 모압에 도착했을 때다.

이 복합적인 표제는 모세가 베푼 "이 율법"에 대한 해설의 배경을 알려 준다(5절). "이 율법"은 신명기의 핵심이고, 그 가르침은 이스라엘 백성의 삶에 기초가 된다. 모세의 첫 번째 연설은 1:6에서 시내산을 떠나는 여정과 함께 시작된다. 두 번째 연설은 4:44에서 "[이] 율법"으로 시작하는데, 이때 모세는 이 율법을 이스라엘에게 설명한다. "이 율법"은 5-11장에 나오는 권면과 12-28장에 나오는 규례를 가리킨다. 이런 언약의 가르침과 책임은 29-30장에 나오는 세 번째 연설의 권면으로 마무리된다. 이 토라의 설명은 시혼과 옥을 물리친 후(1:4), 40년간의 광야 방황이 끝났을 때 주어진다(4절). 표제는 모세가 세 편의 설교를 전한 시기와 장소를 모두 소개하고 있다.

~~~~~~~ 단락 개요 ~~~~~~~

I. 모세의 첫 번째 연설(1:1-4:43)

  A. 모세의 마지막 메시지의 배경(1:1-5)

  B. 광야의 여정(1:6-3:29)

    1. 가데스 바네아 근처의 여정(1:6-2:1)

      a. 호렙에서 준비함(1:6-18)

        (1) 약속의 땅(1:6-8)

        (2) 수령 임명(1:9-18)

$$\approx\!\!\approx\!\!\approx\!\!\approx\!\!\approx \quad \text{주석} \quad \approx\!\!\approx\!\!\approx\!\!\approx\!\!\approx$$

1:1-2 1절에 나오는 지명들은 시나이 반도의 광야에서 찾아볼 수 있다. 이스라엘이 광야를 방황한 기간은 거의 모두 이 광야에서 보낸 세월이다. "아라바"로 불리는 광야는 사해 남쪽의 골짜기에서 아카바만까지 뻗어 있는 깊은 단층이다(1:7; 2:8을 보라). 이 용어는 흔히 갈릴리 바다에서 사해에 이르는 요단 골짜기를 포함하기도 한다. "숩"(*Suph*, '갈대')은 고대에 홍해를 가리키는 명칭이었다. 모세가 이스라엘 백성을 이집트에서 이끌어냈을 때, 그 백성은 얌 숩(*Yam Suf*, "홍해", 출 15:4)을 지나서 갔다. 그 장소는 알려지지 않았으나 신명기의 이곳에 나온 장소일 수는 없다. 고대 저자들은 홍해의 엘랏항(아카바만)을 얌 숩(신 1:40; 2:1)이라 부르기도 했다. 이 구절에 언급된 장소들의 맥락은 이러하다. 이스라엘 백성은 모세가 권면을 전했을 법한 시기에 이 지역에 있었던 것이다.

1절에서 "숩"은 아라바의 또 다른 정의인 듯하다. "숩 맞은편"은 히브리어 몰 숩(*mol suf*)의 자연스런 번역으로 이스라엘 백성이 아라바에서 세일로부터 모압을 향해 행진을 시작했던 장소를 가리킨다. 다른 다섯 곳은 시나이 반도 남부의 한 지역을 묘사한다. 바란 광야는 시나이 반도를 가리킨다. 이 구절에서 바란이란 이름은 전통적인 시내산 근처, 시내 남동부의 가장 큰 오아시스[페이란(Feiran)]를 지칭할 수 있다. 도벨은 이 구절을 통해 바란 근처의 장소로만 알려져 있다.[15] 하세롯은 시내산을 떠난 후 두 번째 진을 친 곳이었다(민 11:35; 33:17). 라반은 시나이 반도에 있는 립나와 동일한 지명일 것이다(민 33:17-21). 디사합은 아카바만에 위치한다.

가데스 바네아는 오늘날 이집트-이스라엘 국경의 서쪽에 있는 시나이 반도 최대의 오아시스다. 그곳은 비옥한 들판과 여러 샘이 있고, 이집트로 이어지는 '수르 길'과 라피아를 아카바만의 엘랏과 연결하는 길의 교차점

---

15 이 장소는 일반적으로 푸논(구리 광산)과 세렛 시내 사이 왕의 대로에 있는 것으로 알려져 있다. 모압으로 가는 여정에 바탕을 두고 있는 만큼 이 구절이 가리키는 곳일 수 없다.

근처에 위치한다.[16] 세일산 노선은 사해의 남쪽 지역인 에돔에서 끝났다. 훗날 이스라엘은 이 경로를 통해 가데스 바네아에서 에돔까지 갈 수 있게 해달라고 요청했다(민 20:16). 이 경로로 시내산에서 가데스 바네아까지 가는 여행은 11일밖에 걸리지 않았다.[17] 이 짧은 기간이 이스라엘이 약속의 땅 입구에 도착하는 데 필요한 시간이었다. 하지만 가데스 바네아에서 일어난 사건으로 인해 결국 이스라엘은 이 광야를 38년 동안 방황하게 되었다. 하나님을 신뢰하지 않을 때 따르는 결과가 모세의 첫 번째 연설의 주제들 중 하나다.

1:3-5 여호와의 명령에 따른 신명기의 세 가지 설교가 40년째 되던 해 열한째 달 첫날에 전해졌다고 정확한 연월일이 나온다. 그 이유는 이 세 편을 토라 책들의 이전 연대기에 통합시키기 위해서다(참고. 민 10:11; 신 2:14). 반역한 세대의 시대는 이제 끝났다. 그래서 첫 구절에 묘사된, 앞서 시내에서 전한 메시지를 또 다른 세대에게 반복해야 했다. 그 시기는 이스라엘이 요단 동편에 진을 칠 수 있게 해준 중요한 군사적 정복과 관련해 묘사되어 있다(민 21:21-22:1). 이는 모세의 첫 번째 연설에서 두 번째 주요 주제에 해당한다. 이 사건들로 가데스 바네아에서 믿음이 없어 일어난 끔찍한 결과가 역전되기 시작한다.

시혼 왕국과 옥 왕국은 각각 이스라엘이 요단에서 진을 쳤던 장소의 동쪽과 북쪽에 있었다. 시혼의 수도였던 헤스본은 요단강이 사해에 합류하는 지점에서 북쪽 24킬로미터에 있는, 텔 헤스반으로 보존되어 있다. 고

---

16 라피아(Raphia)란 이름은 성경에는 나오지 않지만 초기 성경 시대에 속한 메소포타미아와 이집트의 저술에는 나온다. 고대에 라피아는 가나안과 이집트 사이의 중요한 경계로, 와디 엘아리쉬의 북쪽 약 48킬로미터 지점에 있다.

17 시내산의 실제 위치는 미스터리로 남겠지만 전통적인 위치(예벨 무사)가 바뀌지는 않을 것이다. 이에 관한 논의는 다음 글을 참고하라. Hershel Shanks, "Where is Mount Sinai? The Case for Har Karkom and the Case for Saudi Arabia," *BAR* 40/2 (March-April 2014): 30-41, 66-67. 생크스는 이스라엘에서 열린 한 학회에서 그 위치가 하르 카르콤이라고 옹호한 것에 대해 얘기한다. 또한 시내산의 전통적인 위치와 불타는 떨기나무로 밝혀진 한 식물 주변에 교회(오늘날의 성 캐서린 수도원)가 세워진 것에 대해 논의한다.

고학적 발굴에 따르면, 모세의 시대에 그 성읍의 실제 위치는 오늘날 텔의 남쪽 11.3킬로미터 지점이었던 것으로 보인다. 텔 아스다롯은 시리아에 있는 '왕의 대로' 주변 장소로 창세기 14:5에서는 "아스드롯 가르나임"으로 불렸다. 이 성읍은 모세의 시대에 이집트와 가나안이 주고받은 교신, 즉 아마르나 서신으로 알려진 점토판 문서에 언급되어 있다(참고. 신 1:26-28). 에드레이는 야르묵강의 지류 근처 아스다롯의 남쪽 성읍인 다라(Daraa)로 밝혀졌다. 이 성읍은 우가리트 비문과 여호수아서 12:4, 13:12, 31에 언급되어 있다.

모세는 이 "율법"을 백성에게 설명한다. 히브리어 토라(torah)는 법률적 요건보다는 가르침이라는 의미를 지닌다. 명사 '토라'는 '가르치다'[야라(yarah)]라는 동사에서 유래하며, 출애굽기 24:12에 계시된 종류의 '가르침'을 말한다. 시내산에서 모세는 이스라엘을 가르치도록[레호로트(lehorot)] 두 개의 돌판에 기록된 토라를 받았다. 명사 '토라'에는 민사 소송과 의식 절차(출 18:16), 선지자의 가르침과 책망(사 1:10), 도덕적 권면(잠 1:8), 교훈적 내러티브(시 78:1) 등이 포함된다. 신명기에서 토라는 모든 백성이 대상이 되는 언약에 관한 가르침으로, 하나님의 주권적인 뜻을 드러낸다. 왕은 백성의 마음보다 교만해지지 않기 위해 이 언약의 말씀을 읽어야 한다(신 17:19-20). 이 가르침 아래서 모든 백성은 사회적 신분을 막론하고 동등하다. 왕과 백성은 동일한 가르침에 매여 있다. 이는 토라가 아니었다면 이스라엘 시대에 알려지지 않았을 하나의 이상(理想)이었다.

1:6 모세는 백성에게 시내산에서 이전 세대에게 주어졌던 명령을 상기시킨다. 그들은 공식적으로 그들에게 주어진 땅으로 나아가야 했다. 금송아지 우상 숭배가 있은 후, 시내산에서 하나님은 모세에게 자신의 이름을 계시하시며 괴로워하는 지도자 모세에게 장차 약속의 땅에서 안식을 누릴 것이라고 확신시켜주셨다(출 33:14). 여호와라는 이름은 언약의 하나님께서 베푸시는 자비와 동의어가 될 것이다(출 33:19; 34:5-6; 시 103:7-8; 욘 4:2). 이 자비로 언약과 약속이 계속 이어질 수 있을 것이다. 둘째 해 둘째 달 스무

날, 하나님의 임재를 나타내며 불처럼 빛나는 영광의 구름이 시내산을 떠나도록 이스라엘을 인도했다(민 10:11-12). 언약 갱신의 프롤로그를 구성하는 그 모든 회고는 약속의 땅에 들어가라는 명령에 대한 이스라엘의 반응과 믿음 부족이 가져온 결과를 다루고 있다.

1:7-8 약속의 땅을 그곳의 지역 이름으로 설명하고 있다. "아모리 족속의 산지"는 이스라엘 정착지의 심장부가 될 중부의 고산지를 가리킨다. 아모리 족속은 이스라엘이 그 땅에 들어가 맨 처음 마주칠 족속일 것이다. 여기서 아라바는 갈릴리 바다에서 사해에 이르는 요단 골짜기다. 쉐펠라(Shephelah) 구릉지대는 중부 고산지 서쪽의 완만하게 경사진 지역으로 해변을 따라 해안 평야로 뻗어나가면서 낮은 언덕이 된다. 성경 시대에 네게브(네겝)는 브엘세바의 북쪽 24킬로미터 지점에서 시작해 신 광야 남쪽까지 뻗어 있던 지역으로 국한된다. 네게브의 동부는 세일 에돔에 속해 있으며, 그 이름이 가리키듯 무척 건조한 영역이다. 가나안 땅은 해변을 따라 북쪽으로 이어져 레바논산맥에 이르고 베카 골짜기를 거쳐 저 멀리 유프라테스강까지 올라간다. 히타이트 제국이 지배하는 동안에는(주전 1275년경) 가나안의 북쪽 경계선이 오론테스강의 하맛 어귀에 설정되었다.

1:9-13 모세는 호렙산에서 가데스 바네아에 이르는 여정이 있기 전, 호렙에서 지도자를 임명했던 일을 회상한다. 그때 그는 관원과 재판관으로 섬길 수령들을 임명했다. 이 도입부는 이스라엘 백성이 그들의 기업에 들어갈 수 있도록 여호와께서 그들을 준비시키신 방식을 떠오르게 한다. 지도자들을 임명해야 할 만큼 이스라엘이 현저하게 성장한 것 또한 하나님의 약속이 성취되었음을 일깨워준다. 이 일은 출애굽기 18:13-27에서 모세의 장인 이드로의 방문 후 일어난 것으로 기록되어 있다. 수령 임명은 하나님께서 명시적으로 주도하신 일이 아니다. 이드로는 모세에게 조직 체계를 마련하지 않으면 탈진하고 말 것이라고 충고한다. 여기서 모세는 자신이 어떻게 백성에게 각 지파 중에서 검증된 지도자들을 뽑도록 명령했

는지 설명한다.

"그때"는 백성이 호렙에서 진을 쳤던 해를 말한다. 이야기의 흐름상 이드로는 시내산에서 언약을 맺기 전에 도착한다. 하지만 출애굽기 18:5은 백성이 하나님의 산에서 진을 쳤을 때, 이드로가 그의 딸과 두 손자와 함께 왔다가 과정이 완수된 직후에 떠났다고 말한다(출 18:27). 민수기 10:29-32에 따르면, 이드로는 이스라엘 백성이 호렙을 떠날 준비를 하고 있을 때, 즉 백성이 호렙에 도착한 지 거의 일 년이 지난 후에 떠났다. 출애굽기 19:1에 따르면 이스라엘 백성은 이집트를 떠난 후 세 달째 첫 날에 호렙(=시내)에 도착했고, 민수기 10:11에 따르면 둘째 해 둘째 달 스무날에 호렙을 떠났다.

민수기와 신명기 모두 백성을 지도하는 일을 분담하기 위한 지도자 체제의 필요성에 분명한 입장을 취한다. 성경 전승에 따르면, 출애굽 당시 군인이 될 남자의 수는 60만 명이었다. 한 사람이 그토록 큰 규모의 질서를 유지할 수는 없었다. "힘겨운 일"[토라흐(torakh), 12절]에는 분쟁 해결과 더불어 양식과 물을 구하는 문제까지 포함되었다. 이사야 시대에는 정한 절기와 의식을 지키는 일이 주님께 "무거운 짐"(토라흐)이 되었다(사 1:14). 이 명사는 히브리 성경에 두 번밖에 나오지 않지만, 일반적인 용법으로 보아 그 짐은 포괄적인 성격을 띤다.

수령 선발은 백성들이 수행했다. 일찍이 자기 지파에서 지도력이 뛰어난 것으로 알려진 사람들이 선발되었다. 지혜롭고 분별력 있으며 경험 많은 사람이 자격을 갖추었다고 보았다. 이는 신명기가 지혜를 강조하는 점과 맥을 같이한다. 하나님의 계시와 언약 준수는 주변의 모든 민족들이 인정하는 이스라엘의 지혜다(신 4:6, 8). 언약의 가치를 따르지 못하거나 진리를 왜곡하는 것은 분명 지혜 없는 모습이다(16:19). 지혜와 분별력과 경험(1:13, 새번역)은 전도서 9:11에서 지혜로운 사람을 규정짓는 세 개의 명사로, 지혜를 설명하는 표준적인 서술이다. 이드로는 모세에게 수령은 하나님을 두려워하는 유능한 사람이자 부정한 이득을 걷어차는 믿음직한 사람이어야 한다고 조언한다. 이러한 지혜의 특징은 잠언에서 거듭 거론된다.

1:14-18 성경에 나오는 출애굽 한 백성의 수에 따르면, 십부장, 오십부장, 백부장, 천부장 등의 수령들은 수만 명에 이르렀을 것이다. '지휘관'[장(將), 히. 사림(sarim)]으로 불린 지파의 수령들은 군사적, 사법적 책임을 맡았다. 모세와 함께 백성의 지도자 역할을 했던 칠십 장로는 언급되고 있지 않다(출 24:9; 민 11:16). 질서를 유지하고 민사 분쟁을 판결하기 위해 군대 장교를 임명하는 것은 고대 사회에서 흔한 관례였다. 흔히 모세의 것으로 추정되는 시기(주전 1333-1306년경) 직전에 살았던 파라오 호렘헤브는 이집트 사법부에서 일할 정직하고 성품 좋은 사람들을 찾으라는 칙령을 내렸다. 훗날 야브네-얌에 있던 이스라엘 요새에서 발굴된 비문(주전 630년경)에는 중대의 누군가가 지휘관[사르(sar)]에게 공정하게 재판할 것을 호소하는 내용이 담겨 있다.[18] 이스라엘은 출애굽기에서 종종 군대 대형으로 이집트에서 나와 약속의 땅으로 행군하는 군대로 묘사되곤 한다. '집단'[체바오트(tseba'ot)]이라는 말은 많은 사람을 묘사하는 데 사용되며(예. 출 6:26; 7:4; 12:17, 41, 51) 일반적으로 군대를 가리킨다.

지도자들을 선택한다고 해서 레위인에게 특별한 역할을 주지는 않는다. 역대기에 따르면, 다윗은 왕국의 행정 조직을 편성할 때 레위인에게 중심적인 역할을 부여한다. 레위 지파에서 재판관과 관원들을 임명해 국가 외곽 지역의 질서를 유지하게 했다(대상 26:29). 모세도 그와 비슷하게 수령들과 함께 재판 업무를 수행할 "대표"[쇼테림(shoterim), 새번역]를 임명했지만(1:15), 그들은 레위인과 아무 상관없었다. 이런 관원들의 역할은 보통 사법부와 관련이 있었고, 기록 보관은 사법부의 필수적인 일이었을 것이다. 이들은 지휘관에 종속된 하위직이었으나 지도하고 재판하는 일이 그들에게 달려 있었다.

---

18 호렘헤브는 관리들의 부패를 줄이려고 노력했다. 그의 재판관 임명에 관해서는 다음 책을 참고하라. James Henry Breasted, *Ancient Records of Egypt, vol. 3, Historical Documents from the Earliest Times to the Persian Conquest* (Chicago: University Press of Chicago Press, 1906), §63. 이스라엘인의 호소에 관해서는 다음 글을 참고하라. J. Naveh, "A Hebrew Letter from the Seventh Century B. C.," *IEJ* 10/3 (1960): 129-139.

여기서 강조점은 재판의 공정성에 있으며, 이 원칙은 이스라엘 백성 가운데서 살아가는 "타국인"에게도 적용된다. 모든 사람은 최고의 법률제정자인 하나님께 종속되어 있다. 그러므로 이 율법은 만인에게 동등하게 적용된다. 재판관은 하나님의 대리인으로 행동한다. "재판은 하나님께 속한 것"이다. 사법부의 위계질서는 군대 조직의 일부다. 몹시 어려운 사례는 모세에게 가져가게 되어 있다. 어려운 사례란 율법만으로는 알 수 없어 모세가 하나님께 직접 여쭤볼 필요가 있는 문제를 말한다(출 18:19). 다양한 경우에 이러한 일이 실행된 것을 볼 수 있다(레 24:10-23; 민 9:1-14; 15:32-36; 27:1-11; 36:1-10). 모세가 신명기 1:18에서 언급한 언약의 율법은 호렙에서 받은 것임이 틀림없다. 이스라엘의 독특한 점은 율법을 모든 백성에게 가르쳤다는 것이다. 이것이 신명기에 나타난 모세의 목표다. 모든 백성에게 율법을 가르쳐야 하는 것은, 토라가 민사 규정에 국한되지 않으며 하나님을 믿고 신뢰하는 삶에 필요한 언약의 통합적 가르침이기 때문이다.

〰〰〰 응답 〰〰〰

모세가 이스라엘의 새로운 세대에게 언약을 설명하는 상황으로 묘사된 이주에 견줄 만한 다른 이주는 없다. 이것은 재앙으로 이집트를 탈출해 홍해를 건너는 것과 다름없는 기적이다. 이 설교의 선례로 인용된 사건들, 즉 표제에 나오는 사건들은 일곱 번째 달의 큰 명절에 적절하게 기념되고 있다. 이 명절은 추수의 마침과 새로운 농사 연도의 시작도 기념했다. 곡식을 수확하는 절기(레 23:39)일 뿐 아니라 이스라엘이 광야를 통과한 여정을 기념하며(23:43-44) 임시 숙소[숙코트(sukkot)]를 지은 절기이기에 초막절로도 알려져 있다. 이는 모든 가족의 대표들이 정한 장소로 가야 하는 순례 명절이었고, 그들은 7년마다 토라를 낭독하며 언약을 갱신했다(신 31:10-11). 세월이 흐르고 명절의 규모가 더욱 커지면서 이날에 사람들은 성전 마당에 세운 거대한 촛대들에 불을 붙이고, 횃불 아래서 피리 소리에 맞춰 밤새도록 춤을 추었다. 또 청동 제단에 물과 포도주를 부으며 끝나는 새벽 행진을 했고, 비와 죽은 자의 부활을 위한 기도를 올렸으며, 과일을 나르며 종려나무 가지를 흔들었다(미쉬나. 숙카). 광야에서의 방황은 가혹한 징벌과 자비의 경험이었으나 언약 백성이 족장들의 약속을 물려받도록 그들을 보존한 사건이기도 했다.

이주민이나 난민 캠프가 이 이야기에 묘사된 대로 한 세대 이상 지속되는 경우는 흔하다. 다만 그처럼 오랜 기간 동안 질서의식과 상호지지를 유지하기란 사실상 불가능하다. 이스라엘이 가나안으로 이주하는 동안 지도자들을 선택한 일은 출애굽기 18:13-27과 민수기 11:16-30에 명백히 나온다. 신명기에서 특이한 점은 모세가 백성의 승인을 받아 지도자를 선택했다는 것이다. 모세는 지혜와 경험으로 이미 능력이 입증된 사람들과 함께 시작한다. 말단으로부터 상층부에 이르는 각 단위에서 수천 명씩 임명한 광대한 관리 조직이다. 각 단위에서 개개인이 권한을 갖는 것은 분명하지만, 그들의 임명은 군대와 같은 위계 방식을 따랐다. 이스라엘이 일단 야영지를 떠나면 전쟁을 하러 행진하는 것이므로 군대 대형을 갖추는 것이 적절하다. 그러나 비군사적인 상황에서도 이런 관리 조직을 통해 모든 분쟁에 대해 적절한 판결을 받을 수 있게 된다. 열 명에 불과한 작은 그룹에도 대표하는 지도자를 임명했기 때문이다. 어려운 사례일수록 이들은 고위 관리들과 통합된다. 기록을 보관하는 일에 임명된 관리들도 있다. 모세가 설명하듯 각 단위마다 감독하는 지도자를 세우면, 세대를 더해가는 오늘날 난민 캠프에서도 장기간 질서를 유지하는 데 큰 도움이 될 것이다. 그럼에도 불구하고 대규모의 이스라엘 진영이 한 세대 내내 질서 유지에 성공한 것은 초자연적인 은혜. 그 일은 하나님께서 임명하신 선지자요 법률제정자인 한 사람으로 시작된다. 그의 영향력이 다른 사람들을 통해 진영 내 모든 사람들에게 확장된 것이다.

하나님은 고향땅에서 쫓겨난 이주민들에게 마음을 쓰신다. 그들은 완벽하지는 않더라도 물질적, 사회적으로 필요한 것을 공급받을 자격이 있다. 필자의 조부모는 스탈린에 의해 고국에서 쫓겨났고 전 재산을 잃었다. 캐

나다에서 와서는 사기꾼 중개업자를 만나 10년 만에 다시 전 재산을 강탈
당하고 말았다. 당시 출석하는 교회에서는 최소한의 도움을 받았을 뿐이
다. 과거의 유산은 대대손손 이어지게 마련이다. 이주민 대책은 오늘날 세
상에서 수행되는 하나님 사역 가운데 가장 중요한 측면 중 하나다.

Deuteronomy
신명기
1:19-2:1

1장

1:19 우리 하나님 여호와께서 우리에게 명령하신 대로 우리가 호렙산을 떠나 너희가 보았던 그 크고 두려운 광야를 지나 아모리 족속의 산지 길로 가데스 바네아에 이른 때에 20 내가 너희에게 이르기를 우리 하나님 여호와께서 우리에게 주신 아모리 족속의 산지에 너희가 이르렀나니 21 너희의 하나님 여호와께서 이 땅을 너희 앞에 두셨은즉 너희 조상의 하나님 여호와께서 너희에게 이르신 대로 올라가서 차지하라 두려워하지 말라 주저하지 말라 한즉 22 너희가 다 내 앞으로 나아와 말하기를 우리가 사람을 우리보다 먼저 보내어 우리를 위하여 그 땅을 정탐하고 어느 길로 올라가야 할 것과 어느 성읍으로 들어가야 할 것을 우리에게 알리게 하자 하기에 23 내가 그 말을 좋게 여겨 너희 중 각 지파에서 한 사람씩 열둘을 택하매 24 그들이 돌이켜 산지에 올라 에스골 골짜기에 이르러 그곳을 정탐하고 25 그 땅의 열매를 손에 가지고 우리에게로 돌아와서 우리에게 말하여 이르되 우리의 하나님 여호와께서 우리에게 주시는 땅이 좋더라 하였느니라

1:19 "Then we set out from Horeb and went through all that great and terrifying wilderness that you saw, on the way to the hill country of the Amorites, as the Lord our God commanded us. And we came to Kadeshbarnea. 20 And I said to you, 'You have come to the hill country of the Amorites, which the Lord our God is giving us. 21 See, the Lord your God has set the land before you. Go up, take possession, as the Lord, the God of your fathers, has told you. Do not fear or be dismayed.' 22 Then all of you came near me and said, 'Let us send men before us, that they may explore the land for us and bring us word again of the way by which we must go up and the cities into which we shall come.' 23 The thing seemed good to me, and I took twelve men from you, one man from each tribe. 24 And they turned and went up into the hill country, and came to the Valley of Eshcol and spied it out. 25 And they took in their hands some of the fruit of the land and brought it down to us, and brought us word again and said, 'It is a good land that the Lord our God is giving us.'

26 그러나 너희가 올라가기를 원하지 아니하고 너희의 하나님 여호와의 명령을 거역하여 27 장막 중에서 원망하여 이르기를 여호와께서 우리를 미워하시므로 아모리 족속의 손에 넘겨 멸하시려고 우리를 애굽 땅에서 인도하여 내셨도다 28 우리가 어디로 가랴 우리의 형제들이 우리를 낙심하게 하여 말하기를 그 백성은 우리보다 장대하며 그 성읍들은 크고 성곽은 하늘에 닿았으며 우리가 또 거기서 아낙 자손을 보았노라 하는도다 하기로 29 내가 너희에게 말하기를 그들을 무서워하지 말라 두려워하지 말라 30 너희보다 먼저 가시는 너희의 하나님 여호와께서 애굽에서 너희를 위하여 너희 목전에서 모든 일을 행하신 것같이 이제도 너희를 위하여 싸우실 것이며 31 광야에서도 너희가 당하였거니와 사람이 자기의 아들을 안는 것같이 너희의 하나님 여호와께서 너희가 걸어온 길에서 너희를 안으사 이곳까지 이르게 하셨느니

라 하나 32 이 일에 너희가 너희의 하나님 여호와를 믿지 아니하였도
다 33 그는 너희보다 먼저 그 길을 가시며 장막 칠 곳을 찾으시고 밤에
는 불로, 낮에는 구름으로 너희가 갈 길을 지시하신 자이시니라

26 "Yet you would not go up, but rebelled against the command of the
Lord your God. 27 And you murmured in your tents and said, 'Because
the Lord hated us he has brought us out of the land of Egypt, to give
us into the hand of the Amorites, to destroy us. 28 Where are we going
up? Our brothers have made our hearts melt, saying, "The people
are greater and taller than we. The cities are great and fortified up to
heaven. And besides, we have seen the sons of the Anakim there."
29 Then I said to you, 'Do not be in dread or afraid of them. 30 The Lord
your God who goes before you will himself fight for you, just as he did
for you in Egypt before your eyes, 31 and in the wilderness, where you
have seen how the Lord your God carried you, as a man carries his son,
all the way that you went until you came to this place.' 32 Yet in spite
of this word you did not believe the Lord your God, 33 who went before
you in the way to seek you out a place to pitch your tents, in fire by
night and in the cloud by day, to show you by what way you should go.

34 여호와께서 너희의 말소리를 들으시고 노하사 맹세하여 이르시되
35 이 악한 세대 사람들 중에는 내가 그들의 조상에게 주기로 맹세한
좋은 땅을 볼 자가 하나도 없으리라 36 오직 여분네의 아들 갈렙은 온
전히 여호와께 순종하였은즉 그는 그것을 볼 것이요 그가 밟은 땅을
내가 그와 그의 자손에게 주리라 하시고 37 여호와께서 너희 때문에
내게도 진노하사 이르시되 너도 그리로 들어가지 못하리라 38 네 앞
에 서 있는 눈의 아들 여호수아는 그리로 들어갈 것이니 너는 그를 담
대하게 하라 그가 이스라엘에게 그 땅을 기업으로 차지하게 하리라

³⁹ 또 너희가 사로잡히리라 하던 너희의 아이들과 당시에 선악을 분별하지 못하던 너희의 자녀들도 그리로 들어갈 것이라 내가 그 땅을 그들에게 주어 산업이 되게 하리라 ⁴⁰ 너희는 방향을 돌려 홍해 길을 따라 광야로 들어갈지니라 하시매

³⁴ "And the Lord heard your words and was angered, and he swore, ³⁵ 'Not one of these men of this evil generation shall see the good land that I swore to give to your fathers, ³⁶ except Caleb the son of Jephunneh. He shall see it, and to him and to his children I will give the land on which he has trodden, because he has wholly followed the Lord!' ³⁷ Even with me the Lord was angry on your account and said, 'You also shall not go in there. ³⁸ Joshua the son of Nun, who stands before you, he shall enter. Encourage him, for he shall cause Israel to inherit it. ³⁹ And as for your little ones, who you said would become a prey, and your children, who today have no knowledge of good or evil, they shall go in there. And to them I will give it, and they shall possess it. ⁴⁰ But as for you, turn, and journey into the wilderness in the direction of the Red Sea.'

⁴¹ 너희가 대답하여 내게 이르기를 우리가 여호와께 범죄하였사오니 우리 하나님께서 우리에게 명령하신 대로 우리가 올라가서 싸우리이다 하고 너희가 각각 무기를 가지고 경솔히 산지로 올라가려 할 때에 ⁴² 여호와께서 내게 이르시되 너는 그들에게 이르기를 너희는 올라가지 말라 싸우지도 말라 내가 너희 중에 있지 아니하니 너희가 대적에게 패할까 하노라 하시기로 ⁴³ 내가 너희에게 말하였으나 너희가 듣지 아니하고 여호와의 명령을 거역하고 거리낌 없이 산지로 올라가매 ⁴⁴ 그 산지에 거주하는 아모리 족속이 너희에게 마주 나와 벌떼같이 너희를 쫓아 세일산에서 쳐서 호르마까지 이른지라 ⁴⁵ 너희가 돌아와 여

호와 앞에서 통곡하나 여호와께서 너희의 소리를 듣지 아니하시며 너
희에게 귀를 기울이지 아니하셨으므로 46 너희가 가데스에 여러 날 동
안 머물렀나니 곧 너희가 그곳에 머물던 날 수대로니라

41 "Then you answered me, 'We have sinned against the Lord. We
ourselves will go up and fight, just as the Lord our God commanded
us.' And every one of you fastened on his weapons of war and thought
it easy to go up into the hill country. 42 And the Lord said to me, 'Say
to them, Do not go up or fight, for I am not in your midst, lest you be
defeated before your enemies.' 43 So I spoke to you, and you would
not listen; but you rebelled against the command of the Lord and
presumptuously went up into the hill country. 44 Then the Amorites
who lived in that hill country came out against you and chased you
as bees do and beat you down in Seir as far as Hormah. 45 And you
returned and wept before the Lord, but the Lord did not listen to your
voice or give ear to you. 46 So you remained at Kadesh many days, the
days that you remained there.

2:1 우리가 방향을 돌려 여호와께서 내게 명령하신 대로 홍해 길로 광
야에 들어가서 여러 날 동안 세일산을 두루 다녔더니

2:1 "Then we turned and journeyed into the wilderness in the direction
of the Red Sea, as the Lord told me. And for many days we traveled
around Mount Seir."

단락 개관

정탐꾼의 보고, 가데스 바네아에서 반역함, 약속의 땅에서 쫓겨남, 주제넘은 아모리 공격

이스라엘 백성이 호렙에 도착한 때로부터 둘째 해 둘째 달 스무날에 구름이 "증거의 성막"에서 떠올랐다(민 10:11). 하나님의 손길이 그들을 광활한 바란 광야, 곧 시내 광야의 북쪽, 약속의 땅 입구에 위치한 광야로 인도하셨다. 모세가 바란 광야, 구체적으로는 가데스에서 정탐꾼을 보냈다(민 13:3, 26). 주후 20세기에 가데스 바네아로 추정되는 장소는 엘 아인(el-'Ain) 와디에 있는 아인 엘 쿠데이랏('Ain el-Qudeirat)에 위치해 있다. 수에즈에서 브엘세바를 거쳐 헤브론에 이르는 길과 라피아 근처 "해변 길"(사 9:1)에서 갈라져 아카바만의 엘랏으로 향하는 길의 교차점 근처에 있다("아모리 족속의 산지 길", 신 1:19).[19] 성경에 나오는 가데스는 약속의 땅 경계에 위치한 이 지역 어딘가에 있었다.

첫 번째 연설에서 모세는 새로운 세대를 약속의 땅에 이르는 본래 여정으로 되돌린다. 그 메시지를 듣고 있는 사람들은 광야에서 죽은 이들의 자녀들이다. 믿음이 없던 이전 세대의 백성들은 그들이 아모리 족속에게 사로잡혀 갈 것이라고 생각했으나, 하나님은 그들이 그 땅에 들어갈 자격이 있다고 판단하셨다(1:39). 이스라엘 백성은 불과 11일 만에 조직을 잘 갖추고 약속의 땅에 들어갈 만반의 준비를 한 채 바란에 도착했다(1:2). 그들은 군대 대형으로 편성되어 진영을 파하고 훈련된 군대로 행진할 수 있었다. 그처럼 대규모로 행진하다가 불가피한 문제가 생기면 잘 대처할 수 있는

---

19 가데스 바네아에 대한 생생한 설명은 다음을 참고하라. David Ussishkin et al., "Kadesh-Barnea: In the Bible and on the Ground," *BAR* 41/5 (September-October 2015): 36-44. 네 개의 샘과 더불어 풍부한 미디안 토기, 여덟 개의 탑을 갖춘 거대한 8세기 요새가 있는 지역이다. 가데스의 문화는 시내산이 미디안, 즉 오늘날 요르단 국경의 남쪽 지역에 있다는 주장의 근거가 된다. 젊은 시절 모세가 이집트에서 도망친 후 정착한 이곳은 이스라엘의 자연스러운 목적지가 되었을 것이다.

지도력도 건재했다. 그들이 아브라함과 이삭과 야곱의 자손들에게 약속된 장소로 계속 나아가는 길에는 어떤 장애물도 없었다.

모세의 메시지는 그들의 선조가 처했던 바와 똑같은 상황에 처한 이스라엘 회중에게 전달된다. 지금 그들에게는 시내산 기슭에서 하나님께 충성을 맹세했던 자들이 믿음에 실패해 비참한 심판을 초래한 일에 대해 아는 것이 무엇보다 필요했다. 가데스 바네아는 그들의 짧은 역사에서 중요한 사건이 많이 일어난 현장이었다. 모세의 여동생 미리암과 아론이 그곳에서 죽었다(민 20:1). 불평하는 회중을 위해 반석에서 물이 솟아난 것도 그곳이었다(민 20:2-13). 이때 모세는 믿음 없는 모습을 보이는 바람에 결국 약속의 땅에 들어갈 수 없었다. 하지만 나중의 사건들은 실은 일어나지 말았어야 했다. 가데스 바네아의 진짜 재난은 정탐꾼들이 젖과 꿀이 흐르는 땅에 대해 보고했을 때 언약 백성이 보인 믿음 없는 모습이었다. 약속의 땅 밖에서 죽음을 맞이하거나 그 땅에 못 들어가는 것은 굳이 일어날 필요가 없는 일이었다. 여호와, 지극히 거룩하신 분, 언약 관계를 통해 백성들과 함께하시는 분에 대한 믿음이 흔들린 것은 치명적인 실패였다. 언약의 맹세가 초래한 저주는 그들을 향한 하나님의 자비로운 행위만큼이나 그분의 신실하심을 밝히 드러냈다.

≋≋≋≋ 단락 개요 ≋≋≋≋

(2) 정탐꾼의 보고(1:22-25)

(3) 믿음이 없어 일어난 반역(1:26-33)

(4) 하나님의 심판(1:34-40)

(5) 주제넘은 반역(1:41-45)

(6) 광야에서 방황함(1:46-2:1)

〰〰〰 주석 〰〰〰

1:19-21 이스라엘 백성은 호렙에서 곧바로 "아모리 족속의 산지"까지 이동했다. 아모리 족속은 가나안과 시리아에 살던 사람들을 일컫는 포괄적인 호칭이다. 아무르루(*amurru*)란 용어는 메소포타미아의 아카드 자료에 나오며, '서쪽'이란 뜻으로 지중해에 인접한 족속들을 가리키는 호칭으로 가장 자주 사용된다. 그들은 언어뿐 아니라 문화적으로도 동방의 위대한 문명과는 서로 맞지 않았다. 신명기에 나오는 아모리 족속은 아브라함의 자손들에게 약속된 땅에 살고 있는 일곱 내지 열 족속 중 하나로 명기되어 있다(참고. 창 15:19-21). 모세 시대에 오론테스 골짜기 위편에는 여전히 아무르루 왕국이 있었으나 가나안의 강대국들은 그들로부터 독립했다. 마지막으로 나오는 "아모리 왕"이란 호칭은 헤스본에 있던 시혼을 가리킨다(민 21:21, 26). 그는 이스라엘 백성에게 정복당했다.

모세는 이스라엘 백성에게 그들의 여정이 "우리 하나님 여호와께서 우리에게 명령하신 대로" 진행되었음을 줄곧 상기시킨다. 주님은 언제나 진군하는 이 특이한 군대의 총사령관이었다. 주님이 총사령관이니만큼 운명이 어떻게 될지 의심의 여지가 없었다. 모세는 이 땅은 "우리 하나님 여호와께서 우리에게 주신" 것이므로 두려워하지 말고 올라가 그 땅을 차지하라고 명령했다. "주저하[다]"란 히브리어 하타트(*khathath*)에서 나온 단어로서 감정적으로 무서워하는 것을 의미한다. 그냥 무서워하는 정도가 아니라 공포에 빠져 떠는 모습이다. 모세는 감정이 하나님에 대한 신뢰를 약화시킬 수 있다고 경고했다. 특히 사람을 마비시키는 공포심이 그러하다.

1:22-23 신명기에서 모세는 백성의 주도 아래 정탐꾼 파견이 이루어졌다고 설명한다. 민수기 13:2에서 주님은 모세에게 사람들을 보내 그 땅을 정탐하라고 명령하신다. 중세까지 보존되었던 사마리아 판본의 모세오경은 민수기 13장의 서두에 신명기 1:20-23a를 삽입해 두 기사를 조화시킨다. 민수기에 나오는 히브리어 관용구에 따르면, 하나님은 모세에게 '그 땅을 정탐할 사람들을 네가 보내라'고 명령하셨다. 이에 대해 히브리어 성경 주석 미드라쉬(midrash)는, 모세가 그 사람들을 선택한 것은 주님이 그 모든 절차를 승인하지 않으셨음을 보여준다고 설명한다. 그러나 이것은 관용구에서 너무 많이 추론하고 있다. 약속의 땅에 들어가는 준비 단계에서 그 땅을 정찰하라는 요청은 바람직한 절차이며, 그 자체가 믿음 없음을 드러내지는 않는다. 이 모험의 성공을 하나님께 의지한다고 해서, 대규모의 진영이 적의 영토로 진군하는 데 필요한 준비를 하지 않아도 되는 것은 아니다. 오히려 정탐꾼들의 보고는 약속의 땅에 들어가는 데 격려가 될 수 있었다. 끝으로, 하나님의 주도권과 인간의 주도권 사이의 역학관계는 언어뿐 아니라 인간의 경험에서도 모호한 데가 있다. 하나님께 전적으로 의존하고 있다고 해서 하나님께서 주신 자원을 사용하지 말아야 하는 것은 아니다.

1:24-25 민수기 13:4-16은 그 땅을 정찰하려고 보낸 각 지파의 정탐꾼을 상세히 열거한다. 정탐꾼은 헤브론 근처에 있는 "에스골 골짜기"에 이르렀다(민 13:22-23). 히브리어 에쉬콜('eshkol)은 '포도송이'라는 뜻이다. 그 지역은 오늘날까지 포도 재배가 널리 알려진 중요한 수익 사업이므로 적절한 이름이라고 할 수 있다. 정탐꾼들은 너무 커서 막대기로 운반해야 했던 포도 한 송이를 들고 돌아왔다. 민수기 13:21은 정탐꾼들이 40일간 수

행한 임무를 상세히 묘사한다. 그들은 출발점인 신 광야에서 약속의 땅 중에서도 가장 먼 곳, 곧 시리아의 오론테스강 수원지에 위치한 하맛 어귀까지 온 땅을 살펴보았다고 말한다. 여기서 모세는 정탐꾼이 40일간 발견했던 것의 가장 중요한 측면만 매우 짧게 요약할 뿐이다. 그 땅은 그들이 상상했던 것보다 훨씬 풍요로웠다. 그들이 어떻게 움직일지, 출정을 어떻게 감행할지에 관한 세부 사항은 주님이 그들에게 그 땅을 주신다는 확언의 일부로 간주되었다. 신명기 1:33에서 모세가 말하듯, 이 시점까지는 영광의 구름이 그들의 여정을 이끌고 있었다. 그러므로 그들은 하나님의 인도하심으로 자신들이 그 땅을 기업으로 받으리라는 것을 기대했어야 했다.

1:26-28 모세는 그 기업을 받을 가능성에서 곧바로 백성의 반응으로 이동한다. 그는 그 땅에 들어가지 못한 책임을 정탐꾼들의 보고로 돌리지 않는다. 그들의 보고에는 필연적으로 그 땅 거주민들과 그들의 요새에 관한 묘사가 포함되었다(민 13:28-29). 이스라엘 백성은 불과 2년 전에 이집트의 막강한 군대가 홍해에 잠기는 모습을 목격했던 만큼 그런 보고를 듣고 나서 믿음 없는 반응을 보이지 말았어야 했다. 백성은 금세 정탐꾼들을 탓하기 시작했다. "우리의 형제들이 우리를 낙심하게 하여." 그러나 이것은 변명이 될 수 없다. 한마디로 그들은 "하나님 여호와의 명령을 거역"했다.

군사 전략적 측면에서 보면 두려워할 것이 많았다. 요새와 군대에 관한 보고를 듣고 백성들은 심란해졌다. 그 땅은 어떤 곳이었는가? 아낙 자손은 가나안의 토착민으로 전설적인 거인이다. 히브리어 '*nq*는 목을 가리키는데, 이것이 크기나 힘의 견지에서 그 위협적인 족속에 붙인 이름의 근거였는지는 확실하지 않다. 여호수아 15:13과 21:11에 따르면, 아낙은 기럇 아르바 또는 헤브론을 세운 아르바의 아들이었다. 아르바는 아낙 족속 중에서도 가장 큰 사람이었고(수 14:15), 그 영토는 저 멀리 유다 산지에 이르렀다(수 11:21-22). 정탐꾼들은 아낙 족속을 대홍수 이전 하나님의 아들들과 사람의 딸들 사이에서 태어난 네피림의 자손으로 묘사했다(민 13:33). 하지만 네피림은 대홍수에 살아남지 못했으므로 그들이 실제로 육체적 후손이었다는 뜻은 아니다.

창세기 6:4에서 대홍수 이전의 네피림을 영웅 신분으로 묘사한 나머지 헬라어 번역가들은 그들을 '거인'[기간테스(*gigantes*)]으로 불렀고, 이것이 오늘날의 일부 번역본으로 들어왔다. 이 단어는 헬라어에서 신들이 멸망시킨 한 야만 종족을 가리키는 데 사용되었다. 이런 이유로 헬라어 번역본은 신명기 1:28에 나오는 아낙 자손들[아나킴(*'anakim*)] 역시 거인들로 번역한다. 이 거인들의 일부가 팔레스타인 성읍들에 살아남아 있었다. 다윗이 죽인 가드의 골리앗을 비롯한 힘센 군인들과 사무엘하 21:16-22에 나오는 군대는 이런 거인들을 마지막으로 언급한 경우다. 정탐꾼들은 가나안의 주민들과 그 군인들을 매우 생생하게 묘사했고, 그로 인해 이스라엘 백성은 공포에 떨게 되었다. 그들은 수사적 효과를 내려고 이런 연상을 사용했는데, 이는 두 차례의 세계대전 기간에 독일군에게 '훈족'(Huns)이라는 호칭을 사용했던 것과 비슷하다. 훈족은 동유럽에서 로마 군대를 격퇴할 수 있었던 부족연합이었다.

그 당시 가나안의 군사력과 요새에 관한 일부 정보가 이집트의 아마르나 서판에 나와 있다.[20] 이 서신들에는 주전 14세기 가나안의 기원에 관한 설명이 많이 나온다. 일부 서판들은 람세스 시대 이전과 그 기간 동안, 즉 라암셋이 건설되던 당시(출 1:11) 가나안 도시국가들과 이집트의 파라오 사이에 오간 서신들이며, 이집트나 히타이트의 막강한 군대에 저항할 수 있었던 강력한 왕국들을 묘사한다. 약 반세기 후 람세스 2세의 아들 파라오 메르넵타가 강력한 가나안 왕국들을 이기고 이를 묘사하는 승리의 돌기둥을 세웠다.[21] 아슈켈론(아스글론), 게제르(게셀), 예루살렘, 세겜 같은 도시들과 광대한 영토에 대한 그들의 군사 통제가 바로 정탐꾼들이 관찰하고 보고한 내용이었다.

---

20 19세기 말 (메소포타미아의) 설형 문자가 쓰인 점토 서판 380개가 나일강 중부, 이집트 파라오 아케나톤의 왕도에서 발견되었다. 그 서판들을 완전히 번역한 책은 다음과 같다. Samuel Mercer, ed., *The Tell El-Amarna Tablets*, 2 vols. (Toronto: MacMillan, 1939).

1:29-33 모세는 백성에게 주님이 그들의 인도자였음을 상기시킨다. 그분은 홍해에서 이집트 군대를 수장시켰듯 성벽을 무너뜨릴 용사였다. 그분은 광야에서 그들을 먹여 살리셨다. 따라서 그들은 '무서워할' 이유가 없었다. 그러나 이러한 권면은 전혀 효과가 없었다. 백성은 이제까지 그들을 인도하셨던 하나님을 믿지 못했다. 모세가 말하는 동안 영광의 구름이 그들의 눈에 보였을지 모른다. 이 사건은 밤에 일어났다(민 14:1). 그래서 모세가 하나님의 인도를 "밤에는 불로, 낮에는 구름으로"라는 특이한 순서로 표현하고 있는 듯하다. 하나님에 대한 이스라엘 백성의 신뢰는 군사적 능력의 문제로 바뀌었고, 이는 시내산에서 맺은 언약을 결정적으로 지키지 못한 것이었다.

1:34-40 시내산에서의 맹세는 하나님의 구원을 부인하는 말을 한 모든 사람에 대해 하나님께서 하신 맹세로 반박된다. 이 "악한 세대"는 정탐꾼들이 보고한 비옥한 땅을 결코 보지 못할 것이다. "악한"은 불신을 묘사하기 위해 사용된 부정적인 단어다. 히브리어 라(*ra'*)는 의미상 불쾌하거나 해롭거나 고통스럽거나 열등하거나 마음에 들지 않거나 난폭하거나 죄악된 것 등 폭넓은 의미를 가지고 있다. 이 상황에는 영어 이블(evil, '사악한')의 뉘앙스가 적절하다. 맹세를 부인하며 하나님과의 관계를 깨는 것은 심각한 악이 아닐 수 없다. 그렇게 하는 개개인은 도덕적으로 아무리 선하게 보일지라도 건강한 인간관계의 필수조건을 부인한 것이고, 그들에게 내리는 하나님의 심판은 공의롭다.

갈렙은 약속의 땅에 들어가지 못하게 된 반역 세대에서 예외적인 인물이었다. 그는 언약의 맹세를 완전히 지켰기 때문에 주님에 대한 헌신을 타협하지 않았다. 여기서 백성에게 전한 메시지의 일부가 아닌 구절이 삽입

---

21 메르넵타(주전 1211-1202년)가 세운 돌기둥에 적힌 글은 다음 책에 나와 있다. T. C. Mitchell, *Biblical Archaeology: Documents from the British Museum* (New York: Cambridge University Press, 1988), document 11.

되면서 모세와 여호수아가 처한 상황을 설명한다. 모세는 백성에게 하나님께서 "너희 때문에" 진노하셨다고 말한다(37절). 이는 3:26과 4:21에서도 반복된다. 민수기 20:1-13에 기록된 바와 같이 모세는 자신의 죄 때문에 약속의 땅에 들어가지 못한다. 시편 106:32-33에는 므리바에서 일어난 시험과 함께 이런 언급이 나오지만, 병행 구절과 더불어 실패담의 일부로 나온다. 신명기에 나온 모세의 처벌은 늦어도 40년 전에 일어났을 수도 있는 바위 사건과 아무런 관련이 없다. 신명기의 첫 번째 연설에서 모세가 약속의 땅에 들어가지 못한 불행은 정탐꾼들의 임무와 관련이 있다. 정탐꾼들의 파견과 임무 수행에 모세가 관여한 것은 없다. 문제는 모세와 백성의 관계에서 일어났다. 백성의 불신실함으로 모세는 가데스 바네아에서 약속의 땅으로 들어가지 못하게 되었다. 그뿐 아니라 백성 전체가 40년 동안 방황하게 되는 치명적인 결과가 초래되었다. 모세는 광야에서 그들과 함께 죽는 벌을 받는다. 다음 세대의 여호수아가 이스라엘을 약속의 땅으로 인도할 사령관이 될 것이다.

여호수아는 모세와 함께 산에 올라가 언약의 돌판을 받도록 지명을 받은 유일한 장로였다(출 24:13). 출애굽기 17:8-9에서 그는 아말렉과의 전쟁을 앞두고 아무런 소개 없이 장군들의 우두머리로 지명되었다. 이는 그가 이미 당시 특출한 인물이었음을 시사한다. 그는 총사령관으로서 가나안 정복을 이끌어갈 것이다. 민수기 27:18에서 여호수아는 모세의 후계자로 하나님께 지명을 받았다. 그 안에 영[루아흐(ruakh)]이 머무는 자였기 때문이다. 이는 성령이 허락하신 용기, 기술, 힘, 하나님에 대한 헌신을 포함하는 용어다. 이런 자질은 아말렉과의 전쟁에서 크게 발휘되었다. 여호수아는 모세와의 친밀한 관계 때문에 정탐꾼들의 대변인이 되지 못했을 것이다. 갈렙은 항의하는 백성을 진정시키면서 하나님의 인도를 따르자고 촉구했으나(민 13:30) 아무 소용없었다. 다른 정탐꾼들이 중상을 퍼뜨려 모세와 아론에 맞서는 반란을 일으켰다. 여호수아는 갈렙과 함께 백성들에게 가나안 족속을 먹이로 보고 주님을 신뢰하자고 권면했다가 오히려 사람들이 던지는 돌에 맞을 뻔했다(민 14:6-10). 그래서 백성은 여호수아를 약속의 땅으로 이스라엘을 인도할 인물로 삼고, 그에게 충성과 지지를 보내도록 권고를 받는다.

하나님께서 백성에게 하시는 말씀은 항의했던 백성의 말과 함께 재개된다. 그들은 선악을 분별할 수 없는 순진한 자녀들이 약탈의 대상이 될 것이라고 주장했다. 그러나 실제로는 이 자녀들이 그 땅에 들어가 그곳을 차지할 것이다. 반역하는 백성은 발길을 돌려 광야로 되돌아가게 되었다. 호렙에서 받은 것과 똑같은 명령(신 1:7)을 받았지만, 이번에는 정반대 방향과 운명으로 나아간다.

1:41-45 이 반역에 이어 백성들이 하나님의 명령을 대놓고 거부하는 또 한 번의 반역이 이어졌다. 주제넘게도 그들이 조금 전에 두려워했던 그 일을 할 수 있다는 믿음으로 스스로를 무장한 것이다. '올라가는'[하완(hawan)] 일을 쉽게 생각한 듯하다. '하완'은 여기에만 나오는 동사이며, 랍비들은 이러한 수행 발언을 전투 준비 완료의 선언으로 여겼다. "제자리, 준비, 출발!"이라는 어감을 갖는다. 이때 백성은 다시 한 번 경고를 받는다. 오직 하나님께서 전쟁 중에 함께하실 때에만 승리를 거둘 수 있는 법이다. 이는 민수기 10:35-36에 전진 공식으로 나오는 선언이다. 언약궤는 군대에 앞서 나가는 일종의 마차 보좌였다. 언약궤가 멈출 때 주님의 군대, 즉 수천 명의 이스라엘이 행군을 멈추었다. 그런데 이번 반역의 경우에 언약궤가 진 안에서 꿈쩍도 하지 않았다(민 14:42-45). 아모리 족속이 그들에게 몰려들었다. 그 군인들은 끈질기고 사나운 데다가 벌떼처럼 많았다.

이스라엘 백성은 세일에서 패배하여 호르마까지 쫓겨났다. 호르마란 이름은 동사 헤렘(참고. 서론의 '신학' 중 '언약에 대한 충성')에서 유래한 것으로, 속된 것을 모두 제거해 최종적으로 주님께 봉헌한 여리고 같은 장소를 말한다. 민수기 21:3은 호르마라는 이름의 뜻을 설명하고, 그 위치가 아랏 근처, 곧 약속의 땅 입구인 가나안의 남부 지방이었음을 밝힌다. 세일은 에돔 지역이다. 왜 공격자들이 세일에 있게 되었는지, 그리고 이스라엘을 가나안으로 향하는 호르마까지 추격했는지 설명하지는 않는다. 민수기 14:45

은 단지 이스라엘이 저 멀리 호르마까지 추격당했다고 말할 뿐이다. 구약의 아람어 번역본인 탈굼역은 호르마를 보통명사로 취급하며 그 문제를 해결한다. 이스라엘이 '파멸되기까지' 추격을 당했다는 말이다. 그들은 아모리 족속에 밀려 세일까지 도망했다가 잡혀서 전멸당한 것이다.

1:46-2:1 이스라엘이 가데스에 머물렀던 정확한 기간은 명기되어 있지 않다. "여러 날"이라는 표현은 며칠부터 몇 년까지 다양한 기간을 가리킬 수 있다. 가데스에 머문 기간이 길었다고 할 수는 없다. 신명기 2:14에 따르면, 이스라엘 백성이 가데스에서 떠나 38년에 걸친 방황의 마지막 단계에 들어갔기 때문이다. "너희가 그곳에 머물던 날"은 그들이 전쟁에서 돌아온 때를 가리키는 듯하다. 홍해를 향해 이동해야 한다고 모세가 지시를 받았기 때문에 그곳에서 지연하는 것은 또 하나의 불순종이었다. "[우리가] 여러 날 동안 세일산을 두루 다녔[다]"는 어구는 38년에 해당하는 대부분의 기간을 언급하는 것임에 틀림없다.

가데스로 확인된 아인 엘 쿠데이랏의 유적지는 1982년, 즉 이스라엘이 이집트와 맺은 평화협정의 일환으로 그 영토를 이집트에 돌려줄 때까지 폭넓게 발굴되었다. 그곳에 성벽이 5미터나 되고 여덟 개의 돌출형 탑이 세워진 대규모의 요새가 있었던 것으로 밝혀졌다. 이 요새는 주전 586년 느부갓네살이 출정해 예루살렘을 멸망시킬 때 파괴했던 것이다. 이 유적은 수에즈로부터 브엘세바에 이르는 길과 엘라쉬 근처 비아 마리스에서 갈라져 엘랏(아카바만)에 이르는 길의 교차점 근처에 있다. 이 유적의 주전 10세기 이전의 역사는 알려진 바 없다. 주전 12세기와 주전 11세기의 것으로 추정되는 토기 조각들은 그 이전에 사람들이 거주했음을 시사한다.

유적지에서 발견된 토기의 일부는 쿠라야 도자기(Qurayyah Painted Ware)로 알려졌으며, 이는 토기가 발굴된 사우디아라비아 북서부 지역의 이름을 딴 것이다. 이 토기의 존재는 아라비아 반도의 북서부에 위치한 헤자즈와 상업적, 문화적 관계를 밀접하게 맺었음을 가리킨다. 헤자즈는 출애굽 당시에 정착민으로 번창하던 미디안의 영토다. 쿠라야에서 대표적으로 요새화된 성곽이 발견되었고, 그곳에는 성벽으로 둘러싸인 마을과 대규모의 관개 시설도 있었다. 미디안 도기 또는 헤자즈 도기는 요단 동편의 남부와 엘랏 근처 지방으로 퍼져나갔다. 아카바만의 북쪽에 있는 팀나는 구리 광산으로 유명하지만 이 도기로도 주목을 받고 있다.

모세는 미디안 사람과 결혼해 생애의 대부분을 그 영토에서 살았다. 미디안 족속은 아라비아 북서부, 요단 동편의 남부, 아라바, 그리고 네게브에 이르는 넓은 지역에 거주했다. 미디안은 한정된 지리적 영역이라기보다 부족들의 동맹으로 보인다. 이스라엘 백성은 발람 이야기에 나오듯 미디안 족속과 마주쳤다(민 22:4). 그들은 세일산의 부근에서 떠돌았는데, 이곳은 모세가 익히 알고 있는 지역이었던 것 같다.

≋≋≋≋ 응답 ≋≋≋≋

신뢰와 믿음은 관련이 있으나 동일시해서는 안 된다. "이 일에 너희가 너희의 하나님 여호와를 믿지 아니하였도다"(신 1:32)에 쓰인 '믿다'는 히브리어 동사 아만('aman)을 번역한 것이다. 보통 기도에서 사용하는 영어 단어 amen(아멘)은 이 동사에서 유래한다. 그 어휘소는 믿음직한 또는 신뢰할 수 있는 어떤 것이라는 의미를 지닌다. 사람에게 사용할 경우 신뢰하는 행위를 의미한다. 한 사람을 신뢰하려면 그 사람의 성품에 대한 믿음이 필요하지만, 믿음이 있다고 해서 반드시 신뢰를 행사하게 되는 것은 아니다.

아만이란 동사는 시리아로 인한 위기 동안 이사야가 아하스에게 경고할 때 사용된다(사 7:1-9). 예루살렘의 왕 아하스는 두 강대국 다메섹과 사마리아(시리아와 이스라엘)의 위협을 받았다. 두 나라의 르신왕과 베가왕의 책략은 앗수르의 침략에 대항하기 위해 동맹을 맺은 다음, 아하스를 끌어내리고 다브엘을 그 자리에 올리는 것이었다. 아하스는 앗수르의 왕보다 이 두 왕을 더 두려워했다. 그래서 자신을 왕위에서 끌어내리려 하는 이웃의 왕들에게 저항하기 위해 앗수르와 손잡을 계획을 세웠다. 그러나 이 책략은 지혜롭지 못했다. 이사야가 아하스에게 말했듯, 장차 자기 털을 밀게 될 삭도를 빌려오는 꼴밖에 되지 않았다(사 7:20). 이는 전쟁 포로들이 발가벗겨지고 털이 깎여 치욕을 당하는 모습을 가리킨다. 아하스는 보호받는 대가로 앗수르에게 예물을 제공했으나, 결국 그들의 다음 정복 대상이 될 처지에 놓였다(왕하 16:7-8). 아하스에게 남은 유일한 희망은 하나님을 신뢰하는 것이었다. 이사야는 아만의 동사형으로 언어유희를 하면서 아하스에게 경고한다. "너희가 믿음 안에 굳게 서지 못한다면[로 타아미누(lo' ta'aminu)], 너희는 절대로 굳게 서지 못한다[로 테아메누(lo' te'amenu)]"(사 7:9, 새번역). 아하스는 믿음 안에 굳게 서지 못했고, 결국 그의 나라는 앗수르에게 약탈당했다. 임마누엘('immanu'el)의 징표가 그에게 임했으나(사 8:8) 긍정적인 것은 아니었다. 하나님은 앗수르 사람들을 보내 아하스를 정복하게 하는 방식으로 그와 함께하셨다.

가데스에 머물던 이스라엘 백성도 비슷한 상황에 처해 있었다. 그들에게 필요한 것은 믿음 안에 굳게 서는 일이었고, 그것만이 그들의 안전을 보장했다. 그들이 구원받기 위해 좇았던 징표는 영광을 나타내는 구름 모습으로 그들 앞에 있었다. 그들 모두는 하나님께서 이스라엘을 바로의 손에서 구원하셨던 것처럼 그들을 가나안 성읍들로부터 구원하실 수 있음을 믿었지만, 그럼에도 그 믿음을 행사하지 않았다. 믿음 안에 굳게 서지 못한 결과로 그들은 전혀 굳게 서지 못했다. 그래서 모두 광야에서 죽었다.

주 예수 그리스도를 믿으라는 신약의 요구도 그와 다르지 않다. 헬라어 동사 피스튜오(pisteuō)는 히브리어 동사 아만과 동일한 뜻을 갖고 있다. 하나님의 아들을 믿는 자는 누구나[파스 호 피스튜온(pas ho pisteuōn)] 멸망하지 않고 영생을 얻을 것이다(요 3:16). 하나님은 단순히 아들을 보내셨음을 믿으라고 요청하시는 게 아니라 그 아들에게 헌신하고 그 아들을 신뢰할 것을 요구하신다. 그렇다고 해서 의심이 끼어들 여지가 전혀 없다는 뜻은 아니다. 의심은 신앙의 본질에서 일부를 이룬다. 누군가를 믿을 필요가 있다는 것은 지식 부족으로 인해 불확실성이 있음을 시인하는 것이다. 신앙은 의심이 생기더라도 그럼에도 불구하고 행동하는 것이다. 믿음은 신앙을 요구한다. 신앙은 불확실하다는 느낌을 극복하는 신뢰의 행동이다.

일상의 용어로 표현하자면, 비행기가 날 것이라고 믿는 것만으로는 충분하지 않다. 항공편으로 여행하려면 비행기를 타야 한다. 상대방이 평생 나를 사랑할 것이라고 믿는 것만으로는 충분하지 않다. 평생의 약속을 하는 데 있어 두 사람 모두 모르는 부분이 많지만, 그럼에도 불구하고 상대방을 신뢰하며 약속할 때 비로소 결혼이 가능하다.

인간은 유한한 존재이므로 믿음 자체가 행동을 지배하지는 못한다. 많은 사람이 비행기를 늘 보기 때문에 비행기가 날 것이라고 믿더라도, 실제로 비행기를 타고 비행기로 여행하지는 않을 것이다. 신앙의 문제에서 이런 이분법은 만연하다. 믿음을 고백했다고 해서 바로 신앙적으로 헌신하는 것은 아니다. 이것이 가데스 바네아에서 이스라엘이 보인 문제였다. 그들은 그저 믿기만 했다. 자기 신념에 가득 차 있어 실패할 것이라는 말에도 아랑곳하지 않고 공격을 감행했다. 이 사건에서 보듯 믿음이 항상 타당한 방식으로 작동하지는 않는다. 신실함은 하나의 여정이며 실패 없이 갈 수 있는 길이 결코 아니다.

2 여호와께서 내게 말씀하여 이르시되 3 너희가 이 산을 두루 다닌 지 오래니 돌이켜 북으로 나아가라 4 너는 또 백성에게 명령하여 이르기를 너희는 세일에 거주하는 너희 동족 에서의 자손이 사는 지역으로 지날진대 그들이 너희를 두려워하리니 너희는 스스로 깊이 삼가고 5 그들과 다투지 말라 그들의 땅은 한 발자국도 너희에게 주지 아니하리니 이는 내가 세일산을 에서에게 기업으로 주었음이라 6 너희는 돈으로 그들에게서 양식을 사서 먹고 돈으로 그들에게서 물을 사서 마시라 7 네 하나님 여호와께서 네가 하는 모든 일에 네게 복을 주시고 네가 이 큰 광야에 두루 다님을 알고 네 하나님 여호와께서 이 사십 년 동안을 너와 함께하셨으므로 네게 부족함이 없었느니라 하시기로 8 우리가 세일산에 거주하는 우리 동족 에서의 자손을 떠나서 아라바를 지나며 엘랏과 에시온 게벨 곁으로 지나 행진하고

2 Then the Lord said to me, 3 'You have been traveling around this mountain country long enough. Turn northward 4 and command the people, "You are about to pass through the territory of your brothers, the people of Esau, who live in Seir; and they will be afraid of you.

So be very careful. 5 Do not contend with them, for I will not give you any of their land, no, not so much as for the sole of the foot to tread on, because I have given Mount Seir to Esau as a possession. 6 You shall purchase food from them with money, that you may eat, and you shall also buy water from them with money, that you may drink. 7 For the Lord your God has blessed you in all the work of your hands. He knows your going through this great wilderness. These forty years the Lord your God has been with you. You have lacked nothing." 8 So we went on, away from our brothers, the people of Esau, who live in Seir, away from the Arabah road from Elath and Ezion-geber.

돌이켜 모압 광야 길로 지날 때에 9 여호와께서 내게 이르시되 모압을 괴롭히지 말라 그와 싸우지도 말라 그 땅을 내가 네게 기업으로 주지 아니하리니 이는 내가 롯 자손에게 아르를 기업으로 주었음이라 10 (이전에는 에밈 사람이 거기 거주하였는데 아낙 족속같이 강하고 많고 키가 크므로 11 그들을 아낙 족속과 같이 르바임이라 불렀으나 모압 사람은 그들을 에밈이라 불렀으며 12 호리 사람도 세일에 거주하였는데 에서의 자손이 그들을 멸하고 그 땅에 거주하였으니 이스라엘이 여호와께서 주신 기업의 땅에서 행한 것과 같았느니라) 13 이제 너희는 일어나서 세렛 시내를 건너가라 하시기로 우리가 세렛 시내를 건넜으니 14 가데스 바네아에서 떠나 세렛 시내를 건너기까지 삼십팔 년 동안이라 이때에는 그 시대의 모든 군인들이 여호와께서 그들에게 맹세하신 대로 진영 중에서 다 멸망하였나니 15 여호와께서 손으로 그들을 치사 진영 중에서 멸하신 고로 마침내는 다 멸망되었느니라

"And we turned and went in the direction of the wilderness of Moab. 9 And the Lord said to me, 'Do not harass Moab or contend with them in battle, for I will not give you any of their land for a possession, because I have given Ar to the people of Lot for a possession.' 10 (The Emim formerly lived there, a people great and many, and tall as the Anakim. 11 Like the Anakim they are also counted as Rephaim, but the Moabites call them Emim. 12 The Horites also lived in Seir formerly, but the people of Esau dispossessed them and destroyed them from before them and settled in their place, as Israel did to the land of their possession, which the Lord gave to them.) 13 'Now rise up and go over the brook Zered.' So we went over the brook Zered. 14 And the time from our leaving Kadesh-barnea until we crossed the brook Zered was thirtyeight years, until the entire generation, that is, the men of war, had perished from the camp, as the Lord had sworn to them. 15 For indeed the hand of the Lord was against them, to destroy them from the camp, until they had perished.

≋≋≋≋ 단락 개관 ≋≋≋≋

에돔을 지나는 여정, 광야 여정의 끝

연설에서 이 부분은 광야를 방황하던 세대에서 약속의 땅에 들어갈 세대로 넘어가는 중요한 전환이 이루어진다. 광야에서 방황하던 시대의 군인들은 모두 죽고 말았다(14절). 이 진술에는 약간의 아이러니가 있다. 하나님의 전사가 되어야 했던 군인들이 싸우기를 거부했었기 때문이다. 그들은 자녀들의 생명을 위해 두려워했으나 그 자녀들은 이제 약속의 땅에 성공적으로 들어가는 장본이 되었다.

모세는 현재 새로운 세대에게 격려와 가르침을 베풀고 있다. 하나님께서 에돔과 모압에게 영토를 분배해주어 이전에 그 땅에 살던 거인들을 대신할 수 있게 해주셨다. 하나님은 예전에 다른 나라들을 위해 행하셨던 일을 앞으로 이스라엘을 위해 행하실 것이다. 더 나아가 이 영토는 다른 민족들에게 허락된 것이므로 이스라엘은 어떤 식으로든 갈등을 일으키지 않도록 조심해야 한다.

≈≈≈≈≈ 단락 개요 ≈≈≈≈≈

I. 모세의 첫 번째 연설(1:1-4:43)

  B. 광야의 여정(1:6-3:29)

    2. 벳브올에 이르는 여정(2:2-3:22)

      a. 세렛 시내를 건너는 여정(2:2-15)

        (1) 에돔을 지나는 여정(2:2-8a)

        (2) 모압과 에돔 사람들(2:8b-12)

        (3) 광야 세대의 죽음(2:13-15)

≈≈≈≈≈ 주석 ≈≈≈≈≈

2:2-8a 이스라엘 백성은 한 세대 전체가 죽은 후 그들이 방황하던 지역에서 북쪽으로 행진하라는 지시를 받는다. 그렇게 하려면 본래의 계획대로 가데스 바네아에서 약속의 땅으로 들어가는 대신 요단 동편에 있는 에돔과 모압 지역을 통과해야 한다. 에돔의 땅과 사람들에 관한 가장 초기의 언급이 이집트 문서들에 나온다. 이집트의 아마르나 서판들 중 하나가 "세일의 땅"을 언급한다.[22] 이집트의 파피루스에 따르면, 세일산의 샤수 지파

들[23]이 세티 2세(주전 1214-1208년)와 람세스 3세(주전 1198-1166년)의 통치 기간에 국경을 넘어 이집트를 침략했다고 한다. 이 기간에는 에돔이 지파의 수령들, 곧 사사 시대와 같이 왕조가 아닌 지도자들이 차지했던 영토인 듯하다. 에돔 수령들은 에서의 족보에 기록되어 있다(창 36:40-43; 대상 1:51-54). 출애굽이 진행되는 동안 이스라엘 군대는 에돔 부족들에게 상당한 위협이 되었을 것이다. 그래서 그들과 화평한 관계를 유지하라는 경고가 주어진다.

이스라엘은 에돔의 형제들과 싸우지 말라는 경고를 받았는데, 이는 그 땅의 단 한 걸음도 기업으로 받지 못할 것이기 때문이다. 사울 시대 이전에는 왕들이 에돔을 다스렸다(창 36:31-39; 대상 1:43-50). 이스라엘이 하나의 왕국이 되면서 예전에 이삭이 에서를 축복하던 말이 구체화되기 시작했다. "너는…네 아우를 섬길 것이[다]"(창 27:40). 다윗은 에돔을 종속국으로 전락시켰고(삼하 8:13-14), 왕궁을 끝장내고 그 땅에 수비대를 두었다. 이는 리브가가 들은 고대의 예언, "큰 자가 어린 자를 섬기리라"(창 25:23)는 말씀이 성취된 사건이다. 에돔은 이스라엘과 숙원의 경쟁자가 되었으나, 에돔이 형제였다는 것과 하나님께서 에돔에게 세일을 그들의 땅으로 정해준 사실은 결코 잊히지 않았다.

출애굽 여정의 상당 부분은 알려진 바가 없다. 민수기 20:14-21은 모세가 약속의 땅에 들어가려고 요단 부근에 이르기 위해 에돔 땅을 지나가게 해달라고 에돔 왕에게 요청한 일에 대해 상술한다. 이 요청이 거절되는 바람에 이스라엘은 우회하지 않을 수 없었다. 가데스에서 출발한 이 여정의 시기는 "첫째 달"(민 20:1)이라고만 되어 있다. 이는 40년째 해에 일어난 것으로 보인다. 광야 행진의 상세한 여정을 보면, 아론이 다섯째 달에 죽어 멈추기 전에 가데스에 진을 치고 있었기 때문이다(민 33:36-39).[24] 신명기

---

22   Mercer, *Tell El-Amarna Tablets*, §288, line 26. 참고. 서판 묘사에 대한 1:26-28 주석.

23   샤수(Shasu)는 아카드어로, 후기 청동기 시대에 가나안 전역에서 활동하던 이주민과 약탈 지파를 가리킨다.

는 가데스로 되돌아가는 모습을 언급하지 않는데, 아마 이곳이 가데스 바네아와 같은 장소이기 때문일 것이다. 민수기에서는 그 여정이 에돔의 북부를 지나 세렛 골짜기, 곧 사해의 남동쪽 끝 모압의 경계에 위치한 골짜기까지 계속 이어진다(민 21:10-12). 이런 전승들이 어떤 상호관계가 있는지 파악하기에는 지리적 혹은 연대기적 정보가 부족하다. 민수기 20-21장이 기록된 것은, 이스라엘의 새로운 세대가 계속 불평했음에도 불구하고 하나님께서 그들에게 물과 치유와 승리를 안겨주셨음을 보여주기 위해서다. 이 두 장은 각각 지도자들과 백성들의 반역을 예시하고 있다(민 20:9-11; 21:5). 이 주제별 정리는 여러 사건들을 통합한다.

2:8b-12 다음 여정으로 이스라엘 백성은 사해 동쪽의 고지대를 가로질렀다. 이 당시에 모압의 영토는 와디 세렛(Wadi Zered)으로부터 와디 아르논(Wadi Arnon)에 이르는 지역으로 이루어져 있었다. 와디[wadi, 히브리어로 나할(nahal)]는 사해를 둘러싸고 있는 지역처럼 가파른 비탈 사이에 있는 협곡을 말한다. 순식간에 범람하는 지리적 특성으로 유명하고, 대개는 우기 동안 일정한 시내를 이룬다. 와디 세렛은 연중 흐르는 시내로, 길이가 약 56킬로미터에 이르고 사해로 떨어지는 높이가 약 1,200미터나 된다. 와디 아르논도 연중 물이 흐르며 그 지류들이 모압 평야의 상당 부분에 물을 대는 시내다. 모압 평야는 북쪽으로는 와디 헤이단(Wadi Heidan)이, 남쪽으로는 오늘날의 와디 무지브(Wadi Mujib, 성경의 '아르논')가 물을 댄다. 남쪽 시내는 북서쪽으로 약 24킬로미터를 흐르고, 이후 서쪽으로 동일한 거리를 흘러 사해의 중앙 지점으로 흘러 들어간다. 아르논의 유출량은 사해에서 약 3.2킬로미터 떨어진 곳에서 합류하는 와디 헤이단으로 크게 늘어난다. 아

---

24 민수기 20-21장의 내러티브는 주제별로 정리된 것으로 보이며 연대순으로 해석하기가 무척 까다롭다. 이 장들의 구조에 관한 충분한 논의는 다음 글을 참고하라. Jacob Milgrom, "Excursus 55," in *Numbers*, JPSTC (Philadelphia: Jewish Publication Society, 1990), 463-467. 에돔과의 교류와 가나안 족속과의 전쟁이 사건 순서대로 배열되어 있지 않다.

르논 골짜기의 깊이는 위치에 따라 400미터부터 700미터까지 다양하다. 골짜기가 길고도 깊어 다니기가 무척 어렵기 때문에 왕의 대로는 내륙 깊숙이 들어가 가파른 경사지의 서쪽 가장자리와 사해로 내려가는 깊은 협곡을 우회하지 않을 수 없었다.

하나님은 "아르"를 "롯 자손에게…기업으로" 주셨다. 아르는 모압 내의 한 지역 또는 성읍으로, 그 나라 전체를 대표하는 이름이다(신 2:18, 29). 아르는 시혼의 화염에 불탔고(민 21:28), 그곳은 모압의 수도였을 것이다(사 15:1). 북쪽 변경인 아르논에 위치한 '모압의 성읍'[이르 모아브('ir moab)]과 동일한 곳일 가능성이 많다(민 22:36). 아르('ar), 이르('ir), 키르(kir)는 모두 '성읍'을 의미하는 용어다.

모세는 이스라엘이 지나가야 할 땅들에 관한 과거 역사를 여러 차례 묘사한다(신 2:20-23; 3:9-11). 이런 역사적 여담의 목적은 이스라엘에게 가나안 땅 주민들에 대한 승리를 허락하시겠다는 하나님의 약속이 믿을 만하다는 것을 확신시키기 위해서다. 이런 묘사가 사실임을 이번에는 괄호 속의 언급으로 나타낸다(2:10-12). 요단 동편의 토착민은 이미 아브라함의 전쟁 기사에 나와 있다(창 14:5-6). 에밈이란 이름은 그들을 두려워했던[에마('emah), '두려움' 또는 '공포'] 모압 사람들이 붙인 것이다. 창세기는 그들이 아르논 북쪽에 있는 사웨 기랴다임에 거주하고 있었다고 말한다(창 14:5). 그들은 아낙 족속이나 르바임처럼 키가 굉장히 컸다. 아낙 족속은 가나안의 토착민이었다(신 1:28, 참고. 1:26-28 주석). "르바임"(Rephaim)은 구약에서 두 가지 뜻을 가지고 있다. (1) 죽은 자의 장소에 있는 그늘 또는 유령(잠 2:18; 시 88:11), (2) 고대의 가나안 거주민들이다. 그 의미는 추론에 의한 것이다. 우가리트의 한 시에서는 바산에 있는 옥의 주요 도시들을 보호하는 신으로 라파(Rapha)를 거명한다.[25] 다른 문헌들에서 르바임은 요단 골짜기와 관련이 있으며 거인 군인들로 이루어진 정예전사 조합을 나타낸다. 우가리트 문헌에 나오는 *rup'm*이란 용어는 지하세계에 살고 있는 특권층의 죽은 자 또는 왕의 선조를 말하는데, 때로는 살아 있는 통치자가 그 가운데 속한다. 라파 신의 신봉자들은 한때 바산 지역을 점유했던 유명한 전사들이었던 것 같다. 그런 영웅적인 선조들은 저승의 르바임이 되지만, 그들은 가나안의 거인 족속으로 여겨지고 있다.

세일의 이전 거주민들은 호리족이며(창 14:6), 종종 후르리족과 동일시되기도 한다. 이들은 주전 3천 년대 메소포타미아 북부의 역사에 등장한 비(非) 셈족이었다. 그들은 점차 레반트 전역으로 퍼져나가 영구적인 문화 유산을 남겼다. 모세 시대에 이집트 사람들은 가나안을 '후루의 땅'이라고 불렀다. 하지만 성경에 나오는 호르족이 후르리족일 가능성은 희박하다. 호르족은 이스라엘 이전의 가나안 족속 중에 언급된 적이 전혀 없고, 요단 서편에 자리 잡은 적도 없다. 성경에서 그들은 세일과 관련이 있다(창 36:20-21).

2:13-15 모세는 다시금 세렛 시내를 건너라는 명령을 백성에게 직접 전달한다. 세렛 시내를 건너는 것은 새로운 시대로의 전환을 뜻한다. 가데스바네아에서 하신 하나님의 맹세가 이제야 성취되었다(신 1:35). 하나님을 신뢰하지 못해 약속의 땅에 들어가기를 거부하며 반역했던 사람들은 모두 죽고 말았다. 반역자들이 다 '멸망했다'는 사실이 거듭 강조되고 있다. 어떤 경우에는 하나님께서 직접 심판을 내리셨다. "여호와께서 손으로 그들을 치사 진영 중에서 멸하신 고로." 모압에 들어간다는 것은 심판의 장소였던 세일산 부근의 광야를 벗어난다는 뜻이었다.

---

25 고대의 우가리트가 라파를 사용한 것에 관한 논의는 다음 글을 참고하라. B. Margulis, "A Ugaritic Psalm (RŠ 24.252)," *JBL* 89/3 (September 1970): 292-304. 우가리트는 시리아 북부에 있던 고대 항구였다. 1929년, 왕실 기록보관소에 있던 약 1,500개의 서판이 발견되었다. 대략 출애굽 시기에 해당하는 후기 청동기 시대(주전 1400-1300년)의 것으로 추정된다. 서판에 쓰인 언어는 히브리어와 매우 비슷하다.

≋≋≋≋ 응답 ≋≋≋≋

정의와 관련된 오늘날의 관심사 중 하나가 원주민의 권리다. 이것은 이스라엘이 광야를 떠나 약속의 땅을 향할 때 모세의 관심사이기도 하다. 이 단락에 나타난 신학적 개념은 신명기 32:8에 나오듯 하나님께서 여러 나라에게 땅을 분배하신다는 것이다. 이스라엘이 가나안 족속을 내쫓은 것은 하나님의 심판으로 묘사되어 있다. 아브라함에게 주신 약속은 아모리 족속의 죄악이 언제 가득 차느냐에 달려 있었다(창 15:16). 이스라엘이 에돔과 모압의 땅을 평화롭게 지나가야 했던 것은 하나님께서 그들에게 그 영토를 조금도 허락하지 않으셨기 때문이다. 하나님은 롯의 자손에게 에밈 사람의 땅을, 에서의 자손에게는 호리 사람의 땅을 주셨다. 그 땅에 대한 에서의 권리는 하나님께서 이스라엘에게 주시는 땅에 대한 권리에 비유된다(신 2:12). 하나님께서 이제 이스라엘의 출현으로 가나안을 심판하고 계시듯, 그것은 그 족속들에 대한 심판의 의미를 함축한다.

신명기의 이런 역사적 기록은 원주민 권리라는 개념이 단순하지 않다는 점을 분명히 보여준다. 모든 땅은 역사를 가지고 있다. 그 땅에 대한 한 족속의 권리는 그곳에서 일어난 역사의 해석에 달려 있다. 한 국가 내의 독립 주장, 다른 국가의 영토에 대한 권리 주장, 또는 한 국가의 종료 주장 등은 모두 과거에 대한 해석에 기초한다. 신명기에 나오는 이런 역사적 기록은 한 나라가 현재 책임 있게 처신하려면 과거를 아는 지식이 중요하다는 점을 일깨워준다. 과거에 대한 해석은 신학이나 역사철학에 기반을 둔다. 이 단락의 진술은 이런 족속들 가운데 하나님의 질서가 있음을 가정한다. 이는 현대 세계의 모든 분쟁 역시 그와 동일한 질서에 속해 있음을 보여주는 중요한 본보기다. 이 세상에 자명한 정의란 없다. 포스트모더니즘의 용어를 사용하자면, 모든 정치적 평가는 거대담론(메타 내러티브)에 달려 있다. 현재의 권리 주장을 정당화하기 위해서는 사회적, 경제적 질서에 관한 철학이 필요하다는 뜻이다.

이스라엘이 이제 땅을 기업으로 받기 위해 출발하는 때, 이 단락의 역사적 기록은 독선적인 정당화가 아니라 겸손함을 고취시켜야 한다. 겸손은 세속적인 사고방식에서 으뜸으로 치는 성품은 아니지만 그리스도인에게는 진지한 고려사항이 되어야 한다. 주권적인 하나님은 인간의 나라들을 다스리며 당신이 원하는 사람에게 그 나라를 주신다. 느부갓네살이 동물같이 되는 수모를 겪은 이야기에서 이런 사실을 생생하게 볼 수 있다. 고대 세계의 7대 불가사의 중 하나를 세운 인물이 다니엘 4:35에서 이렇게 하나님을 찬양하며 결론을 짓는다.

> 그는 땅의 모든 거민을 없는 것같이 여기시며
> 하늘의 군대와 이 땅의 모든 거민에게 뜻대로 하시지만,
> 아무도 그가 하시는 일을 막지 못하고,
> 무슨 일을 이렇게 하셨느냐고 그에게 물을 사람이 없다(새번역).

정치적으로 적절한 행동일지라도 결코 주제넘는 일이 되면 안 된다. 하나님의 주권에 대한 신앙을 공유하는 사람들이 영토 주장에 대한 해결책이 서로 다르다고 해서 놀라서도 안 된다. 인간의 총명함이나 권력으로는 영원한 제국을 세울 수 없다.

Deuteronomy
신명기
2:16-37

16 모든 군인이 사망하여 백성 중에서 멸망한 후에 17 여호와께서 내게 말씀하여 이르시되 18 네가 오늘 모압 변경 아르를 지나리니 19 암몬 족속에게 가까이 이르거든 그들을 괴롭히지 말고 그들과 다투지도 말라 암몬 족속의 땅은 내가 네게 기업으로 주지 아니하리니 이는 내가 그것을 롯 자손에게 기업으로 주었음이라 20 (이곳도 르바임의 땅이라 하였나니 전에 르바임이 거기 거주하였음이요 암몬 족속은 그들을 삼숨밈이라 일컬었으며 21 그 백성은 아낙 족속과 같이 강하고 많고 키가 컸으나 여호와께서 암몬 족속 앞에서 그들을 멸하셨으므로 암몬 족속이 대신하여 그 땅에 거주하였으니 22 마치 세일에 거주한 에서 자손 앞에 호리 사람을 멸하심과 같으니 그들이 호리 사람을 쫓아내고 대신하여 오늘까지 거기에 거주하였으며 23 또 갑돌에서 나온 갑돌 사람이 가사까지 각 촌에 거주하는 아위 사람을 멸하고 그들을 대신하여 거기에 거주하였느니라) 24 너희는 일어나 행진하여 아르논 골짜기를 건너라 내가 헤스본 왕 아모리 사람 시혼과 그의 땅을 네 손에 넘겼은즉 이제 더불어 싸워서 그 땅을 차지하라 25 오늘부터 내가 천하 만민이 너를 무서워하며 너를 두려워하게 하리니 그들이 네 명성을 듣고 떨

며 너로 말미암아 근심하리라 하셨느니라

16 "So as soon as all the men of war had perished and were dead from among the people, 17 the Lord said to me, 18 'Today you are to cross the border of Moab at Ar. 19 And when you approach the territory of the people of Ammon, do not harass them or contend with them, for I will not give you any of the land of the people of Ammon as a possession, because I have given it to the sons of Lot for a possession.' 20 (It is also counted as a land of Rephaim. Rephaim formerly lived there—but the Ammonites call them Zamzummim— 21 a people great and many, and tall as the Anakim; but the Lord destroyed them before the Ammonites,[1] and they dispossessed them and settled in their place, 22 as he did for the people of Esau, who live in Seir, when he destroyed the Horites before them and they dispossessed them and settled in their place even to this day. 23 As for the Avvim, who lived in villages as far as Gaza, the Caphtorim, who came from Caphtor, destroyed them and settled in their place.) 24 'Rise up, set out on your journey and go over the Valley of the Arnon. Behold, I have given into your hand Sihon the Amorite, king of Heshbon, and his land. Begin to take possession, and contend with him in battle. 25 This day I will begin to put the dread and fear of you on the peoples who are under the whole heaven, who shall hear the report of you and shall tremble and be in anguish because of you.

26 내가 그데몾 광야에서 헤스본 왕 시혼에게 사자를 보내어 평화의 말로 이르기를 27 나를 네 땅으로 통과하게 하라 내가 큰길로만 행하고 좌로나 우로나 치우치지 아니하리라 28 너는 돈을 받고 양식을 팔아 내가 먹게 하고 돈을 받고 물을 주어 내가 마시게 하라 나는 걸어서

지날 뿐인즉 ²⁹ 세일에 거주하는에서 자손과 아르에 거주하는 모압 사람이 내게 행한 것같이 하라 그리하면 내가 요단을 건너서 우리 하나님 여호와께서 우리에게 주시는 땅에 이르리라 하였으나 ³⁰ 헤스본 왕 시혼이 우리가 통과하기를 허락하지 아니하였으니 이는 네 하나님 여호와께서 그를 네 손에 넘기시려고 그의 성품을 완강하게 하셨고 그의 마음을 완고하게 하셨음이 오늘날과 같으니라 ³¹ 그때에 여호와께서 내게 이르시되 내가 이제 시혼과 그의 땅을 네게 넘기노니 너는 이제부터 그의 땅을 차지하여 기업으로 삼으라 하시더니 ³² 시혼이 그의 모든 백성을 거느리고 나와서 우리를 대적하여 야하스에서 싸울 때에 ³³ 우리 하나님 여호와께서 그를 우리에게 넘기시매 우리가 그와 그의 아들들과 그의 모든 백성을 쳤고 ³⁴ 그때에 우리가 그의 모든 성읍을 점령하고 그의 각 성읍을 그 남녀와 유아와 함께 하나도 남기지 아니하고 진멸하였고 ³⁵ 다만 그 가축과 성읍에서 탈취한 것은 우리의 소유로 삼았으며 ³⁶ 우리 하나님 여호와께서 그 모든 땅을 우리에게 넘겨주심으로 아르논 골짜기 가장자리에 있는 아로엘과 골짜기 가운데에 있는 성읍으로부터 길르앗까지 우리가 모든 높은 성읍을 점령하지 못한 것이 하나도 없었으나 ³⁷ 오직 암몬 족속의 땅 얍복 강가와 산지에 있는 성읍들과 우리 하나님 여호와께서 우리가 가기를 금하신 모든 곳은 네가 가까이 하지 못하였느니라

²⁶ "So I sent messengers from the wilderness of Kedemoth to Sihon the king of Heshbon, with words of peace, saying, ²⁷ 'Let me pass through your land. I will go only by the road; I will turn aside neither to the right nor to the left. ²⁸ You shall sell me food for money, that I may eat, and give me water for money, that I may drink. Only let me pass through on foot, ²⁹ as the sons of Esau who live in Seir and the Moabites who live in Ar did for me, until I go over the Jordan into the land that the Lord our God is giving to us.' ³⁰ But Sihon the king of Heshbon would not let

us pass by him, for the Lord your God hardened his spirit and made his heart obstinate, that he might give him into your hand, as he is this day. 31 And the Lord said to me, 'Behold, I have begun to give Sihon and his land over to you. Begin to take possession, that you may occupy his land.' 32 Then Sihon came out against us, he and all his people, to battle at Jahaz. 33 And the Lord our God gave him over to us, and we defeated him and his sons and all his people. 34 And we captured all his cities at that time and devoted to destruction[2] every city, men, women, and children. We left no survivors. 35 Only the livestock we took as spoil for ourselves, with the plunder of the cities that we captured. 36 From Aroer, which is on the edge of the Valley of the Arnon, and from the city that is in the valley, as far as Gilead, there was not a city too high for us. The Lord our God gave all into our hands. 37 Only to the land of the sons of Ammon you did not draw near, that is, to all the banks of the river Jabbok and the cities of the hill country, whatever the Lord our God had forbidden us."

1 Hebrew *them* 2 That is, set apart (devoted) as an offering to the Lord (for destruction)

〰〰〰 단락 개관 〰〰〰

정복 명령, 시혼의 패배

모압을 통과한 이스라엘은 요단 동편의 여러 나라들과 마주친다. 모압의 북쪽에 위치한 영토는 헤스본에 있는 시혼의 나라였다. 이스라엘은 암몬 족속과 마주치지 않았다. 그들의 영토는 시혼 나라의 동쪽과 북쪽에 있었다. 암몬 족속 역시 이스라엘과 관계가 있고 하나님께서 분배하신 영토를 가지고 있었다. 모세는 암몬과 관련해 블레셋("갑돌 사람")에 대해 논의하는데, 이는 비교하는 동시에 대조하는 진술이다. 에돔과 모압과 암몬이 그랬듯 현재의 블레셋 족속도 이전에 그곳에 살던 사람들을 내쫓고 그곳을 차지했다. 블레셋은 이스라엘과 관계가 없었으나 장차 이웃이 될 것이었다. 다른 가나안 족속들처럼 블레셋의 영토도 이스라엘에게 종속될 수 있었다.

시혼과 옥은 요단 동편에 있는 강대국들로서 이스라엘의 가나안을 정복을 방해하는 입장에 섰다. 모세는 여기서 새로운 세대가 언약의 복에 들어가기 시작하면서 이룬 최초의 정복을 회상한다.

〰〰〰 단락 개요 〰〰〰

(2) 이스라엘이 헤스본에 들어가는 길이 막힘(2:24-30)

(3) 시혼 왕국 정복(2:31-37)

〰〰〰 주석 〰〰〰

2:16-23 이스라엘 백성은 모압을 지나 암몬의 영토로 진입했다. 암몬 족속 역시 벤암미('내 백성의 아들', 창 19:38), 곧 롯이 자기 딸을 통해 낳은 아들의 자손이었으므로 이스라엘과 관계가 있었다(창 19:30-38). 그들은 아르논강과 얍복강 사이에 있는 삼숨밈의 영토를 점령했다. 삼숨밈은 윙윙거리는 소리처럼 들리는 외국어를 본 따서 만든 단어인 듯하다. 암몬 족속의 대표적인 성읍은 랍바 또는 랍바스-암몬이었고, 이는 바산 왕 옥의 석관이 있던 곳으로 기억되고 있었다(신 3:11). 이 전리품의 보존은 이전의 문화와 어느 정도 연관이 있었음을 시사한다. 그 성읍은 얍복의 수원지인 강력한 샘들 근처에 위치했다. 얍복강은 북쪽으로 흐르다가 서쪽을 향하고, 세겜 방향으로 점점 더 깊은 골짜기에 접어들어 정서쪽으로 돌아간다. 아담의 북쪽에서는 요단으로 들어간다. 이 강은 수원지에서 요단까지 약 95킬로미터에 달하고 자르카(Zarqa, '푸른 강')로 알려진 항류천이다. 강의 상류는 암몬을 동쪽에 있는 시혼 왕국과 분리시켰다. 강의 하류는 북쪽에 있는 옥 왕국과 남쪽 경계를 이루었다.

이스라엘 백성은 블레셋을 정복하지 말라는 명령을 받지 않았는데도 그 지역 근처로 길을 잡지 않았다. 모세는 새로운 이주민이 토착민을 내쫓고 대신 자리 잡은 또 다른 예에 블레셋을 포함시킨다. "아위 사람"은 여호수아 13:3에서 블레셋 근처에 사는 족속으로 나오는 것 말고는 알려진 바가 없다. 그들은 무방비 상태로 마을에서 살고 있던 이스마엘 족속과 같은 유목민이었을 것이다. 블레셋 족속은 갑돌(창 10:14; 렘 47:4; 암 9:7), 곧 에게해 지역의 한 섬 또는 해변에서 왔다. 이곳은 종종 그레데로 여겨지는데, 블레셋 족속이 "그렛 족속" 또는 그레데 사람으로 불리기 때문이다(습 2:5). 블레셋 족속은 지중해의 동쪽 지역을 침입한 에게해 지방의 해양 민족에 속했다. 그들은 주전 12세기에 만든 람세스 3세의 신전 명패에서 처음으로 언급된다.

2:24-25 시혼은 아모리의 왕이었고 성경의 기록을 통해서만 알려진 인물이다. 그는 헤스본 성읍에서 여리고 동쪽에 이르는 영토를 다스렸다. 그 성읍은 모압 평야의 북쪽 변방을 지켰다. 모압 평야는 와디 헤스반의 남쪽 지류의 수량이 서쪽으로 24킬로미터 떨어진 요단강을 향해 급격하게 줄어드는 곳이다. 시혼 왕국은 남쪽으로는 아르논와 접하는 모압의 경계로부터 북쪽으로는 길르앗을 포함해 얍복까지 뻗어 있었다(수 12:2-3). 남서쪽은 벧여시못 길을 포함해 사해와 접하는 비스가 산기슭까지 내려갔다. 시혼 왕국의 남반부는 헤스본에서 아르논에 이르는 모압의 고원[미쇼르 (mishor)]으로 이루어져 있었다. 아모리인이 전쟁에서 모압을 비웃었던 소리(민 21:27-29)로 보아 시혼이 이 영토를 정복했음을 알 수 있다. 이스라엘의 가나안 정복은 이 영토에서 개시될 것이므로 그곳을 차지하는 것이 매우 중요하다. 그 영토에 대한 이스라엘의 권리주장은 정복 당시 그 영토가 아모리의 관할 아래 있었다는 데 근거를 두었다. 모세를 통해 하나님은 "내가 헤스본 왕 아모리 사람 시혼과 그의 땅을 네 손에 넘겼[다]"고 말씀하셨다. 신명기에 따르면 그 정복은 아르논 골짜기를 건너 시혼의 영토로 들어가는 것으로 시작된다. 모세가 이스라엘에 연설을 재개할 때, 다음 여섯 가지 명령은 정복하라는 하나님의 명령을 강조한다. 일어나라! 행진하라! 아르논을 건너라! 시작하라! 차지하라! 싸워라!

하나님은 또한 "오늘부터 내가 천하 만민이 너를 무서워하며 너를 두려워하게" 하겠다고 약속하신다. 두려움은 언제나 군사 전략에 속했고, 앗시리아의 비문 등에서 흔히 볼 수 있는 자랑거리기도 했다. 홍해를 건널 때 이집트 군대가 패한 일은 블레셋 사람, 에돔 사람, 모압 사람 등 모든 가나안 사람의 마음에 공포심을 불어넣었다(출 15:14-15). 시혼과 옥의 패배 역시 똑같은 효과를 낼 것이다. 두 왕국은 요단 동편의 다른 도시국가들과 비교해 강대국이었다.

요단 동편은 민수기 34:1-12에 나오는 가나안 땅의 경계에 관한 묘사에 포함되지 않는다. 북쪽 경계와 동쪽 경계는 람세스 2세 때 이집트가 히타이트와 맺은 조약에서 규정한 가나안 땅과 일치한다. 북쪽으로는 오론테스에 접한 가데스가 계속해서 히타이트의 지배를 받았다. 민수기 21:21-25에 따르면, 시혼의 정복은 이스라엘이 그의 영토를 지나가는 것을 거절한 결과다. 민수기 32:1-27에서 갓 자손과 르우벤 자손은 가나안 정복에 참여한다는 조건으로 시혼의 영토에 정착할 수 있는 허락을 받는다. 그곳은 하나님께서 그들에게 주신 영토의 일부는 아니지만 두 지파가 가축의 목초지를 확보하기 위해 다소 상충된 협상을 벌인 결과다. 하지만 신명기는 하나님께서 시혼의 땅을 이스라엘에게 주셨다고 분명히 밝힌다. 그들은 그곳을 점령하고 거기에 정착하라는 명령을 받는다. 모세는 죽기 전에 요단 동편의 영토가 선조들에게 맹세한 약속의 땅의 일부라고 선언했다(신 34:1-4). 신명기는 이스라엘에 속한 땅에 대해 더욱 상세히 묘사하고 이미 시작된 정복에 기초해 장차 이루어질 가나안 정복을 내다본다.

2:26-30 이스라엘이 시혼에게 그의 영토를 지나가게 해달라고 요청하며 중단된 내러티브는 그 땅을 차지하라는 명령이 반복되며 재개된다(신 2:31). 이런 식의 재개는 흔히 내러티브에서 이탈한 후 반복적으로 나타난다. 시혼을 상대하는 절차가 출애굽의 경우와 비슷하다. 출애굽 때 모세는 바로가 거절할 것을 이미 알면서도 그에게 이스라엘 백성이 이집트를 떠나게 해달라고 요청한다(출 3:16-20; 5:1-3). 바로가 스스로 마음이 완고해져 이스라엘 백성이 떠나는 것을 허락하지 않자 하나님께서 그의 마음을 더욱 완고하게 하셨다. 시혼의 마음을 완고하게 하신 것도 바로의 경우와 일치한다. 두 경우 모두에서 하나님은 인간의 성향을 따라 행하신다. 바로 때처럼 시혼에게 요청하자 이스라엘에 대한 그의 태도가 드러난다. 시혼은

이스라엘이 가나안을 공격하기 위해 그의 영토에 접근하는 것을 결코 허락하지 않는다. 이 같은 고집스러운 배척은 멸망을 초래한다. 하나님께서 시혼의 왕국을 심판하실 때, 그분의 위엄이 모든 족속에게 분명히 드러날 것이다. 이 일로 온 나라는 이스라엘을 두려워하게 된다.

2:31-37 시혼과의 전쟁은 여호수아서에 나오는 주요 전투들과는 달리 상세히 기록되지 않았다. 이 정복은 하나님께서 치르시는 전쟁임을 보여 주기 위한 것이었다. 하나님께서 공격을 명령하시고 용기를 북돋우시고 승리를 약속하신다. 이스라엘은 순종하고, 적은 완전히 패하고, 이스라엘 은 땅을 점령한다. 이것이 이스라엘이 전쟁을 수행하는 방식이다.

이 전쟁에는 눈에 보이지 않는 하나님의 개입과 눈에 보이는 인간의 행동이라는 두 가지 차원이 있다(32-33절). 인간의 차원에서 보면, 이스라엘이 야하스에서 시혼과 싸웠는데 그 도시는 모압 메사왕의 비문에 따르면 디본 지역에 있었다.[26] 이것은 정상적인 군사 행동이지만, 그 성패는 하나님의 명령에 완전히 순종하는가에 달려 있다. 승리는 군사적 능력이나 전략으로 성취할 수 없다. 하나님께서 명령하지 않으셨다면 그 전쟁은 패배로 끝났을 것이다.

시혼의 백성과 성읍을 다루는 모습을 보면, 그 나라가 정복할 영토의 일부로 간주되었음을 알 수 있다. 그들은 "하나도 남기지 아니하고 진멸"[하람(kharam)]되었다. 하람은 오늘날 해당하는 어구가 없는 고대 용어다.[27] 이

---

26 Breasted, *Ancient Records of Egypt*, §63, 19-20행.

27 언어의 등가성을 이루는 최선의 방법과 관련된 어휘 논의는 다음 책을 참고하라. Moisés Silva, *Biblical Words and Their Meaning: An Introduction to Lexical Semantics*, rev. ed. (Grand Rapids, MI: Zondervan, 1994), 161-163. 이 책에서는 '구별하다'에 해당하는 히브리어로 하람(kharam), 카도쉬(qadosh), 바달(badal)을 든다. 그중 바달만 공간적 구별에 사용할 수 있다. 실바는 그의 분석에 안젤로 비비안(Angelo Vivian) 의 저서를 참조한다. 하람 개념은 모압 메사왕의 비문에서 볼 수 있다. 비문은 그가 느보에서 이스라엘 사람을 전 멸시킨 것은 그들이 아쉬타르-카모쉬에게 바쳐졌기(하람) 때문이라고 묘사한다(메사 석비, 17-19행). 모든 시 민을 완전히 바쳐야 하는 것(몰살)은 그의 신이 전쟁에서 이겼고, 모든 것이 신에게 속하기 때문이다. 비문의 번 역문은 다음 글을 참고하라. Andre Lemaire, "House of David's Restored in Moabite Inscription," *BAR* 20/3 (May-June 1994): 30-37.

용어는 레위기 27:14-34에서 성전에 무언가를 봉헌할 때 쓰인 '거룩한'[카도쉬(*qadosh*)]이란 용어와 관련이 있다. 예컨대 어떤 자산을 거룩하게 구별해 주님께 바치면(카도쉬) 그 소득은 성전의 후원금으로 들어간다. 그런 자산은 일반 용도와는 구별되고 성전에 기여하기 때문에 거룩하다고 말한다. 그런데 자산의 원래 소유자는 그것을 다시 사서 자신이 사용할 수 있도록 구속[가알(*ga'al*)]하기로 결정할 수 있다(레 27:14-15). 모든 자산은 희년에 주인에게 돌아갈 수 있었는데, 희년에 도로 사가지 않은 재산은 성전에 영구히 속하게 된다(레 27:16-21). 그럴 경우 그 자산은 단순히 카도쉬가 아니라 하람이 된다. 영구적으로 성전의 소유가 되었으므로 항상 일반적인 용도에서 제외되고, 아무도 이익을 취하기 위해 그것을 구속하거나 사용할 수 없었다.

그처럼 돌이킬 수 없는 방식으로 바쳐진 자산은 세상에 그대로 있으나 절대 속된(세속적인) 목적으로 사용할 수 없었다. 그렇게 바쳐진 짐승은 죽임을 당해야 했다. 인간이 그렇게 바쳐졌다는 것은 그가 사형에 처할 만한 중죄인이라는 뜻이다(레 27:29). 말라기 선지자는 주님이 오시면 모든 땅을 헤렘으로 요구하실 것이라고 경고한다. 이는 모든 땅을 그분의 영역으로 주장하실 것이라는 뜻이다(말 4:6). 요한계시록에서 하나님께서 이 땅을 심판하실 때 바로 그런 일이 일어난다. 가나안 정복은 요한계시록에 나오는 심판과 동일한 개념이다. 정복할 때가 이르면 아모리 족속의 죄악이 가득 찰 것이다(창 15:16). 때가 차면 자비는 끝나고 심판만이 남는다. 이것이 가나안에서 일어났던 일이고, 이 시대가 끝나고 최후의 심판 때 일어날 일이다.

정복 전쟁을 대량 학살이라 부르는 것은, 하나님께서 주신 땅이라는 취소 불능의 선물을 대량 학살이라 부르는 것만큼이나 적절하지 않다. 아마겟돈은 대량 학살이 아니다. 이 모든 것은 하나님의 심판 행위이며 하나님께 속한 것을 그분의 소유로 주장하시는 일이다. 물론 정복 전쟁에는 인간이 개입하지만, 그렇다고 개념 자체가 달라지는 것은 아니다. 여리고에서 받은 경고에서 볼 수 있듯(수 6:18) 이스라엘도 가나안 족속과 마찬가지로 헤렘의 심판을 받을 수 있다. 신명기에서 볼 수 있는 또 다른 특징은 헤렘의 심판이 일관되게 군사적으로 수행되지는 않는다는 점이다. 모든 가나안 족속이 신학적으로는 헤렘 아래 있어 하나님께서 그 모든 땅을 이스라엘에게 주고 계시지만, 실제 심판은 본보기 방식으로 이루어진다. 하나님께서 모든 악을 심판하신다는 신학적 개념은 일관성 있게 견지해야 하지만, 실제로 가나안 사람들은 이스라엘에 합류할 기회를 갖는다.

≋≋≋≋ 응답 ≋≋≋≋

심판은 세속적인 사고방식에 거슬리는 개념이다. 어떤 현대 인문주의자는 심판을 정의와 혼동한 나머지 그 개념을 아예 없애버리려 한다. 언어상의 혼란은 모호한 사고를 부추기게 마련이다. 잘못된 행위를 동등하게 처벌할 수 있다고 해서 정의가 실현되는 것은 아니다. 실제로는 그런 세속적 사고방식에 정의가 허물어진다. 누군가 내 차를 훔치다가 잡히면, 국가는 그에게 적절하다고 판단되는 벌을 부과한다. 그 자가 '사회에 빚을 졌다'고 보기 때문이다. 도둑이 내 차를 훔쳐갔는데 어떻게 사회가 내 차를 소유하게 된 것인가? 도둑이든 법률 집행인이든 내 차를 원래대로 복구할 의무가 없을 때, 그것이 어떻게 정의가 되는가? 사람의 목숨을 앗아가는 범죄의 경우, 상황은 더욱 복잡해진다. 한 생명을 빼앗는 행위에는 어떤 처벌이 정의로운가? 범죄는 사회의 실패로 간주되고, 그런 실패는 형벌이라는 법률 제도로 다룬다. 이런 법적 제도를 '정의'(justice)라고 부르는 것은 이것이 형벌이라는 개념을 피하기 위해서다. 이런 꼼수는 범죄자에게는 건설적일지 몰라도 피해자는 고려하지 않은 처사다. 국가가 범죄자 처벌에 피해자를 참여시킨다면, 그것은 단지 형벌의 합리화를 돕기 위해서다.

성경에서 정의는 히브리어 미쉬파트(mishpat)로 표현된다. 이는 항상 잃어버린 것을 복구하고 손해를 배상하는 것을 가리킨다. 도난 사건이 일어나면, 정의는 손해 배상이 포함된 복구를 요구한다(예. 출 21:33-22:5). 살인은 정의로 해결할 수 없다. 생명은 한번 손상되면 복구할 수 없기 때문이다.

고의적인 살인의 결과는 사형이다. 한편 사형은 인간의 생명이 그만큼 신성함을 나타낸다. 생명의 신성함을 경시하는 사람은 자기 생명에 대한 권리를 주장할 수 없다. 또 한편 사형은 예방적 성격을 띤다. 다시 살인할 기회가 없어지기 때문이다. 다만 유죄 판결의 조건은 매우 엄격해 두세 사람의 증인이 있어야 한다. 살인 사건의 경우 대개 증인을 구하기가 쉽지 않다. 신명기를 보면, 살인 행위가 일어날 때 혹시라도 억울한 일이 없도록 도피성이 마련된다. 생명과 그 고유성을 존중하기 위해 정의와 형벌이 함께 작동한다.

전쟁은 살인에 해당하지 않는다. 신학적으로 보자면, 정당한 전쟁은 자비의 기회를 소진한 사람들에게 내리는 하나님의 형벌이다. 그런 심판은 헤렘, 곧 그런 사람들을 세상에서 제거하는 일이다. 구속(救贖)은 심판과 따로 떼어놓고 생각할 수 없다. 바로가 이스라엘 백성을 노예로 삼고 놓아주지 않았을 때, 연이은 재앙은 이집트 사람들이 받은 심판이다. 결국 이집트 군대는 바다에 수장되었고, 그런 심판 없이 구속은 없다. 약속의 땅에 들어가는 것도 다르지 않다. 이스라엘의 구속은 죄 지은 자들에 대한 심판을 수반한다.

역사를 돌이켜보면, 인간의 전쟁은 정복 전쟁에 제시된 이상을 결코 충족시키지 못한다. 또한 인간은 결코 전쟁을 피할 수 없었다. 신명기의 가르침은 생명에 대한 일관된 존중을 세속주의보다 더 명백히 보여준다. 세속주의는 처벌을 면하기 위해 스스로를 높이려고 애쓸 뿐이다. 형벌의 필요성은 마땅히 인정해야 한다. 정의 또한 온 힘을 다해 추구해야 한다. 우리는 둘의 한계를 언제나 솔직하고 겸손하게 인정할 필요가 있다.

1 우리가 돌이켜 바산으로 올라가매 바산 왕 옥이 그의 모든 백성을 거느리고 나와서 우리를 대적하여 에드레이에서 싸우고자 하는지라 2 여호와께서 내게 이르시되 그를 두려워하지 말라 내가 그와 그의 모든 백성과 그의 땅을 네 손에 넘겼으니 네가 헤스본에 거주하던 아모리 족속의 왕 시혼에게 행한 것과 같이 그에게도 행할 것이니라 하시고 3 우리 하나님 여호와께서 바산 왕 옥과 그의 모든 백성을 우리 손에 넘기시매 우리가 그들을 쳐서 한 사람도 남기지 아니하였느니라 4 그때에 우리가 그들에게서 빼앗지 아니한 성읍이 하나도 없이 다 빼앗았는데 그 성읍이 육십이니 곧 아르곱 온 지방이요 바산에 있는 옥의 나라이니라 5 그 모든 성읍이 높은 성벽으로 둘려 있고 문과 빗장이 있어 견고하며 그 외에 성벽 없는 고을이 심히 많았느니라 6 우리가 헤스본 왕 시혼에게 행한 것과 같이 그 성읍들을 멸망시키되 각 성읍의 남녀와 유아를 멸망시켰으나 7 다만 모든 가축과 그 성읍들에서 탈취한 것은 우리의 소유로 삼았으며 8 그때에 우리가 요단 강 이쪽 땅을 아르논 골짜기에서부터 헤르몬산에까지 아모리 족속의 두 왕에게서 빼앗았으니 9 (헤르몬산을 시돈 사람은 시룐이라 부르고 아모리 족속은

스닐이라 불렀느니라) ¹⁰ 우리가 빼앗은 것은 평원의 모든 성읍과 길르앗 온 땅과 바산의 온 땅 곧 옥의 나라 바산의 성읍 살르가와 에드레이까지이니라 ¹¹ (르바임 족속의 남은 자는 바산 왕 옥뿐이었으며 그의 침상은 철 침상이라 아직도 암몬 족속의 랍바에 있지 아니하냐 그것을 사람의 보통 ¹⁾규빗으로 재면 그 길이가 아홉 규빗이요 너비가 네 규빗이니라)

¹ "Then we turned and went up the way to Bashan. And Og the king of Bashan came out against us, he and all his people, to battle at Edrei. ² But the Lord said to me, 'Do not fear him, for I have given him and all his people and his land into your hand. And you shall do to him as you did to Sihon the king of the Amorites, who lived at Heshbon.' ³ So the Lord our God gave into our hand Og also, the king of Bashan, and all his people, and we struck him down until he had no survivor left. ⁴ And we took all his cities at that time—there was not a city that we did not take from them—sixty cities, the whole region of Argob, the kingdom of Og in Bashan. ⁵ All these were cities fortified with high walls, gates, and bars, besides very many unwalled villages. ⁶ And we devoted them to destruction,¹ as we did to Sihon the king of Heshbon, devoting to destruction every city, men, women, and children. ⁷ But all the livestock and the spoil of the cities we took as our plunder. ⁸ So we took the land at that time out of the hand of the two kings of the Amorites who were beyond the Jordan, from the Valley of the Arnon to Mount Hermon ⁹ (the Sidonians call Hermon Sirion, while the Amorites call it Senir), ¹⁰ all the cities of the tableland and all Gilead and all Bashan, as far as Salecah and Edrei, cities of the kingdom of Og in Bashan. ¹¹ (For only Og the king of Bashan was left of the remnant of the Rephaim. Behold, his bed was a bed of iron. Is it not in Rabbah of the Ammonites? Nine

cubits² was its length, and four cubits its breadth, according to the common cubit.³)

¹² 그때에 우리가 이 땅을 얻으매 아르논 골짜기 곁의 아로엘에서부터 길르앗 산지 절반과 그 성읍들을 내가 르우벤 자손과 갓 자손에게 주었고 ¹³ 길르앗의 남은 땅과 옥의 나라였던 아르곱 온 지방 곧 온 바산으로는 내가 므낫세 반 지파에게 주었노라 (바산을 옛적에는 르바임의 땅이라 부르더니 ¹⁴ 므낫세의 아들 야일이 그술 족속과 마아갓 족속의 경계까지의 아르곱 온 지방을 점령하고 자기의 이름으로 이 바산을 오늘날까지 하봇야일이라 불러오느니라) ¹⁵ 내가 마길에게 길르앗을 주었고 ¹⁶ 르우벤 자손과 갓 자손에게는 길르앗에서부터 아르논 골짜기까지 주었으되 그 골짜기의 중앙으로 지역을 정하였으니 곧 암몬 자손의 지역 얍복강까지며 ¹⁷ 또는 아라바와 요단과 그 지역이요 긴네렛에서 아라바 바다 곧 염해와 비스가 산기슭에 이르기까지의 동쪽 지역이니라

¹² "When we took possession of this land at that time, I gave to the Reubenites and the Gadites the territory beginning at Aroer, which is on the edge of the Valley of the Arnon, and half the hill country of Gilead with its cities. ¹³ The rest of Gilead, and all Bashan, the kingdom of Og, that is, all the region of Argob, I gave to the half-tribe of Manasseh. (All that portion of Bashan is called the land of Rephaim. ¹⁴ Jair the Manassite took all the region of Argob, that is, Bashan, as far as the border of the Geshurites and the Maacathites, and called the villages after his own name, Havvoth-jair, as it is to this day.) ¹⁵ To Machir I gave Gilead, ¹⁶ and to the Reubenites and the Gadites I gave the territory from Gilead as far as the Valley of the Arnon, with the middle of the valley as a border, as far over as the river Jabbok, the border of the Ammonites; ¹⁷ the Arabah also, with the Jordan as the border,

from Chinnereth as far as the Sea of the Arabah, the Salt Sea, under the slopes of Pisgah on the east.

18 그때에 내가 너희에게 명령하여 이르기를 너희의 하나님 여호와께서 이 땅을 너희에게 주어 기업이 되게 하셨은즉 너희의 군인들은 무장하고 너희의 형제 이스라엘 자손의 선봉이 되어 건너가되 19 너희에게 가축이 많은 줄 내가 아노니 너희의 처자와 가축은 내가 너희에게 준 성읍에 머무르게 하라 20 여호와께서 너희에게 주신 것같이 너희의 형제에게도 안식을 주시리니 그들도 요단 저쪽에서 너희의 하나님 여호와께서 그들에게 주시는 땅을 받아 기업을 삼기에 이르거든 너희는 각기 내가 준 기업으로 돌아갈 것이니라 하고 21 그때에 내가 여호수아에게 명령하여 이르기를 너희의 하나님 여호와께서 이 두 왕에게 행하신 모든 일을 네 눈으로 보았거니와 네가 가는 모든 나라에도 여호와께서 이와 같이 행하시리니 22 너희는 그들을 두려워하지 말라 너희의 하나님 여호와께서 친히 너희를 위하여 싸우시리라 하였노라

18 "And I commanded you at that time, saying, 'The Lord your God has given you this land to possess. All your men of valor shall cross over armed before your brothers, the people of Israel. 19 Only your wives, your little ones, and your livestock (I know that you have much livestock) shall remain in the cities that I have given you, 20 until the Lord gives rest to your brothers, as to you, and they also occupy the land that the Lord your God gives them beyond the Jordan. Then each of you may return to his possession which I have given you.' 21 And I commanded Joshua at that time, 'Your eyes have seen all that the Lord your God has done to these two kings. So will the Lord do to all the kingdoms into which you are crossing. 22 You shall not fear them, for it is the Lord your God who fights for you.'

23 그때에 내가 여호와께 간구하기를 24 주 여호와여 주께서 주의 크심과 주의 권능을 주의 종에게 나타내시기를 시작하셨사오니 천지간에 어떤 신이 능히 주께서 행하신 일 곧 주의 큰 능력으로 행하신 일 같이 행할 수 있으리이까 25 구하옵나니 나를 건너가게 하사 요단 저쪽에 있는 아름다운 땅, 아름다운 2)산과 레바논을 보게 하옵소서 하되 26 여호와께서 너희 때문에 내게 진노하사 내 말을 듣지 아니하시고 내게 이르시기를 그만해도 족하니 이 일로 다시 내게 말하지 말라 27 너는 비스가 산꼭대기에 올라가서 눈을 들어 동서남북을 바라고 네 눈으로 그 땅을 바라보라 너는 이 요단을 건너지 못할 것임이니라 28 너는 여호수아에게 명령하고 그를 담대하게 하며 그를 강하게 하라 그는 이 백성을 거느리고 건너가서 네가 볼 땅을 그들이 기업으로 얻게 하리라 하셨느니라 29 그때에 우리가 벳브올 맞은편 골짜기에 거주하였느니라

23 "And I pleaded with the Lord at that time, saying, 24 'O Lord God, you have only begun to show your servant your greatness and your mighty hand. For what god is there in heaven or on earth who can do such works and mighty acts as yours? 25 Please let me go over and see the good land beyond the Jordan, that good hill country and Lebanon.' 26 But the Lord was angry with me because of you and would not listen to me. And the Lord said to me, 'Enough from you; do not speak to me of this matter again. 27 Go up to the top of Pisgah and lift up your eyes westward and northward and southward and eastward, and look at it with your eyes, for you shall not go over this Jordan. 28 But charge Joshua, and encourage and strengthen him, for he shall go over at the head of this people, and he shall put them in possession of the land that you shall see.' 29 So we remained in the valley opposite Beth-peor."

≋≋≋ 단락 개관 ≋≋≋

요단 동편의 정복, 요단 동편의 지파별 분배, 모세의 마지막 기도

바산 땅은 북쪽으로는 갈릴리 바다 남쪽 야르묵강에서 헤르몬산까지, 동쪽으로는 하우란산맥(자발드루즈산, Jebel Druze)까지 뻗어 있다. 이 산맥의 서쪽과 동쪽에 있는 산들이 바산의 일부로 간주되었는지는 확실치 않다. 이스라엘은 서쪽 측면에 있는 마아가와 그술의 땅(오늘날 이스라엘에서 골란 고원으로 알려진 곳)은 정복하지 않았다. 바산 땅은 거인 족속 르바임의 일원으로 알려진 아모리의 왕 옥이 통치했다.

옥은 시혼처럼 성경 말고 다른 곳에서 언급된 적이 없다. 아스다롯은 옥의 주요 성읍 중 하나로 이집트의 저주문서(토기나 조상에 적의 이름을 새긴 후 깨뜨린다)를 통해 알려졌다. 한 우가리트 문헌은 아스다롯에서 왕좌에 올라 에드레이에서 다스리는 라파 신을 거론하는데, 이는 여호수아 12:4의 내용과 놀랍도록 비슷하다. 시혼의 수도 헤스본은 모압 평지의 북쪽 끝에 있는 요르단의 텔 헤스반이라는 이름에 보존되어 있다. 시혼 왕국과 옥 왕국은 요단 동편 영토의 대부분을 차지했다. 이스라엘은 이 두 왕과 싸워 승리한 일을 오래도록 기억하며 기념했다(시 135:10-12; 136:17-22). 이스라엘이 정복한 이 영토가 신명기 3장에 세 번이나 다소 상세하게 묘사된 것을 보면, 그 일이 얼마나 의미 있었는지 알 수 있다.

모세의 연설은 정복과 정착이 동일한 과정의 일환이었다고 설명한다. 므낫세 반쪽 지파와 더불어 르우벤 지파와 갓 지파는 요단 서편의 가나안

을 정복하기도 전에 요단 동편에 정착하기 시작했다. 다른 지파들의 영토 정복을 지원하는 것이 정착 조건이었다. 요단 서편에서도 정복과 정착이 동일한 과정으로 이루어졌다. 여호수아가 많이 늙었을 때에도 이스라엘은 기업의 상당 부분을 아직 차지하지 못한 상태였다(수 13:1). 요단 동편의 헤스본과 아스다롯, 여리고와 아이, 그리고 요단 서편의 하솔 같은 주요 지점을 정복할 때면 하나님께서 이스라엘을 위해 싸우셨다. 이는 이스라엘이 그 땅으로 진입할 수 있게 해주는 주요 전투들이었으나, 이후에도 약속의 땅에 정착하기 위한 정복이 오랫동안 계속되었다. 예루살렘은 무려 200여 년이 지난 후에야 다윗에 의해 처음 정복되었다.

≋≋≋ 단락 개요 ≋≋≋

I. 모세의 첫 번째 연설(1:1-4:43)
  B. 광야의 여정(1:6-3:29)
    2. 벳브올에 이르는 여정(2:2-3:22)
      c. 요단 동편의 소유(3:1-22)
        (1) 옥을 정복함(3:1-7)
        (2) 요단 동편의 영토(3:8-11)
        (3) 요단 동편의 지파별 분배(3:12-17)
        (4) 요단을 건너기 위한 준비(3:18-22)
    3. 모세의 기도(3:23-29)

3:1-7 시혼의 정복으로 얍복강 건너편 북쪽에 위치한 옥의 나라는 즉시 위협을 받았다. 옥에게 승리한 과정이 시혼의 경우와 같이 개략적으로 묘사되고 있다. 아스다롯과 에드레이는 모두 옥의 나라에서 왕의 도성이었고(신 1:4: 수 12:4; 13:12, 31) 다른 고대 문서를 보면 쌍둥이 수도로 알려져 있다. 아스다롯은 바산에 속한 왕의 대로에 접해 있고(참고. 1:3-5 주석), 에드레이는 남쪽으로 야르묵강의 동쪽 지류에 접해 있다. 아르곱 지방의 60개 성읍이 바산 지역 내 한 영역을 가득 채우고 있다(수 13:30; 왕상 4:13). 신명기 3:14에는 아르곱이 바산 지역 전체, 곧 갈릴리 바다 동쪽과 북쪽의 모든 영토와 동의어로 나온다. 이 영토를 헤렘 선언으로 완전히 바침으로써 그것은 하나님께서 이스라엘을 위해 점유하신 영토가 되었다. 강한 요새를 갖춘 성읍들을 함락시킨 것은 하나님께서 이 영토를 이스라엘에게 기업의 일부로 주셨음을 입증한다.

3:8-11 아모리 족속의 두 왕에게서 빼앗은 요단 동편 영토가 남쪽에서 북쪽까지, 아르논강에서 헤르몬산까지로 묘사되어 있다. 이는 아르논의 북쪽 "고원지대"(새번역, 미쇼르)에 있는 모든 성읍을 포함하는데, 이곳은 시혼이 모압에게서 빼앗은 영토였다. 길르앗 전체는 얍복강에 의해 남북으로 나뉘어 있는 지역이었다. 바산은 요단 동편에서 최북단에 있는 항류천 야르묵 골짜기로 분리되어 있었다. 동부 광야에 접한 하우란산맥에서 나온 지류들이 바산에 물을 댄다. 야르묵강은 갈릴리 바다 바로 남쪽에 있는 요단강으로 흘러들어간다. 그 지점에 이르면 두 강이 거의 같은 크기가 된다.

　헤르몬산은 안티레바논산맥의 남쪽 끝에 있다. 헤르몬의 세 봉우리는 레반트에서 가장 높은 곳이고, 요단강과 리타니강(Litani Rivers)의 수원지가 되기에 충분한 강우량을 보인다. 시룐과 스닐은 가장 높은 세 봉우리 중 둘의 이름을 가리키는 듯하다. 여호수아 12:5과 13:11에 따르면, 헤르몬은 헤르몬산의 남쪽 경사면뿐 아니라 산맥 전체를 포함했다. 시룐은 시편

29:6에서 레바논과 나란히 나오는 것을 보아 산 하나가 아니라 산맥 전체를 가리킨다. 역대상 5:23은 스닐을 헤르몬산과 구별하고, 에스겔 27:5에는 스닐이 레바논과 나란히 나온다. 산맥은 범위에 따라 서로 다른 족속들에게 이런 이름들로 알려졌다. 페니키아의 유명한 항구 도시 시돈은 페니키아 사람 전반을 가리키며, 그들은 그 산맥을 '시룐'이라고 불렀다. 아카드어로는 시리아-팔레스타인 인구 전체를 '아모리 족속'이라고 불렀는데, 그들은 그 산맥을 '스닐'이라 불렀다.

바산에 있는 옥의 영토는 지형에 따라 네 지방으로 나뉘었다. 마아가는 갈릴리의 북쪽 지방이었고, 그술은 야르묵 북쪽 갈릴리 바다에 인접해 있었고, 아르곱은 동쪽 지방이었으며, 하봇야일은 야르묵의 남쪽 지방이었다. 살르가는 하우란산 남서쪽 경사면에 접한 바산 최동단의 성읍이었다. 적어도 하우란의 일부가 바산에 포함되어 있었다. 화산 물질이 자연 분해되면서 비산의 토양은 매우 비옥해져 농사를 짓거나 자연 식물이 자라기에 적합했다. 바산은 살진 소로 유명했다(참고. 시 22:12: 암 4:1).

"바산의 온 땅…살르가와 에드레이까지"는 지리적으로 파악하기 까다로운 명칭이다. 이 두 성읍은 남쪽에서 북쪽으로 향하며 영토를 묘사하는 대목에서 동서 방향으로 놓여 있다. 살르가는 앞에서 말한 남쪽와 북쪽 경계에 상당하는 바산의 동쪽 경계의 이름이다. 에드레이는 아스다롯과 함께 바산의 수도였다. "옥의 나라 바산의 성읍"은 자연스럽게 그 나라의 왕도(수도)를 가리키는 호칭이다. 논리적으로 그 문구는 에드레이를 수도로, 살르가를 경계 도시로 거명한다. 본래는 다음과 같은 문구였다가 약간 혼동되었을 가능성이 많다. '바산의 온 땅, 옥의 나라 (왕의) 성읍들 에드레이와 아스다롯을 포함해 살르가까지이니라.'

다양한 문헌들이 르바임의 아들들로 알려진 바산의 거인족 군인들에 관한 기억을 보존하고 있다. 우가리트 문헌에서 그들은 신 또는 반(半)신인 전차 부대로 나온다. 이런 문헌은 신 또는 반신인 *rup'm*의 자손이라고 주장하는 정예전사 조합에 대해 증언한다(참고. 2:8b-12 주석).[28] 군인들은 이런 신들의 보호 아래 활동했고 그 신들을 헌신적으로 경배하고 섬겼다. 이 거인족 전사들의 유산은 다윗 시대에 이르도록 기억되고 있었다(삼하 21:15-22). "거인족의 아들"(삼하 21:16, 18)은 히브리어 라파(*rapah*)를 번역한 것이다. 이들이 가나안에서 이스라엘 백성과 싸웠던 네피림(네피림 후손인 아낙 자손)이었다(민 13:33). 암몬은 이 르바임의 땅의 일부로 간주되었다(신 2:20; 3:13).

거인들의 크기는 암몬의 수도 랍바에 보존된 옥의 "철 침상"으로 가늠해 볼 수 있다. '침상'은 셈어 'rs를 번역한 것으로 페니키아 비문에 나오는 들것이나 무덤을 가리키는 비유적 표현이다. 철 침상은 아마도 철로 장식된 묘실, 즉 석관을 가리킬 것이다. 모세 시대(후기 청동기)에는 철이 귀해 의례용품, 장신구, 장식물로 사용되었다. "보통 규빗"은 그 길이가 왕실 규빗, 곧 메소포타미아와 이집트에서 알려진 특별한 치수와 다르다. 석관의 길이는 대략 4미터, 폭은 1.8미터였다. 옥보다 더 컸을 테지만, 그 크기는 르바임의 일원으로 알려진 이 전사 왕의 명성을 나타낸다.

3:12-17 모세는 이어서 두 지파와 반쪽 지파 사이의 땅 분배에 대해 설명한다. 그 요약문을 보면, 정복된 순서에 따라 남쪽에서부터 북쪽까지 분배했음을 알 수 있다(12-13절). 르우벤 지파와 갓 지파는 아르논에서 얍복에 이르는 영토를 받았다. 므낫세 반쪽 지파는 얍복의 북쪽에서 헤르몬산에 이르는 영토를 받았다(대상 5:23). 민수기 32:1-4은 이 지파가 많은 가축을 기르기 위해 이 영토를 요청했다고 말한다.

므낫세 지파의 분깃은 요셉의 손자들인 야일의 자손과 마길의 자손이 나눠 가졌다. 야일의 영토는 서쪽으로 각각 갈릴리 바다와 요단을 만나는 그술 지역과 마아가 지역까지 뻗어 있었다. 야일은 아르곱의 온 지방을 점령하고 이어서 특정 장소를 정복했던 것이 분명하다(14절). "하봇야일"은 야일의 마을들[하오트(*hawwot*)]을 말한다. 이 마을들이 옥에게서 빼앗은 60

---

28 Margulis, "Ugaritic Psalm(RŠ 24.252)," 292-304.

개 성읍들이라면 모두 튼튼한 요새로 둘러싸여 있었을 것이므로 문자 그대로 마을은 아니다(4-5절). 솔로몬의 행정조직에서 60개의 성읍은 하봇야일과 별개이고(왕상 4:13), 족보상으로는 야일에게 길르앗에 있는 23개 성읍이 주어졌다(대상 2:22). 사사 시대에는 야일의 아들들이 30개가 넘는 성읍을 다스린다(삿 10:3-5). 그 영토는 세월이 흐르면서 점점 커져 바산과 길르앗의 성읍들을 포섭했을 가능성이 많다. 마길의 자손은 얍복의 북쪽 영토를 차지했다.

르우벤 지파와 갓 지파는 아르논에서 얍복에 이르는 영토를 점령했다. 신명기 3:17은 이 두 지파의 서쪽 경계를 묘사한다. 그들의 영토가 비록 동쪽으로는 얍복까지로 제한되었으나 서쪽은 야르묵을 넘어 갈릴리 바다에 이르는 넓은 지역을 차지했다. 마길의 영토는 이전 옥의 영토처럼 요단에 이를 만큼 멀리 뻗지 못했다.

3:18-22 "너희의 군인들은 무장하고 너희의 형제 이스라엘 자손의 선봉이 되어 건너가[라]." 이런 정예부대의 구별은 그저 추정할 뿐이다. 히브리어 할라츠(*khalats*, '무장한')는 '분리되다' 또는 '물러나다'라는 뜻을 비롯해 여러 은유적 용도로 쓰인다. 그런 부대는 군대의 선봉, 즉 전투를 위해 군대를 준비시키는 선발대일 수 있다.

"여호와께서…안식을 주시리니"[ESV는 "Until the LORD gives rest"(주님이 안식을 주실 때까지)]는 신학적 어구이며, 하나님의 약속이 성취되어 구속에 들어가는 것을 가리킨다. 이 어구는 약속의 땅에 들어감을 묘사하는 데 거듭 사용되었고(수 1:12-15; 21:43-45; 23:1), 훗날 다윗이 적들을 정복한 후 나라를 세워 이스라엘에 안식을 줄 때까지 이어진다(삼하 7:1, 11). 광야에서 죽은 사람들은 시편 95:6-11에 나오듯 그 안식에 들어가지 못했다. 이 시편 말씀은 히브리서 3:7-4:13에서 폭넓게 개진되며, 신자들에게 그리스도 예수 안에서 주어진 구속의 안식에 들어가도록 권면한다. 요단 동편을 정복하면서 구속으로 이어지는 족장들과의 약속이 실현되기 시작했다. 또한 이 정복을 통해 여호수아는 장차 이스라엘이 요단을 건널 때, 하나님께서 그들에게 안식을 주기 위해 그들을 위해 싸우시리라는 확신을 가질 수 있었다.

3:23-25 하나님은 모세에게 요단 동편의 정복을 이끌도록 허락하셨다. 이 일로 모세는 생애의 목표를 상징적으로나마 성취할지도 모른다는 희망을 품게 되었다. 맨 처음 이집트인을 죽일 때 좌절되었고, 이후 가데스 바네아에서의 반역으로 다시 좌절되었던 목표였다. 이 기도는 전형적인 간구 형태로 되어 있다. 그는 그 정복이 이미 시작되었다는 근거로 요단을 건너가게 허락해달라고 간구한다. "나를 건너가게 하사"는 동사 아바르('abar)로 표현된다. 이 동사는 요단 동편에 이르는 여정과 그 영토를 정복하는 과정 전체를 묘사하는 데 거듭 사용된다(신 2:4, 8, 13, 14, 18, 24, 27, 28, 29; 3:18, 21). 모세는 죽음을 앞두고 인생의 과업을 완수하는 차원에서, 이번에는 요단 서편의 가나안으로 한 번만 건너가게 해달라고 부탁하고 있다.

3:26-29 하나님의 응답은 아바르의 동음이의어로 주어지는데, 여기서는 분노를 의미한다. "그것으로 충분하다"(현대인의성경)는 호렙을 떠나라는 명령에 나오는 어구와 똑같다. "너희는 이 산에서 오랫동안 머물러 있었다"(1:6, 현대인의성경). 모세는 이스라엘 백성에게 "올라가서 차지하라"고 촉구했다(1:21). 하나님은 모세에게도 동일한 명령을 하시지만, 그것은 위로의 말에 그치고 말았다. "너는 비스가 산꼭대기에 올라가서 눈을 들어." 그토록 들어가고 싶었던 땅이지만 모세는 눈으로 보는 데서 인생의 여정을 마감할 것이다.

대화가 갑작스럽게 끝난 것은 모세가 하나님 앞에서 침묵했음을 가리킨다. 모세는 벳브올보다 더 멀리 갈 수 없을 것이다. 그곳은 사해의 북동쪽 모퉁이와 접하는 요단강으로 흘러들어가는 모압 지방의 와디다. 그 너머로 건너가는 일은 앞서 모세의 사명을 위임받은 새 지도자 여호수아가 수행할 것이다.

요단 동편에 정착했다는 것은 모세의 인생 모험담이 끝났음을 알린다. 대부분을 광야에서 살았던 120년의 이야기다(신 34:7). 스데반에 따르면, 모세가 이집트에서 이스라엘 동포를 구하려고 사건에 개입한 것이 40세 때였다(행 7:23). 이는 모세가 이집트로 돌아갈 때가 80세였다는 기록(출 7:7)에 근거한 계산일 것이다. 모세의 생애는 세 시기로 나뉘고, 각 시기는 어떤 형태로든 소외된 그의 삶을 담고 있다. 첫 시기는 바로의 딸에게 돌봄을 받은 이집트 궁전에서 시작된다. 모세는 동포라고 생각했던 사람을 구하려고 나섰다가 결국 미디안으로 망명한다. 모세가 시나이 근처에서 양 떼를 칠 때, 하나님께서 불타는 떨기나무에 나타나 그에게 이스라엘을 이집트에서 구해내라는 사명을 주신다(출 3:1-12). 모세는 이스라엘 백성과 함께 시나이로 되돌아오고, 하나님은 그들과 언약을 맺으신다.

그들은 그곳에서 2년간 머문 후 가데스 바네아에 도착하지만 반역하는 바람에 바란 광야를 38년 동안 방황하게 된다. 이런 배경을 염두에 두면, 신명기 3:23-25에 나오는 모세의 기도를 이해할 수 있다. 요단강을 건너 한 발자국만 내디뎌도 상징적인 업적이 될 테지만 모세는 그럴 수 없었다. 모세의 인생 목표는 광야를 헤매고 다닌 80년으로 환원된다. 대부분의 시간 동안 모세는 분명 자신의 인생 과업이 불명예스럽게 끝나리라고 결론을 내렸을 것이다. 그 일은 단지 그의 허물 때문이 아니라 이 반역적인 백성과 손잡은 것과 관계가 있었다(26절). 그들을 위한 모세의 희생은 살아생전의 성공으로 귀결되지 않았다.

시편 90편은 모세의 시편으로 표기되어 있다. 이는 모세와 연관된 유일한 시편이지만, 시편 전체에서의 전략적 위치는 모세의 약속이 후대에 매우 중요해졌음을 시사한다. 시편 90편은 이스라엘의 실패를 탄식하며 구원을 간청하는 내용으로 마무리되는 시편에 이어 시편 제4부의 문을 연다. 다윗 왕조의 실패로 인해 모세와 약속의 땅에 초점을 맞추게 되는 것이다. 제4부는 출애굽과 이스라엘의 실패를 돌아보는 시편 105-106편으로 끝난다. 이 부분에 속한 시편 93-100편은 왕이자 심판관이요 구원자이신 하나님의 통치에 초점을 둔다. 더 나아가 모세에게 베푸신 자비를 기억하고(시 103편)과 하나님께서 다스리시는 창조세계의 아름다움을 노래한다(시 104편). 시편 90편은 인간이 아무리 오래 살아도 덧없는 인생임을 탄식하며 시작하는 만큼 모세의 생애를 묘사하는 데 어울린다. 인생의 모든 일은 수고로우며 인간의 실패의 결과인 심판 아래서 살아가게 마련이다. 탄식은 자비를 구하는 기도로 끝나고(시 90:14-15), 고통을 견디는 만큼 수고를 보상해달라고 간구한다. 마지막으로는 인생의 노고가 어떻게든 하나님 일의 일부가 되게 해달라고 기도한다(시 90:16-17). 그 노고가 어떻게 그런 결과를 가져오는지 분명하지 않을 때에라도 그렇게 해달라는 기도다.

모세의 생애는 이 기도가 성취된 예다. 모세는 자기 삶을 희생하면서까지 성취하려 했던 안식을 맛보지 못한 채 죽는다. 하지만 광야에서 보낸 80년 세월을 통해 그는 이스라엘의 선지자로 기억된다. 하나님께서 이스라엘을 위해 모세 같은 선지자들을 일으키시리라는 약속(신 18:15)의 영향일 것이다. 느보산에서 죽을 때, 모세는 평생에 걸친 자신의 희생이 장차 어떻게 자리매김할지 몰랐을 수 있다. 그러나 그는 하나님께서 약속을 이루실 것을 알기에 믿음 가운데 죽음을 맞이했다. 그는 또한 이스라엘에게 명하신 언약이 깨어질 것이고, 그들이 결국에는 유배의 심판을 받게 되리라는 것도 알았다. 모세는 그가 남긴 토라가 이스라엘이 그 가르침을 배척한 후에도 계속 남아 계시의 기초가 되리라는 것을 알지 못했을지도 모른다. 그러나 하나님은 진정 모세가 한 일을 취하여 영원한 나라에 속한 일의 한 부분으로 견고하게 세우셨다.

¹ 이스라엘아 이제 내가 너희에게 가르치는 규례와 법도를 듣고 준행하라 그리하면 너희가 살 것이요 너희 조상의 하나님 여호와께서 너희에게 주시는 땅에 들어가서 그것을 얻게 되리라 ² 내가 너희에게 명령하는 말을 너희는 가감하지 말고 내가 너희에게 내리는 너희 하나님 여호와의 명령을 지키라 ³ 여호와께서 바알브올의 일로 말미암아 행하신 바를 너희가 눈으로 보았거니와 바알브올을 따른 모든 사람을 너희의 하나님 여호와께서 너희 가운데에서 멸망시키셨으되 ⁴ 오직 너희의 하나님 여호와께 붙어 떠나지 않은 너희는 오늘까지 다 생존하였느니라 ⁵ 내가 나의 하나님 여호와께서 명령하신 대로 규례와 법도를 너희에게 가르쳤나니 이는 너희가 들어가서 기업으로 차지할 땅에서 그대로 행하게 하려 함인즉 ⁶ 너희는 지켜 행하라 이것이 여러 민족 앞에서 너희의 지혜요 너희의 지식이라 그들이 이 모든 규례를 듣고 이르기를 이 큰 나라 사람은 과연 지혜와 지식이 있는 백성이로다 하리라 ⁷ 우리 하나님 여호와께서 우리가 그에게 기도할 때마다 우리에게 가까이 하심과 같이 그 신이 가까이 함을 얻은 큰 나라가 어디 있느냐 ⁸ 오늘 내가 너희에게 선포하는 이 율법과 같이 그 규례와 법

도가 공의로운 큰 나라가 어디 있느냐

[1] "And now, O Israel, listen to the statutes and the rules[1] that I am teaching you, and do them, that you may live, and go in and take possession of the land that the Lord, the God of your fathers, is giving you. [2] You shall not add to the word that I command you, nor take from it, that you may keep the commandments of the Lord your God that I command you. [3] Your eyes have seen what the Lord did at Baal-peor, for the Lord your God destroyed from among you all the men who followed the Baal of Peor. [4] But you who held fast to the Lord your God are all alive today. [5] See, I have taught you statutes and rules, as the Lord my God commanded me, that you should do them in the land that you are entering to take possession of it. [6] Keep them and do them, for that will be your wisdom and your understanding in the sight of the peoples, who, when they hear all these statutes, will say, 'Surely this great nation is a wise and understanding people.' [7] For what great nation is there that has a god so near to it as the Lord our God is to us, whenever we call upon him? [8] And what great nation is there, that has statutes and rules so righteous as all this law that I set before you today?

[9] 오직 너는 스스로 삼가며 네 마음을 힘써 지키라 그리하여 네가 눈으로 본 그 일을 잊어버리지 말라 네가 생존하는 날 동안에 그 일들이 네 마음에서 떠나지 않도록 조심하라 너는 그 일들을 네 아들들과 네 손자들에게 알게 하라 [10] 네가 호렙산에서 네 하나님 여호와 앞에 섰던 날에 여호와께서 내게 이르시기를 나에게 백성을 모으라 내가 그들에게 내 말을 들려주어 그들이 세상에 사는 날 동안 나를 경외함을 배우게 하며 그 자녀에게 가르치게 하리라 하시매 [11] 너희가 가까이 나아와서 산 아래에 서니 그 산에 불이 붙어 불길이

충천하고 어둠과 구름과 흑암이 덮였는데 12 여호와께서 불길 중에서 너희에게 말씀하시되 음성뿐이므로 너희가 그 말소리만 듣고 형상은 보지 못하였느니라 13 여호와께서 그의 언약을 너희에게 반포하시고 너희에게 지키라 명령하셨으니 곧 십계명이며 두 돌판에 친히 쓰신 것이라 14 그때에 여호와께서 내게 명령하사 너희에게 규례와 법도를 교훈하게 하셨나니 이는 너희가 거기로 건너가 받을 땅에서 행하게 하려 하심이니라

9 "Only take care, and keep your soul diligently, lest you forget the things that your eyes have seen, and lest they depart from your heart all the days of your life. Make them known to your children and your children's children— 10 how on the day that you stood before the Lord your God at Horeb, the Lord said to me, 'Gather the people to me, that I may let them hear my words, so that they may learn to fear me all the days that they live on the earth, and that they may teach their children so.' 11 And you came near and stood at the foot of the mountain, while the mountain burned with fire to the heart of heaven, wrapped in darkness, cloud, and gloom. 12 Then the Lord spoke to you out of the midst of the fire. You heard the sound of words, but saw no form; there was only a voice. 13 And he declared to you his covenant, which he commanded you to perform, that is, the Ten Commandments,² and he wrote them on two tablets of stone. 14 And the Lord commanded me at that time to teach you statutes and rules, that you might do them in the land that you are going over to possess.

15 여호와께서 호렙산 불길 중에서 너희에게 말씀하시던 날에 너희가 어떤 형상도 보지 못하였은즉 너희는 깊이 삼가라 16 그리하여 스스로 부패하여 자기를 위해 어떤 형상대로든지 우상을 새겨 만들지 말라

신명기 4:1-22 _ 135

남자의 형상이든지, 여자의 형상이든지, ¹⁷ 땅 위에 있는 어떤 짐승의 형상이든지, 하늘을 나는 날개 가진 어떤 새의 형상이든지, ¹⁸ 땅 위에 기는 어떤 곤충의 형상이든지, 땅 아래 물속에 있는 어떤 어족의 형상이든지 만들지 말라 ¹⁹ 또 그리하여 네가 하늘을 향하여 눈을 들어 해와 달과 별들, 하늘 위의 모든 천체 곧 너희의 하나님 여호와께서 천하 만민을 위하여 배정하신 것을 보고 미혹하여 그것에 경배하며 섬기지 말라 ²⁰ 여호와께서 너희를 택하시고 너희를 쇠 풀무불 곧 애굽에서 인도하여 내사 자기 기업의 백성을 삼으신 것이 오늘과 같아도 ²¹ 여호와께서 너희로 말미암아 내게 진노하사 내게 요단을 건너지 못하며 네 하나님 여호와께서 네게 기업으로 주신 그 아름다운 땅에 들어가지 못하게 하리라고 맹세하셨은즉 ²² 나는 이 땅에서 죽고 요단을 건너지 못하려니와 너희는 건너가서 그 아름다운 땅을 얻으리니

¹⁵ "Therefore watch yourselves very carefully. Since you saw no form on the day that the Lord spoke to you at Horeb out of the midst of the fire, ¹⁶ beware lest you act corruptly by making a carved image for yourselves, in the form of any figure, the likeness of male or female, ¹⁷ the likeness of any animal that is on the earth, the likeness of any winged bird that flies in the air, ¹⁸ the likeness of anything that creeps on the ground, the likeness of any fish that is in the water under the earth. ¹⁹ And beware lest you raise your eyes to heaven, and when you see the sun and the moon and the stars, all the host of heaven, you be drawn away and bow down to them and serve them, things that the Lord your God has allotted to all the peoples under the whole heaven. ²⁰ But the Lord has taken you and brought you out of the iron furnace, out of Egypt, to be a people of his own inheritance, as you are this day. ²¹ Furthermore, the Lord was angry with me because of you, and he swore that I should not cross the Jordan, and that I should not enter

the good land that the Lord your God is giving you for an inheritance.
²² For I must die in this land; I must not go over the Jordan. But you
shall go over and take possession of that good land."

1 Or just decrees; also verses 5, 8, 14, 45 2 Hebrew the ten words

≋≋≋≋ 단락 개관 ≋≋≋≋

이스라엘의 지혜, 호렙 기억하기, 우상 숭배 경고

신명기 4:1-40은 모세의 첫 번째 연설에서 둘째 단락에 해당하는 부분이
다. 서두에 나오는 "[그리고] 이스라엘아 이제"라는 구절은 앞의 연설을 이
어받아 이야기하고 있음을 시사한다. 이와 비슷한 예를 신명기 10:12에
서 볼 수 있는데, 시내산에서의 권면을 계속 이어가는 대목이다. 모세는 이
스라엘이 어떻게 약속의 땅 접경에 도착했는지 묘사한 후, 이제는 그 백성
이 그 땅에서 영위할 미래의 삶에 대해 이야기한다. 연설의 첫 부분에서,
그 땅에 성공적으로 들어가는 일이 하나님의 명령을 순종하는 데 달려 있
다고 말한다. 일단 그 땅에 들어가면 백성의 안녕은 모세가 가르치고 있는
"규례와 법도"에 그들이 순종하는 데 달려 있을 것이다.

첫 번째 연설의 둘째 단락은 한 편의 설교다. 4장은 두 번째 연설의 프
롤로그가 담긴 5-11장의 요약인 셈이다. 4장과 5-11장 둘 다 이스라엘이
이집트를 떠날 때 받은 "증언과 규례와 법도"(4:45)의 타당성을 입증하는
역사적 경험을 제시한다. 오직 여호와만 경배할 것을 강조하며, 이는 다른
모든 요건의 토대에 해당한다. 4장에서는 이 의무를 지켜야 할 여러 이유
를 설명한다. 5장에서는 토라를 받고 그 진정성을 입증하는 모세의 역할을
인증한다. 6-11장에서 모세는 하나님을 사랑하고 경외하는 일반적 의무를

다하도록 권면함으로 자신의 역할을 수행하기 시작한다.

4장은 이스라엘의 독특한 성격을 강조하는 두 질문으로 시작한다. "그 신이 가까이 함을 얻은 큰 나라가 어디 있느냐"(7절). "이 율법과 같이 그 규례와 법도가 공의로운 큰 나라가 어디 있느냐"(8절). 4장 말미에 나오는 두 질문은 이스라엘의 하나님께서 지니신 독특한 성품을 강조한다. "어떤 국민이 불 가운데에서 말씀하시는 하나님의 음성을 너처럼 듣고 생존하였느냐"(33절). "어떤 신이 와서…한 민족을 다른 민족에게서 인도하여 낸 일이 있느냐"(34절). 1-8절에 나오는 처음 두 질문은 프롤로그를 요약하고, 32-40절에 나오는 두 질문은 이 설교의 에필로그를 요약한다. 중간 부분에서는 주로 우상 숭배를 경고하고, 그에 따른 결과를 예고한다.

언약의 말씀을 무시할 때 따르는 위험이 히브리어 동사 샤마르(shamar, '지키다', '준수하다')와 함께 계속 되풀이된다. 모세가 백성에게 규례와 법도를 가르친다. 그리고 "너희는 지켜 행하라"(6절), "오직 너는 스스로 삼가며 네 마음을 힘써 지키라. 그리하여 네가 눈으로 본 그 일을 잊어버리지 말라"(9절), "너희는 깊이 삼가라"(15절), "너희는 스스로 삼가 너희의 하나님 여호와께서 너희와 세우신 언약을 잊지 말[라]"(23절)고 권면한다. 모세는 "모든 육체[인간]는 풀이요 그의 모든 아름다움은 들의 꽃과 같으니…풀은 마르고 꽃은 시드나 우리 하나님의 말씀은 영원히 서리라"(사 40:6-8)는 이사야의 선언을 내다본 것이다. 이전 세대가 광야에서 멸망한 것은 시내산에서 한 언약의 맹세를 잊어버렸기 때문이다. 모세는 마지막 연설에서 백성에게, 그들이 곧 그 땅에 들어가 맺을 맹세를 무시한다면 그곳에서 오래 살지 못할 것이라고 경고한다.

단락 개요

I. 모세의 첫 번째 연설(1:1-4:43)

   C. 신실함에 대한 권면(4:1-40)

      1. 이스라엘의 지혜(4:1-8)

         a. 생명의 말씀(4:1-4)

         b. 말씀에 순종함(4:5-8)

      2. 생명을 지키기 위한 경계(4:9-22)

         a. 가르침을 무시하지 않도록 경계하라(4:9-14)

         b. 우상 숭배를 경계하라(4:15-22)

주석

4:1-4 언약 백성은 기본적으로 그들 상호간의 관계와 하나님과의 관계를 안내하는 규례와 법도를 경청해야 하는 책임이 있다. 이스라엘의 위대한 신앙고백을 간단히 '쉐마'(Shema)라고 부르는데, 이는 히브리어로 '듣다'라는 뜻이다(6:4-5). 백성들에게 이 규례와 법도를 따라 살아가는 법을 가르치는 것이 모세의 책임이다. '가르치다'[라마드(*lamad*)]라는 단어는 모세오경 중 이 구절에서 처음 나오지만, 실은 모세의 과업 전체가 가르치는 일이었다. 토라("율법," 4:8)라는 단어와 '가르치다'에 해당하는 단어의 어원은 야라(*yarah*)에서 유래한다. 하나님께서 모세에게 돌판에 쓴 토라를 받으러 산에 올라오라고 부르신 것은 백성에게 그 내용을 가르치기 위해서였다[레호로탐(*lehorotam*), 출 24:12]. 토라는 살아가는 법에 관한 가르침이다. 그 교훈은 법도[훅킴(*huqqim*)], 규례[미쉬파팀(*mishpatim*)], 계명[미츠보트(*mitsvot*)], 규정[에도트(*'edot*)]을 통해 매우 다양한 상황에 적용되어야 한다. 이 네 개의 용어들은

그 뜻이 별로 다르지 않은 동의어다. 1절에 나오는 "규례와 법도"는 각각 훅킴과 미쉬파팀을 번역한 것이다. 훅킴은 일반적으로 사용되는 성문 규정을 지칭한다. 미쉬파팀은 재판관이나 관리가 내린 결정의 결과, 다시 말해 확정된 법규를 말한다. 이것들은 반드시 배워야 하는 일상의 관습이다.

모세의 가르침에서 아무것도 더하거나 빼지 말라는 명령은 이 말씀에 신적 권위가 있음을 시사한다. 예레미야 26:2도 이와 비슷하게 하나님에게서 나온 예언의 말씀을 한 마디도 빠뜨리지 말라고 경고한다. 이와 유사한 정서를 지혜 문학에서도 찾을 수 있다(잠 30:5-6; 전 3:14; 12:11-12). 모세가 가르친 규례와 법도는 배타적 권위를 지닌 교훈으로, 오랜 세월이 흘러도 후대의 선지자와 지혜 교사들이 하나님의 뜻을 알리기 위해 사용할 수 있었다. 그 어떤 권위도 이 가르침에 무언가를 더하거나 일부를 부인할 수 없었다.

바알브올에서 생긴 염병은 우상 숭배, 곧 모세의 가르침을 근본적으로 위반한 죄가 얼마나 위험한지 보여주는 증거였다. 이스라엘은 헤스본 서쪽 요단 근처에 있는 아벨싯딤[문자적으로 '아카시아'(가시덤불)]에서 진을 치고 있는 동안 처음으로 가나안의 바알 신들과 마주쳤다(민 25:1-9). 가나안 족속은 곡식에 물을 공급하고 가축에 다산의 복을 내려주기를 빌며 이 신들을 숭배했다. 가나안의 신들은 특히 모세 시대에 그 존재가 부각된다. 이스라엘은 미처 바알과 마주칠 준비가 되어 있지 않아 끔찍한 결과를 맞았다. 명망 있는 수령을 포함한 많은 이스라엘 사람들이 모압 여인의 유혹에 넘어가 그들의 제사에 가담했기 때문이다. 염병은 성소를 지킬 책임이 있는 제사장 비느하스가 취한 행동으로 인해 그쳤다. 그의 열정적인 행동은 성소 영역에 침범한 두 명의 유력한 집안 출신의 범죄자를 죽이는 것으로 끝났다. 이 같은 중재로 나머지 백성은 속죄를 받고 염병은 종결되었다(시 106:28-31). 바알브올의 죄는 이스라엘의 집단 기억 속에 역사의 가장 어두운 지점으로 새겨졌다.

바알브올에서 언약에 충실했던 자들은 그 땅에서의 삶이 전적으로 이스라엘과 하나님의 관계에 달려 있음을 강조하는 모세의 가르침을 듣는 그 자리에 있었다. 언약에 "붙어 떠나지 않은" 그들은 죽음을 초래하는 우상 숭배의 유혹을 물리칠 수 있는 정서적 애착과 충성심을 보여주었다. 모세의 연설은 삶과 죽음의 선택에 관한 동일한 권고로 마무리된다. "네 하나님 여호와를 사랑하고 그 모든 길로 행하며 그의 명령과 규례와 법도를 지[킴으로]"(신 30:16) 생명을 선택하라는 권고다. 하나님을 사랑한다는 것은 언약에서 떠나지 않는 것, 곧 언약의 규정을 굳게 지키는 것이다.

4:5-8 하나님은 모세에게 시내산에서 받은 규례와 법도를 이스라엘에게 가르치라고 명령하셨다. 이 가르침의 중요성은 "지켜 행하라"(6절)는 이중 명령어로 강조되고 있다. 이 계명에 순종하는 것이 이스라엘의 지혜이고, 이스라엘을 다른 모든 나라와 구별시켜주는 언약의 삶이다. 이스라엘만 지닌 차이점 하나는 하나님께서 그들 가까이에 계시고 기도에 즉시 응답하신다는 것이다. 다른 나라들의 경우 신들은 달래야 하는 존재이고, 그마저도 능력에 한계가 있어 안전을 보장할 수 없기에 사람들은 대체로 두려움 속에서 살았다. 또 하나의 차이점은 언약 규정이 이스라엘에 제공하는 삶의 질이다. 이 법도들은 공의로우며, 이스라엘이 평화롭게 사는 데 필요한 지침이다. 모세의 율법과 유명한 함무라비 법전을 대충 비교해 보아도 이스라엘의 공의가 이웃 나라들에 비해 뛰어나다는 것을 알 수 있다. 경제 범죄에 대한 사형 금지, 대리 처벌 금지, 노예와 고아를 위한 대책 등에서 확실히 차이난다.

4:9-14 하나님의 장엄하심을 직접 본 이스라엘 백성은 두려움이 생겼다. 그들은 산 위에서 짙고 어두운 구름과 맹렬한 불을 목격하고 천둥소리 같은 하나님의 음성을 들었다. 그런 장엄한 광경은 사무엘하 22:8-16의 다윗의 기도에 표현된 것처럼 장차 이스라엘의 기억에 남을 것이었다. 눈앞에 펼쳐진 그 일은 잊을 수 없는 경외감을 불러일으키는 경험이다. 하지만 그런 기억이 반드시 하나님을 경외하는 삶으로 옮겨가는 것은 아니다. 신명기에서 말하듯, 하나님을 경외하는 방법을 알아도 쉽게 잊고 만다. 그래

서 다음의 권면이 매우 절실하다. "당신들의 눈으로 본 것들을 잊지 않도록 정성을 기울여 지키[라]"(4:9, 새번역). 하나님을 경외하는 것이 다른 모든 두려움을 없애는 수단이다. 그러므로 십계명의 가르침을 부지런히 지켜야 한다.

모세는 호렙산에 하나님께서 나타나신 목적이 두 돌판에 쓰신 십계명을 주는 것이었음을 백성들에게 상기시킨다. 돌판에 쓰인 것은 계명들로 알려졌지만, 그럼에도 히브리인들은 그것을 줄곧 아세레트 데바림('*aseret debarim*, '열 가지 말씀')이라고 부른다. 이 말씀은 다른 모든 계명과는 완전히 다른 지위를 갖는다. 십계명은 환경과 상관없이 하나님 및 다른 모든 사람과의 관계에서 보존해야 할 언약적 가치의 토대가 된다. 언약에 따른 근본적인 책임은 생명의 신성함, 가족의 불가침성, 공동체 내 온전한 삶을 낳는 하나님에 대한 충성이다. 이러한 가치는 다양한 환경에 적용되어야 한다. 이때 적용 원리가 개별 사례에 필요한 계명과 규율이 된다. 토라에 따라 살아가려면 각 상황마다 신중한 분석이 필요하다. 출애굽기에서 모세에게 계시된 가르침은 상황 분석에 적용되는 그런 사법 규정의 다양한 실례들을 제공한다(출 21:1). 예컨대 출애굽기 21:12에서는 살인죄에 대한 형벌은 사형이라고 말한다. 우발적으로 사람을 죽게 한 경우, 살인자는 유죄가 아니므로 안전을 위해 도피성이 제공된다. 그러나 고의로 사람을 죽인 경우, 제단조차 그에게 안전한 장소가 될 수 없다(출 21:13-14). 그런 상황에서 재판관의 해석은 누구나 따라야 할 규례와 법도(미쉬파팀)의 본보기가 된다. 이는 언약 준수가 일상생활의 모든 실제적 문제를 포함한다는 점을 잘 보여준다.

4:15-20 모세는 이어서 하나님께서 시내산에 출현하신 사건의 함의를 더욱 개진한다. 하나님께서 말씀하실 때 이스라엘은 눈에 보이는 형상을 보지 못했으므로 어떤 형태로든 우상을 만들어서는 안 된다. '새긴 우상'[페셀(*pesel*)]은 나무나 금속이나 돌로 만든 신의 형상에만 사용하는 단어다. 이스라엘은 어떤 형태(모양)로도 우상을 만들거나 남자나 여자 모양의 상[像,

세멜(*semel*)]을 만들면 안 된다. 고대의 우상은 종종 인간의 남성이나 여성의 형태를 지녔다. 이 맥락에서 다른 신들은 언급되지 않으므로 구체적으로 여호와의 형상화를 금지하는 것이 틀림없다. 우상의 목적은 신의 임재를 중재하여 신들에게 복이나 메시지를 받는 데 있었다. 그러나 주님은 우상의 중재 없이 직접 이스라엘에게 말씀하셨다. 그러므로 그들은 다듬지 않은 돌로 만든 토단 외에 어떤 것도 만들어서는 안 되었다(출 20:22-26). 신상을 두는 것은 그 형상이 어떻게든 신의 임재를 불러들인다고 생각하기 때문이다. 그러나 시내산 계시는 언약의 하나님과는 그런 접촉이 불가능하다는 점을 분명히 했다.

어떤 형상이든 만들지 말라는 규정은 땅이나 강, 호수, 하늘에 있는 모든 피조물의 모양으로 확대된다. 아마도 우상의 정의가 확대되었기 때문일 것이다. 우상으로 삼으려는 어떤 상이나 형상도 만들어서는 안 되었다. 다만 우상 기능이 없는 다른 상이나 형상은 예외로 들 수 있다. 솔로몬 성전의 거대한 놋바다(저수조)를 떠받치는 황소들이나 지성소의 그룹들은 우상 숭배를 목적으로 만든 것이 아니므로 용납되었다. 동물의 형상은 신상이 없는 곳에서 신을 표상하는 역할을 할 수 있었다. 송아지는 바알을 떠받치는 받침대로 묘사되어 있으나 별도로 바알의 우상으로 만들기도 했다.

천체를 숭배하는 것 역시 금지되었다. 다른 민족들은 해와 달과 별들을 신으로 숭배했다. 이스라엘에서 해, 별, 번개, 천둥, 바람, 영, 천사 등 그 모든 권세는 하나님의 목적을 수행하는 그분의 일꾼으로 인식되었지만 숭배할 가치는 없다(시 89:6-7). 하늘의 일월성신은 하나님의 궁정이고, 천군천사는 그분의 공의회다. 열방의 우상과 신들은 진짜 신이 아니라 무능한 형상이나 영들일 뿐이다(신 4:28). 장차 이스라엘이 포로로 잡혀가면 무능한 형상을 숭배하라는 강요를 받을 텐데, 형상의 무능함은 그것이 표상하는 신의 무력함을 보여주는 증거다.

혼합주의는 매우 미묘한 형태의 우상 숭배다. 이스라엘 백성은 다른 민족들의 다신 숭배를 통해 주님만 예배하는 데서 쉽게 '멀어질' 수 있었다. 천체의 웅장한 모습, 움직임, 빛과 온기, 농사의 필수 조건, 생명력 등으로 천체는 언제나 숭배 대상이 될 소지가 있다. 이스라엘 백성은 이런 것에 미혹되면서도 자신들이 언약 맹세로 맺은 여호와에 대한 충성을 부정하지 않았다고 믿었을 것이다. 욥은 이런 유혹을 예민하게 인지한다(욥 31:26-28). 언약 밖에 있는 민족들만 그런 권세를 신으로 받들고 숭배할 수 있었을 것이다. 이스라엘은 그런 신들에게 복종하는 데서 자유로웠다.

4:21-22 요단 동편에서 모세가 죽음을 맞이한 것은 약속의 땅에 들어가는 백성의 미래와 관련해 함의를 지닌 일종의 심판이다. 모세가 더 이상 백성을 가르치거나 경고할 수 없게 되면, 그들은 언약을 잊어버린 채 우상을 섬길 수 있다(신 31:16-22). 이방 신들을 섬기면 이제 그들이 들어가려는 땅에서 포로로 잡혀가게 될 것이다.

≋≋≋≋ 응답 ≋≋≋≋

하나님을 유일한 신뢰 대상으로 이해하는 것보다 믿음에서 더 중요한 것은 없다. 이스라엘이 하나님을 정확하게 인식한다면, 그분을 경외하고 사랑하게 될 것이다. 이는 유일신론, 곧 유일한 하나님에 대한 믿음을 넘어서는 일이다. 출애굽 무렵 파라오 아멘호테프 4세(아케나텐)는 태양 모양의 원반인 아텐(Aten)의 신봉자가 되어 광신적 교단을 세우고 다른 신전들을 폐쇄하며 그곳의 신상들을 부쉈다. 그러나 창조세계의 원소로 표상되는 한, 신은 단지 하나의 우상에 지나지 않는다. 모세는 하나님이 인간의 머리로는 분별할 수 없는 분이심을 이스라엘 백성에게 상기시킨다. 근대주의, 즉 이른바 계몽주의로 시작해 포스트모더니즘으로 이어지는 사조의 치명적 오류는, 감각이 머리를 통해 분별할 수 없는 지식은 없다고 가정하는 것이다. 이것이야말로 치명적이고 우상 숭배적인 종교다. 흔히 '어머니 대지'(mother earth)라는 권세로 표현되는 피조물을 숭배하는 또 따른 방식일 뿐이다.

이스라엘의 하나님은 오직 그분이 자신을 나타내려고 하시는 말씀을 통해서만 알 수 있다. 하나님에 관한 개인적인 지식은 그분의 말씀으로만 얻을 수 있기 때문에, 그 말씀을 가감하지 않는 것이 중요하다(신 4:2). 모세의 이런 경고가 신학에서 논의하는 '정경', 곧 하나님의 뜻 전체를 드러내는 일단의 영감 받은 저술들을 규정짓는 것은 아니다. 모세는 개인적인 관계를 통해 하나님을 아는 지식은 오직 예언의 말씀을 통해서만 가능하다는 점을 분명히 하려고 계시의 권위에 대해 말하고 있을 따름이다. 이 말씀은 사변적인 추가로 왜곡되거나 생략으로 그 능력이 제한되어서는 안 된다. 언약의 백성은 바로 이 말씀을 통해 하나님을 진실하게 알 수 있다. 계시는 하나님이 '완전히' 알 수 없는 분이란 점을 분명히 한다(35, 39절). 그러나 하나님을 진실하게 이해한다면, 이스라엘의 하나님은 모든 실재를 포함하시므로 다른 하나님이 있을 수 없다는 점이 명백해진다. 그분은 어둠의 능력과 불 등 어떤 형상도 없이 스스로를 나타내셨다. 거룩하심은 그분이 모든 피조물로부터 분리되어 있다는 뜻이다. 그러므로 창조세계의 어떤 것도 그분을 표상하는 데 사용될 수 없다. 여호와는 창조세계 전체를 책임지는 분이시므로 어떤 상황에서든 오직 그분만을 믿고 사랑하며 경외하지 않는 것은 참으로 어리석다.

하나님의 계시를 받은 백성에게 특별한 책임이 주어졌다는 사실을 아는 것이 중요하다. 이스라엘은 이처럼 하나님과 만난 유일한 백성이므로 다른 민족들과 같을 수 없다. 창조세계의 웅장함은 하나님께서 다른 민족들에게 하나의 계시로 주신 것이다(19절). 그들에게는 중요한 세계이겠지만, 이집트 파라오가 그랬듯 이스라엘이 하나님을 아는 지식을 천체의 권세 급으로 낮추는 것은 치명적인 잘못이다. 하나님은 이스라엘을 쇠 풀무불에서 구해내시고(20절), 그들에게 삶의 규례를 주시며(5-8절), 그들 가까이에 있어 언제든 즉시 부를 수 있게 하시는 등 이스라엘에게 여러 방식으로 큰 사랑을 보여주셨다. 이스라엘은 그런 하나님을 열방에 알려 그들도 참된 지혜와 진정한 안보를 알 수 있게 해야 한다. 하나님을 표상하기 위해 우상을 사용한다면, 반드시 계시를 통해서만 알 수 있는 하나님을 왜곡하게 된다. 하나님은 다른 민족들에게 이스라엘로 표상되시는 분이다. 이스라엘이 하나님의 말씀에 관한 지식을 가지고 있기 때문이다.

비할 데 없는 이 하나님에 대한 믿음의 신성함과 타협의 위험성은 모세의 삶에서 여실히 드러난다. 모세는 백성의 말 때문에 약속의 땅에 들어가지 못했다(21절). 중대한 순간에 하나님을 믿지 못하고 불신앙에서 나온 말을 한 것이다. 모세는 약속의 땅을 경험하지 못한 채 그 세대와 함께 죽어야 한다. 경고는 준엄하다. "너는 스스로 삼가며 네 마음을 힘써 지키라 그리하여 네가 눈으로 본 그 일을 잊어버리지 말라"(9절).

23 너희는 스스로 삼가 너희의 하나님 여호와께서 너희와 세우신 언약을 잊지 말고 네 하나님 여호와께서 금하신 어떤 형상의 우상도 조각하지 말라 24 네 하나님 여호와는 소멸하는 불이시요 질투하시는 하나님이시니라

23 Take care, lest you forget the covenant of the Lord your God, which he made with you, and make a carved image, the form of anything that the Lord your God has forbidden you. 24 For the Lord your God is a consuming fire, a jealous God.

25 네가 그 땅에서 아들을 낳고 손자를 얻으며 오래 살 때에 만일 스스로 부패하여 무슨 형상의 우상이든지 조각하여 네 하나님 여호와 앞에 악을 행함으로 그의 노를 일으키면 26 내가 오늘 천지를 불러 증거를 삼노니 너희가 요단을 건너가서 얻는 땅에서 속히 망할 것이라 너희가 거기서 너희의 날이 길지 못하고 전멸될 것이니라 27 여호와께서 너희를 여러 민족 중에 흩으실 것이요 여호와께서 너희를 쫓아 보내실 그 여러 민족 중에 너희의 남은 수가 많지 못할 것이며 28 너희는

거기서 사람의 손으로 만든 바 보지도 못하며 듣지도 못하며 먹지도 못하며 냄새도 맡지 못하는 목석의 신들을 섬기리라 ²⁹ 그러나 네가 거기서 네 하나님 여호와를 찾게 되니 만일 마음을 다하고 뜻을 다하여 그를 찾으면 만나리라 ³⁰ 이 모든 일이 네게 임하여 환난을 당하다가 끝날에 네가 네 하나님 여호와께로 돌아와서 그의 말씀을 청종하리니 ³¹ 네 하나님 여호와는 자비하신 하나님이심이라 그가 너를 버리지 아니하시며 너를 멸하지 아니하시며 네 조상들에게 맹세하신 언약을 잊지 아니하시리라

²⁵ "When you father children and children's children, and have grown old in the land, if you act corruptly by making a carved image in the form of anything, and by doing what is evil in the sight of the Lord your God, so as to provoke him to anger, ²⁶ I call heaven and earth to witness against you today, that you will soon utterly perish from the land that you are going over the Jordan to possess. You will not live long in it, but will be utterly destroyed. ²⁷ And the Lord will scatter you among the peoples, and you will be left few in number among the nations where the Lord will drive you. ²⁸ And there you will serve gods of wood and stone, the work of human hands, that neither see, nor hear, nor eat, nor smell. ²⁹ But from there you will seek the Lord your God and you will find him, if you search after him with all your heart and with all your soul. ³⁰ When you are in tribulation, and all these things come upon you in the latter days, you will return to the Lord your God and obey his voice. ³¹ For the Lord your God is a merciful God. He will not leave you or destroy you or forget the covenant with your fathers that he swore to them.

³² 네가 있기 전 하나님이 사람을 세상에 창조하신 날부터 지금까지

지나간 날을 상고하여 보라 하늘 이 끝에서 저 끝까지 이런 큰 일이 있었느냐 이런 일을 들은 적이 있었느냐 ³³ 어떤 국민이 불 가운데에서 말씀하시는 하나님의 음성을 너처럼 듣고 생존하였느냐 ³⁴ 어떤 ¹⁾신이 와서 시험과 이적과 기사와 전쟁과 강한 손과 편 팔과 크게 두려운 일로 한 민족을 다른 민족에게서 인도하여 낸 일이 있느냐 이는 다 너희의 하나님 여호와께서 애굽에서 너희를 위하여 너희의 목전에서 행하신 일이라 ³⁵ 이것을 네게 나타내심은 여호와는 하나님이시요 그 외에는 다른 신이 없음을 네게 알게 하려 하심이니라 ³⁶ 여호와께서 너를 교훈하시려고 하늘에서부터 그의 음성을 네게 듣게 하시며 땅에서는 그의 큰 불을 네게 보이시고 네가 불 가운데서 나오는 그의 말씀을 듣게 하셨느니라 ³⁷ 여호와께서 네 조상들을 사랑하신 고로 그 후손인 너를 택하시고 큰 권능으로 친히 인도하여 애굽에서 나오게 하시며 ³⁸ 너보다 강대한 여러 민족을 네 앞에서 쫓아내고 너를 그들의 땅으로 인도하여 들여서 그것을 네게 기업으로 주려 하심이 오늘과 같으니라 ³⁹ 그런즉 너는 오늘 위로 하늘에나 아래로 땅에 오직 여호와는 하나님이시요 다른 신이 없는 줄을 알아 명심하고 ⁴⁰ 오늘 내가 네게 명령하는 여호와의 규례와 명령을 지키라 너와 네 후손이 복을 받아 네 하나님 여호와께서 네게 주시는 땅에서 한 없이 오래 살리라

³² "For ask now of the days that are past, which were before you, since the day that God created man on the earth, and ask from one end of heaven to the other, whether such a great thing as this has ever happened or was ever heard of. ³³ Did any people ever hear the voice of a god speaking out of the midst of the fire, as you have heard, and still live? ³⁴ Or has any god ever attempted to go and take a nation for himself from the midst of another nation, by trials, by signs, by wonders, and by war, by a mighty hand and an outstretched arm, and by great deeds of terror, all of which the Lord your God did for you in

Egypt before your eyes? 35 To you it was shown, that you might know that the Lord is God; there is no other besides him. 36 Out of heaven he let you hear his voice, that he might discipline you. And on earth he let you see his great fire, and you heard his words out of the midst of the fire. 37 And because he loved your fathers and chose their offspring after them[1] and brought you out of Egypt with his own presence, by his great power, 38 driving out before you nations greater and mightier than you, to bring you in, to give you their land for an inheritance, as it is this day, 39 know therefore today, and lay it to your heart, that the Lord is God in heaven above and on the earth beneath; there is no other. 40 Therefore you shall keep his statutes and his commandments, which I command you today, that it may go well with you and with your children after you, and that you may prolong your days in the land that the Lord your God is giving you for all time."

41 그때에 모세가 요단 이쪽 해 돋는 쪽에서 세 성읍을 구별하였으니 42 이는 과거에 원한이 없이 부지중에 살인한 자가 그곳으로 도피하게 하기 위함이며 그중 한 성읍으로 도피한 자가 그의 생명을 보전하게 하기 위함이라 43 하나는 광야 평원에 있는 베셀이라 르우벤 지파를 위한 것이요 하나는 길르앗 라못이라 갓 지파를 위한 것이요 하나는 바산 골란이라 므낫세 지파를 위한 것이었더라

41 Then Moses set apart three cities in the east beyond the Jordan, 42 that the manslayer might flee there, anyone who kills his neighbor unintentionally, without being at enmity with him in time past; he may flee to one of these cities and save his life: 43 Bezer in the wilderness on the tableland for the Reubenites, Ramoth in Gilead for the Gadites, and Golan in Bashan for the Manassites.

≈≈≈≈ **단락 개관** ≈≈≈≈

유배와 회복, 선택과 계시, 도피성

이 장은 모세의 마지막 연설과 뚜렷한 병행을 이룬다. 둘 다 우상 숭배를 경고하고 그에 따른 비참한 결과를 이야기한다. 신명기 30:17-19과 4:25-26을 축어적으로 비교해도 좋다. 하나님은 이스라엘의 불순종에 대해 하늘과 땅을 증인으로 삼고 그들이 곧 그 땅에서 망할 것이라고 한다. 그들이 여러 나라 가운데 흩어질 텐데, 그때 마음을 다해 하나님을 찾을 것이고, 하나님께서 자비를 베풀어 그들을 조상들이 물려받은 땅으로 다시 모으실 것이다(4:27-31; 30:1-10). 유배, 회개, 신적 은혜의 갱신이 거의 동일한 용어로 구성되어 있다. 신명기 전체는 불순종의 위험 때문에 이스라엘에게 불리한 증거로 여겨진다(31:24-26). 신명기 31:16-26은 4:23-40과 더불어 싸개 같은 역할을 한다. 둘 다 유배를 내다보지만 장차 자기 백성을 회복시킬 하나님의 신실하심과 자비에 대한 확신을 품게 한다. 모세는 먼 훗날의 유배를 내다보았던 것처럼 장차 백성이 회개할 때 실현될 회복도 예견했다.

히브리어 문서 전승들은 신명기 4:41-43에 나오는 도피성 지정을 모세의 연설에서 분리시킨다. 40절의 마지막 행을 열린 채로 두는데, 이는 새로운 주제가 나오기 전에 중요한 단절[파라샤 페투하(*parashah petuhah*)]이 있음을 시사한다. 이런 구분 방식은 41-49절 전체가 그 설교의 부록임을 가리킨다. 장 구분은 비교적 최근에 캔터베리 대주교 스티븐 랭턴(Stephen Langton)이 파리에서 강의하면서(주후 1204-1205년경) 덧붙인 것이다. 아마도 앞서 랜프랭크(Lanfranc) 대주교가 시도한 구분에 근거를 두었을 것이다. 이 구분은 라틴어에서 히브리어로 옮겨졌다. 모든 구분의 체제는 주관적이며 구분 방식에는 일관성이 없다. 두 번째 연설의 서론은 논리적으로 모세가 이스라엘 백성 앞에 내놓은 토라와 함께 시작된다(44절). 두 번째 연설은 먼저 나오는 십계명과 이후에 나오는 법도, 규례, 명령, 규정에 대한 설명으로 구성된다.

≋≋≋≋ 단락 개요 ≋≋≋≋

I. 모세의 첫 번째 연설(1:1-4:43)
　　C. 신실함에 대한 권면(4:1-40)
　　　　3. 우상 숭배의 결과(4:23-28)
　　　　　　a. 포로로 잡혀가는 징벌(4:23-28)
　　　　　　b. 회개를 통한 회복(4:29-31)
　　　　4. 이스라엘의 비할 데 없는 하나님(4:32-40)
　　　　　　a. 하나님께서 이스라엘을 선택하심(4:32-38)
　　　　　　b. 이스라엘이 하나님께 헌신함(4:39-40)
　　D. 도피성(4:41-43)

≋≋≋≋ 주석 ≋≋≋≋

4:23-24 "너희는 스스로 삼가…잊지 말[라]"는 명령이 이 장에서 마지막으로 나오는 대목이다. 언약을 잊는다는 것은 기억을 못하는 인지적 문제가 아니라 결단한 헌신을 유지하지 못한다는 뜻이다. 결혼한 사람들은 자

신의 결혼식과 그날 서약했던 일을 기억한다. 그들이 때때로 잊는 것은 서약을 통해 서로에게 한 약속이다. 인지적으로 잊는다기보다 많은 실패와 타협 속에서 그런 일이 일어난다. 이스라엘은 여호와와의 언약 가운데 이루어진 배타적인 약속을 무시한 채 "어떤 형상의 우상"을 만들 위험에 처했다.

이스라엘은 하나님이 소멸하는 불이란 사실을 잊을 수 없었다. 한번은 아론의 아들 나답과 아비후가 아침과 저녁에 정해진 것과 다른 불을 향로에 담아 분향했다가 불에 삼켜지고 말았다(레 10:1-2). 또 다른 경우 백성들이 광야에서 강행군 같은 일로 불평했을 때, 여호와의 불이 붙어 진영의 일부가 탔다(민 11:1). 이 같은 일은 극적인 사례다. 그러나 또 다른 세대가 자신의 언약 위반 사실을 잊는다면, 그들은 이제 들어가려 하는 그 땅에서 쫓겨날 것이다.

4:25-31 하나님께서 족장들과 맺은 언약은 조건부가 아니었지만, 약속의 땅에서 누리는 삶은 언제나 이스라엘의 순종을 조건으로 삼았다. 더욱이 하나님의 성품은 그분의 이름(출 33:19; 34:5-7; 시 103:7-8; 욘 4:1-2)에 강조되어 있듯 기본적으로 자비하심이다. 불순종은 언제나 그 대가를 치를 테지만, 하나님의 섭리로 이스라엘의 남은 자는 존속할 것이다. 비록 소수지만 신실한 그들은 하나님의 자비를 호소할 것이다. 이스라엘과 달리 하나님은 그들의 조상과 맺은 "언약을 잊지" 않으실 것이다.

4:32-40 요단강에 도착한 이스라엘의 존재 자체가 그들이 열방 가운데 유일무이한 민족이라는 증거다. 더 중요하게는 그들을 그곳으로 인도하신 비할 데 없는 하나님에 대한 지속적인 증거다. "온갖 시험과 표징과 기사와 전쟁과 강한 손과 펴신 팔과 큰 두려움으로 한 민족을 다른 민족의 억압에서 이끌어 내시려고 애쓰신, 그러한 신이 어디에"(새번역) 있겠는가? 이처럼 자기 민족의 구속에 헌신하고 과거에 그들과 맺은 언약의 목적을 이루려고 애쓰는 신이 있는 민족은 이스라엘 말고는 없다. 이 대목은 다른

민족들의 우상과 신은 '하나님'으로 불릴 자격이 없다는 점을 강조한다. 열방의 신들은 "보지도 못하며 듣지도 못하며 먹지도 못하며 냄새도 맡지 못하는" 무력한 우상들이다(4:28, 참고. 시 96:4-5). 반면에 이스라엘은 살아 계신 하나님을 만났다. 그 하나님은 그들에게 하늘로부터 음성을 들려주셨고, 땅 위에서는 그분의 큰 불을 보여주셨다(36절). 그분은 "위로는 하늘에서도 아래로는 땅에서도 참 하나님이시며, 그밖에 다른 신은 없다"(39절, 새번역). 정말이지 다른 신은 있을 수 없다.

4:41-43 도피성은 고의성 없는 살인을 저지른 사람을 위한 안전 장소였다. 모두 여섯 곳의 성읍이 있었고, 그중 세 곳이 요단 동편에 있었다. 이 성읍들을 세운 율법이 민수기 35:9-34과 신명기 19:1-13에 나온다. 여호수아 20:7-8에서는 여섯 성읍 전체를 구별하여 지정한다. 여호수아서의 설명을 보면 복수형이다. "그들은…[그 성읍들을] 구별하여 지정하였다"(새번역). 이는 여호수아와 모세가 각각 도피성을 지명하는 일에 참여했음을 가리킨다.

모세가 요단 동편의 성읍 세 곳을 정한 시기는 모호하다. 모세는 요단 동편을 정복할 때 이스라엘 군대를 이끌었고, 세 지파를 그곳에 정착시켰으며, 이를 계기로 세 성읍을 도피성으로 지정할 필요가 있었다. 서술자는 이야기의 흐름이 끊기지 않도록 이에 대한 기록을 모세의 두 설교 사이에 덧붙였다. 이 기록의 편입은 모세가 약속의 땅에 들어가지 못할 것이라는 거듭된 진술과 관련 있을 수 있다. 모세가 이스라엘의 장래에 함께하지 못한다고 해서 약속의 땅에 정착하는 일에서 배제된 것은 아니다.

도피성은 레위인의 성읍이기도 했다. 아마도 레위 족속이 그곳의 행정을 맡았을 것이다. 각 영토에는 성읍이 하나씩 있다. 베셀은 아르논의 북쪽 고원에 위치한 성읍이다. 라못은 바산의 동쪽, 아르곱 지방의 길르앗에 있다. 골란은 갈릴리 바다에 더 가까운 요단 동편 북부의 서쪽 지역에 있으며 그술 지방 전체를 가리킨다.

응답

모세는 언약의 의무와 관련된 마지막 경고로 이 대목을 마무리한다. 언약이 존재하는 한 그 언약에 충실하지 못할 수 있다는 두려움이 늘 따라다니게 마련이다. 이스라엘이 수차례 경험했듯 하나님은 삼키는 불이시다. 이스라엘이 하나님을 경외할 줄 안다면 다른 어떤 것도 두려워하지 않을 것이다. 하나님은 결코 이스라엘을 잊지 않으실 것이고, 약속에 신실하지 못하실 수도 없다(31-35절). 인류가 시작된 이래로 하늘 이 끝에서 저 끝까지 이스라엘을 구속하신 것과 같은 일은 한 번도 없었다. 그런 계시가 주어진 적도 없다(36-39절). 하나님은 한결같은 사랑을 보여주셨다. 자비하심이 영원하고 능력이 무한한 하나님 앞에서 두려움이란 있을 수 없다. 하나님을 향한 사랑이 식은 곳에서는 삼키는 불과 같은 진노에 대한 두려움만 남을 것이다.

주 예수님은 최후의 만찬에서 공개적으로 새 언약을 선포하신다(눅 22:20). 신자는 세례를 받을 때, 이스라엘이 약속의 땅에 들어갈 때 그랬던 것처럼, 새 언약에 충성할 것을 사람들 앞에서 고백한다. 신자들은 성찬에 참여할 때마다 그 언약을 고백하며 확인한다. 그 고백을 지키지 못하면 큰 두려움이 들 수밖에 없다. 새 언약의 피를 짓밟고 "은혜의 성령"을 모욕한 자(히 10:29)는 어떤 결과를 맞아야 하는가? "살아 계신 하나님의 징벌하시는 손에 떨어지는 것은 무서운 일입니다"(히 10:31, 새번역). 새 언약 안에서 죄 사함을 위해 피 흘리신 분의 은혜를 입은 사람은 두려워할 것이 없다. 다만 세례 받을 때 공개적으로 선언한 언약 맹세를 부인하는 것을 크게 두려워해야 한다.

⁴⁴ 모세가 이스라엘 자손에게 선포한 율법은 이러하니라 ⁴⁵ 이스라엘 자손이 애굽에서 나온 후에 모세가 증언과 규례와 법도를 선포하였으니 ⁴⁶ 요단 동쪽 벳브올 맞은편 골짜기에서 그리하였더라 이 땅은 헤스본에 사는 아모리 족속의 왕 시혼에게 속하였더니 모세와 이스라엘 자손이 애굽에서 나온 후에 그를 쳐서 멸하고 ⁴⁷ 그 땅을 기업으로 얻었고 또 바산 왕 옥의 땅을 얻었으니 그 두 사람은 아모리 족속의 왕으로서 요단 이쪽 해 돋는 쪽에 살았으며 ⁴⁸ 그 얻은 땅은 아르논 골짜기 가장자리의 아로엘에서부터 시온 산 곧 헤르몬산까지요 ⁴⁹ 요단 이쪽 곧 그 동쪽 온 아라바니 비스가 기슭 아래 아라바의 바다까지이니라

⁴⁴ This is the law that Moses set before the people of Israel. ⁴⁵ These are the testimonies, the statutes, and the rules, which Moses spoke to the people of Israel when they came out of Egypt, ⁴⁶ beyond the Jordan in the valley opposite Beth-peor, in the land of Sihon the king of the Amorites, who lived at Heshbon, whom Moses and the people of Israel defeated when they came out of Egypt. ⁴⁷ And they took possession of his land and the land of Og, the king of Bashan, the two kings of

the Amorites, who lived to the east beyond the Jordan; [48] from Aroer, which is on the edge of the Valley of the Arnon, as far as Mount Sirion[1] (that is, Hermon), [49] together with all the Arabah on the east side of the Jordan as far as the Sea of the Arabah, under the slopes of Pisgah.

5:1 모세가 온 이스라엘을 불러 그들에게 이르되 이스라엘아 오늘 내가 너희의 귀에 말하는 규례와 법도를 듣고 그것을 배우며 지켜 행하라 2 우리 하나님 여호와께서 호렙산에서 우리와 언약을 세우셨나니 3 이 언약은 여호와께서 우리 조상들과 세우신 것이 아니요 오늘 여기 살아 있는 우리 곧 우리와 세우신 것이라 4 여호와께서 산 위 불 가운데에서 너희와 대면하여 말씀하시매 5 그때에 너희가 불을 두려워하여 산에 오르지 못하므로 내가 여호와와 너희 중간에 서서 여호와의 말씀을 너희에게 전하였노라 여호와께서 이르시되

6 나는 너를 애굽 땅, 종 되었던 집에서 인도하여 낸 네 하나님 여호와라

7 나 외에는 다른 신들을 네게 두지 말지니라

8 너는 자기를 위하여 새긴 우상을 만들지 말고 위로 하늘에 있는 것이나 아래로 땅에 있는 것이나 땅 밑 물속에 있는 것의 어떤 형상도 만들지 말며 9 그것들에게 절하지 말며 그것들을 섬기지 말라 나 네 하나님 여호와는 질투하는 하나님인즉 나를 미워하는 자의 죄를 갚되 아버지로부터 아들에게로 삼사 대까지 이르게 하거니와 10 나를 사랑하고 내 계명을 지키는 자에게는 천 대까지 은혜를 베푸느니라

11 너는 네 하나님 여호와의 이름을 망령되이 일컫지 말라 나 여호와는 내 이름을 망령되이 일컫는 자를 죄 없는 줄로 인정하지 아니하리라

12 네 하나님 여호와가 네게 명령한 대로 안식일을 지켜 거룩하게 하라 13 엿새 동안은 힘써 네 모든 일을 행할 것이나 14 일곱째 날은 네 하나님 여호와의 안식일인즉 너나 네 아들이나 네 딸이나 네 남종이나 네 여종이나 네 소나 네 나귀나 네 모든 가축이나 네 문 안에 유하

는 객이라도 아무 일도 하지 못하게 하고 네 남종이나 네 여종에게 너 같이 안식하게 할지니라 15 너는 기억하라 네가 애굽 땅에서 종이 되었 더니 네 하나님 여호와가 강한 손과 편 팔로 거기서 너를 인도하여 내 었나니 그러므로 네 하나님 여호와가 네게 명령하여 안식일을 지키라 하느니라

16 너는 네 하나님 여호와께서 명령한 대로 네 부모를 공경하라 그리하 면 네 하나님 여호와가 네게 준 땅에서 네 생명이 길고 복을 누리리라

17 살인하지 말지니라

18 간음하지 말지니라

19 도둑질하지 말지니라

20 네 이웃에 대하여 거짓 증거하지 말지니라 21 네 이웃의 아내를 탐내 지 말지니라 네 이웃의 집이나 그의 밭이나 그의 남종이나 그의 여종 이나 그의 소나 그의 나귀나 네 이웃의 모든 소유를 탐내지 말지니라

5:1 And Moses summoned all Israel and said to them, "Hear, O Israel, the statutes and the rules that I speak in your hearing today, and you shall learn them and be careful to do them. 2 The Lord our God made a covenant with us in Horeb. 3 Not with our fathers did the Lord make this covenant, but with us, who are all of us here alive today. 4 The Lord spoke with you face to face at the mountain, out of the midst of the fire, 5 while I stood between the Lord and you at that time, to declare to you the word of the Lord. For you were afraid because of the fire, and you did not go up into the mountain. He said:

6 "'I am the Lord your God, who brought you out of the land of Egypt, out of the house of slavery.

7 "'You shall have no other gods before² me.

8 "'You shall not make for yourself a carved image, or any likeness of anything that is in heaven above, or that is on the earth beneath, or

that is in the water under the earth. ⁹ You shall not bow down to them or serve them; for I the Lord your God am a jealous God, visiting the iniquity of the fathers on the children to the third and fourth generation of those who hate me, ¹⁰ but showing steadfast love to thousands³ of those who love me and keep my commandments.

¹¹ "'You shall not take the name of the Lord your God in vain, for the Lord will not hold him guiltless who takes his name in vain.

¹² "'Observe the Sabbath day, to keep it holy, as the Lord your God commanded you. ¹³ Six days you shall labor and do all your work, ¹⁴ but the seventh day is a Sabbath to the Lord your God. On it you shall not do any work, you or your son or your daughter or your male servant or your female servant, or your ox or your donkey or any of your livestock, or the sojourner who is within your gates, that your male servant and your female servant may rest as well as you. ¹⁵ You shall remember that you were a slave⁴ in the land of Egypt, and the Lord your God brought you out from there with a mighty hand and an outstretched arm. Therefore the Lord your God commanded you to keep the Sabbath day.

¹⁶ "'Honor your father and your mother, as the Lord your God commanded you, that your days may be long, and that it may go well with you in the land that the Lord your God is giving you.

¹⁷ "'You shall not murder.⁵

¹⁸ "'And you shall not commit adultery.

¹⁹ "'And you shall not steal.

²⁰ "'And you shall not bear false witness against your neighbor.

²¹ "'And you shall not covet your neighbor's wife. And you shall not desire your neighbor's house, his field, or his male servant, or

5장

〰〰〰 단락 개관 〰〰〰

표제, 호렙에서 맺은 언약, 십계명

모세의 두 번째 연설은 첫 번째 연설처럼 표제로 시작해 프롤로그로 이어진다. 신명기 4:44-49에 나오는 표제는 본질적으로 1:1-5의 내용을 되풀이한다. 두 번째 표제는 첫 번째 연설에서 도입한 주제를 채택하여 "모세가…이 율법을 설명하기 시작[한]" 때와 장소를 제공한다. "이 율법"에 대한 해설은 긴 역사적 회고, 즉 이스라엘이 어떻게 벳브올 맞은편 골짜기에 진을 치게 되었는지에 대한 이야기로 지연되었다. 두 번째 표제는 신명기의 핵심을 구성하는 주제를 재개한다.

이 율법의 프롤로그는 백성이 호렙에서 맺은 언약의 말씀으로 시작한다. 이는 출애굽기 20:1-17에서 보듯 시내산에서 받은 말씀이다. 하지만 안식일 준수 의무와 탐욕 금지 구절에서 분명히 알 수 있듯 출애굽기 말씀을 그대로 반복하지는 않는다. 언약의 말씀은 특정한 사례들을 위해 세운 법규(미쉬파팀)가 아니고, 입법권을 부여하는 특정성을 지닌 다른 계명들(미츠보트)을 위해 세운 법규도 아니다. "탐내지 말[라]"는 강제할 수 있는 법규가 아니다. 언약 관계에 대한 이런 진술들은 이인칭 단수로 되어 있다. 이는 시대를 막론하고 이스라엘 사회의 각 개인에게 똑같이 적용된다는 점을 시사한다. 이 언약의 말씀은 금지 규정으로 구성되어 있다. 안식일 규정과 부모 공경의 요건만 긍정적으로 진술되어 있으나 이 역시 본질적으로 금지 성격을 띤다. 안식일에 관한 가르침은 일곱째 날에는 일하면 안 된다는 것이다(5:14). 안식일을 거룩하게 지킨다는 것은 그날에 일하지 않는 것을 말한다. 부모 공경의 중요성은 신체적 또는 언어적 학대를 사형으로 다스린다는 점에서 잘 예증되고 있다(출 21:15, 17). 부모 공경은 불명예를 초래하는 어떤 일도 미연에 방지하는 것으로 시작한다.

이런 금지 규정 중 어느 것도 추가 단서 없이는 법적 가치가 없다. 출애굽기 21:28-32에서 소가 뿔로 들이받은 사례는 살인과 관련된 애매모호한 경우에 해당한다. 간음도 이와 비슷하게 모호성을 띤다(출 22:16-17; 레 19:20-22). 이런 말씀의 금지 규정은 언약 공동체의 삶에 필수불가결한 가치를 보호한다. 근본적인 요건은 주님을 두려워하고 가족을 보호하는 것이다. 구체적으로 언약 맹세의 신성함과 부모 공경의 견지에서 묘사되고 있다(신 5:11, 16). 공동체는 생명, 결혼, 재산, 진실을 보호해야 한다. 이런 필수적 가치를 위반하는 욕망도 금지된다. 공동체의 각 구성원이 이런 가치를 지킨다면 평화로운 삶이 가능할 것이다. 그런 점에서 시내산에서 받았고 여기에서 모세가 반복하는 말씀은 두 경우 모두 같은 영향을 미친다.

〰〰〰 **단락 개요** 〰〰〰

II. 모세의 두 번째 연설(4:44-29:1)
  A. 이 토라를 받은 배경(4:44-49)
  B. 이 토라의 프롤로그(5:1-11:32)
    1. 호렙에서 세운 언약(5:1-21)
      a. 언약의 백성(5:1-5)
      b. 언약의 말씀(5:6-21)

주석

4:44-49 모세의 두 번째 연설은 그가 이스라엘 앞에 내놓은 토라를 전한다. "율법은 이러하니라"는 어구는 신명기에 18번이나 언급된 문서를 가리킨다. 첫 번째 표제에서는 이 책의 주제를 소개한다. "모세가…이 율법을 설명하기 시작하였더라"(1:5). 이 율법은 왕이 가까이 곁에 두고(17:18-20) 7년이 끝날 때마다, 곧 빚을 면제해주는 해의 초막절에 모든 백성에게 낭독하게 되어 있었다(31:9-13). 이 율법은 모세가 두루마리에 써서 제사장들에게 위탁하여 언약궤와 함께 보관되어 있었다(30:10; 31:24, 26). 본래의 두루마리에는 분명 이 표제에 소개된 모세의 두 번째 연설이 담겨 있었을 것이다(4:44). 표제에 언급된 내용은 대체로 5:1에서 26:19에 이르는 설교 전체에 적용된다. 신명기 4:44-45는 두 번째 연설에 관해 광범위한 개요를 제공한다. 44절에서 말하는 토라는 5-11장에 나오는 권고적 가르침과 12-26장에서 모세가 이스라엘에게 주는 규정, 법도, 규례로 구성되어 있다. 12-26장을 때때로 '신명기 법전'이라 부르기도 한다.

5:1-5 모세가 백성이 듣는 자리에서 말하는 "규례와 법도"는 신명기에 14번 나오는 단어 쌍으로, 권고적 연설의 중심 내용을 설명한다(4:1, 5, 8, 14). 모세의 두 번째 연설에서 이 단어들은 주요 두 문단의 틀을 구성한다. 5:1에 나오는 프롤로그와 11:32, 그리고 12:1에 나오는 신명기 법전과 26:16이다. 4:45의 표제에서는 "증언"이 보완되고 있지만, 신명기에서 이 두 용어는 이 율법책 주요 부분의 시작과 끝을 장식하는 어구로 늘 함께 나온다.

　시내산에서 일어난 사건들로 모세가 지금 벳브올 맞은편 골짜기에서 가르치고 있는 백성과 하나님 사이의 언약이 제정되었다. 이 언약을 중재하는 모세의 권위와 언약 관계를 지배하는 법도와 규례의 독특한 성격을 확증할 필요가 있었다. 백성의 귀에 들리는 하나님의 음성이 이 두 가지 사항을 확증하는 데 반드시 필요했다. 모세는 백성의 요청으로 자신이 중재자로 임명되었음을 그들에게 상기시킨다. 그들은 하나님과 계속 마주하는 것을 두려워했기 때문이다. 백성들이 하나님의 음성을 듣기는 했지만, 5절에서 명시하듯 그 말씀의 실제 내용은 모세가 전달했다. 이는 출애굽기 19:9, 19에 나오는 시내산 장면의 묘사와 일치한다. 백성들은 그 산에서 계시된 모든 가르침에 순종하겠다고 약속했었다.

모세가 이스라엘에게 가르치는 법도와 규례와 명령은 언약의 하나님에게서 나오고 그분이 재가하는 것이다. 이 점이 다른 모든 법전과 다르기에 중요하다. 이스라엘 조상들의 고향인 메소포타미아에서는 법을 우주적 진리[키나툼(*kinatum*), 단수는 킷툼(*kittum*)]의 구현으로 생각했다. 정의의 신 샤마쉬(Shamash)는 단순히 이런 법들의 수호자였다. 법의 이상(理想)은 신과 인간 위에 있었다. 하지만 실제로 우주적 이상을 구현하는 법을 만드는 사람은 왕이었다. 법은 왕의 것이었고, 법문이 새겨진 석판은 왕의 이름으로 불렸다. 이스라엘 주변의 세계에서 왕은 성문법 배후에 있는 권위였다. 한편 신명기는 왕이 하나님의 율법 사본을 옆에 두어야 한다고 주장한다는 점에서 큰 대조를 이룬다. 왕과 백성 모두를 율법 아래에 두기 때문이다. 모세는 중재자로서 율법을 가르치지만 권한은 그 역할에 국한된다.

5:6-10 돌판에 써서 모세에게 주신 언약의 말씀은 모두 열 개지만, 십계명의 실제 원문이 어떻게 열 개로 나뉘는지에 대한 지침은 없다. ESV의 바탕이 되는 마소라 본문에서는 세투마(*setumah*)라는 본문 내 짧은 간격이 각 계명을 나누고 있다. 이 구분에 따르면 6-10절이 첫 번째 말씀이다. 마소라 본문은 더 나아가 5:21에서 다른 남자의 아내를 탐내는 것과 그의 재산이나 종을 탐내는 것을 구분한다. 하지만 이것이 십계명을 구분하는 유일한 방법은 아니다. 6절은 십계명에 대한 머리말인 동시에 여호와 이외의 다른 어떤 신도 금지하는 첫 번째 말씀으로 보인다. 교부들은 6절과 7절을 합쳤고 "다른 신들을 네게 두지 말지니라"를 우상을 만드는 것과 분리시켰다. 이것이 마소라 본문 내 발성(vocalization)이 시사하는 바다. 어거스틴과 로마가톨릭교회, 루터교회는 다른 신들을 두지 말라는 명령과 어떤 우상도

만들지 말라는 명령을 한 말씀으로 간주한다. 그런가 하면 "네 이웃의 아내를 탐내지 말지니라"를 "네 이웃의 집이나…네 이웃의 모든 소유를 탐내지 말지니라"에서 분리한다. 이것이 마소라 본문의 구분 방식이다. 본 주석은 개혁주의 전통, 즉 교부들의 방식을 따라 십계명을 열거하겠다.

6-10절은 단일한 개념이므로 이 대목을 나누는 다양한 방식에 영향을 받지 않는다. 여호와, 곧 언약의 주님을 이해하는 것보다 믿음과 삶에 근본적인 것은 없다. 이 구절은 4:35-39처럼 다른 신들의 존재를 명시적으로 부인하지는 않지만 사실상 유일신론의 진술이다. 물론 다른 권세들이 "신들"로 불릴 수 있지만, 하나님께서 그분의 땅에 절대적 통치권을 갖고 있고 언약 관계에 있는 백성에게 구원을 베푸는 창조주이심이 알려질 때, 그 신들의 존재는 있으나 마나다. 다른 권세를 두려워한다는 것은 주님을 경외하기를 거부하는 것이다. 하나님의 주권적 능력을 알면 당연히 경외심이 생기고, 하나님의 구원은 사랑을 불러일으킨다. 그러므로 근본적인 요건은 언약의 백성이 주님을 경외하고 사랑하는 것이다(10:12). 신명기에서 주님을 경외하라는 권면은 11번, 주님을 사랑하라는 권면은 8번 더 나온다. 보통 이런 권면은 모세가 가르친 계명을 지키라는 요구를 동반한다.

여호와를 나타내기 위해 어떤 물체를 만든다면, 여하튼 그것은 시내산의 하나님을 크게 오해한 결과다. 고대 세계에서 그런 물체의 모양이나 형태는 신을 나타낸다고 보았지만 신체적인 생김새로 표현되는 것은 아니었다. 바알 조각상은 한 손에는 곤봉(천둥을 나타냄)을 들고, 다른 한손에는 나뭇가지나 번개를 들고 있는 인간의 모습으로 표현된다. 바알은 구름을 타고 다니는 비와 다산의 신이다. 하지만 바알 하면 송아지 형상이 떠오른다. 번영을 가져오는 다산의 신이기 때문에 받침대 역할을 하는 송아지 등 위에 서 있는 모습으로 묘사되기도 한다. 송아지라는 물체는 바알을 표상하기 때문에 바알의 '형상' 또는 '모양'인 셈이다. 형상은 신의 능력을 인정하고 신의 임재를 구하는 기능을 한다. 그런 물체들은 이스라엘에게 절대적으로 금지되었다. 하나님을 표상할 수 있는 유일한 형태나 모양은 그분이 창조하신 존재, 즉 살아 있는 인간뿐이다. 시내산에서 이스라엘은 "제사장 나라"가 될 것이라고 선언되었다(출 19:6). 창조주를 나타내기 위해 어떤 물체를 만드는 것은 하나님께서 그분의 백성에게 주신 기능을 무너뜨리는 일이다. 지상에서 이루어지는 하나님의 통치는 성막(또는 성전)에 표현되었다. 그러나 하나님의 전과 그에 수반되는 모든 의례를 묘사한 것을 보면, 하나님의 성품과 임재를 그 어떤 물체가 표현할 수 있는 것보다 훨씬 복합적으로 인정하고 있음을 알 수 있다. 그래서 우상이 혐오스러운 것이다.

시내산의 하나님은 다름 아니라 "질투하는 하나님"이시다. 이것은 시기보다는 모욕의 가능성을 내포하는 표현이다. 이스라엘은 대놓고 하나님을 부인하고 싶지는 않을 것이다. 다만 "[하나님] 앞에 다른 신들"을 둘 위험이 있었다. 언약의 하나님을 거스르고 다른 신들을 두는 것이다. 여호와의 통치는 절대적 성격을 띠므로 그런 신은 그분의 반대편에 설 수밖에 없다. 하나님과 더불어 다른 어떤 권세를 추종할 여지는 없다. 구속받은 백성을 위하는 다른 권세가 존재할 수 있다는 생각 자체가 모욕적이며 하나님의 질투를 불러일으킨다. 그런 타협은 죄지은 당사자에게만 영향을 미치지 않는다. 죄는 항상 죄인과 관련된 사람들, 특히 직계 가족에게 영향을 주고, 그 여파가 집안의 3-4대에 이를 수 있다. 반대로, 한 사람이 생명을 주시는 창조주에게 충성했을 때, 그 유익이 가족에게 돌아간다. 사법적으로 모세의 율법은 엄격히 죄지은 당사자에게만 책임을 묻겠지만, 언약백성의 삶은 독립된 개인의 문제가 결코 아니다. 한 개인에 대한 하나님의 심판은 공동체 전체에 영향을 준다. 범죄자의 가족이 가장 직접적인 영향을 받을 것이다.

5:11 세 번째 말씀은 거짓 맹세를 금한다. '이름을 일컫는다'는 것은 하나님의 이름을 입에 올린다는 뜻이다(시 16:4). "네 하나님 여호와의 이름을 망령되이" 입에 올린다는 것은 거짓으로 맹세하는 것을 말한다. 호세아는 이스라엘의 "저주와 속임과 살인과 도둑질과 간음" 등 신실하지 못함을 들어 그들을 정죄한다(호 4:2). 호세아서의 이 언급은 히브리어 알로 웨카헤쉬('aloh wekahesh, '저주하는 것과 거짓말하는 것')를 사용한다. 예레미야는 "너희

가 도둑질하며 살인하며 간음하며 거짓 맹세[하겠는지]" 묻는다(렘 7:9). 거짓[쉐케르(*sheqer*)] 맹세한다는 것은 망령되게[샤웨(*shawe'*)] 이름을 부르는 것과 같다.

언약을 받아들이는 것은 맹세로 끝난다. 시내산 기슭에서 모세가 "언약서를 가져다가 백성에게 낭독하여 듣게"(출 24:7) 했다. 그런 다음 "언약의 피"(출 24:8)를 백성에게 뿌렸다. 7세기에 이르러 요시야가 "여호와 앞에서 언약을 세[울]" 때 백성에게 "언약책의 모든 말씀"을 읽고 이 언약을 갱신할 것이다(왕하 23:2-3).[29] 아사왕이 온 유다 백성과 함께 언약을 갱신했을 때, 그들은 마음을 다해 여호와를 찾았기 때문에 "이 맹세를 기뻐[했다]"(대하 15:14-15). 세 번째 말씀은 오직 여호와만이 이스라엘의 하나님이라는 고백 뒤에 자연스럽게 이어진다.

성전 전례에서 시편 저자는 "여호와의 산"에 오를 자가 누군지 묻는다(시 24:3). 응답인즉 자신의 삶을 허탄한(샤웨) 데 두지 않은 청결한 마음을 가진 사람, "거짓 맹세하지 아니하는" 사람만 올라갈 수 있다(시 24:4). 이 시편에서 세 번째 말씀이 성전 의례에 적용되었다. 예배는 언약에 충성하기로 주님께 맹세한 것에 충실하기를 요구한다.

5:12-15 안식일 준수는 언약에 대한 충성을 고백하는 일이다. 안식일의 표징적 의미는 출애굽기 31:12-17에 설명되어 있다. 시내산에서 성막의 기능과 제사장의 의식에 대한 가르침을 마무리하는 대목이다. 안식일은 "나는 너희를 거룩하게 하는 여호와"(출 31:13)인 줄 알게 하는 표징이다. 그 산에서 주님은 이스라엘을 "모든 민족 중에서 내 소유가 되[게]" 하려고, "제사장 나라가 되며 거룩한 백성이 되[게]" 하려고 그들과 언약을 맺으셨다(출 19:5-6). 안식일은 언약의 표징으로 이스라엘이 모든 민족을 대표하여 제사장 나라로 하나님 앞에서 구별되었음을 입증한다. 그들은 제

---

29 언약의 '서판'[세페르(*sepher*)]이란 용어는 여호와께 충성을 맹세하는 이 문맥에만 나온다. 세페르는 욥기 19:23에 보듯, 표면이나 기념비에 쓴 것을 가리키는 옛 의미일 수도 있다. 따라서 두 돌판을 가리키기에 적절하다.

사장으로서 다른 모든 민족에게 하나님의 통치를 나타낸다는 점에서 거룩하다. 안식일은 모든 시대에 언약 백성의 표징이 되어야 한다.

안식일은 준수와 관련해 항상 논란이 있었다. 민수기 15:32-36에는 나무하던 한 남자가 모세와 아론 앞에 끌려온 사례가 나온다. 토라는 구체적으로 안식일에 불 피우는 일은 금하지만(출 35:2-3) 나무하는 것은 금하지 않는다. 안식일에 어떻게 해야 할지 분명하지 않았기 때문에 그 남자는 구금된 것이다. 문제는 행위 자체가 언약을 위반했는지 여부보다 어떤 처벌을 하느냐에 있는 듯하다. 하나님께서 정하신 형벌에 따르면, 이 사례는 출애굽기 16:27-29에 나오는 만나 모으기에 비춰볼 때 언약 맹세를 무시한 행위에 해당한다. 생명에 필요한 양식 모으는 일을 일곱째 날에 해서는 안 된다면, 만나를 삶는(민 11:8) 데 땔감으로 쓰려고 나무하는 일도 마찬가지로 일곱째 날에 해서는 안 된다. 안식일 관련 형벌 규정은 성막을 짓는 정황 속에서 주어진다(출 31:14; 35:2-3). 추론하자면, 아무리 성막을 짓는 일이라 해도 거룩한 안식일 준수를 방해할 수 없다는 것이다. 안식일 준수가 그 어떤 의무보다 신성한 것은, 그것이 하나님을 신뢰하고 언약 맹세에 신실함을 입증하기 때문이다.

안식일 준수라는 신성한 의무에 높은 가치를 둔 것을 감안하면, 그에 관한 규정이 하나도 나오지 않는다는 점이 놀랍다. 무엇이 금지된 노동에 들어가는지에 대한 규정도 제공되지 않는다. 토라는 안식일에 해서는 안 되는 몇 가지 일을 언급한다. 양식을 구하러 처소 나서기(출 16:29), 농사하기(34:21), 불 피우기(35:3), 나무하기(35:3) 등이 해당한다. 랍비들은 성막을 세우는 것과 관련된 일체의 일들이 안식일에 금지되었다고 추론했다. 출애굽기 25:1-31:11에 나오는 성막 건축 지침이 출애굽기 31:12-17에서 안식일이라는 표징으로 마무리되기 때문이다. 안식일에 금지된 노동 행위는 40개의 범주에서 하나를 뺀 것이었다(미쉬나, 샤바트 7:2). 하지만 예수님은 십계명의 네 번째 말씀을 정확히 해석하신다. "안식일이 사람을 위하여 있는 것이요 사람이 안식일을 위하여 있는 것이 아니니"(막 2:27). 다른 계명들과 마찬가지로 이 계명을 어떻게 지킬지는 시기와 상황에 따라 좌우

된다. 일은 이스라엘이 이집트에서 견뎌야 했던 노역으로 창조되지 않았다. 안식일에 구속을 고백하는 것은 일곱째 날에 인생의 수고를 내려놓도록 요구한다.

5:16 부모 공경은 하나님과의 관계에 대한 확인과 공동체 내 관계를 지배하는 가치 사이를 잇는 연결고리 역할을 한다. 공동체 내 관계는 하나님과의 관계에 달려 있다. 처음 네 개의 말씀에서 명시하듯, 오직 창조주에게 충성하지 않는다면 창조세계에서 온전한 관계를 유지해야 한다는 요건은 무의미해진다. 언약의 하나님이 지닌 권위는 "세계가 다 내게 속하였나니"(출 19:5)라는 그분의 진실한 주장에 근거한다. 그 진실성은 하나님께서 어떻게 이스라엘을 이집트에서 구해내셨는지 보면 알 수 있다. "내가 어떻게 독수리 날개로 너희를 업어 내게로 인도하였음을 너희가 보았느니라"(출 19:4). 모든 민족의 하나님은 아버지와 어머니를 통해 인간에게 생명을 주신다. 부모는 생명을 주신 하나님의 가치를 지켜야 한다. 자녀는 부모로부터 생명을 선물로 받는다. 아버지와 어머니는 인간의 모든 권위 위에 있는 권위의 지배를 받기 때문에, 자녀들에게 존경받을 권위를 갖는다.

레위기 19:2-3은 다음 세 개의 계명을 한데 묶어놓는다. "너희는 거룩하라 이는 나 여호와 너희 하나님이 거룩함이니라 너희 각 사람은 부모를 경외하고 나의 안식일을 지키라." 하나님을 존중하는 수단으로 안식일을 준수하는 것은 부모를 공경하는 것과 같다. 이사야 58:13-14은 안식일을 존귀하게 여기라[카바드(kabad)]고 촉구한다. 레위기는 각 사람에게 자기 부모를 존경하라[야라(yara')]고 명하는 한편, 신명기는 부모를 공경하라(카바드)고 명한다. 야라는 부모의 말을 거스르거나 그 자리를 차지하는 것을 금하는 반면, 카바드는 부모의 의식주를 돌본다는 의미를 갖는다.

부모를 돌보면 이 땅에서 장수하는 보상을 받는다. 재산은 가족생활의 기본이다. 토라는 가족이 빚이 있거나 사망한 상황에서도 재산을 영구적으로 보유할 수 있도록 규정한다. 자녀가 재산을 상속받을 권리와 능력은 그 가족의 온전한 상태에 달려 있다. 물론 언약을 지키는 일이 이 땅에서 장수하는 데 필요하지만(4:40), 이 약속은 특히 부모를 공경하라는 명령과 관련이 있다. 미래 세대가 부모의 땅을 물려받을 권리는 그 세대가 부모를 공경하는 데 달려 있다.

5:17 "살인"은 여섯 번째 말씀에 나오는 히브리어 라차흐(ratsakh)를 정확히 번역한 것으로, 여기에는 모든 유형의 살인 행위가 포함된다. 동사 라차흐는 고의적이지 않은 살인을 저지르고 도피성에서 보호받는 사람을 가리킬 때 사용된다(19:4). 우발적인 행동은 어쩔 수 없다지만 그래도 살인에 해당한다. 민수기 35:27은 피를 보복하는 자가 도피성 밖에서 "살인자"를 정당하게 죽이는 것을 가리킬 때 라차흐를 사용한다. 아울러 민수기 35:30은 살인자는 증인들의 말을 따라 죽이라고(라차흐) 말한다. 잠언 22:13은 게으른 사람이 핑계 대기를 사자가 밖에 있으니 거리에 나가면 찢겨 죽는다(라차흐)고 말할 때 이 단어를 사용한다. 다른 모든 경우는 법적 맥락에서 사용되며 '살인'이나 '살인자'라는 뜻을 갖는다. 영어에서도 kill 이라는 포괄적인 단어는 보통 "아무도 그 살인을 목격하지 못했다" 또는 "그들이 살인자를 찾아냈다"와 같이 범죄 행위와 관련된 경우에 쓰인다. 이 동사는 더 넓은 의미를 가지고 있지만, 구문에 따라 그 의미가 보다 정교하고 구체적인 뜻에 국한되기도 한다.[30] 이 말씀의 목적은 누군가 도모한 공격으로부터 인간의 생명을 보호하는 데 있다. 이 금지 규정은 처형이나 전쟁 중 사망에는 적용되지 않는다. 이는 다른 종류의 살인이다.

5:18 간음은 다른 남자의 아내 또는 약혼한 여자와 성관계를 맺어 혼인 언약을 위반하는 행위다. 유부남이 신부의 몸값을 치르기 전에 결혼하지 않은 여자와 관계를 맺으면 지참금을 지불하고 그녀와 결혼할 의무가 있다(출 22:16-17). 이 경우 여자 편에서 먼저 동의해야 한다. 여자가 동의하더

---

30 명사구에서 뜻이 구체적으로 제한된다. 예컨대 'the painting'(채색)은 미술 작업을 가리키지 집에 페인트칠하는 행위를 가리키지 않는다.

라도 결코 강요당해서는 안 된다. 여자의 아버지가 결혼에 동의하지 않는다면, 그녀는 재정적 손실 없이 다시 자유롭게 결혼할 수 있다.

간음 금지는 가족을 보호하기 위한 것이다. 가족의 온전함은 언약 공동체 전체의 안녕에 매우 중요하다. 가족의 신성함을 침해하는 일은 사형에 처할 정도로 중대한 범죄다(신 22:22). 안정된 가족은 경제적 안녕을 위한 재산의 지속적인 소유에 더해 자녀들의 안전과 교육을 제공한다.

5:19 가장 심각한 형태의 도둑질은 납치와 인신매매이며 이는 사형에 처할 수 있는 범죄다(출 21:16). 도둑맞은 재산은 충분히 배상받아야 하는데, 여기에는 손해 보상도 포함된다(출 22:1-4, 7-9). 재산은 살아가는 데 필수적이므로 도둑맞은 재산을 충분히 배상받지 못하는 것을 정의라고 할 수 없다.

5:20 말이 관계를 좌우한다. 아모스가 이스라엘의 죄와 관련해 이스라엘에게 불리한 증언을 한 것처럼(암 3:13) 때로는 상대방에게 불리한 증언을 할 수 있다. 신명기는 이를 독특하게 표현한다. 그런 증언은 헛되면(샤웨) 안 된다는 것이다. 같은 단어가 맹세와 관련해 사용된다(신 5:11). 맹세의 경우 샤웨는 '무효가 된다'는 뜻을 갖는다. 여기서도 거짓 증언을 진실 회피로 정의한다면 이 단어는 같은 의미를 가질 수 있다. 그러나 이 금지 규정은 레위기 19:11의 어휘에서 분명히 나오듯, 일차적으로 다른 사람에게 거짓말하는 것을 반대한다. 이 구절에서는 '거짓말'에 해당하는 두 단어[테카하슈(tekahashu), 테샤케루(teshaqeru)]를 사용해 금지 규정을 되풀이하고 있다. 이스라엘 백성은 서로를 대할 때 속이거나 거짓말을 해서는 안 된다.

5:21 열 번째 말씀이 남의 것에 대한 욕심 자체를 금하는지, 아니면 그런 욕심을 채우려고 취하는 행동만 금하는지를 놓고 학자들 간에 이견이 있다. 이 말씀은 적어도 그런 행동을 염두에 두고 있는 것이 틀림없다. 신명기에 나오는 열 번째 말씀은 두 가지 중요한 측면에서 출애굽기의 것과 다

르다. 별개의 문장에 두 개의 다른 동사를 사용하여 이웃의 아내를 탐내는 것을 다른 모든 욕망과 구별한다. 두 번째 동사[아와(*'awwah*)]는 '갈망하다'라는 뜻이 있어, 어떤 행동을 취하건 취하지 않건 탐내는 것 자체가 위반임을 시사한다. 신명기의 절(節) 순서는 다른 가정의 아내를 먼저 거론한다는 점에서 출애굽기와 크게 다르다. 이어서 집이 밭이나 다른 재산과 나란히 탐내는 대상으로 거론된다. 신명기에서 "집"은 가정이라기보다 거처라는 제한된 의미를 갖는다. 이러한 차이는 여자들이 집안 내에서 존중받는 자리를 보장하는 데 중요하다.

창세기 3:16에 나오듯, 남자는 언제나 여자를 억압하는 경향이 있다. 모세는 권위의 근원이 이스라엘을 종살이하던 집에서 이끌어내신 주님께 있다고 선언하며 십계명을 시작한다(신 5:6). 아내를 집의 일부로 포함시키면 남편은 바로가 이스라엘 사람들의 가정에 행사했던 것처럼 아내를 속박할 권한을 가질 수 있다. 이집트로부터의 구속은 모든 이스라엘 사람들을 이집트 유형의 종살이에서 구해내야 한다.

탐내는 것은 순전히 마음에서 일어나는 일일 수도 있고 구체적으로 드러난 행동을 가리킬 수도 있다. 출애굽기 34:24은 이웃이 매년 세 번씩 중앙의 예배 장소로 갈 때 그의 밭을 점령하려 들지 말라고 경고한다. 다른 사람의 재산을 취하려는 움직임이란 본래의 경계표를 옮기는 행동을 가리킬 것이다(신 19:14). 하지만 열 번째 말씀은 단순히 다른 사람의 재산을 취하려는 책략의 실행이나 의도적인 행동을 금할 뿐 아니라 그런 계획을 세우거나 구상하는 것조차 금한다.

5장

〰〰〰 응답 〰〰〰

살인, 간음, 도둑질 등을 금지하는 규정의 순서는 전승마다 다르다. 마소라 본문의 순서는 논리적인 진행을 표명한다. 생명의 가치는 포스트모더니즘이 거대담론이라 부르는 것, 말하자면 지식을 인증하는 데 사용되는 철학인 정당성 담론으로 시작된다.[31] 그리스도인의 신앙고백은 시내산에 나타나신 여호와를 확언하는 데서 시작한다. 그 토대는 이스라엘이 하나님의 말씀을 받은 경험에 있지 합리주의에서 파생된 정당성에 있지 않다. 합리주의는 이성이 그 자체를 정당화하는 하나의 방식일 뿐이다. 하나님은 자신이 창조한 사람들과의 상호작용을 통해 알려진 여호와시다. 인간의 생명은 하나님께서 주신 선물에 그치지 않는다. 인간은 하나님께서 자기를 나타내도록 지정하신 존재다. 그러므로 인간의 생명은 하나님께서 창조하신 다른 모든 생명과 달리 특별한 보호를 받아야 한다(창 9:6). 살인은 하나님의 근본적인 뜻을 위반하는 행위다. 그다음으로 인간의 생명을 지속시킨다는 맥락에서 결혼을 보호하기 위한 간음 금지가 뒤따른다. 도둑질은 일생의 과업을 상징하는 재산을 침해하는 행위다. 속이는 말은 생명을 해치는 범죄이며, 출애굽기 22:6-8에 나오듯 종종 재산을 두고 거짓 주장을 하는 형태를 띤다. 탐내는 것은 명시적으로 행동하지 않아도 의도만으로 생명을 침해하는 것이다. 열 번째 말씀은 모든 생명 가치의 근원인 마음을 다룬다.

여호와를 창조주요 구속주로 고백하는 일은 안식일을 통해 공개적, 정기적으로 이루어진다. 이사야 56:1-2은 이런 신앙의 기본적 특징을 이렇

---

31 참고. Jean-Francois Lyotard, *The Postmodern Condition: A Report on Knowledge*, trans. Geoff Bennington and Brian Massumi, THL 10 (Minneapolis: University of Minnesota Press, 1984). Originally published as *La Condition postmoderne: rapport sur le savoir* (Paris: Minuit, 1974). '포스트모더니즘'이란 용어는 리오타르 같은 철학자들로 시작된다. 리오타르는 퀘벡 주정부의 대학위원회에 제출한 보고서에서 정당성 문제를 다루었다. 아주 간단히 말해, 포스트모더니즘을 거대담론에 대한 회의(懷疑)로 정의했다고 할 수 있다.

게 표현한다. 다음 시구들이 극적 효과를 내고 있다.

"너희는 공평을 지키며 공의를 행하여라.
나의 구원이 가까이 왔고,
나의 의가 곧 나타날 것이다."
공평을 지키고
공의를 철저히 지키는 사람은 복이 있다.
안식일을 지켜서 더럽히지 않는 사람,
그 어떤 악행에도 손을 대지 않는 사람은 복이 있다(새번역).

히브리어로 '공의'[체데카(tsedeqah)]는 구해냄, 즉 선행을 하는 것이다. 이는 아브라함이 믿었을 때 하나님께서 그에게 하신 일을 반영한다(창 15:6). 그 일은 하나님께서 그의 세상에 가져오실 구원이다.

안식일은 언제나 하나님의 구속하심에 대한 증거다. 출애굽기는 하나님께서 엿새 동안 하늘과 땅을 만들고 "일곱째 날에 쉬었[기]"(출 20:11) 때문이라고 안식일의 이유를 밝힌다. 이 구절은 창세기 2:1-3의 안식일을 언급하며, 여기서 하나님의 안식은 모든 것이 질서 있고 평화로움을 보여준다. 이것이 하나님께서 창조하시는 세계다. 창세기의 창조 이야기는 신화적 요소를 제거한 내러티브로, 나머지 다른 창조 이야기에 나오는 전투 모티브를 찾아볼 수 없다. 그 대신 창세기는 하나님께서 그분의 작품을 질서 정연하게 만들어 모든 것이 평화롭고 갈등이 전혀 없게 하시는 이야기를 들려준다. 출애굽기의 안식일은 이와 같은 하나님의 안식을 증거한다. 하지만 신명기는 이스라엘이 이집트에서 종이었던 것과 하나님께서 "강한 손과 편 팔로" 그들을 구해내셨다는 것을 안식일에 기억해야 한다고 말한다(5:15). 하나님은 약속의 땅에서 거룩한 백성들에게 창조의 평화를 주기 위해 일하셨고, 그들은 그곳에서 안식을 찾을 것이다(수 21:43-45).

시편 95편은 첫 번째 세대가 약속의 땅에서 누릴 안식에 들어가는 데 걸림돌이 되었던 광야의 반역을 상기시킨다. 그러나 이 시편은 오늘날 사람들이 광야 세대처럼 되지 말고 그 안식에 들어가기 위해 하나님의 음성을 들으라고(순종하라고) 촉구한다. 히브리서 저자는 그리스도인에게 적용하려고 이 시편을 길게 인용한다(히 3:7-11). 이스라엘에게 약속하고 안식일을 그 표징으로 삼는 안식은 그리스도의 구속 안에서 찾을 수 있다. "그런즉 안식할 때가 하나님의 백성에게 남아 있도다 이미 그의 안식에 들어간 자는 하나님이 자기의 일을 쉬심과 같이 그도 자기의 일을 쉬느니라"(히 4:9-10). 히브리서 저자는 원점으로 돌아가 안식일을 창세기 2:1-3으로 가져간다. 그리스도의 구속은 하나님께서 세계를 만드신 목적을 달성하고, 그리스도 안에 있는 자들이 그 안식을 누리도록 한다. 그러므로 안식일은 과거의 이스라엘에게나, 오늘의 그리스도인에게나 같은 의미를 지닌다.

안식일은 고대 세계에서 이스라엘에만 있는 고유한 것이다.[32] 이는 놀라운 일이다. 메소포타미아 세계 전역에서는 달의 위상과 태양 주기의 정확한 계산에 근거해 주간과 계절로 지키는 7일 시간 단위가 알려져 있기 때문이다. 주전 747년에 이르러 바벨론의 점성술사들은 235태음월이 19태양년과 같은 일수라는 사실을 알았다. 그러나 안식일 주기는 천체의 움직임과는 완전히 별개다. 안식일의 목적은 신앙고백의 성격을 띤다. 하나님은 자연 밖에 계시고 자연을 다스리는 주권자시라는 고백이다. 더욱이 하나님은 세계가 그분의 창조 목적에 순응하도록 세계를 구속하는 일을 하고 계신다. 신약에서는 그리스도인들이 부활의 날에 이 고백을 하기 시작했다. 이것이 바로 그리스도의 구속에 대한 그들의 신앙고백이다.

---

32 안식일 논의는 다음 책을 참고하라. Nahum M. Sarna, *Exodus*, JPSTC (Philadelphia: Jewish Publication Society, 1991), 111.

5:22 여호와께서 이 모든 말씀을 산 위 불 가운데, 구름 가운데, 흑암 가운데에서 큰 음성으로 너희 총회에 이르신 후에 더 말씀하지 아니하시고 그것을 두 돌판에 써서 내게 주셨느니라 23 산이 불에 타며 캄캄한 가운데에서 나오는 그 소리를 너희가 듣고 너희 지파의 수령과 장로들이 내게 나아와 24 말하되 우리 하나님 여호와께서 그의 영광과 위엄을 우리에게 보이시매 불 가운데에서 나오는 음성을 우리가 들었고 하나님이 사람과 말씀하시되 그 사람이 생존하는 것을 오늘 우리가 보았나이다 25 이제 우리가 죽을 까닭이 무엇이니이까 이 큰 불이 우리를 삼킬 것이요 만일 우리가 우리 하나님 여호와의 음성을 다시 들으면 죽을 것이라 26 육신을 가진 자로서 우리처럼 살아 계시는 하나님의 음성이 불 가운데에서 발함을 듣고 생존한 자가 누구니이까 27 당신은 가까이 나아가서 우리 하나님 여호와께서 하시는 말씀을 다 듣고 우리 하나님 여호와께서 당신에게 이르시는 것을 다 우리에게 전하소서 우리가 듣고 행하겠나이다 하였느니라

5:22 "These words the Lord spoke to all your assembly at the mountain out of the midst of the fire, the cloud, and the thick darkness, with a loud voice; and he added no more. And he wrote them on two tablets of stone and gave them to me. 23 And as soon as you heard the voice out of the midst of the darkness, while the mountain was burning with fire, you came near to me, all the heads of your tribes, and your elders. 24 And you said, 'Behold, the Lord our God has shown us his glory and greatness, and we have heard his voice out of the midst of the fire. This day we have seen God speak with man, and man still live. 25 Now therefore why should we die? For this great fire will consume us. If we hear the voice of the Lord our God any more, we shall die. 26 For who is there of all flesh, that has heard the voice of the living God speaking out of the midst of fire as we have, and has still lived? 27 Go near and hear all that the Lord our God will say, and speak to us all that the Lord our God will speak to you, and we will hear and do it.'

28 여호와께서 너희가 내게 말할 때에 너희가 말하는 소리를 들으신지라 여호와께서 내게 이르시되 이 백성이 네게 말하는 그 말소리를 내가 들은즉 그 말이 다 옳도다 29 다만 그들이 항상 이 같은 마음을 품어 나를 경외하며 내 모든 명령을 지켜서 그들과 그 자손이 영원히 복 받기를 원하노라 30 가서 그들에게 각기 장막으로 돌아가라 이르고 31 너는 여기 내 곁에 서 있으라 내가 모든 명령과 규례와 법도를 네게 이르리니 너는 그것을 그들에게 가르쳐서 내가 그들에게 기업으로 주는 땅에서 그들에게 이것을 행하게 하라 하셨나니 32 그런즉 너희 하나님 여호와께서 너희에게 명령하신 대로 너희는 삼가 행하여 좌로나 우로나 치우치지 말고 33 너희 하나님 여호와께서 너희에게 명령하신 모든 도를 행하라 그리하면 너희가 살 것이요 복이 너희에게 있을 것이며 너희가 차지한 땅에서 너희의 날이 길리라

28 "And the Lord heard your words, when you spoke to me. And the

Lord said to me, 'I have heard the words of this people, which they have spoken to you. They are right in all that they have spoken. 29 Oh that they had such a heart as this always, to fear me and to keep all my commandments, that it might go well with them and with their descendants[1] forever! 30 Go and say to them, "Return to your tents." 31 But you, stand here by me, and I will tell you the whole commandment and the statutes and the rules that you shall teach them, that they may do them in the land that I am giving them to possess.' 32 You shall be careful therefore to do as the Lord your God has commanded you. You shall not turn aside to the right hand or to the left. 33 You shall walk in all the way that the Lord your God has commanded you, that you may live, and that it may go well with you, and that you may live long in the land that you shall possess.

6:1 이는 곧 너희의 하나님 여호와께서 너희에게 가르치라고 명하신 명령과 규례와 법도라 너희가 건너가서 차지할 땅에서 행할 것이니 2 곧 너와 네 아들과 네 손자들이 평생에 네 하나님 여호와를 경외하며 내가 너희에게 명한 그 모든 규례와 명령을 지키게 하기 위한 것이며 또 네 날을 장구하게 하기 위한 것이라 3 이스라엘아 듣고 삼가 그 것을 행하라 그리하면 네가 복을 받고 네 조상들의 하나님 여호와께서 네게 허락하심같이 젖과 꿀이 흐르는 땅에서 네가 크게 번성하리라

6:1 "Now this is the commandment—the statutes and the rules[2]—that Lord your God commanded me to teach you, that you may do them in the land to which you are going over, to possess it, 2 that you may fear the Lord your God, you and your son and your son's son, by keeping all his statutes and his commandments, which I command you, all the days of your life, and that your days may be long. 3 Hear therefore, O

Israel, and be careful to do them, that it may go well with you, and that you may multiply greatly, as the Lord, the God of your fathers, has promised you, in a land flowing with milk and honey."

1 Or *sons* 2 Or *just decrees*; also verse 20

～～～ 단락 개관 ～～～

주님을 경외하라

이 프롤로그는 신명기의 핵심 요건, 즉 이스라엘은 주님을 경외해야 한다는 내용을 밝힌다. 하나님의 음성을 듣는 경험은 거룩한 분과의 만남이어서 두려움을 낳았다. 이스라엘은 하나님의 음성을 듣고도 살아남았으나(5:26) 그 경험은 계속될 수 없었다. 이런 생각이 출애굽기 20:20에도 비슷하게 표현된다. "하나님이 임하심은 너희를 시험하고 너희로 경외하여 범죄하지 않게 하려 하심이니라." 그들은 공포와 두려움에 휩싸여 사색이 되었는데, 이는 하나님께서 그분의 백성을 위해 권능을 펼쳤을 때 열방이 보였던 바로 그 반응이었다(2:25).

하지만 신명기에 나오는 모세의 권면은 출애굽기 20:20의 개념을 다르게 표현한다. 하나님을 경외하는 마음이 있다면 백성들은 언제나 그분의 명령을 지킬 것이다(신 5:29). 주님을 경외하는 마음과 얼굴에 드러난 두려움을 동일시해서는 안 된다. 경외하는 마음은 실패를 두려워하는 내적 헌신인 반면, 얼굴에 드러난 두려움은 외부 상황으로 인해 촉발된 공포이기 때문이다. 후자는 기억해야 하는 경험이고, 전자는 배워서 익혀야 하는 것이다. 시내산에서 하나님을 만난 사람들의 얼굴에는 죽음에 대한 두려움이 드러났다(25절). 그런 경험을 통해 그들은 주님을 경외하는 마음을 갖게 되어야 한다. 하나님께서 명령하신 모든 것을 행하려는 열망을 품고 계속 해서 하나님을 경외하는 마음가짐이다.

약속의 땅 입구인 벳브올 맞은편 골짜기에 머무는 동안, 모세가 이스라 엘에게 하나님의 길을 가르치는 목적은 그들이 주님을 경외하고 언약 요 건을 지키게 하려는 것이다(6:2). 하나님께서 조상들에게 약속하신 대로 이 스라엘은 위대하고 번영한 나라가 될 기회를 가지고 있다. 그러나 그 약속 은 언약 관계의 가르침대로 사는 법을 배우는 데 달려 있다. 언약에 충실 함은 그들에게 땅을 주신 하나님과의 관계에, 그리고 공동체 내의 온전한 삶에 필수적이다. 그래야 그 땅에서 오래 살 수 있다. 시내산 기슭에서 백 성들이 주님께 품었던 경외심을 이제 새로운 세대가 품어야 한다. 이것이 신명기에서 배울 영적 가치다. 오직 주님을 경외할 때 우리는 안전하게 살 수 있다.

〰〰〰 **단락 개요** 〰〰〰

II. 모세의 두 번째 연설(4:44-29:1)
　B. 이 토라의 프롤로그(5:1-11:32)
　　2. 언약에 대한 묵상(5:22-6:3)
　　　a. 호렙에서 임한 무서운 계시(5:22-27)
　　　b. 모세가 중재자로 임명됨(5:28-33)
　　　c. 언약의 복을 받는 조건(6:1-3)

주석

5:22 돌에 새긴 글은 영구적으로 보존할 수 있다. 고대 세계에서는 왕실의 기록, 경계표, 조약 등을 돌에 새겼다. 이런 석판들은 더 작은 석판에 지금도 남아 있는 칙령들과 매우 비슷한 외양이었을 것이다. 가로세로 약 40센티미터 정사각형 양면에 새겨진 두 돌판에 신명기에 나오는 십계명 189개의 단어가 담겼을 것이다.

5:23-27 산에서 이루어진 하나님의 현현은 살아 계신 하나님의 장엄한 존재를 드러냈다. 다른 신들은 생명 없는 형상을 통해 인간을 만났지만, 주님의 영광은 산꼭대기에서 맹렬한 불로 이스라엘 백성에게 나타났다(출 24:17). 이런 방식으로 하나님의 말씀을 듣고 살아남은 사람은 없었다. 모세는 백성들이 기꺼이 순종할 언약의 말씀을 그들에게 전달하는 중재자가 되라는 권유를 받았다.

5:28-31 백성들은 모세에게 명령과 규례와 법도를 받으라고 요청했고, 하나님은 이를 승인하셨다. 이러한 요소들은 신앙 공동체의 일원이 되기 위한 조건이 명시된 십계명을 따라 사는 데 필요한 지식을 제공한다. 십계명을 들은 경험은 그 가치에 따라 살 수 있는 요건을 제시한다. 인간은 언약에 순종하는 데 필요한 방향으로 기울지 않을 선택의 자유가 있다는 것이 성경의 기본 전제다. 산에서 하나님의 현현을 경험할 때 든 경외심을 간직한다면, 그들은 하나님께서 주신 땅에서 풍요롭게 살 수 있을 것이다. 언약 관계가 확고하다는 점에서 그런 두려움은 공포가 아니다.

5:32-33 산에서 계시된 요건 중 어느 하나라도 위반해 언약 관계를 타협하는 일이란 있을 수 없다. 그 요건들은 분명 하나님에게서 나온 것으로, 약속의 땅에서 샬롬을 누리는 데 필요한 선행 조건이다.

6:1-3 이스라엘은 "모든 명령"[미츠바(*mitzvah*), 5:31]을 배워야 한다. 이는 모세가 맡은 중재자의 역할을 묘사할 때 나온 진술이다(예. 8:1). "명령"은 이곳을 포함해 여러 구절에서 충성 요구를 표현하는 말로 나온다(7:11; 8:1; 11:8, 22; 30:11). 이 용어는 고대 세계의 여러 조약에 나오는 충성 요구와 일치한다. 예레미야 32:11에 나오는 매매 증서의 기본적인 두 부분, "법[함미츠바(*hammitsvah*)]과 규례[하훅킴(*hahuqqim*)]"로 번역된 것과는 차이가 날 수 있다. 계약 용어에서 이것은 기본 규정과 명시된 조건의 요약을 말한다.

신명기는 하나님께서 이스라엘을 부르고 구속하신 사건에 관한 마지막 말씀이지만, 약속의 땅에서 백성이 살아갈 삶을 준비시키는 문서로 기록되었다. 모세는 이제 이스라엘이 장차 요단을 건너갈 미래를 내다본다. 그는 그들이 하나님을 경외하며 언약 아래서 풍요로운 삶을 누리기를 바라며 가르침을 주고 있다. 주님을 경외함은 그 땅에 사는 백성의 삶을 평가하는 기준이다. 선지자들이 이스라엘에게 설파한 메시지를 보면 시종일관 이 진리를 발견할 수 있다. 길갈에서 여호와의 사자가 올라와 이스라엘이 여호와와 맺은 언약을 깼다고 고발한다(삿 2:1-5). 그들은 그 땅의 민족과 조약을 맺으면 안 된다는 금지 사항을 무시했다. 그런즉 주님이 그 족속들을 내쫓지 않을 것이고, 그들의 신들이 이스라엘에게 올무가 될 것이다. 이 말을 들은 백성들은 큰소리로 울고 제사를 드렸다. 아직 다른 신들을 의지하지는 않았지만 그들은 그 명령을 지키는 데 실패한 것이다.

이스라엘이 미디안의 침입을 받았을 때, 무명의 선지자가 일어나 그들에게 주님보다 아모리 사람의 신들을 더 두려워하지 말라고 경고한다(삿 6:7-10). 예레미야는 이스라엘의 실패 이후 앞으로 그들을 향한 하나님의 목적을 표현할 때 신명기 5:28의 언어를 사용한다. "내가 그들에게 한 마음과 한 길을 주어…항상 나를 경외하게 하고 내가 그들에게 복을 주기 위하여 그들을 떠나지 아니하리라 하는 영원한 언약을 그들에게 세우고"(렘 32:39-40). 주님을 경외함은 하나의 사고방식이요 마음의 태도로, 대대로 배워야 할 일이다. 그저 기억하는 데서 그치지 않고 겸손과 순종으로 반응하는 것이다.

～～～～ 응답 ～～～～

십계명은 더 큰 토라와 나머지 모든 계시와 구별되는 일곱 가지 중요한 특징이 있다. 십계명은 이스라엘이 시내산에서 하나님의 영광을 목격하고 그분에게 직접 받은 유일한 계시다(5:24). 애초에 그 말씀은 들리기는 했으나 처음부터 하나님께서 친히 쓰신 것이기도 하다(출 31:18; 신 10:1-5). 이 말씀은 근본적인 가치로 주어졌다. 따라서 결코 규율로 축소하거나 타협거리로 삼아서는 안 된다. 이 가치는 이 세상에서 살아가는 인간의 삶을 지배한다. 그러므로 그 진리는 모든 시대 모든 사람에게 적용된다. 이런 가치를 무시하면 인간 사회에 무질서와 자기파멸을 초래하게 된다. 이 말씀은 하나님께서 기록하셨으나 인간의 책임이 된다. 십계명은 잘 보존하여 각 세대마다 전수해야 할 가르침이다. 바울이 설명했듯, 이 말씀은 사랑이 의미하는 바를 설명한다(롬 13:8-10). 모든 관계를 지배하는 태도를 요약한다. 하나님의 형상을 지닌 사람들이 져야 할 유일한 빚은 다른 사람을 사랑하는 것이고, 이 빚은 결코 사라지지 않는다. 오직 이 말씀만 보편적이며 영원하다. 다른 모든 규정은 한계가 있고 이 말씀에서 파생된다.

언약이 요구하는 바가 사랑이라면, 그 결과는 사랑하지 못하는 것에 대한 두려움이어야 한다. 주님을 경외함은 그저 존경하는 것 이상이다. 그분은 삼키는 불이시다(25절). 산에서 하나님의 무서운 모습이 불러일으킨 경외심은 사랑하는 것을 배우라는 교훈이었다(29절). 하나님께서 늘 함께하시기 때문에 그분을 노엽게 하는 것을 두려워한다면, 결국 모두의 유익을 위해 계명을 준수하게 될 것이다. 따라서 여호와를 경외하는 것이 지혜의 근본이란 금언이 성립한다(욥 28:28; 잠 1:7; 9:10; 전 5:7; 12:13). 하나님을 경외함은 모든 지혜서의 핵심 금언이다. 인생의 문제가 무엇이든 그에 대한 반응은 산에서 경험한 주님을 경외함에서 시작해야 한다.

우리 인간의 문제는 머리로 아는 지식이 그에 맞는 합리적 반응으로 이어지지 않는다는 것이다. 담배든 술이든 아편이든 약물 사용이 죽음을 불러온다는 사실을 알면서도 그런 행위를 멈추지 않는다. 치료용 약물을 사용할 때 조차 규정을 자주 위반하여 생명을 위태롭게 한다. 사실 이런 습관보다 주님을 경외하지 않고, 하나님의 손가락이 쓰신 말씀에 순종하지 않는 것이 더 위험하다. 인간 사회에 벌어지는 폭력은 가장 치명적인 죽음의 원인이며, 그 모든 일은 하나님을 경외하지 않는 데서 비롯된다.

4 이스라엘아 들으라 우리 하나님 여호와는 오직 유일한 여호와이시니 5 너는 마음을 다하고 뜻을 다하고 힘을 다하여 네 하나님 여호와를 사랑하라 6 오늘 내가 네게 명하는 이 말씀을 너는 마음에 새기고 7 네 자녀에게 부지런히 가르치며 집에 앉았을 때에든지 길을 갈 때에든지 누워 있을 때에든지 일어날 때에든지 이 말씀을 강론할 것이며 8 너는 또 그것을 네 손목에 매어 기호를 삼으며 네 미간에 붙여 표로 삼고 9 또 네 집 문설주와 바깥 문에 기록할지니라

4 "Hear, O Israel: The Lord our God, the Lord is one. 5 You shall love the Lord your God with all your heart and with all your soul and with all your might. 6 And these words that I command you today shall be on your heart. 7 You shall teach them diligently to your children, and shall talk of them when you sit in your house, and when you walk by the way, and when you lie down, and when you rise. 8 You shall bind them as a sign on your hand, and they shall be as frontlets between your eyes. 9 You shall write them on the doorposts of your house and on your gates.

¹⁰ 네 하나님 여호와께서 네 조상 아브라함과 이삭과 야곱을 향하여 네게 주리라 맹세하신 땅으로 너를 들어가게 하시고 네가 건축하지 아니한 크고 아름다운 성읍을 얻게 하시며 ¹¹ 네가 채우지 아니한 아름다운 물건이 가득한 집을 얻게 하시며 네가 파지 아니한 우물을 차지하게 하시며 네가 심지 아니한 포도원과 감람나무를 차지하게 하사 네게 배불리 먹게 하실 때에 ¹² 너는 조심하여 너를 애굽 땅 종 되었던 집에서 인도하여 내신 여호와를 잊지 말고 ¹³ 네 하나님 여호와를 경외하며 그를 섬기며 그의 이름으로 맹세할 것이니라 ¹⁴ 너희는 다른 신들 곧 네 사면에 있는 백성의 신들을 따르지 말라 ¹⁵ 너희 중에 계신 너희의 하나님 여호와는 질투하시는 하나님이신즉 너희의 하나님 여호와께서 네게 진노하사 너를 지면에서 멸절시키실까 두려워하노라

¹⁰ "And when the Lord your God brings you into the land that he swore to your fathers, to Abraham, to Isaac, and to Jacob, to give you—with great and good cities that you did not build, ¹¹ and houses full of all good things that you did not fill, and cisterns that you did not dig, and vineyards and olive trees that you did not plant—and when you eat and are full, ¹² then take care lest you forget the Lord, who brought you out of the land of Egypt, out of the house of slavery. ¹³ It is the Lord your God you shall fear. Him you shall serve and by his name you shall swear. ¹⁴ You shall not go after other gods, the gods of the peoples who are around you — ¹⁵ for the Lord your God in your midst is a jealous God—lest the anger of the Lord your God be kindled against you, and he destroy you from off the face of the earth.

¹⁶ 너희가 맛사에서 시험한 것같이 너희의 하나님 여호와를 시험하지 말고 ¹⁷ 너희의 하나님 여호와께서 너희에게 명하신 명령과 증거와 규례를 삼가 지키며 ¹⁸⁻¹⁹ 여호와께서 보시기에 정직하고 선량한 일을 행

하라 그리하면 네가 복을 받고 그 땅에 들어가서 여호와께서 모든 대적을 네 앞에서 쫓아내시겠다고 네 조상들에게 맹세하신 아름다운 땅을 차지하리니 여호와의 말씀과 같으니라

16 "You shall not put the Lord your God to the test, as you tested him at Massah. 17 You shall diligently keep the commandments of the Lord your God, and his testimonies and his statutes, which he has commanded you. 18 And you shall do what is right and good in the sight of the Lord, that it may go well with you, and that you may go in and take possession of the good land that the Lord swore to give to your fathers 19 by thrusting out all your enemies from before you, as the Lord has promised.

20 후일에 네 아들이 네게 묻기를 우리 하나님 여호와께서 명령하신 증거와 규례와 법도가 무슨 뜻이냐 하거든 21 너는 네 아들에게 이르기를 우리가 옛적에 애굽에서 바로의 종이 되었더니 여호와께서 권능의 손으로 우리를 애굽에서 인도하여 내셨나니 22 곧 여호와께서 우리의 목전에서 크고 두려운 이적과 기사를 애굽과 바로와 그의 온 집에 베푸시고 23 우리 조상들에게 맹세하신 땅을 우리에게 주어 들어가게 하시려고 우리를 거기서 인도하여 내시고 24 여호와께서 우리에게 이 모든 규례를 지키라 명령하셨으니 이는 우리가 우리 하나님 여호와를 경외하여 항상 복을 누리게 하기 위하심이며 또 여호와께서 우리를 오늘과 같이 살게 하려 하심이라 25 우리가 그 명령하신 대로 이 모든 명령을 우리 하나님 여호와 앞에서 삼가 지키면 그것이 곧 우리의 의로움이니라 할지니라

20 "When your son asks you in time to come, 'What is the meaning of the testimonies and the statutes and the rules that the Lord our God has commanded you?' 21 then you shall say to your son, 'We were

Pharaoh's slaves in Egypt. And the Lord brought us out of Egypt with a mighty hand. 22 And the Lord showed signs and wonders, great and grievous, against Egypt and against Pharaoh and all his household, before our eyes. 23 And he brought us out from there, that he might bring us in and give us the land that he swore to give to our fathers. 24 And the Lord commanded us to do all these statutes, to fear the Lord our God, for our good always, that he might preserve us alive, as we are this day. 25 And it will be righteousness for us, if we are careful to do all this commandment before the Lord our God, as he has commanded us.'"

1 Or *The Lord our God is one Lord*; or *The Lord is our God, the Lord is one*; or *The Lord is our God, the Lord alone*

≈≈≈≈ 단락 개관 ≈≈≈≈

네 하나님 여호와를 사랑하라

이 권면은 6-11장의 주제인 충성 요구로 시작한다. 1-3절은 "모든 명령과 규례와 법도"(5:31)에 관한 담론을 이어가는 전환부다. 4-5절에 나오는 필수 신조를 소개하는 역할도 한다. 쉐마로 알려진 이 구절들은 십계명의 첫 두 계명을 이론적으로 재진술한다. 첫째 계명은 여호와는 유일한 분이시라는 진술로 확증하고, 하나님에 대한 배타적 사랑의 요건은 다른 어떤 신도 예배하는 것을 부정한다. 이 토라를 지키라는 6-11장의 권고들은 하나님께 충성하라는 기본 요구를 상세히 말한다. 12-26장에서 설명하는 다른 모든 구체적 요건은 이 주요 명령에서 이끌어낸 것들이다.

모세가 가르친 모든 명령은 마음과 뜻과 힘을 다해 하나님을 사랑하라는 요구로 요약할 수 있다(4-5절). 사랑을 가리키는 이 히브리어 단어[아하브('ahab)]는 폭넓은 뜻을 가지고 있다. 이 단어는 물론 부부 관계, 가족 관계, 공동체 관계 속의 사랑(10:19; 15:16; 21:15-16)을 포함하지만, 신명기에서 "사랑"은 거의 오로지 하나님과 백성 간의 관계를 묘사하는 데 사용된다. 하나님을 사랑할 의무는 이스라엘을 향한 그분의 사랑에 근거한다(10:14-15). 신명기에 나오는 사랑은 신약성경에 나오는 것과 같이 윤리를 강조하지는 않는다. 신약성경에서 사랑은 세상에 대한 사랑과 대조를 이룬다. 모세가 명령한 사랑은 다른 신들을 섬기는 것과 대조적으로 오로지 하나님께만 충실한 것을 말한다. 이 단어는 신명기에 약 20번 나오는데, 대부분이 이 토라의 프롤로그 끝부분(11:1, 13)에 나오며 언약에 따르는 모든 책임을 지킬 의무를 표현한다. 이 사랑은 율법주의가 아니라 하나님을 향한 살아 있고 역동적인 열망, 즉 "그에게 의지하[는]"[11:22, ESV는 "holding fast to him"(그에게 꼭 매달리는)] 것을 포함한다. 이 용어는 모세가 가르쳐야 할 명령을 담고 있는 프롤로그의 처음과 끝에 나온다(6:5; 11:22). 이 사랑을 가르치라는 요구는 이 토라를 지키라는 권면의 서론과 결론에 나온다(6:4-9; 11:18-21). 하나님을 사랑하라는 말씀은 집에서든, 길에서든, 아침에 일어날 때나 밤에 잠자리에 누울 때나 반복해서 가르쳐야 한다고 모세는 강조한다.

6장은 이스라엘의 각 세대가 그 계명을 지키며 하나님을 사랑하도록 가르치라는 명령을 중심으로 짜여 있다(6-9, 20-25절). 이스라엘이 하나님을 사랑하는 일에 실패할 수 있는 두 가지 경우가 제시된다. 하나는, 그들이 번영하면 풍성한 복을 주신 하나님을 잊어버릴 수 있다는 것이다(10-15절). 다른 하나는, 시련이 닥치면 그들이 광야에서 그랬던 것처럼 하나님을 시험할 수 있다는 것이다(16-19절). 풍요로운 환경과 고통스러운 환경은 모두 하나님을 신뢰하는 데 위협이 될 수 있다. 말하자면, 언약이 요구하는 경외와 사랑을 가릴 수 있다.

II. 모세의 두 번째 연설(4:44-29:1)

  B. 이 토라의 프롤로그(5:1-11:32)

    3. 이 토라의 권면(6:4-11:32)

      a. 제1계명에 관한 설교(6:4-25)

        (1) 제1계명의 낭독(6:4-9)

        (2) 하나님의 공급을 기억하라(6:10-15)

        (3) 하나님의 말씀을 신뢰하라(6:16-19)

        (4) 하나님의 구원을 기억하라(6:20-25)

6장

≋≋≋ 주석 ≋≋≋

6:4-5 이 말씀은 하나님께서 모세에게 주신 가르침의 핵심이 시작되는 대목이니 만큼 신명기에서 독특한 중요성을 가진다. 모세의 가르침을 요약한 것으로 잘 알려진 이 말씀은 고대로부터 보존된 가장 오래된 신앙고백 중 하나로 꼽힌다. 1902년 이집트에서 나쉬 파피루스(주전 100년경)라고 불리는 문서가 발견되었다.[33] 전례에 사용된 이 복합문서는 십계명과 더불어 신명기 4:45의 도입 문구와 쉐마를 담고 있다. 오늘날 이 두 구절은 '쉐마 낭독'[케리아트 쉐마(*Keriʿat Shemaʿ*)]이라는 이름으로, 매일 드리는 유대인 예배에서 중요한 순서에 낭독된다. '쉐마'라는 이름은 이 말씀의 첫 히브리어 단어에서 유래한다.

---

33 F.C. Burkitt, "The Hebrew Papyrus of the Ten Commandments," *JQR* 15/3 (April 1903): 392-408.

쉐마는 가장 잘 알려진 구약성경의 신앙고백이지만, 그 정확한 번역은 불확실하다. NJPS 성경은 이 구절을 충성의 진술로 해석한다. '이스라엘아, 들으라! 여호와는 우리의 하나님, 홀로 여호와시다.' 이는 구문론적으로는 타당할 수 있으나 일반적인 번역은 아니다. "우리 하나님 여호와"는 신명기에 22번 나오지만 사실상 다른 어느 경우에도 이를 주어와 술어(즉 '여호와는 우리 하나님이시다')로 읽을 수 없다. 더구나 '홀로'를 표현하기 위해 "한 분"[새번역, 에하드('echad, '하나')]라는 단어를 사용하는 것은 이례적이다. 어쨌든 이 해석은 인류에게 여호와라는 이름은 경쟁 상대가 없을 것임을 강조한다(참고. 슥 14:9). 쉐마의 전통적 번역은 여호와의 본성에 관한 진술에 해당한다. '여호와 우리 하나님, 여호와는 한 분이시다'(ESV, "The LORD our God, the LORD is one"). 이스라엘의 하나님은 유일무이하고 비할 데 없는 분이시라는 것이다. 이것이 에하드의 일반적인 뜻이다. 쉐마는 결국 유일신론의 탁월한 표현이 되었다. 신명기는 다른 구절에서 하나님 이외에 다른 신이 없다는 점을 분명히 한다(4:35, 39; 32:39). 사람들이 다른 어떤 신이나 권세의 존재를 추정할지라도 그런 존재는 모두 여호와의 통치권 아래 있을 뿐이다. 두 가지 해석 모두 토라에 담긴 모세의 가르침을 단 하나의 문장으로 집약시킨다.

이스라엘의 하나님께서 요구하시는 사랑은 행동으로 나타나야 한다. 두 번째 말씀(제2계명)은 "나를 사랑하고 내 계명을 지키는 자들"에게 임할 복(5:10)으로 마무리되었다. 관계를 맺는 데 필요한 조건을 충족시키지 않은 채 하나님을 사랑하기란 불가능하다. 하나님을 향한 사랑과 충성은 삶의 방식으로 드러나게 되어 있다. 사랑이라는 감정적 애착은 행동으로 표현되는 법이다. 하나님은 나그네에게 "떡과 옷"을 주시는 행동(10:18)에서 볼 수 있듯 인간을 사랑하신다. 이스라엘이 하나님을 사랑한다면 그분의 길로 걷고 마음과 뜻을 다해 그분을 섬기게 될 것이다(10:12). 사랑한다는 것은 신명기에 묘사되어 있듯 사랑이 깃든 방식으로 행하는 것이다.

신명기는 하나님을 사랑하라고 요구하는 성경의 첫 번째 책이다. 이전에는 강조점을 하나님을 경외하는 데 두었다. 하나님의 장엄하심에 놀라고 그분의 심판을 두려워하는 것이 순종의 동기로 작용했다(4:10). 신명기는 사랑과 경외 둘 다를 언약 준수의 동기로 삼으라고 요구한다(10:12). 마음과 뜻과 힘은 개인이 헌신하는 모든 측면을 묘사하는 말이다. 마음[heart, 레바브(lebab)]은 생각과 의향의 중심이며 종종 지성(mind)과 동의어로 사용된다. 하나님은 이스라엘 백성의 마음이 어떠한지, 과연 순종할지 판단하기 위해 그들을 시험하셨다(8:2). 따라서 그들은 하나님께서 자녀를 바로잡듯 그들을 징계하고 계심을 마음속에 새겨두어야 한다(8:5). 네페쉬(nephesh, '뜻', '숨')는 인간에게만 있지 않다. 하나님은 땅이나 공중에서 움직이는 모든 피조물을 숨(네페쉬) 쉬는 존재로 창조하셨다(창 1:21). 이 용어가 인간과 관련해서는 욕망을 표현한다. 일단 약속의 땅에 들어가면, 이스라엘은 고기를 '욕망'(네페쉬)하게 될 테고, 욕망하는 만큼 고기를 먹게 될 것이다(신 12:20, 참고. 14:26). 힘[메오드(me'od)]은 이 구절과 열왕기하 23:25에서만 명사로 나온다. 여기서만 위의 세 단어가 언약에 대한 온전한 헌신을 표현하기 위해 사용된다. 이는 한 사람의 모든 자원을 포함하는 단어. 여호와는 "한 분"이시고 그분 홀로 이스라엘의 하나님이 되실 수 있으므로, 그분의 백성은 "한 분"이신 그분을 사랑해야 한다. 다시 말해, 생각과 욕망이 나뉘지 않은 채 온 힘을 다해 사랑해야 한다.

6:6-9 하나님께서 요구하시는 사랑은 배워야 하는 것이다. 그 사랑은 감정에 국한되지 않는다. 사랑의 관계는 헌신을 요구한다. 그런 사랑을 배우는 것은 지적 요구라기보다 일종의 사고방식이다. 언약의 의무를 지키는 것이 본능이 되어야 하는데 이를 여러 방식으로 강조하고 있다. "내가 네게 명하는 이 말씀"은 이 토라의 가르침 전체를 가리킨다(참고. 12:28, 31:1, 28; 32:45-46). 이 말씀에는 모든 활동과 관계가 포함된다. 백성들은 이 가르침을 항상 마음에 새겨야 한다. 그러려면 언제든지 "이 말씀을…부지런히 가르[쳐야]" 한다. 히브리어 샤난(shanan)은 여기서만 반복해서 가르친다는 의미로 사용된다. 이 단어의 뜻이 '의무를 규정하는 일'(이 단어가 지닌 또 다른 뜻)이 아닌 '가르침'이란 것은, 이 구절과 병행하는 11:18-19에서 '가

르치다'(라마드)가 동의어로 사용된 것을 보면 확실히 알 수 있다. 이런 반복이 일어나려면 끊임없이 가르쳐야 한다고 설명하고 있다. 앉아 있을 때든지, 길을 갈 때든지, 누워 있을 때든지, 일어날 때든지 이 말씀을 가르치라는 것은 모든 활동을 가리키는 비유적 표현이다. 총칭어법(merism)이라고 불리는 이런 표현은 '젊은이와 늙은이', '부유한 자와 가난한 자'와 같이 전체에서 대조되는 두 부분의 조합으로 전체를 가리키는 수사적 장치다.

이 말씀은 끊임없이 기억하고 거론할 뿐 아니라 몸에 부착해야 한다. 이와 비슷한 요건이 출애굽기 13:9, 16에도 나오지만, 그 맥락에서 백성의 손과 미간의 표로 삼는 것은 기념 예식이다. 이는 사람들이 행하고 생각하는 모든 일에서 출애굽을 기억해야 한다는 은유적인 의미로 받아들여야 한다. 그러나 신명기는 말씀 자체를 몸에 매야 한다는 점을 분명히 밝힌다. 많은 성구함[테필린(tefillin) 또는 필락테리(phylactery)]이 전해 내려오는 것을 보면 쿰란 공동체에서 이 명령을 문자 그대로 따랐던 것이 분명하다. 성구함이란 양피지에 쓴 성경 구절 두루마리를 넣어 손목과 이마에 달고 다닌 가죽함을 말한다. 예수님은 마태복음 23:5에서 이를 언급하신다. 신명기가 이 말씀을 문자적으로 지킬 것을 요구하는지는 논쟁거리지만, 예수님이 가르치시듯 이런 관습 자체가 말씀의 요건을 충족시키는 것은 분명 아니다. 그 개념은 예식 행위를 통해 끊임없이 상기하려 한다는 점에서 출애굽기에서 쓰인 바와 다르지 않다.

고대 성읍의 성문은 지붕과 여러 개의 방들이 있는 구조였고, 때로는 상당수의 사람들이 모일 수 있을 만큼 컸다. 재판정은 방의 일부였고 양쪽 방들 사이에는 긴 복도가 나 있었다. 이 방들은 다양한 업무를 수행하기에 안전한 장소였다. 성문은 사실상 성읍의 모든 사람이 드나들 수 있는 가장 공적인 장소였다. 왕실의 명문과 헌장이 진열된 곳이기도 했다. 성읍의 성문에 토라의 가르침을 기록하면 가장 광범위하게 노출되는 효과가 있었을 것이다. 공적 선언문이 늘 그랬듯, 이 관습은 문자 그대로 수행하도록 명해진 것임이 틀림없다. 글을 읽지 못하는 사람들도 그 글을 볼 때면 성장 과정에서 배웠던 가르침이 생각났을 것이다.

신약시대에 가까워지면서 유대법이 출현한 기간 중 어느 때부터, 엄선한 구절을 양피지에 써서 보관함에 넣은 후 집 문설주에 붙여놓는 것이 하나의 관습이 되어 오늘날까지 이어지고 있다. 메주자(mezuzah)라고 부르는 그 보관함은 이 가르침에 나오는 "문설주"에 해당하는 히브리어다.

6:10-15 아이러니하게도 약속의 땅은 선물인 동시에 사랑의 계명을 잊게 만들 수 있는 심각의 위협거리다. 이미 맹세한 사실을 잊어버리는 것은 인지적 문제가 아니라 헌신하지 못한 것이다. 부부는 결혼식 사진과 녹화 영상이 있어도 결혼 서약을 잊어버린다. 여호와의 사랑은 풍성한 재산과 자원을 선물하시는 것으로 표현되었다. 가나안의 큰 성읍들이 이스라엘 백성의 소유가 될 것이다. 하나님께서 사랑으로 행하신 구체적인 행위는 오직 그분만을 향한 충성을 요구한다. 어정쩡한 충성은 하나님께 모욕이고 그분의 분노를 불러일으킨다. 주님을 경외하는 것은 하나의 명령이고, 그 일에 실패하면 이스라엘은 그 땅[아다마('adamah)]에서 쫓겨나고 말 것이다.

이 권고는 십계명의 처음 세 가지 말씀의 요건을 되풀이한다. 여호와는 질투하는 하나님이시다. 여호와 이외에 다른 신은 있을 수 없다. 이스라엘은 가나안의 우상들에게 미혹되어서는 안 된다. 그들은 여호와의 이름으로 맹세해야 한다. 이 모든 것은 곧 사랑과 충성의 표현이다.

6:16-19 사랑의 요구에 순종하고 언약 관계의 요건을 지키면, 시련이나 곤경에서 기적적으로 빠져나올 수 있다고 기대하거나 그것을 조건으로 삼으면 안 된다. 모세는 여기서 "맛사"와 "므리바"('시험하기'와 '다투기', 출 17:7)로 알려진 장소를 언급한다. 출애굽기 17:1-7에 나오는 이야기로, 이스라엘이 시내산 가까이 왔을 때 물을 구하지 못해 일어난 사건이다. 당시 이스라엘 백성이 처한 비참한 상황을 축소시키면 안 된다. 물은 대규모 군중과 가축들에게 절대적으로 필요했다. 질병과 죽음을 피하려면 몇 시간 내에 물을 구해야 했고, 가뭄 때 물이 부족하면 농부들은 가축들이 고통 받

신명기 6:4-25 ㅡ **193**

다가 죽기 전에 먼저 죽이지 않을 수 없었다. 그럼에도 불구하고 이 경우에 이스라엘은 전혀 믿음 없는 반응을 보인다. 그런 상황에서 믿음을 갖는다는 것은 언약 조건을 지키고 올바르고 선한 일을 하는 것이다. 그런 믿음이 없다면 그 백성은 약속의 땅에 들어가지 못할 것이다

6:20-25 다음 세대에 사랑의 계명을 가르치는 일은 각 세대의 책임이다. 이 구절은 실질적으로 십계명의 머리말을 반복한다(5:1-5). 언약의 요건은 오직 구속 이야기의 맥락에서만 이해할 수 있다. 이스라엘이 보배로운 백성이 되도록 하나님께서 그들을 구원하시는 이야기에 비춰 보는 것이다. 유월절은 구속 이야기를 가르치고 기념하는 주요 행사였다. 이 구절은 하가다(Haggadah)로 알려진 유월절 전례서에서 찾아볼 수 있는 역할의 근간이 되었다. 이 구속 고백은 마침내 예수님이 유월절을 자신의 죽음 기념일로 삼으시고 제자들에게 정기적으로 지키라고 말씀하실 때 성취되었다.

주님은 이스라엘에게 "이 모든 규례를 명하여 지키게 하시고, 주 우리의 하나님을 경외하게 하셨다"(24절, 새번역). 두 어구 사이에 접속사가 없는 것은 둘이 동의어임을 가리킨다. 주님을 경외하는 것은 곧 그분이 언약 관계에서 요구하신 모든 규정을 지키는 것이다.

≋≋≋≋ 응답 ≋≋≋≋

메주자는 오늘날까지 유대인 신앙고백의 가장 두드러진 특징이다. 영적 자격을 갖춘 서예가가 양피지에 쓴 신명기 6:4-9, 11:13-21을 작은 나무 상자나 금속상자에 담아 집의 문설주(메주자)에 부착시킨다. 문설주에 붙인 신명기 6:4-5은 그 문턱을 지나가는 모든 사람에게 하나님을 사랑하는 것이 그의 의무임을 상기시킨다. 이 본문은 시편 1편에서 더 전개되어 하나님께 인정받는 사람은 토라를 밤낮으로 묵상하는[예계(yehgeh)] 자라고 묘사하기에 이른다. 이 동사는 늘 반복할 수 있도록 암기하는 것을 시사한다.

십계명이 모든 결정과 행동을 지배해야 마땅하다. 예수님은 이 시편을 더욱 진전시켜 이른바 '팔복의 가르침'으로 설파하셨다(마 5:3-11). 헬라어 마카리오스(*makarios*, '복 있는')는 시편 1편에 나오는 히브리어 아쉬레('*ashrey*)를 번역한 것으로, 예수님을 따르는 자들을 특징 짓는 자질을 설명하실 때 나온다. 따라서 이 구절들은 하나님께서 원하시는 믿음의 특성과 삶의 행실을 묘사하는 것이기에 유대인 못지않게 그리스도인에게도 의미가 있다.

쉐마는 또한 지혜를 구하라고 요구한다. 잠언의 처음 아홉 장은 총명하지만 아직 미성숙한 젊은이들에게 살아가는 방법을 가르친다. 주요한 조언이 잠언 6:20-22에 나온다.

> 아이들아, 아버지의 명령을 지키고,
>> 어머니의 가르침을 저버리지 말아라.
> 그것을 항상 네 마음에 간직하며,
>> 네 목에 걸고 다녀라.
> 네가 길을 갈 때 그것이 너를 인도하여주며,
>> 네가 잠잘 때에 너를 지켜주고,
>> 네가 깨면 너의 말벗이 되어줄 것이다(새번역).

콘스탄티누스 치하에서 기독교가 로마 제국의 정식 종교가 되기 전까지, 쉐마는 유대인의 유일신교가 직면한 수많은 신학적 도전에 대한 적절한 대응이었다. 민족 종교로서의 이러한 신앙고백으로 유대인들은 무신론자로 여겨졌던 초기 그리스도인들이 겪은 순교를 모면할 수 있었다. 쉐마를 정기적으로 낭송하는 일은 유대인의 미쉬나 교육의 첫 번째 요구 사항이다. 베라코트(Berakhot, '축복')라 불리는 첫 번째 부분의 서두에는 저녁과 아침으로 쉐마를 낭송할 때 필요한 상세한 규례가 담겨 있다(1:1-4). 제대로 이해한다면, 이것은 모든 생각이 복의 길로 향하게 하는 하나의 수단이다.

정기적인 신앙고백은 무척 중요하다. 하나님에 대한 신뢰는 쉽게 무너지기 때문이다. 므리바에서의 실패는 죽음을 초래한 믿음의 실패로 두고 두고 기억되었다. 이를 시의 형태로 기억하는 시편 95편은 세상의 창조주(4-5절)이자 이스라엘의 창조자(6-7절)이신 하나님께 찬송을 드린다. 창조주에 대한 예배는 므리바에서 입증되었듯 믿음이 없으면 아무 소용이 없다(8-11절). 그 세대는 광야에서 죽고, 결코 하나님의 안식에 들어가지 못할 것이다. 히브리서가 시편 95편을 해석하여 적용했듯(히 4:1-3), 이와 같은 실패가 그리스도인의 믿음을 위협하고 있다. 이 세상의 염려는 이제 뿌리 내리기 시작한 복음의 씨앗을 쉽사리 말라죽게 한다.

¹ 네 하나님 여호와께서 너를 인도하사 네가 가서 차지할 땅으로 들이시고 네 앞에서 여러 민족 헷 족속과 기르가스 족속과 아모리 족속과 가나안 족속과 브리스 족속과 히위 족속과 여부스 족속 곧 너보다 많고 힘이 센 일곱 족속을 쫓아내실 때에 ² 네 하나님 여호와께서 그들을 네게 넘겨 네게 치게 하시리니 그때에 너는 그들을 진멸할 것이라 그들과 어떤 언약도 하지 말 것이요 그들을 불쌍히 여기지도 말 것이며 ³ 또 그들과 혼인하지도 말지니 네 딸을 그들의 아들에게 주지 말 것이요 그들의 딸도 네 며느리로 삼지 말 것은 ⁴ 그가 네 아들을 유혹하여 그가 여호와를 떠나고 다른 신들을 섬기게 하므로 여호와께서 너희에게 진노하사 갑자기 너희를 멸하실 것임이니라 ⁵ 오직 너희가 그들에게 행할 것은 이러하니 그들의 제단을 헐며 주상을 깨뜨리며 아세라 목상을 찍으며 조각한 우상들을 불사를 것이니라

¹ "When the Lord your God brings you into the land that you are entering to take possession of it, and clears away many nations before you, the Hittites, the Girgashites, the Amorites, the Canaanites, the Perizzites, the Hivites, and the Jebusites, seven nations more numerous

and mightier than you, 2 and when the Lord your God gives them over to you, and you defeat them, then you must devote them to complete destruction.*1* You shall make no covenant with them and show no mercy to them. 3 You shall not intermarry with them, giving your daughters to their sons or taking their daughters for your sons, 4 for they would turn away your sons from following me, to serve other gods. Then the anger of the Lord would be kindled against you, and he would destroy you quickly. 5 But thus shall you deal with them: you shall break down their altars and dash in pieces their pillars and chop down their Asherim and burn their carved images with fire.

6 너는 여호와 네 하나님의 성민이라 네 하나님 여호와께서 지상 만민 중에서 너를 자기 기업의 백성으로 택하셨나니 7 여호와께서 너희를 기뻐하시고 너희를 택하심은 너희가 다른 민족보다 수효가 많기 때문이 아니니라 너희는 오히려 모든 민족 중에 가장 적으니라 8 여호와께서 다만 너희를 사랑하심으로 말미암아, 또는 너희의 조상들에게 하신 맹세를 지키려 하심으로 말미암아 자기의 권능의 손으로 너희를 인도하여 내시되 너희를 그 종 되었던 집에서 애굽 왕 바로의 손에서 속량하셨나니 9 그런즉 너는 알라 오직 네 하나님 여호와는 하나님이시요 신실하신 하나님이시라 그를 사랑하고 그의 계명을 지키는 자에게는 천 대까지 그의 언약을 이행하시며 인애를 베푸시되 10 그를 미워하는 자에게는 당장에 보응하여 멸하시나니 여호와는 자기를 미워하는 자에게 지체하지 아니하시고 당장에 그에게 보응하시느니라 11 그런즉 너는 오늘 내가 네게 명하는 명령과 규례와 법도를 지켜 행할지니라

6 "For you are a people holy to the Lord your God. The Lord your God has chosen you to be a people for his treasured possession, out of all the

peoples who are on the face of the earth. 7 It was not because you were more in number than any other people that the Lord set his love on you and chose you, for you were the fewest of all peoples, 8 but it is because the Lord loves you and is keeping the oath that he swore to your fathers, that the Lord has brought you out with a mighty hand and redeemed you from the house of slavery, from the hand of Pharaoh king of Egypt. 9 Know therefore that the Lord your God is God, the faithful God who keeps covenant and steadfast love with those who love him and keep his commandments, to a thousand generations, 10 and repays to their face those who hate him, by destroying them. He will not be slack with one who hates him. He will repay him to his face. 11 You shall therefore be careful to do the commandment and the statutes and the rules that I command you today.

12 너희가 이 모든 법도를 듣고 지켜 행하면 네 하나님 여호와께서 네 조상들에게 맹세하신 언약을 지켜 네게 인애를 베푸실 것이라 13 곧 너를 사랑하시고 복을 주사 너를 번성하게 하시되 네게 주리라고 네 조상들에게 맹세하신 땅에서 네 소생에게 은혜를 베푸시며 네 토지소산과 곡식과 포도주와 기름을 풍성하게 하시고 네 소와 양을 번식하게 하시리니 14 네가 복을 받음이 만민보다 훨씬 더하여 너희 중의 남녀와 너희의 짐승의 암수에 생육하지 못함이 없을 것이며 15 여호와께서 또 모든 질병을 네게서 멀리 하사 너희가 아는 애굽의 악질에 걸리지 않게 하시고 너를 미워하는 모든 자에게 걸리게 하실 것이라 16 네 하나님 여호와께서 네게 넘겨주신 모든 민족을 네 눈이 긍휼히 여기지 말고 진멸하며 그들의 신을 섬기지 말라 그것이 네게 올무가 되리라

12 "And because you listen to these rules and keep and do them, the Lord your God will keep with you the covenant and the steadfast

love that he swore to your fathers. 13 He will love you, bless you, and multiply you. He will also bless the fruit of your womb and the fruit of your ground, your grain and your wine and your oil, the increase of your herds and the young of your flock, in the land that he swore to your fathers to give you. 14 You shall be blessed above all peoples. There shall not be male or female barren among you or among your livestock. 15 And the Lord will take away from you all sickness, and none of the evil diseases of Egypt, which you knew, will he inflict on you, but he will lay them on all who hate you. 16 And you shall consume all the peoples that the Lord your God will give over to you. Your eye shall not pity them, neither shall you serve their gods, for that would be a snare to you.

17 네가 혹시 심중에 이르기를 이 민족들이 나보다 많으니 내가 어찌 그를 쫓아낼 수 있으리요 하리라마는 18 그들을 두려워하지 말고 네 하나님 여호와께서 바로와 온 애굽에 행하신 것을 잘 기억하되 19 네 하나님 여호와께서 너를 인도하여 내실 때에 네가 본 큰 시험과 이적 과 기사와 강한 손과 편 팔을 기억하라 네 하나님 여호와께서 네가 두 려워하는 모든 민족에게 그와 같이 행하실 것이요 20 네 하나님 여호 와께서 또 왕벌을 그들 중에 보내어 그들의 남은 자와 너를 피하여 숨 은 자를 멸하시리니 21 너는 그들을 두려워하지 말라 너희의 하나님 여호와 곧 크고 두려운 하나님이 너희 중에 계심이니라 22 네 하나님 여호와께서 이 민족들을 네 앞에서 조금씩 쫓아내시리니 너는 그들을 급히 멸하지 말라 들짐승이 번성하여 너를 해할까 하노라 23 네 하나 님 여호와께서 그들을 네게 넘기시고 그들을 크게 혼란하게 하여 마 침내 진멸하시고 24 그들의 왕들을 네 손에 넘기시리니 너는 그들의 이름을 천하에서 제하여 버리라 너를 당할 자가 없이 네가 마침내 그

들을 진멸하리라 25 너는 그들이 조각한 신상들을 불사르고 그것에 입힌 은이나 금을 탐내지 말며 취하지 말라 네가 그것으로 말미암아 올무에 걸릴까 하노니 이는 네 하나님 여호와께서 가증히 여기시는 것임이니라 26 너는 가증한 것을 네 집에 들이지 말라 너도 그것과 같이 진멸당할까 하노라 너는 그것을 멀리하며 심히 미워하라 그것은 진멸당할 것임이니라

17 "If you say in your heart, 'These nations are greater than I. How can I dispossess them?' 18 you shall not be afraid of them but you shall remember what the Lord your God did to Pharaoh and to all Egypt, 19 the great trials that your eyes saw, the signs, the wonders, the mighty hand, and the outstretched arm, by which the Lord your God brought you out. So will the Lord your God do to all the peoples of whom you are afraid. 20 Moreover, the Lord your God will send hornets among them, until those who are left and hide themselves from you are destroyed. 21 You shall not be in dread of them, for the Lord your God is in your midst, a great and awesome God. 22 The Lord your God will clear away these nations before you little by little. You may not make an end of them at once,² lest the wild beasts grow too numerous for you. 23 But the Lord your God will give them over to you and throw them into great confusion, until they are destroyed. 24 And he will give their kings into your hand, and you shall make their name perish from under heaven. No one shall be able to stand against you until you have destroyed them. 25 The carved images of their gods you shall burn with fire. You shall not covet the silver or the gold that is on them or take it for yourselves, lest you be ensnared by it, for it is an abomination to the Lord your God. 26 And you shall not bring an abominable thing into your house and become devoted to destruction³ like it. You shall utterly

≋≋≋≋ 단락 개관 ≋≋≋≋

이스라엘 문화와 가나안 문화

프롤로그는 이스라엘이 하나님을 사랑하라는 명령에서 일탈할 수 있는 위
험을 계속 경고하다가 11:26-32에 이르러 충성 맹세로 마무리된다. 약속
의 땅에 들어가는 이스라엘에게 주어지는 지시는 간결하다. 가나안 족속
은 시혼과 마찬가지로 헤렘(2:34-35; 7:3, 서론의 '신학' 중 '언약에 대한 충성'을 참
고하라)에 해당된다. 이스라엘은 그들과 언약을 맺어서도, 혼인을 해서도
안 된다. 하나님의 백성은 가나안 족속의 유혹에 넘어가 다른 신들을 예배
해서는 안 된다. 가나안 종교의 제단과 주석을 부수고 예배 장소를 불태워
야 한다(5절). 이 간결한 지시에 이어 설명과 성찰, 오직 주님만 붙잡으라
는 권면이 나온다. 수적으로 우월한 가나안 족속 앞에서 이스라엘은 두려
움을 느끼고 믿음을 잃어버릴 수 있었다. 반대로, 자만심에 빠지면 자신들
이 하나님께 의존하고 있음을 잊어버릴 수 있고(8장), 그 땅을 정복하면 독
선에 빠질 수 있다(9-10장). 모세는 이 모든 위험을 경고한 후 오직 하나님
만 사랑하고 그분의 계명을 지키라는 권고를 반복하며 이 대목을 마무리
한다.

　가나안 문화의 위험성은 히브리어 어근 *rbb*를 사용한 수적 비교를 중심
으로 표현되어 있다. 7장은 하나님께서 이스라엘보다 더 많고(랍빔(*rabbim*))
강한 많은 민족들(고임 랍빔(*goyim-rabbim*))을 쫓아내실 것이라는 말로 시작된

다. 모세는 이스라엘을 직접 가리키며 하나님께서 그들을 선택하신 것은 그들이 다른 민족보다 수가 많기 때문이 아니라고 말한다(7절). 실은 그들의 수가 더 적었다. 하지만 모세는 하나님께서 그들을 번성하게 하시고 모든 것을 풍성하게 공급하실 것이라고 약속한다(13절). 이 권고는 이스라엘이 두려워해서는 안 되는 더 많은(랍빔) 민족들이라는 주제로 되돌아가 마무리된다(17절). 그러나 혹시 그 땅에 주민이 없어지면 들짐승이 많아져[티르베트(tirbeth)] 위험해질 수 있으므로 이 모든 일은 점진적으로 일어나야 한다(22절). 이런 숫자에 대한 언급은 이번 장의 경고와 권면에 나오는 각 주제들을 연결시켜준다.

프롤로그의 모든 권면은 쉐마에서 고백한 십계명의 첫 번째 말씀에 초점을 두고 있다. 이스라엘은 여호와께서 보배로 삼으신 백성이고(6절, 새번역), 그분은 "하나님이시요 신실하신 하나님"이시다(9절). 이스라엘은 살기 위해 모든 명령을 지켜야 하고(8:1) "여호와를 잊어버[리면]" 안 된다(8:14). 자신들이 공의로워서 그 땅을 선물 받았다고 착각해도 안 된다(9:4). 이 설교는 단 하나의 요건, 곧 "네 하나님 여호와를 경외하여…그를 사랑하며 마음을 다하고 뜻을 다하여 네 하나님 여호와를 섬기[라]"(10:12)는 요구에서 절정에 이른다. 오직 주님만이 찬송을 받을 분이시고, 바로 그분이 그들이 여태껏 목격한 모든 위대하고 놀라운 일을 행하셨다. 권면은 9절에서 쉐마 말씀으로 시작되었던 것처럼 결론을 맺는다. "너는 알라 오직 네 하나님 여호와는 하나님이시요."

≋≋≋≋ 　주석　 ≋≋≋≋

7:1-6 하나님께서 이스라엘 민족을 창조하여 그들을 약속의 땅으로 인도하시는 것은 시내산에서 주신 언약의 말씀, 특히 출애굽기 23:20-33의 말씀에 근거해 전개되었다. 특히 각 부분의 처음과 끝에 있는 언어의 유사성이 눈에 띈다(참고. 출 23:23, 24-26; 신 7:1, 5, 11-15). 출애굽기는 종종 주님이 보내신 천사의 중재를 언급하는 한편(예. 출 23:23), 신명기는 특히 하나님의 인격적 임재와 능력을 강조한다(참고. 신 4:37). 하지만 출애굽기 33:14-15은 모세가 이스라엘을 약속의 땅으로 인도할 수 있도록 하나님께서 그와 함께하신다고 말한다. 하나님의 신비한 인도하심을 언급할 수 있는 단 하나의 공식이란 없다.

　이스라엘의 대적이 누구인지는 가나안의 토착 족속들 중 일부를 열거하며 구체적으로 밝혀진다. 그 목록은 다양한 이름으로 나타난다. 그 어느 것도 총망라한 목록은 아니지만(예. 출 3:8, 17; 23:23, 28), 일곱 족속이 가나안의 모든 족속을 상징적으로 대표하고 있다(참고. 행 13:19). 헷(히타이트) 족속은 이스라엘이 가나안에 들어가는 시기(중기와 후기 청동기 시대, 주전 1700-1200년경)에 시리아 북부를 장악한 제국이며, 그 수도는 고대 헷 족속의 도시 하투샤(Hattusha)에 있었다. 하투샤의 몰락으로 시리아는 아람 족속과 헷 족속이 함께 지배하는 지역이 되었다. 가나안 정복 당시 그곳에 살던 헷 족속은 이전의 헷 왕국(겔 16:3) 출신의 정착민들이었다. 신명기 1:7에 나오는 아모리 족속과 가나안 족속은 지리적으로 가나안 지역 전체를 대표한다.

이스라엘이 그들과 문화적으로 통합할 수 없었던 것은 하나님과 맺은 언약과 상충되기 때문이었다. 이스라엘은 이 족속들을 물리치고 '전멸시켜서 바쳐야' 한다. 이것이 '하나도 남기지 않고 진멸시켰다'는 히브리어 표현[하하렘 타하림 오탐(hakharem takharim 'otam), 참고. 2:34]을 번역하는 한 가지 방식이다.

'헤렘'이라는 용어가 성경 문헌 밖에서는 메사 석비에 나온다. 그 석비에는 모압 왕이 이스라엘의 오므리 왕조를 이긴 것을 기념하는 문구가 새겨져 있다. "나는 7천 명의 남자, 소년, 여자, 소녀, 임산부 등 모든 사람을 죽여 느보 성읍을 아쉬타르-카모쉬 신에게 '바쳤다'(hhrmth)"(14-17a행). 모세는 하나님께서 승리를 허락하셨으므로 모든 것이 하나님께 속한다는 사실을 인정하는 측면에서 그와 비슷한 대표적인 행동을 의도한다. 하지만 모든 도시가 그렇게 파멸되지는 않을 것이다. 하나님은 이스라엘에게 그들이 건축하지 않은 크고 아름다운 성읍과 그들이 심지 않은 포도원을 차지하게 하실 것이기 때문이다(신 6:10-11). 그러나 이스라엘이 하나님께서 선택하신 보배로운 백성이 되어 모든 민족에게 그분의 나라를 대표하려면(출 19:5; 신 7:6) 우상 숭배하던 장소들을 모조리 파괴해야 한다.

그런 숭배 장소가 히브리어로 아쉐림('asherim, 아세라의 복수형)이라고 불린다(신 7:5). 이 용어는 성경에서 가나안 여신의 이름(아세라)으로 두 차례 발견된다(삿 3:7; 왕상 18:19). 성경과 비문에 나오는 다른 모든 경우에 이 용어는 관사와 접미사를 취하는 보통 명사로 쓰인다. 아세라는 신성한 숲 아래 있던 예배 장소를 말한다(신 16:21; 삿 6:25-30). 헬라어 번역가들은 이를 알고 '아세라'를 줄곧 할소스(halsos, '작은 숲')로 번역했다. 이런 예배 장소는 제단, 주상, 조각한 목상과 석상 같은 다양한 예배 대상이 있는 돌단을 자랑했다. 이 모든 예배 장소와 대상은 여호와가 아닌 다른 신들을 표상했기 때문에 모조리 깨뜨리고 불태워야 했다. 그래야 이스라엘은 "하나님의 성민", 그분을 온 땅의 왕으로 모시는 백성이 될 수 있었다. 헤렘은 모든 가나안 숭배와 관련해 완전하게 포괄적으로 수행되어야 한다. 이스라엘이 가나안 종교를 체계적으로 근절해야 한다면, 가나안 족속과의 혼인은 물론 '그들과의 언약'에 내재된 경제적 상호작용 역시 불가능할 것이다.

7:7-11 안일함은 모든 관계를 망치는 강적이다. '하나님의 은혜는 모든 공로와 반대되지만 끊임없는 노력을 요구한다.' 이스라엘이 기억할 점은, 하나님께서 그들을 한 민족으로 창조하기로 선택하신 것이 그들의 공로 때문이 아니었다는 사실이다.

하나님의 맹세는 그들이 한 민족이 되는 데 필요한 모든 일을 하나님께서 이루실 것을 보증하는 한편, 그들이 모든 명령과 규례와 법도를 신실하게 지킬 것을 요구하기도 한다. 하나님께서 언약을 신실하게 지키는 만큼 이스라엘도 그래야 한다(9절). 하나님은 그분을 미워하는 사람들, 다른 신과 타협하는 사람들에게 친히 보복하시기 때문이다. 이 점을 아는 것이 흔들리지 않고 신실함을 유지하는 데 중요하다. 주님을 경외함이 그분에 대한 변함없는 사랑을 가능하게 하기 때문이다.

7:12-16 가나안 신들은 다산과 건강을 약속한다. 바알은 폭풍의 신으로, 비를 내려 땅을 비옥하게 하는 신으로 알려져 있다. 요컨대 바알 숭배는 물질주의 종교다. 사람들은 부유해지기 위해 바알을 숭배하고 떠받든다. 모세는 이스라엘에게 그런 숭배와 동기를 모두 배격하라고 지시한다. 하나님께서 이스라엘을 사랑하시므로 이스라엘은 마땅히 하나님을 사랑해야 한다. 이스라엘의 하나님은 결코 인색하지 않으시다. 주님은 그들의 신

실함에 무엇과도 비교할 수 없는 풍성한 은혜로 갚아주실 것이다.

7:17-21 가나안 성읍들은 난공불락이었다. 모세 시대 직전에 제작된 아마르나 서판(참고. 1:26-28 주석)은 그 도시 국가들에 큰 군대가 있었다고 묘사한다. 이집트가 가나안을 장악하려고 했지만, 세겜의 라바유 같은 힘센 왕들이 가나안의 넓은 지역을 지배하며 버티고 있었다. 예루살렘, 므깃도, 악고, 비블로스, 가자, 욥바 같은 많은 도시에 비하면 이스라엘은 참으로 모든 민족 중에서 가장 작은 민족이다. 가나안은 남부에서 북부까지 강력한 도시 국가들이 장악하고 있었고, 그 가운데 다수는 이집트의 군사 지원을 받았다.

이스라엘과 가나안 도시들 사이에 군사적 불균형이 아무리 크더라도, 이스라엘은 약속의 땅으로 나아가는 발걸음을 멈추어서는 안 된다. 하나님은 이미 이스라엘을 구해내면서 이집트를 물리치셨다. 바로 그 하나님께서 가나안 족속 가운데 왕벌을 보내 아무도 숨지 못하게 하실 것이다. "왕벌"[치르아(*tsir'ah*)]이라는 용어는 다른 두 구절(출 23:28; 수 24:12)에만 나오는데 그 능력은 설명된 적이 없다. 아마도 이스라엘의 승리가 다른 모든 왕들에게 퍼뜨릴 두려움을 가리킬 것이다. NJPS 성경은 치르아를 '염병'으로 번역한다. 공포와 광란을 일으키는 말벌 떼의 인상이 가나안 정복을 성사시키는 하나님의 능력을 잘 보여준다.

7:22-26 이스라엘은 너무 작아 가나안 전 지역을 즉시 장악할 수 없었다. 하나님은 그들의 수가 충분해질 때까지 그들이 점령할 수 있는 만큼의 영토만 허락하실 것이다. 이 과정은 가나안의 큰 민족들이 완전히 멸절될("그들의 이름을…제하여" 버릴) 때까지 계속될 것이다. 그런 점령에는 조건이 있다. 가나안에 남은 우상들은 하나님께서 미워하시는 것이므로 그 은과 금의 가치와 상관없이 모두 파괴해야 한다. 이런 재물은 헤렘으로 하나님께 바쳐졌기 때문에 영구적으로 일반 용도에서 떼어놓은 것이다. 그렇게 정죄된 물건을 보유한 사람은 정죄를 받게 될 것이다. 이스라엘이 진멸시

킨 가나안 족속과 같은 운명에 처해질 것이다.

~~~~~~ 응답 ~~~~~~

전쟁은 인간 세상살이의 일부이지만 모세는 땅이 주님께 속해 있다는 관점을 갖도록 요구한다. 이 때문에 이스라엘은 공격적인 전쟁을 벌이지 않는다. 이스라엘은 오직 하나님께서 그들에게 할당하신 땅만 취하도록 허락을 받는다. 이들 나라가 패배를 당해 헤렘 아래 놓인 것은 하나님의 심판을 받았기 때문이고, 아모리 족속의 죄악이 가득 찼기 때문이다(창 15:16). 신명기에 나오는 전쟁들은 하나님께서 이스라엘 백성을 통해 싸우신 것이다. 이스라엘은 언약에 충실할 때에만 하나님의 대리자가 될 수 있다. 정복 전쟁은 신학적 맥락에서 이해할 때, 국가 간의 나머지 다른 전쟁들과 유사점이 전혀 없다.

이와 관련해 몇 가지 사항이 그리스도인들에게 꼭 들어맞는다. 먼저, 하나님 나라에는 모든 시민이 속해 있는 하나님의 군대가 있다. 그리스도인은 십자가의 병사들이지만 전통적 무기를 전쟁 수단으로 삼지 않는다. 그리스도인의 적은 개별 국가가 아니라 하나님께 맞서는 인류의 집단적 반역이다. 우리는 하나님의 나라를 위해 살아야 한다. 개인이 바칠 수 있는 생명은 하나밖에 없고, 그런 궁극의 희생은 하나님 나라를 섬기는 데 합당한 것이어야 한다. 그리스도인에게 인간의 전쟁은 인간 사회의 운명을 좌우하지 않는다. 군사력에 의지하는 것이 국가가 그 힘을 유지하는 유일한 길이라는 점은 인정한다. 적어도 방어전은 항상 존재할 것이다.

그리스도인은 이 세상 여러 나라들의 시민이지만 궁극의 충성은 하나님 나라의 것이어야 한다. 그리스도인은 인간 정부의 책임이 폭력으로부터 시민을 보호하는 데 있음을 인정한다(창 9:6). 정부는 완벽하지 않고 종종 자기 국민을 짓밟는 짐승이 되기도 하지만, 그래도 라멕의 무정부 상태에 빠지지 않도록 사회를 보존하는 한시적 수단이다(창 4:23-24). 그런 사회는 결국 홍수로 멸망하지 않았던가?(창 6:5) 그리스도인은 국가의 보호에 감사하며 선량한 시민이 되어야 한다. 이 세상에 속하지 않은 나라에 최고의 충성을 바치면서도 세상 나라의 시민으로 의무를 다하기란 쉽지 않다. 살다보면 인간보다 하나님께 순종해야 할 때가 있다.

¹ 내가 오늘 명하는 모든 명령을 너희는 지켜 행하라 그리하면 너희가 살고 번성하고 여호와께서 너희의 조상들에게 맹세하신 땅에 들어가서 그것을 차지하리라 ² 네 하나님 여호와께서 이 사십 년 동안에 네게 광야 길을 걷게 하신 것을 기억하라 이는 너를 낮추시며 너를 시험하사 네 마음이 어떠한지 그 명령을 지키는지 지키지 않는지 알려 하심이라 ³ 너를 낮추시며 너를 주리게 하시며 또 너도 알지 못하며 네 조상들도 알지 못하던 만나를 네게 먹이신 것은 사람이 떡으로만 사는 것이 아니요 여호와의 입에서 나오는 모든 말씀으로 사는 줄을 네가 알게 하려 하심이니라 ⁴ 이 사십 년 동안에 네 의복이 해어지지 아니하였고 네 발이 부르트지 아니하였느니라 ⁵ 너는 사람이 그 아들을 징계함같이 네 하나님 여호와께서 너를 징계하시는 줄 마음에 생각하고 ⁶ 네 하나님 여호와의 명령을 지켜 그의 길을 따라가며 그를 경외할지니라 ⁷ 네 하나님 여호와께서 너를 아름다운 땅에 이르게 하시나니 그곳은 골짜기든지 산지든지 시내와 분천과 샘이 흐르고 ⁸ 밀과 보리의 소산지요 포도와 무화과와 석류와 감람나무와 꿀의 소산지라 ⁹ 네가 먹을 것에 모자람이 없고 네게 아무 부족함이 없는 땅이며 그

땅의 돌은 철이요 산에서는 동을 캘 것이라 ¹⁰ 네가 먹어서 배부르고 네 하나님 여호와께서 옥토를 네게 주셨음으로 말미암아 그를 찬송하리라

¹ "The whole commandment that I command you today you shall be careful to do, that you may live and multiply, and go in and possess the land that the Lord swore to give to your fathers. ² And you shall remember the whole way that the Lord your God has led you these forty years in the wilderness, that he might humble you, testing you to know what was in your heart, whether you would keep his commandments or not. ³ And he humbled you and let you hunger and fed you with manna, which you did not know, nor did your fathers know, that he might make you know that man does not live by bread alone, but man lives by every word¹ that comes from the mouth of the Lord. ⁴ Your clothing did not wear out on you and your foot did not swell these forty years. ⁵ Know then in your heart that, as a man disciplines his son, the Lord your God disciplines you. ⁶ So you shall keep the commandments of the Lord your God by walking in his ways and by fearing him. ⁷ For the Lord your God is bringing you into a good land, a land of brooks of water, of fountains and springs, flowing out in the valleys and hills, ⁸ a land of wheat and barley, of vines and fig trees and pomegranates, a land of olive trees and honey, ⁹ a land in which you will eat bread without scarcity, in which you will lack nothing, a land whose stones are iron, and out of whose hills you can dig copper. ¹⁰ And you shall eat and be full, and you shall bless the Lord your God for the good land he has given you.

¹¹ 내가 오늘 네게 명하는 여호와의 명령과 법도와 규례를 지키지 아

니하고 네 하나님 여호와를 잊어버리지 않도록 삼갈지어다 12 네가 먹어서 배부르고 아름다운 집을 짓고 거주하게 되며 13 또 네 소와 양이 번성하며 네 은금이 증식되며 네 소유가 다 풍부하게 될 때에 14 네 마음이 교만하여 네 하나님 여호와를 잊어버릴까 염려하노라 여호와는 너를 애굽 땅 종 되었던 집에서 이끌어 내시고 15 너를 인도하여 그 광대하고 위험한 광야 곧 불뱀과 전갈이 있고 물이 없는 간조한 땅을 지나게 하셨으며 또 너를 위하여 단단한 반석에서 물을 내셨으며 16 네 조상들도 알지 못하던 만나를 광야에서 네게 먹이셨나니 이는 다 너를 낮추시며 너를 시험하사 마침내 네게 복을 주려 하심이었느니라 17 그러나 네가 마음에 이르기를 내 능력과 내 손의 힘으로 내가 이 재물을 얻었다 말할 것이라 18 네 하나님 여호와를 기억하라 그가 네게 재물 얻을 능력을 주셨음이라 이같이 하심은 네 조상들에게 맹세하신 언약을 오늘과 같이 이루려 하심이니라 19 네가 만일 네 하나님 여호와를 잊어버리고 다른 신들을 따라 그들을 섬기며 그들에게 절하면 내가 너희에게 증거하노니 너희가 반드시 멸망할 것이라 20 여호와께서 너희 앞에서 멸망시키신 민족들같이 너희도 멸망하리니 이는 너희가 너희의 하나님 여호와의 소리를 청종하지 아니함이니라

11 "Take care lest you forget the Lord your God by not keeping his commandments and his rules and his statutes, which I command you today, 12 lest, when you have eaten and are full and have built good houses and live in them, 13 and when your herds and flocks multiply and your silver and gold is multiplied and all that you have is multiplied, 14 then your heart be lifted up, and you forget the Lord your God, who brought you out of the land of Egypt, out of the house of slavery, 15 who led you through the great and terrifying wilderness, with its fiery serpents and scorpions and thirsty ground where there was no water, who brought you water out of the flinty rock, 16 who fed you in the

wilderness with manna that your fathers did not know, that he might humble you and test you, to do you good in the end. [17] Beware lest you say in your heart, 'My power and the might of my hand have gotten me this wealth.' [18] You shall remember the Lord your God, for it is he who gives you power to get wealth, that he may confirm his covenant that he swore to your fathers, as it is this day. [19] And if you forget the Lord your God and go after other gods and serve them and worship them, I solemnly warn you today that you shall surely perish. [20] Like the nations that the Lord makes to perish before you, so shall you perish, because you would not obey the voice of the Lord your God."

1 Hebrew by all

≋≋≋≋ 단락 개관 ≋≋≋≋

네 하나님 여호와를 잊지 말라

이번 장의 논증은 역사에 기반을 두고 있다. 광야 경험은 이전 세대에게 인간의 자원은 생명을 지탱하기에 불충분하다는 교훈을 주었다. "사람이 떡으로만 사는 것이 아니요 여호와의 입에서 나오는 모든 말씀으로 사는 줄을 네가 알게 하려 하심이니라"(3절). 인생은 필요한 양식을 하나님께 의존한다. 광야에서의 삶이 풍요로운 땅에서의 삶과 대조되고 있다(2-5, 7-10, 12-13, 14-16절). 하나님께 의존한다는 사실은 상황이 덜 절박할 때에도 변함없을 것이다. 광야의 교훈은 하나님께서 백성에게 필수품을 공급하심은 언약의 성취에서 온다는 것이다(2, 18절). 따라서 이스라엘은 하나님의 명령과 구속, 그들과 하나님의 관계를 잊어버리면 안 된다(11, 14, 19절).

모세는 광야에서 겪은 역경을 상기시키는 말로 시작하고 끝을 맺는다 (1-6절, 14b-17절). 이런 역경은 약속의 땅에서 누릴 풍요로움을 다루는 중간 부분과 대조를 이룬다(7-10절, 12-13절). 11절은 두 가지 주제의 중심부에 있다. "네 하나님 여호와를 잊어버리지 않도록 삼갈지어다." '주의하라'('삼가라', 샤마르)는 명령은 1, 2, 6절에 나오고, '잊다'[샤카흐(*shakakh*)]라는 용어는 14절과 19절에 나온다. 6:10-15에 나오는 경고가 중심 주제로 다시 등장한다. 약속의 땅이 주는 풍요로움은 하나님을 신뢰하는 데 오히려 걸림돌이 된다. 광야의 경험은 그것이 위협이 될 수 있음을 보여주는 증거다.

≋≋≋ 단락 개요 ≋≋≋

8:1 히브리어 라하브(*rahab*)로 표현된 수적 풍부함이란 주제가 앞 장에서 계속 이어진다(7:1-26의 단락 개관을 참고하라). 언약을 잘 지키면 이스라엘은 "살고 번성[할]" 기회를 얻게 될 것이다. 소와 양, 은과 금 등 모든 재산이 늘어날 것이다(8:13) "모든 명령"을 지킨다는 것은 완전한 충성을 요구하는 표현이다(참고. 6:1-3). 하나님을 기억하는 것과 순종은 별개의 일이 아니다. 명령을 지키지 못하는 것은 곧 하나님을 잊어버린 것이다.

8:2-5 이 구절은 하나님께서 백성들을 시험하신 일을 설명한다. 인간이 살기 위해서는 떡이 있어야 하지만 그런 필요를 확보할 능력이 없다. 그러므로 오직 떡으로만 사는 것은 불가능하다. 광야에서 양식이 떨어졌던 경험은 이스라엘에게 그들이 떡으로만 사는 게 아니라는 것을 배우는 기회였다. 그런 시험으로 그들의 실제 마음의 태도가 드러났다. 인간의 모든 노력이 소용없을 때, 하나님께서 생명 연장을 보장하실 수 있음을 그들은 알았을까? 그런 신뢰는 삶에 반드시 필요하다. 유한한 인간은 하나님께서 명하신 대로 살아간다. 광야 경험은 권력과 재물은 신뢰할 수 없다는 전제를 확증한다. 풍요로운 땅에 곧 들어갈 사람들은 이런 사실을 반드시 알아야 한다. 광야는 배움의 학교였다. 사십 년에 걸친 광야 여정에서 그들의 옷은 닳아 없어지지 않았고 발도 퉁퉁 붓지 않았다. 이런 대책은 하나님의 결정에 따른 것이었다.

만나는 6월과 7월에 시나이의 일부 지역에서 에셀나무에 있는 패각충의 분비물이 결정화되어 땅에 떨어지는 식용 감로(곤충 잔류물)로 설명되곤 한다. 만(*man*)이란 용어는 아랍어에서 감로와 감로를 생산하는 일부 곤충을 가리키는 데 사용된다. 설령 이것이 출애굽기에 나오는 양식이라 할지라도, 광야에서 이스라엘이 생존할 수 있게 해준 그 기적적인 성격은 조금도 퇴색하지 않는다.

8:6-10 이스라엘이 곧 들어갈 땅은 광야와의 대비가 두드러지는 은유로 묘사되고 있다. 이 땅은 시냇물이 흐르는 곳이다. 샘과 지하수로 인해 산지와 넓은 골짜기에 시냇물이 세차게 흐른다. "골짜기"란 용어는 므깃도와 같이 방대한 지역을 묘사한다(대하 35:22; 슥 12:11). 그런 땅에서는 밀과 보리, 포도, 무화과, 석류, 올리브 기름, 꿀(아마도 과즙) 등 다양한 먹을거리가 풍성하게 생산된다. 이것은 물품 목록이다. 산헤립도 그 땅을 이와 비슷하게 묘사한다(왕하 18:32). 이곳은 도구 제조에 필요한 철과 구리를 생산하는 땅인데, 특히 요단 동편, 사해 남쪽의 요단 골짜기, 아카바만으로 뻗은 단층이 그러하다. 그처럼 풍부한 땅에서는 가난한 사람들에게 소홀하기 쉽다. 가난한 자는 언약에 대한 충성과 관련해 하나님의 주된 관심사인데도 그렇다. 풍요로움 속에서 하나님을 신뢰하고 그분이 베푸신 좋은 것들에 대해 그분을 송축하기란 더욱 어렵다.

8:11-13 이 풍요로운 땅에 들어가는 백성들은 능력이 상당하다. 장차 가축과 양 떼가 증식할 것이고 투자도 급격히 늘어날 것이다. 그런 사람들이 어떻게 교만해지지 않겠는가? 그들은 이집트와 광야를 기억해야 한다.

8:14-18 이집트와 광야는 약속의 땅이 제공하는 풍부함을 묘사할 때처럼 은유적으로 묘사된다. 이집트는 노예로 살던 장소였고, 광야는 물리면 불타는 듯한 뱀과 납 채찍 같은 침을 가진 전갈이 숨어 있는 곳이다(왕상 12:11, 14). 수많은 이스라엘 백성은 생존에 필요한 물과 양식을 공급받지 못했고 완전히 무력한 상태에 빠졌다. 그러나 하나님의 명령으로 단단한 바위에서 물이 터져 나왔고 땅에서 만나를 거두게 되었다. 생존에 필요한 음식의 공급은 도무지 설명할 길이 없다. 전적으로 의존하는 것보다 더 큰 시험은 없다. 그것은 최대의 역경이다. 이 모든 일은 백성의 유익을 위해 일어났다. 자기 힘으로 살아갈 수 있다는 생각이 들 때면 그들은 광야의 교훈을 기억해야 한다. 그들의 모든 힘과 재물은 하나님께서 주신 선물이다. 그것은 공로와 전혀 상관없이 주어진 선물이다. 그들이 생명과 번영

을 선물로 받는 것은 하나님께서 그들의 조상에게 한 맹세를 반드시 지키는 분이시기 때문이다. 하나님의 명령으로 그들은 한 민족으로 존재할 수 있었고 풍요로운 땅에 들어가게 되었다.

8:19-20 자기 능력이나 공로로 얻지 않은 재물과 번영은 그들의 힘으로 유지될 수 없다. 모세는 가나안 족속이 숭배하는 물질주의 신들의 유혹과 (번영을 위해서라며 얼마든지 조종 가능한) 바알 신의 속임수를 매우 잘 알고 있었다. 재물은 재물에 대한 욕망을 낳고 더 많은 재물을 얻으려는 이중성을 띤다. 생명을 주시는 분을 잊어버리면 이스라엘은 멸망할 뿐이다. 그들 앞에서 멸망당한 가나안 족속처럼 되는 것이다. 이스라엘은 떡만으로 살 수 없다.

≈≈≈≈≈ 응답 ≈≈≈≈≈

이 구절은 복음서에 나오는 예수님의 시험 이야기(예. 마 4:1-4) 덕분에 유명하다. 예수님이 사십 일 동안 금식한 후, 사탄이 그분에게 돌을 떡으로 만들라고 유혹한다. 예수님은 신명기 8:3을 인용하며 사람이 떡으로만 살지 않는다고 응답하신다. 하나님은 이스라엘이 하나님께 의존하고 있음을 보여주기 위해 그들을 시험하신다. 그들은 스스로 살아가는 데 필요한 것을 채울 수 없는 존재들이다. 그러므로 하나님의 뜻에 순종하며 살아야 한다. 예수님은 모세의 말을 정확하게 해석하고 그 해석으로 응답하신다. 하나님께서 이스라엘을 시험했듯 예수님이 시험받으신 것은, 그분이 하나님의 뜻에 따라 사실 것임을 보여주기 위해서다. 이스라엘이 광야에서 반응했던 식으로 예수님이 반응하도록 유혹할 기회를 사탄 역시 가진다. 이스라엘은 하나님의 뜻에 따라 믿음으로 살지 않았기 때문에 하나님께 물을 달라고 요구하며 그분을 시험했다(6:16).

　풍족한 가운데서 믿음으로 신실하게 살기란 지극히 어렵다. 하나님께서 이스라엘의 은과 금을 늘리실 것이므로(13절) 왕이 나서서 은과 금을 늘리려 해서는 안 된다(17:17). 하나님의 선물은 선하지만, 문제는 이스라엘이 교만해져 그 공을 자기에게 돌리고, 그들을 이집트에서 구해내신 하나님을 잊어버리는 것이다(14절). 왕은 재물을 늘릴 수 있는 권력을 가질 수 있는데, 그렇게 하는 이유는 오직 교만과 자만 때문일 것이다. 그러므로 왕이 자기 마음대로 재물을 추구하지 못하게 하는 명령이 반드시 필요하다. 그런 행위는 믿음을 저버리는 것이기 때문이다. 재물을 위해 재물을 구하는 것은 하나님이 아니라 맘몬을 섬기는 것이다. 우리가 얻은 재물은 언제나 하나님을 위해 사용해야 하는 그분의 선물인데도 이 사실을 깨닫기 쉽지 않다. "낙타가 바늘귀로 들어가는 것이 부자가 하나님의 나라에 들어가는 것보다 쉬우니라"(마 19:24).

¹ 이스라엘아 들으라 네가 오늘 요단을 건너 너보다 강대한 나라들로 들어가서 그것을 차지하리니 그 성읍들은 크고 성벽은 하늘에 닿았으며 ² 크고 많은 백성은 네가 아는 아낙 자손이라 그에 대한 말을 네가 들었나니 이르기를 누가 아낙 자손을 능히 당하리요 하거니와 ³ 오늘 너는 알라 네 하나님 여호와께서 맹렬한 불과 같이 네 앞에 나아가신즉 여호와께서 그들을 멸하사 네 앞에 엎드러지게 하시리니 여호와께서 네게 말씀하신 것같이 너는 그들을 쫓아내며 속히 멸할 것이라

¹ "Hear, O Israel: you are to cross over the Jordan today, to go in to dispossess nations greater and mightier than you, cities great and fortified up to heaven, ² a people great and tall, the sons of the Anakim, whom you know, and of whom you have heard it said, 'Who can stand before the sons of Anak?' ³ Know therefore today that he who goes over before you as a consuming fire is the Lord your God. He will destroy them and subdue them before you. So you shall drive them out and make them perish quickly, as the Lord has promised you.

4 네 하나님 여호와께서 그들을 네 앞에서 쫓아내신 후에 네가 심중에 이르기를 내 공의로움으로 말미암아 여호와께서 나를 이 땅으로 인도하여 들여서 그것을 차지하게 하셨다 하지 말라 이 민족들이 악함으로 말미암아 여호와께서 그들을 네 앞에서 쫓아내심이니라 5 네가 가서 그 땅을 차지함은 네 공의로 말미암음도 아니며 네 마음이 정직함으로 말미암음도 아니요 이 민족들이 악함으로 말미암아 네 하나님 여호와께서 그들을 네 앞에서 쫓아내심이라 여호와께서 이같이 하심은 네 조상 아브라함과 이삭과 야곱에게 하신 맹세를 이루려 하심이니라

4 "Do not say in your heart, after the Lord your God has thrust them out before you, 'It is because of my righteousness that the Lord has brought me in to possess this land,' whereas it is because of the wickedness of these nations that the Lord is driving them out before you. 5 Not because of your righteousness or the uprightness of your heart are you going in to possess their land, but because of the wickedness of these nations the Lord your God is driving them out from before you, and that he may confirm the word that the Lord swore to your fathers, to Abraham, to Isaac, and to Jacob.

6 그러므로 네가 알 것은 네 하나님 여호와께서 네게 이 아름다운 땅을 기업으로 주신 것이 네 공의로 말미암음이 아니니라 너는 목이 곧은 백성이니라 7 너는 광야에서 네 하나님 여호와를 격노하게 하던 일을 잊지 말고 기억하라 네가 애굽 땅에서 나오던 날부터 이곳에 이르기까지 늘 여호와를 거역하였으되 8 호렙산에서 너희가 여호와를 격노하게 하였으므로 여호와께서 진노하사 너희를 멸하려 하셨느니라 9 그때에 내가 돌판들 곧 여호와께서 너희와 세우신 언약의 돌판들을 받으려고 산에 올라가서 사십 주 사십 야를 산에 머물며 떡도 먹지 아

니하고 물도 마시지 아니하였더니 ¹⁰ 여호와께서 두 돌판을 내게 주셨나니 그 돌판의 글은 하나님께서 손으로 기록하신 것이요 너희의 총회 날에 여호와께서 산상 불 가운데서 너희에게 이르신 모든 말씀이니라 ¹¹ 사십 주 사십 야를 지난 후에 여호와께서 내게 돌판 곧 언약의 두 돌판을 주시고 ¹² 내게 이르시되 일어나 여기서 속히 내려가라 네가 애굽에서 인도하여 낸 네 백성이 스스로 부패하여 내가 그들에게 명령한 도를 속히 떠나 자기를 위하여 우상을 부어 만들었느니라

⁶ "Know, therefore, that the Lord your God is not giving you this good land to possess because of your righteousness, for you are a stubborn people. ⁷ Remember and do not forget how you provoked the Lord your God to wrath in the wilderness. From the day you came out of the land of Egypt until you came to this place, you have been rebellious against the Lord. ⁸ Even at Horeb you provoked the Lord to wrath, and the Lord was so angry with you that he was ready to destroy you. ⁹ When I went up the mountain to receive the tablets of stone, the tablets of the covenant that the Lord made with you, I remained on the mountain forty days and forty nights. I neither ate bread nor drank water. ¹⁰ And the Lord gave me the two tablets of stone written with the finger of God, and on them were all the words that the Lord had spoken with you on the mountain out of the midst of the fire on the day of the assembly. ¹¹ And at the end of forty days and forty nights the Lord gave me the two tablets of stone, the tablets of the covenant. ¹² Then the Lord said to me, 'Arise, go down quickly from here, for your people whom you have brought from Egypt have acted corruptly. They have turned aside quickly out of the way that I commanded them; they have made themselves a metal image.'

13 여호와께서 또 내게 말씀하여 이르시되 내가 이 백성을 보았노라 보라 이는 목이 곧은 백성이니라 14 나를 막지 말라 내가 그들을 멸하여 그들의 이름을 천하에서 없애고 너를 그들보다 강대한 나라가 되게 하리라 하시기로 15 내가 돌이켜 산에서 내려오는데 산에는 불이 붙었고 언약의 두 돌판은 내 두 손에 있었느니라 16 내가 본즉 너희가 너희의 하나님 여호와께 범죄하여 자기를 위하여 송아지를 부어 만들어서 여호와께서 명령하신 도를 빨리 떠났기로 17 내가 그 두 돌판을 내 두 손으로 들어 던져 너희의 목전에서 깨뜨렸노라 18 그리고 내가 전과 같이 사십 주 사십 야를 여호와 앞에 엎드려서 떡도 먹지 아니하고 물도 마시지 아니하였으니 이는 너희가 여호와의 목전에 악을 행하여 그를 격노하게 하여 크게 죄를 지었음이라 19 여호와께서 심히 분노하사 너희를 멸하려 하셨으므로 내가 두려워하였노라 그러나 여호와께서 그때에도 내 말을 들으셨고 20 여호와께서 또 아론에게 진노하사 그를 멸하려 하셨으므로 내가 그때에도 아론을 위하여 기도하고 21 너희의 죄 곧 너희가 만든 송아지를 가져다가 불살라 찧고 티끌같이 가늘게 갈아 그 가루를 산에서 흘러내리는 시내에 뿌렸느니라

13 "Furthermore, the Lord said to me, 'I have seen this people, and behold, it is a stubborn people. 14 Let me alone, that I may destroy them and blot out their name from under heaven. And I will make of you a nation mightier and greater than they.' 15 So I turned and came down from the mountain, and the mountain was burning with fire. And the two tablets of the covenant were in my two hands. 16 And I looked, and behold, you had sinned against the Lord your God. You had made yourselves a golden¹ calf. You had turned aside quickly from the way that the Lord had commanded you. 17 So I took hold of the two tablets and threw them out of my two hands and broke them before

your eyes. 18 Then I lay prostrate before the Lord as before, forty days and forty nights. I neither ate bread nor drank water, because of all the sin that you had committed, in doing what was evil in the sight of the Lord to provoke him to anger. 19 For I was afraid of the anger and hot displeasure that the Lord bore against you, so that he was ready to destroy you. But the Lord listened to me that time also. 20 And the Lord was so angry with Aaron that he was ready to destroy him. And I prayed for Aaron also at the same time. 21 Then I took the sinful thing, the calf that you had made, and burned it with fire and crushed it, grinding it very small, until it was as fine as dust. And I threw the dust of it into the brook that ran down from the mountain.

22 너희가 다베라와 맛사와 기브롯 핫다아와에서도 여호와를 격노하게 하였느니라 23 여호와께서 너희를 가데스 바네아에서 떠나게 하실 때에 이르시기를 너희는 올라가서 내가 너희에게 준 땅을 차지하라 하시되 너희가 너희의 하나님 여호와의 명령을 거역하여 믿지 아니하고 그 말씀을 듣지 아니하였나니 24 내가 너희를 알던 날부터 너희가 항상 여호와를 거역하여 왔느니라

22 "At Taberah also, and at Massah and at Kibroth-hattaavah you provoked the Lord to wrath. 23 And when the Lord sent you from Kadeshbarnea, saying, 'Go up and take possession of the land that I have given you,' then you rebelled against the commandment of the Lord your God and did not believe him or obey his voice. 24 You have been rebellious against the Lord from the day that I knew you."

1 Hebrew *cast metal*

〰〰〰 단락 개관 〰〰〰

너희의 의로움으로 정복한 것이 아니다

가나안 문화와 약속의 땅에서 누리는 번영이 이스라엘에 위험한 근본적인 이유는 이스라엘 백성의 그릇된 자기평가에 있다. 그들은 자신들의 공로로 이 풍성함을 누리게 되었다고 생각한다. 새로운 세대는 자신들이 더 진보했기에 과거의 실수를 되풀이하지 않을 것이라고 착각한다. 이런 주장을 정당화하는 이유는 항상 있기 마련이다. 그동안 가나안의 큰 도시 국가들을 정복하면서 그릇된 자신감을 품게 되었는지도 모른다. 이런 상황은 가나안의 어느 도시보다 큰 민족인 이집트에서 구원받은 경우와 다르지 않다. 주님을 경외하기를 잊을 경우, 그런 승리가 얼마나 빨리 하나님의 심판을 받는 계기가 되는지 보여주기 위해 모세는 시내산 이야기를 꺼낸다.

시내산 아래에서 만들었던 금송아지는 반역의 대표적인 사례다. 모세는 "목이 곧은 백성"(6절)에게 경고한 후, 그들이 어떻게 "하나님 여호와를 격노하게"(7절) 했는지 기억하라고 명한다. 이어서 출애굽기 32-34장에 나오는 사건들, 곧 언약을 위반한 일(7-24절)과 하나님의 은혜로 언약을 회복하고 갱신한 일(9:25-10:11)을 모두 이야기한다. 출애굽기는 모세가 십계명을 처음 받을 때 사십 일 밤낮을 산 위에서 은둔한 일(출 24:18)과 이후 백성들이 언약을 어기면서 돌판이 깨어진 다음, 또 다시 사십 일 밤낮을 산 위에 머물며 돌판을 받은 일(출 34:28)을 말해준다. 출애굽기에서는 시내산의 금송아지 사건을 성막 건축 지시와 그 지시의 실행 사이에 배치한다. 이러한 문학 구조는 백성들의 배교로 하나님과 백성들이 만나는 회막 설치에 지장이 있었음을 시사한다.

모세가 처음 십계명을 받기 위해 사십 일 동안 자리를 비운 동안 백성들은 여호와 상(像)으로 묘사된 형상을 만들었다. 이로 인해 하나님은 모세에게 급히 산에서 내려가라고 재촉하셨다. 하나님의 진노가 그들의 진멸로 이어질 것이기 때문이었다(출 32:7-10). 모세는 산을 내려가기 전에 이스라엘을 대신해 자비를 베풀어달라고 간구했다. 심판을 면하게 해달라는 모세의 기도는 세 가지 주장(출 32:11-13)에 근거했다. 첫째, 하나님께서 기적적으로 이 백성을 이집트에서 구원하셨기 때문이다. 둘째, 여호와의 의도가 자기 백성을 광야에서 진멸하는 것이었다고 이집트 사람들이 제멋대로 떠들 것이기 때문이다. 셋째, 하나님께서 족장들에게 가나안 땅을 영원한 기업으로 주겠다고 약속하셨기 때문이다. 이 기도는 신명기에서 사건으로 서술되지는 않았으나 신명기 9:18에 언급된 것으로 보인다. 모세가 "전과 같이" 여호와 앞에 엎드렸다고 설명하고 있다. 이전 기도에 대한 언급은 모세가 산에서 내려오기 전에 했던 출애굽기의 기도를 암시하는 것이 분명하다. 이 같은 설명은 출애굽기 이야기가 충분히 알려져 있어 어떤 기도를 말하는지 독자가 알고 있다고 가정한다.

≋≋≋≋ 단락 개요 ≋≋≋≋

$$\approx\approx\approx\approx$$ **주석** $\approx\approx\approx\approx$

9:1-6 마지막 권고 부분은 처음의 쉐마 명령으로 시작된다(6:4-5; 9:1). 이 같은 소환은 신명기에서 다섯 번 이루어지며 맨 처음은 십계명을 소개하는 5:1이다. 이 어구는 앞으로 이스라엘이 그 땅에 들어갈 때 치를 전쟁에 대한 지시(20:3)와 그 땅에 들어간 것을 기념하는 행사(27:9)와 관련해 반복될 것이다. 이 율법의 가르침에 대한 프롤로그의 마지막 경고는 쉐마의 메아리로 시작된다. 이스라엘은 하나님을 사랑하되 그들을 자기 백성으로 창조하여 그들에게 그 땅을 주시는 분으로 사랑해야 한다.

이스라엘의 하나님은 "삼키는 불이시며, 질투하는 하나님"이시다(4:24, 새번역). 이 말은 하나님께서 자기 백성을 위해 열정적으로 행동하는 분이심을 가리킨다. "아낙 자손"으로 알려진 가나안의 막강한 주민들은 이스라엘 앞에서 도무지 저항할 수 없을 것이다(참고. 1:28). 그런 세력을 이긴다고 해서 이스라엘이 스스로를 이제 심판 받는 사악한 가나안 족속보다 더 의롭다고 생각해서는 안 된다(4절). 그럴 위험이 매우 커서 권면이 되풀이된다. "네 공의로 말미암음도 아니[다]"(5절). 또한 모세는 그 원인도 반복한다. "이 민족들이 악함으로 말미암아." 이 구절들은 가나안 정복을 사법적 용어로 진술하고 있다. 가나안 정복은 누가 옳고 그르냐의 문제가 아니다. 가나안 족속은 분명히 죄가 있고 따라서 형벌을 받고 있다(참고. 창 15:16). 그렇다고 이스라엘에 죄가 없다는 뜻이 아니다. 두 번째 참고 사항이 정복의 이유를 충분히 상기시켜준다. 그것은 아브라함에게 하신 약속의 성취다. "내가 이 땅을 애굽 강에서부터 그 큰 강 유브라데까지 네 자손에게 주노니"(창 15:18). 그 땅에 들어가는 것은 하나님께서 아브라함과 이삭과 야곱과 맺은 맹세를 실행하시는 일이다. 이스라엘에 관해서는 그들이 "목이 곧은 백성"이라는 것밖에 할 말이 없다(6절). 열정적인 하나님은 이스라엘을 위해 행동하시되 어떤 경쟁자도 용납하지 않으신다. 그분은 이스라엘에게 삼키는 불이시기도 하다.

9:7-12 주님을 경외할 필요성은 이중 명령, 곧 "잊지 말고 기억하라"는 말로 시작된다. 현재 모압에 있는 세대는 과거에 모세가 돌판에 기록된 언약의 말씀을 받는 동안 사십 일을 금식했던 그 불타는 산을 목격한 적이 없다. 금을 녹여 만든 형상 또는 그 우상이 숭배를 받은 세세한 사항을 굳이 상기시킬 필요도 없다. 그러나 거룩한 하나님을 어떻게든 형상으로 만들어 표상할 수 있다는 생각 자체가 터무니없다. 불은 종종 하나님의 거룩하심을 상징하고, 그분이 통속적인 것과 절대적으로 떨어져 있는 분임을 묘사한다. 그런 하나님께서 믿고 경외하라고 명령하신다. 이는 하나님께 의존하고 있음을 보여주는 두 가지 측면이다. 그런데 이스라엘은 그 산에 불이 붙은 상황에서도 하나님을 경외하지 않았다.

9:13-15 모세는 예전에 그 산에 있는 동안 하나님께서 하셨던 말씀을 회상한다(14절, 참고. 출 32:10). "나를 막지 말라"고 하신 것으로 보아 모세가 개입했던 것 같다. 약자를 위해 중재하는 것이 선지자의 역할이기 때문이다. 하나님의 자비에 호소하여 죄를 회개하고 죄에 대한 심판을 누그러뜨릴 기회의 문이 열린 셈이다.

9:16-17 모세는 매우 의도적이고 극적인 행동을 취한다. '두 돌판을 두 손으로 들어 던져' 깨뜨린 것이다. 모세는 그 사건을 회상하면서, 언약이 계시되었을 때조차 언약이 어떻게 깨졌는지 보여주기 위해 언약 돌판이 산산조각 났다는 사실을 명기한다. 언약 문서를 파기하면 언약은 즉시 무효가 된다.

9:18-21 이 구절은 모세가 백성을 위해 기도하던 사십 일 밤낮에 대한 두 번째 언급이다. 신명기 9:25-29에서는 모세가 기도한 내용을 밝히고, 10:10-11에서는 그의 기도에 하나님께서 호의적으로 응답하셨음을 기록한다. 이 기도는 돌판을 깨뜨린 사건과 우상 파괴 사이에 배치되어 있지만, 사십 일을 언급한 것은 두 사건 사이에 한 달 이상이 지났다는 의미는 아

니다. 출애굽기는 모세가 다음 세 가지 경우에 기도했다고 말한다. 첫째는 그가 산 위에 있을 때였고(출 32:11-14), 둘째는 송아지 상을 부수고 범죄자들을 처형한 후였으며(출 32:30-32), 셋째는 돌판이 다시 쓰였을 때였다(출 34:9). 신명기는 상세한 내용을 생략하고 있지만, 여기에 묘사된 사건들은 출애굽기에 나오는 사건들과 유사하다. 여기서는 모세가 "전과 같이"(18절) 기도했다고 하는데, 이는 금식으로 보낸 사십 일이 그가 언약의 말씀을 받기 위해 산 위에 있을 때를 언급하는 것임을 가리킨다. 주님은 "그때에도"(19절) 모세의 말을 들으셨다고 하는데, 이 또한 이 기도가 산 위에서 드린 이전의 기도와 같음을 시사한다.

출애굽기 내러티브는 아론이 송아지를 만든 것은 자기기만에 빠졌기 때문이라고 시사한다. 송아지는 보통 이집트 신들과 가나안 신들을 표상하는 데 사용되었지만, 아론이 여호와께 경의를 표하는 축제라고 선언한 것으로 보아 그런 신들을 위해 형상을 만든 것은 아니었다(출 32:5-6). 백성들은 모세가 어떻게 되었는지 알지 못해 여호와의 인도를 상징하는 무언가를 원했던 것 같다(출 32:1). 아마도 송아지 상은, 보좌를 상징하는 속죄소 양끝에 올리기 위해 만든 그룹같이(출 25:18-22), 눈에 보이지 않는 여호와의 임재를 위한 받침대로 만들어진 듯하다. 모세가 아직 산에서 내려오지 않은 상황이었던 만큼, 아론은 휘장 뒤 어둠 속에서 보이지 않는 하나님의 형상을 만들지 말라는 가르침을 미처 알지 못했다고 추론해볼 수도 있다. 그럼에도 불구하고 아론은 그의 행동에 전적으로 책임져야 했지만, 모세의 중보기도를 통해 자비를 받았다.

우상을 불태우고 빻아서 파괴했다는 것은, 그것이 금속으로 지지되고 새겨진 나무 물체였음을 가리킨다. 이처럼 흔적을 없애는 절차는 가나안 문화에서 널리 알려져 있었다. 우가리트 문헌은 모트(Mot)라고 불리는 가나안의 죽음의 신이 대적인 아나트(Anat)에게 끝장나는 광경을 이렇게 표현한다. "그녀[아나트]는 그를 칼로 갈랐고, 채로 흩어버렸고, 불로 태웠고… 들판에 뿌렸다. 새들이 그의 살점을 먹었고, 가금이 그의 사지를 삼켰다."[34] 출애굽기 32:20에 따르면, 모세가 불살라 부순 우상 가루를 물에 타서 백성에게 마시게 했다고 한다. 이는 민수기 5:12-28에서 간음 혐의가 있는 여인을 시험했던 것같이 죄인을 판별하는 방법이었는지 모른다. 하지만 신명기에서는 그런 시험을 언급하지 않는다. 이 모든 절차의 목적은 완전히 해체하여 흔적조차 없게 만드는 것이다.

9:22-24 이 구절에 거명된 반역의 장소들은 이스라엘 백성이 이집트에서 구원받은 후 처음으로 머물렀던 곳들이다. 맛사는 시내산에 도착하기 전 마지막으로 머물렀던 곳으로 물이 없어 반역했던 장소다(출 17:1-7). 다베라 사건과 기브롯 핫다아 사건은 시내산을 떠난 직후에 일어났으며, 각각 백성이 원망을 하다가 불이 발발한 장소(민 11:1-3)와 고기를 간절히 바랐던 장소(민 11:4-15)다. 두 사건 사이에 아무런 여정이 나오지 않는 것으로 보아 두 사건 모두 같은 장소에서 일어났을 수도 있다. 백성들은 시내산에서 가데스 바네아로 이동했고, 거기서 약속의 땅에 들어가기를 거부하는 바람에(민 13:32-14:4) 그 세대가 모두 광야에서 죽고 말았다. 이스라엘 백성에게 반역은 어쩌다 일어난 사건이 아니라 이집트를 떠난 이후로 발걸음을 옮길 때마다 상습적으로 일어난 문제였다.

≈≈≈≈ 응답 ≈≈≈≈

모세의 연설에서 이 부분은 주님이 이스라엘을 처음 알게 된 날부터 그들이 "항상 여호와를 거역[해왔다]"(24절)는 한 마디로 마무리된다. 시내산에서 일어난 반역은 여기에 거명된 다섯 개의 사건(22-23절) 중 하나에 불과했다. 호렙에서 세일산 경로를 거쳐 가데스 바네아까지 이동하는 데 열하루가 걸렸다(1:2). 불과 두 주도 않되는 여정을 걷는 동안 이스라엘은 다섯

---

34 Johannes C. de Moor, *An Anthropology of Religious Texts from Ugarit*, Nisaba 16 (Leiden: Brill, 1987), 89-90.

차례나 반역한 결과, 광야에서 방황하는 기간이 40년으로 늘어났다. 모세가 백성 앞에 선포한 율법(4:44)인 두 번째 연설의 프롤로그는 믿음을 위협하는 것이라는 주제로 말을 맺는다. 약속의 땅에 들어가는 세대는 자기 분수를 알아야 한다. 그렇지 않으면 그들도 그들의 조상과 다를 바 없다.

이 프롤로그를 마무리하는 권면은 온 인류와 사회에도 해당하며, 어느 문명에서든 최악의 고통과 불의를 일으키는 요인에 대해 경고한다. 가장 심란한 요인은 모세가 입증하듯 자기기만의 기록이다. 이집트에서 억압을 당하며 구원해달라고 부르짖던 세대가 순식간에 자기는 구속받을 자격이 있다고 생각하며 자만에 빠진다. 그들이 떡만으로는 살 수 없음을 보여주기 위해 하나님께서 시험할 때, 그들은 자신들의 연약함으로 인해 오히려 하나님을 시험했다. 그들은 스스로 감당할 수 없는 삶에 대해 하나님을 신뢰하지 못한 듯 보인다. 모더니즘은 이른바 '계몽사상'의 발달과 함께 이런 상황을 더욱 악화시켰다. 인간의 자율성을 주장하다보니 인간 스스로 부여하거나 지탱할 수 없는 삶을 위해 인류 바깥에 있는 어떤 것도 신뢰하기를 거부한다. 포스트모더니즘은 어떤 역사철학도 자신을 증명할 수 없음을 인정하는 사상이지만, 실제로 약간이라도 겸손을 가져다주는 일을 한 적은 전혀 없다. 21세기 서구의 북미 사람들은 위대해지려면 자존감과 자신감, 자기 확신을 더 키워야 한다고 생각한다. 슬프게도 이것은 자기기만의 증거이고, 문제를 해결하지 못하는 인간의 무능함은 물론이고 자만과 탐욕을 초래한 죄까지 부인하는 것이다. 현대 사회는 과거 어느 때보다 모세가 여기서 이스라엘에게 전한 말이 진실임을 더할 수 없이 입증했다.

9:25 그때에 여호와께서 너희를 멸하겠다 하셨으므로 내가 여전히 사십 주 사십 야를 여호와 앞에 엎드리고 26 여호와께 간구하여 이르되 주 여호와여 주께서 큰 위엄으로 속량하시고 강한 손으로 애굽에서 인도하여 내신 주의 백성 곧 주의 기업을 멸하지 마옵소서 27 주의 종 아브라함과 이삭과 야곱을 생각하사 이 백성의 완악함과 악과 죄를 보지 마옵소서 28 주께서 우리를 인도하여 내신 그 땅 백성이 말하기를 여호와께서 그들에게 허락하신 땅으로 그들을 인도하여 들일 만한 능력도 없고 그들을 미워하기도 하사 광야에서 죽이려고 인도하여 내셨다 할까 두려워하나이다 29 그들은 주의 큰 능력과 펴신 팔로 인도하여 내신 주의 백성 곧 주의 기업이로소이다 하였노라

9:25 "So I lay prostrate before the Lord for these forty days and forty nights, because the Lord had said he would destroy you. 26 And I prayed to the Lord, 'O Lord God, do not destroy your people and your heritage, whom you have redeemed through your greatness, whom you have brought out of Egypt with a mighty hand. 27 Remember your servants, Abraham, Isaac, and Jacob. Do not regard the stubbornness of this people, or their wickedness or their sin, 28 lest the land from which you brought us say, "Because the Lord was not able to bring them into the land that he promised them, and because he hated them, he has brought them out to put them to death in the wilderness." 29 For they are your people and your heritage, whom you brought out by your great power and by your outstretched arm.'

10:1 그때에 여호와께서 내게 이르시기를 너는 처음과 같은 두 돌판을 다듬어 가지고 산에 올라 내게로 나아오고 또 나무궤 하나를 만들라 2 네가 깨뜨린 처음 판에 쓴 말을 내가 그 판에 쓰리니 너는 그것을 그 궤에 넣으라 하시기로 3 내가 조각목으로 궤를 만들고 처음 것과 같은 돌판 둘을 다듬어 손에 들고 산에 오르매 4 여호와께서 그 총회 날에 산 위 불 가운데에서 너희에게 이르신 십계명을 처음과 같이 그 판에 쓰시고 그것을 내게 주시기로 5 내가 돌이켜 산에서 내려와서 여호와께서 내게 명령하신 대로 그 판을 내가 만든 궤에 넣었더니 지금까지 있느니라

10:1 "At that time the Lord said to me, 'Cut for yourself two tablets of stone like the first, and come up to me on the mountain and make an ark of wood. 2 And I will write on the tablets the words that were on the first tablets that you broke, and you shall put them in the ark.' 3 So I made an ark of acacia wood, and cut two tablets of stone like the first, and went up the mountain with the two tablets in my hand. 4 And he wrote on the tablets, in the same writing as before, the Ten Commandments[1] that the Lord had spoken to you on the mountain out of the midst of the fire on the day of the assembly. And the Lord gave them to me. 5 Then I turned and came down from the mountain and put the tablets in the ark that I had made. And there they are, as the Lord commanded me."

6 (이스라엘 자손이 ¹⁾브에롯 브네야아간에서 길을 떠나 모세라에 이르러 아론이 거기서 죽어 장사되었고 그의 아들 엘르아살이 그를 이어 제사장의 직임을 행하였으며 7 또 거기를 떠나 굿고다에 이르고 굿고다를 떠나 욧바다에 이른즉 그 땅에는 시내가 많았으며 8 그때에 여호와께서 레위 지파를 구별하여 여호와의 언약궤를 메게 하며 여호와 앞에 서서 그를 섬기며 또 여호와의 이름으로 축복하게 하셨으니 그 일은 오늘까지 이르느니라 9 그러므로 레위는 그의 형제 중에 분깃이 없으며 기업이 없고 네 하나님 여호와께서 그에게 말씀하심같이 여호와가 그의 기업이시니라)

6 (The people of Israel journeyed from Beeroth Bene-jaakan² to Moserah. There Aaron died, and there he was buried. And his son Eleazar ministered as priest in his place. 7 From there they journeyed to Gudgodah, and from Gudgodah to Jotbathah, a land with brooks of water. 8 At that time the Lord set apart the tribe of Levi to carry the ark of the covenant of the Lord to stand before the Lord to minister to him and to bless in his name, to this day. 9 Therefore Levi has no portion or inheritance with his brothers. The Lord is his inheritance, as the Lord your God said to him.)

10 내가 처음과 같이 사십 주 사십 야를 산에 머물렀고 그때에도 여호와께서 내 말을 들으사 너를 참아 멸하지 아니하시고 11 여호와께서 내게 이르시되 일어나서 백성보다 먼저 길을 떠나라 내가 그들에게 주리라고 그들의 조상들에게 맹세한 땅에 그들이 들어가서 그것을 차지하리라 하셨느니라

10 "I myself stayed on the mountain, as at the first time, forty days and

forty nights, and the Lord listened to me that time also. The Lord was unwilling to destroy you. ¹¹ And the Lord said to me, 'Arise, go on your journey at the head of the people, so that they may go in and possess the land, which I swore to their fathers to give them.'"

1) 야아간의 아들들의 우물들

1 Hebrew *the ten words 2* Or *the wells of the Bene-jaakan*

〰〰〰 단락 개관 〰〰〰

중보기도와 회복

이 단락의 주제는 모세의 중보기도를 통한 언약 관계의 회복이다. 백성을 회복시켜달라는 모세의 기도(신 9:25-29)로 시작해 그 간구의 결과로 끝난다(10:10-11). 하나님은 모세에게 백성의 선두에 서서 행진을 재개하여 그들의 조상에게 주기로 맹세한 땅으로 그들을 데려오라고 명령하셨다.

기도에 관한 두 기사 사이에 회복과 관련된 다양한 사항이 거론되고 있다. 십계명이 적힌 두 돌판은 언약 관계의 기본적인 책임을 상세히 기술하고 영구적인 기록이므로 교체할 필요가 있었다. 모세가 새로 돌판을 다듬고 그것을 보관할 나무궤도 만들었다. 제사장 아론의 후임에 관한 기사도 나온다(6-7절). 아론이 큰 범죄에 연루되었기 때문에 그의 후계에 관한 기사가 포함된 것이다. 이 기사는 연대기적으로 맞지 않는다. 아론은 약 40년이 지나 이스라엘이 약속의 땅을 앞두었을 때까지 죽지 않았기 때문이다. 아론의 죽음은 또 다른 출처에서 채택한 이동 기사의 일부로 포함된 것이다. 이는 모세의 직접적인 연설이 중단되고, 이스라엘이 3인칭으로 언급된 사실로 알 수 있다. 본문에는 레위 지파의 역할에 관한 기사도 들어 있다. 이들은 죄지은 자들 가운데 포함되지 않아 범죄자 처형을 수행했다 (출 32:26-29). 모세는 특별한 임무를 위해 그들을 주님께 헌신하게 하고, 그들이 복을 받을 것이라고 선언했다. 여기서 레위 지파는 언약의 상징들을 운반하고 성막 의례에서 섬기는 거룩한 과업을 위임받게 될 것이라고 설명한다.

≋≋≋≋ **단락 개요** ≋≋≋≋

≋≋≋≋ **주석** ≋≋≋≋

9:25-29 사십 일 낮과 밤은 신명기 9:18-19(참고. 출 32:9-14)에 나오는 모세의 중보기도, 즉 그가 산에서 내려오기 전에 드렸던 기도를 상기시킨다. 모세는 송아지 우상을 파괴한 후 이스라엘 백성을 위해 간구한다. 그들은 하나님께서 창조하셨고 막강한 손으로 이집트에서 구해내신 그분의 백성

이기 때문이다. 그들은 하나님의 기업이다. 기업이란 한 가족에게 영구히 속한 땅에 비유되는 강력한 이미지다. 이 비유는 신명기 4:20, 곧 하나님께서 이스라엘을 용광로 같은 이집트에서 건져내 하나님의 소유로 삼으셨다고 말하는 구절에서 반복되고 있다. 하나님은 이 백성에게 개인적인 애착을 품고 계시며, 그들은 하나님께서 하시는 일의 대상이다. 이는 29절의 말미에 되풀이되고 있듯 이 기도의 주된 논거로 보인다. 이 기도의 두 번째 논거는 하나님께서 이스라엘의 조상에게 하신 맹세를 기억해야 한다는 것이다(27절). 현재 백성이 악하다고 해서 그 목적의 성취가 막혀서는 안 된다. 이 논거는 모세가 산 위에 있는 동안 드렸던 기도(출 32:13)에도 나온다.

세 번째 논거는 열방 가운데서 하나님의 평판과 관계가 있다. 출애굽기 32:12에는 여호와가 이스라엘 백성을 산에서 죽이고 지면에서 진멸하려는 악한 의도로 인도해 냈다고 이집트 사람들이 말하게 될지 모른다고 표현되어 있다. 바로는 "여호와가 누구이기에 내가 그의 목소리를 듣고 이스라엘을 보내겠느냐"(출 5:2) 하며 도전했었다. 바로는 하나님의 힘에 맞서 싸울 능력은 없지만, 여호와의 목적이 이스라엘을 구원하는 것이 아니며 이스라엘은 이집트에 남아야 한다고 주장할 수는 있었다. 이 구절에서는 열방이 여호와는 자기 백성을 구원할 능력이 없다고 믿을지도 모른다는 말을 모세가 덧붙이고 있다. 가데스 바네아에서 반역이 일어난 후 모세가 자비를 간구한 것 역시 하나님께서 자기 백성을 그 땅으로 인도할 능력이 없다고 열방이 말할 수 있다는(민 14:15-16) 데 근거한다. 열방이 보기에 하나님은 이스라엘을 구원할 '능력'이 없든지, 구원할 '마음'이 없든지 둘 중 하나다. 다른 한편으로는, 하나님께서 이스라엘을 구원할 능력이 없지만 그들을 버렸기 때문에 죽게 하려고 이집트에서 데리고 나왔다고 주장할 수도 있었다. 어느 경우든 하나님의 목적과 인격이 비방을 당한다는 것이다. 이 기도는 오로지 하나님의 성품과 평판에 기반을 두고 있다. 이 가운데 어느 간구도 이스라엘이 용서받을 만한 미덕을 지니고 있음을 암시하지 않는다. 한마디로 자비를 구하는 기도다.

10:1-5 기도 응답은 모세가 깨뜨렸던 것과 같은 두 돌판을 만들라는 명령으로 주어진다. 하나님은 맨 처음 언약 문서에 쓴 말씀으로 이스라엘과 다시 언약을 맺으실 것이다. 처음에는 하나님께서 친히 두 돌판을 만드셨다(출 32:16). 이는 창조세계처럼 돌판이 하나님의 뜻으로 생겨났다는 비유적 표현일 수 있다. 십계명은 자연의 규칙성만큼이나 창조 질서의 일부다. 여기에 언급된 돌판을 보관하는 나무궤는 임시로 쓰는 것임에 틀림없다. 장차 회막 물품의 예술적 디자인 능력을 하나님께 받은 장인 브살렐과 오홀리압이 궤를 만들 것이기 때문이다(출 31:1-2, 6-11). 회막 안의 궤 위에는 거대한 그룹들이 부착된 속죄소[캅포레트(*kapporet*), 출 25:17]가 놓였다. 이 순금 속죄소는 죄를 정결케 하는 일이 이루어지는 곳으로(출 25:10-22) 언약의 하나님과 만나는 장소였다.

모세가 만든 궤는 합의가 기록된 계약 문서를 보관하는 상자라고 이해해도 무방하다. 합의문은 대개 신이 보증했기 때문에 그런 상자는 종종 신전에 보관되었다. 회막 안의 궤는 이런 예를 따르되, 다만 그 안에 형상이 없다는 점이 여느 궤와 달랐다. 하나님의 거룩하심을 증거하는 것은 언약궤와 더불어 보좌를 상징하는 것들이었으며, 이는 휘장으로 세속과 분리되었다. 하나님과 백성 사이의 관계를 수립한 언약에는 신성한 요소가 포함되었다. 바로 양자 관계를 유지할 수 있도록 해주는, 언약 문서 위에 얹은 속죄소다. 그러므로 그 궤는 아론과 백성이 만든 송아지와는 달리 하나님께서 백성을 다스리시고 그들에게 필요한 것을 공급하심을 상징하는 상자였다.

10:6-7 아론이 죽는 장소가 포함된 이 여정은 지명과 진을 친 순서가 약간 다르지만 대체로 민수기 33:30-35을 따른다. 진을 친 장소들은 엘랏만 동쪽 해변의 에시온게벨 지역에 있었다. 아론이 죽은 모세라라는 지명이 맨 처음 민수기의 여정에 올라 있다(민수기에는 "모세롯"). 거기에 나오는 진의 목록에 따르면, 모세는 모세라를 떠난 후 일곱 번째 장소인 호르산에서 죽는다(민 33:38). 이 진들의 위치와 각 장소의 관계에 대해서는 알 길이

없다. 아론의 아들 엘르아살은 모두에게 알려진 공개 행사에서 아론을 대신할 제사장으로 임명된다(민 20:22-29). 신명기에서 중요한 사항은 아론도 모세처럼 약속의 땅에 들어가지 못했다는 것이다.

10:8-9 언약궤를 책임지도록 레위 지파를 성별한 것은, 여호와의 충성스러운 추종자로 구별되는 그들의 역할을 충분히 고려한 일이다(출 32:26-29). 제사장 직분은 불법적인 우상 숭배에 맞서 싸운 그들에게 돌아간 보상이다. 그들은 구별된 역할을 맡아 영구히 합법적인 예배를 섬기는 사역자가 된다. '여호와 앞에 선다'는 것은 백성을 대신해 제사를 드리고 제사장의 축복을 선언한다는 뜻이다. 그들은 특별한 과업을 맡은 것이니만큼 그들만의 영토가 따로 없고 그 땅 전역에 흩어져 있어야 한다.

10:10-11 모세는 자비를 구하는 기도가 응답받았음을 확신하며 말을 맺는다. 언약이 회복되었을 뿐 아니라 이제 이스라엘은 하나님께서 족장들에게 한 맹세대로 그 땅에 들어가게 될 것이다.

〰〰〰〰 **응답** 〰〰〰〰

이 사건들과 관련된 이스라엘의 기억은 시편에 나온다. 시편의 네 번째 책인 90-106편은 출애굽에 초점을 맞추고 있다.[35] 시편의 이 부분은 다윗과 맺은 하나님의 영원한 언약이 지체되는 듯한 상황에서 자비를 간구하는 대목(시 89:1-4) 다음에 나온다. 시편 저자는 초점을 다윗에서 모세를 중재자 삼아 맺은 이스라엘과의 언약으로 옮겨간다. 시내산에서 맺은 언약은 아브라함을 통해 땅의 모든 족속이 복을 받게 되리라는 약속(창 12:3; 출

---

35 신명기 3:1-29에 대한 응답 부분을 참고하라. 시편 90편은 모세의 기도다.

6:2-8)을 확증한 것이니만큼 온 땅을 다스리는 하나님 통치의 기초가 된다(시 93-100편). 땅은 오직 하나님의 자비를 통해서만 본래 창조된 목적대로 아름다운 모습이 실현될 것이다.

이 언약의 유지는 언약 백성이 용서를 받아야만 가능하다. 시편 103편에서는 죄를 용서하고 질병을 치료하시는 분(시 103:3)으로 하나님을 찬양한다. 여기서 언급된 질병은 그들의 죄를 가리킨다(참고. 사 1:4-6; 6:10). 용서는 하나님께서 자기 백성에게 베푸시는 가장 놀라운 은택이다(시 103:2). 자비가 없으면 그들이 아예 하나님의 백성이 될 수 없기 때문이다. 이사야가 예언의 도입부(사 1:2-8)에서 설명했듯 인류의 질병은 하나님께 반항하며 자기를 주장하는 것이다. 그 치명적인 질병을 치료하는 것은 하나님을 경외하고 언약을 지키는 자들에게 영원히 주어지는 그분의 자비다(시 103:17-18). 이는 하나님께서 모세에게 그분의 길을 보여주셨을 때 비로소 알려졌다(시 103:7). 시편 저자가 염두에 둔 특정한 사건은 그 다음 절에서 분명히 알 수 있듯 금송아지 경험이다. "여호와는 긍휼이 많으시고[자비롭고] 은혜로우시며 노하기를 더디 하시고 인자하심이 풍부하시도다"(시 103:8). 이 절은 출애굽기 33:19과 34:5-6에 나오는 금송아지 사건의 교훈을 직접 언급하고 있다. 하나님의 자비로운 성품은 그분의 이름과 연관된 의미를 갖는다. 두 본문에서 여호와('주님')라는 이름은 하나님의 성품이 자비로우시다는 의미로 정의된다. 여호와라는 이름은 그 존재('스스로 있는 자' 또는 '스스로 있을 자')를 가리키는 동사와 관련이 있다. 그 이름이 출애굽기 3장에서는 '내가 너와 함께 있다'라는 뜻이다. 출애굽기 33-34장에서는 '나는 자비롭다'라는 뜻이다. 이 의미들은 서로 연관되어 있다. 하나님께서 이스라엘과 함께하실 수 있는 것은 그분이 자비로우시기 때문이다. 이것이 금송아지 숭배의 죄가 보여주는 교훈이다. 설령 이스라엘이 반역하더라도 하나님께서 언약을 통해 그들과 함께하실 수 있는 것은 오직 이스라엘을 향한 그분의 자비와 사랑으로 가능한 일이다.

시편의 네 번째 책은 마지막 대목이 처음과 똑같이 끝난다. 자비를 구하는 부르짖음이다. 시편 90편에 나오는 모세의 기도는 자비를 호소하며 끝난다. "여호와여 돌아오소서 언제까지니이까 주의 종들을 불쌍히 여기소서"(시 90:13). 인류 개개인과 전체에게는 하나님의 자비가 반드시 필요하다. 이런 호소를 하는 이유가 시편의 세 번째 책 끝부분에 나온다. 다윗에게 약속하신 것을 기억해달라는 간구다(시 89:49-51). 시내산의 언약은 그 나라에 대한 약속이 이루어질 것임을 보증한다. 이 땅은 인류를 위한 놀라운 집이 될 것이다(시 104편). 비록 이스라엘이 범죄하고 악행을 저질렀지만(시 106:6), 하나님은 풍성한 자비하심을 따라 그분의 언약을 기억하셨다(시 106:45-46). 출애굽을 통한 구속은 그들이 후대에 곤경에 빠지고 실패할 때에도 하나님의 자비하심을 확신하게 해주는 사건이다.

12 이스라엘아 네 하나님 여호와께서 네게 요구하시는 것이 무엇이냐 곧 네 하나님 여호와를 경외하여 그의 모든 도를 행하고 그를 사랑하며 마음을 다하고 뜻을 다하여 네 하나님 여호와를 섬기고 13 내가 오늘 네 행복을 위하여 네게 명하는 여호와의 명령과 규례를 지킬 것이 아니냐 14 하늘과 모든 하늘의 하늘과 땅과 그 위의 만물은 본래 네 하나님 여호와께 속한 것이로되 15 여호와께서 오직 네 조상들을 기뻐하시고 그들을 사랑하사 그들의 후손인 너희를 만민 중에서 택하셨음이 오늘과 같으니라 16 그러므로 너희는 마음에 할례를 행하고 다시는 목을 곧게 하지 말라 17 너희의 하나님 여호와는 신 가운데 신이시며 주 가운데 주시요 크고 능하시며 두려우신 하나님이시라 사람을 외모로 보지 아니하시며 뇌물을 받지 아니하시고 18 고아와 과부를 위하여 정의를 행하시며 나그네를 사랑하여 그에게 떡과 옷을 주시나니 19 너희는 나그네를 사랑하라 전에 너희도 애굽 땅에서 나그네 되었음이니라 20 네 하나님 여호와를 경외하여 그를 섬기며 그에게 의지하고 그의 이름으로 맹세하라 21 그는 네 찬송이시요 네 하나님이시라 네 눈으로 본 이같이 크고 두려운 일을 너를 위하여 행하셨느니라 22 애

굽에 내려간 네 조상들이 겨우 칠십 인이었으나 이제는 네 하나님 여호와께서 너를 하늘의 별같이 많게 하셨느니라

12 "And now, Israel, what does the Lord your God require of you, but to fear the Lord your God, to walk in all his ways, to love him, to serve the Lord your God with all your heart and with all your soul, 13 and to keep the commandments and statutes of the Lord, which I am commanding you today for your good? 14 Behold, to the Lord your God belong heaven and the heaven of heavens, the earth with all that is in it. 15 Yet the Lord set his heart in love on your fathers and chose their offspring after them, you above all peoples, as you are this day. 16 Circumcise therefore the foreskin of your heart, and be no longer stubborn. 17 For the Lord your God is God of gods and Lord of lords, the great, the mighty, and the awesome God, who is not partial and takes no bribe. 18 He executes justice for the fatherless and the widow, and loves the sojourner, giving him food and clothing. 19 Love the sojourner, therefore, for you were sojourners in the land of Egypt. 20 You shall fear the Lord your God. You shall serve him and hold fast to him, and by his name you shall swear. 21 He is your praise. He is your God, who has done for you these great and terrifying things that your eyes have seen. 22 Your fathers went down to Egypt seventy persons, and now the Lord your God has made you as numerous as the stars of heaven."

최고의 신

이 프롤로그는 이제 사랑하라는 요구와 함께 쉐마에 담긴 출발점으로 되돌아온다. 모세는 여호와의 대변인으로 이스라엘에게 "네 하나님 여호와를 경외하여…그를 사랑하며 마음을 다하고 뜻을 다하여 네 하나님 여호와를 섬기[라]"(12절)고 권면한다. 주님을 사랑하라는 명령과 경외하라는 명령이 동일한 문장에 함께 나오는 유일한 경우다. 이는 감상적인 열망이 아니라 구체적으로 "그의 모든 길을 따르[는]"(12절, 새번역) 행동으로 보여 줄 것을 요구한다. 사랑은 언약 관계에 대한 헌신인 한편, 경외는 여호와의 인격에 대한 이스라엘의 반응이 되어야 한다. 이전의 권면은 이스라엘이 왜 여호와를 경외하고 사랑해야 하는지 그 이유를 확증했다.

이 단락에는 '거룩한'이라는 단어는 나오지 않지만 그러한 개념이 개진되어 있다. '거룩함'은 모든 물질적 요소와 분리된 하나님의 인격을 묘사하는 데 사용되는 용어다. 이스라엘의 하나님은 하늘 이편부터 저편까지 모두 창조하신 분이고, 그 하늘은 땅 위에 창조된 생명을 떠받치며 살아가게 한다. 그런데 이 하나님은 하늘과 땅에 현존하시고, 땅(아다마) 위에서 유일하게 그분의 형상으로 지음 받은 사람[아담('adam)]으로 표상되신다. 그런 표상이 거룩함에 도덕적 차원을 더하는 것은, 창조주가 그분을 대표하는 사람들 사이에 존재하는 관계를 결정하시기 때문이다. 모세는 마지막 권면에서 하나님의 거룩하심이 지닌 형이상학적 차원과 윤리적 차원을 모두 다룬다.

10장

≋≋≋ 단락 개요 ≋≋≋

II. 모세의 두 번째 연설(4:44-29:1)

  B. 이 토라의 프롤로그(5:1-11:32)

    3. 이 토라의 권면(6:4-11:32)

      f. 신 중의 신을 경외하고 사랑하라(10:12-22)

        (1) 위대하고 능력 있는 하나님(10:12-16)

        (2) 의롭고 은혜로운 하나님(10:17-22)

≋≋≋ 주석 ≋≋≋

10:12-14 여호와에 관한 이 유일무이한 선언을 제대로 인식하는 경우가 무척 드물다. 이스라엘의 하나님은 거룩하시다. 그분은 눈에 보이고 알려진 세속의 질서 바깥에 존재하시되 하늘과 땅을 완전히 주관하시며 그 안 어디에나 계신다. 이런 개념이 고대의 한 시기에 진화되었다는 주장이 종종 제기되지만 그렇게 생각하기란 사실상 불가능하다. 그런 주장은 대부분 후기 청동기 시대인 주전 14세기 중반, 이집트 파라오 아멘호테프 4세가 주도한 개혁 시기를 중심으로 펼쳐진다. 그는 생명의 빛을 지닌 태양 원반 아텐을 유일한 신으로 선포했다. 왕은 자신을 아텐의 유일한 아들로 선언하기 위해 이름을 아케나텐으로 바꾸었다(이집트에서 파라오는 신으로 여겨졌다). 아케나텐은 아텐을 다른 모든 신들보다 높이기 위해 그의 신전을 아크타텐('아텐의 수평선', 오늘날의 텔 엘 아마르나)이라는 새로운 수도로 옮겼다.

프로이트는 모세가 이집트의 아텐 제사장이었고, 그의 추종자들이 미디안에 있는 유일신교를 신봉하는 부족에 합류했다고 주장한 유명한 인물 중 하나다. 프로이트의 『인간 모세와 유일신교』(*Moses and Monotheism*, 부북스,

2016)는 역사적 사건들과 관련된 가설을 만들기 위해 정신분석 이론을 이용했다. 프로이트가 눈에 보이지 않는 신을 믿는 이스라엘의 차별성을 인정하기는 했으나, 신명기에 나오는 이 구절은 그보다 더 근본적인 차별성을 설파한다. 여호와는 다른 모든 신들 위에 있는 한 신에 불과하지 않다. 그분은 '유일한' 하나님이므로 어떤 식으로든 태양과 같은 물질적 요소와 연관지어서는 안 된다. 다른 고대 종교에서는 물리적 요소가 신의 연장선상에 있었다. 메소포타미아에서는 모든 것이 키툼(*kittum*)이라는 우주적이고 불변하며 비인격적인 법에 종속된 것으로 여겼다.[36] 모세의 하나님은 만물의 창조주이므로 만물을 다스리신다. 이런 개념은 주변 문화와 근본적으로 다르기 때문에 거기서 파생하여 발전했다고 볼 수 없다.

10:15-16 하나님이 이런 분임을 감안하면 그분이 이스라엘을 구별된 민족으로 창조하셨다는 것은 깜짝 놀랄 만한 진리다. 15절은 이 놀라움[라크 (*raq*), "그런데", 공동번역]으로 시작한다. 하나님에 관한 이 모든 진실에도 불구하고, 그분은 이스라엘을 사랑하기로 선택하셨고 그들에게 자신을 알게 하는 등 다른 모든 민족보다 특별한 신분을 부여하셨다.

조상에 대한 언급은 16절에 나오는 생생한 환유의 배경을 이룬다. 언약의 표징은 언약이라는 이름 자체로 언급된다. 할례는 창세기 17:9-11에서 하나님께서 아브라함과 맺은 언약의 표징이다. "너희 중 남자는 다 할례를 받으라 이것이 나와 너희와 너희 후손 사이에 지킬 내 언약이니라"(창 17:10). 신명기에는 이것이 "그러므로 너희는 마음에 할례를 행하고"(16절)라고 모호하게 진술되어 있다. 공적 신앙고백으로 수행된 표징은 언약의 모든 명령을 지키겠다는 마음의 헌신과 부합해야 한다. 이러한 진실성이 없으면 표징은 아무것도 아니다. 할례와 완고한 반역은 표징으로 표현한

---

36 인간, 역사, 신들의 관계에 대한 메소포타미아와 이집트의 관점을 설명한 다음 글을 참고하라. E. A. Speiser, "The Biblical Idea of History in Its Common Near Eastern Setting," in *The Jewish Expression*, ed. Judah Goldin (New Haven, CT: Yale University Press, 1976): 1-17.

신앙고백을 조롱하는 기괴한 조합이 아닐 수 없다.

10:17-19 놀라운 하나님의 전능하심은 창조된 모든 사람을 동등하게 대하시는 성품에 명백히 나타난다. 뇌물과 편애는 특히 인간에 대한 존중을 모욕적으로 위반하는 것이다. 하나님께서 이스라엘을 사랑하여 언약 백성, 곧 하나님을 대표하는 제사장 나라로 삼으셨지만, 이스라엘은 하나님에게 특별한 편애를 기대해서는 안 된다. 그들이 아는 바와 같이, 하나님의 심판은 다른 이들과 마찬가지로 그들에게도 혹독하다. 하나님께서 또한 다른 민족에게도 땅을 주셨으므로(32:8) 이스라엘은 그들을 똑같이 존중하도록 주의해야 한다. 이집트 사람들이 이스라엘에게 저지른 죄를 똑같이 범해서는 안 된다.

성경에서 정의(justice)는 언제나 언약의 요건에 따라 규정된다. 공동체에서 가장 취약한 사람들을 돌보는 것이 언약을 지키는 표준 척도다. 이스라엘에 회개를 촉구하는 소리는 특히 고아와 과부를 위해 정의를 추구함으로써 어떻게 선을 행할지 배우라는 것이다(사 1:16-17). 고아와 과부는 가족의 부양을 받기 힘든 변두리로 쉽게 밀려나지만, 그들도 엄연히 하나님 가족의 일원이다. 사회적으로 소외된 또 다른 그룹은 나그네[게르(ger)]로, 땅을 소유하지 못한 채 백성 가운데서 살아가는 사람들이다. 이들 대다수는 이스라엘 사람이 고용한 가나안 족속일 것이다. 일용직 노동자인 나그네는 안정된 소득이 없어 취약하다. 나그네는 보호받을 뿐 아니라 양식도 제공받아야 한다. 이스라엘은 과거에 이집트에서 그런 노동자였으니 이것이 얼마나 중요한지 다른 어느 민족보다 더 잘 알아야 한다. 언약의 책임은 모든 사람을 돌볼 것을 요구한다. 특히 소외되기 쉬운 사람들에게 관심을 기울여야 한다.

10:20-22 하나님의 이름으로 맹세하는 것은 6:13-14에 진술되어 있듯 언약에 대한 충성의 표현이다. 거짓 맹세는 하나님을 경멸하는 행위다. 맹세한 사람이 자기가 한 말을 위반해도 아무 벌도 받지 않는다고 생각하

기 때문이다. 아사왕이 언약을 갱신할 때 무리가 성대하게 맹세했듯(대하 15:14-15) 맹세란 언약을 확증할 때 하게 된다. 하나님을 경외하는 사람들은 하나님을 섬기고, 그분께 매달리며, 두려움 없이 그분의 이름으로 맹세할 것이다.

이스라엘의 번성은 하나님께서 족장들과 함께 맹세한 것이 성취되었다는 표징이다(창 15:5). 이스라엘의 기적적인 성장은 오직 하나님께서 이루신 일이었다. 하나님께서 아브라함에게 주신 약속을 지키신 일이므로 그 위업에 인간은 도무지 기여할 수 없었다. 민수기에 나오는 인구조사에 따르면, 이스라엘은 출애굽 당시 전장에 나갈 만한 나이의 남자가 60만 명이었다. 하나님의 위대한 업적을 선언하는 대목은 갑자기 하나님을 사랑하라는 두 번째 권면으로 넘어가고, 여기서 하나님께서 하신 위대한 일을 더 상세히 얘기한다.

≈≈≈≈≈ 응답 ≈≈≈≈≈

무신론이 취하는 비합리적인 가정은 인간이 감각으로 인식하고 지성으로 분석한 모든 것을 분별할 능력이 있다는 것이다. 합리주의와 경험주의만 받아들이고, 계시는 하나의 가능성으로 여기며 임의로 배제시킨다. 그러나 인간의 지성과 경험적 관찰로는 생명 없는 화학물질에서 생명이 출현하는 이론조차 구상할 수 없음을 인정하면서 이 가정에 마땅히 의문을 제기해야 한다. 지상에서 모든 죽음의 세력이 대오를 이루며 맞서더라도 생명의 용솟음을 억누를 수 없다. 생명의 기원을 찾아 저 멀리 알 수 없는 과거로 거슬러 올라가고 심지어 다른 행성으로 건너가기도 하지만, 마이클 베히 (Michael Behe)가 "다윈의 블랙박스"[37]라 부른 문제에 전혀 답변이 되지 않는

---

37 Michael J. Behe, *Darwin's Black Box: The Biochemical Challenge to Evolution* (New York: Free Press, 1996). 《다윈의 블랙박스》(풀빛, 2001).

다. '블랙박스'란 분명히 존재하지만 이해할 수 없는 과정을 가리키는 은유적 표현이다. 진화는 생명이 무생물에서 발생해 인간의 지각으로 관찰할 수 있는 비인격적 수단에 의해 완전히 발달하는 과정을 포함해야 한다. 클라우스 도제(Klaus Dose)가 1988년에 분자화학을 연구하면서 쓴 글은 오늘날 더욱 옳은 것으로 판명되었다.

> 30년 이상 화학 및 분자 진화 분야에서 생명의 기원에 관한 실험을 한 결과, 지구 생명의 기원 문제에 대한 해결책을 찾기보다는 그 엄청난 크기만 더 인식하게 되었다. 현재 이 분야의 주요 이론과 실험에 관한 모든 논의는 막다른 골목에 도달하거나 무지를 자인하는 상태에 와 있다.[38]

언젠가 과학이 복잡성의 증가를 발견하는 것 이상의 일을 하리라고 주장할 수는 있으나, 인간이 자신의 지적 능력으로 모든 가능한 지식에 접근할 수 있다는 주장은 여전히 설득력을 갖지 못할 것이다. '거룩한 하나님'이라는 히브리인의 개념은 인간이 독자적으로 인지하거나 발견할 수 없다. 히브리인의 하나님은 '거룩함'이라는 차원에 속해 있다. 이 질서는 일반적인 화학의 범위 밖에 있지만 그것을 창조하는 책임을 맡고 있다. 그래서 모세는 하나님을 신 중의 신이며 주 중의 주이시라고 말한다. 신들이라고 불리는 존재를 포함해 다른 모든 존재는 일반 질서에서 파생한다. 반면 모세의 하나님은 오직 그분이 스스로를 계시해야 알 수 있으며, 이것이 모세가 이 대목에서 주장하는 바다. 계시는 합리적이고 이치에 맞다. 이스라엘은 인간의 재능으로는 아무도 발견할 수 없는 것을 목격하고 들었다. 그런데 이런 하나님도 사랑을 받으셔야 한다. 이것이 이스라엘이 경험한 모든 것에 대해 보여야 할 유일하고도 바람직한 반응이다.

---

38 Klaus Dose, "The Origin of Life: More Questions Than Answers," *ISR* 13/4 (1988): 348.

인간이 지닌 또 다른 비합리적 특징은, 자신이 알고 있는 바에 따라 살기를 거부하는 것이다. 이것은 때로는 반항의 문제이고, 때로는 무관심의 문제이며, 때로는 훈련 부족의 문제다. 그래서 모세는 마음의 할례를 촉구한다. 무언가를 합리적이라고 인정하는 것과 실제로 그런 지식에 따라 사는 것은 별개의 일이다. 이스라엘이 할례의 표징을 받아들이면서 언약의 맹세를 믿고 완수할지는 몰라도, 하나님께서 요구하신 사랑을 품지 못할 수 있다. 그들은 그들 앞에 제시된 삶의 방식을 따라 살아야 한다. 하나님을 경외하고 사랑한다는 것은 바로 그분의 길을 따라가는 것이다. 그것을 단순히 신념으로 축소시켜서는 안 된다.

하나님의 길을 따라갈 때 유념해야 할 기본 진리가 있다. 특정 신분에게만 배타적으로 주어지는 특권이나 권리는 없다는 것이다. 왕조차 언약의 가치에 따라 살아야 한다. 인생은 사회적 신분과 상관없이 모두에게 똑같이 주어진 선물이다. 생명의 특권은 모든 생명체에 보장되어야 한다. 이스라엘은 창조주를 대표하는 특별한 소명을 가지고 있다. 그 소명을 실천하는 가장 근본적인 방법은, 창조주가 신분이 높은 사람이든 낮은 사람이든 차별 없이 돌보심을 아는 가운데 그분이 주신 모든 생명에게 최고의 존경심을 보이는 것이다.

¹ 그런즉 네 하나님 여호와를 사랑하여 그가 주신 책무와 법도와 규례와 명령을 항상 지키라 ² 너희의 자녀는 알지도 못하고 보지도 못하였으나 너희가 오늘날 기억할 것은 너희의 하나님 여호와의 교훈과 그의 위엄과 그의 강한 손과 펴신 팔과 ³ 애굽에서 그 왕 바로와 그 전국에 행하신 이적과 기사와 ⁴ 또 여호와께서 애굽 군대와 그 말과 그 병거에 행하신 일 곧 그들이 너희를 뒤쫓을 때에 홍해 물로 그들을 덮어 멸하사 오늘까지 이른 것과 ⁵ 또 너희가 이곳에 이르기까지 광야에서 너희에게 행하신 일과 ⁶ 르우벤 자손 엘리압의 아들 다단과 아비람에게 하신 일 곧 땅이 입을 벌려서 그들과 그들의 가족과 그들의 장막과 그들을 따르는 온 이스라엘의 한가운데에서 모든 것을 삼키게 하신 일이라 ⁷ 너희가 여호와께서 행하신 이 모든 큰 일을 너희의 눈으로 보았느니라

¹ "You shall therefore love the Lord your God and keep his charge, his statutes, his rules, and his commandments always. ² And consider today (since I am not speaking to your children who have not known or seen it), consider the discipline¹ of the Lord your God, his greatness,

his mighty hand and his outstretched arm, 3 his signs and his deeds that he did in Egypt to Pharaoh the king of Egypt and to all his land, 4 and what he did to the army of Egypt, to their horses and to their chariots, how he made the water of the Red Sea flow over them as they pursued after you, and how the Lord has destroyed them to this day, 5 and what he did to you in the wilderness, until you came to this place, 6 and what he did to Dathan and Abiram the sons of Eliab, son of Reuben, how the earth opened its mouth and swallowed them up, with their households, their tents, and every living thing that followed them, in the midst of all Israel. 7 For your eyes have seen all the great work of the Lord that he did.

8 그러므로 너희는 내가 오늘 너희에게 명하는 모든 명령을 지키라 그리하면 너희가 강성할 것이요 너희가 건너가 차지할 땅에 들어가서 그것을 차지할 것이며 9 또 여호와께서 너희의 조상들에게 맹세하여 그들과 그들의 후손에게 주리라고 하신 땅 곧 젖과 꿀이 흐르는 땅에서 너희의 날이 장구하리라 10 네가 들어가 차지하려 하는 땅은 네가 나온 애굽 땅과 같지 아니하니 거기에서는 너희가 파종한 후에 발로 물 대기를 채소밭에 댐과 같이 하였거니와 11 너희가 건너가서 차지할 땅은 산과 골짜기가 있어서 하늘에서 내리는 비를 흡수하는 땅이요 12 네 하나님 여호와께서 돌보아주시는 땅이라 연초부터 연말까지 네 하나님 여호와의 눈이 항상 그 위에 있느니라

8 "You shall therefore keep the whole commandment that I command you today, that you may be strong, and go in and take possession of the land that you are going over to possess, 9 and that you may live long in the land that the Lord swore to your fathers to give to them and to their offspring, a land flowing with milk and honey. 10 For the land that

you are entering to take possession of it is not like the land of Egypt, from which you have come, where you sowed your seed and irrigated it,[2] like a garden of vegetables. 11 But the land that you are going over to possess is a land of hills and valleys, which drinks water by the rain from heaven, 12 a land that the Lord your God cares for. The eyes of the Lord your God are always upon it, from the beginning of the year to the end of the year.

13 내가 오늘 너희에게 명하는 내 명령을 너희가 만일 청종하고 너희의 하나님 여호와를 사랑하여 마음을 다하고 뜻을 다하여 섬기면 14 1)여호와께서 너희의 땅에 이른 비, 늦은 비를 적당한 때에 내리시리니 너희가 곡식과 포도주와 기름을 얻을 것이요 15 또 가축을 위하여 들에 풀이 나게 하시리니 네가 먹고 배부를 것이라 16 너희는 스스로 삼가라 두렵건대 마음에 미혹하여 돌이켜 다른 신들을 섬기며 그것에게 절하므로 17 여호와께서 너희에게 진노하사 하늘을 닫아 비를 내리지 아니하여 땅이 소산을 내지 않게 하시므로 너희가 여호와께서 주신 아름다운 땅에서 속히 멸망할까 하노라

13 "And if you will indeed obey my commandments that I command you today, to love the Lord your God, and to serve him with all your heart and with all your soul, 14 he[3] will give the rain for your land in its season, the early rain and the later rain, that you may gather in your grain and your wine and your oil. 15 And he will give grass in your fields for your livestock, and you shall eat and be full. 16 Take care lest your heart be deceived, and you turn aside and serve other gods and worship them; 17 then the anger of the Lord will be kindled against you, and he will shut up the heavens, so that there will be no rain, and the land will yield no fruit, and you will perish quickly off the good land

that the Lord is giving you."

1) 히, 내가

1 Or *instruction* 2 Hebrew *watered it with your feet* 3 Samaritan, Septuagint, Vulgate; Hebrew *I*; also verse 15

≋≋≋≋ 단락 개관 ≋≋≋≋

권능의 하나님

모세는 이스라엘에게 하나님의 능력을 경험한 일을 상기시키며 경외와 사랑의 반응을 연구한다. 자녀 세대는 하나님의 능력을 직접 마주하지는 못했으나(2절) 연장자들은 하나님께서 행하신 모든 일을 목격했다(3, 7절). 40년 동안 일어난 이 일들은 이스라엘에게 하나님을 경외하라는 교훈을 준다. 2-7절은 "오늘날 기억할 것은"으로 시작해 "여호와께서 행하신 이 모든 큰 일"과 관련된 일련의 구절로 계속 이어지는 하나의 긴 문장이다. 이 대목은 앞장의 마지막 내용을 더욱 진전시킨다. "그는 네 찬송이시요 네 하나님이시라 네 눈으로 본 이같이 크고 두려운 일을 너를 위하여 행하셨느니라"(10:21). 이스라엘이 '하나님의 교훈'을 기억해야 하는 것은 이것이 모든 민족 앞에서 이스라엘의 지혜와 명철이어서 그들이 "이 큰 나라 사람은 과연 지혜와 지식이 있는 백성이로다"(4:6)라고 말할 것이기 때문이다. 교훈[무사르(*musar*)]은 하나님께서 지혜를 가져오시는 수단이다(잠 3:11-12; 4:13). 지혜롭게 산다는 것은 "그가 주신 책무를…지키[고]"(1절) "모든 명령"(8절), 곧 모세가 이 율법으로 가르치는 모든 것을 지킨다는 의미다.

모든 명령을 지킨다는 것은 "너희의 하나님 여호와를 사랑하여" 마음을 다하고 뜻을 다하여 그분을 섬기는 것(13절), 즉 쉐마의 신앙고백대로 사는 것이다. 언약의 요구 사항에 순종하면 이집트와는 다른 땅, 곧 산지와 골짜기에서 풍성한 수확을 내도록 하나님께서 하늘에서 비를 공급하시는 땅에서 장수할 것이라는 약속이 주어진다. 가나안의 종교들은 모두 번영에 초점을 두고 있는 만큼, 이스라엘은 하나님이 삶의 유일한 근원이시며 그런 삶이 이집트에서는 결코 알지 못했던 풍성함과 함께 찾아온다는 것을 기억해야 한다.

≋≋≋≋ 단락 개요 ≋≋≋≋

II. 모세의 두 번째 연설(4:44-29:1)
  B. 이 토라의 프롤로그(5:1-11:32)
  3. 이 토라의 권면(6:4-11:32)
    g. 권능의 하나님 말씀을 경청하라(11:1-17)
    (1) 하나님께서 행하신 위대한 일들(11:1-9)
    (2) 하나님을 사랑하는 이들은 장수하리라(11:10-17)

≋≋≋≋ 주석 ≋≋≋≋

11:1 하나님을 사랑하라는 요구는 이제 이스라엘이 이집트를 떠난 이후의 경험을 통해 하나님에 대해 배운 바를 상기시키며 더욱 강화되고 있다. 이 구절은 10:12에 나오고 20절에서 반복되는 명령, 곧 하나님을 경외하고 사랑하라는 명령에 대한 결론이다. 어쩌면 갑자기 시작되는 듯한, 이스라엘을 위한 하나님의 행적을 열거하는 도입부이기도 하다.

11:2-7 구문론적으로 보면, '기억하라'는 명령어의 목적어를 정하기가 쉽

지 않다. NJPS는 이렇게 번역한다. '오늘 너희 자녀들이 너희 하나님 여호와의 교훈을 경험하지 못했고 보지도 못했다는 것을 숙고하라.' 그런 다음 본보기로 하나님께서 하신 일들을 열거한다. ESV는 자녀들을 괄호 속에 넣고 열거된 일들을 목적어로 삼는다. 하나님께서 하신 일들을 숙고하는 것과 차세대를 가르칠 필요성은 똑같이 중요하다. 어느 하나가 다른 하나보다 못하다고 할 수 없다. 어쩌면 둘을 대등하게 만들기 위해 모호한 표현을 썼을지도 모른다. 하나님께서 하신 일들의 목록은 왜 그분을 사랑해야 하는지 보여주지만, 이렇게 하신 일들을 통해 배우는 그분에 대한 사랑은 자녀들을 가르치라는 명령을 더욱 시급한 것으로 만든다. 이런 교훈은 이어지는 신앙고백을 실천해야 배울 수 있기 때문이다. 백성들은 이 말씀을 손목에 매어 "기호를 삼고", "복과 저주"의 맹세를 해야 할 것이다(11:18, 26). 이스라엘이 약속의 땅에 들어갈 때 자녀들을 고려한다면 이후에 필요한 것이 무엇인지 내다보게 된다.

이후에 나오는 교훈은 모두 하나님께 반역한 결과가 어떠했는지 보여준다. 가르쳐야 할 교훈은 '훈련'(2절)으로 적절하게 설명할 수 있으며, 주된 교훈은 반역하는 인간의 성향이 하나님의 사랑을 제한한다는 것이다. 이는 과거의 교훈에서 보듯 이집트 사람뿐 아니라 이스라엘에게도 똑같이 해당된다. 이스라엘은 바로와 그의 군대가 하나님의 심판을 받는 것을 목격했고, 그것은 창조주만 행하실 수 있는 엄청난 사건이었다. 홍해가 이집트 군대를 뒤덮은 사건은 자연현상으로 설명할 길이 없다. 시편 78:53에서는 이 사건을 바다가 이스라엘의 원수를 덮어버린 것으로 기억한다. 바로는 "여호와가 누구이기에 내가 그의 목소리를 듣고 이스라엘을 보내겠느냐"(출 5:2) 하며 도전했다. 마지막 재앙을 당하고 나서야 잠시 항복했을 뿐이다. 홍해의 심판이 " 오늘에 이르기까지 흔적도 없이"(4절, 새번역) 이집트의 권력을 끝장냈다. 현재 아무도 하나님께서 하신 이 위대한 일의 진실성을 부인할 수 없다.

그러나 바로가 하나님께 반기를 들었듯 이스라엘은 약속의 땅에 들어가길 거부함으로 하나님께 반항했고, 이후 환멸에 빠져 하나님께서 임명하

신명기 11:1-17 _ 255

신 리더십에 도전했다. 야곱의 장자 르우벤 자손인 다단과 아비람이 모세의 리더십에 도전했다(민 16:1-2). 민수기에는 레위 지파의 아론을 향해 그의 집안만 제사장직을 독차지할 권한이 없다고 주장한 사람들의 반역과 함께 이 이야기가 기록되어 있다(민 16:3). 신명기는 모세에게 대항한 내란만 언급하고 있는데, 이런 반역은 바로의 오만함과 유사할 수 있다. 모세의 명령을 듣고도 장막을 떠나길 거부한 다단과 아비람에게 특별한 형벌이 지정되었다(민 16:12-15). 그들은 문자 그대로 모든 가족과 소유물과 함께 산 채로 무덤에 빠지는 전례 없는 형벌을 받았다(민 16:25-34). 그들은 '헤렘'의 대상이 되었기 때문에 아무도 그들 가까이에 다가가면 안 되었다. 말하자면, 그들은 오로지 하나님께만 구별된 존재들이므로 더 이상 세속 세계에서 살 수 없었다. 하나님께서 시내산에 나타나셨을 때 그 산에 너무 가까이 가는 것이 백성에게 치명적이었듯(출 19:12), 반역자에게 속한 어떤 것이든 건드리면 치명적일 수 있었다.

11:8-9 이집트와 광야의 교훈은 이스라엘이 "모든 명령", 곧 모세가 그들 앞에 제시하는 모든 토라를 지켜야 한다는 요건을 강조한다. 이 구절은 하나님을 사랑하고 "그가 주신 책무"를 지키라는 요구(11:1)로 시작된 교훈들을 마무리한다. 하나님을 사랑하여 모든 명령을 지키면 그 땅을 차지하고 그곳에서 장수를 누리게 될 것이다. 이어서 이스라엘이 이집트에서 경험했던 것과는 전혀 다른 그 땅에 대한 모세의 묘사가 나온다.

11:10-12 이스라엘이 이제 곧 들어갈 땅에서 살아남으려면, 하나님께서 주신 책무를 지켜 그분을 사랑해야 한다. 이집트는 관개가 필요한 땅, 즉 다양한 물길 전환을 하는 등 "발로 물 대기를"(10절) 한다고 모호하게 표현된 작업이 필요한 땅이었다. 이집트 농사는 여름과 가을에 눈이 녹고 에티오피아에 비가 내려 나일강물이 불어나는 데 의존했다. 나일강의 수위가 해마다 상당히 다르기 때문에 현재까지 이집트의 식물은 나일강과 수로 및 저수지 시스템으로 유지되고 있다. 물론 비에 의존하는 땅이 과연 농사

에 더 유리한지 여부는 논쟁의 여지가 있다. 이 구절의 요점은 비에 의존하는 땅이 하나님의 명령을 지키는 이들에게 유리하다는 것이다. 그 땅이 풍성한 수확을 내리려면 하나님께서 그 해의 첫날부터 마지막 날까지 계속 지켜보셔야 한다. 그러므로 하나님의 모든 명령을 지키는 사람들에게는 그런 지역이 최상의 땅이다.

그 땅의 풍성함과 관련해 여기에 표현된 정서는 이미 6:10-11, 8:7-9에서 주어진 것과 비슷하다. 이 구절들은 집, 포도원, 곡물, 기름, 꿀, 풍부한 물이 모두 하나님의 선물이라는 말로 그 땅의 풍성함을 표현한다.

11:13-17 이 대목은 하나님과의 관계에 온전히 헌신함이 중요하다는 주제로 돌아가 하나님을 사랑하고 섬기라는 권면으로 마무리된다. 이 권면은 앞 구절들에 내재된 경고와 함께 나온다. 아이러니하게도 이 백성에게 찾아올 유혹은, 그 땅이 황폐해질 때 비와 죽음을 가져오는 능력의 주기를 갖는다는 다산의 신들을 따르는 일이 될 것이다. 하지만 이스라엘의 하나님은 적당한 때에 비를 공급하시는 분으로 그들이 의지할 수 있다. 하늘이 비를 내리지 않는 심판을 경험하기 위해서는 신실함을 지키는 것이 이스라엘에게 요구되는 사항이었다.

≋≋≋≋ 응답 ≋≋≋≋

이스라엘은 결코 완전하지 않은 교훈을 통해 사랑을 배워야 한다. 하나님의 요구에 따라 그분을 사랑하는 법을 배우는 것은 평생에 걸친 과정이다. 모든 토라, 곧 인생을 살아가는 법에 관해 하나님께서 모세에게 계시하신 모든 것을 지켜야 한다. 이 사랑을 배우는 것은 하나님께서 이스라엘을 구원하고 인도하심에서 볼 수 있듯, 그분이 우리를 바로잡는 모든 방식을 이해하는 하나의 훈련이다(2절). 출애굽 구원 사건은 하나님 경외하기를 배워야 할 필요성을 엄중히 상기시켜준다. 이집트 사람들이 여호와를 부인한 죄로 심판을 받았다. 하나님께서 임명하신 지도자들에게 반기를 든 이스라엘 사람은 이런 경외를 배우지 못했기에 같은 종류의 심판을 받았다. 주님을 경외하기를 배우라는 것은 곧 주님을 사랑하라는 가르침이다. 우리가 살아가는 데 필요한 떡과 생명의 떡인 말씀을 주시는 하나님을 알면, 사랑의 계명이 요구하는 대로 헌신하게 된다.

비와 풍요의 땅에 들어가는 것은 하나님을 사랑하는 법을 배우는 수단이기도 하지만, 하나님 없이도 떡을 얻을 수 있다고 믿게 만드는 유혹이 되기도 한다. 실제로 이런 예가 선지자 엘리야 시대에 아합왕의 치하에서 일어난다(왕상 17-18장). 엘리야는 모세가 선언하듯(신 11:11-12) 비 내리는 때를 결정하는 하나님의 능력을 대변한다. 아이러니하게도, 아합은 회개하고 바알의 무력함을 인정하는 대신 가뭄을 엘리야 탓으로 돌린다(왕상 18:17-18). 사람이 떡으로만 살 수 없다는 것을, 백성이 하나님 사랑하는 법을 배울 때 비로소 하나님만 비와 곡식, 포도주와 기름을 허락하신다는 것(신 11:13-15)을 깨닫지 못한다. 물론 하나님을 사랑한다고 해서 비가 항상 제때 내리는 것은 아니다. 하나님은 자녀들이 계속해서 그분을 사랑하는 법을 배우도록 훈련시키신다. 하나님께서 요구하시는 사랑은 배타적이다(16절). 그 사랑은 아합이나 언약 백성이 미처 배우지 못한, 끊임없는 자기 훈련을 요구한다.

18 이러므로 너희는 나의 이 말을 너희의 마음과 뜻에 두고 또 그것을 너희의 손목에 매어 기호를 삼고 너희 미간에 붙여 표를 삼으며 19 또 그것을 너희의 자녀에게 가르치며 집에 앉아 있을 때에든지, 길을 갈 때에든지, 누워 있을 때에든지, 일어날 때에든지 이 말씀을 강론하고 20 또 네 집 문설주와 바깥문에 기록하라 21 그리하면 여호와께서 너희 조상들에게 주리라고 맹세하신 땅에서 너희의 날과 너희의 자녀의 날이 많아서 하늘이 땅을 덮는 날과 같으리라 22 너희가 만일 내가 너희에게 명하는 이 모든 명령을 잘 지켜 행하여 너희의 하나님 여호와를 사랑하고 그의 모든 도를 행하여 그에게 의지하면 23 여호와께서 그 모든 나라 백성을 너희 앞에서 다 쫓아내실 것이라 너희가 너희보다 강대한 나라들을 차지할 것인즉 24 너희의 발바닥으로 밟는 곳은 다 너희의 소유가 되리니 너희의 경계는 곧 광야에서부터 레바논까지와 유브라데 강에서부터 서해까지라 25 너희의 하나님 여호와께서 너희에게 말씀하신 대로 너희가 밟는 모든 땅 사람들에게 너희를 두려워하고 무서워하게 하시리니 너희를 능히 당할 사람이 없으리라

18 "You shall therefore lay up these words of mine in your heart and

in your soul, and you shall bind them as a sign on your hand, and they shall be as frontlets between your eyes. 19 You shall teach them to your children, talking of them when you are sitting in your house, and when you are walking by the way, and when you lie down, and when you rise. 20 You shall write them on the doorposts of your house and on your gates, 21 that your days and the days of your children may be multiplied in the land that the Lord swore to your fathers to give them, as long as the heavens are above the earth. 22 For if you will be careful to do all this commandment that I command you to do, loving the Lord your God, walking in all his ways, and holding fast to him, 23 then the Lord will drive out all these nations before you, and you will dispossess nations greater and mightier than you. 24 Every place on which the sole of your foot treads shall be yours. Your territory shall be from the wilderness to[1] the Lebanon and from the River, the river Euphrates, to the western sea. 25 No one shall be able to stand against you. The Lord your God will lay the fear of you and the dread of you on all the land that you shall tread, as he promised you.

26 내가 오늘 복과 저주를 너희 앞에 두나니 27 너희가 만일 내가 오늘 너희에게 명하는 너희의 하나님 여호와의 명령을 들으면 복이 될 것이요 28 너희가 만일 내가 오늘 너희에게 명령하는 도에서 돌이켜 떠나 너희의 하나님 여호와의 명령을 듣지 아니하고 본래 알지 못하던 다른 신들을 따르면 저주를 받으리라 29 네 하나님 여호와께서 네가 가서 차지할 땅으로 너를 인도하여 들이실 때에 너는 그리심산에서 축복을 선포하고 에발산에서 저주를 선포하라 30 이 두 산은 요단강 저쪽 곧 해지는 쪽으로 가는 길 뒤 길갈 맞은편 모레 상수리나무 곁의 아라바에 거주하는 가나안 족속의 땅에 있지 아니하냐 31 너희가

요단을 건너 너희의 하나님 여호와께서 너희에게 주시는 땅에 들어가서 그 땅을 차지하려 하나니 반드시 그것을 차지하여 거기 거주할지라 ³² 내가 오늘 너희 앞에 베푸는 모든 규례와 법도를 너희는 지켜 행할지니라

²⁶ "See, I am setting before you today a blessing and a curse: ²⁷ the blessing, if you obey the commandments of the Lord your God, which I command you today, ²⁸ and the curse, if you do not obey the commandments of the Lord your God, but turn aside from the way that I am commanding you today, to go after other gods that you have not known. ²⁹ And when the Lord your God brings you into the land that you are entering to take possession of it, you shall set the blessing on Mount Gerizim and the curse on Mount Ebal. ³⁰ Are they not beyond the Jordan, west of the road, toward the going down of the sun, in the land of the Canaanites who live in the Arabah, opposite Gilgal, beside the oak² of Moreh? ³¹ For you are to cross over the Jordan to go in to take possession of the land that the Lord your God is giving you. And when you possess it and live in it, ³² you shall be careful to do all the statutes and the rules that I am setting before you today."

1 Hebrew *and 2* Septuagint, Syriac; see Genesis 12:6. Hebrew *oaks*, or *terebinths*

신앙고백

이 토라의 권면은 첫 대목과 같이 이 말씀을 계속해서 마음에 두고 그런 지식을 변함없이 열망하라는 명령으로 마무리된다. 이 말씀을 손목과 이 마에 매라는 요구는 6:6-9을 반복하는 것으로 설교의 이 부분이 끝에 이르렀음을 가리킨다. 하나님께서 주신 모든 책무를 잊어버릴 위험과 싸우려면 경각심이 필요하므로 그 말씀을 마음에 새겨 모든 행동을 그 통제 아래 두라는 요구다.

이 토라의 서문은 후기 청동기 시대 조약에 쓰이는 전형적인 언약 언어인 복과 저주로 요약되어 있다. 복과 저주는 그리심산과 에발산 사이의 성읍인 세겜에서 거행될 맹세 의식의 일부다. 27장은 그 땅에 들어갈 때 거행될 언약 갱신 의식을 설명하고 명시한다. 이 의식의 제정은 여리고성과 아이성에서 승리를 거둔 직후인 여호수아 8:30-35에, 그리고 정복과 땅 분배에 관한 기사 끝부분인 여호수아 24:1-27에 다시 묘사되어 있다. 새로운 세대를 위한 언약 갱신은 이 마무리 연설에 담긴 모세의 책임이다. 이 일을 언제 거행할지에 대한 공식적 가르침이 이 토라의 주요한 지점들, 즉 먼저는 프롤로그 끝부분에, 다음은 삶과 죽음의 운명을 좌우하는 복과 저주 앞에 배치된 것은 참으로 적절하다.

II. 모세의 두 번째 연설(4:44-29:1)

  B. 이 토라의 프롤로그(5:1-11:32)

    3. 이 토라의 권면(6:4-11:32)

      h. 언약 의식을 통한 기억(11:18-32)

        (1) 하나님 말씀의 영구적인 가르침(11:18-21)

        (2) 순종을 통한 점령(11:22-25)

        (3) 복과 저주를 선포하는 의식(11:26-32)

11장

주석

11:18-21 이 말씀을 손목과 손과 이마에 매라는 명령은 프롤로그 서문에 나온 것과 약간 다르다. 여기서는 다음 세대를 가르치라는 명령이 그 말씀을 신체의 두드러진 부분에 매라는 명령과 집과 문에 기록하라는 명령 사이에 나온다. 말씀을 몸에 매는 것은 매우 개인적인 일이니만큼 집과 성읍에 기록하는 것과 다른 중요성을 지닌다. 각 개인은 언약에 순종한다는 표시를 해야 하는데, 특히 행동으로 보여야 하지만 몸에 붙인 상징물로 그래야 한다. 머리 장식품이 고대에 알려져 있지만, '미간의 표'[토타포트(*totaphot*)]와 그런 상징물은 서로 연관성이 없고 후대 성구함과의 역사적 연관성도 입증할 수 없다. 하지만 작은 텍스트 두루마리가 호신용 부적으로 사용된 것은 잘 알려져 있다. 1979년에 시온산과 옛 다윗의 도시 근처 케테프 힌놈(Ketef Hinnom, '힌놈의 경사면')에 소재한 묘실에서 두 개의 은문서가 발견되었다. 이 두루마리들은 제1차 성전 시대(주전 1020-586년)까지 거슬러 올라가고, 큰 것은 약 10.2×2.5센티미터, 작은 것은 길이가 약 3.8센티미터다.

큰 두루마리에 쓰인 글은 여호와를 사랑하고 그분의 명령을 지키는 이들에게 언약을 지키시는 그분을 부르는 내용이다. 둘째 두루마리는 악을 책망하는 여호와의 축복을 구하는 기도다. 둘 다 민수기 6:24-26에 나오는 축복으로 끝난다. 이것이 현존하는 가장 오래된 성경이다.[39] 그런 두루마리의 존재는 그 말씀을 몸에 매고 있었음을 시사한다.

말씀을 몸에 매는 후대의 관습에 사용되는 단어 필락테리(phylactery, 성구함)는 '보호'를 의미하는 헬라어 단어에서 유래한 것이다. 안전과 보호는 오직 하나님의 모든 명령을 순종하는 데서 찾을 수 있기 때문에 적절한 이름이라고 할 수 있다. 말씀을 마음에 깊이 새겨 행동을 통제한다는 은유적 의미로 몸에 매든지, 아니면 말씀에 담긴 메시지를 끊임없이 상기하기 위해 실제로 몸에 매든지 그 효과는 동일하다. 안전과 복은 모든 명령을 지키는 데 있다.

11:22-25 여기서 모세는 지극히 높으신 하나님의 말씀을 경청하라는 권면의 첫 부분인 신명기 11:8의 결론을 더욱 진전시킨다. 여호와는 이집트의 막강한 권력조차 장악할 수 없었던 땅, 여러 왕들이 장악한 땅을 이스라엘에게 주실 것이다. 이스라엘은 그 땅을 정복해가며 발로 밟는 곳마다 소유권을 갖게 될 것이다. 그 땅은 가나안을 명시하는 주요 특징, 즉 그 넓은 지역의 말단으로 묘사되어 있다. 말하자면, 남쪽으로는 광야까지, 북쪽으로는 레바논과 유프라테스까지, 서쪽으로는 지중해까지다. 이스라엘이 곧 요단강을 건너려 하고 있으므로, 그곳은 암묵적으로 동쪽 경계선이 된다.

11:26-27 축복인지 저주인지는 이제 이스라엘 앞에 놓인 선택에 달렸다. 이제까지 나온 권면과 프롤로그에서 말한 모든 것은 결국 두 가지 미래 중 하나를 선택하라는 촉구다. 이스라엘이 경험한 적 없는 신들, 즉 여호와가

---

39 이 부적에 관한 철저한 연구는 다음 글에 실려 있다. Gabriel Barkay et al., "The Amulets from Ketef Hinnom: A New Edition and Evaluation," *BASOR* 334 (May 2004): 41-71.

그들을 이곳까지 인도하셨던 방식으로 스스로를 입증하지 못하는 신들의 길을 좇으면 결국 저주를 받게 될 것이다. 하나님 이외에 이스라엘에게 나타나 그들을 구해낸 조력자는 없었다. 다른 신을 따르는 것은 불신이자 배신이다.

11:28-30 공적 의식은 순종과 불순종의 결과를 극적으로 보여주므로 가르침의 중요한 일부다. 그 땅에 들어가려는 백성에게 이 의식이 중요하다는 사실은 27장에서 반복되는 것으로 알 수 있다. 의식을 거행할 장소가 미지의 땅에 들어가려는 사람들을 위해 구체적으로 묘사되어 있다. 에발과 그리심은 요단 골짜기의 서쪽으로 약 48킬로미터 떨어진 고원 지대에 있다. 여기에 언급된 길갈의 위치는 이스라엘이 강 건너편에서 진을 쳤던 장소와는 다른 곳임이 틀림없다. 유일한 대안은 이 설명이 역시 길갈에서 행해진 다른 의식에 대한 설명과 합쳐졌다고 가정하는 것이다. 27장은 의식이 한 번 이상 있었음을 시사하는 듯하다.

세겜에 있는 이른바 "모레 상수리나무"는 창세기 12:6에서 아브라함이 가나안 땅으로 들어가는 여정에 맨 처음 언급된다. 이 나무 또는 작은 숲은 그 이름('모레'는 '지시'라는 뜻이다)이 가리키듯 신탁이나 신의 지시를 받는 곳으로 유명했다. 그런 성지는 많은 문화권에서 널리 알려져 있다. 세겜은 특히 신성한 장소로 유명했던 것 같다. 야곱은 우상 숭배에 사용되던 다양한 공예품을 거기에 묻었고(창 35:4), 여호수아는 언약을 맺은 당시 그곳에 큰 돌을 세웠다(수 24:26). 유별나게 큰 나무는 수세기 동안 한 자리를 지키므로 이러 사건들이 모두 동일한 나무 아래서 일어났을 법하다. 오래된 나무일수록 유명해진다.

11:31-32 이 구절들은 이 토라의 해설인 다음 부분에 대한 서론에 해당하므로 전환점이라고 할 수 있다. 의식에 대한 가르침을 마무리짓지는 않지만 앞서 나온 프롤로그, 즉 이스라엘이 요단 건너편 땅에서 살아가는 법을 가르치는 부분을 요약한다. 모세가 지금 그들에게 가르치는 모든 규례

와 법도를 지켜야 할 필요성은 연설의 초점을 전체 가르침에 대한 설명으로 바꾼다.

≋≋≋≋ 응답 ≋≋≋≋

의식은 이스라엘 백성에 못지않게 그리스도인에게도 중요하다. 공적인 신앙고백은 신실함을 유지하는 데 중요한 헌신에 대한 책임감을 낳는다. 이스라엘이 약속의 땅에 들어가는 시점에서 맺는 언약은, 결혼 관계에 들어가는 결혼식의 중요성에 빗댈 수 있다. 교회는 회중에게 알려진 서약과 증인들이 있는 경우에만 결혼 관계를 인정한다. 이상적으로는 이후에 회중이 결혼관계를 지지하고 부부를 돕는 일에 관여하는 것이 바람직하다. 새로운 언약에서 세례는 헌신 서약에 해당한다. 마찬가지로 세례를 통한 서약의 표현은 회중에 속하는지 여부를 평가하는 기준이다. 그리스도 안에서 구원받았음을 믿는다고 서약하는 사람들은 자신이 그분의 죽음과 부활 안에서 연합되었음을 보여주기 위해 세례를 받는다(롬 6:3-5). 바울이 설명하듯, 세례는 이전의 행실을 헛된 사고방식과 함께 벗어버리고 성령의 능력으로 그리스도의 새로운 방식으로 살아가는 등 변화된 생활방식으로 귀결된다(예. 롬 8:1-17).

세례는 새 언약의 표징으로서, 예수님이 요단강에서 요한에게 세례를 받을 때 세우신 것이다. 이 세례를 통해 예수님은 회개의 세례를 받아들이고 언약에 충실하겠다는 열망을 표현함으로 회개를 나타내는 이들과 자신을 동일시함을 보여주신다. 예수님은 장차 죽는 시점에 이르러 자신이 새 언약의 성취임을 선언하실 것이다. "이 잔은 내 피로 세우는 새 언약이니 곧 너희를 위하여 붓는 것이라"(눅 22:20). 예수님이 함께하심으로 세례는 새로운 의미를 덧입는다. 그것은 더 이상 회개의 증거에 그치지 않고 우리를 새 언약의 구속으로 인도하신 예수님을 따른다는 고백이 된다. 그래서 예수님의 제자들은 모든 민족을 제자로 삼아 아버지와 아들과 성령의 이름으로 세례를 베푼다(마 28:19). 이스라엘이 언약을 선포할 때 그랬듯, 세례는 예수님을 주님과 구원자로 고백하며 자신의 삶을 아무런 타협 없이 봉헌하는 행위다.

예수님은 모세가 이스라엘 자손에게 요구하는 것과 똑같은 사랑으로 제자들을 부르신다. "우리가 사랑함은 그가 먼저 우리를 사랑하셨음이라"(요일 4:19). 예수님의 제자들은 서로에게 품은 사랑으로 세상에 알려지게 된다(요 13:35). 하나님을 향한 이 사랑이 실패하지 않는 것은 아니다. 예수님을 위해 자기 생명을 내어놓겠다고 서약했던 제자가 잠시 후 그분을 세 번이나 부인한다(요 13:37-38). 그런 실패가 언약 서약의 종말을 고하지는 않는다. 오히려 그것은 인간이라면 누구나 겪는 실패다. 베드로는 자신의 실패를 두고 통곡한 후, 하나님과 사람들을 향한 가장 모범적인 사랑을 실천하며 살아간다. 이것이 모세가 이스라엘에게 요구하는 삶이다. 하나님 및 사람들과 관련된 이 사랑을 부인하는 것은 서약과 상관없이 제자됨을 부인하는 것이다. 이 사랑의 표현을 신명기의 요구 사항에서는 찾아볼 수 있다. 새 언약을 표현하는 의식과 의례는 부득이 바뀌어야 했지만 하나님과 사람들과 관련된 요건은 변함없다.

¹ 네 조상의 하나님 여호와께서 네게 주셔서 차지하게 하신 땅에서 너희가 평생에 지켜 행할 규례와 법도는 이러하니라 ² 너희가 쫓아낼 민족들이 그들의 신들을 섬기는 곳은 높은 산이든지 작은 산이든지 푸른 나무 아래든지를 막론하고 그 모든 곳을 너희가 마땅히 파멸하며 ³ 그 제단을 헐며 주상을 깨뜨리며 아세라 상을 불사르고 또 그 조각한 신상들을 찍어 그 이름을 그곳에서 멸하라 ⁴ 너희의 하나님 여호와께는 너희가 그처럼 행하지 말고 ⁵ 오직 너희의 하나님 여호와께서 자기의 이름을 두시려고 너희 모든 지파 중에서 택하신 곳인 그 계실 곳으로 찾아 나아가서 ⁶ 너희의 번제와 너희의 제물과 너희의 십일조와 너희 손의 거제와 너희의 서원제와 낙헌 예물과 너희 소와 양의 처음 난 것들을 너희는 그리로 가져다가 드리고 ⁷ 거기 곧 너희의 하나님 여호와 앞에서 먹고 너희의 하나님 여호와께서 너희의 손으로 수고한 일에 복 주심으로 말미암아 너희와 너희의 가족이 즐거워할지니라

¹ "These are the statutes and rules that you shall be careful to do in the land that the Lord, the God of your fathers, has given you to possess,

all the days that you live on the earth. 2 You shall surely destroy all the places where the nations whom you shall dispossess served their gods, on the high mountains and on the hills and under every green tree. 3 You shall tear down their altars and dash in pieces their pillars and burn their Asherim with fire. You shall chop down the carved images of their gods and destroy their name out of that place. 4 You shall not worship the Lord your God in that way. 5 But you shall seek the place that the Lord your God will choose out of all your tribes to put his name and make his habitation[1] there. There you shall go, 6 and there you shall bring your burnt offerings and your sacrifices, your tithes and the contribution that you present, your vow offerings, your freewill offerings, and the firstborn of your herd and of your flock. 7 And there you shall eat before the Lord your God, and you shall rejoice, you and your households, in all that you undertake, in which the Lord your God has blessed you.

8 우리가 오늘 여기에서는 각기 소견대로 하였거니와 너희가 거기에서는 그렇게 하지 말지니라 9 너희가 너희 하나님 여호와께서 주시는 안식과 기업에 아직은 이르지 못하였거니와 10 너희가 요단을 건너 너희 하나님 여호와께서 너희에게 기업으로 주시는 땅에 거주하게 될 때 또는 여호와께서 너희에게 너희 주위의 모든 대적을 이기게 하시고 너희에게 안식을 주사 너희를 평안히 거주하게 하실 때에 11 너희는 너희의 하나님 여호와께서 자기 이름을 두시려고 택하실 그곳으로 내가 명령하는 것을 모두 가지고 갈지니 곧 너희의 번제와 너희의 희생과 너희의 십일조와 너희 손의 거제와 너희가 여호와께 서원하는 모든 아름다운 서원물을 가져가고 12 너희와 너희의 자녀와 노비와 함께 너희의 하나님 여호와 앞에서 즐거워할 것이요 네 성중에 있는

레위인과도 그리할지니 레위인은 너희 중에 분깃이나 기업이 없음이니라 13 너는 삼가서 네게 보이는 아무 곳에서나 번제를 드리지 말고 14 오직 너희의 한 지파 중에 여호와께서 택하실 그곳에서 번제를 드리고 또 내가 네게 명령하는 모든 것을 거기서 행할지니라

8 "You shall not do according to all that we are doing here today, everyone doing whatever is right in his own eyes, 9 for you have not as yet come to the rest and to the inheritance that the Lord your God is giving you. 10 But when you go over the Jordan and live in the land that the Lord your God is giving you to inherit, and when he gives you rest from all your enemies around, so that you live in safety, 11 then to the place that the Lord your God will choose, to make his name dwell there, there you shall bring all that I command you: your burnt offerings and your sacrifices, your tithes and the contribution that you present, and all your finest vow offerings that you vow to the Lord. 12 And you shall rejoice before the Lord your God, you and your sons and your daughters, your male servants and your female servants, and the Levite that is within your towns, since he has no portion or inheritance with you. 13 Take care that you do not offer your burnt offerings at any place that you see, 14 but at the place that the Lord will choose in one of your tribes, there you shall offer your burnt offerings, and there you shall do all that I am commanding you.

15 그러나 네 하나님 여호와께서 네게 주신 복을 따라 각 성에서 네 마음에 원하는 대로 가축을 잡아 그 고기를 먹을 수 있나니 곧 정한 자나 부정한 자를 막론하고 노루나 사슴을 먹는 것같이 먹으려니와 16 오직 그 피는 먹지 말고 물같이 땅에 쏟을 것이며 17 너는 곡식과 포도주와 기름의 십일조와 네 소와 양의 처음 난 것과 네 서원을 갚

는 예물과 네 낙헌 예물과 네 손의 거제물은 네 각 성에서 먹지 말고 18 오직 네 하나님 여호와께서 택하실 곳에서 네 하나님 여호와 앞에서 너는 네 자녀와 노비와 성중에 거주하는 레위인과 함께 그것을 먹고 또 네 손으로 수고한 모든 일로 말미암아 네 하나님 여호와 앞에서 즐거워하되 19 너는 삼가 네 땅에 거주하는 동안에 레위인을 저버리지 말지니라

15 "However, you may slaughter and eat meat within any of your towns, as much as you desire, according to the blessing of the Lord your God that he has given you. The unclean and the clean may eat of it, as of the gazelle and as of the deer. 16 Only you shall not eat the blood; you shall pour it out on the earth like water. 17 You may not eat within your towns the tithe of your grain or of your wine or of your oil, or the firstborn of your herd or of your flock, or any of your vow offerings that you vow, or your freewill offerings or the contribution that you present, 18 but you shall eat them before the Lord your God in the place that the Lord your God will choose, you and your son and your daughter, your male servant and your female servant, and the Levite who is within your towns. And you shall rejoice before the Lord your God in all that you undertake. 19 Take care that you do not neglect the Levite as long as you live in your land.

20 네 하나님 여호와께서 네게 허락하신 대로 네 지경을 넓히신 후에 네 마음에 고기를 먹고자 하여 이르기를 내가 고기를 먹으리라 하면 네가 언제나 마음에 원하는 만큼 고기를 먹을 수 있으리니 21 만일 네 하나님 여호와께서 자기 이름을 두시려고 택하신 곳이 네게서 멀거든 내가 네게 명령한 대로 너는 여호와께서 주신 소와 양을 잡아 네 각 성에서 네가 마음에 원하는 모든 것을 먹되 22 정한 자나 부정한 자

를 막론하고 노루나 사슴을 먹는 것같이 먹을 수 있거니와 ²³ 다만 크게 삼가서 그 피는 먹지 말라 피는 그 생명인즉 네가 그 생명을 고기와 함께 먹지 못하리니 ²⁴ 너는 그것을 먹지 말고 물같이 땅에 쏟으라 ²⁵ 너는 피를 먹지 말라 네가 이같이 여호와께서 의롭게 여기시는 일을 행하면 너와 네 후손이 복을 누리리라 ²⁶ 오직 네 성물과 서원물을 여호와께서 택하신 곳으로 가지고 가라 ²⁷ 네가 번제를 드릴 때에는 그 고기와 피를 네 하나님 여호와의 제단에 드릴 것이요 네 제물의 피는 네 하나님 여호와의 제단 위에 붓고 그 고기는 먹을지니라 ²⁸ 내가 네게 명령하는 이 모든 말을 너는 듣고 지키라 네 하나님 여호와의 목전에 선과 의를 행하면 너와 네 후손에게 영구히 복이 있으리라

²⁰ "When the Lord your God enlarges your territory, as he has promised you, and you say, 'I will eat meat,' because you crave meat, you may eat meat whenever you desire. ²¹ If the place that the Lord your God will choose to put his name there is too far from you, then you may kill any of your herd or your flock, which the Lord has given you, as I have commanded you, and you may eat within your towns whenever you desire. ²² Just as the gazelle or the deer is eaten, so you may eat of it. The unclean and the clean alike may eat of it. ²³ Only be sure that you do not eat the blood, for the blood is the life, and you shall not eat the life with the flesh. ²⁴ You shall not eat it; you shall pour it out on the earth like water. ²⁵ You shall not eat it, that all may go well with you and with your children after you, when you do what is right in the sight of the Lord. ²⁶ But the holy things that are due from you, and your vow offerings, you shall take, and you shall go to the place that the Lord will choose, ²⁷ and offer your burnt offerings, the flesh and the blood, on the altar of the Lord your God. The blood of your sacrifices shall be poured out on the altar of the Lord your God, but the flesh you may eat. ²⁸ Be

careful to obey all these words that I command you, that it may go well with you and with your children after you forever, when you do what is good and right in the sight of the Lord your God.

²⁹ 네 하나님 여호와께서 네가 들어가서 쫓아낼 그 민족들을 네 앞에서 멸절하시고 네가 그 땅을 차지하여 거기에 거주하게 하실 때에 ³⁰ 너는 스스로 삼가 네 앞에서 멸망한 그들의 자취를 밟아 올무에 걸리지 말라 또 그들의 신을 탐구하여 이르기를 이 민족들은 그 신들을 어떻게 섬겼는고 나도 그와 같이 하겠다 하지 말라 ³¹ 네 하나님 여호와께는 네가 그와 같이 행하지 못할 것이라 그들은 여호와께서 꺼리시며 가증히 여기시는 일을 그들의 신들에게 행하여 심지어 자기들의 자녀를 불살라 그들의 신들에게 드렸느니라

²⁹ "When the Lord your God cuts off before you the nations whom you go in to dispossess, and you dispossess them and dwell in their land, ³⁰ take care that you be not ensnared to follow them, after they have been destroyed before you, and that you do not inquire about their gods, saying, 'How did these nations serve their gods?—that I also may do the same.' ³¹ You shall not worship the Lord your God in that way, for every abominable thing that the Lord hates they have done for their gods, for they even burn their sons and their daughters in the fire to their gods."

1 Or name as its habitation

≋≋≋≋ 단락 개관 ≋≋≋≋

예배 규례

이 토라에 관한 해설은 12:1에서 26:19까지 계속되고 28:1-68에 나오는 복과 저주로 마무리된다. 27장은 약속의 땅에서 언약이 갱신될 필요가 있음을 되풀이한다. 이 해설은 크게 몇 부분으로 나뉘지만, 때로는 주제에서 벗어나거나 곁길로 새기 때문에 세분화하는 것은 어느 정도 독자의 선택이라고 할 수 있다. 첫 번째 주요 부분은 예배를 통해 언약을 고백하는 문제를 다룬다(12:1-16:17). 이와 관련된 주제들은 가나안 종교의 혼합주의를 다루는 문제, 의식에 따라 정결한 음식을 올바른 장소에서 먹는 문제, 가난한 자를 돌보는 문제, 연례 절기를 지키는 문제 등에 관한 가르침을 포함한다. 두 번째 주요 부분은 행정관과 종교 지도자를 임명하는 문제를 다룬다(16:18-18:22). 세 번째 부분은 백성이 약속의 땅에 들어갈 때 따르는 사법적, 군사적 문제와 관련이 있다(19:1-21:9). 가정 문제와 사회적 문제가 가르침의 마지막 부분에 온다(21:10-25:19). 이 모든 해설은 찬송과 충성을 격려하는 의식(26:1-19)과 서약의 일부에 해당하는 복과 저주(28장)로 마무리된다.

예배에 대한 부분은 언약의 하나님이 지닌 특수성을 주관심사로 삼는다. 다른 신이 없다는 놀라운 고백(4:35, 39)이 무슨 뜻인지 이스라엘은 알아야 한다. '여호와는 거룩하시다'라는 말은 그분이 다른 문화권에서 경배받는 다른 어떤 신들과도 다르다는 진술이다. 이스라엘의 하나님을 예배하면 일반 질서에서 생겨나 궁극적으로 그 질서에 의존하는 신들과 연관을 맺을 수 없다. 이스라엘의 예배 장소, 이스라엘의 예배 방식, 그리고 이스라엘이 생명의 주님과 맺은 언약은 일반 문화에서 행해지는 예배와 연관 지어 절충하는 일이 없어야 한다. 물론 이스라엘 하나님의 개념을 표현하려면 글로든 의례로든 문화적 언어를 사용해야 하지만, 다른 신들이 이스라엘의 삶에 기여할 수 있다고 생각해서는 절대 안 된다.

II. 모세의 두 번째 연설(4:44-29:1)

  C. 이 토라에 대한 해설(12:1-25:19)

    1. 예배에 관한 가르침(12:1-16:17)

      a. 주님이 선택하실 곳에서 예배하라(12:1-31)

       (1) 그 땅에서 지킬 규례와 법도(12:1)

       (2) 가나안의 예배 장소를 파괴하라(12:2-3)

       (3) 여호와의 이름을 두실 장소(12:4-7)

       (4) 하나님께서 안식을 주실 때 드릴 예배(12:8-12)

       (5) 일상 식사에서 신성한 식품 규정을 지켜라(12:13-19)

       (6) 각 거주지에서 일상 식사를 위한 양식의 공급

          (12:20-28)

       (7) 가나안 족속의 예배를 멀리하라(12:29-31)

12장

━━━━━ 주석 ━━━━━

12:1 이 토라의 규례와 법도를 소개하는 표제는 프롤로그를 요약하고 이스라엘이 지키도록 권면 받은 가르침에 주의를 기울였던 앞 장의 전환을 계속 이어간다. 약속의 땅에서 드릴 예배에 대한 지침을 소개하는 부분은 12:29-31에서 마무리되며, 여기서 이스라엘은 그들이 들어가려는 땅의 족속들이 따르는 혐오스러운 관습을 멀리하라는 권면을 받는다.

12:2-3 가나안 신들은 자연세계에서 나왔고 그 세계에 의존했다. 그들의 예배는 이스라엘이 지닌 거룩하고 초월적인 하나님 개념과 상충되었

다. 그러므로 가나안의 예배 장소들은 파괴되어야 했다. 그런 장소는 대체로 신전이 아니라 돌로 평평하게 만든 높은 단으로 이루어진 곳, 흔히 '산당'[바마(*bamah*)]이라고 부르는 야외 성소였다. 대개 '아세라'라고 부르는 나무, 제단, 기둥, 수공품과 관련이 있었다. 기드온은 '아세라'를 찍어내고 바알의 제단을 헐며 산당을 부수라는 말씀을 들었다(삿 6:25-26). 약속의 땅에서 이런 장소의 존재를 상기시키는 것은 일체 근절해야 했다.

12:4-7 이스라엘은 하나님께서 자기 이름을 두려고 거처로 삼으신, 그들의 모든 지파 가운데서 택하신 그곳으로 찾아가 그들의 예배를 가나안 족속의 예배와 구별해야 한다. 어느 장소에 이름을 붙인다는 것은 소유권 표시다. 이는 하나님께서 그곳에만 계시다거나, 어느 한 장소에서 예배를 드리면 거짓 예배가 없어질 것이라는 뜻이 아니다. 다수의 장소에서 예배를 드리면 가나안 관습과 비슷해지기 때문인데, 이는 도무지 용납할 수 없는 일이었다. "당신들은 주 당신들의 하나님을 섬길 때에 이방 민족들이 그들의 신들을 섬기는 방식으로 섬겨서는 안 됩니다"(4절, 새번역). 제단, 제사, 농사 절기 같은 가나안 관습의 다른 특징들은 이스라엘의 신앙을 고백하는 수단으로 받아들일 수 있지만 다수의 사당을 이용하는 것은 용납 불가다.

　모세는 장차 이스라엘 백성이 각자의 거주지로부터 모일 하나의 단일한 예배 중심지를 그들의 특수성으로 그리고 있다. 하지만 실제로 다윗이 예루살렘을 점령해 모든 지파의 수도로 삼기 전까지 그런 일은 가능하지 않았다. 게다가 가나안의 예배 장소를 모두 제거하는 일은 히스기야 시대에 와서야 이루어졌다. 이런 현실에 대해 두 가지 관련된 가정에 문제를 제기할 필요가 있다. 첫 번째 가정은, 신명기의 집필 시기를 예배를 중앙집중화하려는 정치적 노력과 연관 지어야 한다는 것이다. 두 번째 가정은, 여로보암이 베델과 단에 제단을 쌓았던 경우(왕상 12:26-33)처럼, 단일한 예배 장소를 확보하려는 동기가 정치적 통제를 촉진시키려는 의도라는 것이다. 그러나 중앙집중화가 반드시 단결이나 정치적 충성을 고양하는 것은 아니다. 오히려 앗수르의 랍사게는 히스기야가 유다의 제단들을 헐어버렸기 때문에 여호와를 배신한 것이라며 그를 비난할 수 있었다(왕하 18:22). 만일 전기 선지서들(여호수아-열왕기하)에 나오는 (이스라엘을 향한) 예언 말씀이 모세의 토라에 기반한다면 언어의 유사성도 자연스럽게 발견할 수 있어야 할 것이다. 그렇다고 해서 흔히 주장하듯 전기 선지서들의 집필 시기가 반드시 신명기보다 앞서야 하는 것은 아니다.

특정한 예배 행위는 하나님께서 택하실 한 곳에서만 이루어져야 한다. 여기에는 번제물과 화목제물, 십일조, 높이 들어 바치는 곡식제물, 서원제물, 자원제물, 소나 양의 처음 난 것 등이 포함된다. 하지만 중심지로 모이는 순례를 해야 예배를 드릴 수 있는 것은 아니다. 그럴 경우 예배 횟수가 매우 제한되기 때문이다. 그래서 기도나 다른 형태의 예배를 각자의 거주지에서 드리는 것을 금지하지 않는다. 하지만 이스라엘의 예배는 중앙의 한 장소에서 다함께 드리는 예배로 제한함으로써 여타의 것들과 구별되어야 한다. 더 나아가, 다른 예배는 가나안 족속이 사용하는 사당 같은 것과 어떤 식으로든 연루되어서도 안 된다. 아사와 여호사밧이 거짓 예배를 드리는 장소들을 통제하려고 애썼으나(대하 14:3, 5; 17:6), 그런 장소들은 성전이 건축된 후에도 르호보암 이래로 유다에 줄곧 존속한다(왕상 14:23). 그런 예배는 언약에 따라 정죄되고, 선지자들은 하나님께서 이스라엘과 유다를 포로로 추방한 이유로 이를 거론한다.

12:8-12 안식처는 하나님께서 아브라함에게 약속하신 땅이다(신 3:20). 오랜 세월 광야에서 방랑하면서 백성들은 예배를 그들이 처한 상황에 맞춰야 했다. 이제 약속된 기업에 들어가면 하나님께서 정하신 예배 형식으로 그분을 영화롭게 하는 데 필요한 평안과 안전을 얻게 될 것이다. 이 안식은 여호수아의 정복이 완수될 때 이루어진다(수 21:43-45). 일단 백성들이 정착하면, 하나님께서 택하신 곳에서 예배드리는 시기는 모든 사람들, 특히 재산이 없어 남에게 의존하는 사람들에게 축제의 시간이 될 것이다. 이스라엘의 종도 그러한 부류에 속한다. 그들은 아마도 자기 몸값을 갚기 위해 일해야 하는 사람들일 것이다(출 21:2-6). 신명기가 특히 취약 계층에

레위인을 포함시키는 것은 그들이 소유지를 받지 못하기 때문이다. 일단 예배가 중앙의 한 장소로 제한되면, 레위인은 정상적인 생계수단을 잃게 될 것이다(참고. 신 18:1-5). 신명기는 레위인을 포용하고 그들에게 특별한 십일조를 제공하라고 자주 호소한다(14:28-29). 중앙집중화된 명절에 참여하면 이전에 받았던 제물과 헌물을 일부나마 보상받게 될 것이다.

12:13-19 이 구절들은 중앙집중식 예배가 어떻게 이루어지는지 분명히 밝힌다. 예배를 위한 합법적인 제사는 잘못된 장소, 즉 사람들의 거주지에서 드리면 안 된다. 제사는 가축의 피를 제단에 뿌릴 수 있는 성소에서 드려야 한다. 레위인이 식용으로 잡은 가축을 성소에서 먹을 수 있는지 여부는 논쟁거리다. 문제는 레위기 17:1-7에 나오는 동물의 도축이 식용 동물을 포함하는지, 아니면 제사용 동물에만 국한되는지에 달려 있다. 신명기는 새로운 상황에서 다음 사항을 분명히 한다. 가축은 사냥한 야생 동물과 마찬가지로 어디서나 식용으로 잡아먹을 수 있다[제바흐(*zebakh*) = "제물", 신 12:6, 11. 그러나 15절에서는 분명히 '도축'을 의미한다]. 유일한 규정은 피를 먹을 수 없다는 것이다. 피는 오직 하나님만 주실 수 있는 생명을 상징하기 때문이다(창 9:2-4). 레위기는 더 나아가 동물이 죽으면 그 피를 흙으로 덮어야 한다고 명시한다(레 17:3-14). 흙으로 덮지 않은 피는 복수를 부르짖기 때문이다(욥 16:18). 신명기는 피의 신성한 측면을 분명히 밝히고 있다. 피는 물처럼 땅에 쏟아 버려야 한다(16절). 피는 '그 자체'가 신성하다기보다 신성한 것을 상징할 수 있다는 점에서 물같이 여긴다.

가축은 주로 그 부산물과 노동력에 이용되었고, 부유한 사람만 식용으로 쓸 수 있었다. 게다가 고기는 소비할 사람이 충분히 있어 버릴 게 없을 때에만 먹을 수 있었다. 따라서 절기나 귀빈 방문같이 특별한 경우에만 고기를 먹을 수 있었다. 제물이 아닌 고기는 예배 장소에서 멀리 떨어진 곳에서도 먹을 수 있었으며, 이때 의식적으로 정결한 상태일 필요는 없었다. 하지만 십일조, 서원제물, 자원제물, 특별 예물 등과 같은 모든 신성한 음식은 모든 사람이 참여하고 축하할 수 있는 중앙 성소에서 먹어야 했다.

12:20-28 이스라엘 백성이 그 방대한 영토를 완전히 차지하게 될 때, 현실적으로 중앙 성소에서 음식으로 쓰기 위해 도축하는 일이 불가능해질 것이다. 고기는 인간 식생활의 일부로 바람직한 진미이며, 우리는 이 기름진 음식을 먹고 싶을 때가 있다. 그런 욕구는 합법적으로 채워질 수 있으나 동시에 동물의 생명을 합당하게 존중하면서 그래야 한다. 피에 관한 경고가 여기서도 되풀이된다(23-26절). 동물의 생명을 취하는 것이 심각한 일임을 가리키고 부주의하게 취급하지 않도록 주의를 주는 것이다. "네가 그 생명을…먹지 못하리니"라는 말은 도축 과정에서 피를 제대로 처리하라는 뜻이다. 이는 오늘날 코셔(kosher) 식품의 핵심 요건이기도 하다. 아울러 피를 다른 형태의 식품에 이용해서도 안 된다. 모든 제사 규례를 잘 듣고 지키라는 권고로 이 부분은 마무리된다. 신명기의 의식 규례는 레위기의 규례보다 덜 엄격하다. 특히 기름 섭취를 피하라는 것(레 3:17; 7:23, 25)과 관련해 그렇다. 한편 신명기는 진심 어린 의도를 특히 강조하는 편이다.

12:29-31 주님은 약속하신 대로 가나안 땅을 이스라엘에게 주고 계신다. 이스라엘은 가나안 사람처럼 될 위험이 있었다. 유아를 제물로 바쳐 태우는 것, 즉 가장 귀중한 예물을 신들에게 바치는 것은 가나안의 관습이었다(참고. 왕하 3:27). 아하스가 아들들을 불 가운데로 지나가게 한 행위(대하 28:3)는 불과 관련된 의식을 통해 자녀를 신에게 바친 것으로 보인다(참고. 신 18:10). 이 또한 가나안의 혐오스러운 관습 중 하나였다.

이 장은 장차 이스라엘이 세상과 단절하고 살아가는 민족은 될 수 없음을 솔직하게 인정한다. 그들은 가나안 사람들 가운데서 살면서, 모세가 언약을 건네며 그들에게 가르친 삶의 방식을 절충하고 싶은 유혹을 끊임없이 받을 것이다. 이 장은 그런 기만적인 현실을 암묵적으로 인정한다. 이스라엘 백성은 그것이 언약을 저버리는 행위임을 인식하지도 못할 텐데, 자신들이 신봉했던 하나님의 배타적인 성격을 잊어버릴 것이기 때문이다. 크고 강한 다른 민족들의 이념에 빠져들면 하나님의 거룩하심이 지닌 의미를 이해하지 못할 것이다.

예수님이 십자가에 죽기 전날 밤 제자들을 위해 드린 기도는 모세가 이스라엘에게 메시지를 전할 때와 똑같은 상황을 다루고 있다. 요한복음 17:14-17에서 예수님은 이렇게 기도하신다.

> 내가 아버지의 말씀을 그들에게 주었사오매 세상이 그들을 미워하였사오니 이는 내가 세상에 속하지 아니함같이 그들도 세상에 속하지 아니함으로 인함이니이다 내가 비옵는 것은 그들을 세상에서 데려가시기를 위함이 아니요 다만 악에 빠지지 않게 보전하시기를 위함이니이다 내가 세상에 속하지 아니함같이 그들도 세상에 속하지 아니하였사옵나이다 그들을 진리로 거룩하게 하옵소서 아버지의 말씀은 진리니이다

이스라엘이 가나안에 있었던 것처럼 예수님의 제자들은 세상에 있다. 언약에 대한 충성은 하나님의 말씀에 달려 있고, 모세가 말하는 것처럼 이 말씀은 지나치게 어렵지도 멀리 있지도 않다(신 30:11). 이 말씀에 도전하고 심지어 말씀을 미워하는 문화 한가운데서 말씀을 실천하는 것이 어려울 뿐이다.

포로시대 이후로 예배 장소가 큰 논쟁거리가 된다. 오늘날까지 그리심

산에 남아 있는 유명한 성전 유적이 그 사실을 명백히 보여준다. 이 성전은 예수님이 사마리아 우물가에서 만난 여인, 올바른 예배 장소에 관해 물은 그 여인이 언급한 곳이다(요 4:20). 이 본문에서 요한은 예수님의 말씀을 통해 예배 장소가 바뀌었음을 환기시킨다. 물리적 성전은 예배에 중요하지 않다. 그보다는 예배를 받으시는 분을 아는 지식이 핵심이다(요 4:23-24). 성전은 거룩하신 하나님의 임재를 상징할 뿐이다. 예수님이 세우시는 성전은 예배가 이루어져야 하는 그분의 교회다(엡 2:19-22; 벧전 2:4-5). 교회 모임이야말로 주님이 그분의 이름을 두시는 곳, 즉 성전이다.

그리스도인은 언제나 하나님께서 그분의 이름을 두신 장소에서 예배를 드리는 것이 얼마나 중요한지 깨달아야 한다. 영과 진리 안에서 거룩한 하나님을 예배하기 위해 모이는 것은 세상과 차별성을 유지하고 언약에 충실한 삶을 사는 데 매우 중요하다. 그리스도인은 하나님께서 택하신 장소에 정기적으로 모여 예배드리는 것을 소홀히 해서는 안 된다. 모세가 강조한 도전의 두 번째 요소는 하나님의 관심사에 주의를 기울이며 그분을 예배하는 것이다. 모세는 그런 관심사가 언약 백성이 지닌 필요와 함께 시작된다는 점을 역설한다. 이스라엘이 경작생활에 정착할 때는 권리를 박탈당한 사람들, 그 부류에 속하는 레위인처럼 특별한 목적을 위해 권리를 박탈당한 이들을 잊지 말아야 한다. 하나님을 예배하는 일은 그분이 관심을 두시는 일과 상관없이 이루어질 수는 없다. 역대기에서 다윗이 레위인 찬양대를 만든 것을 보면, 예배에서 찬송하는 것이 공동체에 중요했다는 점을 분명히 알 수 있다. 신명기는 그와 같이 필수적인 사역, 말하자면, 하나님께서 그분의 이름을 두신 장소에 오는 사람들의 모든 필요를 보살피는 일에 신경 쓸 것을 요청한다.

음식은 인간이 살아가는 데 필수적이니 만큼 언제나 예배의 일부를 이루었다. 이스라엘에서는 예배 장소의 음식 중 상당량이 가난한 자를 돌보는 데 사용되었다. 고기는 살아 있는 다른 동물의 생명을 취하는 일과 관련되므로 음식 섭취 시 언제나 중요하게 취급해야 한다. 이스라엘에서 제사용 동물은 여느 음식으로 쓰이는 동물과 신중하게 구별되었고, 고대에는 주로 야생 동물을 잡아먹었다. 하나님은 동물을 고기로 쓰는 것을 허락하시되 인간이 모든 생명을 선물로 받고 있다는 점을 인정하도록 요구하신다. 피는 곧 그 생명을 의미하므로 동물의 생명을 취하고 있음을 제대로 인식하며 피를 땅에 묻어야 한다. 사도행전에서는 교회가 이 요건을 계속 지켜야 한다고 결정한다(행 15:20). 목매어 죽인 동물은 피를 흘리지 않았기에 유대교적 상황에서는 특히 거슬렸을 것이다. 이는 불변의 도덕적 금지 사항은 아니지만 무엇이든 음식으로 사용할 때는 문화적 고려 사항이 중요하다는 점을 상기시킨다. 더 나아가 고기를 여느 음식처럼 다루어서는 안 되고, 어떤 식으로든 동물의 생명을 인정해야 한다는 사실을 일깨운다. 음식을 섭취하며 이런 사항을 고려하는 그리스도인은 많지 않겠지만, 고기의 특별한 의미를 인식할 필요가 있다. 우리는 소비하는 모든 음식에 대해 깊이 생각하고, 우리의 식생활이 하나님께 드리는 올바른 예배에 미치는 영향을 고려해야 한다.

13^장

^{12:32} 내가 너희에게 명령하는 이 모든 말을 너희는 지켜 행하고 그것에 가감하지 말지니라

^{12:32} *1*"Everything that I command you, you shall be careful to do. You shall not add to it or take from it.

^{13:1} 너희 중에 선지자나 꿈꾸는 자가 일어나서 이적과 기사를 네게 보이고 ² 그가 네게 말한 그 이적과 기사가 이루어지고 너희가 알지 못하던 다른 신들을 우리가 따라 섬기자고 말할지라도 ³ 너는 그 선지자나 꿈꾸는 자의 말을 청종하지 말라 이는 너희의 하나님 여호와께서 너희가 마음을 다하고 뜻을 다하여 너희의 하나님 여호와를 사랑하는 여부를 알려 하사 너희를 시험하심이니라 ⁴ 너희는 너희의 하나님 여호와를 따르며 그를 경외하며 그의 명령을 지키며 그의 목소리를 청종하며 그를 섬기며 그를 의지하며 ⁵ 그런 선지자나 꿈꾸는 자는 죽이라 이는 그가 너희에게 너희를 애굽 땅에서 인도하여 내시며 종 되었던 집에서 속량하신 너희의 하나님 여호와를 배반하게 하려 하며 너희의 하나님 여호와께서 네게 행하라 명령하신 도에서 너를 꾀어내려

고 말하였음이라 너는 이같이 하여 너희 중에서 악을 제할지니라

13:1 "If a prophet or a dreamer of dreams arises among you and gives you a sign or a wonder, 2 and the sign or wonder that he tells you comes to pass, and if he says, 'Let us go after other gods,' which you have not known, 'and let us serve them,' 3 you shall not listen to the words of that prophet or that dreamer of dreams. For the Lord your God is testing you, to know whether you love the Lord your God with all your heart and with all your soul. 4 You shall walk after the Lord your God and fear him and keep his commandments and obey his voice, and you shall serve him and hold fast to him. 5 But that prophet or that dreamer of dreams shall be put to death, because he has taught rebellion against the Lord your God, who brought you out of the land of Egypt and redeemed you out of the house of slavery, to make you leave the way in which the Lord your God commanded you to walk. So you shall purge the evil[2] from your midst.

6 네 어머니의 아들 곧 네 형제나 네 자녀나 네 품의 아내나 너와 생명을 함께하는 친구가 가만히 너를 꾀어 이르기를 너와 네 조상들이 알지 못하던 다른 신들 7 곧 네 사방을 둘러싸고 있는 민족 혹 네게서 가깝든지 네게서 멀든지 땅 이 끝에서 저 끝까지에 있는 민족의 신들을 우리가 가서 섬기자 할지라도 8 너는 그를 따르지 말며 듣지 말며 긍휼히 여기지 말며 애석히 여기지 말며 덮어 숨기지 말고 9 너는 용서 없이 그를 죽이되 죽일 때에 네가 먼저 그에게 손을 대고 후에 뭇 백성이 손을 대라 10 그는 애굽 땅 종 되었던 집에서 너를 인도하여 내신 네 하나님 여호와에게서 너를 꾀어 떠나게 하려 한 자이니 너는 돌로 쳐죽이라 11 그리하면 온 이스라엘이 듣고 두려워하여 이같은 악을 다시는 너희 중에서 행하지 못하리라

6 "If your brother, the son of your mother, or your son or your daughter or the wife you embrace[3] or your friend who is as your own soul entices you secretly, saying, 'Let us go and serve other gods,' which neither you nor your fathers have known, 7 some of the gods of the peoples who are around you, whether near you or far off from you, from the one end of the earth to the other, 8 you shall not yield to him or listen to him, nor shall your eye pity him, nor shall you spare him, nor shall you conceal him. 9 But you shall kill him. Your hand shall be first against him to put him to death, and afterward the hand of all the people. 10 You shall stone him to death with stones, because he sought to draw you away from the Lord your God, who brought you out of the land of Egypt, out of the house of slavery. 11 And all Israel shall hear and fear and never again do any such wickedness as this among you.

12 네 하나님 여호와께서 네게 주어 거주하게 하시는 한 성읍에 대하여 네게 소문이 들리기를 13 너희 가운데서 어떤 불량배가 일어나서 그 성읍 주민을 유혹하여 이르기를 너희가 알지 못하던 다른 신들을 우리가 가서 섬기자 한다 하거든 14 너는 자세히 묻고 살펴보아서 이런 가증한 일이 너희 가운데에 있다는 것이 확실한 사실로 드러나면 15 너는 마땅히 그 성읍 주민을 칼날로 죽이고 그 성읍과 그 가운데에 거주하는 모든 것과 그 가축을 칼날로 진멸하고 16 또 그 속에서 빼앗아 차지한 물건을 다 거리에 모아 놓고 그 성읍과 그 탈취물 전부를 불살라 네 하나님 여호와께 드릴지니 그 성읍은 영구히 폐허가 되어 다시는 건축되지 아니할 것이라 17 너는 이 진멸할 물건을 조금도 네 손에 대지 말라 그리하면 여호와께서 그의 진노를 그치시고 너를 긍휼히 여기시고 자비를 더하사 네 조상들에게 맹세하심같이 너를 번성하게 하실 것이라 18 네가 만일 네 하나님 여호와의 말씀을 듣고 오늘

내가 네게 명하는 그 모든 명령을 지켜 네 하나님 여호와의 목전에서 정직하게 행하면 이같이 되리라

12 "If you hear in one of your cities, which the Lord your God is giving you to dwell there, 13 that certain worthless fellows have gone out among you and have drawn away the inhabitants of their city, saying, 'Let us go and serve other gods,' which you have not known, 14 then you shall inquire and make search and ask diligently. And behold, if it be true and certain that such an abomination has been done among you, 15 you shall surely put the inhabitants of that city to the sword, devoting it to destruction,*4* all who are in it and its cattle, with the edge of the sword. 16 You shall gather all its spoil into the midst of its open square and burn the city and all its spoil with fire, as a whole burnt offering to the Lord your God. It shall be a heap forever. It shall not be built again. 17 None of the devoted things shall stick to your hand, that the Lord may turn from the fierceness of his anger and show you mercy and have compassion on you and multiply you, as he swore to your fathers, 18 if you obey the voice of the Lord your God, keeping all his commandments that I am commanding you today, and doing what is right in the sight of the Lord your God."

1 Ch 13:1 in Hebrew *2* Or *evil person* *3* Hebrew *the wife of your bosom* *4* That is, setting apart (devoting) as an offering to the Lord (for destruction)

≋≋≋≋ 단락 개관 ≋≋≋≋

다른 신들을 예배하자는 선동

언약의 역사는 곧 배교의 음흉한 본성에 관한 기나긴 이야기다. 문제는 배교를 인식하기가 어렵다는 데 있지 않다. 언약 신앙을 고수하는 경계선이 때로는 모호하지만, 공동체가 언약의 중심 교리에 집중하고 있다면 새로운 관념과 의문에 대한 가변적 반응이 위협거리가 될 수 없다. 그보다 더 문제가 되는 것은 가까운 관계에서 오는 유혹이다. 한 사람이 유일한 하나님께 온전히 헌신하지 않은 채 언약 신앙을 타협할 경우 주변에 위험한 영향을 미칠 수 있다. 타협에 저항하다가 가족이나 공동체가 분열될 수도 있다. 한 가족의 배교가 공동체 전체의 배교로 이어질 수도 있다. 이것이 이 장에서 경고하는 도미노 현상이다.

어떤 경우이든 "자세히 묻고 살펴보아서 이런 가증한 일이 너희 가운데에 있다는 것이 확실한 사실"(14절)인지 판단해야 한다. 거짓 혐의는 배교 자체만큼이나 질이 좋지 않다. 때때로 그것은 견해 차이를 인정하지 않는 교만 혹은, 더 나쁘게는 다른 사람의 성공을 질투하는 데서 나온 문제일 수 있다 그러나 이스라엘에서는 배교의 유혹이 흔하고, 바알 숭배라는 물질주의의 유혹이 늘 미끼로 작용한다. 바알 종교는 언제나 좀 더 많은 것을 약속하기 때문이다. 이런 유혹은 언약에 따라 여호와께 드리는 예배에 위배되지 않는다는 식으로 늘 합리화될 수 있다.

13장

II. 모세의 두 번째 연설(4:44-29:1)

  C. 이 토라에 대한 해설(12:1-25:19)

    1. 예배에 관한 가르침(12:1-16:17)

      b. 거짓 예배의 유혹(12:32-13:18)

        (1) 이 토라를 고수하라(12:32)

        (2) 거짓 선지자를 통한 유혹(13:1-5)

        (3) 가족 관계를 통한 유혹(13:6-11)

        (4) 온 마을의 배교(13:12-18)

※※※※   주석   ※※※※

12:32 마소라 본문의 단락 구분에 따르면, 이 구절은 올바른 예배 규례의 결론에 포함되어 있다. 즉 제사는 하나님께서 선택하실 장소에 국한된다는 요건을 조금도 바꾸지 말라는 경고다. 하지만 마소라 본문과 칠십인역의 장별 구분은 이 구절을 그 다음 단락에 합류시킨다. 이런 장별 구분은 32절을 선동을 일으키는 자들에 대한 심판을 말하는 표제로 삼는다. 언약 위반이 초래하는 결과에 대한 중요한 문학적 서론이 되는 셈이다. 더하거나 빼지 말라는 경고(참고. 4:2)는 고대의 조약 형식에서 그 유례를 찾을 수 있다. 이미 맹세한 규정을 변경하려는 자들에게 주는 경고다.

  물질주의적인 바알 문화의 유혹은 언제나 언약의 하나님에 대한 충성을 위협한다. 이스라엘의 많은 사람들이 바알 종교에 재물을 불러오는 능력이 있다고 주장할 것이다.

13:1-5 꿈을 해석하는 사람이나, 바로 앞에서 모세가 그러했듯 표징과 기적을 일으키는 선지자들은 계시의 권위를 주장한다. 거짓 선지자는 언제나 이스라엘에서 문젯거리였다. 특히 여호와의 이름으로 그런 예언을 했기 때문이다. 하나님은 유일한 신(4:35, 39)이시므로 하나님의 총체적 권한을 훼손하는 예언은 모두 선동에 불과하다는 사실을 이스라엘은 알아야한다. 거짓 선지자들이 이런저런 권위의 증거를 대더라도, 그런 주장은 하나님에 대한 이스라엘의 충성을 결정하는 일종의 시험이다. 이스라엘이광야에서 하나님의 대한 충성을 보이기 위해 맞닥뜨려야 했던 것과 같은시련이기도 하다(8:2). 그런 시험은 하나님에 대한 신뢰를 저버리고, 그들이 알지 못하는 다른 신들을 따르게 하는 유혹이 될 수 있다. 이스라엘은그들을 이집트에서 인도해내신 여호와의 구원을 이미 경험해서 알고 있다. 그런 소망을 약화시키는 선지자는 하나님을 "배반하게 하려 하는" 자다. 그런 선지자는 모세의 가르침에 무언가를 더한다. 그것은 선동 내지는반역[사라(sarah)]의 가르침이며, 19:16에 나오는 거짓 증인처럼 폭력을 가한다. 그런 거짓 가르침이 동시에 하나님에 대한 반역인 것은, 이스라엘은 여러 민족들에게는 그들을 인도하신 여호와 같은 다른 신이 없음을 알고 있기 때문이다(4:6-7). 선동으로 이끄는 유혹에는 자비를 베풀 수 없다. 이스라엘은 그런 자들을 그들 가운데서 몰아내야 한다.

13:6-11 두 번째 충성 시험은 더욱 버겁다. 친밀한 가족 구성원, 특히 "네어머니의 아들", 말하자면 친형제, 자녀, 배우자 또는 가장 가까운 친구를통해 이루어지기 때문이다. 여기 설명에서는 다른 신들을 따르자고 가장가까운 이들을 은밀히 유인하는 사람에 대한 깊은 감정적 헌신을 강조한다. 왕실에서 익숙한 충성 맹세는 왕의 가족, 다음으로 친구들의 가족, 마지막으로 선지자와 같은 공인의 불충한 발언을 비난하는 것으로 시작되었다. 그 맹세는 전적으로 안정된 왕위 계승에 관련이 있었고 가족 관계는도외시했다. 모세가 일부러 가장 소중한 관계에 강조점을 두는 것은 이런관계가 하나님에 대한 충성보다 앞서기 쉽기 때문이다. 헬라어 본문은 추

가 어구를 넣어 친형제간의 친밀함을 삭감시키고 있다. "만일 네 형제, '네 아버지'나 네 어머니의 아들이…너를 유인하여…너는 따르지 말라"[6-8절, 필자의 번역(7-9절, 칠십인역)]. 이 추가 어구를 따르는 경우가 많지만, 그것은 이 본문에 대한 훗날 법적 해석의 결과로 보인다. 이 대목의 관심사는 하나님에 대한 충성을 가장 소중한 관계보다 우위에 두는 것이다. 사실 그런 관계를 드러내기가 가장 어렵다.

가족 중 누군가가 선동하더라도 타협해서는 안 된다. "너는 그를 따르지 말며…애석히 여기지 말며 덮어 숨기지 말고." 이 구절은 심판을 지연시키는 수단으로 선동을 덮어주지 말라는 의미가 아니다. 이 표현은 느헤미야 4:5("주 앞에서 그들의 악을 덮어 두지 마시며 그들의 죄를 도말하지 마옵소서")의 형식과 일치한다. 이와 똑같은 의미가 예레미야 18:23에도 나온다. "그 악을 사하지 마옵시며 그들의 죄를 주의 목전에서 지우지 마시고." 말하자면 긍휼과 용서가 있을 수 없다는 것이 모세의 취지다. 이는 하나님에 대한 반역의 문제이기 때문이다. 그래서 "너는 용서 없이 그를 죽이되 죽일 때에 네가 먼저 그에게 손을 대[라]"(9절)고 말한다. 많은 번역가들은 이 지점에서 헬라어 번역본[아낭겔론 아낭겔레이스 페리 아우투(*anangellōn anangeleis peri autou*), '너는 그에 관해 보고하라'(10절, 칠십인역)]을 따르고, 때로는 아무런 설명도 하지 않는다. 헬라어 번역가는 17:2-4에 나오는 것과 같은 사법 절차를 고려하고 있다. 이 번역은 번역가가 살던 당시에 익숙한 법률 해석의 영향을 받았을 가능성이 있다. 그러나 이 구절은 사법 절차를 거론했다기보다 가장 어려운 상황, 즉 선동하는 자가 깊은 감정적 애착 관계에 있는 사람일 경우에라도 이스라엘에서 거짓을 제거할 필요성에 관해 말한 것이다.

13:12-18 마지막 상황은 성읍 전체를 대상으로 하는 선동과 관련이 있다. 거짓 예언이 시작될 때 그 문제를 다루지 않아 초래된 결과다. 이 경우에는 한 성읍에 관한 보고가 사실 그대로인지 확인하기 위해 신중하게 조사를 해야 한다. 보고가 사실이라면, 군사를 동원해 '그 성읍을 진멸해야' 한다. 이런 행동은 신학적으로 이해할 필요가 있다. 시혼(2:31-37)과 가나

안 땅의 나머지 지역(7:2-6)을 정복할 때와 같은 상황이다. 헤렘은 히브리어로 신성한 것이며, 하나님께 속한 것이 일상생활의 영역에서 사용되지 않도록 제거하는 것을 의미한다. 살아 있는 존재의 경우, 일반 생활에서 제거된다는 것은 죽음을 의미한다. 배교의 경우 하나님께 그와 같이 완전한 봉헌을 하지 않는 한, 하나님의 심판을 철회하기란 불가능하다.

이스라엘은 아간의 사례에서 이를 경험한다(수 7:16-26). 여리고성은 하나님께서 주장하시는 곳이다. 여리고성 함락은 전적으로 하나님께서 벌이신 전쟁의 결과다. 아간은 여리고에 있는 모든 것이 이제 신성한(봉헌된) 영역에 속한다는 선언을 받아들이지 않는다. 그 결과 이스라엘은 아이성 군대와의 접전에서 크게 패하고 만다. 헤렘(아간과 그의 반역에 가담한 모든 사람)이 이스라엘에서 제거되기 전에는 하나님과 화해할 수 없다. 배교한 성읍이 처한 상황은 아간의 가족이 처한 상황과 똑같다. 이 심판이 실제로 어떻게 집행되었는지는 기록되지 않았지만, 사사기 19-21장의 이야기가 하나의 실례가 될 수 있다. 랍비들은 그 심판을 결코 적용해서는 안 되고, 그 선언은 단지 교육 목적으로 토라에 담겨 있다고 주장했다. 이 구절은 언약 관계와 관련된 신학적 진술이다. 이스라엘이 가나안 땅에 사는 보배로운 백성으로서 하나님과 거룩한 관계를 맺으려면, 그분의 결정적 심판을 초래하는 모든 것을 일상생활의 영역에서 깨끗이 제거할 필요가 있다. 그 심판은 가나안 땅에서 집행된 것과 똑같이 시범적으로 집행될 것이다. 배교를 깨끗이 제거하는 것은 이스라엘이 언약에 따른 헌신을 지키는 데 필수적이다. 전환점 역할을 하는 이 구절은 불성실함을 제거해 거룩함을 보존할 필요성을 마무리하는 동시에, 이스라엘이 제사장 나라(출 19:5-6)임을 일상생활을 통해 고백하는 대목을 시작한다. 이스라엘은 온 땅에 하나님을 나타내기 위해 열방 중에서 구별된 백성이다.

배교를 통제하는 유일한 방법은 가족일 수도 있는 개인을 시작으로 배교를 제거하는 것이다. 필요하다면 공동체 전체를 헤렘으로 하나님께 돌이킬 수 없게 바쳐 세상에서 아예 제거할 수도 있다(16절). 이 장의 언어, 특히 12:29-13:11은 앗수르(아시리아) 시대에 충성을 유지하고 먼 영토를 통제하는 데 사용된 수단인 앗수르의 충성맹세[아데(*ade*)]와 매우 유사하다는 의견이 있다. 텔 타이낫(오론테스 강변에 있고, 성경에 나오는 갈레일 가능성이 있다)에서 발굴된 서판에 분명히 나오듯 그런 맹세는 앗수르 제국 전역에서 시행되었다.[40] 이 서판들은 주전 672년 에살핫돈이 아들 아슈르바니팔의 왕위 계승을 확보하기 위해 명령했던 맹세의 실제 본문을 담고 있다. 이 본문의 사본이 유다에 있었을 것이고, 고고학 증거에 따르면 그 '맹세'가 므낫세 시대에 성전 안에 진열되었던 것으로 보인다.

문학적 유사성에 근거해 신명기의 서기관들이 28장에 나오는 일부 저주들과 더불어 이 장의 선서를 작성할 때, 이 앗수르 문서에 의존했다는 주장이 제기된다. 하지만 그런 주장은 억측에 불과하다. 언어의 유사성은 사실상 신명기가 에살핫돈보다 수세기나 앞선 고대 근동세계에 공통된 맹세 문화를 공유한다는 점을 입증한다. 우리가 알기로 이런 맹세 형식은, 이스라엘이 약속의 땅에 들어갈 때 충성을 맹세할 이 토라에서 더하거나 빼지 말라는 경고에 얼마나 강력한 영향을 미쳤는지 보여준다. 모세의 관심은 왕조를 보존하는 것과 상당히 차이가 난다. 그는 이스라엘의 왕이신 여호와께 충성함으로 이스라엘 민족을 보존하려고 한다. 배교자들의 가족이나 공동체를 제거하기 위해 큰 제국의 왕실에서 사용한 것과 같은 언어를

---

40 이 조약의 전문과 주석에 대해서는 다음 글을 참고하라. Jacob Lauinger, "Esarhaddon's Succession Treaty at Tell Taʻyinat: Text and Commentary," *JCS* 64 (2012): 87-123. 다음 글은 조약들에 관한 훌륭한 서론과 번역, 주석을 제공한다. D. J. Wiseman, "The Vassal-Treaties of Esarhaddon," *Iraq* 20/1 (Sping 1958). 조약 연구 입문용으로 최고의 글이다.

사용하는 것이다.

바울도 역시 배교의 음흉한 성격에 대해 경고한다. 에베소 교회에 그런 배교자가 두 명 있었다. 부활은 이미 지나갔다며 부활을 부인했던 후메내오와 빌레도다(딤후 2:16-19). 그들은 분명 몸의 중요성을 부인하는 헬라 철학의 관념을 채택하여 기독교 신학에 통합시키고자 했다. 이는 훗날의 영지주의와 비슷했다. 영지주의는 종말론적 견해의 사소한 차이가 아니라 본질적인 기독교 교리의 치명적인 타협이었다(참고. 고전 15:35-49). 그런 생각들은 무가치할 뿐 아니라 암처럼 퍼져나가 일부 신자들을 믿음에서 멀어지게 한다. 교회에서는 이런 종류의 탈선을 결코 관용해서는 안 된다. 하지만 교회는 이 일을 매우 어렵게 여겼고, 그 결과 2세기에 영지주의가 참된 교회를 전복시키려고 위협하는 결과를 낳았다. 더 최근에는 이른바 계몽주의가 이신론의 대두와 함께 기독교에 적지 않은 위협이 되었다. 이신론자들은 자기 마음대로 하나님을 정의해 세상에서 그분의 활동을 묵살시키려고 한다. 존 웨슬리 같은 위대한 부흥운동가들은 교회를 위협하는 이런 세력에 대처하려고 애썼다. 하지만 오늘날 현대주의 교회는 자율적 인본주의라는 암이 한때 활발했던 기독교 교단 전체에 퍼져나간 방식을 증언한다. 이 장에 나오는 모세의 말을 강력하게 적용해야 할 것이다.

1 너희는 너희 하나님 여호와의 자녀이니 죽은 자를 위하여 자기 몸을 베지 말며 눈썹 사이 이마 위의 털을 밀지 말라 2 너는 네 하나님 여호와의 성민이라 여호와께서 지상 만민 중에서 너를 택하여 자기 기업의 백성으로 삼으셨느니라

1 "You are the sons of the Lord your God. You shall not cut yourselves or make any baldness on your foreheads for the dead. 2 For you are a people holy to the Lord your God, and the Lord has chosen you to be a people for his treasured possession, out of all the peoples who are on the face of the earth.

3 너는 가증한 것은 무엇이든지 먹지 말라 4 너희가 먹을 만한 짐승은 이러하니 곧 소와 양과 염소와 5 사슴과 노루와 불그스름한 사슴과 산 염소와 불기가 흰 노루와 뿔이 긴 사슴과 산양들이라 6 짐승 중에 굽이 갈라져 쪽발도 되고 새김질도 하는 모든 것은 너희가 먹을 것이니라 7 다만 새김질을 하거나 굽이 갈라진 짐승 중에도 너희가 먹지 못할 것은 이것이니 곧 낙타와 토끼와 사반, 그것들은 새김질은 하나 굽

이 갈라지지 아니하였으니 너희에게 부정하고 ⁸ 돼지는 굽은 갈라졌으나 새김질을 못하므로 너희에게 부정하니 너희는 이런 것의 고기를 먹지 말 것이며 그 사체도 만지지 말 것이니라

³ "You shall not eat any abomination. ⁴ These are the animals you may eat: the ox, the sheep, the goat, ⁵ the deer, the gazelle, the roebuck, the wild goat, the ibex,¹ the antelope, and the mountain sheep. ⁶ Every animal that parts the hoof and has the hoof cloven in two and chews the cud, among the animals, you may eat. ⁷ Yet of those that chew the cud or have the hoof cloven you shall not eat these: the camel, the hare, and the rock badger, because they chew the cud but do not part the hoof, are unclean for you. ⁸ And the pig, because it parts the hoof but does not chew the cud, is unclean for you. Their flesh you shall not eat, and their carcasses you shall not touch.

14장

⁹ 물에 있는 모든 것 중에서 이런 것은 너희가 먹을 것이니 지느러미와 비늘 있는 모든 것은 너희가 먹을 것이요 ¹⁰ 지느러미와 비늘이 없는 모든 것은 너희가 먹지 말지니 이는 너희에게 부정함이니라

⁹ "Of all that are in the waters you may eat these: whatever has fins and scales you may eat. ¹⁰ And whatever does not have fins and scales you shall not eat; it is unclean for you.

¹¹ 정한 새는 모두 너희가 먹으려니와 ¹² 이런 것은 먹지 못할지니 곧 독수리와 솔개와 물수리와 ¹³ 매와 새매와 매의 종류와 ¹⁴ 까마귀 종류와 ¹⁵ 타조와 타흐마스와 갈매기와 새매 종류와 ¹⁶ 올빼미와 부엉이와 흰 올빼미와 ¹⁷ 당아와 올응과 노자와 ¹⁸ 학과 황새 종류와 대승과 박쥐며 ¹⁹ 또 날기도 하고 기어다니기도 하는 것은 너희에게 부정하니 너희는 먹지 말 것이나 ²⁰ 정한 새는 모두 너희가 먹을지니라

11 "You may eat all clean birds. 12 But these are the ones that you shall not eat: the eagle,² the bearded vulture, the black vulture, 13 the kite, the falcon of any kind; 14 every raven of any kind; 15 the ostrich, the nighthawk, the sea gull, the hawk of any kind; 16 the little owl and the shorteared owl, the barn owl 17 and the tawny owl, the carrion vulture and the cormorant, 18 the stork, the heron of any kind; the hoopoe and the bat. 19 And all winged insects are unclean for you; they shall not be eaten. 20 All clean winged things you may eat.

21 너희는 너희의 하나님 여호와의 성민이라 스스로 죽은 모든 것은 먹지 말 것이나 그것을 성중에 거류하는 객에게 주어 먹게 하거나 이 방인에게 파는 것은 가하니라 너는 염소 새끼를 그 어미의 젖에 삶지 말지니라

21 "You shall not eat anything that has died naturally. You may give it to the sojourner who is within your towns, that he may eat it, or you may sell it to a foreigner. For you are a people holy to the Lord your God. "You shall not boil a young goat in its mother's milk."

1 Or *addax* 2 The identity of many of these birds is uncertain

거룩함에 관한 가르침

이 단락은 이스라엘은 거룩하다는 진술(2, 21절)로 시작하고 또 끝난다. 거룩함은 하나님의 인격과 존재를 가리키는 한 범주다. 분리되는 것은 거룩함을 의식하는 기본 요소이고, 하나님을 가리키는 범주로서는 그분을 모든 창조세계로부터 구별한다. 성경의 사상에 따르면, 우주의 모든 것이 하나님께 의존하고 있다. 이 개념의 기본 요건은 생명의 존재다. 생명은 물질적 요소에 내재된 것이 아니라 하나님께서 창조세계의 질서 속으로 끊임없이 주입시키는 것이다(시 104:29). 그러므로 거룩함에 속한다는 것은 곧 생명을 가지고 있음을 말한다. 따라서 거룩함에서 분리되는 것은 죽음이다. 이런 개념이 이 구절들에서 요구하는 의례적 고백의 기초가 된 것으로 보인다.

"당신들은 주 당신들의 하나님의 거룩한 백성입니다. 주님께서 땅 위에 있는 많은 백성 가운데서 당신들을 선택하여, 자기의 귀중한 백성으로 삼으셨습니다"(2절, 새번역). 사실상 모세가 7:6에서 한 말이 반복되고 있다. 그 맥락에서는 이스라엘이 가나안 족속들을 '헤렘' 아래 두어 자신들을 그들로부터 분리시키고, 그들을 결정적으로 하나님께 드리게 되어 있었다. 이번에는 모세가 어떤 음식들은 "가증한 것"(3절)이므로 먹지 말라고 금한다. 그 음식들은 전적으로 이방인의 관습과 동일시된다. 이와 대조적으로 이스라엘 백성은 "하나님 여호와의 자녀"(1절)이고, 여호와의 가족에 속한 자들로서 스스로를 구별시켜야 한다. 이 장의 규정들은 이스라엘이 언약에 충실함을 표현하는 하나의 방식이다. 여기에 지정된 음식은 하나님께 속하는 사람들을 특징짓는 삶과 온전함을 상징한다. 이 본문은 금지된 음식이 본질적으로 부정하거나 해롭다고 암시하지는 않는다. 따라서 언약을 고백하지 않은 사람들은 얼마든지 먹어도 무방하다. 모세는 이런 음식이 "너희에게 부정[하다]"(7, 8, 10, 19절)고 말할 뿐이다. 이어서 나오는 분류는 이런 의례를 따르는 이들에게만 중요한 개념을 체계적으로 정리한다.

≈≈≈≈≈ 단락 개요 ≈≈≈≈≈

II. 모세의 두 번째 연설(4:44-29:1)

  C. 이 토라에 대한 해설(12:1-25:19)

    1. 예배에 관한 가르침(12:1-16:17)

      c. 거룩함에 관한 의례(14:1-21)

        (1) 애도할 때의 거룩함(14:1-2)

        (2) 식생활에서의 거룩함(14:3-21)

          (a) 육지 동물에 관한 규례(14:3-8)

          (b) 수중 동물에 관한 규례(14:9-10)

          (c) 공중 동물에 관한 규례(14:11-20)

          (d) 음식 준비에 관한 규례(14:21)

≈≈≈≈≈ 주석 ≈≈≈≈≈

14:1-2 하나님의 자녀로서 이스라엘은 하나님을 아버지로 공경해야 한다(5:16). 부모는 자녀들이 생명과 양식을 받는 통로다. 하나님은 이스라엘을 창조한 분이신 동시에 아버지로 그들을 돌보고 바로잡는 분이시다(1:31, 8:5). 그러므로 이방인의 예배 의식에 참여하는 것은 거룩함을 부인하는 행위다. 자기 몸에 상처를 내는 것은 가나안의 애도 풍습이며, 여기에 종종 머리털과 수염을 밀거나 옷을 찢거나 베옷을 입는 일이 따랐다. 신들을 달래기 위해 동정을 호소하는 마술 또는 그들에게 은총을 구하는 관습으로

이런 일을 했다. 한 우가리트 신화에 따르면, 라티판이라는 신은 바알의 죽음을 애도할 때 자기 피부를 벗기고 수염을 밀고 가슴을 갈아 젖힌다고 한다. 이는 블레셋 족속이 임박한 심판을 앞두고 애도하는 모습과 비슷하다(렘 47:5). 모압 주민들도 애도의 표시로 자기 손에 상처를 내고 머리털을 민다(렘 48:37). 이스라엘에게 이런 관습을 금지하는 것은 생명의 신성함과 인간 몸에 대한 존중에 기반을 둔다. 하나님이 아버지시므로 그들의 몸은 거룩한 분의 선물이다.

14:3-8 깨끗한 동물에는 세 유형의 길들인 소과 동물(4절)과 일곱 유형의 사슴이나 염소처럼 길들이지 않은 소과 동물(5절)이 포함된다. 네 가지 동물은 금지된 음식의 본보기로 토끼, 오소리, 낙타, 돼지다. 토끼와 오소리는 발굽이 있거나 새김질하는 동물은 아니지만 실제로 오랫동안 먹이를 씹고 새김질하는 동물처럼 보인다. 고대에 알려진 동물들의 이름을 모두 구체적으로 밝히기란 불가능하다.

레위기에 나오는 육지 동물 목록에는 곤충과 설치류와 파충류도 포함된다. 네 발이 있고 땅 위에서 뛰는 메뚜기 같은 곤충은 모두 음식으로 먹어도 된다(레 11:20-21). 금지된 설치류와 파충류 목록도 나오는데(레 11:29-30), 이들은 육지나 바다나 하늘의 피조물의 불결함보다 더 불결하다고 본다. 금지된 동물들에는 배로 기어 다니는 모든 동물(뱀) 또는 다리 수와 상관없이 기어 다니는 다른 곤충들이 모두 포함된다(레 11:41-42). 이런 피조물은 음식으로 먹기 역겹고 "가증한"[쉐케츠(shequets)] 것으로 간주되고 먹는 사람을 불결하게 만든다.

14:9-10 수중 동물은 신명기와 레위기에 일반 규칙으로만 구별되어 있다.

14:11-20 식용에 적합한 새와 금지된 새를 구별하는 일반 규칙은 없다. 금지된 새들이 열거되는 것을 보면, 맹금류와 썩은 고기를 먹는 새들이다. 근대 분류법에 따르면, 박쥐는 새끼로 태어나고 어미젖을 먹기 때문에 포

유류에 속한다. 고대 분류법은 더 단순하게 '박쥐는 날개가 있다'는 식의 해부학적 기준을 따랐다. 모든 '날개 달린 곤충들'[쉐레츠(sherets)]은 모든 종류의 떼 짓는 벌레들을 가리킨다. 이런 곤충들은 레위기에서도 금지하고 있다.

14:21 사냥꾼과 농부는 자기 소유의 양식을 직접 죽인다. 출애굽기 22:31은 맹수에게 죽은 동물의 고기는 개에게 주어야 한다고 규정한다. 이런 동물은 깨끗하다고 해도 죽음에 이른 방법 때문에 음식으로 부적합하게 된 것이다. 그 이유는 이스라엘 백성이 거룩해야 하기 때문이다. 즉 시내산에서 언약을 맺고 받은 신분(출 19:6)을 지켜야 하기 때문이다. 레위기 17:15에 따르면, 도축을 거치지 않은 고기를 먹으면 사람이 부정해진다. 그런 음식을 먹을 수 있는 경우는 다음 두 가지다. 먼저, 이스라엘 백성이 아닌 이웃인 나그네들에게 그런 음식을 줄 수 있다. 이들은 언약에 속하지 않아 대개 땅이 없고 가난했다. 또는 장사하기 위해 와 있는 이방인에게 그런 음식을 판매할 수 있다. 이들도 언약에 속하지 않았고 거룩하게 구별되지 않으므로 의례적 정결함에 구애받지 않는다.

동물은 일부가 인간의 음식으로 쓰이기는 해도 언제나 인간 못지않게 생명이라는 선물을 가지고 있음을 인정해야 한다. 인간은 이유 없이 동물을 죽일 권리가 없다. 오히려 동물을 먹을 수 있게 허락받은 것이 현재 질서에서 하나님의 선물임을 늘 인정해야 한다. 피를 먹지 말라는 규정은 이런 용인을 고백하고, 동물의 생명 자체가 인간의 것이 아님을 인정하는 데 근거를 둔다. 특정한 종류의 음식 준비를 금지하는 규정도 이와 같은 범주에 속한다. 이스라엘에서는 명절 때 고기를 먹을 수 있었을 것이다. 출애굽기에서 명절 규정의 일부를 보면, 새끼를 그 어미의 젖으로 삶지 말라는 명령이 나온다(출 23:19; 34:26). 가을 명절은 그해 봄에 태어난 어린 염소를 먹어도 되는 때다. 여기서 그 명령은 고기를 먹는 규정의 일부에 속한다. 이와 비슷하게, 가축 새끼를 하나님께 제물로 바치기 전 적어도 일주일은 그 어미와 함께 두어야 한다고 요구하는 규정이 있다. 같은 맥락에서 어미와 새끼의 도축을 같은 날에 하거나, 새끼 혹은 알을 품은 새는 포획하는 것도 금지한다(레 22:27-28; 신 22:6-7). 시큼한 젖에 삶은 고기가 물에 넣고 요리한 고기보다 훨씬 더 맛있다. 다만 그 어미의 젖에 삶으면 안 된다. 이는 어미가 이 생명을 낳은 존재임을 인정하기 때문이다. 새끼가 언급된 것은 다른 곳에서는 이 금지 규정이 명절을 배경으로 나오기 때문이지만 동일한 규칙이 소나 양의 새끼에도 적용될 것이다.

≋≋≋≋ 응답 ≋≋≋≋

깨끗한 동물과 불결한 동물의 정리는 수많은 설명을 낳은 수수께끼다. 중세로 거슬러 올라가면 일부 유대교 해석자들은 중세를 배경으로 위생상의 이유를 들었지만, 돼지와 같은 일부 동물은 고대에 흔히 식용으로 쓰였고 종교 의례에 사용되었다. 이는 그 분류법에 의미를 부여했던 시스템 바깥에 있는 사람들에게는 자의적으로 보인다. 깨끗함과 부정함의 범주를 정하는 이유는 부분적으로만 알 수 있지만, 죽음의 반대편에 있는 거룩함을 나타내는 것과 관련이 있다.[41] 죽은 동물은 이스라엘 사람이 아닌 이웃에게 팔아도 무방하지만(21절) 이스라엘 사람에게는 적합하지 않다. 썩은 고기를 먹는 동물과 육식 동물을 포함해 죽음과 연루된 동물들은 금지되어 있다. 돼지와 독수리는 본래 썩은 고기를 먹어치운다. 수레를 끄는 짐승은 식용으로 키우는 동물의 특징을 공유한다면 깨끗한 동물로 분류된다. 목자들에게는 발굽이 갈라지고 새김질하는 동물이 깨끗한 동물이다. 물고기, 새, 곤충은 온전한 모습, 즉 질서 있는 생활을 상징하는 또 다른 방식으로 분류되는 듯하다.

---

41 다양한 사회에서 질서가 어떻게 세워지는가에 대한 유익한 인류학 연구로는 다음 책을 추천한다. Mary Douglas, *Purity and Danger: An Analysis of the Concepts of Pollution and Taboo* (London: Routedge & Keegan Paul, 1966). 특히 4장 "레위기의 가증한 것들"을 참고하라.

성막이나 성전의 정결 체계 밖에 있는 사람에게는 음식이 건강상의 이유로만 규정되어 있다. 당시 이스라엘에 살던 나그네와 이방인이 여기에 해당한다. 예수님은 입으로 들어가는 것이 아니라 입에서 나오는 것, 즉 말이 사람을 더럽게 하거나 속되게 한다고 분명히 선언하신다(마 15:10-11). 예루살렘 공의회에서 결정했듯 다른 사람의 민감성을 고려해야 하지만(행 15:20) 이는 어디까지나 화평을 위한 양보다.

환경 운동이나 경제적 행동주의에 기반을 둔 오늘날의 음식 규정은 이 장의 관심사인 거룩함과는 상관없는 전혀 다른 질서에 속한다. 이런 규정을 윤리 문제로 생각하는 사람도 있지만, 사실 모든 사례가 주관성을 띤다. 의학적인 우려조차 세월이 흐르면서 변할 뿐만 아니라 거꾸로 뒤집히는 경우를 자주 볼 수 있다.

14:22 너는 마땅히 매년 토지소산의 십일조를 드릴 것이며 23 네 하나님 여호와 앞 곧 여호와께서 그의 이름을 두시려고 택하신 곳에서 네 곡식과 포도주와 기름의 십일조를 먹으며 또 네 소와 양의 처음 난 것을 먹고 네 하나님 여호와 경외하기를 항상 배울 것이니라 24 그러나 네 하나님 여호와께서 자기의 이름을 두시려고 택하신 곳이 네게서 너무 멀고 행로가 어려워서 네 하나님 여호와께서 그 풍부히 주신 것을 가지고 갈 수 없거든 25 그것을 돈으로 바꾸어 그 돈을 싸 가지고 네 하나님 여호와께서 택하신 곳으로 가서 26 네 마음에 원하는 모든 것을 그 돈으로 사되 소나 양이나 포도주나 독주 등 네 마음에 원하는 모든 것을 구하고 거기 네 하나님 여호와 앞에서 너와 네 권속이 함께 먹고 즐거워할 것이며 27 네 성읍에 거주하는 레위인은 너희 중에 분깃이나 기업이 없는 자이니 또한 저버리지 말지니라

14:22 "You shall tithe all the yield of your seed that comes from the field year by year. 23 And before the Lord your God, in the place that he will choose, to make his name dwell there, you shall eat the tithe of your grain, of your wine, and of your oil, and the firstborn of your herd and flock, that you may learn to fear the Lord your God always. 24 And if the way is too long for you, so that you are not able to carry the tithe, when the Lord your God blesses you, because the place is too far from you, which the Lord your God chooses, to set his name there, 25 then you shall turn it into money and bind up the money in your hand and go to the place that the Lord your God chooses 26 and spend the money for whatever you desire—oxen or sheep or wine or strong drink, whatever your appetite craves. And you shall eat there before the Lord your God and rejoice, you and your household. 27 And you shall not neglect the Levite who is within your towns, for he has no portion or inheritance with you.

28 매 삼 년 끝에 그해 소산의 십분의 일을 다 내어 네 성읍에 저축하여 29 너희 중에 분깃이나 기업이 없는 레위인과 네 성중에 거류하는 객과 및 고아와 과부들이 와서 먹고 배부르게 하라 그리하면 네 하나님 여호와께서 네 손으로 하는 범사에 네게 복을 주시리라

28 "At the end of every three years you shall bring out all the tithe of your produce in the same year and lay it up within your towns. 29 And the Levite, because he has no portion or inheritance with you, and the sojourner, the fatherless, and the widow, who are within your towns, shall come and eat and be filled, that the Lord your God may bless you in all the work of your hands that you do.

15:1 매 칠 년 끝에는 면제하라 2 면제의 규례는 이러하니라 그의 이웃에게 꾸어준 모든 채주는 그것을 면제하고 그의 이웃에게나 그 형제에게 독촉하지 말지니 이는 여호와를 위하여 면제를 선포하였음이라 3 이방인에게는 네가 독촉하려니와 네 형제에게 꾸어준 것은 네 손에

서 면제하라 ⁴⁻⁵ 네가 만일 네 하나님 여호와의 말씀만 듣고 내가 오늘 네게 내리는 그 명령을 다 지켜 행하면 네 하나님 여호와께서 네게 기업으로 주신 땅에서 네가 반드시 복을 받으리니 너희 중에 가난한 자가 없으리라 ⁶ 네 하나님 여호와께서 네게 허락하신 대로 네게 복을 주시리니 네가 여러 나라에 꾸어 줄지라도 너는 꾸지 아니하겠고 네가 여러 나라를 통치할지라도 너는 통치를 당하지 아니하리라

15:1 "At the end of every seven years you shall grant a release. 2 And this is the manner of the release: every creditor shall release what he has lent to his neighbor. He shall not exact it of his neighbor, his brother, because the Lord's release has been proclaimed. 3 Of a foreigner you may exact it, but whatever of yours is with your brother your hand shall release. 4 But there will be no poor among you; for the Lord will bless you in the land that the Lord your God is giving you for an inheritance to possess— 5 if only you will strictly obey the voice of the Lord your God, being careful to do all this commandment that I command you today. 6 For the Lord your God will bless you, as he promised you, and you shall lend to many nations, but you shall not borrow, and you shall rule over many nations, but they shall not rule over you.

⁷ 네 하나님 여호와께서 네게 주신 땅 어느 성읍에서든지 가난한 형제가 너와 함께 거주하거든 그 가난한 형제에게 네 마음을 완악하게 하지 말며 네 손을 움켜쥐지 말고 ⁸ 반드시 네 손을 그에게 펴서 그에게 필요한 대로 쓸 것을 넉넉히 꾸어주라 ⁹ 삼가 너는 마음에 악한 생각을 품지 말라 곧 이르기를 일곱째 해 면제년이 가까이 왔다 하고 네 궁핍한 형제를 악한 눈으로 바라보며 아무것도 주지 아니하면 그가 너를 여호와께 호소하리니 그것이 네게 죄가 되리라 ¹⁰ 너는 반드시 그에게 줄 것이요, 줄 때에는 아끼는 마음을 품지 말 것이니라 이로

말미암아 네 하나님 여호와께서 네가 하는 모든 일과 네 손이 닿는 모든 일에 네게 복을 주시리라 ¹¹ 땅에는 언제든지 가난한 자가 그치지 아니하겠으므로 내가 네게 명령하여 이르노니 너는 반드시 네 땅 안에 네 형제 중 곤란한 자와 궁핍한 자에게 네 손을 펼지니라

⁷ "If among you, one of your brothers should become poor, in any of your towns within your land that the Lord your God is giving you, you shall not harden your heart or shut your hand against your poor brother, ⁸ but you shall open your hand to him and lend him sufficient for his need, whatever it may be. ⁹ Take care lest there be an unworthy thought in your heart and you say, 'The seventh year, the year of release is near,' and your eye look grudgingly¹ on your poor brother, and you give him nothing, and he cry to the Lord against you, and you be guilty of sin. ¹⁰ You shall give to him freely, and your heart shall not be grudging when you give to him, because for this the Lord your God will bless you in all your work and in all that you undertake. ¹¹ For there will never cease to be poor in the land. Therefore I command you, 'You shall open wide your hand to your brother, to the needy and to the poor, in your land.

¹² 네 동족 히브리 남자나 히브리 여자가 네게 팔렸다 하자 만일 여섯 해 동안 너를 섬겼거든 일곱째 해에 너는 그를 놓아 자유롭게 할 것이요 ¹³ 그를 놓아 자유하게 할 때에는 빈손으로 가게 하지 말고 ¹⁴ 네 양 무리 중에서와 타작마당에서와 포도주 틀에서 그에게 후히 줄지니 곧 네 하나님 여호와께서 네게 복을 주신 대로 그에게 줄지니라 ¹⁵ 너는 애굽 땅에서 종 되었던 것과 네 하나님 여호와께서 너를 속량하셨음을 기억하라 그것으로 말미암아 내가 오늘 이같이 네게 명령하노라 ¹⁶ 종이 만일 너와 네 집을 사랑하므로 너와 동거하기를 좋게 여겨 네

게 향하여 내가 주인을 떠나지 아니하겠노라 하거든 ¹⁷ 송곳을 가져다가 그의 귀를 문에 대고 뚫으라 그리하면 그가 영구히 네 종이 되리라 네 여종에게도 그같이 할지니라 ¹⁸ 그가 여섯 해 동안에 품꾼의 삯의 배나 받을 만큼 너를 섬겼은즉 너는 그를 놓아 자유하게 하기를 어렵게 여기지 말라 그리하면 네 하나님 여호와께서 네 범사에 네게 복을 주시리라

¹² "If your brother, a Hebrew man or a Hebrew woman, is sold² to you, he shall serve you six years, and in the seventh year you shall let him go free from you. ¹³ And when you let him go free from you, you shall not let him go empty-handed. ¹⁴ You shall furnish him liberally out of your flock, out of your threshing floor, and out of your winepress. As the Lord your God has blessed you, you shall give to him. ¹⁵ You shall remember that you were a slave in the land of Egypt, and the Lord your God redeemed you; therefore I command you this today. ¹⁶ But if he says to you, 'I will not go out from you,' because he loves you and your household, since he is well-off with you, ¹⁷ then you shall take an awl, and put it through his ear into the door, and he shall be your slave³ forever. And to your female slave⁴ you shall do the same. ¹⁸ It shall not seem hard to you when you let him go free from you, for at half the cost of a hired worker he has served you six years. So the Lord your God will bless you in all that you do."

≋≋≋≋ 단락 개관 ≋≋≋≋

가난한 자를 위한 규정

이 토라의 해설 가운데 예배에 관한 네 번째 부분은 하나님을 공경하는 수단인 정기적인 생활 주기와 관련이 있다. 매주 안식일은 십계명에 주어진 것, 즉 구속적 안식의 표징(고백)이라는 것 이상 진전되지 않는다(5:12-15). 매주 안식일은 비록 어떻게 실천해야 하는지, 예컨대 일을 규정하는 방식 등은 주어진 적 없지만 경제생활과 사회생활의 중요한 일부다. 중앙의 한 장소에서 예배를 드리라는 요건 역시 연례 활동에 상당한 영향을 미친다. 삶의 질서에 관한 주된 요건을 이제 모세가 제공한다.

음식에 관한 요건은 인간의 활동에서 상당 부분을 차지하므로 하나님을 공경하는 생활방식의 중요한 일부다. 음식은 이미 이스라엘 백성 개개인의 삶을 위한 지침에서 중요한 주제가 되어왔다. 모세는 이제 농작물 생산이라는 일반적인 주제에 눈을 돌려 농사 주기 규정과 중앙 성지 순례를 농작물 생산에 통합하는 것에 대해 가르친다. 언약 아래 살아가는 사람들에게 모든 활동은 어떤 의미에서는 하나님을 공경하는 예배 행위다. 이스라엘 백성은 현대 사회가 말하는 이른바 세속적인 것과 종교적인 것을 구별할 수 없었다. 그들의 생활에서 (가난한 자를 돌봄, 십일조를 바침, 중앙 성지 순례와 같은) 사회 문제는 모두 하나의 통합된 체계 아래 있다. 십일조와 처음 난 것을 바치는 일은 모두 "네 하나님 여호와 경외하기를 항상 배[우는]"(14:23) 행위다. 작물의 씨를 뿌리고, 가축을 키우고, 안식일을 지키고, 명절에 순례를 가는 것이 모두 하나님을 공경하는 일에 속한다.

토지 소유는 농경 사회에서 먹고살 양식을 얻는 데 기본 요건이다. 신명기는 특히 모든 사람이 땅을 소유하지 않는다는 사실에 주의를 기울인다. 고아와 과부는 땅에 접근할 수 없거나 생계를 유지하기에 충분할 만큼 땅을 경작할 수 없다. 그런 사람들이 "가난한 자"[에브욘('ebyon), 15:4]에 해당한다. 이 용어는 다른 사람에게 기대야 살 수 있는 사회 신분을 가리키며, 주로 도의적인 견지에서 이해할 수 있다. 가난한 자가 비천한 자[오니('oni)]인 것은 자기 땅이 없어 항상 누군가의 도움이 필요하기 때문이다. 가난한 자를 돌보는 일은 그들을 존중하는 것이고, 더 중요하게는 하나님을 존중하고 복을 받는 수단이다. 또 다른 상황은 재난을 당해 토지 사용권을 상실하거나 경작에 성공할 능력이 없는 경우다. 이런 이스라엘 사람들은 시한부 계약 노동자가 된다. 이때 "네 동족[이]…네게 팔렸다"(12절)는 조건이 이루어진다. 그의 가족이 채무를 다 갚을 때까지 채권자에게 고용된다는 뜻이다. 그런 의존관계는 각 사람이 자기 땅을 경작할 자유를 가져야 한다는 원칙과 반대로 끝없는 채무의 순환이 될 수 있다. 뜻하지 않는 이런 문제에 대한 대책이 '7'이라는 안식의 원칙에 따라 연간 달력 주기의 일부가 된다. 이 주기는 일상생활을 위한 규정에 설명되어 있듯 일, 주, 월, 년 단위로 작동한다.

14장

≋≋≋≋ 단락 개요 ≋≋≋≋

II. 모세의 두 번째 연설(4:44-29:1)
  C. 이 토라에 대한 해설(12:1-25:19)
    1. 예배에 관한 가르침(12:1-16:17)
      d. 시민적 의무와 의례적 의무의 주기(14:22-16:17)
        (1) 정기적인 십일조(14:22-27)
        (2) 3년마다 드리는 십일조(14:28-29)
        (3) 7년마다 빚을 면제함(15:1-6)
        (4) 가난한 자를 위한 대출(15:7-11)
        (5) 빚으로 인한 노역에서 해방됨(15:12-18)

14:22-27 오직 신명기만 모든 소산물의 십일조를 떼어 중앙 성소로 가져가라고 명한다. 다른 본문들도 십일조에 대해 가르치지만 의무보다는 제물의 성격을 더 많이 띤다(민 18:21-32; 레 27:30-32). 신명기에서는 십일조가 예배의 의무 중 하나다. 이는 십일조에 기대어 사는 사람들을 위한 특별한 배려의 일환으로 볼 수 있다. 여기서 십일조는 세 가지 유형의 소산물에 대해서만 명시되어 있다. 이 십일조는 한 달 치 식량보다 많은 분량이다. 이를 어떻게 분배할지에 대한 세부 사항은 나오지 않고 다만 명절에 먹는다고 한다. 아마도 수확이 끝날 때, 가을 명절을 앞두고 순례하는 시기에 십일조를 가져갔을 것이다. 그때가 십일조를 계산할 수 있는 유일한 시점이기 때문이다. 명절이 일 년에 세 차례 있고 각각 일주일씩 치르므로 양식은 다음 수확 때까지 그곳에 저장된다.

십일조를 가져오는 사람만 그 제물을 소비하는 것은 아니다. 그보다는 신명기 14:27에 나오듯, 이는 (제사장들을 포함해) 모든 레위인이 그 즐거움에 다함께 참여할 수 있게 해주는 수단이다. 그런 명절들은 구속과 하나님의 축복을 즐거워하는 수단일 뿐 아니라, 성전 제도와 거기에 의지해 사는 사람들을 지원하는 수단이기도 하다. 레위기의 마지막 장에 나온 성전 지원 제도에서 분명히 알 수 있듯 세부 계획은 때에 따라 변한다. 그곳에 나오는 십일조에는 동물도 포함되는데(레 27:32-33), 그 동물은 되돌려 받을 수 없었고 성전의 것이 되었다.

거리가 먼 경우 "네 하나님 여호와께서 그 풍부히 주신 것"(24절)의 십일조를 중앙 성소로 가져가기란 비현실적인 일이다. 그 양식은 은(당시에는 이스라엘에 주조된 동전이 없었다)을 받고 팔았다가, 나중에 명절이 돌아오면 적절한 양식으로 바꿀 수 있었다. 신명기에 규정된 십일조와 처음 난 동물들은 레위인을 비롯해 형편이 어려운 모든 사람들뿐 아니라 수확의 복을 받은 농부의 즐거움을 위해서도 쓰였다.

14:28-29 셋째 해와 여섯째 해의 십일조는 중앙 성소로 가져가지 않고 그 성읍의 문에 가져가게 되어 있다. 이 십일조는 그곳에 땅이 없는 사람들, 말하자면 레위인과 이스라엘 사람이 아닌 이웃, 고아와 과부에게 나누어 주게 되어 있다. 공급은 2년에 걸쳐 이루어지고, 일상의 과업으로 주님을 존중하는 중요한 방식이 된다. 이런 종류의 관대함은 축복의 통로다. 가난한 자들에게 양식을 공급하는 사회에는 언제나 보답으로 훨씬 많은 혜택이 돌아갈 것이다.

레위인을 위한 이 십일조는 민수기 18:21-32에 명시된 레위인을 위한 십일조와 일치하지 않는다. 민수기에서는 십일조 전체가 레위인에게 돌아가고, 레위인은 이 분량의 십일조를 제사장들에게 준다. 신명기는 이스라엘 역사의 후대, 곧 왕과 중앙 성소와 순례가 있는 시대를 내다보는 반면, 민수기의 법률은 이전 시대, 즉 이스라엘이 지파 연합으로 존재했을 때의 것일 가능성이 있다.

일곱째 해에는 십일조가 명시되어 있지 않다. 그해에는 땅에서 수확하지 못하게 되어 있기 때문이다. 안식 규정의 한 측면은 일곱째 날에 더해 일곱째 해에도 쉰다는 것이다(출 23:10-12). 그해에는 모든 땅이 주님께 속해 있고, 따라서 땅의 소산물이 모든 사람에게 값없이 주어진다는 것을 분명히 한다.

15:1-6 이 구절들은 7년 주기에 대해 말한다. 이는 가난한 자들을 위해 땅을 7년째 되는 해에 묵혀야 하는 요건과 비슷하다(출 23:10-11). 이 대목은 그런 관례를 전제하는 듯 보이지만, 거기에 빚까지 면제해주는 요건을 더한다. 이는 적어도 느헤미야 시대에 실행되었다(느 10:31). 빚은 보통 새로운 소득을 얻는 수확 때에 만기가 된다. 수확 소득이 있는 해에 빚을 갚을 수 없다면, 그 빚은 지주에게 수확 없는 일곱째 해에 철회되어야 한다. 돈을 빚진 사람은 "그의 이웃…그 형제"(2절)이며, 실제로 친척일 가능성이 높지만 분명 동족 히브리인이다. 이러한 면제는 이스라엘 사람이 아닌 이방인과의 관계에서 생길 수 있는 사업상의 빚과는 관련이 없다. 주된

목적은 토지 사용 권한을 회복할 수 없는 결과를 가져올 부채 상태에서 벗어나게 하는 것이다.

빚을 면제하면 공동체 내에 안정성이 확립된다. 4-6절의 권면이 강조하듯 이것은 언약 관계의 기본 요건이다. 이스라엘 내에는 어떤 식으로든 공동체의 돌봄을 받지 못하는 가난한 사람이 있어서는 안 된다.

15:7-11 일곱째 해를 감안하고는 다섯째 해나 여섯 째 해가 되면 부채 상환이 전혀 이루어지지 않을 것이라고 생각해 도움을 거절하고 싶은 유혹을 받을 수 있다. 그러나 언약의 요구를 충족시키기 위해 최소한의 도움만 주는 것은 언약 정신이 아니다. 그 목표는 언제나 필요한 도움을 최대한 제공하는 것이다. 가난한 사람들에게 양식을 제공하면 모두가 더 잘 지내게 된다. 이것이 바로 "하나님이…복을 주시[는]"(10절) 방식이다. "땅에는 언제든지 가난한 자가 그치지 아니[한다]"(11절)는 말은 "가난한 자가 없으리라"(15:4-5)는 주장과 모순되는 것 같지만, 각각 동일한 현실에 대해 말하고 있다. 질병과 죽음은 사람을 차별하지 않기 때문에 가난에 빠지는 사람들은 항상 있기 마련이다. 그렇더라도 어려운 처지에 놓인 사람들을 돌보는 사회는 항상 복을 받을 것이다.

15:12-18 빚을 면제할 준비는 7년 단위의 안식 주기에 따라 이뤄져야 한다. 보다 가혹한 형태의 빚은 누군가가 더 이상 돈을 빌릴 수 없어 땅을 담보로 잡혔다가 날리고 채권자의 종으로 들어가는 경우다. 그렇게 노예로 있는 기간은 7년으로 제한된다. 7년 노역은 안식년 주기와 관련이 없지만, 그 사람이 노예 생활을 시작할 때부터 계산되기 시작한다. 최대한 6년 동안 섬긴다는 규정은 출애굽기 21:1-2에 나오는 법규와 관련이 있다. 신명기는 여러 면에서 그런 규정을 보강한다. 자유는 남자 종뿐 아니라 여자 종에게도 주어진다(12절). 출애굽기에서 채무 종 상태에 있는 여자는 주인의 통제를 받는다(출 21:4, 7-10). 주인이 다른 종에게 아내로 준 경우, 남자 종이 자유인이 되더라도 그녀는 주인에게 남는다. 한 남자가 빚 때문에 자

기 딸을 준다면, 주인은 그녀의 속량을 허락하거나 그녀를 아내로 대우해야 한다. 탐내는 것과 관련해 제10계명이 말하듯(출 20:17; 신 5:21) 신명기에서는 여자에게 독립적인 지위를 부여한다. 이는 여자의 권리에 대한 일관된 관심을 보여준다. 신명기에 나오는 또 다른 혜택은 모든 채무 종들이 독립된 지위를 되찾을 수 있도록 그들에게 양식을 풍족하게 재공해야 한다는 것이다(15:13-15). 채무 종에 대한 규례는 누군가가 다른 사람을 위해 영구적으로 일하는 편이 더 낫다고 결정하면 그렇게 할 수 있는 대책을 마련해준다.

채무 종들의 해방과 자산 회복에 대한 희년 규례는 지파의 하위 단위인 가족 집합체, 즉 씨족을 위한 대책을 마련해준다. 그 규례들은 지파들이 자산을 잃는 것을 예방한다. 규례에 따라 빚에서 해방되고 자산을 회복하는 일이 50년째 되는 해에 일어난다(레 25:10, 13, 28). 한 가족이 채권자의 시한부 계약노동자가 되더라도, 그것은 50년째 되는 해, 즉 그들이 자기 씨족으로 돌아가기 전까지만 유효하다(레 25:39-41). 50년이란 세월은 한 개인의 생애 대부분에 해당한다. 그러므로 50년째 되는 해에 자유를 얻는 것은 지파에 재통합되는 집단과 마찬가지로 개인과 관련이 없다. 이런 식으로 한 지파는 다른 지파에게 자산을 잃지 않게 된다. 이는 땅을 물려받은 여자는 반드시 자기 지파 내에서 결혼해야 한다는 원칙과 맥을 같이한다(민 36:5-9). 레위기는 씨족과 관련된 부채 상황을 다룰 때, 신명기에 나오는 7년째의 해방에 대해 언급하지 않는다.

레위기의 희년법은 영구적인 채무 종이 되기로 선택하는 사람의 상황을 다루고 있을 가능성이 높다. 노예가 되겠다고 약속한 가족의 경우, 50년째 되는 해에 자유를 얻으면 그 노예 상태가 영구적으로 연장되지 않을 것이다. 이런 식으로 자산은 언제나 본래의 씨족에게 귀속되고, 가족들은 자급자족하며 살 수 있다. 영구적인 채무 종 씨족은 있어서는 안 되었다.

이스라엘은 이집트의 노예 시절에 받은 구원을 상기하라는 권면을 거듭 듣는다. 그들은 이제 하나님의 자녀이므로(신 14:1) 하늘 아버지께 받은 자비를 따라 살아갈 것으로 기대된다. 빚 탕감에 관한 법률은 부담이 아니라 하나님께서 어떻게 노예였던 그들을 구속하셨는지 보여주는 믿음의 증거로 여겨야 한다.

≋≋≋   응답   ≋≋≋

현대의 사고방식은 세상살이와 신앙이 아무 상관없는 듯 둘을 떼어놓으려 한다. 이는 국가의 간섭과는 별개로 신앙의 자유를 약속하는 당연한 권리와 자유에 명백히 나타난다. 기독교에서는 그런 구별이 불가능하다. 기독교 신앙은 예배에 관한 모세의 가르침에 상정된 것처럼 삶의 모든 영역을 통합하도록 요구한다. 경제 사정, 재산, 가난한 자들을 돌봄은 그 어떤 의례만큼이나 신앙과 언약의 실천에 필수적이다. 게다가 이른바 세속적 가치관도 신앙의 가치관과 동일하게 작동한다. 실제로는 그런 '세속적' 가치관도 일종의 종교 또는 신앙 체계다. 국가의 요구 사항이 그리스도인의 신념과 모순될 때, 두 영역을 분리시키지 못해 신앙생활이 매우 어려워진다. 여기에는 세금 또는 다른 혜택의 문제가 포함될 수 있다. 예컨대 캐나다에서는 가난한 사람들을 돕기 위한 취업 장려금이 출산 시점에서도 국가의 제한 없는 낙태 규정을 지지하지 않는 사람에게는 보류된다. 취업 장려금은 가난한 사람들을 돕기 위한 것인데도, 사실상 국가의 종교 정책을 고수하는 사람들에게만 주어진다.

사도 바울은 그리스도인이 의로움과 참된 거룩함으로 창조된 새로운 마음을 가지고 있다(엡 4:23-24)는 가르침에서 신앙과 삶의 연속성에 대해 설명한다. 이 새로운 사고방식은 삶의 가장 기본적인 측면, 특히 일과 말에 영향을 미친다(엡 4:25-30). 바울은 어려운 사람에게 베풀 수 있기 위해 일해야 한다고 권면한다. 언어생활에서는 듣는 사람에게 덕을 세울 때에만 말해야 한다. 이것이 바로 모세가 이 장에서 이끌어내는 가치관이다. 일하는 목적은 동료 자산 소유주들과 공동체를 지지하기 위해서다. 이는 서양 사회에 몸담고 있는 많은 그리스도인에게 영향을 미치는 노조와 고용주

간의 적대 관계 정신이 아니다. 우리가 신앙적 가치관을 진지하게 유지하고자 한다면, 오늘날 모세의 가르침대로 살기란 결코 쉽지 않다.

예수님은 산상설교에서 일과 안녕에 관해 가르칠 때 이 신명기 구절을 사용하신다(마 6:19-24). 보물을 쌓아놓는 것, 눈이 밝은 것, 두 주인을 섬기려는 것 등 세 가지 은유를 활용하시는데, 이 가운데 둘째 은유는 시각의 초점과 관계가 있다. 제자들은 명료한 시각으로 하나님 나라에 초점을 맞춘다. 만일 "눈이 나쁘면"(마 6:23) 그들은 눈먼 사람처럼 불리하게 된다. 악한 눈은 신명기 15:9에서 가져온 표현으로, 빚을 면제해주는 해가 이르기 직전에 가난한 형제를 도와야 할 의무에 대한 분노의 표현이다. 이는 어려운 사람을 도우려는 열정이 아니라 인색한 태도를 드러낸다. 예수님의 제자들은 모세의 가르침을 따라 가능한 모든 방식으로 어려운 사람을 돕는 일에 최선을 다할 것이다.

15장

15:19 네 소와 양의 처음 난 수컷은 구별하여 네 하나님 여호와께 드릴 것이니 네 소의 첫 새끼는 부리지 말고 네 양의 첫 새끼의 털은 깎지 말고 20 너와 네 가족은 매년 여호와께서 택하신 곳 네 하나님 여호와 앞에서 먹을지니라 21 그러나 그 짐승이 흠이 있어서 절거나 눈이 멀었거나 무슨 흠이 있으면 네 하나님 여호와께 잡아 드리지 못할지니 22 네 성중에서 먹되 부정한 자나 정한 자가 다 같이 먹기를 노루와 사슴을 먹음같이 할 것이요 23 오직 피는 먹지 말고 물같이 땅에 쏟을지니라

15:19 "All the firstborn males that are born of your herd and flock you shall dedicate to the Lord your God. You shall do no work with the firstborn of your herd, nor shear the firstborn of your flock. 20 You shall eat it, you and your household, before the Lord your God year by year at the place that the Lord will choose. 21 But if it has any blemish, if it is lame or blind or has any serious blemish whatever, you shall not sacrifice it to the Lord your God. 22 You shall eat it within your towns. The unclean and the clean alike may eat it, as though it were a gazelle or a deer. 23 Only you shall not eat its blood; you shall pour it out on the ground like water

16:1 아빕월을 지켜 네 하나님 여호와께 유월절을 행하라 이는 아빕월에 네 하나님 여호와께서 밤에 너를 애굽에서 인도하여 내셨음이라 2 여호와께서 자기의 이름을 두시려고 택하신 곳에서 소와 양으로 네 하나님 여호와께 유월절 제사를 드리되 3 유교병을 그것과 함께 먹지 말고 이레 동안은 무교병 곧 고난의 떡을 그것과 함께 먹으라 이는 네가 애굽 땅에서 급히 나왔음이니 이같이 행하여 네 평생에 항상 네가 애굽 땅에서 나온 날을 기억할 것이니라 4 그 이레 동안에는 네 모든 지경 가운데에 누룩이 보이지 않게 할 것이요 또 네가 첫날 해 질 때에 제사 드린 고기를 밤을 지내 아침까지 두지 말 것이며 5 유월절 제사를 네 하나님 여호와께서 네게 주신 각 성에서 드리지 말고 6 오직 네 하나님 여호와께서 자기의 이름을 두시려고 택하신 곳에서 네가 애굽에서 나오던 시각 곧 초저녁 해 질 때에 유월절 제물을 드리고 7 네 하나님 여호와께서 택하신 곳에서 그 고기를 구워 먹고 아침에 네 장막으로 돌아갈 것이니라 8 너는 엿새 동안은 무교병을 먹고 일곱째 날에 네 하나님 여호와 앞에 성회로 모이고 일하지 말지니라

16:1 "Observe the month of Abib and keep the Passover to the Lord your God, for in the month of Abib the LORD your God brought you out of Egypt by night. 2 And you shall offer the Passover sacrifice to the Lord your God, from the flock or the herd, at the place that the Lord will choose, to make his name dwell there. 3 You shall eat no leavened bread with it. Seven days you shall eat it with unleavened bread, the bread of affliction—for you came out of the land of Egypt in haste—that all the days of your life you may remember the day when you came out of the land of Egypt. 4 No leaven shall be seen with you in all your territory for seven days, nor shall any of the flesh that you sacrifice on the evening of the first day remain all night until morning. 5 You may not offer the Passover sacrifice within any of your towns that the Lord your God is giving you, 6 but at the place that the Lord your God will choose, to make his name dwell in it, there you shall offer the Passover sacrifice, in the evening at sunset, at the time you came out of Egypt. 7 And you shall cook it and eat it at the place that the Lord your God will choose. And in the morning you shall turn and go to your tents. 8 For six days you shall eat unleavened bread, and on the seventh day there shall be a solemn assembly to the Lord your God. You shall do no work on it.

9 일곱 주를 셀지니 곡식에 낫을 대는 첫 날부터 일곱 주를 세어 10 네 하나님 여호와 앞에 칠칠절을 지키되 네 하나님 여호와께서 네게 복을 주신 대로 네 힘을 헤아려 자원하는 예물을 드리고 11 너와 네 자녀와 노비와 네 성중에 있는 레위인과 및 너희 중에 있는 객과 고아와 과부가 함께 네 하나님 여호와께서 자기의 이름을 두시려고 택하신 곳에서 네 하나님 여호와 앞에서 즐거워할지니라 12 너는 애굽에서 종되었던 것을 기억하고 이 규례를 지켜 행할지니라

9 "You shall count seven weeks. Begin to count the seven weeks from the time the sickle is first put to the standing grain. 10 Then you shall keep the Feast of Weeks to the Lord your God with the tribute of a freewill offering from your hand, which you shall give as the Lord your God blesses you. 11 And you shall rejoice before the Lord your God, you and your son and your daughter, your male servant and your female servant, the Levite who is within your towns, the sojourner, the fatherless, and the widow who are among you, at the place that the

Lord your God will choose, to make his name dwell there. 12 You shall remember that you were a slave in Egypt; and you shall be careful to observe these statutes.

13 너희 타작마당과 포도주 틀의 소출을 거두어들인 후에 이레 동안 초막절을 지킬 것이요 14 절기를 지킬 때에는 너와 네 자녀와 노비와 네 성중에 거주하는 레위인과 객과 고아와 과부가 함께 즐거워하되 15 네 하나님 여호와께서 택하신 곳에서 너는 이레 동안 네 하나님 여호와 앞에서 절기를 지키고 네 하나님 여호와께서 네 모든 소출과 네 손으로 행한 모든 일에 복 주실 것이니 너는 온전히 즐거워할지니라

13 "You shall keep the Feast of Booths seven days, when you have gathered in the produce from your threshing floor and your winepress. 14 You shall rejoice in your feast, you and your son and your daughter, your male servant and your female servant, the Levite, the sojourner, the fatherless, and the widow who are within your towns. 15 For seven days you shall keep the feast to the Lord your God at the place that the Lord will choose, because the Lord your God will bless you in all your produce and in all the work of your hands, so that you will be altogether joyful.

16 너의 가운데 모든 남자는 일 년에 세 번 곧 무교절과 칠칠절과 초막절에 네 하나님 여호와께서 택하신 곳에서 여호와를 뵈옵되 빈손으로 여호와를 뵈옵지 말고 17 각 사람이 네 하나님 여호와께서 주신 복을 따라 그 힘대로 드릴지니라

16 "Three times a year all your males shall appear before the Lord your God at the place that he will choose: at the Feast of Unleavened Bread, at the Feast of Weeks, and at the Feast of Booths. They shall not appear

before the Lord empty-handed. **17** Every man shall give as he is able, according to the blessing of the Lord your God that he has given you."

≋≋≋≋ 단락 개관 ≋≋≋≋

중앙 성소에서 지킬 행사

신명기는 성전과 제사와 제물의 사회적 측면을 강조한다. 성례용 제물은 성소에 오는 사람들이 먹되 가난한 자, 과부, 고아, 레위인이 나누어 먹어야 한다. 이런 점을 거듭 강조하는 것을 보면, 제사의 일차 목적이 궁핍한 사람들에게 영양을 공급하는 데 있다는 인상을 받는다. 신명기는 시내산 언약의 가르침에 나오지 않는 제사의 한 측면을 가르친다. 시내산에서 선언된 의례들, 즉 여호와를 이해하는 데 필수적인 의례들이 신명기에 전제되어 있다. 신명기는 신앙을 실제로 표현하고 공동체를 돌봄으로 언약을 지키는 일을 계속 강조한다. 언약을 온전히 이해하려면 신학과 실천이 모두 필요하다. 광야의 반역 세대가 완전히 실패한 후, 언약 갱신은 약속의 땅에서 공동체를 위한 개인의 책임을 매우 적절히 강조한다.

중앙 성소의 의식은 처음 난 것을 바치는 제사와 세 차례의 순례 명절로 구성된다. 세 차례의 명절은 모두 이스라엘의 구원 고백과 하나님과의 언약으로 통합된 농사 주기와 관련이 있다. 처음 난 짐승을 바치는 때는 명시되어 있지 않지만, 해마다 지키는 순례 명절은 그해의 첫 수확으로 시작된다(16:1-2). 순례 명절은 숫자 7을 기반으로 운영된다. 곡식을 수확하는 첫날부터 일곱 주를 세어 추수 명절을 지키고, 추수를 모두 마친 후 그해의 일곱째 달에 마지막 명절을 지킨다(13절). 유월절은 이집트로부터 구원받은 일을 기념하는 한편, 추수 명절은 이스라엘이 이집트를 떠난 후 세 번째 달에 율법을 받은 일을 암묵적으로 기념한다(출 19:1, 참고. 신 16:12). 큰 추수 명절은 하나님께서 광야에서 공급해주신 구원의 양식을 기념한다.

처음 난 것을 바치는 일과 명절 지키는 일을 중앙 성소에서 행하도록 제한하면 사회 구조와 제사장 역할에 상당한 변화가 일어날 것이다. 신명기는 이런 변화를 내다본다. 그래서 처음 난 것을 바치는 일이건 유월절 행사건 그에 따라 의례 실행을 조정한다. 의례적 고백은 바뀔 수 없는 규례의 문제가 아니다. 그것은 언제나 언약의 고백이다. 따라서 의례 실행은 변화된 환경에 맞게 수정된다. 언약이 변경된 것이 아니라 언약 준수의 이상을 마련하기 위해 다만 구체적인 실행 방식을 변경한 것이다. 랍비들은 의례를 단일한 법률 제도와 비슷하게 만들려 했지만, 그런 노력은 의례의 목적을 오해한 결과다. 의례는 규례 체계가 아니라 신앙고백인 동시에 영성 형성의 수단이다.

≋≋≋≋ 단락 개요 ≋≋≋≋

≋≋≋≋ 주석 ≋≋≋≋

15:19-23 짐승의 처음 태어난 것은 곡식의 첫 열매와 같이 주님께 속한다. 이는 하나님이 모든 생명의 근원이자 주인이라고 고백하는 하나의 방식이다. 이 고백은 가인과 아벨의 제물과 관련된 창조 내러티브에 처음 나온다(창 4:2-4). 농부와 목자는 모두 하나님의 축복에 걸맞은 제물을 가져왔다. 신명기의 가르침은 이미 창세기 이야기에 내재되어 있다. 수확물과 짐승의 첫 열매를 바친다는 것은 여호와를 사랑하고 경외한다는 고백이어야 한다. 아벨은 처음 난 것의 최상급을 바친 반면, 가인은 그저 제물을 가져왔을 뿐이다. 신앙적 헌신 없이 행하는 의례는 아무런 가치가 없다.

신명기에서는 처음 난 것을 중앙 성소에서 드리고 목자가 그 제물을 먹는다. 이는 앞선 요건에서 한 걸음 더 나아간 모습이다. 원래 언약에서 정결한 짐승의 처음 난 것을 주님께 바치는 일은 그것이 주님께 속한 것임을 고백하는 행위다. 출애굽 당시 이집트에서 처음 난 것이 다 죽었지만 하나님께서 이스라엘만 살려주셨기 때문이다(출 13:11-15). 부정한 짐승과 인간의 장자가 구원을 받는다. 신명기는 또한 광야에서 주신 처음 난 것에 관한 율법을 발전시키고 있다. 광야에서는 처음 난 것이 헤렘, 즉 속량 받을 수 없는 결정적인 봉헌에 속한다(민 18:14). 민수기에서는 인간과 부정한 짐승도 구속될 수 있다. 부정한 짐승은 주인이 농장에서 쓰기 위해 도로 데려갈 수 있다. 다른 모든 첫 열매와 짐승의 처음 난 것은 그런 일이 금지되어 있다. 이 경우에는 제사장의 가족이 그것을 먹어야 했다. 레위기는 처음 난 것을 '헤렘'으로 선언한다는 점에서(레 27:26-29) 민수기의 규례를 따른다. 레위기는 그런 금지 항목에 중죄를 저지른 인간을 포함시킨다(출 22:20). 신명기에서 모세는 제물을 바치는 사람에게 그것을 주님께 '봉헌할'(카다쉬, 신 15:19) 책임을 부과한다. 그 제물은 성소 혹은 제사장의 전유물로 제한되지 않는다. 그럼에도 그것은 여전히 신성한 식사이며, 이는 예배가 주님이 택하실 한 장소에 국한되었던 후대의 상황을 반영하는 듯하다. 따라서 각 지역의 성소에서는 더 이상 성직자를 후원할 필요가 없었다.

16:1-8 유월절은 출애굽을 기념하는 날이며 두 개의 축제로 구성된다. 하나는 유월절 짐승을 제물로 드리는 것이고, 다른 하나는 7일간의 맛조트 (*mazzot*) 축제, 즉 무교절이다(참고. 레 23:6). 유월절 식사에는 무교병이 포함되기 때문에 이 둘은 하나로 묘사된다(레 23:4). 이 명절의 시기는 '아빕'('곡물의 새 이삭')월의 달에 따라 계산된다. 훗날 바벨론의 명칭에 따르면, 니산월이다. 음력 주기는 농사력의 기반이므로 월은 계절과 일치해야 했다. 12개의 음력 주기는 354일밖에 되지 않으므로 주기적으로 달력에 상응하는 날수를 더해야 했다. 어느 시점에서 바벨론 사람들은 235개의 음력 주기가 19개의 양력 주기와 같음을 알아냈고, 그 결과 정확히 19년 동안 7개의 태음월을 통합시킬 수 있었다. 오늘날 유월절은 수정된 주기에 기초해 지켜지고 있다.

'유월절'은 히브리어 페사흐(*pesakh*)를 번역한 용어다. 그 기원은 알 수 없지만 '보호용 제사'라는 뜻이 있다. 영어 Passover는 라틴어 번역에서 유래하고, 칠십인역은 주님이 이스라엘 백성을 덮어 가리거나 보호하심(출 12:13, 참고. 사 31:5)을 묘사하는 데 스케파조(*skepazō*)라는 동사를 사용한다. 유월절 제사는 순례 명절이 되는 과정에서 수정이 불가피해진다. 더 이상 제물로 바칠 어린양의 피를 문설주와 상인방에 바르면서 가족 단위로 식사를 하지 않는다. 이제는 양이나 염소 중에서 큰 짐승을 선택할 수 있는 공동체 행사가 된다(출 12:5). 신명기 16:2은 여기에 소를 포함시키는데, 훗날 유대교 해석은 이를 추가된 제물로 간주한다(참고. 대하 35:7-13). 이제는 더 이상 고기를 불에 구워야 한다고(출 12:8) 명시하지 않고 단지 요리해야 [히브리어 바샬(*bashal*)은 종종 '끓이다'라는 뜻으로 쓰인다] 한다고 적는다. 유월절에는 누룩이 없는 떡을 먹어야 하는데, 이는 이집트에서 서둘러 나와야 했던 상황을 반영한다. 추수가 시급한 때임을 감안하면 순례자는 유월절 식사가 끝난 직후 집으로 돌아가야 하지만, 엿새 동안 더 무교병을 먹어야 한다(7-8절). 누룩은 중앙 성소뿐 아니라 모든 지경에서 치워야 한다(4절). 하루를 해 질 녘부터 계산해 제사를 드린 후 일곱째 날에 명절 집회를 열도록 되어 있다. 이 집회는 순례자들이 돌아오는 다양한 마을과 성읍에서 열

16장

릴 것이다. 중앙 성소에서는 오직 제사용 음식만 먹게 되어 있다. 신명기는 유월절 집회만 언급하지만 다른 명절에도 집회가 열리곤 했다(레 23:21, 35-36). 무교병을 먹는 일의 마감은 추수가 한창일 때 집에서 이루어진다. 명절의 의무를 소홀히 하고 싶은 유혹이 생길 수 있는 시점이다.

16:9-12 칠칠절이라는 이름은 그 날짜를 계산한 방법에서 유래한다. 이 명절은 기념하는 날짜가 정확히 주어지지 않았다는 점에서 매우 독특하다. 계산은 안식일 이튿날 수확할 때 첫 이삭을 드리는 것으로 시작된다(레 23:10-11). 수확 시기는 해마다 장소와 날씨에 따라 달라진다. 그러므로 명절 시기도 지역에 따라 다를 수 있다. 그동안의 논쟁은 여기에 명시된 안식일이 어느 일요일인지, 아니면 무교절의 첫날처럼 어떤 명절의 안식일 이튿날인지를 중심으로 일어났다. 훗날 할라카 법규가 후자의 해석을 사용해 첫 이삭을 명절의 둘째 날, 즉 니산월 열여섯째 날에 가져와야 한다고 공표하면서 칠칠절은 언제나 바벨론 달력에서 시반월(5월/6월) 일곱째 날이 된다. 하지만 토라는 다만 안식일 이튿날이라고만 명시한다.

추수는 축제 기간이다. 추수 제물은 수확의 복에 따라 자원해서 드린다. 풍성한 때에는 더 넉넉하게 드릴 것이 기대된다. 레위기에 따르면, 칠칠절은 성회가 열리는 때이기도 하므로 아무 일도 해서는 안 된다(레 23:16-21). 아울러 수확의 첫 열매인 새로운 곡물로 만든 떡을 드리는 날이다. 불로 태운 다양한 제물을 드리는 만큼 온전한 명절로 손색 없는 절기다.

적어도 제2성전기(주전 538-주후 70년)에 이르러 칠칠절은 히브리어 제만 맛탄 토라테누(*zeman mattan Toratenu*, '토라를 받은 날')로 알려진 시내산의 계시를 극적으로 연출하고, 율법 서약을 새롭게 하는 절기가 되었다. 시편 50편과 81편의 배경이 되는 절기일 수도 있다. 이 절기 시편들은 또 다른 시대에 하나님의 나타나심을 선포하고 그 명령을 기념하는 내용이다. 신명기 9:10과 10:4에 표현되어 있듯, 총회 날은 극화된 의례를 통해 이스라엘이 하나님의 말씀을 받은 것을 기념한 후 스스로 언약과 맹세로 십계명을 채택하는 날이었다. 유월절의 출애굽 극화와 초막절의 광야생활 극화에 상응하는 것이었다. 역대하 15:8-15에는 아사왕 제15년 셋째 달에 에브라임, 므낫세, 베냐민, 유다, 시므온 출신들이 모두 모이는 대회가 기록되어 있다. 그들은 제사를 드리고, 마음과 목숨을 다해 하나님을 찾기로 언약하며, 나팔과 피리를 부는 가운데 하나님께 맹세한다(참고. 시 81:3). 이 모든 일은 크게 기뻐하는 가운데 이루어졌다. 이를 통해 언약 갱신 의례를 지키는 명절이 어떤 축제였는지 알 수 있다.

칠칠절 행사는 신약성경보다 후대의 유대교 저술을 통해 훨씬 잘 알려졌다. 신명기는 레위기에 전형적인 방식대로 언급된 것처럼 수반되는 축제 행사에 주목하지 않는다. 오로지 수확의 복에 비례해 제물을 넉넉하게 드릴 것을 강조한다.

16:13-15 초막절은 8일 동안 계속되는 명절이며, 첫날과 마지막 날에 성회를 갖는다(참고. 레 23:33-36). 이 축제는 추수가 모두 끝난 뒤에 열린다. 나무 열매와 종려나무 가지로 장식한 축제 행렬이 그 특징이다(레 23:40). 추수가 끝날 무렵에 열리는 것이니 만큼 가장 즐거운 명절이다. 또한 들판 일이 시급하지 않은 시기이기도 하다. 신명기 31:10-13에 따르면, 초막절은 7년마다 토라를 가르치는 시기다. 후대의 유대 전통에서는 비를 위해 기도하는 때라고도 한다.

초막절은 레위기 23:42-43에서 광야를 방황하던 시기와 명시적으로 연결된다. 초막과 광야 시절의 연관성은 자명하지 않다. 당시에 이스라엘은 장막에서 살았기 때문이다. 초막은 익은 열매를 거두어 모으는 수확과 관련이 있다. 초막은 햇볕과 비를 피하기 위해 들판에 세우는 일종의 피난처다(예. 사 1:8). 추수 때 들판에서 사용하던 초막은 수확의 완료와 풍성한 수확의 기쁨을 나타내기에 적합하다. 초막은 광야에서 방황하던 시절 하나님의 풍성한 공급을 기억하는 하나의 방식이 된다.

16:16-17 하나님은 성전에서 통치하는 주권적인 왕이시다. 신하들은 왕의 통치를 인정하면서 그 앞에 출두해야 한다. 가족 중에 성인 남자만 1년

에 세 번 중앙 성소에 모습을 드러낼 의무가 있다. 거듭 강조하듯 명절 자체는 모든 사람에게 해당한다. 이 요건이 남자에게만 제한된 데는 현실적인 측면이 있을 것이다. 젖 먹이는 어머니와 어린 자녀는 수일간의 여정을 감당하기 쉽지 않기 때문이다.

유월절 제사를 여기서는 무교절이라고 부른다. 성소에서 지키는 의무는 유월절 밤으로 국한되고(16:7), 이후로 일꾼들은 집으로 돌아가되 7일 동안 누룩을 넣지 않은 떡을 먹어야 한다. 유월절 가르침에 따르면, 무교절은 그 달 14일째 되는 날 저녁에 시작된다(출 12:6). 이 요약 부분은 단락 전체에 나오는 사회적 책임을 강조하며 적절히 마무리된다. 각 가정은 하나님께서 복을 베푸신 방식에 비례하여 예물을 가져오는 식으로 대표되어야 한다. 번영의 목표는 더 많이 드리는 능력을 갖는 데 있다.

≈≈≈≈≈ 응답 ≈≈≈≈≈

신명기는 레위기에 나오는 제사장의 역할을 되풀이하거나 바꾸지 않는다. 레위기에 나오는 의례는 성전에서 날마다 드리는 의례 중 제사장이 하는 일에 초점을 맞춘다. 그 의례는 모든 생명의 근원이신 하나님의 거룩하심을 선언하는데 그 의도가 있다. 성전에서 여호와께 신앙고백을 하려면 제사장이 중재자로 서야 한다. 죽을 운명에 처한 사람들과 지성소가 상징하는 생명을 주시는 분 사이에 서는 것이다. 성전과 제사장 직분은 하나님께서 여러 방식으로 위협하는 죽음의 세력을 막는 생명의 근원이심을 영구적으로 선언한다. 세속 세계에 하나님께서 현존하심을 선언하는 이런 측면을 신명기는 명시하지 않는다. 모세가 이스라엘과 함께 갱신하는 언약은 이런 의례를 무시하지 않지만 강조점이 다르다. 이스라엘 백성 개개인이 삶에 필요한 양식을 공급해야 할 역할과 책임이 있다는 것이다. 속죄 제물에는 제사장이 아니라 제물을 드리는 사람의 고백이 수반된다. 이 의례는 매우 중요한 신앙고백이기는 하지만 그런 활동 자체만으로는 가치가 없다. 제물을 드리는 사람의 신앙이 그 제물이 효능을 갖는 데 필수적이며, 신명기는 바로 이 점을 끊임없이 강조한다.

하나님과의 관계는 의례의 준수나 선행의 성취에서 찾을 수 없다. 시편 40편에 나오듯, 하나님과의 관계는 신앙으로 세워지고 유지되며, 이는 하나님의 뜻을 행하려는 열망으로 나타난다.

> 주님께서는 내 두 귀를 열어주셨습니다.
>> 주님은 제사나 예물도 기뻐하지 아니합니다.
> 번제나 속죄제도
>> 원하지 않습니다.
> 그때에 나는 주님께 아뢰었습니다.
>> "나에 관하여 기록한 두루마리 책에 따라 내가 지금 왔습니다.
> 나의 하나님, 내가 주님의 뜻 행하기를 즐거워합니다.
>> 주님의 법을 제 마음속에 간직하고 있습니다(시 40:6-8. 새번역).

두루마리에 쓰인 하나님의 뜻은 정결해지고 용서받을 필요를 표현하기 위해 제물을 가져오는 것을 포함하지만, 이런 일에는 순종하고 회개하는 마음이 표현되어야 한다. 하나님의 뜻은 가난하고 다른 사람에게 의존해야 살 수 있는 자를 돌보라고 요구하는데, 이는 이스라엘에서 치르는 성전 의례의 일부를 이룬다. 이스라엘에서 가난한 자를 돌보는 일은 성전 순례에 깊이 뿌리박고 있어 둘은 결코 분리될 수 없다. 순례 길을 갈 때는 예물을 가져가야 하지만, 그중 어느 하나도 의무감으로 행하면 안 된다. 이런 관습은 하나님에 대한 믿음에서 비롯되며, 그분의 뜻을 실천하고자 하는 열망에서 우러나야 한다.

16:18 네 하나님 여호와께서 네게 주시는 각 성에서 네 지파를 따라 재판장들과 지도자들을 둘 것이요 그들은 공의로 백성을 재판할 것이니라 19 너는 재판을 굽게 하지 말며 사람을 외모로 보지 말며 또 뇌물을 받지 말라 뇌물은 지혜자의 눈을 어둡게 하고 의인의 말을 굽게 하느니라 20 너는 마땅히 공의만을 따르라 그리하면 네가 살겠고 네 하나님 여호와께서 네게 주시는 땅을 차지하리라

16:18 "You shall appoint judges and officers in all your towns that the Lord your God is giving you, according to your tribes, and they shall judge the people with righteous judgment. 19 You shall not pervert justice. You shall not show partiality, and you shall not accept a bribe, for a bribe blinds the eyes of the wise and subverts the cause of the righteous. 20 Justice, and only justice, you shall follow, that you may live and inherit the land that the Lord your God is giving you.

21 네 하나님 여호와를 위하여 쌓은 제단 곁에 어떤 나무로든지 아세라 상을 세우지 말며 22 자기를 위하여 주상을 세우지 말라 네 하나님

여호와께서 미워하시느니라

21 "You shall not plant any tree as an Asherah beside the altar of the Lord your God that you shall make. 22 And you shall not set up a pillar, which the Lord your God hates.

17:1 흠이나 악질이 있는 소와 양은 아무것도 네 하나님 여호와께 드리지 말지니 이는 네 하나님 여호와께 가증한 것이 됨이니라

17:1 "You shall not sacrifice to the Lord your God an ox or a sheep in which is a blemish, any defect whatever, for that is an abomination to the Lord your God.

2 네 하나님 여호와께서 네게 주시는 어느 성중에서든지 너희 가운데에 어떤 남자나 여자가 네 하나님 여호와의 목전에 악을 행하여 그 언약을 어기고 3 가서 다른 신들을 섬겨 그것에게 절하며 내가 명령하지 아니한 일월성신에게 절한다 하자 4 그것이 네게 알려지므로 네가 듣거든 자세히 조사해 볼지니 만일 그 일과 말이 확실하여 이스라엘 중에 이런 가증한 일을 행함이 있으면 5 너는 그 악을 행한 남자나 여자를 네 성문으로 끌어내고 그 남자나 여자를 돌로 쳐죽이되 6 죽일 자를 두 사람이나 세 사람의 증언으로 죽일 것이요 한 사람의 증언으로는 죽이지 말 것이며 7 이런 자를 죽이기 위하여는 증인이 먼저 그에게 손을 댄 후에 뭇 백성이 손을 댈지니라 너는 이와 같이 하여 너희 중에서 악을 제할지니라

2 "If there is found among you, within any of your towns that the Lord your God is giving you, a man or woman who does what is evil in the sight of the Lord your God, in transgressing his covenant, 3 and has gone and served other gods and worshiped them, or the sun or the moon or any of the host of heaven, which I have forbidden, 4 and it is

told you and you hear of it, then you shall inquire diligently, and if it is true and certain that such an abomination has been done in Israel, 5 then you shall bring out to your gates that man or woman who has done this evil thing, and you shall stone that man or woman to death with stones. 6 On the evidence of two witnesses or of three witnesses the one who is to die shall be put to death; a person shall not be put to death on the evidence of one witness. 7 The hand of the witnesses shall be first against him to put him to death, and afterward the hand of all the people. So you shall purge[1] the evil[2] from your midst.

8 네 성중에서 서로 피를 흘렸거나 다투었거나 구타하였거나 서로 간에 고소하여 네가 판결하기 어려운 일이 생기거든 너는 일어나 네 하나님 여호와께서 택하실 곳으로 올라가서 9 레위 사람 제사장과 당시 재판장에게 나아가서 물으라 그리하면 그들이 어떻게 판결할지를 네게 가르치리니 10 여호와께서 택하신 곳에서 그들이 네게 보이는 판결의 뜻대로 네가 행하되 그들이 네게 가르치는 대로 삼가 행할 것이니 11 곧 그들이 네게 가르치는 율법의 뜻대로, 그들이 네게 말하는 판결대로 행할 것이요 그들이 네게 보이는 판결을 어겨 좌로나 우로나 치우치지 말 것이니라 12 사람이 만일 무법하게 행하고 네 하나님 여호와 앞에 서서 섬기는 제사장이나 재판장에게 듣지 아니하거든 그 사람을 죽여 이스라엘 중에서 악을 제하여 버리라 13 그리하면 온 백성이 듣고 두려워하여 다시는 무법하게 행하지 아니하리라

8 "If any case arises requiring decision between one kind of homicide and another, one kind of legal right and another, or one kind of assault and another, any case within your towns that is too difficult for you, then you shall arise and go up to the place that the Lord your God will choose. 9 And you shall come to the Levitical priests and to the

judge who is in office in those days, and you shall consult them, and they shall declare to you the decision. 10 Then you shall do according to what they declare to you from that place that the Lord will choose. And you shall be careful to do according to all that they direct you. 11 According to the instructions that they give you, and according to the decision which they pronounce to you, you shall do. You shall not turn aside from the verdict that they declare to you, either to the right hand or to the left. 12 The man who acts presumptuously by not obeying the priest who stands to minister there before the Lord your God, or the judge, that man shall die. So you shall purge the evil from Israel. 13 And all the people shall hear and fear and not act presumptuously again.

14 네가 네 하나님 여호와께서 네게 주시는 땅에 이르러 그 땅을 차지하고 거주할 때에 만일 우리도 우리 주위의 모든 민족들같이 우리 위에 왕을 세워야겠다는 생각이 나거든 15 반드시 네 하나님 여호와께서 택하신 자를 네 위에 왕으로 세울 것이며 네 위에 왕을 세우려면 네 형제 중에서 한 사람을 할 것이요 네 형제 아닌 타국인을 네 위에 세우지 말 것이며 16 그는 병마를 많이 두지 말 것이요 병마를 많이 얻으려고 그 백성을 애굽으로 돌아가게 하지 말 것이니 이는 여호와께서 너희에게 이르시기를 너희가 이후에는 그 길로 다시 돌아가지 말 것이라 하셨음이며 17 그에게 아내를 많이 두어 그의 마음이 미혹되게 하지 말 것이며 자기를 위하여 은금을 많이 쌓지 말 것이니라

14 "When you come to the land that the Lord your God is giving you, and you possess it and dwell in it and then say, 'I will set a king over me, like all the nations that are around me,' 15 you may indeed set a king over you whom the Lord your God will choose. One from among your brothers you shall set as king over you. You may not put a

foreigner over you, who is not your brother. [16] Only he must not acquire many horses for himself or cause the people to return to Egypt in order to acquire many horses, since the Lord has said to you, 'You shall never return that way again.' [17] And he shall not acquire many wives for himself, lest his heart turn away, nor shall he acquire for himself excessive silver and gold.

[18] 그가 왕위에 오르거든 이 율법서의 등사본을 레위 사람 제사장 앞에서 책에 기록하여 [19] 평생에 자기 옆에 두고 읽어 그의 하나님 여호와 경외하기를 배우며 이 율법의 모든 말과 이 규례를 지켜 행할 것이라 [20] 그리하면 그의 마음이 그의 형제 위에 교만하지 아니하고 이 명령에서 떠나 좌로나 우로나 치우치지 아니하리니 이스라엘 중에서 그와 그의 자손이 왕위에 있는 날이 장구하리라

[18] "And when he sits on the throne of his kingdom, he shall write for himself in a book a copy of this law, approved by[3] the Levitical priests. [19] And it shall be with him, and he shall read in it all the days of his life, that he may learn to fear the Lord his God by keeping all the words of this law and these statutes, and doing them, [20] that his heart may not be lifted up above his brothers, and that he may not turn aside from the commandment, either to the right hand or to the left, so that he may continue long in his kingdom, he and his children, in Israel."

1 Septuagint *drive out*; also verse 12 *2* Or *evil person*; also verse 12 *3* Hebrew *from before*

통치 규례

중앙집권화는 행정에 변화를 가져오는데, 특히 중앙집권적인 사법 제도와 통치, 왕을 비롯해 행정부 관리의 수급이 필요해진다. 이스라엘 지파들이 약속의 땅을 차지하고 중앙집권적 정부를 수립하려면 아직 수세기가 더 흘러야 한다. 모세는 이스라엘이 그 땅에서 조직화된 나라가 될 날을 내다본다. 그는 국가 제도를 위한 조항을 마련하지만, 그것은 구체적인 의미에서 헌법이 아니다. 그가 만든 조항은 여러 직책과 의무의 체계적 규정이라기보다 일반적인 통치 원리에 가깝다. 주변 나라들의 정부와 달리 관리의 권한이 제한되고 책임이 따른다. 그 규례에 담긴 개념은 단일한 언약 아래서 모두가 평등하다는 의식과 형제애다. 이는 엘리트 지배 계층이 지위와 권력을 남용할 위험을 완화시키기 위한 것이다.

이런 중앙집권적 통치 구조는 신명기에서 처음나온다. 토라의 다른 곳에는 이와 유사한 규례가 없다. 이런 규례에 대한 지식은 언약 구성원에게 권한을 부여한다. 그 지식은 백성들이 권위 남용에 저항하고 항의할 수 있는 수단이 된다. 이런 이유로 선지자들은 왕에게 도전할 수 있었다. 예컨대 다윗이 한 장군의 아내를 후궁으로 삼기 위해 권력을 남용해 그를 사지로 내몰았을 때, 나단 선지자가 왕에게 책임 묻는 것을 예상할 수 있었다(삼하 12:1-12). 아합같이 탐욕스러운 왕은 한 개인의 재산권을 침해한 죄로 죽음과 왕조의 패망이라는 궁극의 심판을 받는다(왕상 22:34-38; 왕하 9:21-26). 이스라엘과 유다 왕들의 통치는 신명기의 입법에 따라 일관된 평가를 받는다. 모세는 언약을 갱신하면서 이스라엘이 왕국이 될 수 있도록 준비한다. 주의할 점은 이스라엘 왕이 다른 나라의 왕들처럼 되면 안 된다는 것이다. 권력은 어쩔 수 없이 정해진 한계를 넘어간다는 것이 정치 현실이다.

16장

〰〰〰 주석 〰〰〰

16:18-20 각 지파의 모든 성읍에서는 "재판관과 관리"(공동번역)를 임명해야 한다. 관리들은 기록을 보관하는 일을 한다(참고. 1:14-18 주석). 이들은 보통 재판관들과 함께 맨 처음 나열되지만 하위직에 속하는 듯하다. 관리와 재판관은 광야에서 재판관을 뽑았을 때처럼(1:9-17) 백성들이 임명한다. 공동체의 참여는 관리 선발에서 중요한 요소다. 공의로운 재판에 필요한 자격은 재판관이 처음 선택되었을 때와 같다. 인정받은 지도자들은 자신의 지혜를 입증하고 상황을 평가하는 법에 대한 이해를 보여주었음에 틀림없다. 광야의 사법 제도는 임시 규정이었다. 한 민족이 일단 국가로 조직되면 중앙집권적 사법 제도가 필요했다. 장로와 재판관의 관계는 전혀 언급되지 않지만, 재판관을 장로들 중에서 선택했을 가능성이 높다. 모세가 백성의 짐을 감당할 수 없었을 때, 하나님은 장로들 중에서 지도자들을 선

택하라고 지시하셨다(민 11:16-17). 그와 같은 관리들(쇼테림)이 여기에 나온다. 제사장들도 판결하는 역할을 했다(참고. 신 17:9). 그러나 그들이 임명된 재판관에 속했음을 시사하는 바는 없다. 후대에 재판관들은 국가적 인물의 임명을 받았으나 왕이 임명한 재판관들은 예루살렘에 국한되었다.

공정한 재판에 필요한 것이 재판관뿐 아니라 백성에게도 제시되었다(19절). 이 세 가지 조건은 성경에서 자주 되풀이된다. 뇌물은 문자적으로 '선물'[쇼하드(shohad)]이며 타락한 관리가 수고의 대가로 요구하는 것이다(사 1:23). 선물은 종종 주고받는다는 느낌을 내포하기 때문에 이는 자연스러운 환유다. 선물을 받는 사람은 그것을 주는 사람에게 일종의 빚을 지는 셈이다. 재판관이 수수료로 선물을 받는 것조차 용납하지 않는 것은 그것이 판결에 영향을 주기 쉽기 때문이다. 이 구절 말미에 이것이 단지 뇌물의 문제가 아니라는 설명이 나온다. 이 단락 끝에 나오는 호소는 객관적인 공의 추구가 항상 모든 사람에게 유익함을 강조한다.

16:21-17:1 율법을 해설하는 순서를 보면 상호관계가 없는 경우가 많다. 율법을 말하지만 조리 있게 또는 주제별로 얘기하지 않는다는 뜻이다. 역사학자 요세푸스는 모세가 하나님께 율법을 배운 그대로 기록했기 때문에 정리되지 않은 상태로 두었다고 말했다(Antiquities 4.197). 고대 근동의 법률은 종종 유음(類音)이나 핵심 용어로 연결되곤 한다. 이 경우에는 16:19에서 재판을 굽게 하지 말라는 어구에 사용된 동사형[탓테(tatteh)]가 "아세라 상"을 세우지[팃타(titta), 21절]말라는 것과 연결되는 듯하다. 이후에 나오는 세 가지 금지 사항은 우상 숭배를 묘사하며, 재판관이 언약의 맥락에서 심판할 필요가 있는 문제들을 자연스럽게 보여주는 본보기다.[42] 여기서는 아세라가 심은 나무라는 점을 분명히 말한다(21절). 그런 예배 장소는 나무나 작은 숲 옆에 있는 평평한 돌단으로 구성되었다. '아세라'라는 용어는 흔

---

42 아세라가 예배 장소이자 단을 묘사한 것이라는 설명에 대해서는 7:1-6 주석을 참고하라.

히 단 전체와 그 제단을 가리키는 제유로 사용된다.[43] 그런 단의 특징은 "제단"[미즈베아흐(*mizbeach*)]와 "주상"[마체바(*matsebah*)]에 있으며, 이는 의례용 수공품을 가리키는 전문 용어다. 주상은 가나안 신을 나타내기 위해 세운 돌이다. 신명기는 중앙집중화된 예배를 내다보면서 이스라엘 백성에게 그런 예배 단을 일체 금지시킨다. 이스라엘은 그런 의례용 물품을 갖추지 않은 그들만의 특정한 예배 장소를 두어야 했다.

제물은 중앙 성소에 가져가야 한다. 그런 제물은 일상적인 음식이 아니며, 모세가 설명하듯 하나님의 공급하심에 대한 고백이다. 제물로는 대표적으로 동물을 바쳤는데, 이런 동물은 거룩하므로 모든 면에서 결함이 있으면 안 된다. 어떤 동물이 이런 방식으로 제물이 될 자격이 있는지 판결하기 위해 재판관을 부를 수 있었다.

17:2-7 모세는 재판관이 선출된 지역에서 따라야 할 절차를 묘사한다. 신명기는 여기서 다시금 남자와 여자를 모두 언급하는 포괄적인 규정을 진술한다. 여자들도 나름대로 지위와 그에 따른 책임을 갖는다. 이것은 신명기에서 "그 언약을 어기[다]"[라아보르 베리토(*la'abor berito*)]로 번역된 어구가 나오는 유일한 구절이다. 보통 한 영토를 넘어가는 것을 뜻하는 동사다. 이 동사는 하나님께서 이스라엘을 '맹세한 언약 관계 속에 들어가게' 인도하시는 구절인 29:12에서 의도적으로 다시 사용되는 듯하다. 맹세를 통해 언약에 들어간 사람들이 어떤 규정이든 넘어가 언약을 떠남으로 그 맹세를 부인한다면, 그 행위에 책임을 져야 한다. 어떤 형태로든 창조주가 아닌 피조물을 추종한다면 언약 맹세를 부인하는 것이다. 다른 종교에서는 천체가 흔히 신으로 표상된다(예. 태양신 쉐메쉬, 또는 구름을 타는 신 바알). 이런 일이 일어났다는 주장이 제기되면 철저한 조사가 이루어져야 한다. 여호와의 이름으로 맹세한 것이니만큼 이는 사형에 처할 수 있는 가장 심각한 범

---

43 제유(提喻)는 사물의 한 부분으로 그 사물 전체를 의미하는 수사법이다. 예컨대 '50개의 돛'은 배의 동력 수단을 거명함으로 50척의 배를 의미한다. 마찬가지로 '놀라운 바퀴들'은 멋진 자동차를 가리킬 수 있다.

죄이기 때문이다. 그러나 불만을 품은 사람이 의심스러운 혐의를 제기하기가 너무나 쉽다. 이런 사례는 두세 명의 독립된 증인의 동의가 필요하기 때문에 쉽게 입증되지 않을 것이다. 그리고 처형할 때 증인이 주도적인 역할을 해야 한다는 점에서 그들이 과연 정직한지 판단해야 한다. 이 경우에 거짓 증언은 절대 속량되지 않는다.

17:8-13 중앙 법정은 상소 법정이 아니라 판결나지 않는 사례를 받아 다루는 위탁 법정이다. 시내산에서 예시로 주어진 사례들은 주관적인 상황을 잘 보여준다(출 21-23장). 살인은 우발적인 것일 수도 있고 고의로 계획한 공격일 수도 있다(출 21:12-14). 재산을 잃은 경우는 상황에 따라 복잡할 수 있다(출 22:6-14). 폭행은 낙태나 여러 종류의 신체 상해를 초래할 수 있는데, 이에 대해서는 적절한 금전 보상이 결정되어야 한다(출 21:22-25). 언약 아래에서 복수는 절대 허용되지 않는다. 공의는 언제나 적절한 보상의 견지에서 판정된다. 이는 이스라엘 법이 다른 모든 법령과 다른 점 중 하나다.

중앙 법정의 구성은 명시되어 있지 않다. 사법 제도에서 제사장의 역할은 신명기에서만 언급된다(19:17). 다른 한편, 제사장들은 문제가 해결되지 않아 우림과 둠밈(출 28:29-30; 민 27:21; 삼상 28:6; 스 2:63) 또는 죄인 판결법(민 5:11-31) 등 맹세를 통해 하나님께 말씀드려야 하는 사례들에 관여한다. 신명기가 제사장들에게 신성한 의식 말고도 사법상의 역할을 부여하는 것은, 그들이 율법을 잘 알고 언약 규례를 가르치는 역할을 하기 때문일 것이다(레 10:11). 또한 제사장들은 토라 사본을 보존할 책임이 있다(신 17:18; 31:9, 24-26). 제사장들은 언약에 따른 책임을 노련하게 해석하는 이들로 여겨졌을 것이다. 고대법은 현대법처럼 결의론적으로 작동하지 않았다. 법률은 판례가 아니라 사례로 제시되어 사건 유형에 대한 지침을 제공했지만, 그럼에도 의도한 결과가 무엇인지에 대한 정확한 해석이 매우 중요했다.

중앙 법정의 판결을 다른 재판관이나 개인이 무시해서는 안 된다. 그 죄에 대한 처벌이 사형에 해당하지 않더라도 법정의 판결을 묵살하는 것은 사형에 해당하는 중대 범죄다. 제사장이 그런 사례에 관여하는 것은 하나님께서 그 판결에 관여하심을 뜻하기 때문에 그 판결을 무시하는 것은 죽을죄에 해당한다.

17:14-20 신명기에 묘사된 이스라엘의 왕은 다른 민족의 왕과 같지 않다. 헬라어 번역가는 이 점을 파악하고 '왕'[멜레크(*melek*)]이라는 단어를 '통치자'[헬. 아르콘(*archōn*)]로 의역했다. 칠십인역에서 '왕'을 '통치자'로 번역한 구절은 발람의 축복에서 하나님을 가리키는 곳이 유일하다(민 23:21). 왕은 다른 모든 나라들의 왕과는 달리 백성에게 언약과 법을 제공하지 않고 모세의 인도로 갱신된 언약 아래에서 살아야 한다. 왕은 이스라엘의 형제들 가운데서 나와야 한다(15절). 이스라엘이 왕을 요구할 때, 왕은 중앙 법정에서 역할을 다하고 심판을 집행하며(삼상 8:5, 이는 모든 왕의 역할이다), 또한 국가를 방어하는 대책을 세워야 한다(삼상 8:20). 모세의 규례가 제시한 역할을 수행하는 왕을 두는 것은 아무런 문제가 되지 않는다. 문제는 이스라엘이 왕이신 여호와를 배척하는 차원에서 왕을 요구한다는 점이다(삼상 8:7, 참고. 삿 8:23). 이스라엘 백성이 언약 자체를 저버린 상황에서 언약 아래에 왕을 두기란 불가능하다. 이런 상황에 처한 이스라엘은 다른 모든 민족과 다를 바가 없다.

그런데도 하나님은 시온에서 자기 왕에게 기름을 부으실 때처럼, 이스라엘과 맺은 언약 성취의 일환으로 이스라엘 위에 직접 왕을 세우실 수는 있다. 하나님은 자신이 기름 부은 왕에게 신의를 지키겠다고 선언하시고(삼하 7:11-17), 이어서 왕은 이 백성이 그들을 구속하신 하나님께 속해 있다고 선언한다(삼하 7:18-24). 크고 두려운 일을 통해 자기 백성을 구속하신 이 하나님과 같은 신은 없다는 선언은 특히 신명기답다. 하나님은 왕을 세우시는 동시에 자신을 위해 언약 백성을 안전하게 지키신다. 다윗의 기름 부음 받음을 기념하는 시편 2편은 하나님께서 선택하신 왕이 모든 나라를 다스린다고 선언한다. 이 시편에서 이스라엘 왕의 통치와 하나님의 통치는 완전히 하나가 된다. 왕권은 언약에 필수적이지만, 이는 다른 나라에서 볼 수 있는 왕이나 언약이 아니다.

신명기의 언약 신앙은 무엇보다 메소포타미아와 이집트, 즉 이스라엘에게 가장 큰 영향을 미치는 나라들의 이념과 대조를 이룬다. 메소포타미아에서 왕권은 인간 사회의 안녕을 위해 신들이 만든 것이다. 다음으로는 왕이 법률을 만들어 백성에게 준다. 왕은 법 위에 있다. 이집트에서 왕은 신이었고, 따라서 법을 구현했다.

모세의 가르침은 왕의 책임보다는 왕이 흔히 저지를 수 있는 월권의 금지를 강조한다. 왕의 책임은 한마디로 언약에 순종하여 백성을 이끄는 것이다. 그러므로 왕은 이 토라의 사본을 옆에 두고 읽으며 언약의 기본 요건인 하나님 경외하는 법을 배울 책임이 있다. 언약에 순복한다는 것은 왕이 전형적으로 보일 수 있는 오만을 피하는 길이다. 오만은 주로 왕들의 세 가지 악덕, 즉 군사력, 재물, 많은 후궁(다른 나라들과 동맹을 맺고 상속자 및 관리 역할을 할 많은 자손을 확보하는 수단)에서 찾아볼 수 있다. 왕의 이러한 열망은 그 땅에서 오래 살고 싶어 하는 이스라엘의 희망에 위협이 된다.

신명기를 기준으로 보자면, 이스라엘 왕권은 일종의 실패작이다. 이스라엘 왕의 첫째 요건은 하나님께서 선택하시는 자가 왕이 되는 것이다(15절). 이스라엘의 초대 왕은 그 조건을 충족시켰으나 곧 하나님께 버림받는다(삼상 13:13). 이후로 주님은 백성을 위해 "그의 마음에 맞는" 왕을 찾으신다(삼상 13:14). "그의 마음에 맞[다]"는 것은 하나님께서 선택하신다는 뜻이다. 하나님의 마음(생각)을 그 사람에게 두는 것이다. 하나님은 사무엘에게 다윗을 자신이 선택한 왕으로 기름 부으라고 명하신다(삼상 16:1-13). 이스라엘의 내러티브에서 언약과 나라를 지속 가능하게 하는 것은 이 첫 번째 기준, 곧 하나님의 선택이다. 다윗이 실패한 결과는 두고두고 그를 괴롭힐 것이다. 제국을 건설하는 능력이 아니라 회개하며 순종하는 태도가 다윗을 약속의 왕으로 만들어준다.

현재 시민 질서라 불리는 것을 유지하는 일은 옛 언약과 그리스도인의 새 언약 간에 가장 크게 대비되는 점 중 하나다. 모세의 언약 아래에 시민 질서가 존재하지 않았던 것은 나라의 질서가 하나님과의 언약 관계에 이미 포함되어 있었기 때문이다. 이러한 차별성은 이스라엘 시대에 이미 분명히 드러났다. 당시에는 종교적인 삶과 일상적인 삶에 구별이 없었기 때문이다. 다른 나라에서는 왕이 신의 지위를 가지고 있거나 신에게 직접 위임받았다고 보았기에 왕과 지배 계급은 일반 백성과는 분리된 독립된 지위를 가졌다. 함무라비 법전의 에필로그에서 왕은 스스로를 가장 탁월하고 타의 추종을 불허하는 존재로 선언한다. 왕이 내린 법령은 절대로 취소될 수 없고, 그의 공의는 샤마쉬(고대 메소포타미아의 태양신)의 명령으로 영원히 승리할 것이다.[44]

이스라엘은 그 당시 맥락에서 근본적으로 구별되었던 반면, 신약의 교회는 동시대의 정부에 직접 관여하지 않았다 십자가에 못 박히신 예수님은 유대인의 왕으로 자처하며 민중을 선동한 혐의로 고발당했다. 빌라도가 특히 이 주장에 대해 묻자 예수님은 그분의 나라가 이 세상에 속한 것이 아니라고 대답하셨다(요 18:33-36). 예수님이 체포되실 때 제자들이 저항하지 않은 것이 그 증거다. 예수님의 사명은 모든 민족을 제자로 삼는 것이다. 교회의 책임은 기독교 국가를 세우는 것이 아니다.

로마 제국 시대에 그리스도인은 어디에서나 한 나라에 속해 있었다. 그리스도인은 일단 다른 유대인들과 확실히 구별되고 나면, 자신들이 다른 나라에 속해 있다고 주장하는 바람에 더욱 무자비한 고난을 받았다. 서머나 교회에서 보낸 편지는 폴리캅이 순교를 당할 때 원형극장에 모여 있던 무리를 이렇게 묘사한다. "하나님을 가장 사랑하고 경외하는 그리스도인

---

44 *ANET*, 178.

종족의 숭고한 행동에 깜짝 놀란 모든 군중은 '무신론자를 처단하라'고 외쳤다."[45] 그 당시 세계에서 그리스도인은 국가 권력에 관여할 가능성이 전혀 없었다.

훗날 교회는 로마 제국을 통합시키는 수단이 되면서 특권과 권력을 갖기 시작했다. 그것은 교회에 여러 면으로 슬픈 시대였다. 그런 권력이 생기면서 교회는 모세가 묘사한 일종의 공무기관의 모범이라고 할 수 없게 되었다. 종교개혁 이후로 교회는 정치 영역에서 영향력이 계속 약해졌고, 결국 많은 사회에서 주변으로 밀려나고 일부 사회에서는 아예 용납되지 않는 시점에 이르렀다. 그리스도인은 다시금 세계에서, 특히 중동, 인도, 중국 같은 나라에서 가장 박해받는 집단이 되었다. 시대를 막론하고 그리스도인의 변함없는 소명은 선을 행하기 위해 고난을 참으며 예수님의 본을 따르는 것이다(벧전 2:20-25). 빌라도 앞에서 재판받을 때 예수님이 보여주신 본이 바로 그리스도인의 소명이다.

그렇다고 해서 모세가 묘사한 바람직한 사회 질서의 중요성을 축소하려는 것은 아니다. 그리스도인이 자기 능력껏 그런 질서 과정에 참여하는 것을 폄하하는 것도 아니다. 하지만 이것은 교회에 속한 개인의 소명이지 교회 전체의 사명은 아니다. 교회는 좋은 사회를 만들라는 명령을 받은 것이 아니라, 어떤 사회에 있든 그곳에서 소금과 빛이 되라는 명령을 받았다(마 5:13-16). 오늘날 같은 다원주의 사회에서 교회가 사회에 소금과 빛이 되려면 상당한 지혜가 필요하며, 사회가 야기하는 많은 무도한 행위에 대한 반응으로 그래서는 안 된다.

---

45 Henry Betterson and Chris Maunder, eds., *Documents of the Christian Church*, 4th ed. (Oxford: Oxford University Press, 2011), 9. 그런 기본적인 문서를 찾아보기에 편리한 책이다.

¹ 레위 사람 제사장과 레위의 온 지파는 이스라엘 중에 분깃도 없고 기업도 없을지니 그들은 여호와의 화제물과 그 기업을 먹을 것이라 ² 그들이 그들의 형제 중에서 기업을 가지지 않을 것은 여호와께서 그들의 기업이 되심이니 그들에게 말씀하심 같으니라 ³ 제사장이 백성에게서 받을 몫은 이러하니 곧 그 드리는 제물의 소나 양이나 그 앞다리와 두 볼과 위라 이것을 제사장에게 줄 것이요 ⁴ 또 네가 처음 거둔 곡식과 포도주와 기름과 네가 처음 깎은 양털을 네가 그에게 줄 것이니 ⁵ 이는 네 하나님 여호와께서 네 모든 지파 중에서 그를 택하여 내시고 그와 그의 자손에게 항상 여호와의 이름으로 서서 섬기게 하셨음이니라

¹ "The Levitical priests, all the tribe of Levi, shall have no portion or inheritance with Israel. They shall eat the Lord's food offerings[1] as their[2] inheritance. ² They shall have no inheritance among their brothers; the Lord is their inheritance, as he promised them. ³ And this shall be the priests' due from the people, from those offering a sacrifice, whether an ox or a sheep: they shall give to the priest the shoulder and

the two cheeks and the stomach. ⁴ The firstfruits of your grain, of your wine and of your oil, and the first fleece of your sheep, you shall give him. ⁵ For the Lord your God has chosen him out of all your tribes to stand and minister in the name of the Lord, him and his sons for all time.

⁶ 이스라엘 온 땅 어떤 성읍에든지 거주하는 레위인이 간절한 소원이 있어 그가 사는 곳을 떠날지라도 여호와께서 택하신 곳에 이르면 ⁷ 여호와 앞에 선 그의 모든 형제 레위인과 같이 그의 하나님 여호와의 이름으로 섬길 수 있나니 ⁸ 그 사람의 몫은 그들과 같을 것이요 그가 조상의 것을 판 것은 별도의 소유이니라

⁶ "And if a Levite comes from any of your towns out of all Israel, where he lives—and he may come when he desires³—to the place that the Lord will choose, ⁷ and ministers in the name of the Lord his God, like all his fellow Levites who stand to minister there before the Lord, ⁸ then he may have equal portions to eat, besides what he receives from the sale of his patrimony.⁴

⁹ 네 하나님 여호와께서 네게 주시는 땅에 들어가거든 너는 그 민족들의 가증한 행위를 본받지 말 것이니 ¹⁰ 그의 아들이나 딸을 불 가운데로 지나게 하는 자나 점쟁이나 길흉을 말하는 자나 요술하는 자나 무당이나 ¹¹ 진언자나 신접자나 박수나 초혼자를 너희 가운데에 용납하지 말라 ¹² 이런 일을 행하는 모든 자를 여호와께서 가증히 여기시나니 이런 가증한 일로 말미암아 네 하나님 여호와께서 그들을 네 앞에서 쫓아내시느니라 ¹³ 너는 네 하나님 여호와 앞에서 완전하라 ¹⁴ 네가 쫓아낼 이 민족들은 길흉을 말하는 자나 점쟁이의 말을 듣거니와 네게는 네 하나님 여호와께서 이런 일을 용납하지 아니하시느니라

9 "When you come into the land that the Lord your God is giving you, you shall not learn to follow the abominable practices of those nations. 10 There shall not be found among you anyone who burns his son or his daughter as an offering,5 anyone who practices divination or tells fortunes or interprets omens, or a sorcerer 11 or a charmer or a medium or a necromancer or one who inquires of the dead, 12 for whoever does these things is an abomination to the Lord. And because of these abominations the Lord your God is driving them out before you. 13 You shall be blameless before the Lord your God, 14 for these nations, which you are about to dispossess, listen to fortune-tellers and to diviners. But as for you, the Lord your God has not allowed you to do this.

15 네 하나님 여호와께서 너희 가운데 네 형제 중에서 너를 위하여 나와 같은 선지자 하나를 일으키시리니 너희는 그의 말을 들을지니라 16 이것이 곧 네가 총회의 날에 호렙산에서 네 하나님 여호와께 구한 것이라 곧 네가 말하기를 내가 다시는 내 하나님 여호와의 음성을 듣지 않게 하시고 다시는 이 큰 불을 보지 않게 하소서 두렵건대 내가 죽을까 하나이다 하매 17 여호와께서 내게 이르시되 그들의 말이 옳도다 18 내가 그들의 형제 중에서 너와 같은 선지자 하나를 그들을 위하여 일으키고 내 말을 그 입에 두리니 내가 그에게 명령하는 것을 그가 무리에게 다 말하리라 19 누구든지 내 이름으로 전하는 내 말을 듣지 아니하는 자는 내게 벌을 받을 것이요 20 만일 어떤 선지자가 내가 전하라고 명령하지 아니한 말을 제 마음대로 내 이름으로 전하든지 다른 신들의 이름으로 말하면 그 선지자는 죽임을 당하리라 하셨느니라 21 네가 마음속으로 이르기를 그 말이 여호와께서 이르신 말씀인지 우리가 어떻게 알리요 하리라 22 만일 선지자가 있어 여호와의 이름으로 말한 일에 증험도 없고 성취함도 없으면 이는 여호와께서 말씀하

신 것이 아니요 그 선지자가 제 마음대로 한 말이니 너는 그를 두려워하지 말지니라

15 "The Lord your God will raise up for you a prophet like me from among you, from your brothers—it is to him you shall listen— 16 just as you desired of the Lord your God at Horeb on the day of the assembly, when you said, 'Let me not hear again the voice of the Lord my God or see this great fire any more, lest I die.' 17 And the Lord said to me, 'They are right in what they have spoken. 18 I will raise up for them a prophet like you from among their brothers. And I will put my words in his mouth, and he shall speak to them all that I command him. 19 And whoever will not listen to my words that he shall speak in my name, I myself will require it of him. 20 But the prophet who presumes to speak a word in my name that I have not commanded him to speak, or⁶ who speaks in the name of other gods, that same prophet shall die.' 21 And if you say in your heart, 'How may we know the word that the Lord has not spoken?'— 22 when a prophet speaks in the name of the Lord, if the word does not come to pass or come true, that is a word that the Lord has not spoken; the prophet has spoken it presumptuously. You need not be afraid of him."

18장

1 Or *the offerings by fire to the Lord* 2 Hebrew *his* 3 Or *lives — if he comes enthusiastically* 4 The meaning of the Hebrew is uncertain 5 Hebrew *makes his son or his daughter pass through the fire* 6 Or *and*

〰〰〰 단락 개관 〰〰〰

제사장과 선지자

제사장과 선지자는 정치 및 사법부 지도자와 더불어 중요한 지도자다. 모든 사회는 두 가지의 사안을 다루어야 한다. 하나는 개인과 사회의 관계이고, 다른 하나는 사회를 자연세계에 맞추어 조정하는 일이다. 첫째 사안은 법과 통치로 해결되고, 둘째 이슈는 신념으로 해결된다. 두 사안은 서로 밀접한 관계에 있다. 사회의 법과 통치는 오늘날 '거대담론'이라 부르는 것, 말하자면, 다른 모든 현상을 해석하는 데 사용되는 신념에 완전히 달려 있다. 모든 사회는 저마다 집단적 가치관의 기반이 되는 집단적 신념을 가지고 있다. 이스라엘에서는 법과 통치의 기반이 신의 계시로 결정되었다. 모세는 이제 이스라엘에서 신의 계시가 작동하는 수단으로 눈을 돌린다.

계시의 한 측면은 여호와를 통치자이자 항상 존재하는 언약의 주님으로 정기적으로 고백하게 하는 것이다. 하나님을 비할 데 없는 분으로 고백하는 일은 회막을 통해 이루어지며 일상생활의 모든 측면과 관계가 있다. 레위 지파는 회막을 통해 이스라엘의 신앙고백을 섬기는 일에 전념한다. 그래서 모세는 레위 제사장들을 부양하는 일에 주목한다. 이스라엘의 하나님은 모세가 중재하는 말과 행위를 통해 알려진다. 모세의 선지자 역할이 계속 이어지려면 양식을 공급해주어야 한다. 신명기는 왕의 권한을 제한하는 한편 선지자의 권한은 강화한다.

단락 개요

주석

18:1-8 중앙에 한 예배 장소를 세우는 일은 레위인의 역할에 가장 큰 영향을 미친다. 광야에서 레위인들이 맡은 임무는 매우 구체적이었다 레위의 세 아들 게르손과 고핫과 므라리의 자손들에 대한 인구조사가 실시되었다(민 3:17). 그런 맥락에서 그들의 임무가 구체적으로 맡겨졌다. 게르손과 므라리 지파의 주요 책임은 회막을 지키고, 회막과 관련된 모든 의례를 지키는 일이었다(민 3:7, 25, 36). 고핫의 아들들이 맡은 책임은 회막을 운반하는 일이었다(민 4:47). 이런 임무는 아론의 아들들에게 국한된 제사장의 역할, 곧 날마다 회막의 의례를 집행하는 책임과는 별개였다(민 3:3-4). 이런 임무 구분은 이스라엘이 약속의 땅에 들어간 뒤에도 계속될 것이다. 회막은 수시로 옮겨진 것으로 알려져 있으나 성전 내부에 영구적으로 안치되기 전에는 실로와 기브온에 있었다(수 18:1; 19:51; 대상 16:39-40). 요아스의 기금 마련에는 증거의 장막을 위한 경비가 포함된다(대하 24:6). 회막의 운명이 어떻게 되든 약속의 땅에 정착한 뒤에는 레위인의 역할이 바뀔 것

이다. 그들의 임무는 신명기에서 규정한 중앙집중화가 이루어지기 전에 이스라엘 백성이 곳곳에 세운 예배 장소들로 이전되었다고 추정해도 무방하다. 예배를 한 곳에서 드리기로 제한하면 레위인의 보상과 임무도 바뀔 수밖에 없다. 이런 변화 중 일부가 신명기에 나오는 모세의 지시에 담겨 있다.

신명기에 따르면 레위 지파의 모든 사람은 제사장으로 섬길 자격이 있다. 그들은 레위 제사장으로 불리는데, 이는 모세오경의 다른 곳에는 나오지 않는 호칭이다. 레위 지파는 할당받은 영토가 없었으나, 약속의 땅에 들어갈 당시에 모두 48개의 성읍과 주변의 영토를 받게 되었다(민 35:1-8; 수 21:1-42). 그러나 신명기는 이런 성읍들을 언급하지 않는다. 레위 성읍들의 기능은 중앙집중식 예배가 시작되면 변할 수밖에 없다. 시골에서 맡고 있는 레위인의 임무가 상당히 축소될 것이기 때문이다. 신명기에서 레위인의 몫과 임무는 레위 제사장이라는 호칭에 걸맞게 주어진다. 신명기에서는 모든 레위인이 주님께 불살라 바친 제물('주님의 음식 제물')을 그들의 몫으로 받게 되어 있다. 이것이 레위인의 기업을 대신한다. 광야에서는 이런 화제물이 아론과 그 자손의 몫으로 주어졌고(민 18:8-10) 가장 거룩한 것으로 지정되었다. 신명기는 제사장으로 섬기는 레위인들과 그렇게 섬길 권리가 있는 사람들을 구별한다(6-8절). 신명기가 광야의 가르침에 나오는 제사장의 차별성을 전제하고 있을지 몰라도, 그 설명은 적어도 때와 장소에 따라 관습이 바뀐 것을 암시한다.

제사장의 몫은 세 범주로 나눌 수 있다(3-4절). 양식과 음료, 기름, 그리고 옷을 만드는 재료(처음 깎은 양털)다. 기름은 식용, 요리, 조명, 치료에 사용되었다. 제물로 바친 음식의 일부는 제물용 짐승에서 나왔기 때문에 레위인들은 제사장으로 섬길 때에만 이것을 받을 수 있었다. 주어진 짐승의 부위는 오른쪽 앞다리(어깨에서 무릎까지), 턱(혀 포함), 위(넷째 위)로 지정된다. 또한 제사장은 곡식과 포도주, 기름과 양털의 첫 소산물을 받는다. 이런 것을 제사장에게 주는 일은 이 모든 것이 하나님께서 주신 선물이라는 고백 차원에서 이루어진다. 신앙 행위로 필요한 일이다. 주님을 섬기는 일은 장차 성전에서 제사를 지내고 축복을 선포하는 사역을 수반할 것이다(5절). 모세는 여기서 광야에서 정한 것과 다른 일을 명시하지 않는다.

레위인이면 누구나 예루살렘에 와서 성전에서 섬기는 일을 할 수 있었다(6-8절). 그럴 경우 그 레위인은 동등한 분량의 음식을 받았을 것이다(ESV는 "he may have equal portions to eat", 개역개정은 "그 사람의 몫은 그들과 같을 것이요"). 이 대목은 다른 많은 영어 번역본보다 ESV 번역을 따르는 것이 좋다. 여기서는 중앙 성소에서 섬기는 권리가 전제되어 있다. 히브리어 문장 구조에 따르면, 조건문의 귀결절은 그들이 섬길 권리보다는 받게 될 몫을 다루고 있다. 그들은 그들이 받는 다른 수입과 상관없이 동일한 몫을 받을 자격이 있다. 조상의 자산을 파는 것에 관한 표현은 모호하다. 아마도 레위 지파의 자산이나 기업에서 나오는 수입일 것이다.

18:9-14 고대 세계에서 점술의 중요성은, 보존되어온 방대한 수의 징조 수집품과 관련 설형문자 문헌을 보면 분명히 알 수 있다. 아카드 점술은 대표적인 지적 업적으로 간주되었다. 이런 문헌들은 엘람어, 히타이트어, 후르리어 등 여러 언어로 번역되어 다양한 점술 기술에 관한 풍성한 자료를 제공한다. 이 모든 것은 집단뿐 아니라 개인의 형상을 한 세력과의 의사소통 수단을 대표한다. 그런 정보는 악이나 해를 피하는 수단이었다. 메소포타미아에는 두 가지 기술, 즉 조작 기술과 마법 기술이 알려져 있었다. 의사소통은 이항식 응답('예' 또는 '아니요')을 통해 또는 신과 점술가 모두가 받아들인 암호를 통해 일어날 수 있다. 조작 점술의 경우, 물에 부은 기름이 퍼지는 모양이나 향로에서 피어오르는 연기 모양으로 응답을 얻는다. 마법 기술은 바람, 천둥, 별의 움직임, 또는 동물의 외적 혹은 내적 특징에 나타나는 효과 등 자연 현상에 미치는 영향을 본다. 동물의 특이한 행동이나 천체 현상에 관한 기록이 보존되었고, 이는 인간에게 미치는 중요한 의미를 이해하기 위한 과학으로 발전되었다. 사람들은 특정 동물의 내장에 메시지를 써달라고 신들에게 간청하기도 했다. 그런 다음 선택된 동물의 내장에 특이점이 있는지 검사한다(창자점으로 알려진 과정이다). 이 모든 것은

상세한 기록 보존을 통해 판단이 이루어진다. 많은 징표가 '간(肝) 징조'로 불리는데, 이는 간을 감정의 자리로 여겼기 때문이다. 이런 것들을 지금까지 가장 많은 수의 징조 문헌에서 찾아볼 수 있다. 아카드 서판에서 해몽은 무척 드문 편이고, 샤머니즘(귀신과의 소통)은 알려져 있지 않았다. 메소포타미아는 왕실의 점성술로 유명하고, 이는 옛 바벨론 시기로 거슬러 올라가며 아슈르바니팔 도서관이 소장한 중요한 자료다. 생일을 다루는 별점 기술은 훨씬 후대인 주전 5세기에서 3세기경에 알려졌다.

신명기는 모든 형태의 점술을 혐오스러운 것으로 여긴다. 모세는 다른 신들에게 메시지를 받는 구체적인 방법은 묘사하지 않는다. 다만 일반적인 '점술'(10절) 금지에 따라 모든 방법을 정죄한다. 여러 방법이 구체적으로 어떻게 실행되었는지는 나오지 않으며 자명하지도 않다. "길흉을 말하[는]" 것은 보통 구름('nn)을 가리키고, 일부 표시는 징조로 사용된다. '징조를 해석하는 자'(개역개정은 "요술하는 자")는 보통은 뱀[나하쉬(nahash)]을 의미하고, 이는 징표를 찾는 수단을 언급하는 어원에서 유래한다. 아카드어에서 "무당"[케쉐프(keshef)]은 마법을 행하는 자, 사람들을 조종하기 위해 주문이나 부적이나 마법을 사용하는 사람을 가리킨다. "진언자"는 헤베르(heber, '묶다')라는 단어를 번역한 것이며, 이와 비슷한 아카드어는 마법의 일종으로 묶는 것을 의미한다. 신접은 죽은 사람의 영을 통해 물어보는 행위이며, "신접자"[오브('ob)]를 통해 이루어졌다. 죽은 자와의 상담은 또한 "박수"[잇데오니(yidde'oni)], 곧 영들과 친숙한 사람을 통해 이루어졌다. 이런 용어들은 때때로 상호 호환적으로 번역된다.

이 모든 풍습과 구별되는 것은 '자기 아들이나 딸을 제물로 불태우는' 사람이다. 히브리어로는 "불 가운데로 지나게 하[다]"라고 표현한다.[46] 자녀를 제물로 바치는 일이 이스라엘에서 행해졌을 수 있다. 모압 사람들 가운데서 행해진 것은 확실하다. 그러나 이 표현이 구체적으로 인간 제사를 의

---

46 '불 가운데로 지나가게 하다'란 성경 표현의 의미에 대한 분석은 다음 책을 참고하라. Ziony Zevit, *The Religions of Ancient Israel: A Synthesis of Parallactic Approaches* (London: Continuum, 2001), 549-552.

미하는 것은 아니다. 고고학적, 언어학적 증거에 따르면, 이것은 도벳[토페트(tophet)], 즉 때로는 특수 매장을 위해 성벽 밖의 한 장소에서 이루어진 의례적 화장을 가리킨다. 이런 장소에 매장된 이들은 주로 조숙아, 사산아 또는 아주 어린 영아들이었다. 죽은 아기를 화장하는 의식은 적어도 어떤 경우에는 신에 대한 헌신을 나타내는 일종의 인신 제사였다(렘 32:35; 왕하 16:3; 17:17; 21:6; 23:10). 이런 풍습은 몰렉에게 바치는 봉헌 또는 점술과 관련이 있다.

18:15-22 이스라엘이 살아가는 지침은 언약의 하나님에게서 나온다. 그분은 열방이 사용하는 수단을 통해 말씀하지 않으신다. 하나님은 모세가 중재한 토라를 통해 자신을 이스라엘에게 나타내신다. 모세가 더 이상 이스라엘과 함께하지 못하게 된다면 그들에게 계시가 필요할 것이다. 그래서 모세는 자신과 같은 선지자들을 통해 그의 직분이 이어지도록 대책을 마련한다.

예언은 하나님의 말씀을 중재하는 유일한 수단이다. 모세는 시내산의 경험, 즉 백성이 하나님의 현현으로 무척 두려워했던 경험을 상기시킨다. 하나님은 중재자를 달라는 그들의 요청을 승인하셨다. 모세가 이스라엘 선지자로서 독보적인 지위를 가지고 있지만, 그 뒤를 이은 선지자라고 해서 권위가 떨어지지는 않을 것이다. 선지자의 권위를 무시하는 이스라엘 사람은 누구나 그에 대한 책임을 져야 한다. 더구나 선지자로 자처하며 주제넘게 말하면서 백성을 모세의 계시에서 멀어지게 하는 자는 마땅히 죽임을 당해야 한다. 선지자는 두 가지 방식으로 거짓을 말할 수 있다(20절). 하나는 하나님께서 주지 않으신 말을 하는 것이고, 다른 하나는 다른 신들의 이름으로 예언하는 것이다.

시내산에서 받은 계시와 모순되는 말을 하는 선지자는 즉시 거짓 선지자임을 밝혀야 한다. 다른 문제에 대해 예언하고 통상적인 점술을 쓰지 않는 선지자는 즉시 식별할 수 없었다. 진정한 선지자인지 알려면, 그의 말이 세월의 시험을 견디는지 보면 된다. 이사야 같은 후대의 선지자들은 백성을 언약으로 돌아오게 하려는 개혁자 역할을 더 수행한다. 이스라엘이 포로로 끌려갈 것이란 이사야의 예언은 그의 생전에 이루어지지 않았지만, 그동안에도 그는 참으로 하나님의 말씀을 전한 인물로 인정받을 수 있었다. 다른 예언들은 그가 살아 있는 동안에 성취되었다. 예컨대 히스기야가 통치하던 시기에 앗수르의 포위 공격이 막을 내렸다.

이스라엘에서 점치는 일을 위험하게 본 것은, 그것이 초자연적 능력을 행사하는 수단이기 때문이었다. 이집트의 마술사들도 모세가 보인 징표를 되풀이할 수 있었다(출 7:8-11). 이스라엘은 그런 능력에 의지하면 안 된다. 오로지 여호와께만 충성을 다해야 한다(신 18:13). 죽은 자의 영에게 의견을 묻는 것 역시 다른 권위로부터 지시를 받는 것이므로 하나님을 신뢰하지 않는 행위다.

〰〰〰 응답 〰〰〰

포스트모더니즘의 질문은 참으로 믿는 것에 대한 인증으로 시작한다. 무엇이 개인이나 사회가 견지하는 신념의 선택을 확증하는가? 실제로 지배적인 신념 체계는 권력에 의해 결정된다. 서구 사회의 인식론적 주장은, 독립된 인간의 지성과 감각으로 인지할 수 있는 것 외에 어떤 지식도 있을 수 없다는 비합리적인 명제를 요구한다. 이런 주장은 이론적으로는 설령 부인된다고 해도, 실제로는 변함없이 견지되고 있다. 감각으로 인지할 수 있는 현상 밖에 무언가가 실재한다는 증거는 도무지 부인할 수 없다. 포스트모던주의자의 부인은 인간보다 더 큰 존재는 없다고 단언하는 오만함의 소치다. 고대인들은 스스로를 신의 지위까지 높이기는 했어도, 자신들의 인식 너머에 어떤 지식이나 존재도 있을 수 없다고 생각할 만큼 비합리적이지 않았다. 유일한 문제는 인간의 안녕에 극히 중요한 그런 지식에 어떻게 접근할 수 있는가였다. 이스라엘에서 인간의 결정과 행동에 필요한 지식을 받을 수 있는 유일한 합법적 수단은 모세의 전승에 속한 선지자를 통해 받는 계시였다. 이는 시내산에서 하나님의 계시를 경험함으로써 증명 되었다. 그곳에서 거룩하신 분이 자비롭게도 어둠과 번개, 음성, 문서를 통해 보고 듣고 느낄 수 있는 방식으로 자신을 드러내신 것이다.

거룩한 것은 의례의 실천을 통해 전달되고 가르쳐졌고, 의례는 상황에 따라 적절하게 수정되었다. 변화하는 상황 속에서 의례도 변형되며 신앙고백과 생활방식의 목표를 달성할 수 있게 해준다. 중앙집중화는 이스라엘이 성전에서 신앙고백을 하는 데 필요한 올바른 조치였다. 그로 인해 한 나라의 이질적인 부분이 결속하고 지파들이 하나의 단일한 총회로 연합했다. 이런 일은 광야 시대로부터 나라가 세워지기까지는 불가능했다. 모세는 중앙집중화가 필요하게 될 시대를 내다본다. 언약을 갱신하면서 모세가 전한 가르침은 현실적인 변화를 감안하며 이전 시대와는 다른 강조점을 담게 되었다. 이는 이전 것의 부인이 아니라 지속에 힘을 실어주는 일이었다. 세례와 성찬이라는 기독교 의례는 그리스도의 명령을 통해 이전의 의례를 수정한 것으로, 그 의미를 충분히 이해할 수 있게 해주는 새로운 관습이다. 그런데 많은 기독교 선교가 이런 관습의 배경이 되는 선례를 언급하지 않고, 이런 관습이 어떻게 과거의 신앙고백을 계승하는지 설명하지 않는 것은 참으로 유감이다.

모세가 시내산에서 받은 계시는 유일무이한 것이었다. 그러므로 모세 같은 선지자도 전무후무했다(신 34:10). 모세는 선지자를 넘어서는 인물이었다. 하나님께서 유일하게 부르신 사람이었다. 시내산은 이스라엘 역사에서 다시 없이 큰 계시를 받은 곳이었다. 하지만 모세 같은 선지자가 나타날 것이라는 믿음은 계속 이어졌다. 베드로는 앉은뱅이를 치유한 후 설교하는 중에 회개하고 돌이켜 죄 사함을 받으라고 촉구하고, 이같이 하면 새롭게 되는 날이 이를 것이라고 말한다(행 3:19-23). 새롭게 되는 이 일은 예수님을 통해 도래할 것이다. 예수님은 바로 그들을 위해 고난을 받고, 백성 가운데서 하나님께서 일으키실 모세 같은 선지자 예언이 성취된 인물이다. 예수님을 믿지 못하면 그 회중에서 추방될 것이다. 베드로에게는 시내산과 변화산 경험(눅 9:28-32)이 신적 계시를 인증해주는 위대한 두 순간이었다. 전자는 모세가 확증했고, 후자는 모세 같은 선지자(벧후 1:16-18)가 확증했다. 모든 시대의 다른 모든 계시는 모두 이 두 차례의 위대한 계시 아래에 들어간다. 다른 모든 계시는 좀 더 상황과 관련된 것이므로 이미 받은 진리에 더할 것이 없다. 예수님은 모세의 진리를 되풀이하지 않으신다. 모세의 진리는 영원히 필요한 것으로 남는다. 하지만 예수님은 새 언약으로 그 진리를 성취하고, 새 언약은 하나님과 백성의 관계를 영원히 맺어준다.

¹ 네 하나님 여호와께서 이 여러 민족을 멸절하시고 네 하나님 여호와
께서 그 땅을 네게 주시므로 네가 그것을 받고 그들의 성읍과 가옥에
거주할 때에 ² 네 하나님 여호와께서 네게 기업으로 주신 땅 가운데에
서 세 성읍을 너를 위하여 구별하고 ³ 네 하나님 여호와께서 네게 기
업으로 주시는 땅 전체를 세 구역으로 나누어 길을 닦고 모든 살인자
를 그 성읍으로 도피하게 하라

¹ "When the Lord your God cuts off the nations whose land the LORD
your God is giving you, and you dispossess them and dwell in their
cities and in their houses, ² you shall set apart three cities for yourselves
in the land that the Lord your God is giving you to possess. ³ You shall
measure the distances¹ and divide into three parts the area of the land
that the Lord your God gives you as a possession, so that any manslayer
can flee to them.

⁴ 살인자가 그리로 도피하여 살 만한 경우는 이러하니 곧 누구든지 본
래 원한이 없이 부지중에 그의 이웃을 죽인 일, ⁵ 가령 사람이 그 이웃

과 함께 벌목하러 삼림에 들어가서 손에 도끼를 들고 벌목하려고 찍을 때에 도끼가 자루에서 빠져 그의 이웃을 맞춰 그를 죽게 함과 같은 것이라 이런 사람은 그 성읍 중 하나로 도피하여 생명을 보존할 것이니라 6 그 사람이 그에게 본래 원한이 없으니 죽이기에 합당하지 아니하나 두렵건대 그 피를 보복하는 자의 마음이 복수심에 불타서 살인자를 뒤쫓는데 그 가는 길이 멀면 그를 따라 잡아 죽일까 하노라 7 그러므로 내가 네게 명령하기를 세 성읍을 너를 위하여 구별하라 하노라 8 네 하나님 여호와께서 네 조상들에게 맹세하신 대로 네 지경을 넓혀 네 조상들에게 주리라고 말씀하신 땅을 다 네게 주실 때 9 또 너희가 오늘 내가 너희에게 명하는 이 모든 명령을 지켜 행하여 네 하나님 여호와를 사랑하고 항상 그의 길로 행할 때에는 이 셋 외에 세 성읍을 더하여 10 네 하나님 여호와께서 네게 기업으로 주시는 땅에서 무죄한 피를 흘리지 말라 이같이 하면 그의 피가 네게로 돌아가지 아니하리라

4 "This is the provision for the manslayer, who by fleeing there may save his life. If anyone kills his neighbor unintentionally without having hated him in the past— 5 as when someone goes into the forest with his neighbor to cut wood, and his hand swings the axe to cut down a tree, and the head slips from the handle and strikes his neighbor so that he dies—he may flee to one of these cities and live, 6 lest the avenger of blood in hot anger pursue the manslayer and overtake him, because the way is long, and strike him fatally, though the man did not deserve to die, since he had not hated his neighbor in the past. 7 Therefore I command you, You shall set apart three cities. 8 And if the Lord your God enlarges your territory, as he has sworn to your fathers, and gives you all the land that he promised to give to your fathers— 9 provided you are careful to keep all this commandment, which I command you

today, by loving the Lord your God and by walking ever in his ways—
then you shall add three other cities to these three, 10 lest innocent
blood be shed in your land that the Lord your God is giving you for an
inheritance, and so the guilt of bloodshed be upon you.

11 그러나 만일 어떤 사람이 그의 이웃을 미워하여 엎드려 그를 기다
리다가 일어나 상처를 입혀 죽게 하고 이 한 성읍으로 도피하면 12 그
본 성읍 장로들이 사람을 보내어 그를 거기서 잡아다가 보복자의 손
에 넘겨 죽이게 할 것이라 13 네 눈이 그를 긍휼히 여기지 말고 무죄한
피를 흘린 죄를 이스라엘에서 제하라 그리하면 네게 복이 있으리라
11 "But if anyone hates his neighbor and lies in wait for him and attacks
him and strikes him fatally so that he dies, and he flees into one of these
cities, 12 then the elders of his city shall send and take him from there,
and hand him over to the avenger of blood, so that he may die. 13 Your
eye shall not pity him, but you shall purge the guilt of innocent blood^2
from Israel, so that it may be well with you.

14 네 하나님 여호와께서 네게 주어 차지하게 하시는 땅 곧 네 소유가
된 기업의 땅에서 조상이 정한 네 이웃의 경계표를 옮기지 말지니라
14 "You shall not move your neighbor's landmark, which the men of
old have set, in the inheritance that you will hold in the land that the
Lord your God is giving you to possess.

15 사람의 모든 악에 관하여 또한 모든 죄에 관하여는 한 증인으로만
정할 것이 아니요 두 증인의 입으로나 또는 세 증인의 입으로 그 사건
을 확정할 것이며 16 만일 위증하는 자가 있어 어떤 사람이 악을 행하
였다고 말하면 17 그 논쟁하는 쌍방이 같이 하나님 앞에 나아가 그 당

시의 제사장과 재판장 앞에 설 것이요 ¹⁸ 재판장은 자세히 조사하여 그 증인이 거짓 증거하여 그 형제를 거짓으로 모함한 것이 판명되면 ¹⁹ 그가 그의 형제에게 행하려고 꾀한 그대로 그에게 행하여 너희 중에서 악을 제하라 ²⁰ 그리하면 그 남은 자들이 듣고 두려워하여 다시는 그런 악을 너희 중에서 행하지 아니하리라 ²¹ 네 눈이 긍휼히 여기지 말라 생명에는 생명으로, 눈에는 눈으로, 이에는 이로, 손에는 손으로, 발에는 발로이니라

¹⁵ "A single witness shall not suffice against a person for any crime or for any wrong in connection with any offense that he has committed. Only on the evidence of two witnesses or of three witnesses shall a charge be established. ¹⁶ If a malicious witness arises to accuse a person of wrongdoing, ¹⁷ then both parties to the dispute shall appear before the Lord, before the priests and the judges who are in office in those days. ¹⁸ The judges shall inquire diligently, and if the witness is a false witness and has accused his brother falsely, ¹⁹ then you shall do to him as he had meant to do to his brother. So you shall purge the evil³ from your midst. ²⁰ And the rest shall hear and fear, and shall never again commit any such evil among you. ²¹ Your eye shall not pity. It shall be life for life, eye for eye, tooth for tooth, hand for hand, foot for foot."

---

1 Hebrew *road* *2* Or *the blood of the innocent* *3* Or *evil person*

≋≋≋ 단락 개관 ≋≋≋

생명, 땅, 진실 보호

시내산에서 주어진 십계명은, 하나님을 사랑하고 경외하라는 언약 요건을 준수하려면 견지해야 할 삶의 가치를 규정했다. 여호와를 거룩한 분, 즉 피조 질서와는 별개이지만 그 속에 계시면서 생명을 주고 유지하시는 분으로 고백하며 시작한다. 이것이 바로 하나님 이외의 다른 신은 없다는 고백의 의미다(4:35, 39). 다른 모든 신이나 권세는 또 다른 질서에 속하는 창조주께 완전히 종속되어 있다. 이 토라에 대한 해설은 그런 하나님에 대한 신앙고백을 지킬 수 있게 하는 관습과 의례로 시작된다. 이어서 공동체 차원에서 이런 고백을 할 수 있도록 관리들에게 대책을 마련해준다.

19장에서 시작되는 단락은 이제 규정된 가치를 일상생활에서 실천하는 쪽으로 옮겨간다. 삶의 가치는 생명, 가족, 자산, 관계에 대한 네 가지 진술로 제시된다. 이 진술들은 간명하다. 살인하지 말라, 간음하지 말라, 도둑질하지 말라, 거짓 증언하지 말라(5:20). 이 장은 언약 실천과 관련해 생명과 가족, 자산, 진실 보호와 밀접한 관계가 있는 문제를 다룬다. 이는 개인과 씨족이 실천해야 할 일이다. 생명 보호와 관련된 중요한 문제란 우발적인 살인(과실치사)을 말한다. 도피성은 살인 혐의를 받은 사람들을 보호하는 데 필요하다. 이 장에 확증되어 있듯, 땅은 보호받아야 할 가장 기본적인 자산이다. 끝으로, 분쟁이 일어난 경우에 한 사람의 주장이 다른 사람의 주장과 모순될 때 진실을 판단하기 위한 절차가 필요하다. 이 해설은 공동체 내 관계를 지배하는 십계명의 가치관으로 나아가는 동시에, 가정과 씨족 내의 온전함과 화평 유지에 필수적인 기본 가치를 보호하는 대책으로 시작한다.

19장

≋≋≋≋ 주석 ≋≋≋≋

19:1-7 국가의 법 집행은 고대 사회에서 민사 규정의 일부가 아니었다. 그런 강제력은 생필품 공급이 훨씬 더 소수 사람들에 의해 이루어지는 보다 풍요로운 사회에서나 누리는 사치다. 공동체 차원의 보호는 가족 관계를 통해 이루어졌으며, 씨족 집단은 생명 침해에 일차적으로 맞서는 방어자였다. 지파 내에서 관계를 회복시키는 것은 가까운 친척의 책임이었다. 이 사람은 고엘(*go'el*)이라고 불렸는데, 이는 회복 내지 구속의 뜻을 지닌 히브리어다. 예컨대 빚 때문에 자산을 팔아야 할 경우 친척이 그 자산을 사는 것이다(레 25:25-34). 죽임을 당한 경우에는 "피를 보복하는 자"[고엘 핫담(*go'el haddam*)]라고 불리는 가까운 친척이 나서서 관계 회복을 수행했다(6절).

살인은 살인자의 생명을 끊는 것으로 처리되었다(창 9:6; 출 21:12). 감옥이 없던 시대에는 이것이 범죄의 재발을 피하는 유일한 길이다. 살인자에게 보복하는 것을 단순한 복수로 해석해서는 안 된다. 복수는 하나님께만 속하고 이스라엘 사람 개인에게 속하지 않기 때문이다(레 19:18). 그럼에도 불구하고 가족 구성원 가운데 복수심이 생겨(신 19:6) 복수할 상황이 조성될 수 있다. 보복자가 군이 직계 가족일 필요는 없다. 한 형제가 다른 형제를 죽인 경우 씨족의 다른 구성원이 복수를 하려 들 것이다(삼하 14:7, 11). 살인에 대한 보복은 한 사람이 그 문제에 대해 품을 수 있는 개인감정과는 별개의 책임이었다. 우발적 살인의 경우, 무죄한 사람을 보호하고 보복의 악순환을 방지하기 위해 피난처를 마련해야 했다.

모세는 이스라엘이 맨 처음 요단 동편을 정복한 후 백성에게 한 첫 번째 연설에서 도피성을 소개했다(4:41-43). 지리적으로 남부에서 북부로 분포한 세 성읍을 도피처로 거명한다. 이 토라에 대한 해설에서 모세는 이 성읍들을 지정하고 그 기능을 상세히 설명한다. 그 위치는 땅을 조사하여 세 지역으로 나눈 후 결정한다. 선택 기준은 거리이지 지파별 소속이 아니다. 이 성읍들의 목적은 벌목을 하다가 이웃이 우발적으로 죽는 사고에서 설명한 바와 같이(5절) 무죄한 사람을 보호하는 데 있다. 이 성읍들을 지리적으로 배치한 이유는 무죄한 사람이 쉽게 도피하여 합당한 재판을 받을 수 있도록 배려한 것이다.

19:8-10 이 구절들은 하나님의 약속이 아직 성취되지 않았음을 상기시킨다. 영토가 확장되면서 도피성이 더 필요해질 것이기 때문이다. 족장들에게 하신 약속은 이스라엘 백성이 언약의 조건대로 하나님을 사랑한다는 조건부로 성취될 수 있었다. 그러자면 무죄한 자에 대한 보복과 살해를 예방하는 것이 중요하다. 일단 그 땅을 완전히 점령하고 나면 무죄한 사람을 보호하고 살인죄를 예방하기 위해 도피성이 세 군데 더 추가될 것이다.

민수기 35장은 한 걸음 더 나아가 이 도피성들은 레위인의 성읍이라고 설명하면서 전문적인 호칭[미클라트(miqlat)]을 부여한다. 히브리어 어원 칼라트(qalat)는 '비호하다, 숨겨주다'[47]라는 뜻이다. 고발당한 사람들은 장차 재판을 받으러 총회[에다('edah), "회중"] 앞에 설 때까지 그 성읍에서 안전하게 지낼 수 있다(민 35:12). 무죄함이 판명되면 도피성으로 돌아갈 수 있다(민

35:25). 그들은 대제사장이 죽을 때까지 그곳에 머물러야 한다. 이 규례는 살인에는 속전이나 감면이 있을 수 없다는 성경의 원칙으로 설명할 수 있다. 모든 인간의 생명은 하나님께 속해 있기 때문에 똑같이 신성한 것으로 보호받아야 한다. 노예의 생명도 다른 누군가의 생명만큼 신성하다. 노예가 주인의 손에 죽더라도 주인은 그 처벌을 받아야 한다(출 21:20). 서로 싸우다가 죽으면 생명은 생명으로 갚아야 한다(출 21:23). 다른 사람의 우발적 죽음에 대해서는 어떤 속전도 받을 수 없다(민 35:32-34). 우발적 사망 사고의 경우, 살인자는 대제사장이 죽음을 맞이할 때까지 도피성에서 살아야 하며, 이는 그 범죄에 상응하는 형벌을 의미한다.[48] 대제사장이 죽으면 일반적인 사면이 이루어진 것으로 보인다. 하지만 이런 내용은 신명기에 전혀 명시되어 있지 않다. 도피성 기능과 관련된 관습은 세월이 흐르면서 변하거나 상황에 따라 달라졌을 수 있다.

19:11-13 모세는 다른 인간의 우발적 죽음으로 인해 도피할 수 있는 기회가 고의적 살인에는 적용되지 않는다는 점을 분명히 한다. 살해당한 자의 피는 땅이 거부하여 살해자에게 달라붙는다. 지파를 대표하는 지도자인 장로들이 피해자의 가족을 대신해 범죄자를 도피성에서 끌어내어 심판을 받게 한다. 그런 경우에는 어떤 자비도 베풀 수 없다. 하나님의 형상으로 지은 개개인의 신성함(창 9:6)과 공동체를 더 이상의 생명 침해로부터 보호해야 하므로 그 어떤 예외도 허용되지 않는다. 살해자 처형은 가족 구성원을 보호할 책임이 있는 씨족의 몫으로 돌아간다. 그런 심판을 집행하지 못하면 피해자의 피가 공동체에 돌아가고 하나님과 맺은 언약을 위반하는 것이 된다.

---

47 히브리어 믹라트(*miqlat*)는 민수기 35장, 여호수아 20장, 역대상 6장에 나오는 레위인의 도피성을 묘사하는 단어로만 나온다. 충분한 논의를 보려면 R. Schmid, "*miqlat*," *TDOT*, 8:552-556을 참고하라.

48 참고. Milgrom, "Excursus 76," 밀그롬은 우발적 살인 법률 규정에 관한 상세한 주석을 제공한다.

19:14 모세가 시내산에서 맺은 언약의 말씀으로 가르쳤듯 자산은 생명과 밀접한 관계가 있다. 생명이 물질적 자양분에 달려 있기 때문이다. 땅이 가장 기본적인 자산인 것은 모든 취득물이 어떤 식으로든 땅에 의존하기 때문이다. 지파들의 경계표는 제비뽑기를 통해 하나님께서 결정하신 대로 그 땅에 들어갈 때 모세가 세운 것이다(민 26:53-56). 각 집안 단위로 주어진 몫은 그 집안의 "기업"[나할라(*nahalah*)]이라고 불렸다. 조상 대대로 물려받은 이 유산은 각 집안에 불가침의 자산이 되어야 한다. 지혜서는 가난한 자를 약탈하거나 땅을 위험한 대출의 보증으로 삼는 맥락에서 이러한 위반을 경고한다(잠 22:22-28).[49] 경계표를 옮기는 도둑질은 모든 고대 사회에서 음흉한 죄로 간주되었다.

19:15-21 거짓 고발은 자산을 훔치는 것만큼 파괴적인 생명의 침해다. 시내산에서 받은 모세의 제9계명은 다른 사람을 해치는 거짓 증언에 대해 경고한다. 이 맥락에서 거짓 증언은 처형으로 귀결될 수 있을 정도로 생명을 빼앗는 일에 상당한다. 분쟁이 발생한 경우에는 적어도 두세 명의 증인이 반드시 필요하다. 고의적인 속임수에 책임을 묻는 것과 그릇된 인지에 대한 안전장치가 모두 필요하기 때문이다.

분쟁 당사자들은 주님 앞에 나와야 하는데, 이는 종종 성소에 가는 것을 뜻한다. 이 경우에는 그런 의미일 가능성은 거의 없다. 모든 사안을 신명기가 내다보는 한 중앙 장소에 가져갈 것은 아니기 때문이다. 명절에 관한 논의에서 말했듯(예. 신 6:8), 제사 음식이 포함되지 않은 집회는 성전 이외의 곳에서 열렸다. 그 위치가 어디든지 간에 재판장은 하나님을 대표하는 자들이므로 그들 앞에 나오는 것은 곧 주님의 존전에 나오는 것이다.

거짓 증인은 피고인에게 부과되었을 처벌을 받아야 한다. 처벌은 범죄에 적절한 정도로 공의롭게 이루어져야 한다. 흔히 '동해보복법'[렉스 탈리오

19장

---

49 잠언의 이 대목은 현인이 하는 30편의 말(22:17-24:34)에 속하며, 이집트의 "아메네모프의 교훈"에 담긴 30편의 말과 밀접한 관계가 있다. 후자에서 이 금지사항은 여섯 번째 말에 나온다.

니스(lex talionis)]이라고 불리는 '눈에는 눈' 규례는 살인의 경우를 제외하고 금전적 배상으로 집행되어야 한다. 이는 출애굽기 21:22-25에 나오는 태아를 손상시킨 예에서 볼 수 있으며 여기서 벌금이 명시된다. 이 경우 가해자에게 태아를 요구할 수 없기 때문에 율법을 문자 그대로 적용하기가 불가능하다. 신성모독(레 24:10-16)과 같은 많은 사례에 비슷하게 적용할 수 있다. 동해보복법이라는 고전적인 표현은 일반 원칙으로 주어질 뿐이고 특정 사례에 대한 처방이나 모든 사례에 적용할 수 있는 원칙이 아니다. 아마도 법정의 정의 원칙으로 표준적인 법률 공식에서 채택되었을 것이다. 정의의 기준은 피해에 대한 배상이다. 거짓 증인의 경우, 이 원칙을 따라 배상이 이루어질 것이다. 법정은 거짓 증인에게 형벌을 집행해야 한다. 살인 사건의 경우, 그에 대한 거짓 증언은 법정에 대한 범죄이므로 법정이 범죄자에게 가할 형벌을 거짓 증인에게 적용해야 비로소 논리에 맞다.

≋≋≋≋ 응답 ≋≋≋≋

폭력은 모든 사회의 문제다. 흔히 사회가 견지하는 법적 기준을 따라 선한 사람과 악한 사람을 구별하지만, 현실은 그처럼 단순하지 않다. 선과 악의 구분은 개인과 개인 사이뿐만 아니라 각 개인의 내면 어딘가에 있다. 화이티 벌거(Whitey Bulger)라는 별명을 가진 보스턴 남부 갱단 두목이 감방에서 맞아 죽는 보복 살해를 당했다. 2018년 11월 8일자 〈이코노미스트〉는 "범죄 비즈니스"라는 제목의 부고 기사에서 '선'과 '악' 같은 단어가 그를 괴롭혔다고 밝혔다. 그는 협잡꾼이자 갈취자(그는 '추심인'이라는 용어를 선호했지만), 무기 밀매업자, 조직 폭력배였다. 그가 1955년에 최초로 저지른 강도짓은 고전적인 수법이었다. 그는 양손에 권총을 들고 은행에 뛰어들었다가 도주용 차량으로 여자 친구와 도망치는 나쁜 범죄를 저질렀다. 그의 형제 윌리엄 벌거(William Bulger)는 매사추세츠주 의회 의장으로 그 기관의 역사상 최장 기간인 18년을 근속한 사람이었다. 〈뉴욕 타임즈〉에 따르면, 윌리엄 벌거는 형에 대한 불리한 증언을 거부하는 바람에 대학교에서 일자리를 잃었다고 한다.[50] 그는 형에게 아주 착한 동생이었다. 형의 공범 중 한 사람이 바로 옆집에 살았는데, 그 집은 갱이 범행 계획을 짜고 무기를 보관하며 살인을 저지르는 곳이었다. 이 두 형제에게 '선'과 '악'이라는 단어를 어떻게 적용할 수 있을까? 그들은 매우 다른 유산을 남겼다. 법에 따르면, 한 사람은 좋은 법을 다수 제정하는 책임을 맡은 선한 사람이었던 반면, 다른 한 사람은 끊임없이 법을 위반하는 인생을 살았다. 그러나 동생은 범죄 방지에 중요한 정보를 누설하길 거부했다는 의미에서 암묵적으로 거짓 증인이었다. 두 형제는 틀림없이 스스로를 선한 사람으로 생각했을 것이다. 그들은 어쩌다 매우 다른 종류의 직업을 가졌을 뿐이다.

사회가 그런 폭력 문제에서 자유로울 수 없는 것은 인성의 수수께끼를 풀 수 없기 때문이다. 인간은 다듬거나 통제할 수 없는 존재다. 다양한 방식으로 영향을 받을 수는 있어도 그것이 어떤 결과를 가져올지는 예측할 수 없다. 벌거 집안의 두 형제는 똑같은 가정과 지역사회에서 성장하며 비슷한 기회를 가졌으나 상당히 대조적인 인생길을 걸었다. 그들의 차이점은 무엇이었는가? 그들은 각자 생각하기에 둘이 크게 다르지 않다고 생각한 것 같다. 물론 그들의 평가가 옳았다고 주장할 수는 있다. 개인 간의 차이는 대체로 당사자들이 인식하는 것보다 훨씬 적다.

사실 성경은 폭력을 통제할 수 있는 현실적 대책을 제공한다. 창세기 6-8장의 홍수에서 보듯 폭력은 창조의 역전을 초래한다. 홍수 이후의 차이점은 창세기 9:5-6에 나오는 폭력에 대한 규정, 즉 사회의 자멸을 예방할 수 있는 대책이다. 그 규정을 우리는 정부라고 부른다. 정부라고 해서 인간의 문제를 해결할 수는 없지만 피해자를 보호하는 역할을 한다. 심지어 도끼가 잘못 날아가 과실치사를 범한(신 19:5) 사람까지 보호한다. 정부의 이런 역할은 지극히 진지하게 여길 필요가 있다. 하지만 정부가 사회

50 Katharine Q. Seelye, "Sticking by a Murderous Brother, and Paying for It Dearly," *New York Times*, November, 25, 2013.

폭력을 근절할 수 있다는 생각은 언제나 어느 정도 의심의 눈초리를 받아야 한다.

폭력의 통제는 성경에서 말하는 정의와 같은 것이 아니다. 여기에서 우리는 오늘날 사회에 만연한 용어의 혼동을 보게 된다. 대다수 사회의 법률 제도는 정의(justice)라고 부르는 형벌을 부과하지만, 형벌은 정의의 구성 요소가 아니다. 형벌은 폭력을 최소화하려는 작업의 일환으로서, 피해에 대한 처벌이다. 정의는 폭력으로 인해 고통당한 개인이 입은 손실을 회복시켜준다. 재산 피해나 신체 손상을 입은 경우, 이 장에 나오는 이른바 동해 보복법은 정의를 실현하는 데 유용한 지침이다. 그러나 인명 손실이 난 경우에는 전혀 적절하지 않다. 계획된 음모에 따라 일어난 살인은 재발을 허용해서는 안 되며, 그에 따른 형벌은 살인자의 생명을 박탈하는 것이다. 우발적 살인 같은 다른 경우에는 보다 가벼운 처벌을 내리지만, 이런 경우 법은 살인을 저지른 사람도 어떤 점에서는 피해자임을 인정한다.

1 네가 나가서 적군과 싸우려 할 때에 말과 병거와 백성이 너보다 많음을 볼지라도 그들을 두려워하지 말라 애굽 땅에서 너를 인도하여 내신 네 하나님 여호와께서 너와 함께하시느니라 2 너희가 싸울 곳에 가까이 가면 제사장은 백성에게 나아가서 고하여 그들에게 3 말하여 이르기를 이스라엘아 들으라 너희가 오늘 너희의 대적과 싸우려고 나 아왔으니 마음에 겁내지 말며 두려워하지 말며 떨지 말며 그들로 말미암아 놀라지 말라 4 너희 하나님 여호와는 너희와 함께 행하시며 너희를 위하여 너희 적군과 싸우시고 구원하실 것이라 할 것이며 5 책임자들은 백성에게 말하여 이르기를 새 집을 건축하고 낙성식을 행하지 못한 자가 있느냐 그는 집으로 돌아갈지니 전사하면 타인이 낙성식을 행할까 하노라 6 포도원을 만들고 그 과실을 먹지 못한 자가 있느냐 그는 집으로 돌아갈지니 전사하면 타인이 그 과실을 먹을까 하노라 7 여자와 약혼하고 그와 결혼하지 못한 자가 있느냐 그는 집으로 돌아갈지니 전사하면 타인이 그를 데려갈까 하노라 하고 8 책임자들은 또 백성에게 말하여 이르기를 두려워서 마음이 허약한 자가 있느냐 그는 집으로 돌아갈지니 그의 형제들의 마음도 그의 마음과 같이 낙심될까

하노라 하고 9 백성에게 이르기를 마친 후에 군대의 지휘관들을 세워 무리를 거느리게 할지니라

1 "When you go out to war against your enemies, and see horses and chariots and an army larger than your own, you shall not be afraid of them, for the Lord your God is with you, who brought you up out of the land of Egypt. 2 And when you draw near to the battle, the priest shall come forward and speak to the people 3 and shall say to them, 'Hear, O Israel, today you are drawing near for battle against your enemies: let not your heart faint. Do not fear or panic or be in dread of them, 4 for the Lord your God is he who goes with you to fight for you against your enemies, to give you the victory.' 5 Then the officers shall speak to the people, saying, 'Is there any man who has built a new house and has not dedicated it? Let him go back to his house, lest he die in the battle and another man dedicate it. 6 And is there any man who has planted a vineyard and has not enjoyed its fruit? Let him go back to his house, lest he die in the battle and another man enjoy its fruit. 7 And is there any man who has betrothed a wife and has not taken her? Let him go back to his house, lest he die in the battle and another man take her.' 8 And the officers shall speak further to the people, and say, 'Is there any man who is fearful and fainthearted? Let him go back to his house, lest he make the heart of his fellows melt like his own.' 9 And when the officers have finished speaking to the people, then commanders shall be appointed at the head of the people.

10 네가 어떤 성읍으로 나아가서 치려 할 때에는 그 성읍에 먼저 화평을 선언하라 11 그 성읍이 만일 화평하기로 회답하고 너를 향하여 성문을 열거든 그 모든 주민들에게 네게 조공을 바치고 너를 섬기게 할

것이요 12 만일 너와 화평하기를 거부하고 너를 대적하여 싸우려 하거든 너는 그 성읍을 에워쌀 것이며 13 네 하나님 여호와께서 그 성읍을 네 손에 넘기시거든 너는 칼날로 그 안의 남자를 다 쳐 죽이고 14 너는 오직 여자들과 유아들과 가축들과 성읍 가운데에 있는 모든 것을 너를 위하여 탈취물로 삼을 것이며 너는 네 하나님 여호와께서 네게 주신 적군에게서 빼앗은 것을 먹을지니라 15 네가 네게서 멀리 떠난 성읍들 곧 이 민족들에게 속하지 아니한 성읍들에게는 이같이 행하려니와 16 오직 네 하나님 여호와께서 네게 기업으로 주시는 이 민족들의 성읍에서는 호흡 있는 자를 하나도 살리지 말지니 17 곧 헷 족속과 아모리 족속과 가나안 족속과 브리스 족속과 히위 족속과 여부스 족속을 네가 진멸하되 네 하나님 여호와께서 네게 명령하신 대로 하라 18 이는 그들이 그 신들에게 행하는 모든 가증한 일을 너희에게 가르쳐 본받게 하여 너희가 너희의 하나님 여호와께 범죄하게 할까 함이니라

10 "When you draw near to a city to fight against it, offer terms of peace to it. 11 And if it responds to you peaceably and it opens to you, then all the people who are found in it shall do forced labor for you and shall serve you. 12 But if it makes no peace with you, but makes war against you, then you shall besiege it. 13 And when the Lord your God gives it into your hand, you shall put all its males to the sword, 14 but the women and the little ones, the livestock, and everything else in the city, all its spoil, you shall take as plunder for yourselves. And you shall enjoy the spoil of your enemies, which the Lord your God has given you. 15 Thus you shall do to all the cities that are very far from you, which are not cities of the nations here. 16 But in the cities of these peoples that the Lord your God is giving you for an inheritance, you shall save alive nothing that breathes, 17 but you shall devote them to

complete destruction,[1] the Hittites and the Amorites, the Canaanites and the Perizzites, the Hivites and the Jebusites, as the Lord your God has commanded, 18 that they may not teach you to do according to all their abominable practices that they have done for their gods, and so you sin against the Lord your God.

19 너희가 어떤 성읍을 오랫동안 에워싸고 그 성읍을 쳐서 점령하려 할 때에도 도끼를 둘러 그곳의 나무를 찍어내지 말라 이는 너희가 먹을 것이 될 것임이니 찍지 말라 들의 수목이 사람이냐 너희가 어찌 그것을 에워싸겠느냐 20 다만 과목이 아닌 수목은 찍어내어 너희와 싸우는 그 성읍을 치는 기구를 만들어 그 성읍을 함락시킬 때까지 쓸지니라

19 "When you besiege a city for a long time, making war against it in order to take it, you shall not destroy its trees by wielding an axe against them. You may eat from them, but you shall not cut them down. Are the trees in the field human, that they should be besieged by you? 20 Only the trees that you know are not trees for food you may destroy and cut down, that you may build siegeworks against the city that makes war with you, until it falls."

---

1 That is, set apart (devote) as an offering to the Lord (for destruction)

전쟁 규례

신명기는 장차 이스라엘이 왕과 더불어 그 영토의 통제권을 가진 국가가 될 날을 내다본다. 약속의 땅에 들어갈 때 치르는 전쟁은 그 죄악을 무자비하게 처벌해야 할 가나안 족속에 대한 심판으로 묘사되어 있다(창 15:16; 레 18:24-25; 20:23-24). 이스라엘은 하나님께서 심판하신 민족들과 공존할 수 없다. 이스라엘은 이 민족들을 몰아내고 그들을 하나님의 심판 아래 두라는 명령을 받는다(신 20:16-17). 그러나 모든 전쟁이 이 범주에 속하는 것은 아니다. 전쟁은 현실에서 일어나는 일이다. 전도자가 전도서 3:8에서 말하듯 전쟁은 인생 살이에서 일어나는 때 중 하나다.

전쟁은 인간 사회에 극악무도한 일을 일으키는 원흉이다. 전쟁은 전투원과 무죄한 시민의 죽음, 시민과 국가 재산의 파괴를 초래할 뿐 아니라 종종 기근과 다른 해악으로 귀결되기도 한다.[51] 신명기 20장의 규례들은 피정복 민족과 영토 내의 생명 및 재산 파괴를 최소한으로 만들고자 한다. 이 장의 규례들은 군대 징집에 관한 규정(1-9절), 피정복 민족에 대한 규정(10-18절), 포위한 도시 주변의 수목 보존(19-20절), 이 세 가지 범주로 나눌 수 있다. 정의와 질서 유지 문제에 대해 모세는 군사적 문제와 관련된 지침을 내린다. 전시 상황을 다루는 다른 구체적인 예들은 다른 도덕적 이슈 및 가치와 연관지어 처리한다.

20장

---

51 참고. Amartya Sen, *Poverty and Famine* (Oxford: Oxford University Press, 1981). 센의 고전적 연구는 이 것이 사실임을 보여준다. 행정상의 관리 부실과 절도 문제일 때가 많다.

II. 모세의 두 번째 연설(4:44-29:1)
　C. 이 토라에 대한 해설(12:1-25:19)
　　3. 사법적 규례와 군사적 규례(19:1-21:9)
　　　b. 전쟁 절차(20:1-20)
　　　　(1) 군대 창설(20:1-9)
　　　　(2) 정복한 성읍 합병(20:10-18)
　　　　(3) 수목 보존(20:19-20)

≋≋≋≋ 주석 ≋≋≋≋

20:1-4 전쟁에 대한 가르침은 군대의 역할과 관련된 권면으로 시작된다. 성공은 언제나 자기 백성을 위해 싸우시는 하나님께 달려 있다는 것이다. 이스라엘이 하나님을 위해 전쟁을 치르는 것이 아니다. 오히려 이스라엘이 하나님께서 심판하신 다른 나라들의 공격을 받을 때, 하나님께서 자기 백성을 돌보시고 필요한 것을 공급하신다. 이것이 이른바 성전(聖戰), 즉 '거룩한 전쟁'의 올바른 정의다. 이는 한 나라가 하나님을 위해 싸우는 것이 아니라 하나님께서 승리를 선사하신다는 개념이다. 물론 잘 준비된 군대를 보유하는 것이 중요하지만, 군사적 성공은 언제나 자기 백성을 위해 싸우시는 전사 하나님께 달려 있다. 이스라엘에 조직적인 군대가 없었을 때 하나님께서 그들을 이집트에서 이끌어내신 일이 모델로 제시된다(1절). 하나님께서 바로의 군대에 군사적 공격을 개시하여 마침내 그들을 홍해에 잠기게 하셨다(출 15:1-18). 이것이 신적 전쟁의 본보기라면 군대는 전혀 필요하지 않을 것이다. 그러나 전투 없이 땅이라는 선물이 생기지 않은 것

처럼, 모세는 첫 번째 설교에서 이스라엘에게 그 땅에서의 삶 역시 전쟁을 수반할 것임을 상기시킨다. 약속의 땅에 들어갈 때처럼 대적의 군사력이 압도적인 경우도 많을 것이다. 그렇더라도 이스라엘은 두려워해서는 안 된다. 군사적 성공은 군대의 우월성에 달려 있지 않기 때문이다. 그리고 언약 백성을 보호하시는 하나님의 명령과 상관없이 전쟁을 치러서도 안 된다. 하나님의 명령을 받아 전쟁을 나서는 경우, 어떤 적군도 공포의 대상이 될 수 없다.

제사장들은 군대에 하나님을 대표하기 때문에 군사 작전에 속한다. 전투 중에 하나님께서 이스라엘과 함께하신다는 확신을 주는 것이 그들의 임무이다. 이것이 전쟁에 참여하는 첫 번째 요건으로 언급된다. 실제로 2절에서 설명하듯, 일단 군대가 소집되면 전투에 나서기 전에 제사장이 군대에게 이런 말을 할 것이다. 다른 군대들은 병거와 말의 힘에 의존하겠지만(1절) 이스라엘은 여호와의 이름을 부를 것이다(시 20:7-9). 군대 무기에 의존하면 패배로 끝날 테지만, 오직 하나님만 그분이 세우신 왕과 민족을 보호하실 수 있다. 한 가지 뛰어난 실례로, 여호사밧이 그를 대적하는 왕들의 연합군에 압도당한 일을 들 수 있다(대하 20:1-22). 그때 그는 주님을 찾고 군대를 소집한다. 그의 기도가 한 레위인이 전하는 예언의 말씀으로 응답을 받는다(대하 20:14-17). 그 레위인은 공격 경로를 설명하면서도 군대에게 전투에 나서지 말고 주님의 구원하심을 기다리라고 권고한다. 이에 여호사밧은 우세한 군대에 맞서기 위해 레위인 찬양대를 소집하여 군대 맨 앞에 세운다. 적의 연합군은 전쟁터에 도착하기도 전에 와해되어 서로 싸우는 지경에 빠졌다. 이스라엘은 다만 그곳에 도착해 전리품을 챙겼다. 물론 모든 전쟁이 이런 절차를 밟는 것은 아니지만, 모세가 여기서 설명하는 바를 예시한다. 일단 군대가 소집되면 제사장들이 나서서, 주님이 그들을 위해 싸우지 않으시면 아무런 명분이 없다고 선언하는 것이다. 반대로 주님이 그들 편이 되신다면 그들은 패배할 수 없다.

20:5-9 의용군 동원 규례의 동기는 인도주의적 배려에서 나온다. 목표

는 시민 생활의 불편함을 최소화하는 것이다. 군대 모집의 책임은 군대 지휘관보다는 문관에게 있다. 집이나 농장이나 가정을 세우기 위해서라면 입대를 연기할 수 있다. 이런 일들은 공동체가 제 기능을 하는 데 필수적이고 각 사람이 누려야 하는 기본 권리다. 이런 기본 권리에 참여할 수 있는 기회가 위태로워서는 안 된다. 가정을 세운다는 것은 결혼식을 거행하지는 않았으나 신부 지참금은 이미 지불한 상황을 말한다. 고대 풍습에서 이 지참금은 아내의 유익을 위한 것으로 그녀의 유산에 상당했다. 일단 지참금을 지불하면 결혼이 시작되는 셈인데, 이는 '불완전한 결혼'(inchoate marriage)[52]으로 알려져 있다. 이것은 약혼이 아니라 결혼의 시작이라고 보아야 한다. 그 관계를 침해하는 것은 곧 결혼 침해로 여겨졌다(22:23-24). 입대 유예의 결정적 이유는 군대의 유익을 위해서였다. 참전할 준비가 되지 않은 사람은 다른 부대원의 사기를 떨어뜨릴 것이므로 군대에 합류해서는 안 된다.

일단 문관이 군대 장병들을 결정한 다음에는 군대 장교가 책임을 맡는다. 군대 지휘관이 임명된다는 것은 구체적인 위협에 맞서 군대가 집결할 것임을 시사한다. 이는 상비군을 위한 규례가 아니다. 누가 군대 지도자를 임명할지는 명시되어 있지 않지만 아마 지위가 더 높은 관료들일 것이다. 그 절차는 재판장 임명에 관한 설명(1:15)을 따르는 것일 수 있다. 지혜와 평판에 기초해 각 지파의 수령이 임명되고, 그런 다음 그 수령이 천부장, 백부장, 오십부장, 십부장이라 불리는 지도자들을 임명한다. 수령은 시민이기는 해도 한시적으로 군대 지도자가 된다.

20:10-14 전쟁의 일반 원칙은 전투에 참여하지 않고 화평의 조건을 찾는 것이다. 항복 조건을 받아들인 성읍의 주민들은 상해를 입지 않고 국가

---

52 성경보다 더 상세한 내용이 담긴 고대 근동 결혼 풍습에 관한 논의를 보려면 다음 자료를 참고하라. Raymond Westbrook, "The Prohibition on Restoration of Marriage in Deuteronomy 24:1-4," in *Studies in Bible*, ed. Sara Japhet, ScrHier 31 (Jerusalem: Magnes Press, 1986), 387-405.

노동력의 일부로 편입된다. 솔로몬은 가나안 족속들을 정복한 후 원주민을 노예로 삼아 강제 노역에 동원했다(왕상 9:20-21). 이런 노동자들은 솔로몬이 성전을 건축하기 위해 한시적으로 이스라엘 사람들을 역군으로 불러 모은 것(왕상 5:13-14)과는 구별된다. 이스라엘 사람들은 여기에 묘사된 군대 복무이든 성전 건축을 위한 한시적 작업이든 국가 일에 복무할 뿐 영원한 노예 상태로 전락하지는 않는다. 화평의 조건을 받아들이지 않은 성읍은 더욱 가혹한 처우를 받을 것이다. 장차 반란을 일으킬 수 있는 군인들은 처형된다. 여자와 아이들은 이스라엘 사람의 종이 되고, 그 가운데 일부는 아내로 취할 수도 있다. 그 성읍의 모든 자산을 이스라엘 사람이 차지한다.

20:15-18 가나안 주민들은 헤렘의 심판 아래로 들어간다. 이는 그들이 세속 세계에서 완전히 제거된다는 뜻이다. 그들이 죽임을 당하게 되는 것은 하나님의 결정적 심판을 받았기 때문이다. 그들에게 책임을 물을 때가 찬 것이다. 그들이 계속 존재한다면 이스라엘이 하나님과 맺은 언약을 위태롭게 할 것이다. 그들이 신들과의 관계에서 취하는 관습은 이스라엘에게 혐오의 대상이다(18:9-13). 이것은 인종 문제가 아니다. 혐오스러운 가나안 관습을 채택하는 이스라엘 성읍들도 그들과 똑같은 취급을 받는다(13:12-16). 이 규례는 신학적 현실로 주어진다. 이스라엘의 언약이 가나안 족속의 관습으로 더러워지는 것을 막기 위해서는 그들을 깨끗이 제거해야 한다. 그러나 실제로 사람과 자산의 진멸이 이루어진 곳은 여리고 같은 몇몇 성읍들뿐이다.

20:19-20 전쟁을 할 때는 적군이 저항하는 데 필요한 자원을 줄이기 위해 침략한 영토의 기반 시설을 파괴하는 것이 일반적인 관행이다. 고대 전쟁은 오랜 기간 지속될 때가 많았다. 성읍들은 전쟁에 대비해 요새화되었고 물품 공급이 대체로 원활한 편이었다. 공격하는 군대는 성읍 주변에 성벽을 쌓거나 요새를 포위하는 작업[마초르(*matsor*)]을 실행했다. 성읍이 식량

이나 군수품, 또는 군인들을 지원받지 못하게 봉쇄하고, 아군을 성읍 내 저항으로부터 보호하기 위해서였다. 느부갓네살이 예루살렘을 공격할 때 이같은 방법을 써서 예루살렘은 결국 무너지고 말았다. 그는 예루살렘성 둘레에 기술적으로 다예크[*dayeq*, 아카드어 다지쿠(*dajjiqu*)에서 차용된 단어]라고 불리는 토성을 쌓고, 3년 동안(시드기야왕 제9년부터 제12년까지) 그 성읍을 공격했다. 3년째가 끝날 무렵 성읍은 기근 때문에 뚫리고 말았다(왕하 25:1-3). 포위한 군대는 오랜 포위를 이용해 과일나무와 식량보급로를 파괴하여 한 성읍을 위협할 수 있었다. 이러한 규례는 비록 토성을 쌓기 위해 과목이 아닌 나무를 자르는 것은 허용해도 위와 같은 전술은 금한다. 그 근거는 나무의 보존에 있다. 군사 작전에서 나무를 군인 취급해서는 안 된다. "들의 수목이 사람이냐"는 진술에는 창조론적 관점과 인도주의적 관점이 모두 담겨있다. 인간은 창조세계에 의존해 살아간다. 창조세계는 인간이 사용하도록 허락받은 하나님의 것이므로 존중되어야 한다.

≋≋≋≋ 응답 ≋≋≋≋

인간은 전쟁의 악행을 비난하지만 전쟁의 원인은 오직 인간에게 있다. 인간은 전쟁을 방지할 능력이 전혀 없다. 권력을 보존하거나 전복시키기 위해 기꺼이 목숨을 내놓는 사람들이 있다고, 아니 다른 사람들을 사지로 내모는 사람들이 있다고 말하는 편이 낫겠다. 전쟁은 인간 사회의 고질적인 문제다. 인류의 역사는 곧 전쟁의 역사라고 해도 과언이 아니다.

전쟁을 하면 군인들이 죽어나가면서 그들 자신과 가족들을 피해자로 만든다. 그뿐 아니라 죽음을 초래하는 다른 결과도 낳는다. 고대 전쟁에서 아람 군대가 사마리아를 포위한 이야기(왕하 6:24-31)를 보면, 그 결과는 기근이었다. 아합으로 추정되는 이스라엘 왕은 한 여인과 마주하는데, 그 여인은 성읍이 기근에 처한 상황에서 자기 아들을 먼저 양식으로 내 놓았는데 이제 그 이웃이 자기 차례가 되어 양식으로 내놓기로 합의한 그의 자녀를 숨겼다고 불평했다. 이는 고대의 문제만이 아니다. 인류 역사상 가장 끔찍한 기근 중 하나가 '모든 전쟁을 끝내기 위한 전쟁'이라고 불린 제1차 세계대전(1914-1918년) 이후에 일어났다. 스탈린은 1932-1933년에 자본주의 세력이 공격할 것이라는 망상에 빠져 고의로 400만 명이 넘는 우크라이나 농부를 굶어 죽게 했다.[53] 1,100만 명의 전사자를 낸 제1차 세계대전 100주년을 맞아 이 전쟁의 원인을 밝히는 수사적 연구서 두 권이 출판되었다. 하나는 옥스퍼드 대학의 역사학자 마거릿 맥밀런의《평화를 끝낸 전쟁》(The War That Ended Peace, 2013)으로, 저자는 그 전쟁의 일차적 책임이 독일에게 있다고 주장한다. 다른 하나는 케임브리지 대학의 역사학자 크리스토퍼 클라크의《몽유병자들》(The Sleepwalkers, 2012)로 발칸 반도가 전쟁에 불을 붙였다고 주장한다. 두 저서 모두 역작이며, 클라크의 책은 17개 언어로 번역되어 30만 부가 팔렸다.[54]

이 전쟁은 발발할 이유가 없었다. 이 전쟁은 '정책 수단으로서 전쟁 포기에 관한 일반 조약'(미국과 프랑스의 외무장관의 이름을 따서 켈로그-브리앙 조약이라고도 부른다)이라는, 그 중요성이 의심스러운 결과를 낳았다. 이 합의문은 1928년에 파리에서 모든 강대국을 포함한 50개국 이상이 서명했다. 통상적인 경제 제재로 모든 침략 전쟁을 처벌한다는 이 조약의 목표는 기껏해야 제한된 효과밖에 내지 못했다.[55] 강제력은 예상대로 불가능한 것으로 드러났다. 국제연맹은 이후의 군국주의 흐름을 막지 못했고, 그 극치에 달한 제2차 세계대전을 저지할 수 없었다. 그렇다고 조약이 아예 효과가 없지

---

53 이 역사를 재검토한 책은 Anne Applebaum, *Red Famine: Stalin's War on Ukraine* (New York: Doubleday, 2017)이다. 이에 대해 공산주의적 관점에서 비판적으로 평론한 글이 있다. Sheila Fitzpatrick, "Red Famine by Anne Applebaum Review- Did Stalin Deliberately Let Ukraine Starve?," *The Guardian*, August 25, 2017, Book of the Day. 소비에트 지도자들은 자본주의 세력이 즉각 공격할 것으로 추정해서 스스로 광란상태에 빠졌고 '쿨락'(kulaks, 우크라이나의 소규모 농부들)이 그런 침략을 환영할 계급의 적이라고 의심했다.

54 이 두 연구서에 관한 비평은 다음 글을 참고하라. "Still in the Grip of the Great War," *The Economist*, March 26, 2014.

55 참고. Oona A. Hathaway and Scott J. Shapiro, *The Internationalists: How a Radical Plan to Outlaw War Remade the World* (New York: Simon & Schuster, 2017).

는 않았다. 제2차 세계대전 이후에 체결된 평화조약으로 소련을 제외하고 정복된 대부분의 땅이 본국에 반환되었다. 뉘른베르크 재판은 침략 전쟁이 범죄 행위라는 원칙을 세웠고, 히틀러의 심복 중 몇몇을 처벌하는 성과를 냈다.

앞으로 이 정책이 국제 전쟁을 방지하는 데 효과적일지는 두고 볼 일이지만, 이제까지 수많은 국내 전쟁을 낳는 효과를 냈다. 분열된 국가들은 그들의 힘을 앗아갈 수도 있는 국제적 개입을 두려워할 필요가 없다. 이후로 70년 동안 전쟁으로 인한 죽음과 폭력이 횡행했다. 《국제주의자들》(*The Internationalists*)의 저자들은 켈로그-브리앙 조약이 어떤 대안보다 낫다고 주장하며 그 조약을 만든 사람들을 칭찬한다. 그러나 그 조약의 장점이 무엇이든 간에 그것은 수많은 전쟁을 방치했고, 러시아의 크림반도 점령(2014년)에서 보듯 원칙 자체가 포위 공격을 받고 있다.

사회 내부의 폭력과 마찬가지로 사회 간의 전쟁도 계속 일어날 것이다. 가능한 최선의 방책은 이 장의 규정에 따라 전쟁으로 인한 영향을 개선하는 것이다. 전쟁은 그리스도인에게 또 다른 문제를 제기한다. 그리스도인은 이 세상에 속하지 않은 나라에 최고의 헌신을 하는데, 현재 시민으로 몸담은 국가에는 어느 정도 헌신을 하느냐의 문제다. 수단, 남수단, 시리아 또는 이라크 등에 사는 그리스도인은 아무리 평화롭게 살고자 해도 전쟁 때문에 무자비한 고통을 받고 있다. 그들은 자국 내에서 서로 싸우는 파벌들의 표적이 된다. 그리스도인이라면 누구나 평화를 위해 기도할 책임을 갖는다. 단지 휴전을 위해 기도할 뿐 아니라 전쟁으로 파괴된 가정들이 이해를 초월하는 하나님의 평화를 찾을 수 있도록 기도해야 한다. 전쟁은 장차 백마를 타신 분, 그의 입에서 나오는 칼로 모든 민족을 치시고, 옷에 "만왕의 왕이요 만주의 주"라고 적혀 있는 분(계 19:11-16)이 나타나시도록 기도해야 한다는 사실을 지속적으로 상기시킨다.

¹ 네 하나님 여호와께서 네게 주어 차지하게 하신 땅에서 피살된 시체가 들에 엎드러진 것을 발견하고 그 쳐 죽인 자가 누구인지 알지 못하거든 ² 너희의 장로들과 재판장들은 나가서 그 피살된 곳의 사방에 있는 성읍의 원근을 잴 것이요 ³ 그 피살된 곳에서 제일 가까운 성읍의 장로들이 그 성읍에서 아직 부리지 아니하고 멍에를 메지 아니한 암송아지를 취하여 ⁴ 그 성읍의 장로들이 물이 항상 흐르고 갈지도 않고 씨를 뿌린 일도 없는 골짜기로 그 송아지를 끌고 가서 그 골짜기에서 그 송아지의 목을 꺾을 것이요 ⁵ 레위 자손 제사장들도 그리로 갈지니 그들은 네 하나님 여호와께서 택하사 자기를 섬기게 하시며 또 여호와의 이름으로 축복하게 하신 자라 모든 소송과 모든 투쟁이 그들의 말대로 판결될 것이니라 ⁶ 그 피살된 곳에서 제일 가까운 성읍의 모든 장로들은 그 골짜기에서 목을 꺾은 암송아지 위에 손을 씻으며 ⁷ 말하기를 우리의 손이 이 피를 흘리지 아니하였고 우리의 눈이 이것을 보지도 못하였나이다 ⁸ 여호와여 주께서 속량하신 주의 백성 이스라엘을 사하시고 무죄한 피를 주의 백성 이스라엘 중에 머물러 두지 마옵소서 하면 그 피 흘린 죄가 사함을 받으리니 ⁹ 너는 이와 같이 여호와

께서 보시기에 정직한 일을 행하여 무죄한 자의 피 흘린 죄를 너희 중에서 제할지니라

1 "If in the land that the Lord your God is giving you to possess someone is found slain, lying in the open country, and it is not known who killed him, 2 then your elders and your judges shall come out, and they shall measure the distance to the surrounding cities. 3 And the elders of the city that is nearest to the slain man shall take a heifer that has never been worked and that has not pulled in a yoke. 4 And the elders of that city shall bring the heifer down to a valley with running water, which is neither plowed nor sown, and shall break the heifer's neck there in the valley. 5 Then the priests, the sons of Levi, shall come forward, for the Lord your God has chosen them to minister to him and to bless in the name of the Lord, and by their word every dispute and every assault shall be settled. 6 And all the elders of that city nearest to the slain man shall wash their hands over the heifer whose neck was broken in the valley, 7 and they shall testify, 'Our hands did not shed this blood, nor did our eyes see it shed. 8 Accept atonement, O Lord, for your people Israel, whom you have redeemed, and do not set the guilt of innocent blood in the midst of your people Israel, so that their blood guilt be atoned for.' 9 So you shall purge the guilt of innocent blood from your midst, when you do what is right in the sight of the Lord."

살인에 대한 공동체의 속죄

살인에 관한 규례는 땅이 무죄한 사람의 피를 받지 않을 것이라는 전제에 기초한다. 그의 피가 땅에서 울부짖는다(창 4:10). 무죄한 사람의 피는 그 피를 흘리게 한 자의 피로만 속함을 받을 수 있다(민 35:33). 어떤 속전으로도 무죄한 자의 생명을 보상할 수 없다. 무죄한 사람의 피가 속함을 받지 못하면 그 땅은 더러워지고 그 땅의 주민들은 위험에 처한다. 과실치사의 경우, 우발적 살인을 저지른 사람은 보호받아야 할 무죄한 생명이다(신 19:1-7). 또 다른 문제는 미해결 살인 사건이다. 그런 경우에는 시체가 발견된 곳에서 가장 가까운 공동체(성읍)가 책임을 진다. 이 규례에 나온 의식의 의미는 설명되어 있지 않다. 모든 절차의 목적은 장로들의 기도에 분명히 표현되어 있다. "여호와여 주께서 속량하신 주의 백성 이스라엘을 사하시고 무죄한 피를 주의 백성 이스라엘 중에 머물러 두지 마옵소서"(21:8). 사법적, 군사적 규정의 주요 초점은 인간의 생명이 신성하다는 데 있다. 이 단락은 그렇지 않으면 간과될 수 있는 죽음을 인정하는 규정으로 적절하게 끝난다. 어떤 상황에서든 땅은 무죄한 희생자의 피를 받지 않는다는 점을 강조한다.

21장

≋≋≋≋ 주석 ≋≋≋≋

21:1-2 이 구절은 미해결 살인 사건의 전형적인 상황을 묘사한다. 성읍 안이나 근처에서 살인이 벌어지면 대체로 소리가 들리고 목격자가 있기 마련이지만, 성읍 내 미해결 살인이 이 속죄 의식에서 제외될 가능성은 별로 없다. 계획된 살인은 보통 성읍에서 떨어진 장소에서 이루어질 것이다. 가인이 아벨을 죽이기 위해 들판으로 데려간 것과 같다(창 4:8). 가인의 문제는 그가 하나님을 피해 숨을 수 없다는 것이었는데, 이는 모든 살인에 해당한다.

신명기는 이번에도 이스라엘이 약속의 땅에서 살게 될 때를 내다본다. 말하자면 이스라엘이 흩어져 그 땅 바깥에서 살게 될 때를 대비하는 것이 아니라는 뜻이다. 그렇다고 그 땅 바깥에서 일어난 미해결 살인 사건에 책임이 없다는 뜻은 아니다. 역사적으로 이스라엘은 빠른 시기부터 흩어지기 시작해 그 땅 바깥에 여러 공동체를 만들었다. 이 규례는 이방 국가의 영향을 포함해 장차 일어날 수 있는 모든 사태를 위한 절차를 명기하고 있지는 않다. 지켜야 할 원칙은 어떤 인명 손실도 무시할 수 없다는 것이다.

여기서 고려하고 있는 사례는 살인자의 정체가 알려지지 않은 경우다. 히브리어 노다(*noda'*)의 완료 시제는 시체가 발견되었을 때 살인자의 정체를 확인할 수 있는지 여부를 판단하기 위해 조사했음을 의미한다. 일단 그런 조사가 이루어지면 그 살인에 대한 속죄의 책임이 시체가 발견된 곳에서 가장 가까운 성읍으로 돌아간다. "장로들과 재판장들"이 그 성읍을 지정할 것이다. 이 관리들은 어느 한 성읍이 아니라 지역 전체에서 올 것이므로 공정한 절차를 기대할 수 있다.

21:3-4 고대 근동의 대다수 법률은 살인의 경우에 피해자 가족에게 금전적 보상을 하도록 요구했는데, 이는 가장 가까운 성읍의 책임이 될 것이다. 그런데 이스라엘에서는 인간의 생명을 돈이나 제사로 속량할 수 없었다. 속죄 또는 정화는 그 성읍 장로들의 의례적 행위를 통해 이루어졌다. 그들은 들판에서 일한 적 없는 암송아지를 물이 있으나 농사지은 적 없는 먼 지역으로 끌고 가서 그 목을 꺾어 죽여야 했다. 이런 규정이 의미하는 바는 설명하고 있지 않으나 몇 가지 사항은 분명하다. 제사장들이 그 죽임에 관여하지 않고, 피가 짐승의 죽음에서 아무 역할도 하지 않으므로 이것은 제사가 아니다. 더욱이 속죄일에 죄를 지고 가는 희생양과도 거리가 멀다. 여기에는 상호배타적일 필요가 없는 두 가지 가능성이 있다. 하나는 이 의례가 살인자의 처형, 즉 그 성읍의 장로들이 짊어지는 형벌을 상징한다는 것이다. 다른 하나는 이 의례가 살인 행위 자체를 상징한다는 것이다. 암송아지를 성읍에서 떨어진 곳, 즉 고의적인 살인이 일어날 만한 곳에서 죽여야 한다는 사실이 이를 뒷받침한다. 물이 가까이 있는 이유는 손 씻는 의식에서 찾을 수 있다. 장로들이 손을 씻음으로써 이미 일어난 죽음에 책임이 없다고 선언하는 것으로 보인다.

21:5-9 제사장들이 이 의례에 관여하는 것은, 소송과 분쟁 등 사법상의 문제를 다루는 그들의 역할 때문이다. 이 절차에서 주어진 역할이 명시되지는 않았으나 이들의 존재는 이후의 무죄 선언과 관계가 있는 것 같다. 이 선언은 맹세 형식을 취하지 않아도 맹세에 상당했을 것이다. 어쨌든 제사장들은 거룩함 고백과 율법 준수 유지를 책임지는 관리로서 장로들의

행위를 증언하기 위해 그 자리에 함께한다. 장로들이 동물 사체 위에서 손을 씻는 행위는 죄를 동물에게 전가하는 행위라고 볼 수는 없다. 죄의 전가는 동물이 살아 있을 때 일어나기 때문이다. 동물을 죽이는 일이 살인자의 행위를 나타낸다면, 동물의 사체 위에서 손을 씻는 행위는 그 살인과 관련해 장로들이 무죄함을 의미할 것이다. 그래서 시편 저자는 이렇게 말할 수 있었다. "내가 내 마음을 깨끗하게 하며 내 손을 씻어 무죄하다 한 것이 실로 헛되도다"(시 73:13).

손을 씻은 뒤에는 무죄함의 선언과 사죄를 위한 기도가 이어졌다. 모든 의례가 그렇듯 땅에서 피 흘린 죄를 사면하는 데는 믿음의 기도가 효과 있다. 사죄를 위한 고백과 기도가 살인죄를 씻어줄 것이다. 언약 준수는 개인과 공동체의 책임이므로 나라 전체의 안전을 보장한다. 이 의례가 범행의 당사자를 사면한다고 암시하는 바는 어디에도 없다. 따라서 상황이 바뀌어 살인자가 밝혀진다면 19장의 규례가 여전히 적용될 것이다.

<h2 style="text-align:center">〰〰〰 응답 〰〰〰</h2>

하나님께서 생명을 주셨다는 사실은 어떤 죽음이든 누군가가 책임을 져야 한다는 뜻이다. 이는 동물의 생명에도 해당한다. 그래서 사냥꾼은 자기 소유가 아닌 생명을 취했다는 것을 보이기 위해 사냥한 동물의 피를 땅에 부어야 했다(레 17:13-14). 피를 흙으로 덮는 것은 그 생명이 하나님, 곧 그 동물을 양식으로 주신 하나님께 속했음을 인정하는 행위다. 인간은 하나님의 형상으로 창조되어 그분을 나타내기 때문에 그 생명이 다른 질서에 속해 있다(창 9:5-6). 인간의 피는 흙으로 덮을 수 없으므로 하나님은 살인자에게 책임을 물으신다. 장차 목숨을 빼앗긴 모든 생명에 대해 책임을 물으실 때가 있을 것이다. 흙으로 덮어 감추려 했던 피살자의 피가 노출될 때다. 이것을 가리켜 이사야는 죽은 자가 부활할 때, 하나님께서 땅의 모든 악을 심판하실 때라고 말한다(사 26:19-21).

무죄한 망자의 피는 하나님께서 그동안 행해진 모든 불의를 다루실 주요한 본보기다. 그날에 하나님께서 고대에 죽음과 파괴를 상징했던 리워야단을 파멸시키실 것이다(사 27:1). 요한은 새 하늘과 새 땅이 도래할 날, 즉 더 이상 바다가 없고 죽음과 파괴를 초래하던 혼돈의 세력이 없을 때를 묘사한다(계 21:1-2). 그 일은 바다가 그동안 감추었던 모든 죽은 자를 내주어 크고 작은 죽은 자들이 보좌 앞에 서게 될 때 이루어질 것이다(계 20:11-15). 사망과 음부가 불못에 던져질 텐데 이것이 둘째 사망이다.

오늘날 사회에는 발생하는 모든 사망 사건에 책임이 있는 경찰력이 있다. 어느 사회든 미해결된 채 경찰의 기록 파일에만 남아 있는 죽음이 상당히 많다. 선진국이라고 해서 예외는 아니다. 안타깝게도 잘못된 유죄 판결 때문에 국가가 무죄한 자의 죽음을 초래하는 경우도 매우 많다. 때로는 실제로 피해자의 생명을 빼앗기도 하지만, 투옥으로 그 생명을 축내는 경우가 더 많다. 어느 면에서는 이스라엘의 제도가 우월했다. 최소 두 명의 증인이 필요했기 때문에 유죄 판결을 잘못 내릴 가능성이 희박했다. 해결되지 않은 모든 사건은 공적으로 공동체에 책임이 있음을 인정해야 했다. 이를 통해 사망 사건이 일어난 지역의 모든 사람들은 인간의 생명이 신성함을 상기했을 것이다. 그런 죽음은 애도하는 몇몇을 제외한 모든 사람들에게 잊힌 채 들여다볼 일 없는 법원 서류철 속의 파일처럼 기억 속으로 사라지는 일은 없을 것이다.

21장

¹⁰ 네가 나가서 적군과 싸울 때에 네 하나님 여호와께서 그들을 네 손에 넘기시므로 네가 그들을 사로잡은 후에 ¹¹ 네가 만일 그 포로 중의 아리따운 여자를 보고 그에게 연연하여 아내를 삼고자 하거든 ¹² 그를 네 집으로 데려갈 것이요 그는 그 머리를 밀고 손톱을 베고 ¹³ 또 포로의 의복을 벗고 네 집에 살며 그 부모를 위하여 한 달 동안 애곡한 후에 네가 그에게로 들어가서 그의 남편이 되고 그는 네 아내가 될 것이요 ¹⁴ 그 후에 네가 그를 기뻐하지 아니하거든 그의 마음대로 가게 하고 결코 돈을 받고 팔지 말지라 네가 그를 욕보였은즉 종으로 여기지 말지니라

¹⁰ "When you go out to war against your enemies, and the Lord your God gives them into your hand and you take them captive, ¹¹ and you see among the captives a beautiful woman, and you desire to take her to be your wife, ¹² and you bring her home to your house, she shall shave her head and pare her nails. ¹³ And she shall take off the clothes in which she was captured and shall remain in your house and lament her father and her mother a full month. After that you may go in to her

and be her husband, and she shall be your wife. 14 But if you no longer delight in her, you shall let her go where she wants. But you shall not sell her for money, nor shall you treat her as a slave, since you have humiliated her.

15 어떤 사람이 두 아내를 두었는데 하나는 사랑을 받고 하나는 미움을 받다가 그 사랑을 받는 자와 미움을 받는 자가 둘 다 아들을 낳았다 하자 그 미움을 받는 자의 아들이 장자이면 16 자기의 소유를 그의 아들들에게 기업으로 나누는 날에 그 사랑을 받는 자의 아들을 장자로 삼아 참 장자 곧 미움을 받는 자의 아들보다 앞세우지 말고 17 반드시 그 미움을 받는 자의 아들을 장자로 인정하여 자기의 소유에서 그에게는 두 몫을 줄 것이니 그는 자기의 기력의 시작이라 장자의 권리가 그에게 있음이니라

15 "If a man has two wives, the one loved and the other unloved, and both the loved and the unloved have borne him children, and if the firstborn son belongs to the unloved,¹ 16 then on the day when he assigns his possessions as an inheritance to his sons, he may not treat the son of the loved as the firstborn in preference to the son of the unloved, who is the firstborn, 17 but he shall acknowledge the firstborn, the son of the unloved, by giving him a double portion of all that he has, for he is the firstfruits of his strength. The right of the firstborn is his.

18 사람에게 완악하고 패역한 아들이 있어 그의 아버지의 말이나 그 어머니의 말을 순종하지 아니하고 부모가 징계하여도 순종하지 아니하거든 19 그의 부모가 그를 끌고 성문에 이르러 그 성읍 장로들에게 나아가서 20 그 성읍 장로들에게 말하기를 우리의 이 자식은 완악하

고 패역하여 우리 말을 듣지 아니하고 방탕하며 술에 잠긴 자라 하면 ²¹ 그 성읍의 모든 사람들이 그를 돌로 쳐죽일지니 이같이 네가 너희 중에서 악을 제하라 그리하면 온 이스라엘이 듣고 두려워하리라

¹⁸ "If a man has a stubborn and rebellious son who will not obey the voice of his father or the voice of his mother, and, though they discipline him, will not listen to them, ¹⁹ then his father and his mother shall take hold of him and bring him out to the elders of his city at the gate of the place where he lives, ²⁰ and they shall say to the elders of his city, 'This our son is stubborn and rebellious; he will not obey our voice; he is a glutton and a drunkard.' ²¹ Then all the men of the city shall stone him to death with stones. So you shall purge the evil from your midst, and all Israel shall hear, and fear.

²² 사람이 만일 죽을죄를 범하므로 네가 그를 죽여 나무 위에 달거든 ²³ 그 시체를 나무 위에 밤새도록 두지 말고 그날에 장사하여 네 하나님 여호와께서 네게 기업으로 주시는 땅을 더럽히지 말라 나무에 달린 자는 하나님께 저주를 받았음이니라

²² "And if a man has committed a crime punishable by death and he is put to death, and you hang him on a tree, ²³ his body shall not remain all night on the tree, but you shall bury him the same day, for a hanged man is cursed by God. You shall not defile your land that the Lord your God is giving you for an inheritance."

1 Or *hated*; also verses 16, 17

가족 문제

이제까지 모세가 제시한 시민 생활에 관한 언약 규례들은 공직자와 공동체에 대한 그들의 책임 문제들을 다루었다. 이 장에서는 가정 문제를 시작으로 개개인에게 주의를 돌려 가족 내 사적인 문제와 이웃과의 관계를 다룬다.

이 토라에서 모세는 권력의 문제를 직접 다루고 있다. 모든 권력은 하나님께 속해 있으나 그분의 통치는 왕, 재판관, 제사장, 장로, 지파의 수령을 통해 중재된다. 이들은 도덕 질서를 유지할 목적으로 임명된다. 지도자들은 제5계명에 선언되어 있듯 자녀가 부모를 공경하는 것에서 시작해 존경을 받아야 한다. 모든 개인의 삶에서 가장 즉각적인 권력 경험은 가정 내에서 이루어진다. 가장은 가족을 자기 삶의 연장선으로 보아야 한다. 가족들의 안녕은 그 집안의 질서정연한 기능과 주변 집안과의 좋은 관계에 달려 있다.

집안 문제를 다루는 단락(21:10-25:19)의 여러 규례는 여성을 지지하고 보호하는 데 특별한 주의를 기울인다. 전쟁을 통해 얻은 아내(21:10-14), 덜 사랑받는 아내의 기업(21:15-17), 미움 받는 아내의 보호(22:13-21), 이혼당한 아내와 그 소유물을 전 남편의 권리 주장으로부터 보호하기(24:1-4), 남편이 전쟁에 소환될 때 신부의 보호(24:5), 자녀가 상속 받기 전에 과부가 된 여인을 위한 대책(25:5-10) 등을 포함한다. 이 대목은 대체로 부양가족에 대한 모세의 관심을 반영하지만, 이런 사례들은 구체적으로 집안의 가장 역할을 하는 아버지의 책임과 관련이 있다. 아버지들은 가정에서 권위 있는 역할을 수행하는데, 권위만 행사하고 그에 따르는 책임은 소홀히 한 채 이기적으로 행동할 위험이 항상 존재한다.

이 장이 다루는 가족 문제는 전쟁 포로와 결혼하길 원하는 남자를 위한 규례로 시작된다. 이는 전쟁에 관한 규례를 다루는 단락이 끝나고 바로 이어서 자연스럽게 다룰 만한 주제다. 이 단락은 여자가 아내로서 미움 받을 가능성이 있다는 내용으로 끝난다. 그리고 미움 받는 아내의 장자가 가진 권리를 다루는 다음 단락으로 단절 없이 이어진다. 셋째 단락은 통제할 수 없는 반항적인 아들의 문제를 다룬다. 이 사안은 아버지가 자녀에 대해 갖는 권한의 한계라는 주제로 이어진다. 반항하는 아들의 처형 다음에는 처형된 자의 시신 처리를 그날을 넘겨서 하지 말라는 규례가 나온다.

〰〰〰 단락 개요 〰〰〰

〰〰〰 주석 〰〰〰

21:10-14 전쟁에서 포로로 잡은 여자 이야기가 가족 문제에 포함된 것은, 이것이 전시 상황이 아니라 결혼에 관한 가르침이기 때문이다. 앞장(20:14)에서 전제로 삼은 것처럼 보통은 전쟁에서 포로로 잡힌 사람은 그를 잡은 자의 종이 되지만, 한 남자가 결혼할 만한 여자로 여겨 아내로 삼

고 싶은 상황이 생길 수 있다. 그럴 경우 포로로 잡힌 여자는 이 구절에서 설명하듯 전혀 다른 지위를 얻게 된다. 그녀는 자신의 상실을 애도할 시간과 새로운 상황에 적응할 시간을 가져야 한다. 나중에 설령 결혼 관계가 깨지더라도(문화 차이로 부부관계에 스트레스가 생겨 그럴 수 있다) 그 여자를 종 취급하거나 재산으로 팔아넘길 수 없다. 그녀는 다른 시민들과 동일한 문화적 지위를 가진 자유인이 된다. 출애굽기 12:43-51에 나오는 구속 규정에 따르면, 여자는 원하기만 하면 언약에 들어갈 자격이 있지만 예상치 못한 개종 절차는 분명 없다.

그 여자의 지위가 바뀌고 새로운 생활이 시작되었음을 가리키는 특정한 의례 규정이 있다. 하지만 이 구절에서는 그녀가 더 이상 포로가 아님을 가리키는 의복 변경 외에는 그 의미에 대한 암시는 전혀 없다. 머리칼을 밀고 손톱을 깎고 의복을 바꿔 입는 것은, 그녀의 가족과 기업 상실을 포함한 근본적인 전환을 촉진시키는 방식일 것이다. 그녀는 자신이 잃은 것을 슬퍼하고 새로운 삶을 준비할 수 있는 시간으로 한 달을 받는다. 감정적 트라우마가 있는 시기에 성관계를 갖는 것은 적절하지 않다. 30일은 보통 갖는 애도의 시간이었다(민 20:29; 신 34:8). 이런 규례는 결혼이 단지 여자의 미모가 아니라 그녀에 대한 사랑 때문에 이루어져야 한다는 점을 분명히 한다. 그 여자를 아내로 삼는다는 것은 종으로 부리기보다 그녀를 지원한다는 뜻이고, 이런 관계는 결혼이 지속되지 않아도 유지되어야 한다. 따라서 그 여자를 더 이상 종으로 팔 수 없다.

21:15-17 가족 내 평등은 매우 주관적인 문제이고 감정과 개인의 느낌이 늘 의사결정에 영향을 미치기 때문에 평가하기가 더욱 어렵다. 아내가 두 명 이상 있는 남자의 경우, 히브리어 아하브('사랑을 받다')과 사네(*sane*, '미움을 받다')[56]가 가리키듯 한 아내가 다른 아내보다 더 사랑을 받는 일이 생길

---

56 실제로 한 사람이 다른 사람보다 더 선택된다. 바울은 하나님께서 에서보다 야곱을 선택하신 것에 대해 '사랑했다'와 '미워했다'는 말을 사용하면서 말라기 1:2-3을 인용한다(롬 9:13).

수 있다. 장자 상속권은 한 자녀가 유족을 위해 토지를 관리하는 등 특별한 책임을 수행하게 하는 관습이었다. 이는 특히 미성년자, 과부 또는 미혼의 딸을 위해, 그리고 부모의 장례와 가족 내 리더십을 위해 필요했다. 이 책임은 대개 아버지의 장남에게 돌아갔지만 반드시 그랬던 것은 아니다. 야곱이 에브라임을 선택할 때 그랬던 것처럼(창 48:12-14) 아버지가 한 자녀를 지정했다. 그 혜택은 대체로 두 사람의 몫이었다. 이 규례에 따르면, 두 아들만 있는 경우에는 장자가 3분의 2를 갖는다.

모세의 이 규정은 특히 총애 받는 아내가 있을 경우 아버지의 동기를 다루고 있다. 총애 받는 아내의 장남이 다른 아내의 자녀보다 어리거나 보다 더 최근에 태어난 경우, 재산을 물려줄 때 총애가 혜택의 근거가 될 수 없다. 아버지의 장남은 아버지의 "정력의 첫 열매"(17절, 새번역)로 아버지를 대표하는 위상을 갖는다. 이런 맥락에서 장남은 가계를 이어갈 만한 정력과 능력을 가지고 있다고 본다.

21:18-21 모세는 가장의 결정이 지닌 책임과 한계를 다루다가 반항하는 아들을 다루는 문제로 옮겨간다. 이 경우에는 부모 두 사람 모두가 관련된다. 이는 아버지의 역할을 제한하는 또 다른 규정으로 아버지의 결정이 독단적이어서는 안 된다는 뜻이다. 반항하는 아들을 둔 부모는 그를 성읍의 장로들에게 데리고 가야 한다(19절). 이는 자녀가 이미 성인이고 독립적으로 행동할 수 있음을 시사한다. 그 아들은 "방탕하며 술에 잠긴 자"(20절)로 묘사된다. 이 어구는 잠언 23:20-21에서 술 취하고 음식을 탐하는 방탕아와 어울리지 말라는 경고에 사용되고 있다. 그런 사람들은 혼미한 상태로 살다가 곧 모든 것을 잃고 넝마를 입는 신세가 된다. 구제불능이고 불량하며 제멋대로 하는 사람들이다. 그런 자녀를 둔 부모가 겪는 갈등은 부모의 영향력에 한계가 있음을 일깨워준다. 부모가 자녀의 행실이나 성품을 결정할 수 없다. 아무리 최선을 다해 훈계하고 가르쳐도 자녀들은 자기 마음대로 행동하며 부모의 모든 지적에 대놓고 반항한다. 일단 자녀가 중독에 빠지면 개선한다든지 가르친다든지 바로잡는 기회를 놓칠 수 있다.

가족에 대한 책임이 항상 궁극적으로 부모에게만 있는 것은 아니다. 자녀의 행실이 파괴적이고 통제할 수 없어 자신과 타인을 위험에 빠트리는 시점이 온다. 그때에는 공동체의 지도자들이 개입해야 한다. 부모에게 순종함은 언약 아래 있는 개인의 종속관계에서 가장 먼저 지켜야 할 일이다. 이 요건을 위반하고 부모를 폭행하는 정도에 이르면 이는 사형으로 다스려야 하는 범죄다(출 21:15). 자녀의 행실이 아직 그 정도까지는 아니라면 성읍의 장로들이 그런 상황의 위험성을 평가해야 한다. 성읍의 가장 공적인 장소에서 청문회를 개최하여 어떤 목소리나 의견도 배제해서는 안 된다. 최악의 경우, 장로들은 그 자녀를 공동체에서 추방할 권한을 갖는다. 완악하고 패역한 아들을 사형에 처하는 것은 공동체에서 늘어가는 폭력과 부패를 제거하는 유일한 방법일 수 있다.

인간의 생명을 빼앗거나 특정한 행동으로 누군가의 목숨을 잃게 했을 때에만 사형이 언도된다. 지역 차원을 넘어서는 사건에서 재판장과 제사장의 판결에 불순종하는 경우도 사형감이다(신 17:12). 반항하는 아들의 경우, 성읍이 사형과 관련된 결정을 내리고, 따라서 사형 집행에 책임을 진다. 그런 사례를 보고할 의무가 있는 부모는 집행에 참여하지 않는다. 이와 같은 조치는 같은 길을 갈 위험이 있는 다른 사람들을 억제하는 역할을 한다.

21:22-23 고대에 처형한 범죄자의 시신 노출은 범죄를 억제하는 수단으로 이용되었다. 산헤립의 유명한 왕궁 벽화를 보면, 그가 남유다 라기스의 막강한 요새를 포위한 채 군인 세 명의 시신을 기둥에 매달아 사람들에게 노출시키고 있다. 그 목적은 주민들의 저항을 억누르고 두려움을 불러일으키는 한편, 모든 사람이 각각 자기 포도와 무화과를 먹을 수 있게 하겠다는 앗수르의 약속을 받아들이게 하려는 데 있었다(왕하 18:31). 시신을 노출시켜 새들이 먹게 하는 이집트의 관습(창 40:19)과 달리 이스라엘에서는 처형된 사람의 시신을 해지기 전에 땅에 묻어야 했다. 가나안 정복 시기에 패배한 가나안 왕들의 시신을 고대 풍습에 따라 기둥에 매달기는 했으나(수 8:29; 10:26-27) 이 규례에 따라 어두워지기 전에 땅에 묻었다.

노출된 시신은 하나님의 저주를 받은 것으로 선언되었으나, 이 표현은 애매모호해 그 뜻이 불확실하다. 고대의 번역본들(헬라어, 라틴어, 아람어)은 매달린 자는 하나님의 저주를 받았다, 또는 하나님을 저주하는 자는 매달아야 한다고 번역하는 등 서로 다르다. 시신이 나무에 매달렸기 때문에 저주를 받은 것인가, 아니면 처형된 범죄자의 시신이 저주를 받아 나무에 매달려 수치를 당하는 것인가? 이 가르침은 시신의 오염에 강조점을 둔다. 시신은 죽은 날에 묻혀야 한다는 것이다. 시신을 묻지 않고 내버려두면 땅이 오염된다. 저주받았다고 해서 그 시신을 죽은 날에 즉시 묻어야 한다는 요건은 바뀌지 않는다.

≋≋≋≋ 응답 ≋≋≋≋

가족이란 현실적으로 말하면 결코 단순하지 않다. 가족의 목표는 단순하다. 한 남자와 한 여자가 평생 언약을 맺고, 그 안에서 자녀들에게 가르침과 안전을 제공하는 관계를 맺는 것이다. 예수님도 마땅히 그래야 한다고 말씀하신다(마 19:4-6). 목표가 같다고 해서 다른 유형의 관계를 결혼관계와 동등한 것으로 추구해도 무방하다는 식으로 수정해서는 안 된다. 그러나 솔직히 말해 우리 인간은 다양한 이유로 종종 이 목표를 달성할 능력이 없음을 시인해야 한다. 때로는 배우자가 먼저 죽기도 한다. 이런 경우 부모가 독신으로 남지 않는 것이 가장 바람직할 수 있지만, 재혼은 종종 혼합 가족을 낳는다. 이는 복잡한 문제를 야기하는데, 자녀들과의 관계도 어렵지만 유산 문제도 만만치 않다. 이 장에서 모세는 그 당시에 불가피했던 상황, 즉 혼합 가족 또는 자녀들이 어머니를 여럿 두게 되는 상황이 되는 흔한 이유를 다룬다. 전쟁도 그중 한 가지 이유였으나, 당시에 분명 여성 인구가 더 많았기 때문에 한 남자가 여러 아내를 두는 경우도 드물지 않았다. 이런 일은 전쟁이 원인인 경우가 많았다.

이 장의 가르침이 목표하는 바는, 모든 관계를 되도록 조화롭고 공정하게 유지하는 길을 찾는 것이다. 그런 상황에서 모세는 당사자들이 어떤 희생을 치르더라도 창세기의 이상적인 목표를 추구해야 한다고 말하지 않는다. 그런 환경에서 창세기의 이상은 실제로 선택사항이 아니다. 개개인이 보살핌과 부양을 받아야 하기 때문이다. 현대 사회에서는 법원과 공적인 법 집행이 문제를 해결하는 하나의 공식이 될 수 있다. 이런 절차는 때때로 그 자체가 불공정할 수 있으나 갈등이 심화되면 상황은 언제나 나빠지기 마련이다. 가정생활에서 갈등을 피할 수는 없지만 갈등에 휘둘려 모든 일을 그르치지 않도록 노력해야 한다.

북미에서 자녀는 18세에 법적으로 독립된 지위를 얻어 스스로 결정할 수 있는 자유를 국가로부터 보장받는다. 성경의 언약에 따르면, 자녀는 부모가 죽을 때까지 부모를 공경해야 한다. 부모가 살아 있는 한 그 뜻을 존중해야 한다. 이 대목은 자녀들이 부모의 좋은 가르침과 상관없이 자신의 인생길을 선택할 수 있음을 상기시켜준다. 때로 그 선택은 아무에게도 순종하지 않는 모습으로 나타날 수 있다. 여기서 부모는 가족 간에 문제가 발생했을 때 공동체의 개입이 필요할 뿐 아니라 불가피할 수 있다는 점을 배우게 된다. 교회는 그런 환경을 제공하며, 그 중요성을 과소평가해서는 안 된다. 그러나 자녀가 자립할 나이가 되기 전에 국가가 개입하는 상황이 벌어지기도 하는데, 특히 법을 위반했을 때가 그러하다. 이는 매우 고통스러운 상황이지만 예로부터 가정생활에서 일어날 수 있는 일이며, 때로는 죽음으로 끝나는 결과를 낳기도 한다. 가장 중요한 방식에서 실제로 변한 것은 없다.

21장

몸을 돌보는 일은 누구에게든 신성한 문제다. 초기의 성경 시대에 시신 노출은 경고 역할을 했다. 훗날 로마 시대에 이르러 십자가에 매다는 것을 처형 수단으로 삼으면서 그러한 관습은 살아 있는 몸을 포함하는 데까지 확장되었다. 이는 구약에서는 행해진 적이 없는 혐오스러운 관습이었다. 그리스도의 시신은 제대로 장사지내기 위해 많은 주의를 기울이기는 했지만, 그럼에도 십자가는 하나님의 아들을 처형하는 수단이었다. 시신 노출이 일종의 저주였듯(21:23) 십자가 역시 저주였다. 바울은 복음을 해설할 때 이 구절을 사용하여 "율법의 저주"(갈 3:13)를 거론한다. 십자가 처형과 관련해 바울이 사용하는 단어는 모세의 가르침에 부합하지만, 맥락상 그 의미는 신명기 27:26에 요약된 언약의 저주와 연관된다. 바울은 예수님이 언약 위반으로 생긴 저주(이를 "율법의 저주"라 부른다)를 짊어지셨다고 말한다. 예수님은 저주를 받아 나무에 매달리신 것이 아니다. 예수님은 저주의 결과를 몸소 감당하기로 선택하셨는데, 그것이 로마 시대에는 나무에 매달려 처형되는 것이었다. 모든 인간의 자녀들은 바울이 말하는 "율법의 저주" 아래에 있다. 하나님의 백성이 구속받은 것은 그리스도가 나무에 매달려 그 저주를 짊어지기로 선택하셨기 때문이다.

Deuteronomy
신명기
22:1-12

22장

¹ 네 형제의 소나 양이 길 잃은 것을 보거든 못 본 체하지 말고 너는 반드시 그것들을 끌어다가 네 형제에게 돌릴 것이요 ² 네 형제가 네 게서 멀거나 또는 네가 그를 알지 못하거든 그 짐승을 네 집으로 끌고 가서 네 형제가 찾기까지 네게 두었다가 그에게 돌려줄지니 ³ 나귀라 도 그리하고 의복이라도 그리하고 형제가 잃어버린 어떤 것이든지 네 가 얻거든 다 그리하고 못 본 체하지 말 것이며 ⁴ 네 형제의 나귀나 소 가 길에 넘어진 것을 보거든 못 본 체하지 말고 너는 반드시 형제를 도와 그것들을 일으킬지니라

¹ "You shall not see your brother's ox or his sheep going astray and ignore them. You shall take them back to your brother. ² And if he does not live near you and you do not know who he is, you shall bring it home to your house, and it shall stay with you until your brother seeks it. Then you shall restore it to him. ³ And you shall do the same with his donkey or with his garment, or with any lost thing of your brother's, which he loses and you find; you may not ignore it. ⁴ You shall not see your brother's donkey or his ox fallen down by the way and ignore

them. You shall help him to lift them up again.

5 여자는 남자의 의복을 입지 말 것이요 남자는 여자의 의복을 입지 말 것이라 이같이 하는 자는 네 하나님 여호와께 가증한 자이니라 6 길을 가다가 나무에나 땅에 있는 새의 보금자리에 새 새끼나 알이 있고 어미 새가 그의 새끼나 알을 품은 것을 보거든 그 어미 새와 새끼를 아울러 취하지 말고 7 어미는 반드시 놓아줄 것이요 새끼는 취하여도 되나니 그리하면 네가 복을 누리고 장수하리라 8 네가 새 집을 지을 때에 지붕에 난간을 만들어 사람이 떨어지지 않게 하라 그 피가 네 집에 돌아갈까 하노라 9 네 포도원에 두 종자를 섞어 뿌리지 말라 그리하면 네가 뿌린 씨의 열매와 포도원의 소산을 다 1)빼앗길까 하노라 10 너는 소와 나귀를 겨리하여 갈지 말며 11 양 털과 베 실로 섞어 짠 것을 입지 말지니라 12 너희는 너희가 입는 겉옷의 네 귀에 술을 만들지니라

5 "A woman shall not wear a man's garment, nor shall a man put on a woman's cloak, for whoever does these things is an abomination to the Lord your God. 6 "If you come across a bird's nest in any tree or on the ground, with young ones or eggs and the mother sitting on the young or on the eggs, you shall not take the mother with the young. 7 You shall let the mother go, but the young you may take for yourself, that it may go well with you, and that you may live long. 8 "When you build a new house, you shall make a parapet for your roof, that you may not bring the guilt of blood upon your house, if anyone should fall from it. 9 "You shall not sow your vineyard with two kinds of seed, lest the whole yield be forfeited,*1* the crop that you have sown and the yield of the vineyard. 10 You shall not plow with an ox and a donkey together. 11 You shall not wear cloth of wool and linen mixed together. 12 "You shall make

- ≋≋≋≋ 단락 개관 ≋≋≋≋

살림살이에서 거룩함

이 단락에 나오는 생활에 대한 가르침은 무작위하게 보일지 몰라도 주제뿐 아니라 다양한 어구의 연계성으로 연결되어 있다. 가장 중요하게는 언약이 일상에서 하나님을 나타내기 위해 거룩한 것, 다시 말해 구별된 삶의 본질임을 강조한다.

흔히 거룩함을 가리키는 히브리어 어원은 카다쉬다. 이것은 신명기적인 어휘는 아니지만 안식일에 사용되었다(5:12). 이 형용사는 이스라엘을 거룩한 민족으로 묘사할 때 사용된다(7:6; 14:2, 21; 26:19). 신명기 22:9에서 포도원에 씨 뿌리는 일과 관련해 사용된 것은 매우 드문 경우다. 이 구절에서는 티크다쉬(*tiqdash*)가 '몰수되다'(be forfeited, 개역개정은 '빼앗기다')로 번역되어 있다. 포도원이 하나님께 구별된다는 것은 그곳에서 난 열매를 먹을 수 없게 된다는 뜻이다. 이러한 예에서 보듯, 거룩함을 실천하는 일은 신명기에서 보다 더 내재적으로 드러난다.

절대적 의미에서 거룩함은 오직 하나님의 것이다. 하나님만이 속된 것에서 자유로우시기 때문이다. 속된 세상에 있는 사람과 사물은 피조 세계에서 하나님을 나타낼 때 그분에게서 파생된 거룩함을 지니게 된다. 이스라엘은 거룩해야 하는데(레 19:2), 이는 그들이 위대한 하나님의 통치를 대

22장

표한다는 점에서 다른 민족과 분리된다는 뜻이다. 일상 활동은 이 거룩함을 나타내는 중요한 수단이다. 양털과 무명실을 섞는 것, 같은 들판에 다른 작물의 씨를 뿌리는 것, 술 달린 옷을 입는 것은 모두 이스라엘 문화에서 올바른 질서를 표현하고 상징하는 수단이다. 이런 일은 하나님의 통치와 뜻을 표현한다는 점에서, 길 잃은 가축을 이웃에게 데려다준다거나 위험으로부터 보호하는 것, 또는 새끼를 부화한 어미새를 존중하는 것 못지않게 중요하다. 이런 관습은 하나님의 형상으로 지음 받은 이들을 구별하는 일상의 모습으로 서로 연결되어 있다. 이런 모습은 하나님의 임재하심을 나타낸다.

이 단락의 아홉 가지 율법은 대체로 자산과 관계가 있으나 몇 가지 다른 측면에서 볼 수 있다. 첫 번째는 길 잃은 가축을 돌려주는 일에 대해 다루는데(1-3절), 이는 길 잃은 짐승을 돌보는 문제일 뿐 아니라 도둑질과 연관지을 수 있는 사안이다. 이것은 무거운 짐으로 인해 길에 쓰러진 가축을 돕는 일과 관계가 있다(4절). 옷도 잃어버린 품목에 포함되는데(3절), 이는 적절한 복장(5절) 문제로 연계된다. 길을 가다가[데레크(derek), 4, 6절] 길 잃은 짐승 또는 괴로워하는 짐승을 만날 수 있을 뿐 아니라 알이나 새끼를 품은 새 같은 들짐승(6-7절)과도 마주칠 수 있다. 새라는 주제는 종종 새들이 둥지를 튼 지붕(8절)에 관한 규례와 연관될 수 있다. 옷이라는 주제는 거룩함에 대한 규례, 즉 포도원에 다른 작물의 씨를 함께 뿌린다든지(9절), 양털과 무명실을 섞어 옷을 짠다든지(11절), 술 달린 옷을 입는다든지(12절) 하는 규례로 계속 이어진다. 섞여 있는 품목과 관련된 거룩함은 포도원뿐 아니라 포도원에서 경작하는 방식의 문제이기도 하다(10절). 이 다양한 문제들에는 논리가 없지 않다. 이 문제들은 암기를 돕는 다양한 연상 지점을 가지고 있으며, 거의 모든 사람들이 이런 식으로 토라를 배웠을 것이다.

22장

주석

22:1-3 가축을 잃어버리는 것은 흔한 문제다. 길 잃은 양이나 소에 관한 언급이 성경에 수없이 나온다. 울타리가 있다고 해서 짐승이 반드시 그 안에만 있는 것은 아니다. 길 잃은 가축을 모르는 척 내버려두면 안 되는 이유는 주인 및 혼자 힘으로는 살 수 없는 짐승의 안녕을 위해서다. 길 잃은 가축을 발견하면 주인이 찾아와 달라고 요구할 때까지 데리고 있어야 한다. 그 짐승이 멀리 떨어진 곳에서 길을 잃었다면 주인에게 돌려주기까지 상당한 시간이 걸릴 것이므로 발견한 사람이 자신의 가축들과 함께 돌봐

야 한다. 출애굽기 23:4은 더 나아가 그 짐승이 원수의 소유라 하더라도 반드시 돌려줘야 한다고 규정한다.

잃어버린 물건을 되찾는 것은 어려운 문제일 수 있다. 이를테면 출애굽기 22:8에 나오는 관련 율법에서 보듯, 발견한 자와 잃어버린 자가 모두 자기 것임을 주장하고 진짜 주인이 누구인지 입증할 증거가 없는 경우다. 이 구절에서 길 잃은 가축을 모르는 척하지 말라는 금지 규정은 분실물 또한 모르는 척하지 말라고 명한다. 짐승이든 물건이든 주인이 나타날 때까지 안전하게 보관하고 있어야 한다.

22:4 쓰러진 가축을 도와주라는 요구는 출애굽기 23:5에도 나오는데, 이 구절에서는 가축이 무거운 짐에 눌려 쓰러졌음을 분명히 밝힌다. 그 가축은 원수의 것이지만 본문에 나오는 가축은 이웃의 것이다. 이런 행동은 형제의 유익을 위한 것이지만 짐승에게 제공한 구조의 손길을 그런 책임과 따로 떼어 생각할 수 없다.

22:5 이 구절에서는 성별을 바꾸어 옷 입는 것만 금지하지는 않는다. 히브리어 켈리(*keli*, "의복")는 남자의 옷뿐 아니라 도구, 무기 또는 남성과 관련된 모든 물품을 가리킨다. 금지의 취지는 성별 구분에 있다. 성경에서 가정의 기능과 관련해 남녀의 특정한 역할을 직접 규정하지는 않지만, 성 성체성에 대해서는 분명한 입장을 취한다. 이것은 창조 이야기에 담긴 근본적인 교리이고, 출산은 남자와 여자를 통해서만 가능하며, 이로써 가정이 생기고 창조세계를 다스릴 수 있게 된다. 이 구절에서 말하는 혐오스러운 모습이란, 피조세계의 질서에 필요한 차별성을 고의로 모호하게 만드는 것이다. 혼동은 갈등과 샬롬의 부재를 유발한다. 매리 더글라스(Mary Douglas)의 인류학 연구는 모든 문화가 하나같이 보편 질서와 관념 조직이란 더 큰 시스템에 기반한 금기 사항을 지니고 있음을 보여준다.[57] 모세 율법에서는 이런 점을 식생활 규례뿐 아니라 오염을 파악하고 순결함을 유지하기 위한 다양한 규정에서도 볼 수 있다. 거룩함은 피조물의 구별된 범주를 유지

하는 것을 의미하며, 여기에는 올바른 정의(定義)와 분별력이 포함된다. 용납 가능한 모든 성관계 법도는 올바른 질서의 일부다. 거룩함은 반드시 분리해야 하는 것을 분리시키는 문제이며, 온갖 혼동과 속임수, 이중 거래 또는 모순을 금지한다.

22:6-7 동물의 생명에 대한 존중은 일관된 주제이고, 동물의 피는 생명을 상징하므로 그 피를 마시는 것을 금지하는 규정에 가장 자주 나온다. 인간이 존중해야 할 현실이 있다. 생명을 유지하기 위해 음식을 먹을 때 자신에게 속하지 않은 생명도 취하고 있다는 사실이다. 시편 104:29에서 웅변하듯, 인간과 동물은 세속 세계의 일부를 이루며 의존 상태를 공유한다. "주께서 그들의 호흡을 거두신즉 그들은 죽어 먼지로 돌아가나이다." 이런 이유로 사람이 새끼를 품고 있는 새를 마주칠 때는 그 새의 생명을 존중해야 한다.

출산은 생명 연장에 필수 요소이고, 이는 생명 존중과 관련해 수차례 언급된 사실이다. 이와 비슷한 금지 사항이 레위기 22:27에 나온다. "수소나 양이나 염소가 나거든 이레 동안 그것의 어미와 같이 있게 하라 여덟째 날 이후로는 여호와께 화제로 예물을 드리면 기쁘게 받으심이 되리라." 이와 같은 생각이 염소 새끼를 그 어미의 젖으로 삶지 말라는 금지 규정(출 23:19; 신 14:21)에 표현되어 있다. 어떤 동물 종(種)은 번식을 위해 자기 목숨을 포기하기도 한다. 인간이든 동물이든 세상에 생명이 태어나는 데 치르는 대가가 상당히 크다는 사실을 인식해야 한다.

22:8 고대 가옥의 지붕은 집 안의 다른 모든 장소와 마찬가지로 하나의 생활공간이었다. 그곳은 창고 또는 교제나 휴식을 위한 공간으로 사용되었다. 더운 날 저녁에는 시원한 곳이고, 쌀쌀한 날에는 햇볕이 드는 따스한

---

57 메리 더글라스(Mary Douglas)의 연구는 *Purity and Danger*[《순수와 위험》, 유제분 외 공역, (서울: 현대미학사, 1997)]으로 널리 소개되었다.

곳이 될 수 있었다. 지붕에서 떨어지면 다칠 뿐 아니라 죽을 수도 있으므로 반드시 보호 난간이 필요했다. 땅에 구덩이를 팔 때와 마찬가지로 위험에 대비하는 것이다(출 21:33-34). 아무런 보호 장치가 없는 지붕에서 떨어져 죽는 것은 과실치사에 해당했다.

22:9-11 동물과 종자와 옷감의 혼합에 관한 규례는 서로 연관되어 있으며, 이는 레위기 19:19에 나오는 동일한 연관성에서 볼 수 있다. 히브리어 코데쉬(qodesh)는 성전을 후원하기 위해 봉헌된 물품에 사용된다(레 27:1-15). 그런 물품은 일정 기간 동안 지정되었다가 이후에는 일반적인 용도로 되돌아간다. 포도원에서 포도나무 사이에 심은 작물은 성전에 봉헌된 것으로 간주된다. 신명기 22:9의 금지 규정에서, 주인이 포도원에 다른 작물을 심으면 그 곡식과 포도원의 수확물을 모두 성전에 바치게(티크다쉬, '몰수되다') 된다고 진술하는 이유가 여기에 있다. 농부의 입장에서는 수익을 '몰수당하는' 셈이다. 이것이 정확한 해석이란 것은, 양털과 무명실을 섞어 짠 옷을 입는 것과 연관된다는 사실로 알 수 있다(11절). 오로지 제사장들만 혼방 직물로 지은 옷을 입었다. 대제사장의 에봇과 두건은 청색, 자주색, 홍색 무명실을 정교하게 짜서 만들었다(출 28:6; 39:29). 대제사장의 두건은 페틸(petil)이라는 청색 양털 끈으로 묶었다(출 28:37). 찬란하게 염색된 양털은 전통적으로 샤아트네즈(sha'atnez, '옷', 신 22:11)라고 불리는 제사장의 의복을 특히 돋보이게 했다. 아론과 그의 아들들은 머리에 양털과 무명실로 짠 두건을 감고 띠를 두른 채 직분을 받았다(출 29:9). 일반 제사장이 입는 의복은 띠만 양털과 무명실로 짠 것이었는데, 이는 대제사장의 의복과 회막 내부의 휘장에 쓰이는 혼방 직물이었다. 혼방 직물은 제사장에게만 속한 것이므로 보통 이스라엘 사람은 그런 옷을 입는 것이 금지되었다.

이 구절에서 모세가 포도원의 수확물과 제사장의 의복을 한데 모아놓은 것은, 두루 다 성전 용도로 봉헌되었고 일상적인 용도에서 떼어놓았음을 가리키기 위해서다.[58] 요세푸스는 신약 시대에 이런 해석을 확증한다. "너희 중 아무도 양털과 무명실로 짠 옷을 입지 말라. 그것은 오직 제사장의 것으로 지정되었기 때문이다"(*Antiquities* 4.208). 후대 유대교의 이런 전통은 모세의 율법에 관한 훗날의 설명이 아니라 고대의 이해에 바탕을 둔 해석이었다.

모세는 밭을 갈 때 소와 나귀를 한 멍에에 메는 것을 금지하는 한편, 레위기 19:19에서는 종이 다른 가축의 교미를 금지한다. 이 금지 사항은 피조 질서와 관련된 것으로 거룩함과 관계가 있다. 하나님은 모든 것을 그 종류대로 만드셨으며, 이는 이스라엘이 하나님의 통치를 대표하는 자로서 가꾸고 유지해야 할 창조 질서다. 신명기의 규례들이 만들어진 방식을 보면 인도주의적인 측면을 지니고 있는 듯하다. 소와 나귀를 한 멍에에 메어 밭을 갈게 하는 것은 불공평한 처사다. 나귀를 소와 함께 단일한 도구에 묶는다면 나귀에게 소와 똑같은 무게를 끌기를 기대하는 것인데, 이는 말도 안되는 일이다.

22:12 겉옷 네 귀퉁이에 술을 달아야 한다는 요구는 양털과 무명실을 섞은 옷에 대한 명령과 관련이 있다. 그 요구는 민수기 15:37-40에 설명되어 있으며, 그 목적은 '보라', '기억하라', '준행하라'는 일련의 동사들로 정리할 수 있다. 이 동사들은 토라의 의례 제도가 지닌 교육적 기법을 요약하고 있다. 시각(감각적 인지)이 기억(지적인 이해)과 결합되어 올바른 행동(선행)으로 이어진다. 술이 이런 역할을 하는 이유는 그 구성으로 설명할 수 있다. 술도 양털과 무명실로 만들었다. 전통적으로 술은 네 개의 흰색 실로 이루어져 있고, 그중 하나는 다른 실들보다 더 길다. 실은 겉옷 귀퉁이의 구멍에 끼워서 접은 다음 이중 매듭으로 묶는다. 자주색 또는 청자주색 끈이 각 귀퉁이의 실에 부착되어 제사장 옷과 비슷한 모양이 된다. 이스라엘 사람 개개인은 제사장 지위가 없지만 이스라엘 전체는 제사장 나라가 될

---

58 이에 대한 충분한 논의는 다음 글을 참고하라. Jacob Milgrom, "Leviticus & Exodus 29," in *Leviticus 1-16*, AB (New York: Doubleday, 1991), 545-549. 술에 관한 논의는 다음 글에 나온다. Milgrom, "Excursus 38," in *Numbers*, 410-414.

것이다(출 19:6). 흰색 무명실 끈과 염색된 양털 끈 유물이 바르 코흐바 동굴에서 발견되었다. 이는 유대인이 로마인에게 저항했던 최후의 날들 동안 신자들의 관습이었음을 보여준다.

술은 성전과 지성소, 성소, 마당, 진영의 등급과 비슷한 거룩함의 등급을 표시한다. 성전의 지성소와 대제사장의 직물은 밝은 흰색 무명실과 청자주색 양털을 혼합해 짠 것이었다. 대제사장 외에 다른 제사장들이 두르는 띠만 같은 방식으로 짰다. 보통 이스라엘 사람은 겉옷의 가장자리만 무명실과 염색된 양털로 만들 수 있었다. 술은 보통 이스라엘 사람이 무명실과 양털을 섞어 짠 옷을 입지 못한다는 금지 사항에서 제외된다. 이는 다음 두 가지 사실을 늘 상기시킨다. 하나는 세속 세계에서 거룩함의 질서가 필요하다는 것이다. 다른 하나는 모든 이스라엘이 지극히 거룩하신 주님의 통치 아래 언약의 삶을 영위하는 가운데 최고 수준의 거룩함을 추구하기 위해 노력해야 한다는 것이다.

≋≋≋ 응답 ≋≋≋

성전 의례를 통해 하나님을 대표한다는 개념은 레위기 10:10-11에서 제사장에게 주는 가르침에 표현되어 있다. 제사장의 임무는 거룩한 것과 속된 것, 정결한 것과 부정한 것을 분별하고, 하나님께서 모세를 통해 이스라엘에게 주신 규례를 가르치는 것이다. 이스라엘 사람들은 세계를 네 개의 범주로 나누었다. 정결하다고 불리는 물품은 봉헌을 통해 거룩해질 수 있었다. 이는 그 물품이 이제 하나님을 대표하는 성전 체제의 일부로 작동한다는 뜻이다. 정결한 물품도 오염될 수 있다. 그러므로 거룩한 것으로 바쳐지기 전에 먼저 정화되어야 한다. 다른 물품은 아예 부정한 것의 범주에 속하기 때문에 성전 체제의 일부로 바쳐질 자격이 없다. 정결함의 개념은 오늘날 정상적인 것, 즉 가장 자연스러운 질서에 속하고 어떤 식으로든 흠이나 손상이 없는 것이라는 개념에 가장 가깝다. 성전 체제에서 생명은 거룩함 안에서 찾을 수 있다. 즉 생명을 주시는 분과의 관계를 인정하는 데 있다. 이는 특히 사람과 관련된다. 부정한 것은 죽음을 향해 나아가는 반면, 정결한 것은 생명을 향해 나아가는 잠재력이 있다. 이러한 진전은 하나님의 백성으로서 거룩해지려는 헌신과 정결의 수단인 의례를 통해 확증된다.

시내산 언약은 성전의 상징과 관련된 거룩함과 이스라엘 개개인의 행실로 나타나는 도덕적 거룩함을 구별하지 않는다. 그런 구별이 논리적이지 않은 것은 거룩함의 개념이 단일한 체제에 속하기 때문이다. 인간은 제사장으로 헌신할 자격이 있으면 성전 의례에서 거룩할 수 있다. 모든 인간은 하나님의 형상으로 창조되었기 때문에 거룩해질 수 있는 잠재력을 가지고 있다. 그 때문에 이스라엘은 성민으로 묘사되고, 안식일 준수를 통해 그런 사실을 고백한다(출 31:12-17. 참고. 19:5-6). 언약의 맹세를 하고 고백과 용서를 통해 그 맹세를 지킨 사람은 누구나 거룩한 것에 속하고 열방에게 하나님을 대표한다(예. 사 42:6). 시신을 만졌을 경우 거룩한 상태를 회복하기 위해 정화가 필요한 것처럼, 윤리적으로 실패한 경우에도 회복이 필요하다. 의례에 참여하는 일은 일종의 신앙고백으로 중요하다. 신앙이 없으면 의례는 아무런 가치가 없다. 거룩함이 지닌 효과적인 능력은 하나님에 대한 믿음에 있다. 신앙고백의 수단은 언약과 그 의례에 참여하는 것이다. 이 대목에서 볼 수 있듯, 의례로 간주될 수 있는 것과 윤리적이라고 간주되는 행동을 연관 짓기가 무척 자연스럽다.

그리스도인은 다른 상황에 처해 있다. 성전 체제 자체는 기독교 시대에 하나님을 대표하는 것과 아무런 상관이 없다. 예수 그리스도가 세상 가운데서 하나님의 현존이 되셨고, 교회는 이 땅에서 하나님의 성전 역할을 한다. 믿음을 통해 예수 그리스도와 관계를 맺으면 하나님 앞에서 구별된 사람이 되므로 그리스도인을 성도(聖徒)라고 부른다. 그리스도인의 삶에서 거룩함은 하나님의 뜻을 따르는 행실로 나타난다. 그런 행실을 배우는 과정을 성화(聖化)라고 한다. 그리스도인에게 거룩함은 근본적으로 믿음과 도덕의 문제다.

창조세계에서 질서를 지킨다는 의미의 거룩함은 오늘날에도 적실성을 가진다. 창조 질서는 변하지 않았고, 그 질서를 인정하고 긍정하는 것이 하나님을 대표하는 사람의 임무다. 남녀 구별은 언제나 인간의 생명을 영속시키는 수단이 될 것이고, 그런 인정을 받아야 한다. 둘은 분리될 수 없기 때문에 이는 생물학적으로나 사회적으로 사실이다. 가족의 개념은 태초와 다름없이 지금도 그대로 남아 있으며, 그런 진리를 고백하고 최선을 다해 실천하는 것이 그리스도인의 과업이다. 오늘날 인권을 내세우며 다양한 성정체성을 옹호하는 운동이 일어나고 있지만, 창조 질서의 혼동은 결국 어리석음으로 드러날 것이다. 캐나다의 일간지 〈내셔널 포스트〉에 스페인의 팜플로나시에서 어린 황소가 경주자를 뛰어넘는 사진이 한 장 실렸다. 사진의 제목은 "암송아지 황소"(heifer bull)[59]였다. 누군가는 팜플로나의 황소들이 스스로를 암소로 인식한다고 생각하는 것 같은데, 어린 황소들은 성정체성의 혼동을 겪을 리 없다. 그런 혼동은 인간이 겪는 문제다. 어린 황소는 자기 정체성이 확실하다. 인간이 성별을 혼동할수록 권리 주장의 문제가 더욱 복잡해질 뿐이다. 젠더 프리(gender-free) 화장실은 남자가 여자 화장실을 이용할 수 있는 권리를 부여하는데, 이는 일부 페미니즘 옹호자들이 인정하는 사실이다. 사회가 성구별을 유지해야 한다는 이 장의 요구가 과거 어느 때보다 지금 더 적실하다.

---

[59] July 9, 2019, A8.

13 누구든지 아내를 맞이하여 그에게 들어간 후에 그를 미워하여 14 비방거리를 만들어 그에게 누명을 씌워 이르되 내가 이 여자를 맞이하였더니 그와 동침할 때에 그가 처녀임을 보지 못하였노라 하면 15 그 처녀의 부모가 그 처녀의 처녀인 표를 얻어가지고 그 성문 장로들에게로 가서 16 처녀의 아버지가 장로들에게 말하기를 내 딸을 이 사람에게 아내로 주었더니 그가 미워하여 17 비방거리를 만들어 말하기를 내가 네 딸에게서 처녀임을 보지 못하였노라 하나 보라 내 딸의 처녀의 표적이 이것이라 하고 그 부모가 그 자리옷을 그 성읍 장로들 앞에 펼 것이요 18 그 성읍 장로들은 그 사람을 잡아 때리고 19 이스라엘 처녀에게 누명을 씌움으로 말미암아 그에게서 은 일백 세겔을 벌금으로 받아 여자의 아버지에게 주고 그 여자는 그 남자가 평생에 버릴 수 없는 아내가 되게 하려니와 20 그 일이 참되어 그 처녀에게 처녀의 표적이 없거든 21 그 처녀를 그의 아버지 집 문에서 끌어내고 그 성읍 사람들이 그를 돌로 쳐죽일지니 이는 그가 그의 아버지 집에서 창기의 행동을 하여 이스라엘 중에서 악을 행하였음이라 너는 이와 같이 하여 너희 가운데서 악을 제할지니라

22장

13 "If any man takes a wife and goes in to her and then hates her 14 and accuses her of misconduct and brings a bad name upon her, saying, 'I took this woman, and when I came near her, I did not find in her evidence of virginity,' 15 then the father of the young woman and her mother shall take and bring out the evidence of her virginity to the elders of the city in the gate. 16 And the father of the young woman shall say to the elders, 'I gave my daughter to this man to marry, and he hates her; 17 and behold, he has accused her of misconduct, saying, "I did not find in your daughter evidence of virginity." And yet this is the evidence of my daughter's virginity.' And they shall spread the cloak before the elders of the city. 18 Then the elders of that city shall take the man and whip[1] him, 19 and they shall fine him a hundred shekels[2] of silver and give them to the father of the young woman, because he has brought a bad name upon a virgin[3] of Israel. And she shall be his wife. He may not divorce her all his days. 20 But if the thing is true, that evidence of virginity was not found in the young woman, 21 then they shall bring out the young woman to the door of her father's house, and the men of her city shall stone her to death with stones, because she has done an outrageous thing in Israel by whoring in her father's house. So you shall purge the evil from your midst.

22 어떤 남자가 유부녀와 동침한 것이 드러나거든 그 동침한 남자와 그 여자를 둘 다 죽여 이스라엘 중에 악을 제할지니라 23 처녀인 여자 가 남자와 약혼한 후에 어떤 남자가 그를 성읍 중에서 만나 동침하면 24 너희는 그들을 둘 다 성읍 문으로 끌어내고 그들을 돌로 쳐죽일 것 이니 그 처녀는 성 안에 있으면서도 소리 지르지 아니하였음이요 그 남자는 그 이웃의 아내를 욕보였음이라 너는 이같이 하여 너희 가운

데에서 악을 제할지니라 ²⁵ 만일 남자가 어떤 약혼한 처녀를 들에서 만나서 강간하였으면 그 강간한 남자만 죽일 것이요 ²⁶ 처녀에게는 아무것도 행하지 말 것은 처녀에게는 죽일 죄가 없음이라 이 일은 사람이 일어나 그 이웃을 쳐죽인 것과 같은 것이라 ²⁷ 남자가 처녀를 들에서 만난 까닭에 그 약혼한 처녀가 소리질러도 구원할 자가 없었음이니라 ²⁸ 만일 남자가 약혼하지 아니한 처녀를 만나 그를 붙들고 동침하는 중에 그 두 사람이 발견되면 ²⁹ 그 동침한 남자는 그 처녀의 아버지에게 은 오십 세겔을 주고 그 처녀를 아내로 삼을 것이라 그가 그 처녀를 욕보였은즉 평생에 그를 버리지 못하리라 ³⁰ 사람이 그의 아버지의 아내를 취하여 아버지의 하체를 드러내지 말지니라

²² "If a man is found lying with the wife of another man, both of them shall die, the man who lay with the woman, and the woman. So you shall purge the evil from Israel. ²³ "If there is a betrothed virgin, and a man meets her in the city and lies with her, ²⁴ then you shall bring them both out to the gate of that city, and you shall stone them to death with stones, the young woman because she did not cry for help though she was in the city, and the man because he violated his neighbor's wife. So you shall purge the evil from your midst. ²⁵ "But if in the open country a man meets a young woman who is betrothed, and the man seizes her and lies with her, then only the man who lay with her shall die. ²⁶ But you shall do nothing to the young woman; she has committed no offense punishable by death. For this case is like that of a man attacking and murdering his neighbor, ²⁷ because he met her in the open country, and though the betrothed young woman cried for help there was no one to rescue her. ²⁸ "If a man meets a virgin who is not betrothed, and seizes her and lies with her, and they are found, ²⁹ then the man who lay with her shall give to the father of the young woman fifty shekels of

22장

silver, and she shall be his wife, because he has violated her. He may not divorce her all his days. 30 4"A man shall not take his father's wife, so that he does not uncover his father's nakedness."5

1 Or *discipline* 2 A *shekel* was about 2/5 ounce or 11 grams 3 Or *girl of marriageable age* 4 Ch 23:1 in Hebrew 5 Hebrew *uncover his father's skirt*

≈≈≈≈≈ 단락 개관 ≈≈≈≈≈

부부 관계에서 거룩함

특정한 상황에서 질서를 지키는 법에 관한 가르침에 이어 가족의 온전함을 유지하는 데 필요한 규례들이 나온다. 창조된 질서를 보존하려면 가족의 온전함을 침해하는 문제를 다루지 않을 수 없다. 거룩함은 하나님의 임재하심과 다스림을 증거하기 위해 특정한 사물이나 행동을 구별하는 것과 마찬가지로 개인 관계에서도 나타날 수 있다. 이스라엘은 하나님이 거룩하신 것처럼 거룩해야 한다(레 19:2). 이 요구 사항에는 공의를 행하는 것, 이웃을 자기처럼 사랑하는 것, 두 종류의 천으로 지은 옷을 입지 않는 것, 성관계에서 책임 있게 행동하는 것(신 22:13-22) 등이 포함된다. 우리가 도덕적 문제로 구분하는 것 또한 하나님의 거룩함을 표현하는 중요한 부분이다. 이 항목들 사이의 연관성은 토라의 다른 패턴을 따른다.

결혼과 가정의 안정을 위협하는 것이 많다. 갈등은 인간 상호작용의 특징이고, 특히 그 관계가 개인 생활의 거의 모든 측면과 관련될 때 그러하다. 모든 관계에서 나타날 수 있는 일반적인 긴장 외에도 성적 욕구는 결혼관계의 중요한 요소다. 이 단락은 공동체 내에서 해결해야 할 다양한 유형의 성적 고발 또는 만남을 다룬다. 첫 번째 사례는 불만을 품은 남편의 악의적인 고발을 다루며, 그것은 의복과 관련이 있다. 앞 단락에서 의복의 적절한 용도 문제는 성적 질문이 내포된 의복 문제에 대한 또 다른 질문으로 이어진다. 결혼관계를 침해했을 가능성의 문제가 반드시 다루어야 하는 다른 불륜 상황으로 연결된다.

결혼관계에 들어가는 절차가 명시적으로 나오지는 않지만 어떤 측면은 명백하다. 결혼은 신부의 가족에게 보상금을 주면서 시작된다. 한 가족의 일원이 또 다른 가족으로 이동하기 때문이다. 일단 재정적 합의가 이루어지면, 여자는 계속 아버지 집에서 살더라도 약혼하고 결혼한 것으로 간주된다. 남편이 이 기간에 아내의 간음을 의심한다면, 그 고발로 인해 여자의 부모가 개입하게 된다(13-21절). 부부가 아버지 집에서 독립하여 결혼생활을 할 경우, 성적 정절을 위반한 사실이 확증되면 죽음을 맞게 된다(22절). 약혼한 여자가 불륜을 저지른 경우도 간음으로 간주된다(23-27절). 한 남자가 독신 여자와 성관계를 맺은 경우는 별개의 문제다(28-29절). 이 단락은 가족 내 결혼관계에 대한 배타적인 권리, 특히 자녀가 아버지의 아내와 성관계를 가져 아버지 재산에 대해 제기하는 권리에 대한 단일한 진술로 끝난다.

≋≋≋≋ **단락 개요** ≋≋≋≋

〰〰〰〰 　주석　 〰〰〰〰

22:13-21 모세가 내다본 첫 번째 상황은 결혼이 성사되었으나 남편이 아내를 싫어하게 되어 아내에 관해 나쁜 소문을 퍼뜨리기 시작하는 경우다. 소문은 인간관계를 위협하는 가장 음흉한 일 중 하나다. 한 사람의 평판을 해치는 근거 없는 비방이기 때문이다. 이 경우에 여자의 성적 무결함에 대한 혐의가 제기된다. "처녀의 표적"이라는 번역은 영어 버진(virgin, '처녀')이 암시하는 것만큼 그 의미가 분명하지는 않다. 언어학적 질문은 히브리어 베툴라(*betulah*)의 뜻과 관계가 있다. 이는 셈족 언어에서 흔한 단어이지만 영어 버진의 정확한 동의어는 아니다. 아카드어와 히브리어에서는 그런 식으로 자주 번역되기는 한다. 영어 버진은 언제나 '순결한 여인', 곧 성교를 한 적 없는 여자라는 뜻을 갖는다. 아카드어와 히브리어에서는 이런 뜻을 예컨대 "남자와 동침하지 아니하여 사내를 알지 못하는 여자들"(민 31:18)과 같은 말처럼 별도로 표현해야 한다.

한 여자가 공식적으로 후궁 중 하나가 되기 전에 왕과 하룻밤을 보내는 경우와 같이, 후궁들은 성교한 적이 있더라도 '베툴라'로 불릴 수 있다(에 2:17-19). 이 경우에 "처녀의 표적"은 신부의 혼전 성교 여부에 관한 기술적 문제는 아닐 것이다. 그러한 이해에 반하는 몇 가지 주장이 있다.[60] 그중에는 핏자국 있는 옷이 항상 그런 사실의 결과는 아니라는 현실적 고려 사항도 있다. 더구나 남편은 그런 옷이 정당하게 만들어졌는지 아니면 부모가 조작했는지 나름대로 생각하는 바가 있을 것이다. 그는 자신의 입장이 논박될 수 있음을 안다면 벌금과 공개적인 태형의 치욕을 감수하려 하지 않을 것이다. 이것은 남편이 의심하는 경우임에 틀림없지만, 부모가 제시할 수 있는 증거와는 별개로 결국 시간이 최종 지표가 될 것이다.

언어학적으로 볼 때, 젊은 여자가 아직 부모의 돌봄을 받고 있고 사춘기를 지났으며 표면상으로 평판이 좋은 경우에 베툴라라고 한다. 이 여자가 남편과 약혼하기 전에 성관계를 가졌는지 여부는 약혼 후 여전히 부모의 돌봄을 받을 때의 행실만큼 중요하지는 않다. 이 때문에 부모는 좋지 않은 소문이 퍼져 딸의 평판이 망가진다면 격노할 것이다. 여자가 베툴라라는 증거, 곧 처녀라는 표시는 약혼 기간 동안의 월경 핏자국을 말하며, 이는 그녀가 사춘기가 지났고 아직 임신하지 않았음을 보여준다. 만일 이 기간에 임신을 했다면, 월경의 증거를 내놓을 수 없고 간음에 해당되는 혐의가 적용될 수 있다. 이는 간음에 상응하는 징벌의 이유가 된다. 앙심을 품은 남편이 그 여자의 첫 아기가 자기 아이가 아니라는 소문을 퍼뜨리고 있는데, 아기가 결혼을 약속한 시기에 임박해 태어난다면 문제는 더욱 심각해질 것이다. 여자에게 죄가 없다면 남자는 한 가족의 명예를 훼손한 죄로 처벌을 받는다. 한편 혐의가 지속된다면, 여자는 간음죄를 지은 것으로 간주된다.

본문은 죄를 범한 남자를 태형에 처해야 한다고 구체적으로 말하지는 않는다. 그보다는 일반적으로 징계를 가리키는 용어를 사용하여 그의 처벌[야사르(*yasar*)]을 설명한다. 이것은 자녀를 훈육하며 매를 사용하는 경우(잠 13:24; 23:13-14; 29:15)를 포함할 수 있는 단어다. 이 상황은 가장 강력한 교정 수단조차 효과가 없었던 반항적인 아들의 경우(신 21:18)와 어느 정도 비슷하다. 부정직한 남자가 받는 처벌은, 거짓 증언의 경우에서 규정하듯

---

60 이 어구의 뜻에 대해서는 다음 글이 충분히 논의한다. Gordon J. Wenham, "Betûlāh 'A Girl of Marriageable Age'," *VT* 22/3 (January 1972): 330-336. 이 글에서 웬함은 '베툴라'가 나오는 모든 구약 구절에서의 의미와 더불어 모든 동족 문학에 나오는 의미를 논하고 있다.

(19:18-19) 피해자에게 돌아갔을 법한 처벌과 동일하지 않다. 분명히 그 증거는 정황적 성격을 띠고 조사의 동기는 무척 진실하다. 어쩌면 그 여자에게 불리한 증거 역시 정황적 성격을 띠고 있을지 모르지만, 처벌은 유죄가 틀림없이 확증되었음을 전제한다.

죄를 지은 여자에 대한 처벌은 그녀의 가족과도 관계가 있다. 그들은 딸의 행실에 시치미를 떼는 데 참여했기 때문이다. 처벌은 불효자식을 처벌하는 것(21:21)과 똑같은 방식으로 실행된다. 공개 처형은 다른 이들의 범죄를 억제하는 역할을 한다. 이 경우에 여자는 "자기 아버지 집에 있을 때에 음행을 하여, 이스라엘 안에서 수치스러운 일을 하였기"(새번역) 때문에 벌을 받는다. 이스라엘 안에서 수치스러운 일을 했다는 표현은 흔히 비열한 성적 비행을 가리킨다. 예컨대 암논이 여동생 다말을 강간한 경우가 그러하다(삼하 13:12). 아버지 집에 있을 때 음행을 했다는 어구는 다양한 히브리어 본문과 번역본에서 다음 두 가지로 해석된다. 첫째, 여자가 아직 아버지의 집에 있는 동안 불륜의 죄를 지었다는 것이다. 둘째, 여자가 아버지의 집안을 수치스럽게 했다는 것이다. 첫 번째 해석은 마소라 본문의 의미이고, 그녀가 약혼 후 아직 부모와 함께 살고 있는 동안 불륜을 저질렀다는 해석을 확정한다. 반항적인 아들의 경우와 같이 부모가 자녀의 행실을 제대로 통제하지 못한 사례에 해당한다.

22:22 간음에 대한 형벌은 다른 어떤 성범죄보다 더 엄중하다. 이는 관련된 자녀들의 경제적 안정과 안녕을 심각하게 위협하는 범죄이기 때문이다. 이 경우는 두 가족을 유린하는 범죄다. 이 문제는 관련된 여자뿐 아니라 남자에게도 돌아가는 피해가 크다. 지혜서에서는 아버지가 간음과 관련해 아들에게 엄격히 경고한다(잠 6:20-35). 창녀의 값은 돈에 불과하지만 다른 남자의 아내를 유린하면 그 대가로 목숨을 내놓아야 할 것이다(잠 6:26, 32-35). 아버지는 지금 공식적인 처형을 말하는 게 아니다. 분노한 나머지 범죄에 대한 어떤 보상도 거부하고 복수하려는 남자에 대해 경고하고 있다.

간음은 또 다른 부부관계를 해치는 죄일 뿐 아니라 하나님께 짓는 죄이기도 하다. 고대 근동의 다른 법들을 보면 간음에 대한 형벌은 사형일 수 있지만, 그것이 남편에게 짓는 죄이므로 남편이 마음먹기에 따라 자비를 베풀 수도 있다. 하지만 레위기 20:10에서 보듯 성경의 율법에는 그런 규정이 없다. 하나님의 법은 자의적이지 않다. 하나님의 뜻은 타당한 이유로 가족을 든든하게 지키는 것이다. 가족을 침해하는 것이 단지 그 가족에 대한 범죄만이 아닌 이유는 하나님께서 가정을 창조하셨기 때문이다

22:23-24 간음의 또 다른 예는 약혼한 여자가 약혼 기간에 다른 남자와 성관계를 하는 경우다. 이 사례는 그 간음죄를 증언할 수 있는 증인이 있는 상황을 가정한다. 그 범죄는 목격자가 있을 뿐 아니라 합의된 일로 간주되었다. 여자가 원하기만 했다면 보호해달라고 외칠 기회가 있었다는 것도 하나의 증거가 된다.

22:25-27 성읍 바깥에서 한 남자에게 붙잡힌 여자의 경우는 강간으로 간주된다. 그 여자는 피살자와 마찬가지로 취약하고 무력할 것이기 때문이다. 그런 경우에는 남자만 사형에 처해야 한다. 만일 그 남자가 여자의 상황을 몰랐다면 자비를 베풀 수도 있음을 암시하는 내용은 없다.

22:28-29 약혼하지 않은 여자와의 성관계는 승인할 수 없지만, 그럼에도 결혼 위반은 아니다. 남자가 자신의 행위에 책임을 지고 그 여자를 받아들여 부양해야 하며 절대로 이혼을 해서는 안 된다. 지참금을 지불해야 한다는 것 말고 여자의 아버지가 개입한다는 암시는 전혀 없다. 출애굽기 22:16-17에 이와 비슷한 사례가 나오지만, 그 상황에서는 여자가 유혹을 받았다. 이 경우에 결혼하려면 아버지의 허락이 필요하지만, 아버지가 거절하더라도 지참금은 반드시 지불해야 한다. 신명기는 여자의 안전에 초점을 두고 있다. 치러야 할 대가에는 정상적인 지참금뿐 아니라 아버지가 입은 손해에 대한 벌금도 포함된다. 여자의 뜻은 언급하고 있지 않다. 결혼

은 주로 부모와 재산 및 자녀를 기본적으로 고려하는 가족이 결정하는 문제였다. 이에 대한 실제 사례로 창세기에서 롯이 딸들을 야곱에게 혼인시키기로 결정하는 일을 들 수 있다. 여기서 사랑은 주된 관심사가 아니었다.

22:30 아버지 아내와의 성관계에는 흔히 간음에 수반되는 몇 가지 문제들, 예컨대 가족과 그 재산을 파탄 내는 것과 같은 문제는 포함되지 않을 것이다. 그런 관계는 지위의 주장보다 성적 욕구로 인한 것일 가능성은 더 적다. 그럼에도 여전히 성범죄다. 아버지에게 어린 아내와 나이가 비슷한 아들들이 있을 수 있다. 성범죄를 묘사하는 히브리어의 완곡한 표현으로 아버지의 옷을 벗기는 경우가 있다. 아버지의 벗은 몸을 드러내는 것이다. 이는 특정인에게만 허락된 성관계를 침해하는 것에 대한 표준적인 표현이다(예. 레 18:7-8). 여기서는 그런 행동이 아버지만 독점하는 성관계를 침해하는 것이거나, 아버지와 성관계를 갖는 일에 준한다고 볼 수 있다.

아버지의 아내와 갖는 성관계는 가족의 지위, 보통은 상속의 특권과 관련이 있다. 라헬이 죽었을 때 르우벤이 저지른 죄(창 35:22)처럼 아버지가 살아 있는 동안에도 이런 일이 일어날 수 있다. 르우벤은 라헬의 여종이 안주인으로 그의 어머니의 지위를 차지하는 것을 막으려 했다. 그는 상속받을 권리를 조급하게 주장하며 아버지의 후계자가 되려 했다. 역대기 저자는 이 때문에 르우벤이 가장의 지위를 잃었다고 설명한다(대상 5:1-3). 압살롬은 다윗의 왕좌를 차지하기 위해 "온 이스라엘 무리의 눈앞에서" 다윗의 후궁들과 동침했다(삼하 16:20-23). 가족 내 지위나 상속에 대한 권리를 주장하기 위해 그런 관계를 갖기도 했지만, 어쨌든 이것은 배타적인 결혼관계를 침해하는 행위였다.

가정의 안정은 어느 사회에서든 질서와 평화를 유지하는 데 매우 중요하다. 이는 가족의 안녕을 최우선으로 고려하는 행정당국이 인정하는 바다. 교육과 도덕적 성품은 인생의 초기 단계에 시작되고, 보통은 자녀의 출생을 책임지는 가정에서 출발한다. 가장 초기 단계가 자녀의 삶에 가장 큰 영향을 미친다.

결혼 문제는 현대에 들어 치열한 논쟁거리가 되었다. 오늘날 가정의 지배적인 가치는 개인의 선택권이다. 성별 선택은 일부 진영과 일부 정부의 입법 시 최우선 사안이 되었다. 이는 가정의 안정과 자녀의 복지에 유익하지 않은 결혼과 가족에 대한 재정의로 이어졌다. 특히 주류 교회들은 이른바 개인의 선택권 요구로만 정당화되는 사회 관습을 채택했다. 이 장에 나오는 남녀 결혼의 보존을 요구하는 높은 윤리 원칙은 가족을 단순히 개인의 선호 문제로 재정의하는 것을 허용하지 않는다. 창조 질서가 제1의 요건이 되어야 한다. 이 질서를 고의적으로 위반한다면 가정의 안녕과 자녀의 발달에 심각한 결과를 초래할 것이다. 교회는 단순히 문화의 흐름을 따라가서는 안 된다.

교회가 직면한 최대의 도전은 결혼과 가족의 정의와 관련된 입법의 변화가 아니다. 가장 심각하고 슬픈 문화적 순응 현상은, 믿음을 고백하는 신자들의 이혼율과 재혼율이 교회 밖 사회의 비율과 비슷하다는 사실이다. 그렇다고 무조건 이혼을 피해야 한다는 것은 아니다. 모세의 규정은 인간이 때로는 언약을 지키는 데 실패해 어쩔 수 없이 결혼관계를 끝내야 할 때가 있음을 인정한다. 진심으로 맺은 약속이 실제로 깨어져 유해한 환경이 조성될 수 있다. 바울이 예전에 결혼했던 사람들[바울은 그들을 헬라어로 아가모스(*agamos*), 즉 "결혼하지 아니한 자들"이라고 부른다]에게 주는 조언은 자기처럼 독신으로 남으라는 것이었으나, 이것이 모든 사람에게 최선은 아니라는 점을 인정했다(고전 7:8-17). 그의 강조점은 신자가 가능하면 가족을 위해 불신자와 결혼한 상태로 남아 있는 것이 더 낫다는 것이다. 이혼은 해결책이 아니라 갈등 상황을 다루는 최후의 수단일 뿐이다.

예수님이 마주하신 태도는 이혼은 하나의 권리이고, 특히 남편 쪽에서 그렇다는 것이다. 이혼 조건에 대한 논의는 윤리적 문제나 가족의 관심사보다는 이혼 당사자의 이기심을 채우는 것과 더 관련이 있다. 예수님은 이런 태도를 한마디로 간음이라고 말씀하셨다. 다른 여자에게 품은 정욕 때문에 재혼하는 것에 지나지 않는다는 것이다(예. 마 19:3-12). 실제로 그것은 모세가 결혼에 대해 가르치면서 정죄한 바로 그 위반 행위에 해당한다. 제자들은 이런 가르침을 이해하기가 어려웠다. 그 당시에 이혼이 모세가 가르친 대로 가혹한 상황에서 용인된 것이라는 점을 인식하지 못한 채, 이혼을 하나의 권리로 여기는 문화에 젖어 있었기 때문이다. 그리스도인은 결혼 서약과 그 서약의 위반이 얼마나 엄정한 문제인지 곰곰이 생각해야 한다. 간음은 결혼 관계와 가족에게 심각한 위협거리다. 경제적인 타격이나 그 밖의 결과는 농사를 짓다가 입는 타격만큼 중대하지 않을지 몰라도, 자녀들에게 초래되는 결과는 더 나쁠 수 있다. 결혼 서약은 보통 교회에서 회중 앞에서 한다. 여기에는 모든 새로운 결혼을 가능한 모든 방법으로 지지하겠다는 회중의 서약이 포함된다. 서구 문화에서는 결혼식을 대대적으로 치르지만, 일단 축하 행사가 끝나면 결혼생활의 지속에 대해서는 충분히 관심을 기울이지 않는 경향이 있다. 더구나 이혼을 긍정적인 해결책으로 제시하는 경우도 많다. 이혼은 결코 문제의 해결책이 될 수 없고, 화해가 불가능한 갈등을 다루는 최후의 수단일 뿐이다.

¹ 고환이 상한 자나 음경이 잘린 자는 여호와의 총회에 들어오지 못하리라

¹ "No one whose testicles are crushed or whose male organ is cut off shall enter the assembly of the LORD.

² 사생자는 여호와의 총회에 들어오지 못하리니 십 대에 이르기까지도 여호와의 총회에 들어오지 못하리라

² "No one born of a forbidden union may enter the assembly of the Lord. Even to the tenth generation, none of his descendants may enter the assembly of the Lord.

3 암몬 사람과 모압 사람은 여호와의 총회에 들어오지 못하리니 그들에게 속한 자는 십 대뿐 아니라 영원히 여호와의 총회에 들어오지 못하리라 ⁴ 그들은 너희가 애굽에서 나올 때에 떡과 물로 너희를 길에서 영접하지 아니하고 메소보다미아의 브돌 사람 브올의 아들 발람에게 뇌물을 주어 너희를 저주하게 하려 하였으나 ⁵ 네 하나님 여호와께서

23장

너를 사랑하시므로 네 하나님 여호와께서 발람의 말을 듣지 아니하시고 네 하나님 여호와께서 그 저주를 변하여 복이 되게 하셨나니 6 네 평생에 그들의 평안함과 형통함을 영원히 구하지 말지니라

3 "No Ammonite or Moabite may enter the assembly of the Lord. Even to the tenth generation, none of them may enter the assembly of the Lord forever, 4 because they did not meet you with bread and with water on the way, when you came out of Egypt, and because they hired against you Balaam the son of Beor from Pethor of Mesopotamia, to curse you. 5 But the Lord your God would not listen to Balaam; instead the Lord your God turned the curse into a blessing for you, because the Lord your God loved you. 6 You shall not seek their peace or their prosperity all your days forever.

7 너는 에돔 사람을 미워하지 말라 그는 네 형제임이니라 애굽 사람을 미워하지 말라 네가 그의 땅에서 객이 되었음이니라 8 그들의 삼 대 후 자손은 여호와의 총회에 들어올 수 있느니라

7 "You shall not abhor an Edomite, for he is your brother. You shall not abhor an Egyptian, because you were a sojourner in his land. 8 Children born to them in the third generation may enter the assembly of the Lord.

9 네가 적군을 치러 출진할 때에 모든 악한 일을 스스로 삼갈지니 10 너희 중에 누가 밤에 몽설함으로 부정하거든 진영 밖으로 나가고 진영 안에 들어오지 아니하다가 11 해 질 때에 목욕하고 해 진 후에 진에 들어올 것이요 12 네 진영 밖에 변소를 마련하고 그리로 나가되 13 네 기구에 작은 삽을 더하여 밖에 나가서 대변을 볼 때에 그것으로 땅을 팔 것이요 몸을 돌려 그 배설물을 덮을지니 14 이는 네 하나님 여

호와께서 너를 구원하시고 적군을 네게 넘기시려고 네 진영 중에 행하심이라 그러므로 네 진영을 거룩히 하라 그리하면 네게서 불결한 것을 보시지 않으므로 너를 떠나지 아니하시리라 ¹⁵ 종이 그의 주인을 피하여 네게로 도망하거든 너는 그의 주인에게 돌려주지 말고 ¹⁶ 그가 네 성읍 중에서 원하는 곳을 택하는 대로 너와 함께 네 가운데에 거주하게 하고 그를 압제하지 말지니라 ¹⁷ 이스라엘 여자 중에 창기가 있지 못할 것이요 이스라엘 남자 중에 남창이 있지 못할지니 ¹⁸ 창기가 번 돈과 개 같은 자의 소득은 어떤 서원하는 일로든지 네 하나님 여호와의 전에 가져오지 말라 이 둘은 다 네 하나님 여호와께 가증한 것임이니라

⁹ "When you are encamped against your enemies, then you shall keep yourself from every evil thing. ¹⁰ "If any man among you becomes unclean because of a nocturnal emission, then he shall go outside the camp. He shall not come inside the camp, ¹¹ but when evening comes, he shall bathe himself in water, and as the sun sets, he may come inside the camp. ¹² "You shall have a place outside the camp, and you shall go out to it. ¹³ And you shall have a trowel with your tools, and when you sit down outside, you shall dig a hole with it and turn back and cover up your excrement. ¹⁴ Because the Lord your God walks in the midst of your camp, to deliver you and to give up your enemies before you, therefore your camp must be holy, so that he may not see anything indecent among you and turn away from you. ¹⁵ "You shall not give up to his master a slave[1] who has escaped from his master to you. ¹⁶ He shall dwell with you, in your midst, in the place that he shall choose within one of your towns, wherever it suits him. You shall not wrong him. ¹⁷ "None of the daughters of Israel shall be a cult prostitute, and none of the sons of Israel shall be a cult prostitute. ¹⁸ You shall not

23장

bring the fee of a prostitute or the wages of a dog[2] into the house of the Lord your God in payment for any vow, for both of these are an abomination to the Lord your God.

19 네가 형제에게 꾸어주거든 이자를 받지 말지니 곧 돈의 이자, 식물의 이자, 이자를 낼만 한 모든 것의 이자를 받지 말 것이라 20 타국인에게 네가 꾸어주면 이자를 받아도 되거니와 네 형제에게 꾸어주거든 이자를 받지 말라 그리하면 네 하나님 여호와께서 네가 들어가서 차지할 땅에서 네 손으로 하는 범사에 복을 내리시리라

19 "You shall not charge interest on loans to your brother, interest on money, interest on food, interest on anything that is lent for interest. 20 You may charge a foreigner interest, but you may not charge your brother interest, that the Lord your God may bless you in all that you undertake in the land that you are entering to take possession of it.

21 네 하나님 여호와께 서원하거든 갚기를 더디 하지 말라 네 하나님 여호와께서 반드시 그것을 네게 요구하시리니 더디면 그것이 네게 죄가 될 것이라 22 네가 서원하지 아니하였으면 무죄하리라 그러나 23 네 입으로 말한 것은 그대로 실행하도록 유의하라 무릇 자원한 예물은 네 하나님 여호와께 네가 서원하여 입으로 언약한 대로 행할지니라

21 "If you make a vow to the Lord your God, you shall not delay fulfilling it, for the Lord your God will surely require it of you, and you will be guilty of sin. 22 But if you refrain from vowing, you will not be guilty of sin. 23 You shall be careful to do what has passed your lips, for you have voluntarily vowed to the Lord your God what you have promised with your mouth.

²⁴ 네 이웃의 포도원에 들어갈 때에는 마음대로 그 포도를 배불리 먹어도 되느니라 그러나 그릇에 담지는 말 것이요 ²⁵ 네 이웃의 곡식밭에 들어갈 때에는 네가 손으로 그 이삭을 따도 되느니라 그러나 네 이웃의 곡식밭에 낫을 대지는 말지니라

²⁴ "If you go into your neighbor's vineyard, you may eat your fill of grapes, as many as you wish, but you shall not put any in your bag. ²⁵ If you go into your neighbor's standing grain, you may pluck the ears with your hand, but you shall not put a sickle to your neighbor's standing grain."

1 Or servant; the Hebrew term 'ebed designates a range of social and economic roles (see Preface) 2 Or male prostitute

≈≈≈≈≈ 단락 개관 ≈≈≈≈≈

공동체에서의 거룩함

이 단락의 자료는 어떤 순서로 배열되었는지 알 수 없다. 고대 근동의 다른 법문서 작성이 그렇듯, 이 토라도 행동을 다스리는 잡다한 항목을 모아 놓은 듯 보인다. 모든 항목을 망라한 것도 아니다. 반면에 오늘날의 법전은 당국이 통제하고 싶은 규정에 따라 행위를 강요할 수 있도록 설계되어 있다. 이런 법전은 당국이 비슷한 모든 상황에 사용할 수 있는 샘플들이다. 다양한 상황들이 과연 유사한지 여부는 판사의 재량에 달려 있고, 판사가 각 사건을 어떻게 진행할지를 결정한다. 이 단락의 법적 자료는 언약 규범의 일부이고, 이스라엘이 자비로운 주님의 은혜 안에서 살아가는 방식을 제시한다.

첫 여덟 구절의 주제인 이스라엘의 총회는 모세에게 받은 규정에 따라

23장

하나님께 충성을 맹세함으로써 형성되었다. 신명기에서 총회[카할(*qahal*)]는 언약의 말씀을 듣고 여호와께 충성을 선언하기 위해 산에 모인 사람들을 가리킨다(4:10; 5:22; 9:10; 10:4). 모세오경의 다른 곳에서는 이스라엘의 집회가 에다(출 12:3; 16:9-10)로도 불리는데, 이는 이스라엘 전체, 성인 남자들 또는 나라의 대표들을 지칭할 수 있다. 이 용어들이 지파, 씨족, 또는 성읍과 같은 나라의 한 부분을 가리키는 경우는 전혀 없다. 에다라는 용어는 지파의 지도자들을 가리키는 좀 더 전문화된 뜻을 지닐 수 있기는 하다. 예컨대 이스라엘의 장로들은 유월절 양을 선택할 책임이 있었다(출 12:21). 하나님께서 온 회중(에다)에게 양을 취하라고 명하신 것은 장로들을 두고 하신 말씀이다(출 12:3). 지파의 지도자들을 가리키는 이 전문화된 용어는 신명기에는 나오지 않는다. 이 장에 나오는 '카할'은 주님을 예배하는 일에 참여하는 공동체 전체를 말한다. 이방인은 공식적으로 언약을 맺는다면 이 공동체에 가입할 수 있고 이스라엘 사람과 똑같이 될 수 있다(출 12:48-49). 총회의 구성원 자격은 출생이 아닌 충성에 달려 있다. 총회는 신성한 집회이자 거룩한 나라다. 그래서 신명기 23:1-8에서 설명하듯, 반드시 제외해야 하는 사람이 있다. 이런 식으로 보면, 이 장 전체는 세속 세계와 구별된 또는 거룩한 백성으로 사는 법이라는 주제를 계속 이어간다.

이 장은 거룩함과 밀접한 관계가 있는 개념인 정결함에 관한 규례들을 계속 다룬다. 레위기 10:10에 따르면, 아론의 아들들은 거룩한 것과 속된 것, 정결한 것과 불결한 것을 구별하는 과업을 맡았다. 실제적인 의미에서, '정결한'이란 속된 것의 정상적인 상태여서 신성한 것을 섬기는 데 바칠 수 있다고 생각해도 무방하다. 제사장들의 역할은 이스라엘에게 토라의 규례들을 가르쳐 하나님을 섬기는 법을 알게 하는 것이다. 신명기 23:9-14은 이스라엘에게 전쟁 때 거룩한 진영으로서 어떻게 처신할지 가르친다. 이런 가르침은 노출 내지 벌거벗음을 포함하는 신체 기능 문제에서 정결함을 보장해준다.

전쟁과 관련해서는 노예 문제를 언급한다. 당시에 전쟁 포로를 노예로 삼는 것은 흔한 일이었다. 노예는 인간에게 정상적인 상태가 아니므로 이스라엘은 도망친 노예를 보호하라는 가르침을 받는다. 사회적으로 억눌린 또 다른 유형의 사람은 신전 창녀와 남창이다. 매춘은 보통 자발적인 직업이라기보다 외부 환경에 내몰린 결과다. 성적 문란함은 또한 성관계라는 선물이 지닌 불경한 기능이다.

본문은 이어서 일과 관련된 다른 문제들로 넘어간다. 사람은 자신이 노동해서 얻는 유익을 즐기도록 되어 있다. 대출은 한 사람이 일을 얻게 해 줄 수 있으나 빚에 대한 이자는 채무자를 억누르며 노동의 열매를 강탈할 수 있다. 하나님의 도움을 구하는 간구는 종종 하나님을 섬기겠다는 서원의 형태를 취한다. 그런 헌신은 삶을 드리는 것이다. 서원은 하나님께 맹세하는 가운데 하기 때문에 구속력이 있다. 그런 서원은 반드시 이루어져야 하는데, 자기가 한 말에 정직할 뿐 아니라 하나님에 대한 헌신을 실행해야 한다는 뜻이다. 서원은 성전에 드리는 예물일 때가 많았다(신 12:6).

끝으로, 농부는 자기가 재배한 수확물을 가질 권리가 있다. 농사짓는 땅은 더 이상 공공 자산이 아니다. 그렇다고 그 수확물이 궁핍한 사람을 위한 양식으로 사용되지 못하는 것은 아니다. 배고픔을 채우기 위해 들판의 익은 곡물을 먹는 것은 정당하다. 그러나 수확한 곡물을 가져가는 것은 도둑질이다. 이 규례들은 하나님의 주권 아래서 거룩한 공동체로 더불어 살아가는 모든 측면을 보여준다.

단락 개요

II. 모세의 두 번째 연설(4:44-29:1)

  C. 이 토라에 대한 해설(12:1-25:19)

    4. 가정 규례와 사회적 규례(21:10-25:19)

      d. 공동체의 정결과 온전함을 위한 규례(23:1-25)

        (1) 공동체 참여 조항(23:1-8)

        (2) 이스라엘 진영에서의 정결함(23:9-14)

        (3) 노예들의 피난처(23:15-16)

        (4) 신전 매춘 금지(23:17-18)

        (5) 이스라엘 사람에게 이자를 받지 말 것(23:19-20)

        (6) 서원 이행의 의무(23:21-23)

        (7) 추수하지 않은 수확물을 먹을 권리(23:24-25)

주석

23:1-2 첫 번째 조항은 거세된 사람이 언약 공동체에 참여하지 못하게 한다. 여기에서 두 가지 일반적인 불임 방법이 언급되는데, 하나는 고환을 못 쓰게 만드는 것이고 다른 하나는 또 다른 형태의 거세다. 총회에 속하기 원하는 사람은 의도적으로 거세를 해서는 안 된다. 날 때부터 고자인 사람에게도 동일한 규례가 적용되는지 본문은 명시하지 않는다. 보통은 종교적인 이유로 행하는 자발적 거세를 14:1에서 금지하고 있다. 비문에서 쉽게 볼 수 있듯, 이스라엘 주변의 문화권에서는 궁중의 관리들이 때때로 내시가 되었으나 이스라엘에서는 이를 금지했다. 고대 근동에서 거세는 일종의 형벌이기도 했다.

신체 절단은 정결함의 개념, 즉 정상적이므로 성화될 수 있는 것에 위배된다. 이 사실만으로도 이들을 총회에서 배제하는 충분한 이유가 되지만, 이에 더해 실제적인 고려 사항도 있을 수 있다. 총회의 모든 구성원은 영구적인 가족의 기업을 나누어 갖는다(민 26:52-56). 이 기업의 경계를 유지하는 것이 총회의 책임인데(미 2:5), 자녀를 낳지 못하는 사람들에 대해서는 그럴 수 없다. 불임은 언제나 고통스러운 문젯거리다.

"사생자"[맘제르(*mamzer*)]도 총회의 구성원이 될 수 없다. "십 대"라는 표현은 23:3에서 부연 설명하듯, 그들이 영원히 총회에 들어올 수 없다고 말하는 하나의 방식이다. 보기 드문 히브리어 맘제르가 '혼외자'(서출)임을 암시하는 곳은 없다. 문맥상 언약 밖의 결혼으로 태어난 이들을 가리키는 듯하다. 이 용어는 특히 모압 사람이나 암몬 사람과 같이 총회에서 영구히 제외된 사람을 가리킬 수도 있다. 부모 중 어느 한쪽이 언약을 맺지 않았다면, 그 가족은 하나님께 충성하는 데 참여하지 못하거나 하나님께서 선물로 주신 땅을 나누어 가질 수 없다.

23:3-6 암몬 사람과 모압 사람은 총회의 일부가 될 수 없다는 금지 조항을 먼저 진술한 후 그 이유를 설명하고 있다. 그 이유는 약속의 땅에 들어가려고 하는 이스라엘 세대가 잘 알고 있는 역사적 사실이다. 이 구절에 나오는 모압 사람과 암몬 사람은 이스라엘 백성 가운데서 살고 있는 거류민들이다. 그런 금지가 룻 같은 사람에게는 적용되지 않을 것이다. 룻은 모압에 사는 동안 이스라엘 사람과 결혼해 가족의 일원이 된 후 시어머니 나오미와 함께 이주해왔다. 룻은 보아스와 결혼함으로써 나오미 집안의 기업을 물려받고, 후대를 위해 집안의 자산을 보존하는 매개가 되었다. 이스라엘의 법은 이방인이 언약과 총회에 들어오는 것을 금하지 않는다. 금지된 사람은 하나님께서 이스라엘에 그 땅을 주신 때로부터 이스라엘과 언약에 반대했던 거류민들이다.

모압 땅과 암몬 땅은 이스라엘이 점령하지 못하게 하나님께서 금하셨으며(2:9, 19), 이 족속들과 충돌하는 일은 없었다. 이 본문으로는 실제 사건에 대해 알기가 어렵다. 암몬은 양식으로 이스라엘을 돕지 않았다. 모압은 이스라엘에게 양식과 물을 공급했으나(2:28-29) 이스라엘을 만날 때 우호적이지 않았다. 모압 왕인 발락이 이스라엘을 저주하도록 발람을 고용한 것이 모압의 태도를 보여주는 증거다. 발람의 이야기가 이스라엘을 저주하려는 시도에 암몬이 직접 관여했음을 암시하지는 않지만, 그들은 적어도 그 사건의 공모자들이다. 이스라엘을 저주하려던 시도는 뒤집혔고, 저주는 오히려 하나님이 이스라엘에 등 돌리게 하려 했던 자들에게 떨어졌다. 그 저주로 인해 이스라엘은 그들의 영토에 사는 모압 사람과 암몬 사람의 평안[샬롬(shalom)]이나 번영을 영원히 구하지 않게 되었다. 샬롬이란 단어는 가장 포괄적인 의미의 안녕으로, 건강, 재정 또는 이웃관계 등 삶의 모든 영역에서 갈등이 없는 상태를 말한다. 하나님께서 발람의 저주 시도를 역전시키신 것은 이스라엘의 공로가 아니었다. 이스라엘의 복은 언약 안에서 하나님의 사랑을 받아들이는 데 달려 있다.

23:7-8 에돔 사람과 이집트 사람은 암몬 사람이나 모압 사람과는 다른 지위를 가진다. 그들은 이스라엘 가운데서 주민이 된 후 삼 대에 이르면 총회의 구성원이 될 수 있었다. 그 기간이 흐른 후 충성 서약을 하면 비로소 진실함을 인정받았다. 이 규정의 정서는 훗날 오바댜와 이사야가 몸담은 시대의 정서와 정반대다. 이 선지자들은 에돔을 강하게 비난하고 이집트에 의존하지 말라고 줄곧 경고했다.

23:9-14 신명기에서 하나님은 대체로 거룩한 분으로 묘사되며 그분의 임재는 하늘 한가운데 있는 불로 나타난다. 그러나 하나님은 또한 백성들 가운데 계시는 분이고, 특히 전쟁 때 기억해야 할 진리다. 이스라엘의 전쟁은 하나님께서 그들을 위해 싸우시고 그들에게 승리를 허락하실 때에만 성공할 수 있다는 의미에서 거룩하다고 할 수 있다. 그러므로 모두가 정결 의례를 따르며 거룩함의 고백을 엄밀하게 지켜야 한다. 정결함의 개념은 성전이 상징하듯 거룩함과 연관 지어야 이해할 수 있다. 이 구조는 신명기

가 직접 거론하지 않아도 명백히 전제되어 있다. 정결함은 14장에 나오는 명령처럼 섭취할 수 있는 음식으로 표현되지만 다른 활동과 신체 기능으로 표현되기도 한다. 이것은 생명과 질서에 상반되는 것이므로 죽음과 무질서의 영역에 속한다고 간주되는 것을 구별하는 범주화 체계다. 신체의 배출 활동과 시체와의 접촉은 올바른 삶과 거룩함의 질서를 표현하기 위해 깨끗이 씻는 의식이 필요한 상황을 자명하게 보여주는 예들이다.

정결함이 필요한 두 가지 보기가 주어지는데, 하나는 몸의 순결함과 다른 하나는 공간의 청결함과 관계가 있다. 전자는 명시되지 않은 신체의 배출 활동과 관계가 있으며, 이는 다양한 분비물을 가리킨다고 볼 수 있다. "몽정"은 레위기 15:16에서 가져온 것인데, 이 구절에서는 배출의 성격을 명시한 반면에 신명기 23:10의 언어는 보다 일반적이다. 대변은 항상 진영 밖에서 보고 흙으로 덮어야 한다. 이것은 군대 진영에 현실적으로 필요한 위생 조건처럼 보일 수 있으나, 생명의 근원을 의식하고 있다는 증거(14절)로 더 깊은 뜻을 지니고 있다. 즉 하나님께서 틀림없이 이스라엘 한복판에 계시다는 것이다. "불결한 것"은 몸의 노출 또는 벌거벗은 상태를 지칭하고, 이 경우에는 반드시 의식적인 정화 작업이 필요하다. 몸을 타인에게 노출하는 것은 대체로 부적절하고(창 9:22) 남편이 아내를 버리는 이유가 될 수 있다(신 24:1). 이런 것들은 "모든 악한 일"(23:9)의 보기에 불과하며 폭넓게 해석될 수 있다. 쿰란에서 발견된 전쟁 두루마리(War Scroll)는 영구적인 신체 결함이나 피부 부스럼을 가진 모든 사람을 제외시켰다. 성전 두루마리(Temple Scroll)는 모든 유형의 성적인 죄나 불결함을 포함하고 있다.

23:15-16 종에게 피난처를 제공하라는 요구는 이 사람이 이스라엘 땅에서 자기가 선택하는 장소에서 정착할 것을 보장한다(16절). 여기에 함축된 명백한 의미는 종이 이방 국가에서 통제를 받다가 피난처를 찾으려고 이스라엘에 왔다는 것이다. 이것은 7년째 해에 빚을 탕감해주고 종을 해방시켜주는 율법(15:12-18)과 상관이 없다. 이런 사람들은 자기 빚을 갚기 위해 자발적으로 다른 사람의 종이 된 것이다. 종이 되는 가장 흔한 환경 중

하나가 전쟁 포로가 되는 것이었다. 시므이의 종들처럼 이방 국가로 도피한 이스라엘 사람(왕상 2:39-40)에 대한 규례는 없다. 이 규정은 다른 모든 고대 근동의 법률과 상반되는 신명기의 인도주의적 특징에 속한다. 함무라비 법률이 전형적인 예다. "어떤 사람이 국가나 시민에게 속한 도망치는 남종이나 여종을 자기 집에 숨기고 경찰의 부름에도 응하지 않으면, 그 집 주인은 사형에 처한다."[61] 고대 근동에서는 재산이 생명보다 우선시되었다. 하지만 토라의 규례들은 그와 정반대다.

23:17-18 신전 매춘에 대한 전반적 금지는 명백하지만, 여기에 언급된 관습에 대한 구체적 해석은 성경 외 문헌에 나오는 히브리어들[케데샤(*qedeshah*)와 카데쉬(*qadesh*), '신전의 창녀와 남창']의 뜻에서 추론해야 한다. 이들은 신전 예배에 종사하는 여자들과 남자들인 것은 분명하지만, 이 예배가 다산과 풍요를 증대시키기 위한 의식의 일부로 매춘까지 포함했다는 구체적인 증거는 없다. 주전 5세기 그리스 역사학자 헤로도토스에 따르면, 바벨론 여자들은 모두 생애에 적어도 한 번 이슈타르 신전의 경내에서 매춘을 해야 했다(*Histories* 1.199). 이 정보가 정확한지는 의심스러우며, 어쨌든 이 요건이 다산 숭배를 암시하지는 않는다.[62] 매춘으로 번 소득이나 서원 헌금을 신전의 수입으로 사용하는 것에 관한 많은 언급은 성경과 다른 문헌에서 모두 찾아볼 수 있다. 이것이 이 단락에서 금지하는 관습 중 하나인 듯하다.

다음 해석은 17절과 18절을 하나로 보고 두 번째 금지의 확장으로 이해해야 한다고 전제한다. 17절은 어떤 여자나 남자든지 이방 신전의 예배에서 매춘으로 섬기는 일을 금지한다. 18절은 그런 매춘에서 나오는 소득을

---

61 *ANET*, 167. 이런 유명한 법들은 쉽게 찾아볼 수 있고, 신뢰할 만한 자료는 *ANET*다.

62 이 주제에 관한 논의와 참고문헌은 다음 글을 참고하라. Karen van de Toorn, "Cultic Prostitution," *ADB* 5:510-513. 바알브올에서의 성행위에 관한 논의는 Milgrom, "Excursus 61: The Apostasy of Baal-Peor," 476-480을 참고하라.

성전 수입으로 또는 서원을 갚는 예물로 사용하는 것을 금한다. 많은 성경 본문에서 창녀의 소득을 신전에서 사용하는 것에 대해 언급한다. 미가는 창녀의 몸값으로 지은 사마리아의 사당을 거론하는데(미 1:7), 여기서 "몸값"은 신명기 23:18에 쓰인 "소득"과 동일한 단어다. 잠언 7:14-20에서 젊은이를 유혹하려는 여자는 자기 남편이 먼 여행길을 떠났을 때 돈을 벌어 서원한 것을 갚아야 한다. 창녀의 몸값에 대한 언급은 "개 같은 자의 소득"이라는 말을 이해하는 데 도움이 된다. 개[켈레브(keleb)]라는 단어가 은유적으로 사용된 것이라면, 그것이 가리키는 대상은 종이다. 어원인 klb는 고대 근동에서 "충실한 종"[63]에 해당하는 단어로 널리 사용되었다. 이 구절은 이방신 숭배에서 얻은 소득을 성전의 의무를 다하는 데 사용하는 것을 금지한다.

그와 같은 신전 종들이 있었다는 사실이 열왕기상에 네 번 언급된다(왕상 14:24; 15:12; 22:46; 왕하 23:7). 그들은 르호보암의 시절에 도입되었다가 아사와 여호사밧에 의해 제거되었지만, 이후 므낫세 시대에는 성전 내에 그들만의 특별한 방이 있다가 훗날 요아스에 의해 제거되었다. 성전의 수입을 올리는 것이 이런 행위의 일부였을 테고, 여기에는 매춘도 포함되었을 것이다. 호세아는 이스라엘 축제의 일부였던 음주, 성적 문란함, 간음을 정죄했는데, 그중에는 성전 인력[케데쇼트(qedeshot, '창기들')]이 제사에 참여하는 것도 포함되었다(호 4:11-14). 대개 예배 의식이 포함된 축제 시기에는 금송아지 광경에서 늘 볼 수 있듯(출 32:6) 성적 행위가 급증했다.

이스라엘은 약속의 땅에 들어가기 직전에 바알브올에서 모압 여인들의 성적 유혹을 받아 우상 숭배에 빠졌다(민 25:1-15). 당시에 이스라엘 백성은 모압 평지에 있었고, 한 수령을 포함해 다수의 이스라엘 사람이 모압과 미디안 여인들의 유혹을 받아 제사 축제에 참여했다. 그때 이 수령이 부족

---

63 아카드어로 나오는 예들은 AHw, "kalbu," 424에 열거되어 있다. 이 용어는 한 신전의 비용과 신전 인력의 목록을 실은 키티온의 페니키아 비문 중 신전의 한 종에게 사용되었다. 참고. Herbert Donner and Wolfgang Rölling, Kanaanäische und Aramäische Inschriften (Wiesbaden: Otto Harrassowitz, 1966), no. 37.

장의 딸인 미디안 여인을 그의 가족에게 소개하려 했는데 아마 결혼할 의도였던 것 같다. 의례의 일환으로 모든 회중이 지켜보는 가운데 회막 문에 특별한 막사가 세워졌다. 내로라하는 지도자들의 아들과 딸이 성행위를 한 목적은 명시되어 있지 않지만 단지 쾌락을 위한 것이 아니라 모압 예배의 관습에 속하는 것이었다. 이 사건은 이스라엘이 가나안의 종교들에 영입되는 모습을 보여주고 그로 인한 도덕적 위험을 노출시켰다.

23:19-20 출애굽기 22:25과 레위기 25:35-37은 가난한 자를 도울 목적으로 돈이든 물품이든 이자를 받지 말고 빌려주라고 명한다. 신명기의 이 구절들은 그와 비슷한 규례이지만 가난 때문에 대출을 한다고 명시하지는 않는다. 상업적 목적으로 돈을 빌리는 일은 설령 존재했더라도 매우 이례적이었으므로 여기서도 동일한 상황임을 예상해볼 수 있다. 고대 근동에서는 은에 25퍼센트가 넘는 이율을 붙이고, 곡물에는 최대 50퍼센트까지 붙인 것으로 알려져 있다. 어떤 종류의 이자이든 수입이 너무 적어 가난하게 된 사람에게는 도움이 안 된다. 궁핍한 사람에게 돈을 빌려주는 이유는 가난한 사람의 감사와 하나님의 칭찬에 있다(시 15:5; 37:26). 공동체의 균형을 이루기 위한 목적으로 신명기 15:1-11에 나온 규정대로 7년째 되는 해마다 빚이 면제되고 빚진 사람들이 자유롭게 된다. 타국인에게 빌려준 돈은 통상적인 사업의 일환에 속하므로 이 규례를 따르지 않아도 된다.

23:21-23 약속은 미래에 지켜야 하는 일일수록 지금 하기가 더욱 쉽다. 서원(서약)은 자기 삶의 일부를 하나님께 바치는 하나의 방식이다. 그렇게 바친 것은 비록 미래에 지켜야 하는 일일지라도 성화되어 거룩하다. 서원은 한 사람이 자발적으로 자신의 세상에서 하나님 사역의 일부가 될 어떤 일을 수행하는 하나의 훈련 방식이다. 시간이 흐르면 자유롭게 서원한 사람의 마음이 바뀔 수도 있다. 어려움에 처해 서원을 했을 때 특히 그런 경우가 많다(예. 시 22:25-26). 더구나 기대한 대로 재정적인 복이 실현되지 않기도 한다. 그런데도 서원을 갚는 일은 한나의 경우처럼(삼상 1:11, 26-28)

자녀를 포기하는 것만큼 가슴 찢어지는 경험일 수 있다. 서원에는 시간 약속이 따른다. 한나의 경우 정한 시기는 아이가 젖을 뗄 때였다. 외아들 사무엘과 2년을 함께 살다가 막상 봉헌할 때가 되니, 서원을 지키기란 생각보다 훨씬 버거운 일이었다. 서원하면서 정한 시간은 작물 주기 또는 희년 같은 축제 시기와 관련이 있을 때가 많고, 보통은 서원할 당시 환경에 따라 결정될 것이다. 그 시간을 지연시키는 것은 이미 서원의 의도를 부인하는 일이다. 서원은 하나님을 위해 사는 삶에서 진실성이 걸린 문제다 약속을 이행하지 못하는 것은 자기 말에 진실하지 못한 하나의 죄다.

23:24-25 곡물 재배에 상당한 노력과 시간을 들인 땅 주인들과 경계 없이 주어진 처지대로 살아가는 사람들 사이에는 긴장이 생긴다. 기드온의 시대에는 목자들이 몰려와 막무가내로 이스라엘 농부의 곡물을 먹어치운 것이 문제가 되었다(삿 6:3-6). 유목민은 항상 가축 떼를 먹일 방법을 찾는데, 미디안 사람은 이스라엘 사람이 언제 파종하는지 알기 때문에 아주 편리하게 목초지를 찾았던 것이다. 도무지 막을 수 없을 만큼 그들의 수가 많았다. 그러나 평범한 여행이라면 누군가의 들판이나 포도원을 지나게 마련이다. 그때 배고픈 여행자가 배를 채우는 것을 금지하는 규정은 없다. 사복음서도 예수님과 제자들이 밀밭 사이로 지나며 이삭을 잘라먹는 장면을 기록하고 있다(마 12:1-8). 이 율법은 분명 여행자에게 적용된다. 성읍 주민이 정기적으로 다른 사람의 곡물로 배를 채울 수 있다고 말하는 것이 아니다. 그러나 여행은 다른 문제이고, 환대를 기대하는 것이 매우 중요한 이유가 여기에 있다. 들판의 열매를 식사로 제공하는 일은 환대를 나타내는 하나의 방법이고, 따라서 의무라고 할 수 있다.

〰〰〰 응답 〰〰〰

거룩함이란 우리 인생이 하나님께서 주신 선물이고, 하나님의 형상으로 창조된 이들이 세상에서 그분을 대표해야 한다는 점을 항상 인식하는 일이다. 이를 위해 이스라엘 사람은 누구나 정결함에 늘 주의를 기울여야 했다. 다시 말해 질서와 생명을 나타내는 일에 신경을 써야 했다. 그런 질서는 언약에 규정되어 있었고, 하나님께서 선택하실 거룩한 장소인 성전과 관련해서도 그러하다. 새 언약을 맺은 그리스도인은 세상에서 하나님의 성전이다. 공동체적으로는 성전으로 지어진 교회라는 점에서(엡 2:21), 개인적으로는 각자 자기 몸을 가지고 살아가는 방식에서(고전 6:15-20) 그러하다. 모세의 가르침은 그리스도인의 삶에서 모든 부분이 거룩함과 관련해 중요하다는 것을 일깨워준다. 이 장의 첫 절은 특히 생식과 관련해 몸을 온전하고 순결하게 지키는 문제를 다룬다. 이는 하나님의 성전이라는 점과 직접 상관이 있지만 논리적으로 온몸을 돌보는 데까지 그 의미가 연장된다. 비교적 흔한 경우는 아니지만 경쟁심 때문에 지나친 운동으로 몸을 학대하는 사람이 있다. 운동은 거의 하지 않으면서 술과 음식의 탐닉으로 몸을 학대하는 경우는 아주 흔하다. 우리는 이런 일을 매우 중요한 영적 문제로 여겨야 한다. 동시에 이런 일은 이 장에 나오는 일부 항목과는 달리 구체적인 규례를 정할 수 없는 개인 평가의 문제이기도 하다.

유대관계는 거룩함과 관련해 몸을 돌보는 일만큼이나 중요하다. '금지된 결혼'(ESV는 "forbidden unions", 23:2)과 관련된 규례는 오늘날에도 직접적인 의미가 있다. 이는 이스라엘의 총회에 해당하는 교회에 속한 사람들에게 언약 고백을 요구하는 일에 적용할 수 있다. 더 나아가 교인의 삶이 그리스도인에게 기대되는 행실을 노골적으로 무시해서는 안 된다고 요구한다. 배우자를 대신해 결정을 내릴 수 없으므로 (신자와 불신자 간의) 혼합 결혼과 같은 일이 결코 있을 수 없다는 뜻은 아니다(예. 고전 7:12-17). 그러나 모압 사람이나 암몬 사람처럼 다른 이유로 교회의 언약에 속할 자격을 박탈당한 사람들이 있다. 그리스도인의 대인관계 역시 거룩함의 일부다.

피난처를 찾는 종을 대하는 문제와 이자를 받는 문제는 다른 사람들의 필요를 채워주기 위한 의도로 따라야 한다. 오늘날 난민 수가 급증한 국가에서 이는 매우 어려운 문제가 되었다. 사람들의 이동 규모가 현재보다 더 컸던 적이 없고 대부분 타당한 이유로 이주를 한다. 거주지와 식량 문제는 국가의 책임이지만 교회 또한 능력이 닿는 대로 도와야 한다.

과소평가하면 안 되는 거룩함의 중요한 영역은 서약에 대한 문제다. 이 단락의 가르침에서 모세는 구체적으로 돈과 관련된 서약을 다룬다. 그런 서약은 중요한 영적 훈련이며, 그리스도인들이 옳은 일과 하고 싶은 일을 할 수 있게 하는 통로가 된다. 서약을 지키는 일은 물론 만만치 않은 도전이지만 결코 선택의 문제로 넘길 수는 없다. 서약을 할지 말지는 선택 사안이지만 서약을 지키는 일은 그렇지 않다. 서약 이행은 온전한 성품을 보여주는 가장 효과적인 방법 중 하나이며 모든 그리스도인이 따라야 할 바다.

23장

¹ 사람이 아내를 맞이하여 데려온 후에 그에게 수치 되는 일이 있음을 발견하고 그를 기뻐하지 아니하면 이혼 증서를 써서 그의 손에 주고 그를 자기 집에서 내보낼 것이요 ² 그 여자는 그의 집에서 나가서 다른 사람의 아내가 되려니와 ³ 그의 둘째 남편도 그를 미워하여 이혼 증서를 써서 그의 손에 주고 그를 자기 집에서 내보냈거나 또는 그를 아내로 맞이한 둘째 남편이 죽었다 하자 ⁴ 그 여자는 이미 몸을 더럽혔은즉 그를 내보낸 전남편이 그를 다시 아내로 맞이하지 말지니 이 일은 여호와 앞에 가증한 것이라 너는 네 하나님 여호와께서 네게 기업으로 주시는 땅을 범죄하게 하지 말지니라

¹ "When a man takes a wife and marries her, if then she finds no favor in his eyes because he has found some indecency in her, and he writes her a certificate of divorce and puts it in her hand and sends her out of his house, and she departs out of his house, ² and if she goes and becomes another man's wife, ³ and the latter man hates her and writes her a certificate of divorce and puts it in her hand and sends her out of his house, or if the latter man dies, who took her to be his wife, ⁴ then

her former husband, who sent her away, may not take her again to be his wife, after she has been defiled, for that is an abomination before the Lord. And you shall not bring sin upon the land that the Lord your God is giving you for an inheritance.

5 사람이 새로이 아내를 맞이하였으면 그를 군대로 내보내지 말 것이요 아무 직무도 그에게 맡기지 말 것이며 그는 일 년 동안 한가하게 집에 있으면서 그가 맞이한 아내를 즐겁게 할지니라

5 "When a man is newly married, he shall not go out with the army or be liable for any other public duty. He shall be free at home one year to be happy with his wife[1] whom he has taken.

6 사람이 맷돌이나 그 위짝을 전당 잡지 말지니 이는 그 생명을 전당 잡음이니라

6 "No one shall take a mill or an upper millstone in pledge, for that would be taking a life in pledge.

7 사람이 자기 형제 곧 이스라엘 자손 중 한 사람을 유인하여 종으로 삼거나 판 것이 발견되면 그 유인한 자를 죽일지니 이같이 하여 너희 중에서 악을 제할지니라

7 "If a man is found stealing one of his brothers of the people of Israel, and if he treats him as a slave or sells him, then that thief shall die. So you shall purge the evil from your midst.

8 너는 나병에 대하여 삼가서 레위 사람 제사장들이 너희에게 가르치는 대로 네가 힘써 다 지켜 행하되 너희는 내가 그들에게 명령한 대로 지켜 행하라 9 너희는 애굽에서 나오는 길에서 네 하나님 여호와께

서 미리암에게 행하신 일을 기억할지니라

8 "Take care, in a case of leprous² disease, to be very careful to
do according to all that the Levitical priests shall direct you. As I
commanded them, so you shall be careful to do. 9 Remember what the
Lord your God did to Miriam on the way as you came out of Egypt.

10 네 이웃에게 무엇을 꾸어줄 때에 너는 그의 집에 들어가서 전당물
을 취하지 말고 11 너는 밖에 서 있고 네게 꾸는 자가 전당물을 밖으로
가지고 나와서 네게 줄 것이며 12 그가 가난한 자이면 너는 그의 전당
물을 가지고 자지 말고 13 해 질 때에 그 전당물을 반드시 그에게 돌려
줄 것이라 그리하면 그가 그 옷을 입고 자며 너를 위하여 축복하리니
그 일이 네 하나님 여호와 앞에서 네 공의로움이 되리라

10 "When you make your neighbor a loan of any sort, you shall not
go into his house to collect his pledge. 11 You shall stand outside, and
the man to whom you make the loan shall bring the pledge out to you.
12 And if he is a poor man, you shall not sleep in his pledge. 13 You
shall restore to him the pledge as the sun sets, that he may sleep in his
cloak and bless you. And it shall be righteousness for you before the
Lord your God.

14 곤궁하고 빈한한 품꾼은 너희 형제든지 네 땅 성문 안에 우거하는
객이든지 그를 학대하지 말며 15 그 품삯을 당일에 주고 해 진 후까지
미루지 말라 이는 그가 가난하므로 그 품삯을 간절히 바람이라 그가
너를 여호와께 호소하지 않게 하라 그렇지 않으면 그것이 네게 죄가
될 것임이라

14 "You shall not oppress a hired worker who is poor and needy,
whether he is one of your brothers or one of the sojourners who are in

your land within your towns. ¹⁵ You shall give him his wages on the same day, before the sun sets (for he is poor and counts on it), lest he cry against you to the Lord, and you be guilty of sin.

¹⁶ 아버지는 그 자식들로 말미암아 죽임을 당하지 않을 것이요 자식들은 그 아버지로 말미암아 죽임을 당하지 않을 것이니 각 사람은 자기 죄로 말미암아 죽임을 당할 것이니라

¹⁶ "Fathers shall not be put to death because of their children, nor shall children be put to death because of their fathers. Each one shall be put to death for his own sin.

¹⁷ 너는 객이나 고아의 송사를 억울하게 하지 말며 과부의 옷을 전당 잡지 말라 ¹⁸ 너는 애굽에서 종 되었던 일과 네 하나님 여호와께서 너를 거기서 속량하신 것을 기억하라 이러므로 내가 네게 이 일을 행하라 명령하노라

¹⁷ "You shall not pervert the justice due to the sojourner or to the fatherless, or take a widow's garment in pledge, ¹⁸ but you shall remember that you were a slave in Egypt and the Lord your God redeemed you from there; therefore I command you to do this.

¹⁹ 네가 밭에서 곡식을 벨 때에 그 한 뭇을 밭에 잊어버렸거든 다시 가서 가져오지 말고 나그네와 고아와 과부를 위하여 남겨두라 그리하면 네 하나님 여호와께서 네 손으로 하는 모든 일에 복을 내리시리라 ²⁰ 네가 네 감람나무를 떤 후에 그 가지를 다시 살피지 말고 그 남은 것은 객과 고아와 과부를 위하여 남겨두며 ²¹ 네가 네 포도원의 포도를 딴 후에 그 남은 것을 다시 따지 말고 객과 고아와 과부를 위하여 남겨두라 ²² 너는 애굽 땅에서 종 되었던 것을 기억하라 이러므로 내가

네게 이 일을 행하라 명령하노라

19 "When you reap your harvest in your field and forget a sheaf in the field, you shall not go back to get it. It shall be for the sojourner, the fatherless, and the widow, that the Lord your God may bless you in all the work of your hands. 20 When you beat your olive trees, you shall not go over them again. It shall be for the sojourner, the fatherless, and the widow. 21 When you gather the grapes of your vineyard, you shall not strip it afterward. It shall be for the sojourner, the fatherless, and the widow. 22 You shall remember that you were a slave in the land of Egypt; therefore I command you to do this."

1 Or *to make happy his wife 2 Leprosy* was a term for several skin diseases; see Leviticus 13

<hr>

〰〰〰 단락 개관 〰〰〰

공동체에서의 사회 복지

권면은 신명기의 특징이기는 하지만, 이 장에서는 권면이 서로 다른 율법들을 하나로 묶어주는 후렴과 같다. 이스라엘은 언약의 모든 규정을 힘써 다 지켜 행해야 한다(8-9, 18, 22절). 이혼에 관한 첫 번째 율법은 주님이 그들에게 주신 땅에 대해 죄를 지으면 안 된다는 것을 상기시키는 말로 끝난다(4절). 이 권면의 동기는 신명기의 공통 주제다. 그들이 노예로 살던 이집트에서 속량되었다는 것이다. 공통된 요구 사항은 예전에 이집트에서 겪은 그들의 처지를 기억하며, 현재 약하고 취약한 이들을 돌보라는 것이다. 이 장의 규례들은 흔히 접하는 다양한 상황을 다루고 있으나 공통분모는 무방비 상태에 놓인 사람을 물질적으로 보호하는 것이다.

첫 번째 규례는 이혼한 아내를 위한 물질적 보호와 안전보장이다. 이혼할 때 남편은 아내에게 이혼 증서를 제공해야 한다. 이 규정은 그 여자가 재혼할 권리를 보장하고, 그녀의 전 재산을 이혼한 남편의 모든 주장으로부터 보호한다. 여자를 위한 이 놀라운 대책은 다른 어떤 문화에서 유래한 것이 아니다. 다른 면에서는 이스라엘이 결혼 및 이혼과 관련해 이웃 족속들의 관습을 공유하지만 말이다.[64] 이와 관련된 법은 갓 결혼한 남자가 군대 복무의 의무에서 면제되는 것이다. 이 점이 여자에게 특히 중요한 것은 그녀가 아직 재정적으로 안정된 가정을 갖지 못했기 때문이다. 그런 상황에서 남편이 없다면 여자가 들판 일을 책임져야 하므로 엄청난 스트레스를 받게 될 것이다. 혹여 남편이 전쟁터에서 부상을 당하거나 죽는다면, 그녀는 자녀가 없고 별다른 재산도 없는 상태가 된다.

대출 담보와 취약한 자의 생명 보호에 관한 법들도 인도주의적인 배려를 담고 있다. 이 법들은 재산이나 재정적 이익이 인간 생명의 가치보다 우선하면 안 된다는 점에서 서로 연관되어 있다. 이 장은 수확물의 일부는 가난한 사람을 위한 양식으로 남겨져야 한다는 규정으로 마무리된다(19-21절). 가난한 자를 위한 명령으로 시작해 이스라엘 백성이 이집트 땅에서 노예였음을 기억하라는 권면으로 끝난다. 가난한 자를 돌보는 일은 속량받은 백성으로서 그들이 져야 하는 영적 책임이다.

24장

---

64 고대 근동의 결혼 관련 법률과 관습에 대한 상세한 연구는 다음 책을 참고하라. David Instone-Brewer, *Divorce and Remarriage in the Bible: The Social and Literary Context* (Grand Rapids, MI: Eerdmans, 2002), esp. 20-33. 가장 중요한 부분은 다음 단락에 대한 포괄적인 연구다. Westbrook, "The Prohibition on Restoration," 387-405.

II. 모세의 두 번째 연설(4:44-29:1)

  C. 이 토라에 대한 해설(12:1-25:19)

    4. 가정 규례와 사회적 규례(21:10-25:19)

      e. 취약인의 복지를 위한 규례(24:1-22)

        (1) 이혼한 아내에 대한 보호(24:1-4)

        (2) 갓 결혼한 아내를 위한 규정(24:5)

        (3) 인간 생명을 보호하는 법도(24:6-7)

        (4) 하나님의 가르침을 지키라는 권고(24:8-9)

        (5) 대출 담보 제한(24:10-13)

        (6) 취약한 자의 삶을 위한 안전장치(24:14-18)

        (7) 추수 때 가난한 자를 위한 규정(24:19-22)

⧼⧼⧼⧼⧼ 주석 ⧽⧽⧽⧽⧽

24:1-4 구약성경에서 이혼 사례를 찾아보기 힘들지만, 이혼은 아마 다른 나라들과 마찬가지로 이스라엘에서도 흔했을 것이다. 이혼 절차에 관한 규례는 몇 가지 되지 않고 그나마 이 구절이 가장 구체적이다. 구약에서 언급하는 이혼의 이유는 남편이 음식, 의복 또는 부부관계를 제공하지 못하는 것(출 21:10-11)과 신명기 24:1에 나오는 "수치스러운 일"이다. 성경의 율법과 다른 고대 국가들의 법률이 다른 점 중 하나는, 여자가 기혼 상태로 남을 수 있는 권리와 재혼할 수 있는 권리를 갖는다는 것이다. 이스라엘의 절대적 차별성은 이혼 증서에 대한 여자의 권리에서 드러난다. 이혼 증서는 여자에게 재혼할 자유가 있음을 웅변한다. 여기에 진술된 규정

에서 해석이 필요한 문제는 이혼 조건이다. 즉 아내에게 서류를 주는 것과 남편이 그녀와 다시 결혼하지 못하게 하여 그녀의 재산에 접근하는 것을 방지하는 조건과 관계가 있다.

이혼 법은 조건부 문장으로 작성되어 있으며, 이는 고대 근동 문화의 법적 자료에서 흔히 볼 수 있는 형식이다. 이런 형식은 그 법이 적용되는 조건이나 상황을 먼저 진술하기 때문에 판례법 내지 사례법이라고 불렀다. 위법 행위가 연관된 문제들과 나란히 진술되었을 때(조건절), 응답절은 법적 선언을 발표한다(귀결절). 이 경우 긴 조건절은 다음의 일곱 가지 필수 기준으로 구성된다. 여자의 혼인, 아내의 수치스러운 행위에 대한 혐의, 남자에 의한 이혼, 여자의 재혼, 두 번째 남편의 배척, 두 번째 남편의 이혼(또는 죽음), 그리고 첫 번째 남편이 다시 여자와 결혼하려는 시도다. 이런 상황에서는 재혼이 금지된다. 더 흔한 이혼 사례는 단순히 남편이 아내를 미워해 이혼하는 경우다. 이런 경우 고대 근동의 모든 법에 진술되어 있듯, 남편은 아내에게 지참금을 돌려주고 어쩌면 다른 보상금까지 주도록 규정되어 있다. 그러나 남편에게 이혼할 만한 사유가 있다면 지참금을 돌려주지 않아도 된다. 또한 남편이 금전적 이익을 얻기 위해 전부인과 다시 결혼하려 할 수 있다. 여기서 모세가 제공한 사례를 보면, 첫 번째 남편이 자신의 책임을 줄이기 위해 아내에게 유책 혐의를 두어 벌금을 최소한으로 물면서 아내와 이혼하려고 한다.

시간이 흘러 첫 번째 남편의 주장이 타당하지 않았다는 사실이 드러날 수 있다. 또는 전부인의 새로운 상황을 감안하면 그런 주장이 힘을 잃을 수도 있다. 그녀는 이제 두 차례의 결혼으로 재물이 상당히 늘었을 테고, 첫 번째 남편은 기회가 생긴다면 전부인과 다시 결혼하고 싶을 것이다. 그런 경우 남편이 이중의 이익을 얻게 되므로 이런 결혼은 금지된다. 먼저는 최소한의 벌금으로 이혼하며 이익을 얻고, 나중에는 전부인이 지참금과 두 번째 남편에게 받은 유산까지 들고 올 테니 또다시 이익을 얻는 것이다. 재정적 이익을 얻기 위해 원래 이혼했던 근거를 부인하는 것은 괘씸하고 얄미운 짓이다.

이혼한 여자가 첫 번째 남편과 재혼하는 것을 금지하는 규정을 분명히 이해하려면 어휘와 관련된 두 가지 문제를 다루어야 한다. 첫째는 "수치되는 일"(1절)에 대한 혐의이고, 둘째는 그녀가 "더럽[혀진]"(4절) 것에 따른 결과다. 전자에 쓰인 단어는 보기 드문 히브리어 에르와트('erwat)로, 군대 진영을 더럽힐 수 있는 온갖 분비물과 관련해 몸의 노출을 이야기할 때 사용된다(23:14). 후자에 쓰인 단어는 수동태로 여기에만 나오는 훗탐마아(huttamma'ah)다. 이 단어는 아마 첫 번째 남편이 제기한 혐의와 관련해 그녀가 스스로를 불결하다고 선언하도록 규정되어 있다는 의미를 지닌다. 에르와트의 뜻은 성(性)과 관련 있는 것이 틀림없다. 앞의 용례가 하나의 지침이 된다면 이 단어는 또한 몸의 분비물, 이를테면 월경과 관련 있을 수도 있다. 예수님에게 도움을 요청한 여인처럼(막 5:25-34) 자궁의 출혈이 멈추지 않는 문제를 가지고 있을 수도 있다.[65] 그럴 경우 여자가 계속 불결한 상태로 있으므로 성교를 하지 못하고, 아울러 자녀를 갖지 못하게 될 수 있다. 남편은 결혼 후에야 이런 문제를 알게 되었을 테고, 아내를 불쌍히 여기는 대신 자기 이익을 위해 이혼을 선택할 수 있다.

이 구절에 대해서는 다른 유사한 해석들이 제시되고 있으며, 그런 해석들은 이 율법 규정의 의미론적인 뜻에 해당한다. 다른 사례법들이 그렇듯이 사례도 본보기로 든 것이므로 이와 비슷한 상황을 포함하기 위해 의도적으로 모호할 수 있다. 이혼 증서를 주도록 요구하고 이혼을 제기한 사람과의 재혼을 금지시킴으로써, 이 율법은 두 가지 면에서 여자의 보호를 보장한다. 먼저, 여자는 첫 번째 남편의 간섭이나 요구를 두려워하지 않고 재혼할 권리를 보장받는다. 그녀는 재정적으로 독립해 언제든 다른 누군가와 재혼할 자유가 있다. 첫 번째 남편과 재혼한다면 본래 이혼했던 사유를 부인하고 자신의 자유를 타협하는 행위가 될 것이다. 이혼 증서를 통해 얻은 보호를 부인하는 것은 주님께 가증하고, 주님이 그들에게 주신 땅을 죄

---

65 이 의미를 지지하는 언어학적 입장이 개진된 글은 다음과 같다. John Walton, "The Place of the hutquaṭṭēl within the D-stem Group and Its Implications in Deuteronomy 24:4," HS 32 (1991): 14-15.

446 _ ESV 성경 해설 주석

로 물들이는 일이다.

재혼이 여자를 불결하게(더럽게) 만든다는 주장은 이혼 증서의 목적과 상충된다. 만일 재혼으로 그녀가 불결해진다면, 그것은 간음에 해당하므로 곧바로 금지될 것이다. 그러나 조건절은 그와 정반대로, 이혼 증서가 그녀에게 처벌 없이 재혼할 권리를 보장한다고 단언한다.

24:5 군대는 필요할 때 시민들 가운데서 소집되었다. 이는 시민들을 위한 전쟁이므로 그들이 직접 전쟁을 하러 나간다(20:1). 사울과 다윗은 소규모 상비군의 지원을 받은 반면, 솔로몬 치하에서는 조직된 군사전이 발전했다. 하지만 대체로 필요가 생길 때 남자들이 전투에 소집되었다. 새로 가정을 꾸리는 사람들은 가정을 위해 그리고 새 신부의 기대를 채우기 위해 군복무가 면제되었다. 여기에 쓰인 사역형 동사는 단지 '그의 아내와 행복하다'(개역개정은 "아내를 즐겁게 할지니라")라는 뜻만 지니지 않는다. 이는 여자의 안녕을 염두에 둔 또 다른 율법이다. 오히려 남편이 아내를 기쁘게 해 주어야 한다. 여자는 결혼할 때 성적 만족보다 훨씬 많은 것을 기대한다. 본문에서 분명히 밝히지는 않아도 여기서 전제하는 상황은 남자와 여자 모두 처음 결혼하는 경우일 것이다.

24:6-7 대출 시 이자를 받을 수는 없지만(23:19) 채권자는 상환을 확보하기 위해 채무자의 자산을 담보로 잡을 수 있었다. 이를 사전에 결정하는지는 명시되어 있지 않다. 대출금이 상환되지 않을 때 채권자가 결정권을 가질 수 있다. 그러나 대출금을 갚을 때까지 채권자의 담보에 대한 권리는 제한된다. 이를테면 매일 먹을 음식을 만들기 위해 집집마다 가지고 있는 맷돌이나 그 일부 같은 필수품에 대한 권리를 주장할 수 없다.

유괴에 관한 규례는 출애굽기 21:16에 나오는 규정과 똑같다. 단, 신명기는 피해자가 이스라엘 사람임을 명시한다. 출애굽기에서 진술하듯, 이 형벌은 이스라엘 사람이 아닌 경우에도 적용될 가능성이 많다. 어쩌면 이스라엘 사람 사이에 대출 담보로 인간의 생명을 취할 수 있는 극악한 사

24장

례를 모세가 강조하는 것인지도 모른다. 부자가 저지를 수 있는 범죄 중 하나가 가난한 사람이 빚을 못 갚는다고 자식을 빼앗아 가는 것이었다(욥 24:9). 이것은 한 개인이 자기가 진 빚을 갚기 위해 자발적으로 종이 되는 경우와 다르다. 유괴는 법적으로 합리화될지 몰라도 자산과 인간 생명의 범주에 속하는 문제이니만큼 결혼과 대출에 관한 율법의 후속편으로 나오는 것이 적절하다. 그러나 노예로 삼으려고 사람을 빼앗는 행위는 인간의 생명을 자산으로 격하시키며 물질의 이득을 위해 생명을 침해하는 극악무도한 짓이다. 그것은 너무나 부끄러운 일이므로 실제로 살인에 해당하는 처벌을 받는다.

24:8-9 나병(새번역은 "악성 피부병")에 관한 율법은 잘 알려져 있을 것으로 추정된다. 그 율법을 신중하게 지키라는 명령은 주님이 이스라엘을 이집트에서 인도해내실 때 주신 언약을 준수하여 레위인의 가르침을 따르라는 요구와 연결된다. 민수기 12:9-13에 나오는 미리암의 예는 모든 명령을 지키는 것이 얼마나 중요한지 경고하는 역할을 한다. 아론은 미리암의 상태를 죽음의 저주에 비유하는데(민 12:12), 이 때문에 여기서 이 율법을 골라내어 모든 언약을 다 지킬 필요성을 보여주는 본보기로 삼는 듯하다. 그런 의미에서 이는 유괴된 종이나 자기 양식을 마련할 수단 없이 방치된 가난한 사람의 사례와 비슷하다.

"나병"은 이 히브리어 용어가 현대의 한센병 범주에 속하지 않는 다양한 질환을 가리킨다는 것을 나타내는 좋은 방법이다. 이 병은 이스라엘에서 일상생활의 많은 측면에 영향을 주었기에 명령을 충실히 따르라는 권면에 사용하기 적절한 예였다. 이 구절은 앞 절을 마무리하면서 가난한 사람들을 이용하지 않는 것의 중요성을 다루는 다음 명령을 도입한다.

24:10-13 돈은 항상 논쟁을 불러일으키는 주제다. 갚지 못한 채무는 단순한 소작농 수준이라 할지라도 상업에 종사하는 모든 사람에게 항상 큰 문제였다. 연체된 대출금을 회수하기 위해 자산 압류 등 다양한 종류의 압

력이 행사된다. 이 구절의 규정은 대출금을 회수하기 위해 취할 수 있는 조치에 두 가지 제한을 둔다. 첫째는 채무에 대한 자산 압류는 채무자 편에서 자발적으로 응해야 한다는 것이다. 둘째는 압류한 물품으로 인해 채무자의 건강이나 안녕이 위태로워지면 안 된다는 것이다. 만일 가져온 겉옷이 채무자가 밤에 담요로 쓰는 것이라면 저녁때마다 그것을 돌려줘야 한다.

대출을 위해 물건을 담보로 제공하는 데 두 가지 다른 히브리 용어가 사용된다. 신명기 24:6, 17에서는 하발(*habal*)이, 10절과 12절에서는 아바트(*'abat*)가 사용된다. 첫 번째 용어는 어떤 물건을 담보로 잡는다는 뜻이고, 두 번째 용어는 담보로 보증금을 받거나 보증금을 내고 대출받는 것을 말한다. 첫 번째 사례는 대출금을 갚지 못한 후 담보물을 잡는 경우인데 비해, 두 번째 사례는 보증금을 담보 삼아 대출을 받는 경우다. 두 용어는 아라브(*'arab*)와 구별될 필요가 있다. 아라브는 다른 누군가를 위해 대출 보증인이 된다는 뜻이다. 이는 전적인 손실을 입을 위험이 있어 잠언에서 거듭 경고하고 있다(예. 잠 6:1; 11:15). 보증을 서면 장차 보상받을 희망도 없이 고약한 부채를 모두 떠안을 의무가 생길 수 있다. 이는 어떤 자산 구매에 공동 서명을 하는 것과 어떤 대출에 대한 보증인이 되는 것의 차이와 비슷하다. 공동 서명의 경우, 부채가 전액 상환될 때까지 양 당사자가 모두 소유권을 갖는다. 이는 채무 불이행에 대비한 담보 수단을 제공한다.

24:14-15 품꾼은 땅이 없고 다른 자원도 없어 날마다 하루 품삯에 의존한다. 임금 체불은 그들의 안녕과 그 가족의 생계를 위협한다. 이는 품꾼이 동료 이스라엘 사람인지 여부와 상관없이 용납될 수 없는 행위다. 이 권고는 그런 행동이 심판을 받을 것이라는 경고로 마무리된다. 담보물과 관련해 친절을 베푸는 경우 그 배려에 대한 축복을 약속한다. 모든 품꾼은 배려와 존중을 받을 자격이 있다. 그들은 자비로운 하나님께 호소할 수 있다는 점에서 강력한 자원을 가지고 있는 셈이다.

24:16 이 율법은 인간의 생명을 보호하는 데 있어 정의의 일반적인 요건을 보여주는 예다. 성경의 언약법에서는 언제나 인간의 생명이 우선한다. 정의는 발생한 손해를 보상받는 것이지 결코 복수가 아니다. 다른 법전에서는 그러한 고려를 찾아볼 수 없다. 이 구절의 규정과 대조적으로, 함무라비 법전은 사망이나 부상을 초래한 주택 붕괴 사고에 건축업자가 책임을 지는 사례를 다룬다. 그러한 어느 조항에는 "그 사고로 집 주인의 아들이 죽었다면, 그 건축자의 아들을 사형에 처하라"[66]고 기록되어 있다. "사람은 저마다 자기가 지은 죄 때문에만 죽임을 당할 것입니다"(새번역)라는 번역문을 하나님에 대한 범죄를 가리키는 신학적 진술로 읽어서는 안 된다. 율법의 맥락에서 "죄"[헤테(heteh)]로 번역된 단어는 법적 위반 또는 범죄를 가리킨다. 이 단어는 법적 요건에 명시된 바를 충족시키지 못한 것을 의미한다.

24:17-18 약자와 무방비한 사람을 착취하지 않도록 조심하라는 권고는 선지자들의 글에 자주 나오는 일반적 진술로 마무리된다. 이사야는 이스라엘의 지도자들이 언약을 위반한 일을 정죄하면서 바로 이 주제를 언급한다(예. 사 1:16-17). 빚을 회수하기 위해 생필품인 겉옷을 압류하는 것(하발, '가져가다')은 이전의 예들을 상기시키고 또 마무리한다. 이 단락 전체는 이스라엘이 과거에 받았던 자비를 상기시키는 것으로 끝난다.

24:19-22 이 장은 과부와 나그네와 고아의 복지를 위한 마지막 규정으로 막을 내린다. 농부들은 추수할 때 곡식이나 올리브, 포도를 마지막 한 단까지 거둬들일만큼 인색해서는 안 된다. 땅이 없는 자들도 수확에 참여해야 한다. 이 관습은 룻기에 나온다. 과부가 된 모압 여인이 보아스의 들판에서 수확에 참여하고, 보아스는 그녀를 특별히 배려하라는 지시를 내린다. 이는 3년째 되는 해마다 내는 십일조, 수확의 십분의 일을 레위인과

---

66 *ANET*, 176,

가난한 자에게 주는 일(14:28-29)을 보완한다. 이 관습은 의무이지만, 그렇게 함으로써 이스라엘 백성은 그 땅이 하나님께서 은혜로 그들에게 주신 선물임을 인정한다.

≈≈≈≈≈ 응답 ≈≈≈≈≈

신명기 24장은 시편 15편과 24편에 나오는 전례(liturgies)에 대한 질문에 답할 수 있는 구체적인 예를 제공한다. 시편 24편은 창조주에 대한 고백으로 시작된다.

> 땅과 거기에 충만한 것과 세계와
> > 그 가운데에 사는 자들은 다 여호와의 것이로다
> 여호와께서 그 터를 바다 위에 세우심이여
> > 강들 위에 건설하셨도다(24:1-2).

창세기 1:1-2에 나오는 기사의 시적 선언에 해당하는 이 고백에 이어, 예배하러 오는 사람들은 "여호와의 산에 오를 자가 누구며 그의 거룩한 곳에 설 자가 누구인가"(시 24:3)라는 질문에 직면한다. 그 대답은 언약의 맹세를 지키는 자, 주님의 이름을 헛되이 부르지 않은 자, 거짓 맹세를 하지 않은 자다(시 24:4). 이 질문은 또한 시편 15편의 도입부이고, 시편 15:2은 본질적으로 똑같은 답을 제공한다. 정직하게 행하며 공의를 실천하는 사람이다. 모세는 이스라엘이 약속의 땅에 들어갈 때 그들을 이끌어 언약을 갱신하게 한다. 모세는 이 토라를 마무리하는 대목에서 장차 주님이 선택하실 장소에서 예배할 자격을 갖추기 위해 고려해야 할 매우 실제적이고 일반적인 사항을 한데 묶는다.

이스라엘의 경우, 성전에서 드리는 예배는 신앙과 삶에 관한 문제와 분리된 적이 한 번도 없었다. 시편 15편은 언약을 지키는 삶에서 진실성에 대한 문제에 상세히 대답한다. 이 시편은 말에서 시작된다. 예배하는 자의 말은 신뢰할 수 있다. 그들은 이웃을 비방하지 않고, 주변 사람을 결코 모욕하지 않는다. 이스라엘 백성 가운데는 두 부류의 사람이 있다. 한편에는 언약을 지키지 않아 버림받은 자들이 있다(시 15:4a). 이런 사람들은 멸시를 받지만 주님을 두려워하는 자들은 존대를 받는다. 이 시편이 다루는 또 다른 문제는 돈이다. 의로운 자는 이익을 위해 돈을 빌려주지 않고 무죄한 자를 해치려고 뇌물을 받지 않는다. 말과 돈은 일상생활의 두 가지 측면이다. 정직한 말과 깨끗한 돈은 신실함의 표시이므로 예배할 자격이 된다.

시온을 방문하는 모든 사람은 충성 서약을 해야 한다. 당신은 이 장에 나오는 모세의 가르침을 따라 언약을 지키는 삶을 살고 있는가? 예로 나오는 이런 행위들은 의로운 사람의 척도다. 구약의 신앙에 따르면, 구원의 선물은 성전 축제에서 비인격적으로 나눠 주는 권력의 중심에 있는 것이 아니다. 구원은 언약에 충실한 길을 걸으며 성전에 오는 사람들을 위한 것이다. 그들은 흔들리지 않는 반석 위에 서 있다. 그 반석은 바로 시온산 위에 세워진 성전의 하나님이시다.

이러한 진리는 그리스도인에게 종말론적 의미를 지닌다. 그리스도는 우리에게 지혜와 의로움과 거룩함과 구원함이 되셨다(고전 1:30). 그리스도는 언약이 의로운 사람에게 요구하는 모든 것을 성취하신 분이다. 새 언약의 일원이 된다는 것은 곧 그리스도께 속하는 것이다. 그리스도 안에 있는 이들은 시온산, 살아 계신 하나님의 도성인 하늘의 예루살렘, 무수한 천사들이 모인 축제에 이르렀고, 만유의 하나님이신 재판장과 온전하게 된 의인의 영들에게 왔으며, 아벨의 피보다 더 나은 것을 말하는 피를 뿌리신 새 언약의 중보자 예수님께 나왔다(히 12:22-24). "온전하게 된 의인의 영들"(히 12:23)은 다름 아닌 모세의 가르침을 따랐던 믿음의 사람들이다. 아벨의 피는 땅에서 큰 소리로 정의를 호소하지만, 그리스도의 피는 깨끗하게 씻음과 구원을 가져온다. 장자의 교회에 속한 이들, 곧 새 언약에 속한 모든 이들은 그들의 믿음을 행동으로 나타내도록 부름을 받았다(약 2:14-17). 어떤 사람이 헐벗고 먹을 것조차 없는데 믿음의 사람이 그에게 몸을 따뜻하게 하고 배부르게 먹으라고 말만 한다면 그게 무슨 소용이 있겠는가? 시온산에 오는 사람들의 믿음의 실천은 하늘 예루살렘에 온 사람들의 믿음의 실천이기도 하다.

신명기 24장은 결혼관계가 깨어지는 문제로 시작되는데, 이 본문이 자주 언급되는 것은 예수님이 이혼 권리에 관한 질문에 대답할 때 인용하시기 때문이다(마 19:1-10). 예수님은 이혼은 권리가 아니며, 이혼 절차에 관한 유일한 언급이 그런 권리를 확립하는 근거로 이용되면 안 된다고 응답하신다. 모세는 그 전제에 관한 첫 번째 진술의 모호함을 통해 이혼의 근거를 제시하지 않으려 한다. 모세의 규정은, 결혼관계가 깨어질 때 이스라엘의 언약 안에서 가족을 보호하는 데 관심이 있다. 예수님은 이 구절의 해석을 재혼의 근거로 확대하지 않으신다. 여기에 재혼의 근거는 없다. 그렇다고 절대로 재혼을 하면 안 된다는 말은 아니다(결혼에 관한 논의는 22:13-30의 '응답' 부분을 참고하라). 이혼은 가능한 한 용서와 회복이 필요한 일종의 실패다. 그렇게 참회하는 사람이라야 교회라는 거룩한 성전에서 예배할 자격이 있다.

24장

¹ 사람들 사이에 시비가 생겨 재판을 청하면 재판장은 그들을 재판하여 의인은 의롭다 하고 악인은 정죄할 것이며 ² 악인에게 태형이 합당하면 재판장은 그를 엎드리게 하고 그 앞에서 그의 죄에 따라 수를 맞추어 때리게 하라 ³ 사십까지는 때리려니와 그것을 넘기지는 못할지니 만일 그것을 넘겨 매를 지나치게 때리면 네가 네 형제를 경히 여기는 것이 될까 하노라

¹ "If there is a dispute between men and they come into court and the judges decide between them, acquitting the innocent and condemning the guilty, ² then if the guilty man deserves to be beaten, the judge shall cause him to lie down and be beaten in his presence with a number of stripes in proportion to his offense. ³ Forty stripes may be given him, but not more, lest, if one should go on to beat him with more stripes than these, your brother be degraded in your sight.

⁴ 곡식 떠는 소에게 망을 씌우지 말지니라

⁴ "You shall not muzzle an ox when it is treading out the grain.

5 형제들이 함께 사는데 그중 하나가 죽고 아들이 없거든 그 죽은 자의 아내는 나가서 타인에게 시집가지 말 것이요 그의 남편의 형제가 그에게로 들어가서 그를 맞이하여 아내로 삼아 그의 남편의 형제 된 의무를 그에게 다 행할 것이요 6 그 여인이 낳은 첫 아들이 그 죽은 형제의 이름을 잇게 하여 그 이름이 이스라엘 중에서 끊어지지 않게 할 것이니라 7 그러나 그 사람이 만일 그 형제의 아내 맞이하기를 즐겨하지 아니하면 그 형제의 아내는 그 성문으로 장로들에게로 나아가서 말하기를 내 남편의 형제가 그의 형제의 이름을 이스라엘 중에 잇기를 싫어하여 남편의 형제 된 의무를 내게 행하지 아니하나이다 할 것이요 8 그 성읍 장로들은 그를 불러다가 말할 것이며 그가 이미 정한 뜻대로 말하기를 내가 그 여자를 맞이하기를 즐겨하지 아니하노라 하면 9 그의 형제의 아내가 장로들 앞에서 그에게 나아가서 그의 발에서 신을 벗기고 그의 얼굴에 침을 뱉으며 이르기를 그의 형제의 집을 세우기를 즐겨 아니하는 자에게는 이같이 할 것이라 하고 10 이스라엘 중에서 그의 이름을 신 벗김 받은 자의 집이라 부를 것이니라

5 "If brothers dwell together, and one of them dies and has no son, the wife of the dead man shall not be married outside the family to a stranger. Her husband's brother shall go in to her and take her as his wife and perform the duty of a husband's brother to her. 6 And the first son whom she bears shall succeed to the name of his dead brother, that his name may not be blotted out of Israel. 7 And if the man does not wish to take his brother's wife, then his brother's wife shall go up to the gate to the elders and say, 'My husband's brother refuses to perpetuate his brother's name in Israel; he will not perform the duty of a husband's brother to me.' 8 Then the elders of his city shall call him and speak to him, and if he persists, saying, 'I do not wish to take her,' 9 then his brother's wife shall go up to him in the presence of the elders and pull

his sandal off his foot and spit in his face. And she shall answer and say, 'So shall it be done to the man who does not build up his brother's house.' 10 And the name of his house*¹* shall be called in Israel, 'The house of him who had his sandal pulled off.

11 두 사람이 서로 싸울 때에 한 사람의 아내가 그 치는 자의 손에서 그의 남편을 구하려 하여 가까이 가서 손을 벌려 그 사람의 음낭을 잡거든 12 너는 그 여인의 손을 찍어버릴 것이고 네 눈이 그를 불쌍히 여기지 말지니라

11 "When men fight with one another and the wife of the one draws near to rescue her husband from the hand of him who is beating him and puts out her hand and seizes him by the private parts, 12 then you shall cut off her hand. Your eye shall have no pity.

13 너는 네 주머니에 두 종류의 저울추 곧 큰 것과 작은 것을 넣지 말 것이며 14 네 집에 두 종류의 되 곧 큰 것과 작은 것을 두지 말 것이요 15 오직 온전하고 공정한 저울추를 두며 온전하고 공정한 되를 둘 것이라 그리하면 네 하나님 여호와께서 네게 주시는 땅에서 네 날이 길리라 16 이런 일들을 행하는 모든 자, 악을 행하는 모든 자는 네 하나님 여호와께 가증하니라

13 "You shall not have in your bag two kinds of weights, a large and a small. 14 You shall not have in your house two kinds of measures, a large and a small. 15 A full and fair*²* weight you shall have, a full and fair measure you shall have, that your days may be long in the land that the Lord your God is giving you. 16 For all who do such things, all who act dishonestly, are an abomination to the Lord your God.

¹⁷ 너희는 애굽에서 나오는 길에 아말렉이 네게 행한 일을 기억하라 ¹⁸ 곧 그들이 너를 길에서 만나 네가 피곤할 때에 네 뒤에 떨어진 약한 자들을 쳤고 하나님을 두려워하지 아니하였느니라 ¹⁹ 그러므로 네 하나님 여호와께서 네게 기업으로 주어 차지하게 하시는 땅에서 네 하나님 여호와께서 사방에 있는 모든 적군으로부터 네게 안식을 주실 때에 너는 천하에서 아말렉에 대한 기억을 지워버리라 너는 잊지 말지니라

¹⁷ "Remember what Amalek did to you on the way as you came out of Egypt, ¹⁸ how he attacked you on the way when you were faint and weary, and cut off your tail, those who were lagging behind you, and he did not fear God. ¹⁹ Therefore when the Lord your God has given you rest from all your enemies around you, in the land that the Lord your God is giving you for an inheritance to possess, you shall blot out the memory of Amalek from under heaven; you shall not forget."

1 Hebrew *its name* *2* Or *just*, or *righteous*; twice in this verse

≋≋≋≋≋ 단락 개관 ≋≋≋≋≋

공동체 내의 질서

모세는 토라에 대한 해설을 점차 마무리하는 과정에서 공동체 전체와 관계가 있는 규례로 되돌아간다. 이것이 적절한 이유는 이 해설의 네 번째 주제가 가정 규례와 사회적 규례를 다루기 때문이다. 언약 공동체는 스스로를 하나님께 속하는 거룩한 공동체로 구별한 고백, 즉 규제력을 지닌 고백으로 정의되었다. 그 가운데는 술 달린 옷을 입으라든지(22:12), 총회에

서 모압 사람과 암몬 사람을 제외시키라든지 하는 규정 같은 이질적인 항목이 포함되었다. 네 번째 주제인 사회적 규례 말미에 나오는 아말렉에 대한 언급은 하나님께 속한 이스라엘 공동체의 특징이라는 주제로 되돌아간다(25:17-19). 이스라엘을 거룩한 공동체로 규정짓는 것은 도덕적 우월성이나 타고난 미덕이 아니다. 그것은 이스라엘이 그들을 구속하신 주님의 주권 아래서 언약에 따라 살겠다는 헌신의 선언이다.

그런 공동체 내에서도 사적 분쟁으로 인한 손해를 해결할 관리가 필요했을 것이다(1-3절). 물리적으로 충돌하면 제3자의 개입으로 민사 조사와 처벌이 필요한 심각한 부상이 생길 수 있다(11-12절). 사망은 가족 자산의 소유권 계승 문제를 일으킬 테고, 그런 상황에 실효성 있는 법률이 필요할 것이다. 통상적인 상거래에서는 항상 가변적인 저울이나 척도로 인해 경제적 침해가 생길 위험이 있었다(13-16절). 다채로운 공동체 질서 규례들은 난외 표제어로 정리되어 있는데, 이는 주석에서 언급하겠다. 이는 서기관들이 고대 문헌을 전승할 때 흔히 사용한 기술로, 암기와 구두 교육에 사용된 기술의 흔적인 듯하다. 인쇄술이 발명되기 전까지 대부분의 공동체 생활은 구두 전승과 세부 사항의 기억 유지를 중심으로 작동했다. 문헌에서는 자의적으로 열거된 듯해도, 삶의 정황에서는 매우 논리적일 수 있다. 문학 형식 비평가들은 이것을 독일어로 시츠 임 레벤(Sitz im Leben, '삶의 정황')이라고 부른다.

〰〰〰 주석 〰〰〰

25:1-3 이 단락은 선고 시 따르는 사법 절차에 대한 규례로 시작하며, 여기에는 가할 수 있는 형벌에 제한을 둔다. 이 규정의 형식은 24:16에 나온 가족 내 형벌 전이를 금지하는 법과 비슷하다. 싸움에 연루된 개인들이 법정에 가서 사적 분쟁으로 시작한 일이 공적 사례가 될 수 있다. 복수의 재판장들이 사건을 심리하고 형벌을 결정한다. 범죄가 아주 엄중해 신체적 처벌이 필요할 경우, 재판장이 실제 태형 횟수를 결정한다. 그 절차는 재판장 중 한 명이 감독하고 때리는 횟수를 센다. 최대는 40대까지만 때릴 수 있다. 이런 한계를 두는 이유는 범죄자일지라도 여전히 시민이고 가족의 일원이기 때문이다. 어떤 범행을 저질렀든 간에 굴욕감을 주어서는 안 된다. 굴욕감을 주면 교정과 억지력이 효과가 없다.

태형은 자기 신부에게 누명을 씌운 남자에 대한 처벌(22:18)과 같은 종류이며, 이는 성경에 단 한 번 나오는 사례다. 이 경우에는 태형에 벌금까지 부과된다. 이 형벌이 사회적 맥락에 적용되는 것은 가정에서 실행된 처벌의 확장이다. 부모가 아들을 성문에 데려가는 경우에서 이와 같은 예를 볼 수 있다(21:18-21). 그 목적은 21:18의 쓰인 동사의 뉘앙스가 가리키듯 교훈과 예방에 있다. 히브리어 동사 야사르는 항상 교훈의 의미를 지닌다. 형벌은 결코 복수가 되어서는 안 된다.

25:4 신명기가 필사되는 방식에 기억을 돕는 연상 기법이 작동했다면, 소에 관한 율법의 위치는 때리는 것에 관한 언급으로 결정되었을 것이다. "곡식을 밟으면서 타작하는"(새번역)이라는 어구는 히브리어 어원 *dwsh*를 번역한 것이며, 이는 줄기 윗부분에서 낟알을 치는 방법을 묘사한다. 이런 일은 막대기로 할 수도 있다. 기드온은 미디안 사람들에게 들키지 않으려고 포도주 틀에서 몰래 밀 이삭을 "타작하고"[호베트(*hobet*)]있었다(삿 6:11). 올리브를 추수할 때는 가지를 쳐서 열매를 땅에 떨어뜨렸다(신 24:20). 밀을 타작할(*dwsh*) 때, 힘을 덜 들이는 방법은 곡물을 바위 위에 펼쳐놓고 소로 하여금 철이나 돌로 고정된 무거운 판을 줄기 위로 끌어당기는 것이다 (참고. 아모스 1:3에 나오는 철 타작기).

무거운 짐을 끄는 가축은 보통 일하는 도중에도 먹는다. 농부가 이를 못하게 할 수 있는데, 가축이 일에 집중하지 못할 뿐만 아니라 소중한 수확물을 축낸다고 생각하기 때문이다. 소는 메마른 짚보다는 낟알을 핥아먹으려고 할 것이다. 이 구절은 신명기 율법이 동물을 세속 세계에 속한 살아 있는 피조물로 존중하도록 요구하는 것을 보여주는 또 하나의 사례다. 잠언 12:10이 말하듯 의인은 가축의 욕구를 이해한다.

25:5-10 계대 결혼은 아들이 상속자가 될 자녀 없이 죽은 경우 가족의 보존과 공동체의 질서를 유지하게 해준다. 사망자의 부인이 가족 내에서 결혼할 수 있게 하는 것이다. 이 장의 주제들은 그런 식으로 관련되어 있

다. 연상 기법의 관점으로 볼 때, 여기에는 신체의 일부에 대한 언급과 연관성이 있을 수 있다. 형벌이 재판장의 면전에서 집행되는 것, 소의 입에 망을 씌우지 않는 것, 혼인을 거절당한 과부가 남편 형제의 신을 벗겨 그를 수치스럽게 하는 것, 그리고 다음 단락에서 음경을 잡아 부상을 입히는 것 등이 그러하다.

이 규정은 라틴어 레비르(levir, '남편의 형제')에서 '계대 결혼'(levirate marriage, '형사취수')이라는 이름을 얻었다. 여자가 결혼할 때는 부모의 집과 가족 재산에 대한 권리를 두고 떠난다. 여자가 챙겨가는 지참금은 유산에 대한 보상이다. 이제는 남편 가족의 재산으로 살아갈 권리를 갖는다. 이 법은 두 형제가 함께 산다는 조건으로 시작된다. 형제가 상호의존적이라는 취지의 진술이다. 여기에 함축된 뜻은 한 형제가 결혼했으나 아직 가족의 유산을 나누고 독립하지는 않았다는 것이다. 그들은 여전히 부모의 보호와 부양 아래에 살고 있다. 이런 상황에서 남편이 사망하면 그의 아내는 가족이 책임져야 한다. 그녀를 남편의 재산이나 유산이 없는 채로 두어서는 안 된다. 이 법은 한 남자가 죽은 형제의 재산을 관리하고, 그 재산에 대한 최종 상속자를 제공하도록 요구한다.

이 규정은 남아 있는 형제에게 유리한 것이 아니었다. 법을 따르자면 결국 자기 가족과는 별개로 또 다른 가족의 것이 될 재산에 상당히 투자해야 했다. 그 비용이 상당하기 때문에 유다의 아들 오난은 형의 아내 다말이 임신을 못하게 한 것이다(창 38:8-10). 이러한 의무 회피는 중대한 결과를 초래했다. 오난은 하나님의 심판을 받아 죽었다. 유다는 다말을 집안 사람으로 데리고 있었으나 두려운 나머지 그녀를 남은 아들과 결혼시켜야 할 의무를 이행하지 않았다. 이 율법의 또 다른 예를 과부 룻의 이야기에서 찾을 수 있다. 룻은 베들레헴에 자산을 가지고 있던 나오미의 며느리였다. 가장 가까운 친척은 한 가족을 추가로 돌봐야 하는 의무를 거절했다(룻 4:6). 그러다가 자신의 재산이 위태로워질 것이라고 생각했기 때문이다. 그리고 나서 보아스가 기업 무를 자로 그 자산을 구입했는데, 이는 고인의 형제와 결혼하는 것과 동일하지 않다. 이 이야기들은 각각 신명기에 나온 율법이 변형적으로 적용된 것이며, 이는 세월이 흐르면서 관습이 변화되었음을 보여준다. 이와 같은 법들은 고대 근동에 흔했지만 다양한 방식으로 작동했던 것 같다.

이 율법을 준 이유는 한 사람의 이름이 지워지는 것을 방지하기 위해서다(6절). 다시 말해 기업을 잃어버리지 않게 하기 위해서다. 이름을 계속 이어간다는 의미는, 야곱이 창세기 48:4-6에서 에브라임과 므낫세를 입양하면서 말한 바 있다. 야곱은 요셉의 두 아들을 자신의 아들로 입양했고, 그들은 가나안에서 기업을 받는다. 야곱은 가나안 땅을 주시겠다는 하나님의 약속이 그의 아들들에게 주시는 기업이라는 인식에 기초해 이 직권을 정당화한다. 나중에 요셉의 아들들은 형들의 이름으로 유산을 상속받는다. 마찬가지로 계대 결혼으로 태어난 아들들은 고인이 된 '아버지'의 이름을 갖게 될 것이다. 유산을 위해 그 이름을 보존하는 것이 중요했다. 만일 고인에게 딸만 있다면, 딸이 유산을 상속받아 고인의 이름을 계속 이어가는 수단이 된다(민 27:1-11). 그 자녀들은 외조부의 이름을 유지했을 것이다.

이것은 형제의 아내와 성관계를 금지하는 일반적인 규정(레 18:16; 20:21)과 상충되는 예외적인 경우다. 이 책임이 얼마나 중요한지는 그것을 거절했을 때 따르는 결과로 알 수 있다. 거절하는 형제는 사람들이 보는 앞에서 신발을 벗기고 얼굴에 침을 뱉는 일을 당했다. 그의 집안도 경멸스러운 이름으로 불리며 두고두고 명예가 실추된다. 룻기에서는 엘리멜렉의 자산을 살 권리를 보아스에게 양도한 친척이 자기 신을 벗어 보아스에게 넘겨준다. 신명기 25:9에서는 과부가 의무를 거절한 형제의 신을 벗기고 돌려주지 않는다. 이는 그녀가 그 가족에게서 떠났으므로 그들이 더 이상 그녀에게 아무런 권리도 주장할 수 없음을 의미하는 듯하다. 한마디로 죽은 형제가 그 가문에서 사라진다는 뜻이다. 과부가 거절한 형제의 얼굴에 침을 뱉었든, 아니면 그 형제 앞에 침을 뱉었든, 이는 그녀가 느낀 치욕과 남편의 가문에서 쫓겨나는 감정을 도전적이고 적대적인 제스처로 표현한 것이다.

25:11-12 음경에 상해를 입힌 경우 손을 자르라는 율법은 결혼에 관한 이전의 규례와 관련지어볼 수 있다. 두 경우 모두 후손의 전망을 위태롭게 하는 중대한 죄라는 사실에 비춰볼 때 그렇다. 이 법은 이런 특정한 상해를 입힌 여자를 골라낸다는 점에서 주목할 만하다. 여자가 개입한 동기를 보면 그럴 만하기에, 그 형벌이 특히 가혹하게 느껴진다. 하지만 그런 행동의 심각성을 과소평가해서는 안 된다. 음경 상해는 지극히 고통스러울 뿐 아니라 치명적일 수 있다.[67] 절단의 형벌이 성경 율법의 다른 어디에도 나오지 않는다는 것은 무척 뜻밖이다. 이에 관해 랍비들 사이에 많은 논의가 있었고, 그들의 추론 중 일부는 옳을 수 있다. 통상적인 신체 상해에 대한 형벌은 벌금이다. 그 액수는 출애굽기 21:22-25에 나와 있듯 상해의 성격에 따라 진술된다. 랍비들은 이 경우에 벌금도 내게 되어 있다고 추론했다 (*Sifre Deuteronomy* §292). 이런 상해는 여자에게 가할 수 없는 것이므로 벌금은 상해를 입힌 손을 기준으로 표현되었다고 본다. 손을 가리키는 히브리어 야드(*yad*)는 남성의 음경을 가리키는 용어로도 사용되기 때문에 부과되는 형벌을 표현할 때 여성에 상응하는 것으로 간주되기도 한다.

25:13-16 정직한 저울과 척도는 상인뿐 아니라 모든 사람과 관련이 있다. 이는 이 율법의 해설에 나오는 마지막 법적 요건이며 모든 이스라엘 사람에게 적용할 수 있다. 이 율법이 정점의 위치에 있다는 것은, 모든 거래에서 정직함이 사회 질서 유지에 매우 중요하다는 사실을 가리킨다. 화폐 시대가 되기 전, 돈의 가치는 저울추에 단 무게로 측정되었다. 돌이 지불할 은(가장 흔한 통용 금속)의 양을 결정하는 기본 도구였다. 사람들은 구입할 때는 가벼운 돌을, 판매할 때는 더 무거운 돌을 사용하고 싶은 유혹을 느꼈다. 부피를 측정할 때도 마찬가지였을 것이다. 척도 단위는 에바로 호멜의 십분의 일에 상당하는 곡물이 거래되는 양이고, 나귀가 운반할 수 있

25장

---

67 본 주석서 필자의 증조부는 장인에게 그 부위의 손상을 입고 유명을 달리했다. 그 결과 부부관계가 곤란해졌고, 결국 폴란드에서 이주하게 되는 등 어려움을 겪었다.

는 무게(약 90킬로그램)에서 유래한 용어다. 에바의 표준 분량은 시간이 흐르면서 변했기 때문에 거래 시 유리한 표준을 사용하고 싶은 유혹이 있었다. 선지자 아모스는 작은 에바와 무거운 세겔로 판매하는 이스라엘 상인들을 정죄한다(암 8:5). 표준 분량이 매우 정확하지 않았을 때는 속이기가 더 쉬웠다. 아모스는 이 관습(암 8:5)을 여로보암 2세 이후 이스라엘 왕국의 종말을 초래하는 불의의 하나로 명시한다.

25:17-19 아말렉 족속의 공격은 출애굽기 17:8-16에 묘사되어 있다. 아말렉은 창세기 36장에 나오는 에서의 열세 번째 후손이다. 그는 세일산 토착민인 호리 사람 딤나를 통해 태어났다. 에돔 족속에게 쫓겨난 그들 대부분은 시나이 반도의 유목민이 되었다. 이스라엘 백성이 갑자기 시나이에 나타나는 바람에 아말렉 족속은 오아시스와 무역로를 통제하는 데 위협을 느꼈다. 이 족속은 가장 취약한 시기에 이스라엘을 공격했다. 시편 83:4-9에 따르면, 그들은 이스라엘을 파멸시키려는 음모에 가담했던 족속들에 포함되어 있었다. 그들은 가나안 족속들과 더불어 이스라엘의 영원한 원수였다.

기억하라는 명령은 신명기의 특징이고, 이스라엘의 공동체 생활에 관한 이 단락을 마무리하기에 적절하다. 아말렉이라는 이름을 지워 아말렉 족속이 그들 영토에 대한 아무런 권리도 갖지 못하게하라는 명령은 이 장의 주요 주제를 잘 요약하고 있다. 즉 누군가의 이름을 지우지 않는다는 것은 자산에 대한 그의 권리를 인정한다는 뜻이다. 아말렉 족속을 제거하려는 첫 번째 시도는 사울에게 주어졌으나(삼상 15장) 영토에서 몰아낸 것은 다윗의 업적이었다.

≋≋≋ 응답 ≋≋≋

가정과 사회 내 갈등은 이 장의 규정들이 인정하듯 때로는 강압적인 개입이 필요한 문제다. 모세의 규정들은 안전과 안정을 제공하는 데 실제적이고 효과적이다. 이 규정들은 공동체가 그 내부에서 발생하는 범죄를 통제하되 최소한의 지장을 주며 최대한의 교정을 이끌어내는 수단이다. 사형은 극단적인 경우로 제한된다. 그 목표는 시민들이 최대한 자유롭고 독립적으로 살 수 있게 하는 데 있고, 그러자면 어려운 상황에 처한 사람들에 대한 책임이 요구된다.

오늘날 범죄자들을 통제하는 수단인 감옥을 고대에는 운용할 수 없었다. 감금을 하더라도 제한적이었고 잠시에 불과했다. 사람들은 전쟁에서 포로로 잡히거나 정치적인 이유로 억류되었다. 삼손은 블레셋 사람들에게 전쟁 포로로 묶여 노예가 되었다. 때때로 죄수들은 사형을 당하기보다 감금되었는데, 예레미야의 경우가 그랬다(렘 37:15-16). 수감된 다른 사람들은 빚을 갚고 있는 채무자들이었을 것이다. 고대 사회에서는 처벌의 한 형태인 감금으로 폭력과 부패를 통제할 수 있다고 생각하지 않았다. 감옥을 유지하는 데 너무 많은 비용이 들었을 뿐 아니라 가족의 생계가 억류된 사람에게 달려 있는 경우도 많았다. 오늘날 대다수 사회에서는 밖에 있는 가족이 스스로 생계를 유지할 뿐 아니라 수감인을 부양할 때도 있다.

현대 서구 사회에서 폭력에 대한 통제는 17세기와 18세기에 시행되었던 공개 처형과 고문에 비하면 덜 엄격하다. 그런 극단적인 방법에 대한 대중의 반감으로 현대식 감옥 체제가 폭력을 억제하고 교정하는 대책으로 발전하기에 이르렀다. 교도소는 교육과 도덕적 개혁을 위한 기회로 세워졌으나 정반대 방향으로 발전하고 말았다. 그곳에 수감된 사람들이 한통속이 되어 더 효과적으로 나쁜 짓 하는 법을 서로에게 배우는 것이다. 시간이 지나면서 많은 죄수들이 교도소를 자기 집처럼 편하게 여기고 안전을 보장받으며 활동하는 곳으로 여기기도 한다.

현대의 감옥 제도는 정의를 실천한다고 주장하는 법적 제도의 일부다.

법률은 정부가 법규로 제정한다. 이 법규들은 형벌을 집행하는 법원에 의해 시행되는데 형벌에는 두 가지 형태가 있다. 금전적 벌금과 교도소다. 정의는 법규 위반에 대해 형벌을 부과하는 국가의 권리로 간주된다. 정의를 이런 개념으로 볼 때 문제는 범죄 피해자가 그 과정에서 소외된다는 점이다. 또 다른 문제는 형벌을 통해 범죄자가 교정되기는커녕 분노를 키운다는 점이다. 범죄와 형벌 간의 연관성은 희박할 때가 많고 자의적이기도 하다. 이를테면 경제 범죄를 이유로 비폭력적인 사람을 가두는 경우가 그러하다. 정의로 불리는 형벌 제도가 많은 경우 불공정할 뿐 아니라 비효과적이고 비용이 많이 든다.

성경적인 정의 시스템은 다른 원리로 작동한다. 정의는 항상 피해자가 입은 손해에 상응하는 보상의 문제다. 또한 가난한 자와 궁핍한 자를 돌보는 문제다(예. 사 1:16-17). 공동체의 책임은 피해자를 보호하고 그 피부양자들을 보살피는 것이었다. 이것은 신명기 25장의 첫 번째 규례에서 볼 수 있듯 교정 조치의 가능성을 배제하지 않는다. 물리적인 매질의 집행은 교정을 위한 것이었고, 제한 규정을 두어 수치를 주는 것이 목적이 되지 않게 했다. 수감은 정의나 도덕적 행실의 교정과 아무런 관계가 없다. 성경적 제도에서 형벌과 교정은 별개의 개념이다. 형벌은 전쟁 발발이나 정치 혁명과 같이 국가를 위협하는 행동에 대해 집행된다.

정의에 관한 몇몇 문제는 예나 지금이나 다르지 않다. 예컨대 저울과 척도의 정직한 사용이 그러하다. 과학기술의 발전으로 도둑질이나 사기 수단도 달라졌지만 그런 일은 여전히 통제해야 한다. 성경에 나오는 최대 문제들 중 하나는 아하스 시대처럼(예. 미 6:9-12) 국가가 경제적 부정부패에 공모하는 것이다. 당시 모든 법정 제도가 유다의 정치권력을 등에 업은 부패한 자들에 의해 좌우되었다. 소수가 대다수의 가난한 자와 그 부양가족을 희생시키며 부를 축적했다. 그런 점에서 세상은 바뀌지 않았다. 그리스도인은 자신이 처한 상황에서 최대한 정의롭고 정직하게 살고자 노력해야 한다. 이런 삶은 정의와 형벌의 개념을 명확하게 이해하는 데서 시작된다. 이는 현대 형벌 제도에서는 찾아볼 수 없는 차이다.

¹ 네 하나님 여호와께서 네게 기업으로 주어 차지하게 하실 땅에 네가 들어가서 거기에 거주할 때에 ² 네 하나님 여호와께서 네게 주신 땅에서 그 토지의 모든 소산의 만물을 거둔 후에 그것을 가져다가 광주리에 담고 네 하나님 여호와께서 그의 이름을 두시려고 택하신 곳으로 그것을 가지고 가서 ³ 그때의 제사장에게 나아가 그에게 이르기를 내가 오늘 당신의 하나님 여호와께 아뢰나이다 내가 여호와께서 우리에게 주시겠다고 우리 조상들에게 맹세하신 땅에 이르렀나이다 할 것이요 ⁴ 제사장은 네 손에서 그 광주리를 받아서 네 하나님 여호와의 제단 앞에 놓을 것이며

¹ "When you come into the land that the Lord your God is giving you for an inheritance and have taken possession of it and live in it, ² you shall take some of the first of all the fruit of the ground, which you harvest from your land that the Lord your God is giving you, and you shall put it in a basket, and you shall go to the place that the Lord your God will choose, to make his name to dwell there. ³ And you shall go to the priest who is in office at that time and say to him, 'I declare today to

the Lord your God that I have come into the land that the Lord swore to our fathers to give us.' 4 Then the priest shall take the basket from your hand and set it down before the altar of the Lord your God.

5 너는 또 네 하나님 여호와 앞에 아뢰기를 내 조상은 방랑하는 아람 사람으로서 애굽에 내려가 거기에서 소수로 거류하였더니 거기에서 크고 강하고 번성한 민족이 되었는데 6 애굽 사람이 우리를 학대하며 우리를 괴롭히며 우리에게 중노동을 시키므로 7 우리가 우리 조상의 하나님 여호와께 부르짖었더니 여호와께서 우리 음성을 들으시고 우리의 고통과 신고와 압제를 보시고 8 여호와께서 강한 손과 편 팔과 큰 위엄과 이적과 기사로 우리를 애굽에서 인도하여 내시고 9 이곳으로 인도하사 이 땅 곧 젖과 꿀이 흐르는 땅을 주셨나이다 10 여호와여 이제 내가 주께서 내게 주신 토지소산의 만물을 가져왔나이다 하고 너는 그것을 네 하나님 여호와 앞에 두고 네 하나님 여호와 앞에 경배할 것이며 11 네 하나님 여호와께서 너와 네 집에 주신 모든 복으로 말미암아 너는 레위인과 너희 가운데에 거류하는 객과 함께 즐거워할지니라

5 "And you shall make response before the Lord your God, 'A wandering Aramean was my father. And he went down into Egypt and sojourned there, few in number, and there he became a nation, great, mighty, and populous. 6 And the Egyptians treated us harshly and humiliated us and laid on us hard labor. 7 Then we cried to the Lord, the God of our fathers, and the Lord heard our voice and saw our affliction, our toil, and our oppression. 8 And the Lord brought us out of Egypt with a mighty hand and an outstretched arm, with great deeds of terror,[1] with signs and wonders. 9 And he brought us into this place and gave us this land, a land flowing with milk and honey. 10 And behold, now I bring the first of the fruit of the ground, which you, O Lord, have given

me.' And you shall set it down before the Lord your God and worship before the Lord your God. 11 And you shall rejoice in all the good that the Lord your God has given to you and to your house, you, and the Levite, and the sojourner who is among you.

12 셋째 해 곧 십일조를 드리는 해에 네 모든 소산의 십일조 내기를 마친 후에 그것을 레위인과 객과 고아와 과부에게 주어 네 성읍 안에서 먹고 배부르게 하라 13 그리할 때에 네 하나님 여호와 앞에 아뢰기를 내가 성물을 내 집에서 내어 레위인과 객과 고아와 과부에게 주기를 주께서 내게 명령하신 명령대로 하였사오니 내가 주의 명령을 범하지도 아니하였고 잊지도 아니하였나이다 14 내가 애곡하는 날에 이 성물을 먹지 아니하였고 부정한 몸으로 이를 떼어두지 아니하였고 죽은 자를 위하여 이를 쓰지 아니하였고 내 하나님 여호와의 말씀을 청종하여 주께서 내게 명령하신 대로 다 행하였사오니 15 원하건대 주의 거룩한 처소 하늘에서 보시고 주의 백성 이스라엘에게 복을 주시며 우리 조상들에게 맹세하여 우리에게 주신 젖과 꿀이 흐르는 땅에 복을 내리소서 할지니라

12 "When you have finished paying all the tithe of your produce in the third year, which is the year of tithing, giving it to the Levite, the sojourner, the fatherless, and the widow, so that they may eat within your towns and be filled, 13 then you shall say before the Lord your God, 'I have removed the sacred portion out of my house, and moreover, I have given it to the Levite, the sojourner, the fatherless, and the widow, according to all your commandment that you have commanded me. I have not transgressed any of your commandments, nor have I forgotten them. 14 I have not eaten of the tithe while I was mourning, or removed any of it while I was unclean, or offered any of

26장

it to the dead. I have obeyed the voice of the Lord my God. I have done according to all that you have commanded me. 15 Look down from your holy habitation, from heaven, and bless your people Israel and the ground that you have given us, as you swore to our fathers, a land flowing with milk and honey.'

16 오늘 네 하나님 여호와께서 이 규례와 법도를 행하라고 네게 명령 하시나니 그런즉 너는 마음을 다하고 뜻을 다하여 지켜 행하라 17 네 가 오늘 여호와를 네 하나님으로 인정하고 또 그 도를 행하고 그의 규 례와 명령과 법도를 지키며 그의 소리를 들으리라 확언하였고 18 여호 와께서도 네게 말씀하신 대로 오늘 너를 그의 보배로운 백성이 되게 하시고 그의 모든 명령을 지키라 확언하셨느니라 19 그런즉 여호와께 서 너를 그 지으신 모든 민족 위에 뛰어나게 하사 찬송과 명예와 영광 을 삼으시고 그가 말씀하신 대로 너를 네 하나님 여호와의 성민이 되 게 하시리라

16 "This day the Lord your God commands you to do these statutes and rules. You shall therefore be careful to do them with all your heart and with all your soul. 17 You have declared today that the Lord is your God, and that you will walk in his ways, and keep his statutes and his commandments and his rules, and will obey his voice. 18 And the Lord has declared today that you are a people for his treasured possession, as he has promised you, and that you are to keep all his commandments, 19 and that he will set you in praise and in fame and in honor high above all nations that he has made, and that you shall be a people holy to the Lord your God, as he promised."

1 Hebrew *with great terror*

첫 열매와 십일조 제물

이 장에서 이 토라에 대한 해설은 주님이 선택하실 장소에서 신앙고백을 하는 첫 주제(12:1-31)로 돌아간다. 토라는 모든 대표가 빠짐없이 셋째 해마다 하나님께서 선택하실 장소에 모이도록 요구했다(16:16-17). 모세는 언약의 규례를 마무리하면서 두 가지 의식을 추가로 지시한다. 첫째는 하나님께서 선택하실 장소에서 상징적인 의미로 추수한 첫 열매를 제사장에게 예물로 내놓는 것이다(1-11절). 둘째는 각 성읍에서 셋째 해에 십일조의 의무를 완수하는 것이다(12-15절). 각 시기는 추수 때에 따라 결정된다. 첫째 의식은 추수가 시작되자마자 열린다. 둘째 의식은 추수가 모두 끝났을 때 열린다. 그래야 십일조의 분량을 계산할 수 있기 때문이다. 이 의식들은 의례의 세부 사항이 아니라 거기에 수반되는 신앙고백을 강조한다. 먼저는 하나님께서 구원하셨음을 증언한다. 다음으로는 가난한 자와 취약한 자를 돌볼 책임을 완전히, 제대로 수행했음을 단언한다.

모세가 지시한 모든 의식은 농업 주기와 밀접한 관계가 있는 예배의 일부다. 이는 우연이 아니다. 신명기의 금언은 사람이 떡으로만 사는 게 아니라는 것이다(8:3). 양식의 선물은 생명의 선물 못지않은 일상의 기적이다. 모든 사람은 생명을 주는 하나님의 말씀이 삶의 수단임을 알아야 한다. 하나님의 형상으로 창조된 사람이 그분과 상관없이 살 수 있다고 믿는 것은 치명적인 자기기만이다. 이스라엘은 직접 땅에 의지해 살아가는 농경사회이니 만큼 생명의 근원이 바로 그들에게 언약을 주신 분임을 정기적으로 상기해야 했다.

이 장은 6:4-5에 주어진 위대한 쉐마의 명령으로 마무리된다. 이스라엘은 마음과 뜻을 다해 하나님을 섬겨야 한다(26:16). 26장의 끝 구절들은 주 하나님을 경외하는 법을 배우라는 권면(6:2)으로 시작한 모세의 두 번째 연설에서 수미상관 구조를 이룬다. 모세는 이스라엘에게 하나님의 사

26장

랑으로 말미암아 그들이 모든 민족 중에 구별된 보배로운 백성이 되었다는 위대한 고백을 하도록 하나님께서 그들을 인도하셨음을 다시 상기시킨다(18-19절). 그들이 성민으로 구별되었다는 말(19절)은 모세가 7:6과 14:2에 말한 내용을 회상시킨다. 이스라엘은 그저 세속 세계에 속한 또 하나의 나라가 아니었다. 그들은 세상에서 하나님을 나타내고, 시편 8편에 나오듯 하나님의 장엄한 이름을 계속해서 선포할 신성한 의무를 가지고 있었다.

≋≋≋ 단락 개요 ≋≋≋

II. 모세의 두 번째 연설(4:44-29:1)
   D. 보배로운 백성의 고백(26:1-19)
      1. 첫 열매를 드릴 때의 고백(26:1-11)
      2. 십일조를 드릴 때의 고백(26:12-15)
      3. 거룩한 백성이 되라는 하나님의 명령(26:16-19)

≋≋≋ 주석 ≋≋≋

26:1-4 첫 열매를 드리는 의식은 이스라엘이 그 땅에 정착했을 때, 모든 가족이 땅을 분배받고 곡물을 수확할 수 있을 때 하는 것이다. 설명에서는 그 땅에 처음 들어갈 때 의식을 지킬 것을 요구하지만, 그 의도는 해마다 의식을 지키는 데 있다. 그 가르침은 처음 추수 때 순종해야 한다는 점을 분명히 하고 있다. 모든 농산물의 첫 열매를 가져와야 한다(2절). 농산물은 서로 다른 시기에 익기 때문에 성전에서 멀리 떨어진 이들은 아마도 공동체의 다른 사람들과 나란히 서로 다른 모든 첫 열매를 가지고 한 차례의

여행을 했을 것이다. 그들은 세 가지 정기적인 명절(유월절, 칠칠절, 초막절) 중 하나와 관련해 순례를 한 듯하다. 이러한 명절들은 각각 다양한 농작물의 수확 시기에 맞춰 정해져 있기 때문이다. 드리는 양은 전체 수확물을 대표하는 것이니만큼 그리 중요하지 않았다.

그 절차가 아리송하게 진술되어 있어 의식의 순서가 애매모호하다. 여기에 나온 순서를 보면, 먼저 농부가 성전 입구에서 광주리를 제사장에게 건네며 이것이 하나님께서 백성을 그 땅으로 인도하겠다는 약속을 이루신 증거라고 선언한다. 제사장은 그 광주리를 받아 성전의 제단으로 가져가 내려놓는다. 그런 다음 농부가 제사장에게 하나님께서 구속하셨음을 고백하고, 제단 옆에 있는 광주리를 집어 들고(26:10) 첫 열매를 드리는 의무를 다했다고 선언한다. 제사장과 농부 모두가 이 의식에 참여한다.

26:5-11 첫 열매를 드리면서 하는 고백은 이스라엘의 이야기, 곧 130세인 말년에 이집트로 갔던 야곱으로부터 시작되는 이야기를 차례대로 들려준다. 야곱은 그 모든 날들을 얼마 되지 않는 험악한 세월로 묘사한다(창 47:9). 모든 이야기가 야곱이 "방랑하는[또는 '스러져가는', 오베드('obed)] 아람 사람"이었다는 말(신 26:5)로 요약된다. 오베드라는 단어의 모호함이 야곱의 생애를 적절하게 묘사해준다. 야곱의 인생은 형의 분노를 피하기 위해 밧단아람에 사는 외삼촌 라반에게 피신가야 했을 만큼 정말로 방랑하는 생애였다. 야곱은 사랑하는 아내 라헬의 자녀가 죽었다고 거짓말한 아들들에게 속아 생애의 대부분을 보냈다. 그가 죽을 무렵이 되어서야 비로소 가족이 재결합하게 되었으나 그마저도 이방 땅에서 이루어졌다. 야곱의 방랑은 밧단아람에서 이집트로 이어졌고, 생애 대부분이 슬픔과 죽음의 그늘 아래 있었다. 그러나 농부는 이제 하나님의 자비가 어떻게 드러나게 되었는지 승리에 찬 선언을 한다. 야곱은 이제 큰 민족이 되었고, 이집트의 노예 생활은 젖과 꿀이 흐르는 땅을 얻는 기회로 바뀌었다. 그러므로 지금은 실제로 그 땅을 소유하지 않아도 그곳에서 모든 복을 누리는 사람들을 포함해 모두가 기뻐하고 즐거워할 때다.

26:12-15 셋째 해에 드리는 십일조는 거룩하다(13절). 이것은 더 이상 매일 먹는 양식과 같지 않다. 성찬 식탁에 놓인 떡과 포도주가 더 이상 평범한 떡과 포도주가 아닌 것과 같다. 떡과 포도주가 성찬 식탁에 놓여 있는 동안에는 일반 음식으로 먹어서는 안 된다. 각 정착지에서 셋째 해마다 드리는 전체 수확량의 십분의 일은 이와 같이 신성한 특성을 덧입었다. 농부는 자신의 창고에서 하나님께 속하는 십분의 일을 완전히 떼어놓았다고 서약했다. 물론 그 양식은 누군가 먹을 테지만 매일 먹는 양식으로 먹지 않았다. 그것은 하나님께서 땅이 없는 레위인과 정착민, 가족을 부양할 사람을 잃어버린 이들에게 양식을 공급하시는 또 다른 수단이었다.

더 나아가 그 십일조를 거룩하다고 선언한 것은 그것이 의식의 오염으로부터 정결하게 지켜졌다는 것, 하나님은 거룩한 분이고 생명을 유지하는 데 필요한 모든 것을 주시는 분이라는 고백에 거슬리는 데서 깨끗하게 보존되었다는 의미. '불결하다'는 것은 어떤 의미에서는 죽음을 상징한다. 애도 중에 또는 시체를 만진 후 십일조를 먹는 데 참여하는 것은 십일조의 목적과 직접 모순되는 일일 것이다. 죽은 자에게 십일조를 낸다는 것은 다른 예배를 가리키는 말인 듯하다. 모든 우상은 실체가 없으므로 죽은 것으로 간주된다. 하나님께서 공급하시는 양식을 통해 주시는 생명을 축하하는 일은 결코 오염되어서는 안 된다.

26:16-19 이 구절들은 이중적으로 기능한다. 먼저 모세의 두 번째 연설의 두 단락, 말하자면 프롤로그와 규정들을 마무리하는 동시에 모세의 가르침을 결론짓는 복과 저주의 단락으로 전환되는 역할을 한다. 이 대목은 모세가 모압 평지에서 이스라엘 백성에게 말하고 있는 "오늘"(16절)에 강조점이 있다. 이 생각은 28:1, 즉 하나님께서 이스라엘 민족을 열방에서 따로 구별하셨음을 "오늘" 기억할 필요가 있다며 모세가 말문을 여는 구절에서도 계속 이어진다. 복과 저주의 단락으로 전환되는 부분은 그들이 성민이라는 선언으로 끝난다(19절). "여호와께서도 네게 말씀하신 대로 오늘 너를 그의 보배로운 백성이 되게 하[셨다]"는 번역에서 알 수 있듯, 하

나님의 선언은 단지 의도한 말이 행위가 되는 발어내행위(illocution)가 아니다. 이 동사는 히브리어로 (원인이 되는) 사역형이므로 하나님께서 백성들을 맹세의 말을 선언할 수 있는 곳으로 인도하셨다는 뜻이다. 그들은 하나님의 자비를 힘입어 자신들이 하나님께 거룩하게 구별된, 보배로운 백성이라는 진술을 할 수 있게 된 것이다.

≈≈≈≈≈ **응답** ≈≈≈≈≈

감사의 고백을 하고 십일조의 의무를 다해 가난한 자를 돌보는 책임은 이스라엘이 스스로 거룩한 백성임을 보여주는 하나의 방식이다. 이런 행동은 영적인 존재가 되는 데 반드시 필요하다. 사도 바울도 로마서 1:18-21에서 인류의 배교 상태를 묘사할 때 그와 같이 말한다. 하나님의 진노가 불의로 진리를 막는 모든 사람에게 하늘로부터 나타난다는 것이다. 하나님의 보이지 않는 본성, 심지어 그분의 능력과 신적 본성이 창조 때로부터 창조된 만물을 통해 분명히 알려졌다. 반역적인 인간은 하나님을 알면서도 그분을 영화롭게 하지도, 그분께 감사하지도 않았다. 이런 현상은 이해할 수 있다. 하나님을 부인하는 자들은 어떤 의미에서 자신이 자율적이고 자급자족하며 하나님과 동등해서 굳이 감사를 드릴 이유가 없다고 믿기 때문이다. 이것이 우리 세계의 특징이다. 많은 권리를 주장하지만 그 무엇에도 감사할 필요가 없다고 느끼는 모습이다. 한편 이해할 수 없는 것은, 생명과 생명에 필요한 공급이 하나님의 선물이라고 믿으면서도 공개적으로 감사하지 않거나 아예 감사할 줄 모르는 사람들의 태도다.

감사의 중요성을 간과해서는 안 된다. 인간이 떡으로만 살 수 없다고 믿는 이들은 특히 사려 깊게 음식에 감사할 줄 알아야 한다. 그렇게 하기 좋은 때는 식사를 하는 순간이다. 특히 공적인 자리에서 식사할 때 하면 의미가 있다. 믿음에 대해 증언하는 가장 강력한 방법이기 때문이다. 이스라엘에서는 이런 의식을 추수가 시작될 때 즉시 거행해야 했다. 특히 감사 선언에 해당하는 이 장의 의식과는 별개로, 하나님의 공급하심을 선언하는 일은 유월절 때 추수의 시작, 칠칠절 때 곡물 추수의 끝, 그리고 초막절 때 모든 추수의 완료에 맞추어 수행되었다. 마찬가지로 그리스도인들도 감사드리는 일을 정기적인 예배의 일부로 삼을 필요가 있다.

중요한 개념은 하나님께 속하는 십일조가 거룩하다는 것이다. 십일조가 세속 세계에서 모든 것을 공급하시는 창조주를 나타내는 역할을 한다는 뜻이다. 말라기는 이스라엘 백성이 십일조와 헌물로 하나님의 것을 도둑질했기 때문에 저주 아래 있다고 선언했는데(말 3:8-9), 이는 옳은 말이다. 말라기는 그 당시에 관련된 특정한 의무에 대해 말하고 있다. 말라기의 독자들은 그들의 상황에서 얼마큼을 드려야 하는지 알았을 테고, 부족분을 쉽게 계산할 수 있었을 것이다. 그들은 의무를 다하지 못했기 때문에 심판을 받는다.

구약에는 십일조의 실천에 관한 다양한 가르침이 있다. 십일조에 관한 가르침이 서로 다른 것은 변천하는 상황과 관계가 있는 듯하다. 십일조의 징수와 배분에서 차이가 난다. 레위기와 민수기에서는 십일조가 회막에서 일하는 레위인과 제사장들을 후원하기 위한 것이라고 명시한다(민 18:20-32, 참고. 레 27:30-33). 신명기 26:12-15은 특정한 십일조, 곧 셋째 해에 계산해 가난한 자에게 줄 십일조를 언급한다. 그 분량은 추수할 때 수확량의 총소득에 따라 계산된다. 모세의 언약에 따른 십일조는 성전 인력과 가난한 자를 후원하는 일과 관련이 있다. 신명기는 십일조를 중앙 장소로 가져가 가난한 자와 레위인이 함께 먹을 수 있게 하라고 이른다(12:5-19). 아울러 신명기 14:22-29은 양식을 적당한 장소에서 구입할 수 있으면 십일조를 돈으로 바꿀 수 있다고 말한다. 셋째 해에 드리는 십일조는 전혀 다른 범주에 속한다. 이런 규례는 레위기와 민수기에서 찾아볼 수 있는 것과 일치하지 않는다.

그리스도인들은 교회와 교회가 하는 일, 즉 가난한 사람들을 돕는 일에 일차적인 의무가 있는 다른 상황에 살고 있다. 바울은 그리스도인이 더 많이 베풀 수 있기 위해 일해야 한다고 말한다(엡 4:28). 삶의 목표는 모든 상황에서 최대한 관대해지는 것이다.[68] 선진국 정부는 개인 소득의 약 절반에 이르는 많은 종류의 세금을 부과한다.[69] 세금이 부과되는 돈은 정부에 빚진 것으로 기부금으로 낼 수 있는 재량 소득에 해당하지 않는다. 정부는 기부 금 영수증이 있을 경우 세금의 일부를 공제해주기도 하는데, 이는 기부금 을 더 많이 내는 통로가 된다. 그리스도인은 이렇게 말할 수 있어야 한다. "우리는 주님께서 우리에게 명하신 대로 우리 집에서 성물을 내어 레위 사 람과 외국 사람과 고아와 과부에게 다 나누어 주어서, 주님의 명령을 잊지 않고 어김없이 다 실행하였습니다"(13절, 새번역). 이런 영성을 실천하면 큰 기쁨이 생기고, 이런 거룩한 행위를 하는 사람들에게는 큰 축복이 약속되 어 있다.

26장

---

68 은혜를 베푸는 것(고후 8:7)에 대해 이해하려면 다음 책을 읽으라. Iain Duguid, *Should Christians Tithe? Excelling in the Grace of Giving* (Glenside: PA: St. Colne's, 2018), e-book.

69 프레이저 연구소에 따르면, 2019년 캐나다의 세금해방일, 곧 평균 근로자가 당해 연도의 세금을 내기 위해 1년 중 일하는 날에서 해방된 날은 6월 14일이었다.

¹ 모세와 이스라엘 장로들이 백성에게 명령하여 이르되 내가 오늘 너희에게 명령하는 이 명령을 너희는 다 지킬지니라 ² 너희가 요단을 건너 네 하나님 여호와께서 네게 주시는 땅에 들어가는 날에 큰 돌들을 세우고 석회를 바르라 ³ 요단을 건넌 후에 이 율법의 모든 말씀을 그 위에 기록하라 그리하면 네 하나님 여호와께서 네게 주시는 땅 곧 젖과 꿀이 흐르는 땅에 네가 들어가기를 네 조상들의 하나님 여호와께서 네게 말씀하신 대로 하리라 ⁴ 너희가 요단을 건너거든 내가 오늘 너희에게 명령하는 이 돌들을 에발산에 세우고 그 위에 석회를 바를 것이며 ⁵ 또 거기서 네 하나님 여호와를 위하여 제단 곧 돌단을 쌓되 그것에 쇠 연장을 대지 말지니라 ⁶ 너는 다듬지 않은 돌로 네 하나님 여호와의 제단을 쌓고 그 위에 네 하나님 여호와께 번제를 드릴 것이며 ⁷ 또 화목제를 드리고 거기에서 먹으며 네 하나님 여호와 앞에서 즐거워하라 ⁸ 너는 이 율법의 모든 말씀을 그 돌들 위에 분명하고 정확하게 기록할지니라

¹ Now Moses and the elders of Israel commanded the people, saying, "Keep the whole commandment that I command you today. ² And on

the day you cross over the Jordan to the land that the Lord your God is giving you, you shall set up large stones and plaster them with plaster. 3 And you shall write on them all the words of this law, when you cross over to enter the land that the Lord your God is giving you, a land flowing with milk and honey, as the Lord, the God of your fathers, has promised you. 4 And when you have crossed over the Jordan, you shall set up these stones, concerning which I command you today, on Mount Ebal, and you shall plaster them with plaster. 5 And there you shall build an altar to the Lord your God, an altar of stones. You shall wield no iron tool on them; 6 you shall build an altar to the Lord your God of uncut[1] stones. And you shall offer burnt offerings on it to the Lord your God, 7 and you shall sacrifice peace offerings and shall eat there, and you shall rejoice before the Lord your God. 8 And you shall write on the stones all the words of this law very plainly."

9 모세와 레위 제사장들이 온 이스라엘에게 말하여 이르되 이스라엘아 잠잠하여 들으라 오늘 네가 네 하나님 여호와의 백성이 되었으니 10 그런즉 네 하나님 여호와의 말씀을 청종하여 내가 오늘 네게 명령하는 그 명령과 규례를 행할지니라

9 Then Moses and the Levitical priests said to all Israel, "Keep silence and hear, O Israel: this day you have become the people of the Lord your God. 10 You shall therefore obey the voice of the Lord your God, keeping his commandments and his statutes, which I command you today.

11 모세가 그날 백성에게 명령하여 이르되 12 너희가 요단을 건넌 후에 시므온과 레위와 유다와 잇사갈과 요셉과 베냐민은 백성을 축복하기

위하여 그리심산에 서고 13 르우벤과 갓과 아셀과 스불론과 단과 납달리는 저주하기 위하여 에발산에 서고 14 레위 사람은 큰 소리로 이스라엘 모든 사람에게 말하여 이르기를

15 장색의 손으로 조각하였거나 부어 만든 우상은 여호와께 가증하니 그것을 만들어 은밀히 세우는 자는 저주를 받을 것이라 할 것이요 모든 백성은 응답하여 말하되 아멘 할지니라

16 그의 부모를 경홀히 여기는 자는 저주를 받을 것이라 할 것이요 모든 백성은 아멘 할지니라

17 그의 이웃의 경계표를 옮기는 자는 저주를 받을 것이라 할 것이요 모든 백성은 아멘 할지니라

18 맹인에게 길을 잃게 하는 자는 저주를 받을 것이라 할 것이요 모든 백성은 아멘 할지니라

19 객이나 고아나 과부의 송사를 억울하게 하는 자는 저주를 받을 것이라 할 것이요 모든 백성은 아멘 할지니라

20 그의 아버지의 아내와 동침하는 자는 그의 아버지의 하체를 드러냈으니 저주를 받을 것이라 할 것이요 모든 백성은 아멘 할지니라

21 짐승과 교합하는 모든 자는 저주를 받을 것이라 할 것이요 모든 백성은 아멘 할지니라

22 그의 자매 곧 그의 아버지의 딸이나 어머니의 딸과 동침하는 자는 저주를 받을 것이라 할 것이요 모든 백성은 아멘 할지니라

23 장모와 동침하는 자는 저주를 받을 것이라 할 것이요 모든 백성은 아멘 할지니라

24 그의 이웃을 암살하는 자는 저주를 받을 것이라 할 것이요 모든 백성은 아멘 할지니라

25 무죄한 자를 죽이려고 뇌물을 받는 자는 저주를 받을 것이라 할 것이요 모든 백성은 아멘 할지니라

26 이 율법의 말씀을 실행하지 아니하는 자는 저주를 받을 것이라 할

것이요 모든 백성은 아멘 할지니라

¹¹ That day Moses charged the people, saying, ¹² "When you have crossed over the Jordan, these shall stand on Mount Gerizim to bless the people: Simeon, Levi, Judah, Issachar, Joseph, and Benjamin. ¹³ And these shall stand on Mount Ebal for the curse: Reuben, Gad, Asher, Zebulun, Dan, and Naphtali. ¹⁴ And the Levites shall declare to all the men of Israel in a loud voice:

¹⁵ "'Cursed be the man who makes a carved or cast metal image, an abomination to the Lord, a thing made by the hands of a craftsman, and sets it up in secret.' And all the people shall answer and say, 'Amen.'

¹⁶ "'Cursed be anyone who dishonors his father or his mother.' And all the people shall say, 'Amen.'

¹⁷ "'Cursed be anyone who moves his neighbor's landmark.' And all the people shall say, 'Amen.'

¹⁸ "'Cursed be anyone who misleads a blind man on the road.' And all the people shall say, 'Amen.'

¹⁹ "'Cursed be anyone who perverts the justice due to the sojourner, the fatherless, and the widow.' And all the people shall say, 'Amen.'

²⁰ "'Cursed be anyone who lies with his father's wife, because he has uncovered his father's nakedness.'² And all the people shall say, 'Amen.'

²¹ "'Cursed be anyone who lies with any kind of animal.' And all the people shall say, 'Amen.'

²² "'Cursed be anyone who lies with his sister, whether the daughter of his father or the daughter of his mother.' And all the people shall say, 'Amen.'

²³ 'Cursed be anyone who lies with his mother-in-law.' And all the

27장

people shall say, 'Amen.'

24 "'Cursed be anyone who strikes down his neighbor in secret.' And all the people shall say, 'Amen.'

25 "'Cursed be anyone who takes a bribe to shed innocent blood.' And all the people shall say, 'Amen.'

26 "'Cursed be anyone who does not confirm the words of this law by doing them.' And all the people shall say, 'Amen.'"

1 Hebrew whole 2 Hebrew uncovered his father's skirt

≋≋≋≋ 단락 개관 ≋≋≋≋

세겜에서 치른 언약 의식

26장은 "여호와께서 너를 그 지으신 모든 민족 위에 뛰어나게 하사 찬송과 명예와 영광을 삼으[실]"(26:19) 것이라고 선언하면서 끝난다. 28장은 "네 하나님 여호와께서 너를 세계 모든 민족 위에 뛰어나게 하실 것이라"(28:1)는 말로 설교를 재개한다. 두 번째 설교의 언약 말씀은 전형적인 언약 형식에 따라 28장에서 복과 저주로 마감된다. 27장은 세겜에서 거행할 의식을 지시하며 언약 말씀을 중단시킨다. 서기관들이 내러티브 본문에 관련 자료를 삽입할 때는 삽입 부분의 시작과 끝은 이른바 '재귀적 반복'으로 장식된다. 서기관들은 중간 자료를 구분하려고 이 기술을 사용했다. 또 하나의 분명한 예는 출애굽기 이야기 속에 모세와 아론의 족보를 끼워 넣은 것이다(출 6:14-26). 이런 지시가 언제 언약에 포함되었는지에 대해서는 결론을 내릴 수 없다. 출애굽기의 족보가 모세에게서 온 것처럼, 그것은 모세에게서 왔을 수 있고 다른 출처에서 왔을 수도 있다. 목표는 그것을 모압에서 베푼 모세의 가르침에 포함시키는 것이었다. 삽입 부분이 복과 저주를 확증하는 행위가 이루어지는 방식과 관련이 있으므로, 이곳은 언약의 말씀 가운데 끼워 넣기에 적절한 위치였다.

27장은 마침내 신명기에 주어진 언약을 시행하기 위해 치를 의식에 대한 지시로 형식이 갑작스럽게 전환된다. 그 형식은 삼인칭으로 되돌아가 모세가 백성에게 명령한 내용을 묘사하는데, 이는 29장에서 시작되는 에필로그에 나오는 것과 동일한 형식이다. 이 의식은 여호수아가 실행한 것으로 여호수아 8:30-35과 여호수아 24장에 기록되어 있다. 모압에서 치를 의식에 대한 모세의 지시는 하나님께서 시내산에서 하신 말씀, 즉 이스라엘을 한 민족으로 구별하신 말씀(출 19:5-6)을 회상하며 복과 저주로 전환된다. 총회는 하나님의 인도를 받아 그들이 그분의 보배로운 백성이라고 선언했다(신 26:18). 시내산에서 이스라엘은 단지 많은 민족 중에 한 민족이 아니라 거룩한 백성이 되었다. 언약의 말씀이 의식 자체에 대한 설명 이후에 재개된다.

요단강을 건너는 것이 두 번 언급되고(2, 4절), 두 번 모두 그 다음에는 명령들을 기록할 돌을 세우라는 지시가 나온다. 그 명령들은 자연 그대로 거친 제단의 돌에 기록되는 것일까, 아니면 새길 준비가 잘 되어 있는 돌에 기록되는 것일까? 이 질문은 치열한 논쟁거리지만, 본문은 그 명령들이 영구히 보존되도록 새겨지는 것이고 번제와 화목제가 그 제단 위에서 드려질 것임을 분명히 한다. 8절에 나오는 돌을 제단의 돌로 이해하면 안 된다. 그것은 2-4절에 나오는 돌이다. 토라는 이 돌들에 새겨진다. 제단 의식은 돌에 명령을 새기는 의례의 일부에 포함된다. 서기관들이 이야기 속에 그 의식을 삽입한 것은 4절과 8절이 제단에 대한 묘사를 중심으로 수미상관 구조를 이루게 하기 위해서다. 제단의 제사는 토라를 석회 바른 돌 위에 새기는 행위와 별개의 일이다. 제단에 토라를 새기는 것이 아니다.

에발산과 그리심산에서 치를 의식의 절차는 복과 저주가 선언되는 언약 맺는 모습을 묘사한다(9-13절). 이 복과 저주의 내용은 전혀 언급되지 않는다. 14-26절에 나오는 저주들은 맹세한 언약을 위반하는 사람이 공식적으로 받는 세 번째 의식의 일부다. 이 일은 레위인이 수행하고 총회는 긍정하는 "아멘"으로만 응답한다. 이 두 단락을 동일한 의식의 일부로 읽어서는 안 된다.

세겜에서 치를 의식들은 모압에서 모세가 가르친 내용과 일치한다. 이 장은 언약에 관한 가르침, 즉 26장에서 이 주제로 끝났다가 28장의 초반에 그것을 채택하는 그 가르침 내에서 다리 역할을 한다. 제단 제사, 토라 선언, 저주 이 세 가지 의식은 모두 이스라엘이 세겜에서 제단을 세울 때 치렀을 가능성이 많다.

≋≋≋ **단락 개요** ≋≋≋

II. 모세의 두 번째 연설(4:44-29:1)

  E. 세겜에서 치른 언약 의식(27:1-26)

    1. 제단 건립(27:1-8)

      a. 명령 기록(27:1-3)

      b. 제물 바침(27:4-8)

    2. 의식에 대한 가르침(27:9-26)

      a. 복과 저주(27:9-13)

      b. 은밀한 죄에 대한 저주(27:14-26)

27:1-3 언약 제정은 여러 문제와 관련해 모호하다. 번역문에 분명히 나오듯 백성이 요단을 건너는 날에 돌들을 세우도록 되어 있다. 그런데 이스라엘이 그 땅에 들어가는 지점인 길갈에서 세겜까지 하루 만에 이동하기란 불가능하다. 여호수아가 여리고와 아이를 정복한 후 그 의식을 치르는데, 본문은 그렇게 읽히지 않더라도 의도된 의미임에 틀림없다.

"이 율법의 모든 말씀"은 모세의 두 번째 설교에 속하는 모든 내용을 포함한다. 공적인 언급으로 영구히 남을 말을 돌에 새기는 것은 어떤 원문을 영구히 공표하는 일반적인 방법이었다. 석회를 사용하면 영구성이 훨씬 떨어지기 때문에 이 법은 일단 그들이 그 땅에 들어간 후 모세의 가르침을 참고하기 위한 한시적 규정이라는 인상을 준다. 어쩌면 그 땅에 들어가면 이스라엘이 돌에 새겨진 것을 문서로 공표할 만큼 사치스러운 제국이 되지 않을 것이라는 전제가 깔려 있는지도 모른다.

27:4-8 세겜에 제단을 세우는 것은 장차 하나님께서 선택하실 한 장소에서 예배하라는 신명기의 규정과 상충되지만, 이는 실로에 회막을 세우기 전의 임시 대책으로 해석해도 좋다(수 18:1). 실로는 일단 정복된 후 그 땅이 배분되는 장소다(수 18:8-10). 그 땅에 들어간 시점과 세겜에서 언약 의식을 거행하는 시점 사이에 어느 정도 시간이 있는 것처럼, 앞으로 회막을 세울 보다 영구적인 장소를 찾을 때까지는 더 많은 시간이 필요할 것이다. 세겜에 세울 제단은 즉각적인 그러나 한시적인 예배 장소다.

에발산은 세겜 위편 골짜기의 북쪽에 있다. 그 부근에서 가장 높은 산으로 해발 900미터가 넘고 약속의 땅이 한눈에 내려다보인다. 북쪽으로는 헤르몬, 동쪽으로는 요단과 길르앗, 남쪽으로는 예루살렘 언덕, 서쪽으로는 지중해가 보인다. 이 때문에 이스라엘이 그 땅에 도착한 것을 기념하는 의식을 치르기에 이상적인 위치인 것 같다. 세겜에 세운 제단은 출애굽기 20:24-26에 나온 시내산의 규정을 따른다. 화목제는 공동체의 안녕을 기

27장

넘한다. 이 제사는 대체로 그 제물을 드리는 사람들이 먹는 유일한 제사이므로 다함께 즐거워하기에 가장 적절하다.

27:9-13 언약 의식을 위해 지파들을 나누는데, 유다를 비롯한 중앙 지파들은 그리심산의 북쪽 산지에 위치하고, 요단 건너편의 갈릴리 등지에 있는 변두리 지파들은 에발산에 주둔한다. 복과 저주에 사용되는 표현은 서로 상당히 다르다. 그리심에 있는 지파들은 백성을 위해 복을 선포하거나 백성을 축복하는 선언을 한다. 에발에 있는 지파들은 저주의 감독자 내지 관찰자로 서 있다. "저주하기 위하여…서[는]" 것은 누군가가 저주받고 있다는 의미를 피하기 위한 완곡어법이다. 왜 그렇게 행동하는지는 명백히 나오지 않는다. 아마 각 그룹이 다른 그룹의 청중으로 행동하고 있든지, 다른 모두를 대신하여 행동하고 있을 것이다. 그 취지는 그리심에 있는 그룹은 총회에 복을 선언하는 반면, 에발에 있는 그룹은 저주의 대변인으로 서 있는 것으로 보인다. 복과 저주는 하나님께서 부과하신, 순종이나 반역의 결과, 즉 생명이나 죽음을 말한다.

　복과 저주의 실제 내용은 전혀 언급되지 않지만 신명기 11:27-29은 이런 것들이 상황에 따른 보상과 형벌을 말한다고 진술한다. 언약 의식이 전형적으로 그렇듯, 이 대목은 명시된 상황에서 언약에 대한 순종 또는 불순종이 가져오는 결과를 선언하고 있다.

27:14 이 구절은 이스라엘의 총회를 향해 큰 소리로 말할 레위 사람들을 소개한다. 이 장면은 지파들을 그리심과 에발로 나누는 장면, 곧 여섯 지파는 복을, 나머지 여섯 지파는 저주를 선언하는 장면과 대조를 이룬다. 레위 사람들이 그런 절차에서 특별한 역할을 한다는 말은 없다. 이 의식에서 레위 사람들은 말하는 역할을 하고 백성은 한 마디로 응답할 뿐이다. 이 의식에서 축복에 대한 언급은 없고, 실제로 누군가에게 저주가 내리지도 않는다. 각종 행위가 금지되고 있다. 이런 행동을 한 사람에 대한 맹세 내지는 저주가 "아멘"이란 응답과 함께 선포된다.

27:15-26 열두 개의 금지 사항이 목록에 나온다. 열두 번째 포괄적인 진술 이외의 모든 사항은 다른 곳의 명령에도 나온다. 첫 번째 진술과 마지막 진술은 형식상으로는 구별되지만 번역문에서는 그 차이가 잘 나타나지 않는다. 전자는 "[…하는] 누구든지 저주를 받을 것이라"(필자의 번역)인데 비해, 후자는 그저 "저주를 받을 것이라"고 되어 있다. 이 둘은 서론과 결론으로 가장 강조하는 죄, 곧 우상 숭배를 다룬다. 말하자면, 거룩한 분에 대한 근본적인 충성을 위반하고 거룩한 분이 주신 가르침을 무너뜨리는 죄를 다룬다.

이 의식은 이런 범죄를 예방하고 위반에 대한 하나님의 형벌을 선언하도록 설계되어 있다. 이런 죄를 범하는 사람에게는 저주가 선포된다. "아멘"이라는 응답은 그 말씀을 듣는 사람들이 이런 죄를 범치 않겠다고 다짐하는 약속이다. 여기에 열거된 모든 죄는 은밀히 발생하므로 간파해 처벌하기가 불가능하다. "은밀히"라는 단어는 우상을 만드는 경우(15절)와 동족을 암살하는 경우(24절)에 명기되어 있다. 가장 사악한 우상 숭배와 폭행은 남몰래 일어나고, 여기서는 이런 범죄를 염두에 두고 있다. 다른 범죄들 역시 은밀한 성격을 띤다. 부모를 업신여기는 것, 경계표를 옮기는 것, 맹인에게 길을 잃게 하는 것, 정의를 무너뜨리는 것, 성적인 죄를 범하는 것, 뇌물을 받고 살인을 은폐하는 것 등이다. 이것은 일단 백성들이 그 땅에 들어갔을 때 적절한 경고이자 맹세다. 그들에게 그토록 자비를 베풀고 그 땅을 허락하신 하나님, 그 주권자에 대한 충성을 가장한다는 것은 생각도 할 수 없는 일이다.

27장

〰〰〰 응답 〰〰〰

세겜 의식은 이스라엘이 하나님의 백성으로서 맡은 역할을 곰곰이 생각하는 맥락에 놓여 있다(9-10절). 세겜에서 열릴 행사들은 모압에서 일어난 일의 심오한 의미를 입증한다. "잠잠하[라]"는 9절에만 사용된 단어를 번역한 것이고, 그밖에는 아카드어 사카투(sakātu)에서만 찾아볼 수 있다. 이 명령은 이스라엘뿐 아니라 교회에도 중요하다. 이스라엘을 제사장의 나라로 구별한 것은 교회의 정체성과 소명을 이해하는 데 도움이 된다. 이것은 시시때때로 기억해야 할 신성한 책임이다.

신명기는 하나님 백성의 정체성 확립을 중심 메시지로 삼는다. 십계명의 가르침과 하나님을 사랑하고 경외하라는 권면은 이스라엘에게 세겜에서 언약 의식을 거행하라는 지시로 마무리되었다(11:29-30). 이 토라에 대한 해설이 끝나가면서 27장은 이 언약 의식에 관한 상세한 정보로 되돌아간다. 세겜 의식이 포함되는 바람에 언약의 조건들이 응집된 단위로 묶인다. 그 의식은 언약의 프롤로그(5-11장)를 그 해설(12-26장)과 묶는데, 그것은 장차 이스라엘이 약속의 땅에서 순종의 서약을 하게 될 때를 가리킨다.

이 장에 규정된 세 가지 의식은 이스라엘의 영적인 삶에 매우 중요하다. 번제는 하나님께서 그들에게 주신 생명을 하나님께 드린다는 선언이다. 그런 제사는 아무에게도 개인적인 유익을 주지 않는다. 화목제는 공동체적이다. 그 제물은 하나님께 속한다는 의미에서 거룩하지만, 회중을 연합체이자 동등한 지위로 다함께 데려와 공동 식사로 그 제물을 먹는다. 기록된 명령들을 놓고 서약하는 것은 거룩한 백성으로서 하나님의 뜻을 행하겠다는 헌신의 선언이다. 저주의 의식은 언약을 위반한 결과를 도무지 피할 수 없음을 기억하라는 경고다. 하나님을 배척하기로 했다고 해서 하나님께서 더 이상 그 불순종하는 사람의 삶에 관여하지 않을 것이라는 뜻은 아니다. 하나님은 축복이나 저주를 통해 항상 그분의 백성과 함께하신다.

교회는 하나님의 백성으로서 이와 똑같은 역할을 수행한다. 제사는 그리스도인의 경우에 찬송으로 표현된다(히 13:15-16). 이 제사는 하나님을 기쁘시게 하는 우리 입술의 고백과 서로 나누는 선행이다. 야고보에 따르면, 참된 예배는 고아와 과부를 돌보는 것이지만(약 1:27) 이것이 신앙고백을 대체하는 것은 아니다(딤전 3:15-16). 교회는 진리의 기둥이자 하나님의 흔들리지 않는 터[헬. 헤드라이오마(*hedraiōma*), '버팀목', 딤전 3:15]다. 경건의 비밀을 고백하는 일은 참으로 위대하다.

> 그는 육신으로 나타난바 되시고
> 영으로 의롭다 하심을 받으시고
> 천사들에게 보이시고
> 만국에서 전파되시고
> 세상에서 믿은바 되시고
> 영광 가운데서 올려지셨느니라(딤전 3:16).

이와 같은 초기 기독교 찬송은 동일한 신앙의 신비를 선언하는 현대 찬송가들로 계속 이어진다. 마이클 페리(Michael Perry)의 가사를 곰곰이 생각해보라.

> 오 은혜로운 구원자여, 들으소서
> 우리가 가져온 사랑을 받아주소서
> 그대의 은총을 아는 우리가
> 그대를 우리의 왕으로 섬기게 하소서
> 우리의 내일이 좋은 일로 가득하든
> 나쁜 일로 가득하든
> 우리는 우리 슬픔을 지나 승리하고
> 일어나 그대를 더욱 송축하리이다
> 그대의 아름다움에 놀라고
> 그대의 길을 기뻐하며
> 즐거운 의무를

우리 찬송의 제사로 삼으리다.[70]

이 심오한 가사를 올려드리는 제사는 세겜에서 맺은 언약 맹세와 연관된 모든 것과 마찬가지로 고귀하다.

교회에도 해당하는 저주가 있다. 바울은 갈라디아 신자들에게 준엄한 경고를 한다. 만일 누구든지 자신이 받은 것 외에 다른 복음을 전하면 하늘에서 온 천사일지라도 "저주를 받을지어다[아나테마(*anathema*)]"(갈 1:8, 9). 바울은 고린도에 보낸 첫 번째 편지를 친필로 쓴 다음의 글로 마무리한다. "만일 누구든지 주를 사랑하지 아니하면 저주를 받을지어다[아나테마]"(고전 16:21-22). 그러나 진리를 부인하는 일만 저주받는 것은 아니다. 고린도전서 5:11에서 바울은 형제라 하는 어떤 사람이 음행하거나, 탐욕을 부리거나, 우상 숭배를 하거나, 사람을 중상하거나, 술 취하거나, 약탈하면, 그런 사람과는 사귀지 말고 함께 먹지도 말라고 가르친다. 교회는 이스라엘이 그랬던 것처럼 스스로 교인이라 주장하는 사람들을 분별해야 한다. 언약과 모순되는 행실은 곧 그 언약을 부인하는 것이다.

---

70 "O God, Beyond All Praising," 1982.

¹ 네가 네 하나님 여호와의 말씀을 삼가 듣고 내가 오늘 네게 명령하는 그의 모든 명령을 지켜 행하면 네 하나님 여호와께서 너를 세계 모든 민족 위에 뛰어나게 하실 것이라 ² 네가 네 하나님 여호와의 말씀을 청종하면 이 모든 복이 네게 임하며 네게 이르리니 ³ 성읍에서도 복을 받고 들에서도 복을 받을 것이며 ⁴ 네 몸의 자녀와 네 토지의 소산과 네 짐승의 새끼와 소와 양의 새끼가 복을 받을 것이며 ⁵ 네 광주리와 떡 반죽 그릇이 복을 받을 것이며 ⁶ 네가 들어와도 복을 받고 나가도 복을 받을 것이니라

¹ "And if you faithfully obey the voice of the Lord your God, being careful to do all his commandments that I command you today, the Lord your God will set you high above all the nations of the earth. ² And all these blessings shall come upon you and overtake you, if you obey the voice of the Lord your God. ³ Blessed shall you be in the city, and blessed shall you be in the field. ⁴ Blessed shall be the fruit of your womb and the fruit of your ground and the fruit of your cattle, the increase of your herds and the young of your flock. ⁵ Blessed shall be

your basket and your kneading bowl. 6 Blessed shall you be when you come in, and blessed shall you be when you go out.

7 여호와께서 너를 대적하기 위해 일어난 적군들을 네 앞에서 패하게 하시리라 그들이 한 길로 너를 치러 들어왔으나 네 앞에서 일곱 길로 도망하리라 8 여호와께서 명령하사 네 창고와 네 손으로 하는 모든 일에 복을 내리시고 네 하나님 여호와께서 네게 주시는 땅에서 네게 복을 주실 것이며 9 여호와께서 네게 맹세하신 대로 너를 세워 자기의 성민이 되게 하시리니 이는 네가 네 하나님 여호와의 명령을 지켜 그 길로 행할 것임이니라 10 땅의 모든 백성이 여호와의 이름이 너를 위하여 불리는 것을 보고 너를 두려워하리라 11 여호와께서 네게 주리라고 네 조상들에게 맹세하신 땅에서 네게 복을 주사 네 몸의 소생과 가축의 새끼와 토지의 소산을 많게 하시며 12 여호와께서 너를 위하여 하늘의 아름다운 보고를 여시사 네 땅에 때를 따라 비를 내리시고 네 손으로 하는 모든 일에 복을 주시리니 네가 많은 민족에게 꾸어줄지라도 너는 꾸지 아니할 것이요 13 여호와께서 너를 머리가 되고 꼬리가 되지 않게 하시며 위에만 있고 아래에 있지 않게 하시리니 오직 너는 내가 오늘 네게 명령하는 네 하나님 여호와의 명령을 듣고 지켜 행하며 14 내가 오늘 너희에게 명령하는 그 말씀을 떠나 좌로나 우로나 치우치지 아니하고 다른 신을 따라 섬기지 아니하면 이와 같으리라

7 "The Lord will cause your enemies who rise against you to be defeated before you. They shall come out against you one way and flee before you seven ways. 8 The Lord will command the blessing on you in your barns and in all that you undertake. And he will bless you in the land that the Lord your God is giving you. 9 The Lord will establish you as a people holy to himself, as he has sworn to you, if you keep the commandments of the Lord your God and walk in his ways. 10 And all

the peoples of the earth shall see that you are called by the name of the Lord, and they shall be afraid of you. ¹¹ And the Lord will make you abound in prosperity, in the fruit of your womb and in the fruit of your livestock and in the fruit of your ground, within the land that the Lord swore to your fathers to give you. ¹² The Lord will open to you his good treasury, the heavens, to give the rain to your land in its season and to bless all the work of your hands. And you shall lend to many nations, but you shall not borrow. ¹³ And the Lord will make you the head and not the tail, and you shall only go up and not down, if you obey the commandments of the Lord your God, which I command you today, being careful to do them, ¹⁴ and if you do not turn aside from any of the words that I command you today, to the right hand or to the left, to go after other gods to serve them.

¹⁵ 네가 만일 네 하나님 여호와의 말씀을 순종하지 아니하여 내가 오늘 네게 명령하는 그의 모든 명령과 규례를 지켜 행하지 아니하면 이 모든 저주가 네게 임하며 네게 이를 것이니 ¹⁶ 네가 성읍에서도 저주를 받으며 들에서도 저주를 받을 것이요 ¹⁷ 또 네 광주리와 떡 반죽 그릇이 저주를 받을 것이요 ¹⁸ 네 몸의 소생과 네 토지의 소산과 네 소와 양의 새끼가 저주를 받을 것이며 ¹⁹ 네가 들어와도 저주를 받고 나가도 저주를 받으리라

¹⁵ "But if you will not obey the voice of the Lord your God or be careful to do all his commandments and his statutes that I command you today, then all these curses shall come upon you and overtake you. ¹⁶ Cursed shall you be in the city, and cursed shall you be in the field. ¹⁷ Cursed shall be your basket and your kneading bowl. ¹⁸ Cursed shall be the fruit of your womb and the fruit of your ground, the increase of

your herds and the young of your flock. ¹⁹ Cursed shall you be when you come in, and cursed shall you be when you go out.

²⁰ 네가 악을 행하여 ¹⁾그를 잊으므로 네 손으로 하는 모든 일에 여호와께서 저주와 혼란과 책망을 내리사 망하며 속히 파멸하게 하실 것이며 ²¹ 여호와께서 네 몸에 염병이 들게 하사 네가 들어가 차지할 땅에서 마침내 너를 멸하실 것이며 ²² 여호와께서 폐병과 열병과 염증과 학질과 한재와 풍재와 썩는 재앙으로 너를 치시리니 이 재앙들이 너를 따라서 너를 진멸하게 할 것이라 ²³ 네 머리 위의 하늘은 놋이 되고 네 아래의 땅은 철이 될 것이며 ²⁴ 여호와께서 비 대신에 티끌과 모래를 네 땅에 내리시리니 그것들이 하늘에서 네 위에 내려 마침내 너를 멸하리라

²⁰ "The Lord will send on you curses, confusion, and frustration in all that you undertake to do, until you are destroyed and perish quickly on account of the evil of your deeds, because you have forsaken me. ²¹ The Lord will make the pestilence stick to you until he has consumed you off the land that you are entering to take possession of it. ²² The Lord will strike you with wasting disease and with fever, inflammation and fiery heat, and with drought¹ and with blight and with mildew. They shall pursue you until you perish. ²³ And the heavens over your head shall be bronze, and the earth under you shall be iron. ²⁴ The Lord will make the rain of your land powder. From heaven dust shall come down on you until you are destroyed

²⁵ 여호와께서 네 적군 앞에서 너를 패하게 하시리니 네가 그들을 치러 한 길로 나가서 그들 앞에서 일곱 길로 도망할 것이며 네가 또 땅의 모든 나라 중에 흩어지고 ²⁶ 네 시체가 공중의 모든 새와 땅의 짐

승들의 밥이 될 것이나 그것들을 쫓아줄 자가 없을 것이며 ²⁷ 여호와께서 애굽의 종기와 치질과 괴혈병과 피부병으로 너를 치시리니 네가 치유 받지 못할 것이며 ²⁸ 여호와께서 또 너를 미치는 것과 눈머는 것과 정신병으로 치시리니 ²⁹ 맹인이 어두운 데에서 더듬는 것과 같이 네가 백주에도 더듬고 네 길이 형통하지 못하여 항상 압제와 노략을 당할 뿐이리니 너를 구원할 자가 없을 것이며 ³⁰ 네가 여자와 약혼하였으나 다른 사람이 그 여자와 같이 동침할 것이요 집을 건축하였으나 거기에 거주하지 못할 것이요 포도원을 심었으나 네가 그 열매를 따지 못할 것이며 ³¹ 네 소를 네 목전에서 잡았으나 네가 먹지 못할 것이며 네 나귀를 네 목전에서 빼앗겨도 도로 찾지 못할 것이며 네 양을 원수에게 빼앗길 것이나 너를 ²⁾도와줄 자가 없을 것이며 ³² 네 자녀를 다른 민족에게 빼앗기고 종일 생각하고 찾음으로 눈이 피곤하여지나 네 손에 힘이 없을 것이며 ³³ 네 토지소산과 네 수고로 얻은 것을 네가 알지 못하는 민족이 먹겠고 너는 항상 압제와 학대를 받을 뿐이리니 ³⁴ 이러므로 네 눈에 보이는 일로 말미암아 네가 미치리라 ³⁵ 여호와께서 네 무릎과 다리를 쳐서 고치지 못할 심한 종기를 생기게 하여 발바닥에서부터 정수리까지 이르게 하시리라

²⁵ "The Lord will cause you to be defeated before your enemies. You shall go out one way against them and flee seven ways before them. And you shall be a horror to all the kingdoms of the earth. ²⁶ And your dead body shall be food for all birds of the air and for the beasts of the earth, and there shall be no one to frighten them away. ²⁷ The Lord will strike you with the boils of Egypt, and with tumors and scabs and itch, of which you cannot be healed. ²⁸ The Lord will strike you with madness and blindness and confusion of mind, ²⁹ and you shall grope at noonday, as the blind grope in darkness, and you shall not prosper in your ways.² And you shall be only oppressed and robbed continually,

and there shall be no one to help you. 30 You shall betroth a wife, but another man shall ravish her. You shall build a house, but you shall not dwell in it. You shall plant a vineyard, but you shall not enjoy its fruit. 31 Your ox shall be slaughtered before your eyes, but you shall not eat any of it. Your donkey shall be seized before your face, but shall not be restored to you. Your sheep shall be given to your enemies, but there shall be no one to help you. 32 Your sons and your daughters shall be given to another people, while your eyes look on and fail with longing for them all day long, but you shall be helpless. 33 A nation that you have not known shall eat up the fruit of your ground and of all your labors, and you shall be only oppressed and crushed continually, 34 so that you are driven mad by the sights that your eyes see. 35 The Lord will strike you on the knees and on the legs with grievous boils of which you cannot be healed, from the sole of your foot to the crown of your head.

36 여호와께서 너와 네가 세울 네 임금을 너와 네 조상들이 알지 못하던 나라로 끌어가시리니 네가 거기서 목석으로 만든 다른 신들을 섬길 것이며 37 여호와께서 너를 끌어가시는 모든 민족 중에서 네가 놀람과 속담과 비방거리가 될 것이라 38 네가 많은 종자를 들에 뿌릴지라도 메뚜기가 먹으므로 거둘 것이 적을 것이며 39 네가 포도원을 심고 가꿀지라도 벌레가 먹으므로 포도를 따지 못하고 포도주를 마시지 못할 것이며 40 네 모든 경내에 감람나무가 있을지라도 그 열매가 떨어지므로 그 기름을 네 몸에 바르지 못할 것이며 41 네가 자녀를 낳을지라도 그들이 포로가 되므로 너와 함께 있지 못할 것이며 42 네 모든 나무와 토지소산은 메뚜기가 먹을 것이며 43 너의 중에 우거하는 이방인은 점점 높아져서 네 위에 뛰어나고 너는 점점 낮아질 것이며 44 그

는 네게 꾸어줄지라도 너는 그에게 꾸어주지 못하리니 그는 머리가 되고 너는 꼬리가 될 것이라

36 "The Lord will bring you and your king whom you set over you to a nation that neither you nor your fathers have known. And there you shall serve other gods of wood and stone. 37 And you shall become a horror, a proverb, and a byword among all the peoples where the Lord will lead you away. 38 You shall carry much seed into the field and shall gather in little, for the locust shall consume it. 39 You shall plant vineyards and dress them, but you shall neither drink of the wine nor gather the grapes, for the worm shall eat them. 40 You shall have olive trees throughout all your territory, but you shall not anoint yourself with the oil, for your olives shall drop off. 41 You shall father sons and daughters, but they shall not be yours, for they shall go into captivity. 42 The cricket[3] shall possess all your trees and the fruit of your ground. 43 The sojourner who is among you shall rise higher and higher above you, and you shall come down lower and lower. 44 He shall lend to you, and you shall not lend to him. He shall be the head, and you shall be the tail."

1) 히, 나 2) 히, 구원할
1 Or *sword* 2 Or *shall not succeed in finding your ways* 3 Identity uncertain

〰〰〰 단락 개관 〰〰〰

언약의 복과 저주

이 장에 나오는 복과 저주는 다른 조약들에서 볼 수 있는 전형적인 내용이다. 복의 목록은 저주에 비해 짧은 편이다. 이 장의 첫째 단락에 나오는 복과 저주는 의도적으로 배열되어 있다. 28장은 모압에서 맺은 언약의 선언을 재개하면서 시작되고(1절) 이어서 포괄적인 세 쌍의 복을 선언한다(2-6절). 둘째 쌍은 설명과 함께 그 범위가 넓어진다. 이는 관리가 할 수 있는 종류의 선언이다. 이 선언들에는 그에 상응하는 저주들이 있다(15-19절). 축복 다음에는 번영의 약속이 따라온다(7-14절). 그에 상응하는 위협 목록이 상당히 부연되어 있다(20-44절). 이 위협들은 두 단락으로 더 연장되어 이스라엘의 상황이 역전되는 모습으로 끝난다. 그 땅에서 살지 못하고 포로로 잡혀가는 모습이다.

이 장에 나오는 저주의 긴 목록은 세 부분으로 나눌 수 있다. 저주가 부연되면서 복이 반박되는 부분(1-44절), 포위 공격전의 공포 부분(45-57절), 그리고 포로로 잡혀가는 비극 부분(58-68절)이다. 언약의 맹세를 지키지 않으면 이 모든 불행이 반드시 닥칠 것이다. 그리고 백성들이 여호와가 아닌 다른 신을 믿는다면 그 맹세는 깨어진다. 반면, 언약의 관계에 충실하면 하나님께 거룩한 백성(9절), 여호와의 이름으로 불리는 백성(10절, 새번역)이 될 것이다. 하나님을 신뢰하는 길은 순탄하지 않을 것이다. 다른 무언가를 따라갈 위험이 언제나 존재하기 때문이다(14절). 모세가 6장에서 경고했듯, 부유함(10-15절)과 가난함(16-19절)이 자기 힘을 신뢰하거나 하나님을 시험하는 유혹거리가 될 수 있다. 이런 저주와 불순종이 초래한 끔찍한 결과를 묘사하는 이유는 이미 맺은 맹세를 잊지 말고 늘 깨어 있게 하기 위해서다.

많은 학자에 따르면, 23-37절에 나오는 위협의 전반적인 순서와 에살핫돈의 봉신 조약 어구와의 일부 유사성은, 이 저주들을 기록한 서기관들이 그 조약의 사본을 입수해 신명기에 언약의 저주들을 개진할 때 사용했음을 가리킨다. 에살핫돈 조약의 63-64항은 신들에게 "너를 위해 그 땅을 벽돌 크기로 축소시켜주기를" 요청한다. 이어서 "그들이 네 땅을 철과 같이 만들어 거기서 아무것도 나지 않기를 기원한다. 비가 청동 하늘에서 떨어지지 않듯, 비와 이슬이 너의 들판과 목장에 내리지 않기를 기원한다. 비가 내리는 대신 숯이 너의 땅에 떨어지길 바란다."[71] 이런 어구의 유사성은 서기관들이 이 조약에 의존했음을 입증할 수는 없어도, 신명기의 저주들이 고대 근동 문화에 속한 일반적 문학 형식임을 분명히 보여준다. 이 장르는 사실상 이스라엘 역사의 모든 시기에 걸쳐 친숙하고 강력한 소통 방식이었을 것이다.

〰〰〰 단락 개요 〰〰〰

II. 모세의 두 번째 연설(4:44-29:1)

   F. 언약의 복과 저주(28:1-29:1)

      1. 복(28:1-14)

         a. 언약 설교의 재개(28:1)

         b. 복의 선언(28:2-5)

         c. 하나님께서 약속하시는 복(28:6-14)

            (1) 모든 나라 위에 높임(28:6-10)

            (2) 이스라엘이 모든 나라의 머리가 됨(28:11-13a)

            (3) 복의 조건(28:13b-14)

28장

---

71 이 조약의 번역문과 더불어 유익한 주석과 각주를 보려면 Jacob Lauinger, *COS*, 4.36을 참고하라. 이 조약은 670행으로 되어 있고, 맹세를 하는 봉신의 통상적 인장이 아니라 앗수르의 국가 신 아슈르(Assur)의 옥쇄 세 개로 봉인되어 있다.

2. 저주(28:15-44)

  a. 저주의 선언(28:15-19)

  b. 신적 형벌의 위협(28:20-44)

    (1) 질병의 위협(28:20-22)

    (2) 가뭄의 위협(28:23-24)

    (3) 전쟁과 추방의 위협(28:38-42)

    (4) 영구적인 허무함과 몰락(28:38-42)

    (5) 이스라엘이 모든 나라의 꼬리가 됨(28:43-44)

〰〰〰 **주석** 〰〰〰

28:1 이 구절은 모압에서 모세가 여호와와의 언약에 대해 이스라엘에게 가르치고 있는 설교를 재개하며 26:18-19의 내용을 반복한다. 이 대목은 그 설교에서 규정 설명에서 결과 선언으로 전환되는 결론 부분(26:16-19)이었다. 모세는 이제 언약 준수의 결과로 전환하면서 총회를 향해 그들이 보배로운 백성으로 부름 받았음을 상기시킨다.

28:2 복에 대한 선언은 대리자(agency, 행위자의 의도나 욕구로 일어난 행위의 발현-편집자주) 형태로 진술되어 있다. "이 모든 복이 네게 임하며 네게 이르리니"(2절). 복을 완전히 의인화했다고 볼 수 없는 것은 하나님이 이런 일을 불러일으키는 행위자(agent)임이 분명하기 때문이다. 이는 하나님의 뜻을 알고 따르는 것의 결과를 분명히 강조한다.

28:3-6 복은 일종의 총칭어법인 세 쌍으로 진술되어 있다. 말하자면 이 쌍들은 그 범위에 속한 모든 것을 포함한다. 첫 번째는 성읍과 들판이라는

장소의 견지에서 진술된다. 두 번째는 가축과 농작물이라는 다산의 견지에서 진술된다. 세 번째는 들어올 때와 나갈 때라는 활동의 견지에서 진술된다. 중간 쌍은 두 종류의 농장 동물(소와 양, 소와 양의 새끼)의 다산과 양식 수집 및 준비(광주리와 떡 반죽 그릇)를 묘사하는 것으로 상술된다. 양쪽 모두 풍성할 것이다. 마지막 쌍은 가정과 공공장소, 개인과 집단의 활동 등을 모두 아우르는 일반적인 표현이다. 이 축복은 모든 면에서 포괄적이다.

28:7-8 간결하게 진술된 복이 하나님의 약속에 의해 상술된다. 그런 복은 자연적인 결과라기보다 하나님께서 직접 행동하신 결과다. 들어오고 나가는 것에는 전쟁, 곧 그들을 대적하려고 일어나는 적에 대한 자기방어의 필요성이 포함된다. 하나님께서 그들을 보호하실 것이다. 두 번째 약속은 시골과 성읍에서 양식을 공급하시는 하나님의 손길을 상술한다. 창고의 양식이 풍성할 것이다. "창고"로 번역된 일반 단어는 모든 종류의 수확물을 가리킨다. 하나님께서 "네 손으로 하는 모든 일"(8절)에 복 주실 것이다. 하나님께서 그들에게 땅을 주실 뿐 아니라 그 땅에 있는 그들에게 복 주실 것이다.

28:9-10 이 구절들은 복과 저주를 도입하는 모티브로 되돌아간다. 거룩한 백성이 된다는 것은 세속 세계에서 이스라엘을 다른 모든 민족의 삶과 구별시키는 소명에 헌신한다는 뜻이다. 하나님의 이름이 이 백성을 통해 알려지게 된다. 주님의 이름을 알리는 수단이 된다는 것은 세상에서 수행하는 여느 활동과 차원이 다르다. 그것은 그들이 사는 세상의 의미를 세상 '밖'에 있는 것, 그들을 비롯해 세상의 모든 것에 생명을 주신 분께로 확장하는 고귀한 소명이다.

28:11-13a 주님은 이스라엘에게 가축과 들판에서 넘치는 산물을 얻도록 허락하실 것이다. 생명과 생명을 유지시켜주는 양식은 여기서 "하늘"이라 부르는 또 다른 차원에서 온다. 이른바 '어머니 자연'(Mother Nature) 같은

것은 없다. 이런 표현은 인간의 자율성을 전제로 하는 오만한 문화에서 나온다. 자기가 하나님께 의존하고 있음을 아는 민족은 다른 민족들에게 꾸어주는 민족이 될 것이다. 그들은 운명이 확실하기에 선두에 선 자들이 될 것이다.

28:13b-14 복의 조건은 변할 수 있다. 그러나 하나님에 대한 충성은 타협할 수 없다. 이는 복합적이고 심오하다. 저주가 예견하듯, 그런 충성의 깊이는 이스라엘이 지적으로나 의지적으로 이해할 수 있는 수준을 넘어선다. 이스라엘은 이 요건의 치명적인 타협을 합리화하는 길을 찾을 것이다. 축복은 사실상 같은 말로 시작하고 끝난다(참고. 1, 13b절). 그런 말은 축복의 작용을 진술하는 또 다른 방식이다. 이런 복은 결코 자연스러운 결과가 아니며, 어떤 식으로든 조작될 수 없다.

28:15-19 이 구절은 초반부(2-5절)의 내용을 뒤집어놓은 것이다. 저주가 그 백성에게 "이를" 것이라고 말하는 등 똑같은 표현을 사용한다. 저주가 의도하는 효과는 요시야왕이 토라의 내용을 들은 후 보인 반응을 보면 알 수 있다(왕하 22:11, 19). 그는 옷을 찢고 회개한다.

28:20-24 여호와께서 보내시는 재난은 히브리어로 두운체인 삼인조 용어들로, 즉 백성에게 미치는 영향을 묘사하는 용어들로 소개된다. 저주와 혼란과 허무함이 그것이다. 이는 자연스러운 순서다. "저주"[메에라(me'erah)]라는 명사는 그 어원이 '저주받다'[아루르('arur)]라는 동사형이다. 저주 아래 살게 되면 마음의 혼란과 무엇을 할지 모르는 무능력이 생긴다. 이는 전쟁을 할 때나 사회 질서가 붕괴될 때 일어나는 일이다. 현명한 행동 경로를 계획할 수 없게 되면 허무함과 좌절이 생긴다. 모든 대안이 하나같이 형편없고 앞으로 나아갈 길이 없다. 그런 상태가 손으로 행하는 모든 일로 확장되는데, 이는 28:8에 나온 것과 표현이 똑같다. 그 결과는 완전한 파멸이다.

그들을 떠나지 않을 유행병이 일곱 개의 용어로 묘사된다. 이 용어들이 가리키는 정확한 대상은 알 수 없다. 모두가 인간의 질병을 가리키는지, 아니면 ESV의 해석처럼 마지막 네 개가 수확물과 관계가 있는지도 알 길이 없다. 마소라 본문은 "한재"[가뭄, 하레브(hareb)]를 '칼'[헤레브(hereb)]로 읽는데, 이는 어휘소 hrb에서 나온 뜻으로 이 목록에 어울리지 않는다. 물론 전쟁은 가뭄 이후에 나오는 주제이기는 하다(28:25-26). 만일 일곱 개의 용어를 모두 인간의 질병으로 해석한다면, 마지막 네 용어들은 고온, 신열, 창백함(노란 피부), 황달 같은 질병을 가리킬 것이다. ESV는 가뭄으로 전환된다는 가정에, 가뭄은 티끌을 비처럼 내리는 놋 빛 하늘의 결과라고 본다.

28:25-26 전쟁에서 패배할 것이란 위협은 이스라엘이 전쟁에서 승리할 것이란 축복(28:7)의 정반대다. 시체가 전쟁터에 야생 동물의 먹잇감으로 남겨질 것이란 표현은 흔히 사용되는 군사적인 수사다(삼상 17:43-46). 길에서 차에 치어죽은 동물에 독수리가 모여들 듯, 썩은 고기를 먹는 새들이 모여들어 인간의 시신을 찢는 모습은 참으로 끔찍한 광경이다. 신명기 28:26은 예레미야 7:33과 동일하고, 이 저주는 예레미야의 산문체 설교에 여섯 번 나온다. 예레미야는 성전 설교로 알려진 예레미야 7장에서, 유다에게 다가올 예루살렘의 종말을 경고하기 위해 신명기에서 끌어온 언약 공식을 사용한다.

28:27-29 이 구절들에는 일곱 가지 인간의 질병이 열거되어 있다. 네 가지는 피부 발진과 관계가 있고 다른 세 가지는 정신 장애를 묘사한다. 첫 번째는 이집트에 내린 재앙 중 악성 종기(출 9:9)로 언급된 것이다. 두 번째는 치질로 발음되는(회당에서 낭독되는) 것으로 칠십인역에 그렇게 해석되어 있다. 옴과 습진(개역개정은 "괴혈병과 피부병")은 일종의 피부 질환(피부염)이다.

정신병을 가리키는 세 개의 용어는 스가랴 12:4에 나오는데, 이스라엘에 대한 저주가 그 적들에게로 향한다. 정신병은 다윗이 가드 왕 아기스의 분노를 피하려고 미친 체하는 모습을 묘사하는 용어다(삼상 21:13-16). 정신

착란증(새번역)은 스가랴서에 나오는 말을 묘사한다. 이 맥락에서 눈을 멀게 하는 것은 은유적으로 해석할 필요가 있다. 사람들이 옳은 것을 볼 수 없어 논리적으로 생각할 수 없는 상태를 말한다. 이는 이스라엘이 맹인이나 어둠 속에 있는 사람처럼 대낮에도 길을 찾으려고 더듬거리는 모습이다. 끔찍한 만성 질환과 전쟁으로 피해자는 약탈과 학대를 당하고 지각을 잃어 착란에 빠지며 어떤 계획을 세우든 빛을 볼 수 없는 처지가 된다.

28:30-34 이런 위협들은 무력함이라는 주제로 특징지을 수 있다. 결혼 관계가 침해되면 사회 질서가 무너질 것이다(30절). 전쟁의 약탈로 새로운 가정을 꾸밀 수 없게 될 것이다(30절). 피해자들은 자녀들이 포로로 잡혀가도 아무일도 할 수 없을 것이다(32절). 질병 목록에 나와 있듯(28절) 다른 민족이 그들의 곡식을 먹어치우고 그들은 학대와 압제를 받다가(33절) 결국 미치고 말 것이다(34절). 군인이 전장에 나가는 것을 면제해줄 인생의 중요한 행사들조차 그 의미가 훼손될 것이다(참고. 20:5-7). 전쟁에서 자녀를 잃는 말로 다할 수 없는 슬픔 앞에서 눈물조차 말라버린다.

28:35-37 믿음을 지키지 않는 이들에게는 몸을 쇠약케 하는 피부 질환과 유배가 기다린다. 욥이 이와 같은 질병에 시달렸던 것 같다(욥 2:7). 치명적이지는 않아도 만성적이고 온몸에 영향을 미친다. 여기서 묘사하는 증상은 고감염성에 치명적인 바이러스 질병인 천연두와 비슷하다. 옛 이집트 시대부터 천연두는 인류의 가장 치명적인 질병 중 하나였다. 열과 통증에 이어 발진이 생기고 고름이 가득한 종기로 진전되어 흉터를 남긴다.

이스라엘 왕 중 네 명이 결국 포로로 잡혀갔다. 호세아는 앗수르로, 여호아하스는 이집트로, 여호야긴와 시드기야는 바벨론으로 끌려갔다. 북이스라엘이 포로가 되어 티그리스 지역으로 끌려간 것을 시작으로 이스라엘 백성은 이집트 남부에서 페르시아까지 곳곳에서 포로 신세가 되었다. 이스라엘의 몰락은 열방 가운데 널리 알려지고 조롱거리가 될 것이다.

28:38-42 풍성한 모태의 열매와 땅의 열매는 한 쌍의 복이었다(28:4). 이 복은 가축과 수확의 풍부함으로 확대되어 묘사되었다. 그러나 이 구절에서 이 복들은 완전히 부정된다. 귀뚜라미들이 땅을 차지하고, 오직 곤충들만 황폐한 땅에서 살아남을 것이다.

28:43-44 이 저주와 위협들은 28:12-13에 나온 복된 상태를 역전시킨다. 이스라엘은 영속적인 궁핍에 빠져 항상 남에게 꾸어야 하는 상태가 될 것이다. 그들 가운데 살아가는 정착민들이 오히려 번영할 것이다.

≋≋≋ **응답** ≋≋≋

언약의 결론부에 나오는 복과 저주가 오늘날의 독자에게는 이상하게 보이지만, 이는 모세 이전부터 시작해 앗수르 시대 끝까지 이어지는 약 천 년 동안 사람들이 예상했던 형식이었을 것이다. 이 언약의 실체는 모세부터 포로시대까지 이스라엘에 친숙했을 것이다. 아울러 복이 저주에 비해 너무 적고 일반적이라는 점도 이상하게 보일 수 있다. 이런 특징 또한 당시에는 뜻밖의 것이 아니었다. 조약 준수의 주된 유익은 형벌을 피하는 데 있었다. 고대 근동 조약들 중 다수는 아예 복을 생략했다. 반면 조약 위반이 초래하는 저주들은 항상 긴 목록으로 열거되었다. 이런 저주들은 조약을 맺는 당사자의 통제 밖에 있는 신들이 내리는 형벌이며, 이것이 바로 저주의 본질이다.

한 실례로 알레포 근처 지역의 왕 바르가야가 아르파드의 왕에게 퍼붓는 첫 번째 저주를 들 수 있다. "암양이 (일곱 숫양이 암양과 교미해도) 새끼를 배지 못하게 하리라."[72] 저주는 변함없이 불충한 쪽이 큰 고통과 괴로움을 겪다가 완전히 멸망하도록 선언한다. 바르가야는 "이 밀랍 조각이 불에 태워지듯, 아르파드와 [그에게 속한 성읍들이] 완전히 불살라질 것이다"[73]라고 경고한다. 저주의 목적은 협박에 있다. 고대의 신들은 언제나 예측이 불가능

28장

했다. 통치자의 신이 그를 버릴 수도 있는데, 그럴 경우에는 저주가 무력해질 것이다. 이는 반역의 계기가 될 수 있었다. 신명기는 신학적 맥락에서 읽어야 한다. 이스라엘은 여호와의 무서운 임재를 경험했다. 모세는 시내산에서 이스라엘에게 그 임재의 두려움을 상기시켰다. 이스라엘 백성은 언제나 하나님을 사랑하고 경외해야 한다. 언약에 순종하지 않는다면, 여기에 쓰인 저주들을 피할 길이 없다.

옛 앗수르 제국의 세계 전역에 널리 알려진 조약은 에살핫돈이 주전 672년에 공표한 것이었다. 이 조약은 에살핫돈의 아들 아슈르바니팔이 더 어렸음에도 불구하고 그를 후계자로 삼을 것을 보장하기 위해서였다. 이 왕위 계승 조약의 사본은 에살핫돈 제국의 속국들과 함께 작성되었다. 텔 타이나트에 소재한 시리아 신전의 유적 발굴에 따르면, 조약 사본은 신의 알현실에 수직으로 세워져 있어 그 둘레를 걸으며 읽을 수 있었다. 조약 체결 시기는 므낫세가 통치한 기간이었다. 므낫세왕이 우상 숭배를 했던 점을 감안하면, 그 조약은 에살핫돈의 요구로 예루살렘 성전에도 배치되었을 것 같다. 그것이 언약궤와 그 안에 담긴 신명기의 언약 말씀을 대체했을 수 있다. 이 조약의 본문은 그 길이와 보존 상태로 주목할 만하다. 또 다른 특징은 텔 타이나트에서 발견된 것과 같은 조약의 사본들에 공식적인 국가의 신 아슈르의 "운명의 인장"[74]이라 선언된 인장이 새겨져 있다는 점이다. 이 인장으로 조약 규정을 맹세하는 사람의 운명이 결정되었다. 에살핫돈의 조약이 열왕기하 22:8-20에 서술된 요시야의 정화작업 기간에 성전에서 제거된 물품 중 하나였다면, 당시의 왕과 제사장과 백성들이 하나님께서 모세와 맺은 조약을 위반했다는 사실을 인식했을 때 얼마나 당

---

72 세피레 바문 I(Sefire I, 주전 8세기에 옛 아람어로 기록된 시리아 지역 두 왕들 간의 조약문), 21행. 참고. John C. L. Gibson, *Textbook of Syrian Semitic Inscriptions, vol.2, Aramaic Inscriptions Including Inscriptions in the Dielect of Zenjurli* (Oxford: Clarendon Press, 1975), 29. 이 조약에 관한 유익한 주석은 Gibson, 18-56에 나온다. 이 조약에는 저주만 담겨 있다.

73 Sefire I. line 35. 참고. Gibson, *Textbook of Syrian Semitic Inscriptions*, 33.

74 이 조약의 명판에 관한 유익한 묘사가 Lauinger, *COS*, 4.36에 나온다.

황했을지 다만 상상해볼 뿐이다. 신명기 형식은 세겜에서 준비된 돌에 새겨지고 나서 오랜 후까지 중대한 영향을 미쳤다.

성경의 마지막 경고는 신명기 말씀에서 유래한 저주로 마무리된다. 요한은 자신의 책에 기록된 예언의 말씀을 읽는 모든 사람을 상대로 증언한다(계 22:18-20). 누구든지 그 말씀에 무엇이든 더한다면, 하나님께서 그에게 그 책에 기록된 재앙들을 더하신다는 것이다. 재앙에는 불 못에서 이루어지는 최후의 심판뿐 아니라 이전의 모든 시대에 악인들이 초래한 형벌도 포함된다. 이 경고는 일차적으로 교회 공동체 바깥에 있는 자들이 아니라 구체적으로 교회 공동체를 겨냥하고 있다. 신명기의 저주들이 이스라엘을 겨냥했던 것과 같다. 이 경고에 주의하지 않는 사람들은 자칭 그리스도인일지 몰라도 그들의 행실은 그리스도께 충성하지 않는다는 것을 보여준다. 그들은 기업을 잃어버릴 뿐 아니라 짐승을 따르는 모든 자들이 겪는 고통을 겪게 된다.

28:45 네가 네 하나님 여호와의 말씀을 청종하지 아니하고 네게 명령하신 그의 명령과 규례를 지키지 아니하므로 이 모든 저주가 네게 와서 너를 따르고 네게 이르러 마침내 너를 멸하리니 46 이 모든 저주가 너와 네 자손에게 영원히 있어서 표징과 훈계가 되리라 47 네가 모든 것이 풍족하여도 기쁨과 즐거운 마음으로 네 하나님 여호와를 섬기지 아니함으로 말미암아 48 네가 주리고 목마르고 헐벗고 모든 것이 부족한 중에서 여호와께서 보내사 너를 치게 하실 적군을 섬기게 될 것이니 그가 철 멍에를 네 목에 메워 마침내 너를 멸할 것이라 49 곧 여호와께서 멀리 땅 끝에서 한 민족을 독수리가 날아오는 것같이 너를 치러 오게 하시리니 이는 네가 그 언어를 알지 못하는 민족이요 50 그 용모가 흉악한 민족이라 노인을 보살피지 아니하며 유아를 불쌍히 여기지 아니하며 51 네 가축의 새끼와 네 토지의 소산을 먹어 마침내 너를 멸망시키며 또 곡식이나 포도주나 기름이나 소의 새끼나 양의 새끼를 너를 위하여 남기지 아니하고 마침내 너를 멸절시키리라

28:45 "All these curses shall come upon you and pursue you and overtake you till you are destroyed, because you did not obey the voice of the Lord your God, to keep his commandments and his statutes that he commanded you. [46] They shall be a sign and a wonder against you and your offspring forever. [47] Because you did not serve the Lord your God with joyfulness and gladness of heart, because of the abundance of all things, [48] therefore you shall serve your enemies whom the Lord will send against you, in hunger and thirst, in nakedness, and lacking everything. And he will put a yoke of iron on your neck until he has destroyed you. [49] The Lord will bring a nation against you from far away, from the end of the earth, swooping down like the eagle, a nation whose language you do not understand, [50] a hard-faced nation who shall not respect the old or show mercy to the young. [51] It shall eat the offspring of your cattle and the fruit of your ground, until you are destroyed; it also shall not leave you grain, wine, or oil, the increase of your herds or the young of your flock, until they have caused you to perish.

[52] 그들이 전국에서 네 모든 성읍을 에워싸고 네가 의뢰하는 높고 견고한 성벽을 다 헐며 네 하나님 여호와께서 네게 주시는 땅의 모든 성읍에서 너를 에워싸리니 [53] 네가 적군에게 에워싸이고 맹렬한 공격을 받아 곤란을 당하므로 네 하나님 여호와께서 네게 주신 자녀 곧 네 몸의 소생의 살을 먹을 것이라 [54] 너희 중에 온유하고 연약한 남자까지도 그의 형제와 그의 품의 아내와 그의 남은 자녀를 미운 눈으로 바라보며 [55] 자기가 먹는 그 자녀의 살을 그중 누구에게든지 주지 아니하리니 이는 네 적군이 네 모든 성읍을 에워싸고 맹렬히 너를 쳐서 곤란하게 하므로 아무것도 그에게 남음이 없는 까닭일 것이며 [56] 또 너희 중에 온유하고 연약한 부녀 곧 온유하고 연약하여 자기 발바닥으로 땅을 밟아 보지도 아니하던 자라도 자기 품의 남편과 자기 자녀를 미

운 눈으로 바라보며 ⁵⁷ 자기 다리 사이에서 나온 태와 자기가 낳은 어린 자식을 남몰래 먹으리니 이는 네 적군이 네 생명을 에워싸고 맹렬히 쳐서 곤란하게 하므로 아무것도 얻지 못함이리라

⁵² "They shall besiege you in all your towns, until your high and fortified walls, in which you trusted, come down throughout all your land. And they shall besiege you in all your towns throughout all your land, which the Lord your God has given you. ⁵³ And you shall eat the fruit of your womb, the flesh of your sons and daughters, whom the Lord your God has given you, in the siege and in the distress with which your enemies shall distress you. ⁵⁴ The man who is the most tender and refined among you will begrudge food to his brother, to the wife he embraces,[1] and to the last of the children whom he has left, ⁵⁵ so that he will not give to any of them any of the flesh of his children whom he is eating, because he has nothing else left, in the siege and in the distress with which your enemy shall distress you in all your towns. ⁵⁶ The most tender and refined woman among you, who would not venture to set the sole of her foot on the ground because she is so delicate and tender, will begrudge to the husband she embraces,[2] to her son and to her daughter, ⁵⁷ her afterbirth that comes out from between her feet and her children whom she bears, because lacking everything she will eat them secretly, in the siege and in the distress with which your enemy shall distress you in your towns.

⁵⁸ 네가 만일 이 책에 기록한 이 율법의 모든 말씀을 지켜 행하지 아니하고 네 하나님 여호와라 하는 영화롭고 두려운 이름을 경외하지 아니하면 ⁵⁹ 여호와께서 네 재앙과 네 자손의 재앙을 극렬하게 하시리니 그 재앙이 크고 오래고 그 질병이 중하고 오랠 것이라 ⁶⁰ 여호와께

서 네가 두려워하던 애굽의 모든 질병을 네게로 가져다가 네 몸에 들어붙게 하실 것이며 ⁶¹ 또 이 율법책에 기록하지 아니한 모든 질병과 모든 재앙을 네가 멸망하기까지 여호와께서 네게 내리실 것이니 ⁶² 너희가 하늘의 별같이 많을지라도 네 하나님 여호와의 말씀을 청종하지 아니하므로 남는 자가 얼마 되지 못할 것이라 ⁶³ 여호와께서 너희에게 선을 행하시고 너희를 번성하게 하시기를 기뻐하시던 것같이 이제는 여호와께서 너희를 망하게 하시며 멸하시기를 기뻐하시리니 너희가 들어가 차지할 땅에서 뽑힐 것이요

⁵⁸ "If you are not careful to do all the words of this law that are written in this book, that you may fear this glorious and awesome name, the Lord your God, ⁵⁹ then the Lord will bring on you and your offspring extraordinary afflictions, afflictions severe and lasting, and sicknesses grievous and lasting. ⁶⁰ And he will bring upon you again all the diseases of Egypt, of which you were afraid, and they shall cling to you. ⁶¹ Every sickness also and every affliction that is not recorded in the book of this law, the Lord will bring upon you, until you are destroyed. ⁶² Whereas you were as numerous as the stars of heaven, you shall be left few in number, because you did not obey the voice of the Lord your God. ⁶³ And as the Lord took delight in doing you good and multiplying you, so the Lord will take delight in bringing ruin upon you and destroying you. And you shall be plucked off the land that you are entering to take possession of it.

28장

⁶⁴ 여호와께서 너를 땅 이 끝에서 저 끝까지 만민 중에 흩으시리니 네가 그곳에서 너와 네 조상들이 알지 못하던 목석 우상을 섬길 것이라 ⁶⁵ 그 여러 민족 중에서 네가 평안함을 얻지 못하며 네 발바닥이 쉴 곳도 얻지 못하고 여호와께서 거기에서 네 마음을 떨게 하고 눈을 쇠하

게 하고 정신을 산란하게 하시리니 66 네 생명이 위험에 처하고 주야로 두려워하며 네 생명을 확신할 수 없을 것이라 67 네 마음의 두려움과 눈이 보는 것으로 말미암아 아침에는 이르기를 아하 저녁이 되었으면 좋겠다 할 것이요 저녁에는 이르기를 아하 아침이 되었으면 좋겠다 하리라 68 여호와께서 너를 배에 싣고 전에 네게 말씀하여 이르시기를 네가 다시는 그 길을 보지 아니하리라 하시던 그 길로 너를 애굽으로 끌어가실 것이라 거기서 너희가 너희 몸을 적군에게 남녀종으로 팔려 하나 너희를 살 자가 없으리라

64 "And the Lord will scatter you among all peoples, from one end of the earth to the other, and there you shall serve other gods of wood and stone, which neither you nor your fathers have known. 65 And among these nations you shall find no respite, and there shall be no resting place for the sole of your foot, but the Lord will give you there a trembling heart and failing eyes and a languishing soul. 66 Your life shall hang in doubt before you. Night and day you shall be in dread and have no assurance of your life. 67 In the morning you shall say, 'If only it were evening!' and at evening you shall say, 'If only it were morning!' because of the dread that your heart shall feel, and the sights that your eyes shall see. 68 And the Lord will bring you back in ships to Egypt, a journey that I promised that you should never make again; and there you shall offer yourselves for sale to your enemies as male and female slaves, but there will be no buyer."

29:1 호렙에서 이스라엘 자손과 세우신 언약 외에 여호와께서 모세에게 명령하여 모압 땅에서 그들과 세우신 언약의 말씀은 이러하니라

29:1 3These are the words of the covenant that the Lord commanded Moses to make with the people of Israel in the land of Moab, besides

≋≋≋≋≋ 단락 개관 ≋≋≋≋≋

전쟁과 유배

그 땅의 진입을 역전시킬 일련의 사건들로 인해, 이스라엘을 열방 중에 가장 작은 나라로 만들 위협이 더욱 커지고 있다. 이스라엘은 전쟁과 재앙을 겪는 가운데 이제껏 왔던 길을 되돌아갈 것이다. 그들은 이집트에 있었을 때처럼 포로 신세가 될 것이다. 두 구절이 이 단락을 두 주제로 나눈다. 신명기 28:45은 15절의 반복으로 전환적 성격을 띠며 저주를 중심으로 수미상관구조를 이룬다. 이스라엘의 불순종은 침략과 포위전을 통해 분명히 입증될 것이다. 그런 전쟁의 공포가 생생하게 묘사된다. 58절은 순종의 조건을 되풀이하고 이스라엘의 멸절과 궁극의 유배로 넘어간다.

이 단락에서는 이집트에 속박되었던 이스라엘의 경험을 떠올리는 말을 하며 위협이 시작된다. 이스라엘의 해방으로 이어진 그 재앙들은 여호와께서 그들과 영원히 함께하신다는 증거가 되었다. 그것은 그들이 유월절과 이집트에서 구원받은 일을 기념하며 자녀들에게 영원히 들려줄 이야기였다(출 10:1-2). 이와 대조적으로, 토라에 불순종한 증거는 이스라엘의 멸절을 통해 모든 민족이 볼 것이고, 그들의 자손들에게 영원히 남을 것이다(신 28:46). 이스라엘은 다시 한 번 적군을 섬기는 멍에를 질 것이고(48절), 이집트의 모든 질병이 그들에게 달라붙을 것이다(60절). 그들은 하늘의 별만큼 많아지기는커녕 이집트에 들어갔을 때처럼 소수에 불과할 것이다. 결국에는 이집트로 다시 끌려가 스스로를 종으로 팔 것이다(68절). 토라를

28장

지키지 못한 결과는 토라를 준수할 때 약속받은 복의 정반대가 될 것이다.

〰〰〰 **단락 개요** 〰〰〰

II. 모세의 두 번째 연설(4:44-29:1)

　F. 언약의 복과 저주(28:1-29:1)

　　3. 포위 공격전의 저주(28:45-57)

　　　a. 불순종의 증거(28:45-48)

　　　b. 무자비한 나라의 침입(28:49-51)

　　　c. 포위 기간의 기근(28:52-57)

　　4. 염병과 유배(28:58-68)

　　　a. 토라 말씀을 지키지 않음(28:58)

　　　b. 염병과 멸절(28:52-57)

　　　c. 먼 땅으로 유배(28:63-68)

　　5. 모압에서 세운 언약의 서명(29:1)

〰〰〰 **주석** 〰〰〰

28:45-48 이스라엘에 저주가 닥칠 것이다. 28:15의 마지막 절이 45절의 첫 번째 절이 된다. 구조는 시에 가깝다. 45절은 이전의 위협들에 대한 결론인 동시에 이어지는 표징과 증거의 서론 역할을 한다. 표징(기사)과 증거는 열 가지 재앙에 사용된 용어들이다(4:34; 6:22). 이 재난들은 이스라엘이 불순종한 증거이자 하나님께 충성하지 못한 결과를 피하는 것이 불가능하다는 경고가 될 것이다.

멍에는 짐을 끌어당기는 짐승의 모습을 연상시킨다. 보통은 멍에를 나무로 만들었으나 이것은 철로 만든 것이다. 철 멍에는 노역이 가혹하다는 것과 거기에서 도피할 수 없음을 강조한다.

28:49-51 전쟁은 독수리의 급습처럼 불시에 닥칠 것이다. 공격의 속도와 위력은 이스라엘을 독수리의 먹잇감처럼 희생양으로 삼을 것이다. 전쟁은 무자비하며 젊은이와 늙은이를 가리지 않고 피해자들을 전혀 배려하지 않는다. 전쟁으로 그 땅은 황폐해질 것이다. 전쟁은 무자비해 젊은이와 늙은이를 가리지 않고 피해자들을 전혀 배려하지 않는다. 그리고 그 땅을 황폐하게 만들 것이다. 토지의 소산과 가축의 새끼가 모두 사라질 것이다. 복에 관한 용어(28:4-5)를 되풀이하되 모태의 열매는 포함하지 않는다. 포위 공격전으로 인한 기근을 소름끼치게 묘사하는 대목(54-57절)에서는 식인 행위로 남들과 나누지 않는 양식을 만든다.

28:52-57 높은 성벽에 의지하는 것은 치명적인 잘못이다(52절). 군사력에 의지하는 것은 미래의 왕에게 주는 경고 중 하나다(17:16). 적군에게 포위 당할 때 이스라엘이 신뢰하는 바로 그 성벽이 성읍 주민들을 굶어죽게 만드는 감옥이 된다.

포위 당하는 동안 굶어죽게 되는 상황이 끔찍할 정도로 상세히 묘사되어 있다. 인간에 대한 존중과 가족 간의 당연한 애정이 모두 절박한 생존 욕구에 종속되고 만다. 사람들이 어쩔 수 없이 식인을 하게 된다. 남편과 아내가 서로 등을 돌리고, 호강하며 살아온 여자들도 가장 역겨운 양식에 의지한다. 사마리아성이 포위된 가운데 그 안에서 절박한 식인 행위가 일어났다. 당시에 한 여자가 자녀를 이웃과 나눠 먹었는데, 막상 자기 차례가 된 이웃이 자기 자녀를 숨긴 채 나누지 않는다고 왕에게 고발한다(왕하 6:28-29). 침략자의 자연스러운 식욕(신 28:51)과 이스라엘의 절박한 행위(53절)가 극명한 대조를 이룬다. 그러나 이스라엘은 이 절박한 고통의 원인을 결코 오해해서는 안 된다. 이 적들은 그들을 먼 땅에서 보내신 여호와의 주권과 상관없이 행동하지 않는다. 이스라엘은 하나님께 버림받은 것이 아니다. 오히려 이것은 하나님께서 자신의 맹세를 기억하신다는 표시다.

28:58 "이 책"에 대한 언급은 모세가 장차 이 모든 가르침을 기록해 항상 이스라엘을 가르치게 할 것임을 예상한다. 이 모든 경고가 담긴 이 책의 목적은 두려움을 불러일으키는 데 있다. 이스라엘은 그 이름을 두려워해야 하는데, 이는 그들이 하나님을 경외해야 한다는 뜻이다. 하나님을 경외하는 것은 선한 일이다. 이스라엘이 하나님을 사랑하고 그분의 명령을 지키는 법을 배우는 통로가 되기 때문이다.

28:59-62 질병으로 이스라엘의 많은 사람들이 죽을 것이다. 식량도 공간도 없이 사람들을 가두는 포위 공격의 결과다. 시체가 썩으면 설치류와 질병을 옮기는 해충이 급증한다. 이집트의 질병들은 이스라엘에게 닥칠 고통의 표본에 불과하다. 기록되지 않은 일들을 포함시키는 것은 고대 저술에서 자주 쓰는 방식이다.

28:63-68 주님이 "기뻐하시[다]"라는 말은 결연한 신적 의지를 표현하기 위한 완곡어법이다. 신적 의지는 하나님의 목적과 성품에 따라 결정된다. 이런 표현은 기쁨의 느낌이 아니라 마음의 목적을 내포하고 있다. 이스라엘이 다른 신들을 의지하면 결국 먼 나라로 유배를 당해 그곳에서 다른 신들을 섬기지 않을 수 없게 될 것이다. 이스라엘은 안식의 장소가 될 땅 (3:20; 12:10)에 들어가지 못하고, 대신 결코 안식할 장소를 찾을 수 없는 여러 민족의 땅(65절)에 거주하게 될 것이다. 그들은 갈망과 낙담과 심장의 떨림을 피할 수 없는 곳으로 끌려갈 것이다(65절). 백성의 생명이 위험에 처할 것이다[탈라(tala'), '공중에 매달다']. 그들은 하루 앞을 내다볼 수 없는 신세가 될 것이다. 낮이 되면 밤의 안식을 갈망할 것이고, 밤이 되면 불안과 염려로 잠 못 이루며 아침이 오기를 갈망할 것이다. 이 백성을 약속의 땅으로 인도하는 것이 하나님의 결심이었듯, 그들이 하나님을 사랑하고 경외하

지 않는다면 그들을 다른 곳으로 흩어지게 하는 저주 역시 그분의 뜻이다.

역사가 역전되는 최후의 장면에서 이스라엘은 이집트로 되돌아가 그들 자신을 종으로 팔게 될 것이다. 그들이 다시는 돌아가지 않을 것(출 14:13)이라고 하나님께서 말씀하셨던 그곳으로 되돌아갈 것이다. 종으로 되돌아 가는 것은 아니다. 그 대신 그들은 배를 타고 이집트로 가서 자기 몸을 종으로 팔려고 내놓을 것이다. 최후의 모욕은 그들을 살 자가 아무도 없다는 것이다. 이것이야말로 궁극의 아이러니다. 한때 이스라엘을 놔주길 거부했던 나라가 이제는 너무나 무관심해져 이스라엘을 종으로 받아들여 가난을 모면할 수 있게 하지도 않을 것이다.

29:1 "언약의 말씀은 이러하니라"는 신명기 5:6-26:19과 28:1-68을 포함하는 이 토라의 말씀을 가리키는 것이 틀림없다. 이어지는 말은 언약의 말씀이 아니라 언약을 맺는 행위와 그 결과를 묘사한다. 이 구절은 그 말씀이 어디서 선포되었는지 재진술하고, 그 말씀이 언약 관계의 일부가 될 것임을 분명히 밝힌다. 이는 1:1-5의 결론에 해당한다. 이 구절은 출애굽기 24:18의 결론에 해당하는 출애굽기 31:18에 견줄 수 있다. 신명기 4:13과 5:2-19에 따르면, 언약의 말씀은 두 돌판에 기록된 말씀으로 이루어졌다. 그러나 출애굽기에 나오는 회막의 구조와 기능에 관한 말씀과 신명기에 나오는 이 말씀 역시 모세가 시내산에서 받은 언약 말씀의 일부다. 신명기 29:1은 두 언약을 함께 묶되 각각의 시기와 장소만 구별한다. 각 언약의 말씀은 대등한 입장에 있고 사실상 동일하다. 모압에서 세운 말씀은 언약 관계로 귀결될 것을 기대한다.

이 구절은 또한 모세를 언약의 중개자로 내다보는 다음 단락으로 전환되는 역할을 한다. 언약의 본문은 모세가 이전에 했던 말에도 나오지만, 언약을 맺는 의식은 이 담론의 나머지 부분에 실제로 묘사되지는 않아도 암시되어 있다. 따라서 마소라 본문(히브리어)은 29:2을 다음 장의 시작으로 삼는다. 다른 번역본들은 구분 지점이 서로 다르다.

28장

이스라엘의 이야기는 언약에 불순종한 역사였고, 따라서 그들의 종말은 이 구절들에 묘사된 그대로 이루어졌다. 예루살렘 성읍은 3년 동안 포위되면서 끔찍한 기근을 겪었다. 성읍은 결국 무너졌고, 지도자들은 도망쳤으나 붙잡히고 말았다(왕하 25:1-7). 바벨론 왕이 그달리야(유다 귀족 집안의 일원)를 총독으로 임명해 유다를 통치하게 했다(왕하 25:22-26). 바벨론에 대한 증오로 그달리야는 암살당했다. 이스마엘(왕족의 일원)과 다른 유다 사람들은 포위가 시작되기 전에 예루살렘에서 도피했었다. 이스마엘이 세겜과 실로로부터 애도의 의례로 제물을 가져온 80명을 포함해 수많은 사람들을 죽였다(렘 41:1-7). 유다 사람들은 바벨론의 복수가 두려워 이집트로 도망치면서 예레미야와 바룩까지 강제로 데려갔다(렘 43:4-7). 이 모든 일은 예레미야가 선포한 주님의 말씀과 정반대로 행한 것이었다. 백성은 언약의 저주 아래 있을 때에도 선지자의 말을 경청하기보다 자기들 마음대로 행했다. 모세의 말은 주님의 말씀을 선포하는 예언적 성격을 지니고 있었다. 말씀에 불순종했으니 장차 예루살렘은 기근과 유배로 종말에 이를 것이 틀림없었다.

이 저주들에 나오는 섬뜩한 기근 상황은 과장된 것이 아니며 고대 전쟁에서만 일어난 일도 아니다. 현대의 전쟁도 그와 같은 끔찍한 결과를 낳고 있으며 그 수는 고대에서는 상상할 수 없을 만큼 증가했다. 역대 최악의 비극은 소련의 고의에 의한 대량학살인 홀로도모르(holodomor)일 것이다. 1932-1933년에 천만 명의 우크라이나 사람이 사망한 것으로 추정된다. 홀로드(holod)는 '굶주림'을, 모르(mor)는 '재앙'을 의미한다. 모리티 홀로돔(moryty holodom)이란 '굶주림으로 죽게 하다'라는 뜻이다. 앤 애플바움(Anne Applebaum)은 《붉은 기근》(Red Famine)[75]에서 이 끔찍한 기근 이야기를 상세하게 기록했다. 애플바움은 이 비극에 관한 묘사를 이렇게 인용한다. "사람들은 다리가 붓고 상처투성이라 앉을 수 없었다. '앉으면 피부가 터졌고 고름이 다리에 흘러내리며 고약한 냄새를 풍겼다. 그들은 참을 수 없는 고통

을 느꼈다.'"[76] 다른 곳에서는 이렇게 쓴다. "어떤 여인은 한 소녀를 기억했
는데, 너무나 말라서 '피부 아래서 심장이 뛰는 모습을 볼 수 있었다'고 한
다."[77] 굶주림은 때때로 갑자기 아무 경고 없이 심정지를 일으킨다. 학교 책
상 앞에 앉아 있다가 죽는 아이도 있었다. 애플바움은 신명기에는 나오지
않는 내용을 제공한다. 국가 몰수와 소작농(농부)의 굶주림에 대한, 때로는
아름답고 때로는 추한 장면들을 그려낸다. 침묵함으로 그런 현실을 피하
려고 하지 않는다. 신명기의 진실은 거기에 나온 그대로, 인간의 교만과 권
력 추구, 하나님 부인으로 인해 계속 반복될 것이다.

28장

75 앤 애플바움(Anne Applebaum)은 *Iron Curtain: The Crushing of Eastern Europe, 1944-1956*과 *Gulag: A
    History* [《굴락》상,하, GAGA통 번역센터 옮김(서울: 드림박스, 2004)]도 썼다. 후자는 논픽션 분야에서 풀리처
    상을 받았다.

76 Applebaum, *Red Famine*, 243.

77 위와 같음.

2 모세가 온 이스라엘을 소집하고 그들에게 이르되 여호와께서 애굽 땅에서 너희의 목전에 바로와 그의 모든 신하와 그의 온 땅에 행하신 모든 일을 너희가 보았나니 3 곧 그 큰 시험과 이적과 큰 기사를 네 눈으로 보았느니라 4 그러나 깨닫는 마음과 보는 눈과 듣는 귀는 오늘까지 여호와께서 너희에게 주지 아니하셨느니라 5 1)주께서 사십 년 동안 너희를 광야에서 인도하셨거니와 너희 몸의 옷이 낡아지지 아니하였고 너희 발의 신이 해어지지 아니하였으며 6 너희에게 떡도 먹지 못하며 포도주나 독주를 마시지 못하게 하셨음은 2)주는 너희의 하나님 여호와이신 줄을 알게 하려 하심이니라 7 너희가 이곳에 올 때에 헤스본 왕 시혼과 바산 왕 옥이 우리와 싸우러 나왔으므로 우리가 그들을 치고 8 그 땅을 차지하여 르우벤과 갓과 므낫세 반 지파에게 기업으로 주었나니 9 그런즉 너희는 이 언약의 말씀을 지켜 행하라 그리하면 너희가 하는 모든 일이 형통하리라

2 ¹And Moses summoned all Israel and said to them: "You have seen all that the Lord did before your eyes in the land of Egypt, to Pharaoh and to all his servants and to all his land, ³ the great trials that your eyes

saw, the signs, and those great wonders. 4 But to this day the Lord has not given you a heart to understand or eyes to see or ears to hear. 5 I have led you forty years in the wilderness. Your clothes have not worn out on you, and your sandals have not worn off your feet. 6 You have not eaten bread, and you have not drunk wine or strong drink, that you may know that I am the Lord your God. 7 And when you came to this place, Sihon the king of Heshbon and Og the king of Bashan came out against us to battle, but we defeated them. 8 We took their land and gave it for an inheritance to the Reubenites, the Gadites, and the half-tribe of the Manassites. 9 Therefore keep the words of this covenant and do them, that you may prosper² in all that you do.

10 오늘 너희 곧 너희의 수령과 너희의 지파와 너희의 장로들과 너희의 지도자와 이스라엘 모든 남자와 11 너희의 유아들과 너희의 아내와 및 네 진중에 있는 객과 너를 위하여 나무를 패는 자로부터 물 긷는 자까지 다 너희의 하나님 여호와 앞에 서 있는 것은 12 네 하나님 여호와의 언약에 참여하며 또 네 하나님 여호와께서 오늘 네게 하시는 맹세에 참여하여 13 여호와께서 네게 말씀하신 대로 또 네 조상 아브라함과 이삭과 야곱에게 맹세하신 대로 오늘 너를 세워 자기 백성을 삼으시고 그는 친히 네 하나님이 되시려 함이니라 14 내가 이 언약과 맹세를 너희에게만 세우는 것이 아니라 15 오늘 우리 하나님 여호와 앞에서 우리와 함께 여기 서 있는 자와 오늘 우리와 함께 여기 있지 아니한 자에게까지이니

10 "You are standing today, all of you, before the Lord your God: the heads of your tribes,³ your elders, and your officers, all the men of Israel, 11 your little ones, your wives, and the sojourner who is in your camp, from the one who chops your wood to the one who draws your

water, 12 so that you may enter into the sworn covenant of the Lord your God, which the Lord your God is making with you today, 13 that he may establish you today as his people, and that he may be your God, as he promised you, and as he swore to your fathers, to Abraham, to Isaac, and to Jacob. 14 It is not with you alone that I am making this sworn covenant, 15 but with whoever is standing here with us today before the Lord our God, and with whoever is not here with us today.

16 (우리가 애굽 땅에서 살았던 것과 너희가 여러 나라를 통과한 것을 너희가 알며 17 너희가 또 그들 중에 있는 가증한 것과 목석과 은금의 우상을 보았느니라) 18 너희 중에 남자나 여자나 가족이나 지파나 오늘 그 마음이 우리 하나님 여호와를 떠나서 그 모든 민족의 신들에게 가서 섬길까 염려하며 독초와 쑥의 뿌리가 너희 중에 생겨서 19 이 저주의 말을 듣고도 심중에 스스로 복을 빌어 이르기를 내가 내 마음이 완악하여 젖은 것과 마른 것이 멸망할지라도 내게는 평안이 있으리라 할까 함이라 20 여호와는 이런 자를 사하지 않으실 뿐 아니라 그 위에 여호와의 분노와 질투의 불을 부으시며 또 이 책에 기록된 모든 저주를 그에게 더하실 것이라 여호와께서 그의 이름을 천하에서 지워버리시되 21 여호와께서 곧 이스라엘 모든 지파 중에서 그를 구별하시고 이 율법책에 기록된 모든 언약의 저주대로 그에게 화를 더하시리라 22 너희 뒤에 일어나는 너희의 자손과 멀리서 오는 객이 그 땅의 재앙과 여호와께서 그 땅에 유행시키시는 질병을 보며 23 그 온 땅이 유황이 되며 소금이 되며 또 불에 타서 심지도 못하며 결실함도 없으며 거기에는 아무 풀도 나지 아니함이 옛적에 여호와께서 진노와 격분으로 멸하신 소돔과 고모라와 아드마와 스보임의 무너짐과 같음을 보고 물을 것이요 24 여러 나라 사람들도 묻기를 여호와께서 어찌하여 이 땅에 이같이 행하셨느냐 이같이 크고 맹렬하게 노하심은 무슨 뜻이냐 하

면 25 그때에 사람들이 대답하기를 그 무리가 자기 조상의 하나님 여호와께서 그들의 조상을 애굽에서 인도하여 내실 때에 더불어 세우신 언약을 버리고 26 가서 자기들이 알지도 못하고 여호와께서 그들에게 주시지도 아니한 다른 신들을 따라가서 그들을 섬기고 절한 까닭이라 27 이러므로 여호와께서 이 땅에 진노하사 이 책에 기록된 모든 저주대로 재앙을 내리시고 28 여호와께서 또 진노와 격분과 크게 통한하심으로 그들을 이 땅에서 뽑아내사 다른 나라에 내던지심이 오늘과 같다 하리라

16 "You know how we lived in the land of Egypt, and how we came through the midst of the nations through which you passed. 17 And you have seen their detestable things, their idols of wood and stone, of silver and gold, which were among them. 18 Beware lest there be among you a man or woman or clan or tribe whose heart is turning away today from the Lord our God to go and serve the gods of those nations. Beware lest there be among you a root bearing poisonous and bitter fruit, 19 one who, when he hears the words of this sworn covenant, blesses himself in his heart, saying, 'I shall be safe, though I walk in the stubbornness of my heart.' This will lead to the sweeping away of moist and dry alike. 20 The Lord will not be willing to forgive him, but rather the anger of the Lord and his jealousy will smoke against that man, and the curses written in this book will settle upon him, and the Lord will blot out his name from under heaven. 21 And the Lord will single him out from all the tribes of Israel for calamity, in accordance with all the curses of the covenant written in this Book of the Law. 22 And the next generation, your children who rise up after you, and the foreigner who comes from a far land, will say, when they see the afflictions of that land and the sicknesses with which the Lord has made it sick— 23 the whole

land burned out with brimstone and salt, nothing sown and nothing growing, where no plant can sprout, an overthrow like that of Sodom and Gomorrah, Admah, and Zeboiim, which the Lord overthrew in his anger and wrath— 24 all the nations will say, 'Why has the Lord done thus to this land? What caused the heat of this great anger?' 25 Then people will say, 'It is because they abandoned the covenant of the Lord, the God of their fathers, which he made with them when he brought them out of the land of Egypt, 26 and went and served other gods and worshiped them, gods whom they had not known and whom he had not allotted to them. 27 Therefore the anger of the Lord was kindled against this land, bringing upon it all the curses written in this book, 28 and the Lord uprooted them from their land in anger and fury and great wrath, and cast them into another land, as they are this day.'

29 감추어진 일은 우리 하나님 여호와께 속하였거니와 나타난 일은 영원히 우리와 우리 자손에게 속하였나니 이는 우리에게 이 율법의 모든 말씀을 행하게 하심이니라

29 "The secret things belong to the Lord our God, but the things that are revealed belong to us and to our children forever, that we may do all the words of this law."

1) 히, 내가 2) 히, 나는

1 Ch 29:1 in Hebrew 2 Or *deal wisely* 3 Septuagint, Syriac; Hebrew *your heads, your tribes*

언약의 책임

모세의 세 번째 연설은 저주의 결과를 경고하고 회복의 확신을 주는 두 개의 장으로 이루어져 있다. 새로운 내러티브 장면이 삼인칭으로 시작되고, 모세가 어떻게 모든 이스라엘 사람을 모으게 되었는지 들려준다. 신명기의 구조로 보면, 이 설교는 다음 장에 나오는 맹세의 수용을 준비시키는 언약을 반복하며 시작된다.[78] 세 번째 연설의 첫 장은 대체로 여호와와 이스라엘의 역사에 대한 개요(2-9절), 언약의 맹세(10-15절), 끝으로 불순종에 대한 경고(16-29절)를 포함하는 일종의 반복이다. 경고는 먼저 언약 규정을 무시해도 자신에게 아무런 일도 일어나지 않을 것이라고 생각하는 사람에게 주어진다. 그런 불순종의 결과는 열방을 깜짝 놀라게 한다. 그래서 무슨 범죄를 저질렀기에 언약의 하나님께서 자기 백성을 멸절하기까지 내버려 두셨는지 곰곰이 생각하게 될 것이다.

언약이 으레 그렇듯, 언약을 맺는 종주국은 상대편 백성에게 자신이 그들을 위해 취한 위대한 구조 행위를 유념하도록 상기시킨다. 이스라엘에게 이것은 출애굽을 회상하는 일이다. 그들은 그 사건을 통해 이전에 알지 못했던 여호와 이름의 뜻을 배워야 했다(출 6:3). 여호와라는 이름이 셋과 에노스 시대 이래로 사용되기는 했지만(창 4:26) 여호와가 이 언약이 말하는 방식으로 그들과 함께하는 존재라는 것은 미처 알려지지 않았다. 바로가 이스라엘 백성을 놓아주지 않을 이유를 하나님께서 모세에게 설명하면서 말씀하셨듯(출 7:3-5), 그런 지식은 하나님께서 열방 가운데서 일하심을 통해 얻게 될 것이다. 하나님께서 바로와 다른 민족들을 다루시는 손길을 통해 이스라엘은 비로소 여호와가 그들과 함께하시고 그들에게 자비로

29장

---

[78] 2천 년대부터 알려진 조약 유형에 나타난 신명기의 언약 형식에 관한 전체 논의는 서론의 '장르와 문학적 특징'을 참고하라.

운 하나님이심을 알게 될 것이다. 이 장은 이스라엘이 지금까지 배운 내용을 상기시킨다.

≋≋≋ 단락 개요 ≋≋≋

III. 모세의 세 번째 연설(29:2-30:20)

　A. 모압에서 맹세한 언약(29:2-29)

　　1. 언약 맹세의 역사(29:2-9)

　　2. 언약의 맹세(29:10-15)

　　3. 맹세 이후 이스라엘의 삶(29:16-28)

　　　a. 나라들 가운데서 겪은 일(29:16-17)

　　　b. 맹세 위반의 유혹(29:18-21)

　　　c. 저주받은 땅의 파멸(29:22-24)

　　　d. 황폐한 땅에 대한 설명(29:25-28)

　　4. 맹세한 삶에 관한 신학적 성찰(29:29)

≋≋≋ 주석 ≋≋≋

29:2-4 하나님은 이스라엘에게 그분만이 지닌 주권을 드러내셨다. 그것은 모든 창조세계와 그 안의 다른 모든 민족들, 출애굽 당시 다른 모든 신들과 언약 제공에 대한 주권이었다. 하나님은 시내산에서 일어난 것(출 20:20)과 같은 "큰 시험"(신 29:3)을 통해 그 백성을 인도하셨다. 시내산에서 받은 시험은 광야의 여러 시험(8:2)으로 이어졌다. 이런 시험들은 하나님을 경외하고 사랑하는 법을 배우라는 교훈을 주는 한편, 하나님의 업적, 표

징과 기적, 여러 민족과 험난한 광야를 다스리는 그분의 위업을 보여주기도 했다. 문제는 이스라엘이 오직 기적만 보았다는 것이다. 그래서 역경이 닥칠 때마다 기적을 요구하게 되었다. 그들이 시내산에 도착하기도 전에 르비딤에서 물을 요구해 즉시 기적이 일어났던 경우(출 17:1-7)를 예로 들 수 있다. 하나님께서 이스라엘을 위해 역경을 극복하신 상황이 이제는 그들이 하나님을 시험하는 계기가 되고 말았다. 하나님은 홍해에서 이스라엘을 구해내시고, 그들이 양식을 구하지 못했을 때 만나를 주시는 등 여러 시험을 통해 이스라엘을 인도하셨다. 그런데 이스라엘은 그들이 떡으로만 살지 않았다는 것을 배우지 못했기에 하나님을 사랑하고 경외하는 법을 배울 수 없었다. 경외하기보다 사사건건 그분을 시험했다. 이스라엘에게 필요한 것은 "깨닫는 마음"이었다. 여호와라는 이름은 그들과 함께하시는 하나님을 가리키지, 그들이 난관에 부딪힐 때마다 구해내려고 대기하시는 하나님을 가리키지 않는다. 이스라엘은 깨닫는 마음을 품지 못하고, 대신 불안에 빠지고 말았다. 하나님을 깨닫는 마음은 하나님께 기꺼이 순종하고 그분을 신뢰하려는 사람들에게 주시는 하나님의 선물이다. 하나님의 주권적 사역의 증거가 당장 눈앞에 나타난다고 해서 그런 마음을 품게 되는 것은 아니다.

"오늘까지"[아드 하욤 핫제('ad hayyom hazzeh)] 하나님을 깨닫는 마음은 주어지지 않았다. 이제 이스라엘이 그 마음을 가졌기 때문에, 모세가 언약 갱신을 통해 그들을 이끌 준비가 되어 있다. 이것은 그들의 공로가 아니다. 그들은 이전 세대보다 더 현명하지도 지각이 뛰어나지도 않다. 그들을 이곳까지 인도하신 분, 하나님을 사랑하고 경외하도록 겸손으로 이끄신 분은 바로 여호와시다. 이런 일은 이전 세대에게는 불가능했다. 그들은 심판을 받아 광야에서 죽게 되었기 때문이다.

29:5-9 광야에서 방황하는 데는 특정한 목적이 있었다. "내가 바로 주 너희의 하나님임을, 너희에게 알리고자 하였다"(6절, 새번역). 바로가 이스라엘을 풀어주지 않은 이유를 바로 이 어구가 설명해준다(출 7:5). 하나님께서

일인칭으로 말씀하시는 것은 출애굽기에 나온 말씀과 일치시키기 위해서다. 이스라엘은 이미 그 땅을 기업으로 받기 시작했다. 이 세대가 배운 교훈은 그들이 "이 언약의 말씀을 지[킬]"(9절) 것이라는 희망의 근거가 된다. 언약의 말씀을 반복하는 것은 이제 서약을 할 그들에게 그 이름을 헛되게 여기지 않는 것이 중요함을 각인시키기 위해서다.

29:10-15 언약은 서약을 통해 제정되었으며, 이를 '맹세된 언약'("sworn covenant", 12절, 개역개정은 "언약")이라고 풀어서 부른다. 히브리어로 이것은 언약[베리트(*berit*)]과 그 저주[알라('*alah*)]를 뜻한다. 언약의 저주는 그 조건을 지키지 못하는 사람에게 부과되는 형벌이다(예. 대하 34:24). 저주는 하나님께서 실행하신 형벌이다. 이 형벌의 선포에 하나님의 이름이 포함되는 것은 그 맹세를 여호와 앞에서 했기 때문이다. 언약을 맹세할 때 그 이름을 거짓으로 사용해서는 안 되고 헛되게 여겨서도 안 된다.

그 맹세에 참여하는 이들을 보면 지도자, 허드렛일 하는 자, 남자와 여자와 아이, 이스라엘 사람과 그들 가운데서 사는 외국인, 현재 함께하는 자와 미래에 함께할 자까지 모두 포함한다. 서약의 결과는 관계 맺기로 맹세한 것이고 결혼 서약과 다를 바 없으며, 이는 하나님과 이스라엘의 관계를 묘사하는 가장 일반적인 그림이다. 이스라엘은 하나님께 그분의 백성이 되고, 여호와는 이스라엘에게 그의 하나님이 되는 것(13절)이다. 이는 율법과 선지서에 거듭 나오는 언약 관계의 표준적 정의다. 서약할 때의 헌신은 현재 참여한 사람들뿐 아니라 미래의 모든 세대에게도 구속력이 있다.

29:16-17 모압을 지나며 바알브올에서 겪은 일은, 다른 종교의 치명적인 위험성과 나무와 돌로 만든 신들을 따르는 것이 헛됨을 가장 최근에 일깨워주는 사건이었다. 다른 신들에 대해서는 경멸적인 용어가 사용된다. 그 신들은 "가증[하고]"(쉐케츠) 멸시의 대상이다. "우상"[길룰림(*gillulim*)]은 중립적인 호칭이 아니며[79] 역겨움과 혐오감을 전하기 위해 사용된다.

29:18-21 맹세하는 것은 개인의 일이며 타인을 대표하지 않는다. 이는 남녀를 모두 포함하는 말로 표현된다. 모세가 묘사하는 남자나 여자는, 이 언약에 참여하되 자기 고집대로 자신의 길을 갈 수 있다고 생각하는 사람이다(18절). 히브리어 동사 바라크(*barak*, '축복하다')를 '스스로 복을 빌다'라고 재귀적으로 번역하면 여기에 사용된 시제의 뜻을 충분히 표현할 수 없다. 문법학자들은 이를 동사의 '평가-선언적' 용도라고 설명하는데, 한 사람이 생각하고 있는 바를 표현하기 위해 사용된 구문이다.[80] 이는 특히 언약 위반을 표현하기에 적절한 방식이다. 그런 사람들은 자신들이 언약을 위반해도 복을 받을 것이라고 생각한다. 저주(알라) 대신에 번영(샬롬)을 누릴 것이라고 여긴다. 하나님께서 위반자 한 명 정도는 알아차리지 못하시리라고 생각하는 것이다.

그런 사람은 독초와 쓴 열매를 맺는 뿌리와 같다. 불순종은 죄인 한 사람에게만 영향을 미치고 말지 않는다. 죄는 누룩처럼 주변 모든 사람에게 영향을 미친다. "젖은 것과 마른 것"은 양극단을 언급함으로 전체를 가리키는 총칭어법이다. 이 유비는 애매모호하다. 어쩌면 예레미야 17:5-8에 나오는 두 종류의 사람, 곧 저주를 받는 사람과 복을 받는 사람에 대한 은유와 관계가 있을지 모른다. 저주 받는 사람은 사막의 메마른 떨기나무 같은 반면, 복을 받는 사람은 물가에 심은 나무와 같다. 여기에 쓰인 은유가 언약의 맥락과 잘 어울린다. 그렇다면 이 어법은 저주 받는 사람과 복 받는 사람을 포함해 지파나 민족 전체가 멸망하는 비극을 가리킨다고 볼 수 있다. 불순종한 사람은 자기 하나는 지파 내 모든 사람들 가운데서 눈에

---

79 히브리어 길룰림은 구약이나 유대 문헌에만 나온다. 주로 에스겔서에서 사용되고, 신명기와 열왕기에 수차례, 레위기 26:30에 한 번 나온다. 이 단어는 분명 어휘소 '구르다'에서 유래했고, 그래서 배설물을 지칭할 수 있다. 이는 더러움과 연관이 있다. 사전적 논의는 H. D. Press, "*gillûtim*," *TDOT*, 3:1-5을 참고하라.

80 이에 관한 논의는 다음 책을 참고하라. Bruce Waltke and M. O'Conner, *An Introduction to Biblical Hebrew Syntax* (Winona Lake, IN: Eisenbrauns, 1990), 26.2ff. 이 용법이 어떤 동사들에 사용되면 반드시 사실이 아니라도 의도하거나 상상하는 상태를 표현하게 된다. 한 예가 사무엘하 13:5에 나온다. 요나답이 암논에게 병든 체하라고 이르는 구절이다.

떡지 않을 것이라 생각하는 듯하지만 그렇지 않다. 주님은 그 사람을 골라내 처벌하실 것이다(21절). 여기에 기록된 모든 저주가 불순종하는 사람에게 임하겠으나, 이 대목의 나머지 부분이 증언하듯 결국에는 모두 다 멸망할 것이다(19절). 한 사람의 불순종은 곧 모든 사람을 죽이는 독을 지닌 뿌리다.

29:22-24 소돔과 고모라는 하나님께서 한 종족에게 내리신 심판의 원형적인 본보기다. 이사야도 예루살렘에 동일한 은유를 사용한다(사 1:7-8). 하나님께서 심판을 내리신 결과는 불모의 땅, 즉 사해 근처의 성읍들처럼 양식을 재배할 수 없거나 사람들이 살아갈 수 없는 땅이 되는 것이다. 두 그룹의 사람들이 모두 하나님께서 이스라엘에 초래하시는 황폐함을 볼 텐데, 바로 훗날의 세대와 다른 나라들이다. 두 그룹 모두 똑같은 질문을 던질 것이다. 도대체 주님이 무엇에 격분해 그분의 백성과 땅에 완전한 멸망을 가져오신 것인가?

29:25-28 그런 질문을 하는 사람들은 모세가 여기에 기록한 내용에 근거해 대답할 수 있을 듯하다. 이스라엘은 그들이 경험하지 못한 신들, 그들이 알지 못하는 신들, 예배하도록 그들에게 주어진 적 없는 신들을 경배한다. 이스라엘은 이 책에 기록된 저주들과 그들이 유배당한 이유를 안다.

29:29 이 말씀은 여러 가지 방식으로 적용될 수 있고, 각각의 말씀은 관련성이 있을 수 있다. 하나님께서 백성들을 하나님 자신에게로 인도해 언약을 맺게 하시는 방법은 여전히 신비로 남아 있다. 하나님의 은혜가 작동하는 방식은 설명할 수 없다. 그러나 하나님의 뜻은 신비가 아니다. 언약의 말씀은 알려져 있고, 그 말씀은 인간을 위한 것이다. 사람들은 분명 하나님의 뜻을 알고 있다.

이 말씀은 이스라엘의 역사에도 적용할 수 있다. 느부갓네살은 왜 주전 586년에 예루살렘을 멸망시켰을까? 왜 그 당시에는 더 이상 하나님의 자비가 통하지 않았는가? 산혜립이 공격해온 히스기야 시대에 그 자비가 영향을 미쳤다면, 왜 예루살렘 지도자들은 바벨론 군대에 예루살렘이 포위되었을 때, 또 다시 구조될 수 있음을 믿지 않았는가? 하나님의 이런 방식은 여전히 신비로 남아 있다. 우리는 다만 히스기야와 요시야가 어떤 행동을 취했는지 알 뿐이다. 두 왕은 하나님께 충성을 약속하며 언약을 갱신하도록 나라를 이끌었지만, 예루살렘의 미래를 결정할 수는 없었다.

위 요나단 탈굼(Pseudo-Jonathan Targum)은 이를 개인적인 방식으로 해석한다. 감춰진 죄는 오직 하나님만 아시고 그 죄를 벌하실 것이다. 언약의 말씀을 어기는 공공연한 죄는 언약을 맹세하는 사람들의 책임이다. 공동체는 그에 따라 행동해야 한다.

이 말씀의 교훈은 공동체 내에서 그리고 민족의 미래와 관련해 오늘날에도 적실하다. 하나님의 일은 감춰져 있고 미래는 미지의 것이다. 현재는 알려져 있고, 우리의 과업은 즉시 하나님의 뜻을 행하는 것이다. 그러나 미래에 관한 일부 사항은 우리도 안다. 장차 하나님께서 나타내신 뜻에 따라 행동하시리라는 것이다. 그 일이 장래에 무엇을 의미할지는 누구도 알 수 없으나, 현재 무엇이 옳은지 아는 것으로 충분하다.

29장

이후 세대와 다른 나라들은 언약의 백성과 그 땅이 옛적의 소돔과 고모라처럼 황폐해진 것을 보고 "왜 이토록 큰 분노가 일어났을까?"라고 묻는다. 그 대답은 유배와 관련된 두 선지자 예레미야와 에스겔에게서 찾을 수 있다. 두 선지자는 예루살렘이 포위당한 때부터 완전히 멸망할 때까지 분명한 메시지를 선포했다. 예레미야의 사역은 주전 609년 요시야의 죽음 이후에 시작되었다. 당시 이집트 사람들은 유다의 왕좌에 통치자를 세우고 있었다. 에스겔은 주전 598년 다른 포로들과 함께 잡혀갔다. 둘 다 주전 586년 예루살렘이 멸망할 때까지 심판이 임할 것이라고 경고했다. 둘 다 그 백성이 이미 멸망해가는 20년 동안 자신의 운명을 인식조차 못했던 완고한 마음에 대해 증언한다.

사도 바울은 완고한 마음이 그의 시대까지 계속된 것으로 이해한다. 바울의 무거운 짐은 로마서 9-11장에 나오듯 이스라엘의 구원 문제다.[81] 바울이 로마에 보낸 편지에서 성경에 근거해 구원을 설명하기에 이것은 도무지 피할 수 없는 문제다. "하나님이 자기 백성을 버리셨느냐 그럴 수 없느니라"(롬 11:1). 이를 입증하는 실체가 바로 베냐민 지파에 속한 이스라엘 사람인 바울 자신이다. 바울 당시의 유대인들은 자신의 혈통을 알았고 어느 지파에 속하든지 간에 족보를 잃어버리지 않았다. 바울과 같은 유대인은 이세벨의 공포정치에 떨던 엘리야 시대의 남은 자만큼 소수였을지 모르지만 완전히 없어지지는 않았다. 로마서 11:8에서 사도 바울은 신명기 29:4, 곧 하나님께서 이스라엘에게 "오늘까지" 깨닫는 마음과 보는 눈과 듣는 귀를 주지 않으셨다고 모세가 말하는 구절을 인용한다. 인간은 무언

---

81 바울에 따른 이스라엘의 배교와 구속에 관한 논의는 다음 글을 참고하라. August H. Konkel, "What is the Future of Israel in Romans 9-11?" in *The Letter to the Romans: Exegesis and Application*, ed. Stanley E. Porter and Francis G. H. Pang, MNTSS 7 (Eugene, OR: McMaster Divinity College Press, 2018), 115-127.

가를 보거나 들어서 하나님을 알게 되지 않는다. 믿음은 자비의 선물이다. 이스라엘이 그 진리의 증거다. 하지만 바울은 이스라엘의 현실을 노골적이고 혹독한 방식으로 표현한다. 하나님께서 그들에게 "깊이 잠들게 하는 영"(사 29:10)을 주셨다. 이스라엘의 창조가 하나님의 구속 계획의 일부였던 것과 마찬가지로 이스라엘의 현 상태도 하나님의 계획 가운데 있다.

이는 바울이 어째서 그런 소수에 속하는지 설명해준다. 이처럼 구원을 베푸시는 하나님의 자비를 배척하는 일이 "오늘까지" 계속되고 있다. 이 날은 바울의 시대와 마찬가지로 신명기를 읽는 다른 모든 시대에도 해당한다. 그러나 유배의 형벌은 완고한 이스라엘의 끝이 아니며, 자비의 시대 또한 이스라엘에게 올 것이다. 이사야 59:20에 따르면, 구원자가 이스라엘에서 와서 야곱에게서 죄를 제거하고 언약을 회복시키실 것이다(참고. 롬 11:26-27). 하나님의 자비는 취소되지 않는다. "온 이스라엘"(롬 11:26)이 구원을 받을 것이다. 바울은 이스라엘의 구원을 조상들에게 주신 약속을 성취하는 미래의 종말론적 사건으로 본다.

신명기
30:1-20

¹ 내가 네게 진술한 모든 복과 저주가 네게 임하므로 네가 네 하나님 여호와로부터 쫓겨간 모든 나라 가운데서 이 일이 마음에서 기억이 나거든 ² 너와 네 자손이 네 하나님 여호와께로 돌아와 내가 오늘 네게 명령한 것을 온전히 따라 마음을 다하고 뜻을 다하여 여호와의 말씀을 청종하면 ³ 네 하나님 여호와께서 마음을 돌이키시고 너를 긍휼히 여기사 포로에서 돌아오게 하시되 네 하나님 여호와께서 흩으신 그 모든 백성 중에서 너를 모으시리니 ⁴ 네 쫓겨간 자들이 하늘 가에 있을지라도 네 하나님 여호와께서 거기서 너를 모으실 것이며 거기서부터 너를 이끄실 것이라 ⁵ 네 하나님 여호와께서 너를 네 조상들이 차지한 땅으로 돌아오게 하사 네게 다시 그것을 차지하게 하실 것이며 여호와께서 또 네게 선을 행하사 너를 네 조상들보다 더 번성하게 하실 것이며 ⁶ 네 하나님 여호와께서 네 마음과 네 자손의 마음에 할례를 베푸사 너로 마음을 다하며 뜻을 다하여 네 하나님 여호와를 사랑하게 하사 너로 생명을 얻게 하실 것이며 ⁷ 네 하나님 여호와께서 네 적군과 너를 미워하고 핍박하던 자에게 이 모든 저주를 내리게 하시리니 ⁸ 너는 돌아와 다시 여호와의 말씀을 청종하고 내가 오늘 네게

명령하는 그 모든 명령을 행할 것이라 ⁹⁻¹⁰ 네가 네 하나님 여호와의 말씀을 청종하여 이 율법책에 기록된 그의 명령과 규례를 지키고 네 마음을 다하며 뜻을 다하여 여호와 네 하나님께 돌아오면 네 하나님 여호와께서 네 손으로 하는 모든 일과 네 몸의 소생과 네 가축의 새끼와 네 토지소산을 많게 하시고 네게 복을 주시되 곧 여호와께서 네 조상들을 기뻐하신 것과 같이 너를 다시 기뻐하사 네게 복을 주시리라

¹ "And when all these things come upon you, the blessing and the curse, which I have set before you, and you call them to mind among all the nations where the Lord your God has driven you, ² and return to the Lord your God, you and your children, and obey his voice in all that I command you today, with all your heart and with all your soul, ³ then the Lord your God will restore your fortunes and have mercy on you, and he will gather you again from all the peoples where the Lord your God has scattered you. ⁴ If your outcasts are in the uttermost parts of heaven, from there the Lord your God will gather you, and from there he will take you. ⁵ And the Lord your God will bring you into the land that your fathers possessed, that you may possess it. And he will make you more prosperous and numerous than your fathers. ⁶ And the Lord your God will circumcise your heart and the heart of your offspring, so that you will love the Lord your God with all your heart and with all your soul, that you may live. ⁷ And the Lord your God will put all these curses on your foes and enemies who persecuted you. ⁸ And you shall again obey the voice of the Lord and keep all his commandments that I command you today. ⁹ The Lord your God will make you abundantly prosperous in all the work of your hand, in the fruit of your womb and in the fruit of your cattle and in the fruit of your ground. For the Lord will again take delight in prospering you, as he took delight in your

fathers, ¹⁰ when you obey the voice of the Lord your God, to keep his commandments and his statutes that are written in this Book of the Law, when you turn to the Lord your God with all your heart and with all your soul.

¹¹ 내가 오늘 네게 명령한 이 명령은 네게 어려운 것도 아니요 먼 것도 아니라 ¹² 하늘에 있는 것이 아니니 네가 이르기를 누가 우리를 위하여 하늘에 올라가 그의 명령을 우리에게로 가지고 와서 우리에게 들려 행하게 하랴 할 것이 아니요 ¹³ 이것이 바다 밖에 있는 것이 아니니 네가 이르기를 누가 우리를 위하여 바다를 건너가서 그의 명령을 우리에게로 가지고 와서 우리에게 들려 행하게 하랴 할 것도 아니라 ¹⁴ 오직 그 말씀이 네게 매우 가까워서 네 입에 있으며 네 마음에 있은 즉 네가 이를 행할 수 있느니라

¹¹ "For this commandment that I command you today is not too hard for you, neither is it far off. ¹² It is not in heaven, that you should say, 'Who will ascend to heaven for us and bring it to us, that we may hear it and do it?' ¹³ Neither is it beyond the sea, that you should say, 'Who will go over the sea for us and bring it to us, that we may hear it and do it?' ¹⁴ But the word is very near you. It is in your mouth and in your heart, so that you can do it.

¹⁵ 보라 내가 오늘 생명과 복과 사망과 화를 네 앞에 두었나니 ¹⁶ 곧 내가 오늘 네게 명령하여 네 하나님 여호와를 사랑하고 그 모든 길로 행하며 그의 명령과 규례와 법도를 지키라 하는 것이라 그리하면 네가 생존하며 번성할 것이요 또 네 하나님 여호와께서 네가 가서 차지할 땅에서 네게 복을 주실 것임이니라 ¹⁷ 그러나 네가 만일 마음을 돌이켜 듣지 아니하고 유혹을 받아 다른 신들에게 절하고 그를 섬기면

¹⁸ 내가 오늘 너희에게 선언하노니 너희가 반드시 망할 것이라 너희가 요단을 건너가서 차지할 땅에서 너희의 날이 길지 못할 것이니라 ¹⁹ 내가 오늘 하늘과 땅을 불러 너희에게 증거를 삼노라 내가 생명과 사망과 복과 저주를 네 앞에 두었은즉 너와 네 자손이 살기 위하여 생명을 택하고 ²⁰ 네 하나님 여호와를 사랑하고 그의 말씀을 청종하며 또 그를 의지하라 ¹⁾그는 네 생명이시요 네 장수이시니 여호와께서 네 조상 아브라함과 이삭과 야곱에게 주리라고 맹세하신 땅에 네가 거주하리라

¹⁵ "See, I have set before you today life and good, death and evil. ¹⁶ If you obey the commandments of the Lord your God*I* that I command you today, by loving the Lord your God, by walking in his ways, and by keeping his commandments and his statutes and his rules,² then you shall live and multiply, and the Lord your God will bless you in the land that you are entering to take possession of it. ¹⁷ But if your heart turns away, and you will not hear, but are drawn away to worship other gods and serve them, ¹⁸ I declare to you today, that you shall surely perish. You shall not live long in the land that you are going over the Jordan to enter and possess. ¹⁹ I call heaven and earth to witness against you today, that I have set before you life and death, blessing and curse. Therefore choose life, that you and your offspring may live, ²⁰ loving the Lord your God, obeying his voice and holding fast to him, for he is your life and length of days, that you may dwell in the land that the Lord swore to your fathers, to Abraham, to Isaac, and to Jacob, to give them."

30장

1) 그것이

1 Septuagint; Hebrew lacks *If you obey the commandments of the Lord your God* 2 Or *his just decrees*

생명과 죽음의 길

29장과 30장은 한 단위로 표시되어 있다. 29:2은 모세가 백성을 소집하는 도입부이고, 31:1은 모세가 "온 이스라엘에게 이 말씀을 전[했다]"고 화자가 말하는 또 다른 도입부다. 30:15-20에 나오는 생명을 택하라는 요청은 요약의 성격을 띠며 모세가 29:2에서 백성을 소집한 목적의 결론에 해당한다. 29:10-15에서 언약을 내다보는 장면이 30:15-20에서 언약을 받아들이라는 요청으로 마무리된다. 이 장은 네 하나님 여호와를 사랑하라고 새롭게 요청하는 내용이다(6, 16, 20절). 이 요청은 이 토라의 주된 단락, 즉 처음에 사랑하라는 요청(6:5)으로 시작해 사랑하라는 권면(11:1)으로 끝나는, 언약의 요건을 요약한 단락이 주는 명령을 반영한다. 백성에게 필요한 것은 할례 받은 마음이다(10:16; 30:6). 언약의 외적 표징은 순종하겠다는 내적 헌신이 없으면 아무런 의미가 없다.

비참한 포로 신세가 자기 백성을 회복시키고 새롭게 하시는 하나님의 손길로 역전된다(1-10절). 저주의 경험은 언약의 결말이 아니다. 사람들이 포로 상태에 있기는 해도 회복이 가능하다. 이런 희망은 모세가 4:29-31에서 첫 번째 설교를 마무리할 때 제시한 적이 있다. 그 말이 사실상 여기서 반복되며 이 책을 한데 묶어주고 있다.

회복의 요건은 변함없다. 하나님을 향한 사랑이 필수적이다. 사랑에 따른 책임은 저 멀리 있지 않고 이해하기 어렵지도 않다(11-14절). 토라의 말씀이 사람들의 마음속에 있다면 사랑의 의무를 수행할 수 있다. 하지만 양극단 중 하나를 선택해야 한다. 생명인가, 아니면 죽음인가?(15-20절) 하나님을 향한 어중간한 사랑 같은 것은 없다. 이스라엘이 하나님을 알고 그분을 경외한다면 생명을 얻을 것이다. 반면 그들이 다른 신을 섬긴다면 하나님을 전혀 알지 못하는 것이다. 여호와를 안다면 다른 신들을 섬길 가능성은 아예 없다. 그런 신들을 추구하는 결과는 죽음이다. 모세는 유일하게 논리적인 선택으로 이 설교를 마무리한다. 생명을 선택하는 것이다.

≋≋≋≋≋ 주석 ≋≋≋≋≋

30:1-10 이 대목은 처음 세 구절로 이루어진 긴 조건부 문장으로 시작된다. 첫 두 구절은 그 조건을 진술하는데, 장차 이스라엘에게 복과 저주가 임한다는 것이다. 그 생각은 28장에 나온 대로 모압에서 맺은 언약으로 돌아간다. 일단 이스라엘이 유배의 저주를 경험하면, 어느 곳으로 흩어졌든지 간에 모든 나라 가운데 살아갈 때 하나님께 돌아올 것이다. 이는 다음과 같은 귀결절을 불러온다. 즉 하나님께서 이스라엘의 번영을 회복시키시고, 긍휼을 베푸시고, 흩어진 백성을 그들의 땅으로 다시 모으신다는 것이다. 조건절과 귀결절은 히브리어 슈브(shub, '방향을 돌리다')를 이용한다. 유배 중에 있을 때, 이스라엘이 하나님께로 돌아올 것이다(2절). 일단 이 조건이 충족되면 하나님께서 '번영을 회복시키실'[샤브 웨세부트(shab weshebut), "restore your fortune", 개역개정은 "마음을 돌이키시고"]것이다. 이는 문자적으로 '그

30장

들의 돌이킴을 돌리다'(3절)라는 뜻이다. 조건절의 조건은 6:5에서 언약의 요약에 나오는 단어의 반복이다. 백성이 마음과 뜻을 다해 하나님께 돌아오는 것이다. 그렇다면 그들이 비록 포로로 있더라도 앞으로 긍휼을 입을 가능성이 있다.

이 대목의 구조는 할례 받은 마음(6절)이라는 핵심 요건을 중심으로 짜여 있다. 복은 선[퓸, 토브(tob)]을 의미하는 히브리 단어의 변형들로 표현되어 있다. 만일 유배 중인 이스라엘이 마음을 다해 주님께 돌아온다면(1, 2절), 하나님께서 긍휼을 베풀고 그 백성을 번성하게[헤티베카(hetibeka)] 하여 조상들보다 더 많아지게 하실 것이다(5절). 그들이 할례 받은 마음(6절)으로 하나님을 사랑하면, 하나님께서 번영하도록[레토바(letobah)] 그들의 땅을 기름지게 하실 것이고, 주님은 그들의 조상들을 기뻐하셨듯 그들을 번영하게 [레토브(letob)] 만드는 것을 "기뻐하[실]" 것이다(9절). 요건은 이스라엘이 이 토라의 책에 기록된 모든 것을 따라 주님의 말씀을 들어야 한다는 것(10절)이다. 이 구조는 할례 받은 마음을 강조점으로 만드는 효과를 낸다.

- (A) "내가 오늘 네게 명령한 것을 온전히 따라…여호와의 말씀을 청종하면"(2절)
    - (B) "너를 네 조상들보다 더 번성하게 하실 것이며"(5절)
        - (C) "네 하나님 여호와께서 네 마음과 네 자손의 마음에 할례를 베푸사"(6절)
    - (B′) "[네 하나님 여호와께서 네 마음에 할례를 베푸사]…여호와께서…너를 다시 기뻐하사 네게 복을 주시리라"(9절)
- (A′) "네 하나님 여호와의 말씀을 청종하여 이 율법 책에 기록된 그의 명령과 규례를 지키고"(10절)

10:16에서 하나님은 이스라엘에게 그들의 마음에 할례를 행하라고 권면하셨다. 이 대목에서는 일단 그들이 하나님께 돌아오면 그들의 마음에 할례를 베풀겠다고 약속하신다. 헬라어와 달리 히브리어에는 '마음'(mind)을

의미하는 단어가 없다. 마음을 가리키는 데 흔히 사용되는 두 단어는 레브 (*leb*, '심장')와 루아흐('영')이다. 신명기에서는 마음을 다해 언약을 지키라고 강조한다(6:5). 이스라엘은 하나님께서 그들의 마음을 알려고 시험하셨음을(8:2) 기억하고, 아버지가 자녀를 가르치듯 하나님께서 그들을 가르쳤음을 마음으로 알아야 한다. 기억하는 것, 배우는 것, 아는 것은 모두 마음(레브)의 기능이다. 십계명도 마음의 활동에 관한 내용(탐내지 말라는 명령)으로 끝난다. 새 언약에서는 토라가 마음에 기록될 것이고(렘 31:33), 다른 사람에게 주님을 알라고 가르칠 필요가 더 이상 없을 텐데, 사람들이 모두 주님을 알 것이기 때문이다.

30:11-14 하나님의 뜻은 이해할 수 없거나 접근할 수 없는 것이 아니다. 하나님의 가르침은 그동안 이스라엘에게 주어졌고, 그들은 생명을 갖는 데 필요한 모든 것을 알고 있다. 이스라엘에게 지식은 우주의 신비에 다가가는 것이 아니다. 지혜에 관한 놀라운 시(詩) 욥기 28장은 지혜를 어디서 찾을 수 있는지 두 번 묻는다(욥 28:12, 20). 해답은 오직 하나님만 우주의 신비에 이르는 길을 알고 계시다는 데 있다. 사람에게 주시는 가르침은 하나님을 경외하고 악을 떠나라는 것이다(욥 28:28). 생명의 기원이라는 신비를 탐구하는 곳에서는 생명을 찾을 수 없다. 시편 저자는 발생학(생물체의 기원)의 주제에 관해 솔직하게 고백한다. "이 지식이 내게 너무 기이하니 높아서 내가 능히 미치지 못하나이다"(시 139:6). 우주의 신비를 알려 했던 욥도 이렇게 시인하지 않을 수 없었다. "나는 깨닫지도 못한 일을 말하였고 스스로 알 수도 없고 헤아리기도 어려운[닙라오트(*niphla'ot*)] 일을 말하였나이다"(욥 42:3). 이와 반대로 모세는 하나님의 가르침이 그들에게 지나치게 어렵지[닙레트(*niphle't*)] 않으며 멀리 있지도 않다고 말한다. 하나님의 뜻에 관한 지식은 "네 입에" 있다. 이는 암송할 수 있다는 뜻의 관용어다(참고. 신 31:19). 하나님의 뜻은 잘 이해할 수 있으며 또한 순종할 수 있다.

30:15-20 이스라엘 앞에 생명과 사망을 두는 것은 언약을 받아들이라고

초대하는 의미를 넘어선다. 그것은 언약을 거부하면 어떤 결과가 오는지 상기시켜준다. 이스라엘은 시내산에서 맹세를 했고, 이제 약속의 땅에 들어가 세겜에서 다시 맹세할 것이다. 모압에서 주어진 언약을 맹세할 텐데, 이는 이스라엘이 하나님에 대한 헌신을 새롭게 할 때 세겜에 있는 돌에 기록될 예정이다.

증인은 모든 언약의 일부다. 하나님은 이스라엘이 하는 맹세를 증언할 수 있는 증인들을 부르신다(19절). 고대 언약에서 증인은 저주를 집행하는 신들이었다. 하늘은 비를 내리지 않고 땅은 돌처럼 굳지만, 신명기에서 하늘과 땅은 독립적인 행위자가 아니다. 하늘과 땅은 발화된 말씀을 영원히 증언하게 될, 하나님의 임재를 물질적 또는 일반적으로 나타내는 표상이다. 이사야 선지자는 예루살렘의 지도자들이 하나님의 말씀과 뜻을 완전히 위반했음을 드러내기 위해 이 증언을 사용할 것이다(사 1:2). 이는 언약의 진리를 특정한 상황에 적용하는 문학 형식의 하나다.

생명을 선택하라는 촉구는 사랑의 명령으로 시작하고 또 끝난다(15-16, 19-20절). 하나님의 길로 걷고, 그분의 말씀을 듣고, 그분께 붙어 있으라는 말이다. 모든 사람에게 필수적인 지식은 "그는 네 생명"이시라는 것이다(20절). 이 지식을 버린다면 다른 어떤 지식을 가진들 소용없다.

구원 성취와 관련해 풀리지 않는 미스터리는 예수님의 가르침과 복음 전파에 대한 유대인의 적대감이다. 이스라엘에게 주어진 약속이나 하나님과의 언약을 잘 모르는 이방인이 오히려 대거 반응을 보였다. 안디옥에서 복음 전파가 매우 성공적으로 이루어지자 예루살렘 교회는 주목하고, 그 현상을 조사하기 위해 바나바를 그곳으로 보낸다(행 11:20-26). 반응의 규모를 목격한 바나바는 다소에서 사울을 찾아냈다. 안디옥에서 많은 신자가 생겨나면서 하나의 운동으로 커갔고, 그들은 그리스도인이라는 정체성을 갖게 된다. 그들은 더 이상 유대교의 또 다른 분파가 아니었다. 다른 한편, 로마 제국 전역의 유대인은 이런 사람들을 저항하고 미워한다. 로마서에서 바울은 이런 갈등을 다룰 목적으로 신명기에 나오는 모세의 세 번째 연설에 주목한다. 바울은 동족이 배척당하는 것이 너무나 안타까운 나머지 자신이 그들을 대신해 저주받기를 원한다는 말까지 한다(롬 9:1-3). 대신 저주받는 것은 불가능하지만, 바울은 모세의 메시지를 통해 동족 유대인의 구속을 그리스도 안에서 찾게 될 것임을 확신한다.

　바울은 로마서 9:30-10:21에서 유대 민족의 상황을 평가한다. 그의 대답은 두 부분으로 나뉜다. 바울은 복음의 성격(롬 9:32-10:13)을 논의한 후 복음을 통해 하나님과 이스라엘의 관계(10:14-21)를 다룬다. 이스라엘은 행위로 인한 의를 구하려다 걸림돌에 걸려 넘어졌다. 그들은 그리스도가 토라의 목표임을(10:4) 깨닫지 못한다. 바울은 10:6-11에서 이스라엘을 위한 언약 갱신에 대해 논의한다. 그는 신명기 30장을, 신명기 29장에 묘사된 심판과 유배 이후의 언약 갱신에 대한 선언으로 이해한다. 신명기에 나오는 유배는 메시아의 때가 이르기까지 계속 이어졌다. 이제 예수님과 함께 언약 갱신이 가능해진다. 언약 갱신의 수단은 신명기 30:11-14에 나온다. 바울이 토라에 관한 말을 메시아에게 적용한다. 메시아가 내려왔으므로 그에 관한 말씀을 믿음으로 받아들이면 새 언약의 사역이 일어날 것이다. 그러므로 신명기는 언약 성취에 대한 새로운 비전을 제공하고 있다. 바

30장

울은 이 비전이 그리스도에 의해 이루어지고 성령으로 그리스도인 안에서 성취되는 모습을 본다(롬 8:5-8). 그리스도에 대한 믿음 고백으로 모세가 가르쳤던 토라가 놀랍게, 그리고 역설적으로 성취되는 것이다(롬 10:5). 그리스도에 대한 믿음이 있으면 의롭다고 간주된다. 이는 쿰란이 가르치듯 [4QMMT(*Miqsat Maʿaśê ha-Torah*)[82]라고 불리는 문서에 나오는 견해다] 율법을 지키는 행위로 의롭게 되는 것이 아니다.

이스라엘이 넘어지는 것은 하나님의 섭리 밖에 있는 일이 아니다(롬 10:14-21). 하나님은 미련한 백성으로 이스라엘에게 질투를 유발시키는 방법을 쓰셨다(롬 10:19, 참고. 신 32:21). 복음이 이스라엘에게는 거슬리는 것이었으나 이방인이 믿는 것은, 하나님께서 이스라엘을 질투하게 만들어 미리 아셨던 그 백성에게 손을 내밀기 위함이었다.

---

82 이 중요한 문서는 복수의 사본이 발견되면서 한층 더 중요해졌다. 모든 사본이 단편적이어서 문헌을 재구성하기가 상당히 복잡하다. 다음 책에서 완전히 재현된 문헌을 볼 수 있다. *Qumran Cave 4: Miqsat Maʿaśê ha-Torah*, ed. Elisha Qimron and John Strugnell, DJD 10 (Oxford: Clarendon Press, 1994).

1 또 모세가 가서 온 이스라엘에게 이 말씀을 전하여 2 그들에게 이르되 이제 내 나이 백이십 세라 내가 더 이상 출입하지 못하겠고 여호와께서도 내게 이르시기를 너는 이 요단을 건너지 못하리라 하셨느니라 3 여호와께서 이미 말씀하신 것과 같이 네 하나님 여호와께서 너보다 먼저 건너가사 이 민족들을 네 앞에서 멸하시고 네가 그 땅을 차지하게 할 것이며 여호수아는 네 앞에서 건너갈지라 4 또한 여호와께서 이미 멸하신 아모리 왕 시혼과 옥과 및 그 땅에 행하신 것과 같이 그들에게도 행하실 것이라 5 또한 여호와께서 그들을 너희 앞에 넘기시리니 너희는 내가 너희에게 명한 모든 명령대로 그들에게 행할 것이라 6 너희는 강하고 담대하라 두려워하지 말라 그들 앞에서 떨지 말라 이는 네 하나님 여호와 그가 너와 함께 가시며 결코 너를 떠나지 아니하시며 버리지 아니하실 것임이라 하고

1 So Moses continued to speak these words to all Israel. 2 And he said to them, "I am 120 years old today. I am no longer able to go out and come in. The Lord has said to me, 'You shall not go over this Jordan.' 3 The Lord your God himself will go over before you. He will destroy

these nations before you, so that you shall dispossess them, and Joshua will go over at your head, as the Lord has spoken. 4 And the Lord will do to them as he did to Sihon and Og, the kings of the Amorites, and to their land, when he destroyed them. 5 And the Lord will give them over to you, and you shall do to them according to the whole commandment that I have commanded you. 6 Be strong and courageous. Do not fear or be in dread of them, for it is the Lord your God who goes with you. He will not leave you or forsake you."

7 모세가 여호수아를 불러 온 이스라엘의 목전에서 그에게 이르되 너는 강하고 담대하라 너는 이 백성을 거느리고 여호와께서 그들의 조상에게 주리라고 맹세하신 땅에 들어가서 그들에게 그 땅을 차지하게 하라 8 그리하면 여호와 그가 네 앞에서 가시며 너와 함께하사 너를 떠나지 아니하시며 버리지 아니하시리니 너는 두려워하지 말라 놀라지 말라

7 Then Moses summoned Joshua and said to him in the sight of all Israel, "Be strong and courageous, for you shall go with this people into the land that the Lord has sworn to their fathers to give them, and you shall put them in possession of it. 8 It is the Lord who goes before you. He will be with you; he will not leave you or forsake you. Do not fear or be dismayed."

9 또 모세가 이 율법을 써서 여호와의 언약궤를 메는 레위 자손 제사장들과 이스라엘 모든 장로에게 주고 10 모세가 그들에게 명령하여 이르기를 매 칠 년 끝 해 곧 면제년의 초막절에 11 온 이스라엘이 네 하나님 여호와 앞 그가 택하신 곳에 모일 때에 이 율법을 낭독하여 온 이스라엘에게 듣게 할지니 12 곧 백성의 남녀와 어린이와 네 성읍 안에

거류하는 타국인을 모으고 그들에게 듣고 배우고 네 하나님 여호와를
경외하며 이 율법의 모든 말씀을 지켜 행하게 하고 13 또 너희가 요단
을 건너가서 차지할 땅에 거주할 동안에 이 말씀을 알지 못하는 그들
의 자녀에게 듣고 네 하나님 여호와 경외하기를 배우게 할지니라

9 Then Moses wrote this law and gave it to the priests, the sons of Levi,
who carried the ark of the covenant of the Lord, and to all the elders
of Israel. 10 And Moses commanded them, "At the end of every seven
years, at the set time in the year of release, at the Feast of Booths,
11 when all Israel comes to appear before the Lord your God at the
place that he will choose, you shall read this law before all Israel in
their hearing. 12 Assemble the people, men, women, and little ones, and
the sojourner within your towns, that they may hear and learn to fear
the Lord your God, and be careful to do all the words of this law, 13 and
that their children, who have not known it, may hear and learn to fear
the Lord your God, as long as you live in the land that you are going
over the Jordan to possess."

14 여호와께서 모세에게 이르시되 네가 죽을 기한이 가까웠으니 여호
수아를 불러서 함께 회막으로 나아오라 내가 그에게 명령을 내리리라
모세와 여호수아가 나아가서 회막에 서니 15 여호와께서 구름 기둥 가
운데에서 장막에 나타나시고 구름 기둥은 장막 문 위에 머물러 있더라

14 And the Lord said to Moses, "Behold, the days approach when you
must die. Call Joshua and present yourselves in the tent of meeting, that
I may commission him." And Moses and Joshua went and presented
themselves in the tent of meeting. 15 And the Lord appeared in the tent
in a pillar of cloud. And the pillar of cloud stood over the entrance of
the tent.

31장

¹⁶ 또 여호와께서 모세에게 이르시되 너는 네 조상과 함께 누우려니와 이 백성은 그 땅으로 들어가 음란히 그 땅의 이방 신들을 따르며 일어날 것이요 나를 버리고 내가 그들과 맺은 언약을 어길 것이라 ¹⁷ 내가 그들에게 진노하여 그들을 버리며 내 얼굴을 숨겨 그들에게 보이지 않게 할 것인즉 그들이 삼킴을 당하여 허다한 재앙과 환난이 그들에게 임할 그때에 그들이 말하기를 이 재앙이 우리에게 내림은 우리 하나님이 우리 가운데에 계시지 않은 까닭이 아니냐 할 것이라 ¹⁸ 또 그들이 돌이켜 다른 신들을 따르는 모든 악행으로 말미암아 내가 그때에 반드시 내 얼굴을 숨기리라

¹⁶ And the Lord said to Moses, "Behold, you are about to lie down with your fathers. Then this people will rise and whore after the foreign gods among them in the land that they are entering, and they will forsake me and break my covenant that I have made with them. ¹⁷ Then my anger will be kindled against them in that day, and I will forsake them and hide my face from them, and they will be devoured. And many evils and troubles will come upon them, so that they will say in that day, 'Have not these evils come upon us because our God is not among us?' ¹⁸ And I will surely hide my face in that day because of all the evil that they have done, because they have turned to other gods.

¹⁹ 그러므로 이제 너희는 이 노래를 써서 이스라엘 자손들에게 가르쳐 그들의 입으로 부르게 하여 이 노래로 나를 위하여 이스라엘 자손들에게 증거가 되게 하라 ²⁰ 내가 그들의 조상들에게 맹세한바 젖과 꿀이 흐르는 땅으로 그들을 인도하여 들인 후에 그들이 먹어 배부르고 살찌면 돌이켜 다른 신들을 섬기며 나를 멸시하여 내 언약을 어기리니 ²¹ 그들이 수많은 재앙과 환난을 당할 때에 그들의 자손이 부르기를 잊지 아니한 이 노래가 그들 앞에 증인처럼 되리라 나는 내가 맹세

한 땅으로 그들을 인도하여 들이기 전 오늘 나는 그들이 생각하는 바를 아노라 22 그러므로 모세가 그날 이 노래를 써서 이스라엘 자손들에게 가르쳤더라

19 "Now therefore write this song and teach it to the people of Israel. Put it in their mouths, that this song may be a witness for me against the people of Israel. 20 For when I have brought them into the land flowing with milk and honey, which I swore to give to their fathers, and they have eaten and are full and grown fat, they will turn to other gods and serve them, and despise me and break my covenant. 21 And when many evils and troubles have come upon them, this song shall confront them as a witness (for it will live unforgotten in the mouths of their offspring). For I know what they are inclined to do even today, before I have brought them into the land that I swore to give." 22 So Moses wrote this song the same day and taught it to the people of Israel.

23 여호와께서 또 눈의 아들 여호수아에게 명령하여 이르시되 너는 이스라엘 자손들을 인도하여 내가 그들에게 맹세한 땅으로 들어가게 하리니 강하고 담대하라 내가 너와 함께하리라 하시니라

23 And the Lord[1] commissioned Joshua the son of Nun and said, "Be strong and courageous, for you shall bring the people of Israel into the land that I swore to give them. I will be with you."

24 모세가 이 율법의 말씀을 다 책에 써서 마친 후에 25 모세가 여호와의 언약궤를 메는 레위 사람에게 명령하여 이르되 26 이 율법책을 가져다가 너희 하나님 여호와의 언약궤 곁에 두어 너희에게 증거가 되게 하라 27 내가 너희의 반역함과 목이 곧은 것을 아나니 오늘 내가 살아서 너희와 함께 있어도 너희가 여호와를 거역하였거든 하물며 내가

죽은 후의 일이랴 ²⁸ 너희 지파 모든 장로와 관리들을 내 앞에 모으라 내가 이 말씀을 그들의 귀에 들려주고 그들에게 하늘과 땅을 증거로 삼으리라 ²⁹ 내가 알거니와 내가 죽은 후에 너희가 스스로 부패하여 내가 너희에게 명령한 길을 떠나 여호와의 목전에 악을 행하여 너희의 손으로 하는 일로 그를 격노하게 하므로 너희가 후일에 재앙을 당하리라 하니라

²⁴ When Moses had finished writing the words of this law in a book to the very end, ²⁵ Moses commanded the Levites who carried the ark of the covenant of the Lord, ²⁶ "Take this Book of the Law and put it by the side of the ark of the covenant of the Lord your God, that it may be there for a witness against you. ²⁷ For I know how rebellious and stubborn you are. Behold, even today while I am yet alive with you, you have been rebellious against the Lord. How much more after my death! ²⁸ Assemble to me all the elders of your tribes and your officers, that I may speak these words in their ears and call heaven and earth to witness against them. ²⁹ For I know that after my death you will surely act corruptly and turn aside from the way that I have commanded you. And in the days to come evil will befall you, because you will do what is evil in the sight of the Lord, provoking him to anger through the work of your hands."

³⁰ 그리고 모세가 이스라엘 총회에 이 노래의 말씀을 끝까지 읽어 들리니라

³⁰ Then Moses spoke the words of this song until they were finished, in the ears of all the assembly of Israel:

1 Hebrew *he*

≋≋≋≋ 단락 개관 ≋≋≋≋

언약의 연속성을 위한 대책

에필로그는 간접화법에서 가르침과 시를 포함하는 서사적 행동으로 전환한다. 언약 맺기와 율법 수여가 미래에 대한 대책으로 바뀐다. 지금까지는 모세의 말을 전달했으나, 이제 화자는 신명기뿐 아니라 토라 전체를 결론짓는 사건들을 보도하는 쪽으로 돌아선다. 이 사건들은 장차 모세 자신이 없을 때를 위해 이스라엘을 준비시키려고 그가 취한 조치를 설명한다. 모세의 죽음과 여호수아에게 통솔권을 이양하는 대책이 그 배경을 이룬다(1-8절). 여호수아의 후계자 임명, 기록된 토라의 위탁, 노래 암송이 여기서 되풀이되는 주제들이다.

31장은 마지막 사건들을 순서대로 기술하지 않는다. 랍비들은 이런 현상을 "이른 것도 없고 늦은 것도 없다"는 식으로 말했다. 이는 토라에 담긴 자료들이 주제별로 주어졌음을 표현하는 그들의 방식이다. 언약의 연속성이 에필로그의 취지다. 이스라엘은 앞으로 미래 세대가 순종하지 않을 것이라는 말을 거듭 듣는다(예. 16, 20, 27절). 그런 사실로 인해 여호수아의 새로운 지휘권 아래서 토라를 낭독하고 노래를 암송하는 일이 긴급한 관심사가 된다.

모세의 행동들은 여기에 서술된 순서대로 일어났을 수 없다. 모세는 이스라엘에게 자신의 죽음에 대해 말하고 나서 여호수아를 후계자로 지명하기 위해 온 이스라엘 앞에서 그에게 말한다(1-8절). 여호수아와 모세가 회막 입구에 선다(14-15절). 모세는 노래를 적어 그것을 백성에게 가르치라는 지시를 받는다(16-22절). 모세가 그 노래를 회중에게 가르친 후, 여호와께서 회막에서 여호수아를 모세의 후계자로 임명하면서 "내가 너와 함께하리라"(23절)고 말씀하신다. 하나님께서 여호수아를 임명하시는 일이 그 노래를 가르치는 일에 의해 중단된다. 토라의 위탁은 별도의 두 단락에서 반복된다. 이 장의 배열을 보면 기록된 토라를 주는 것과 그 노래를 가르치

31장

는 것을 강조하고 있음을 알 수 있다. 이 장은 토라의 위탁을 처음과 끝에, 그 노래의 가르침을 중앙에 두는 교차구조로 배열되어 있다.

- (A) 모세가 토라를 기록해 제사장들에게 주다(9-13절)
  - (B) 여호수아와 모세가 회막 입구에 서다(14-15절)
    - (C) 모세가 노래를 적어 온 백성에게 가르치다(16-22절)
  - (B′) 여호와께서 회막에서 여호수아를 임명하시다(23절)
- (A′) 모세가 기록된 토라를 레위인에게 주고 그들이 그것을 언약궤 안에 두다(24-26절)

이 기법은 그 노래를 토라 낭독과 확실히 묶어주는데 이것이 에필로그의 의도다.

에필로그 서술은 모세가 그 노래의 가사를 배울 수 있도록 이스라엘의 모든 지도자를 소집하라고 지시하는 것으로 이어진다. 가사를 가르치는 일은 그들의 책임이 될 것이다. 모세의 연설에 대한 보도는 31:1에서 시작되어 노래 가사를 준 이후 32:44-47에서 끝난다. 그 노래는 그들이 맹세할 때 행했던 것처럼(30:19) 하늘과 땅을 증인으로 부르며 시작된다(31:28-30). 대표적인 마소라 본문(레닌그라드 사본과 알레포 사본)은 일부러 그 노래의 머리말(28-30절)에 나오는 각 단어를 방점으로 구분하고 있다. 노래 자체는 평행법을 따라 배열되어 있다. 이 에필로그는 기록된 토라와 모세의 노래가 모두 하나님과 그 백성의 관계에 대한 영원한 증거가 되도록 구성되어 있다.

IV. 에필로그(31:1-34:12)

　A. 토라의 증언을 통한 언약의 연속성(31:1-30)

　　1. 모세의 후계자로 지명된 여호수아(31:1-8)

　　　a. 모세가 온 이스라엘에게 말하다(31:1-6)

　　　b. 모세가 온 이스라엘 앞에서 여호수아에게 말하다(31:7-8)

　　2. 글과 노래: 토라의 증인(31:9-30)

　　　a. 토라가 기록되어 제사장들에게 주어지다(31:9-13)

　　　b. 여호수아가 회막 입구에 서다(31:14-15)

　　　c. 영원한 증거: 모세가 이스라엘에게 가르친 노래(31:16-22)

　　　d. 여호와께서 여호수아를 이스라엘의 지도자로 임명하시다(31:23)

　　　e. 완성된 토라가 영원한 증거로 언약궤에 보관되다(31:24-27)

　　　f. 하늘과 땅이 이스라엘이 노래를 받은 것을 증언하다(31:28-30)

━━━━ 주석 ━━━━

31:1-6 "모세가 온 이스라엘 백성에게 계속하여 말하였다"(새번역)는 "모세가 가서(wylk) 온 이스라엘에게 전[했다]"(마소라 본문, 개역개정) 또는 "모세가 온 이스라엘 백성에게 말하는 것(wykl)을 끝냈다"[1QDeutᵇ II, 4(사해사본)][83]를 바꿔 쓴 것이다. 이 차이는 '음위 전환'(metathesis)이라 부르는 서기관의 흔한 오류로, 한 단어의 마지막 두 철자를 교체하는 것이다. 오류가 어느

31장

방향으로 일어났는지 말할 수는 없지만, 쿰란 사본과 헬라어 독법의 번역이 더 자연스럽다. 화자는 29:2에서 시작된 모세의 말이 이제 완료되었다고 한다. 이와 똑같은 어구가 32:45에서 노래를 마칠 때 사용된다. "모세가 이 모든 말씀을 온 이스라엘에게 말하기를 마치고." 모세의 모든 말이 충실하게 전해졌다. 화자는 이제 이 책을 마무리하면서 모세의 마지막 말과 행동을 일대기 식으로 전해준다. 첫 주제는 여호수아를 모세의 후계자로 지명하는 일이다. 이 단락은 느보산에서 맞이한 모세의 죽음 기사로 막을 내릴 것이다.

모세는 출애굽 당시에 80세였고(출 7:7), 그때부터 광야에서 보낸 세월이 40년이었다(신 1:3). 성경의 진술에 따르면 세 세대는 120년에 해당하는데, 이 개념은 홍수 시대인 창세기 6:3에 이미 나타난다. 물론 120년 동안 사는 사람들이 있으나, 이것이 모세의 나이를 진술한 취지는 아닐 것이다. 모세는 백성에게 자기가 세 세대에 걸쳐 살았다고 말한다. 이집트에서 보낸 이스라엘의 노예 시절, 미디안에서 망명하던 시절, 그리고 광야에서 방황하던 시절이다. 이제 이스라엘은 시대의 변화 앞에 섰다.

첫 번째 중요한 점은 전쟁은 하나님께 속한다는 사실이다. 하나님은 그들보다 먼저 나아가시는 분이다. 이것이 "강하고 담대하라"는 권면의 유일한 근거다. 이것이 여호수아에게 주어지고, 이후에 여호수아가 백성에게 줄 말씀이다(수 1:6-9). 여호와는 자신이 실패하지 않는다는 것을 거듭 보여주셨다.

31:7-8 공식적으로 여호수아를 후계자로 임명하는 장면은 민수기 27:18-23에서 그리고 있다. 거기서 모세는 에르아살 제사장과 온 이스라엘 앞에서 여호수아에게 안수하고, 자신이 받았던 신적 권위와 권세를 부여한다. 이 일은 신명기 34:9에서 일어난 것으로 묘사된다. 이 구절에서

---

83 D. Barthélemy and J. T. Milik, *Qumran Cave* 1, DJD 1 (Oxford: Clarendon, 1955; 1955, Reprinted 2003), plate X.

여호수아는 백성을 인도하여 그 땅을 기업으로 받게 할 자로 지명된다.

31:9-13 이 구절은 초창기에 성경이 형성된 장면을 묘사한다. 다른 문화권에서 그러하듯, 그 말씀이 기록되어 종교 및 사회 지도자들의 손에 맡겨진다. 그들은 그 말씀을 백성에게 알릴 책임이 있다. 그렇게 하는 수단 중 하나가 귀에 들려주는 것이다. 가을 축제에서 7년에 한 번씩 토라는 중앙 성소에 모인 회중 전체 앞에서 낭독하게 되어 있다. 이 행사는 여자, 어린이, 이스라엘 영토 내에 살고 있는 모든 사람을 포함해야 한다는 점에서 민주적인 강조점을 보여준다. 토라의 요구 사항은 모든 사람과 관계가 있으므로 공동체 전체에 영향을 미친다.

31:14-15 회막(會幕)은 성막의 덮인 부분이다. 회막이라고 이름 붙인 것은, 하나님께서 백성들과 만나실 때 그분의 임재를 상징하는 장소이기 때문이다. 15절은 약간 일관성이 없는 듯하다. 하나님께서 보통 나타나시는 장소인 장막 문이 아니라 장막 안에("in the tent") 나타나신다고 말하기 때문이다. 헬라어 번역본은 구름이 회막 문에 머물러 있다고 분명히 말한다. 15a절에 나오는 전치사(in)을 강조하면 안 될 듯하다. 성막이 완성되었을 때 영광이 그 위에 내려왔던 것(출 40:34)과 같이 구름이 성막을 둘러싸고 있다. 여호수아와 모세는 그 입구에 서 있다.

31:16-22 이스라엘은 장차 불순종할 것이고, 언약의 저주에 해당하는 많은 재난을 겪을 것이다. 재난이 발생하는 것은 그 백성이 여호와 하나님을 버렸기 때문인지, 아니면 그들이 섬긴 신들이 그들과 함께하지 않기 때문인지 그들이 과연 인식할지 여부는 분명치 않다(17절). 히브리어 엘로힘('*elohim*, '하나님' 또는 '신들')에 수식어가 없는 것은 이중적인 오류다. 그들은 거짓 신들을 좇았고, 그들의 문제가 그들이 따랐던 신들뿐 아니라 여호와도 그들에게 얼굴을 숨기신 데 있음을 깨닫지 못한다.

　모세는 이 노래를 "그들의 입"(19절) 두어야 하고, 이스라엘은 그 노래

31장

를 배워서 기억해야 한다. 그들은 그 노래를 암송할 수 있어야 한다. 이 말씀이 영원한 증거로 남아 백성들은 자신들의 시련이 전적으로 자비로우신 하나님의 공의에 의한 것임을 항상 알게 될 것이다. 하나님의 풍성한 공급하심이 그분을 버리는 바로 그 이유가 된다는 것은 참으로 슬픈 아이러니다. 이것은 이미 그들의 생각을 알고 계신 하나님께는 놀라운 일이 아니다. 이 노래는 항상 백성과 그 후손들의 마음속에 있어, 다른 신들을 섬긴 결과가 어떠한지 똑바로 볼 수 있게 해줄 것이다.

31:23 하나님께서 여호수아를 지도자로 임명하신다. 31:14-15에서 시작된 행동의 완료다. 하나님께서 처음으로 여호수아에게 직접 말씀하시는 장면이다.

31:24-27 레위인들이 그 문서를 보존할 책임이 있다. 고대의 문서는 보통 성소의 거룩한 용기에 보관되었다. 그것은 이스라엘이 언약의 조건을 받아들였다는 사실에 대한 영원한 증거다. 모세는 이스라엘 백성이 어떻게 행할지 잘 알고 있다. 그들은 모세가 살아 있는 동안에도 맹세의 조건을 지키지 못했고, 그가 죽은 후에는 더더욱 지키지 못할 것이다.

31:28-30 이제 논리적 순서에 따라 시로 전환되고, 그 시는 그들의 기억속에 늘 남아 있는 증거가 될 것이다. 하늘과 땅은 그 맹세에 대해 증언하고 언약의 저주를 집행한다는 점에서 하나님의 대리인이다. "후일에"(29절)는 선지서에 나오는 마지막 날(예. 사 2:2)이라는 의미가 아니다. 그것은 사사기 시대처럼 이스라엘이 빈번히 하나님께 등 돌리는 시대를 의미한다.

에필로그는 이 책을 소개하는 역사적 프롤로그에 나오는 주제들(참고. 서론의 '장르와 문학적 특징')로 되돌아간다. 당시는 시혼과 옥이 요단 동편에서 패배를 당한 뒤다(4절). 모세는 요단강을 건너지 못할 테지만(2절, 참고. 3:23-26) 여호수아가 그의 후계자가 될 것이다(3절, 참고. 3:28). 모세는 프롤로그에 진술된 대로(3:27) 비스가 산지에서 가장 높은 지점인 느보산에서 죽을 것이다(32:49-50). 에필로그는 생명을 선택하는 데 필수 요소인 언약 갱신의 막을 내린다.

에필로그에 나오는 경고는 삶에서 선택할 대안이 둘밖에 없음을 명백하게 밝힌다. 하나님을 나타내도록 창조된 인간들은 그분을 버릴지 몰라도 하나님은 결코 그들을 버리지 않으신다. 그들은 하나님을 버릴지라도 그분으로부터 피할 수 없다. 단 한 사람이 하나님과의 관계 요건을 무시하려 해도 그분의 시선을 피하지 못할 것이다(29:18-20). 언약 위반에 따르는 저주가 숨어서 그를 기다릴 것이고, 그것을 피할 길은 없다. 그래도 하나님과의 관계 요건을 지키지 못하는 일이 장차 벌어질 것이다. 이는 하나님께 등 돌리고 다른 신들, 곧 대체로 나무와 돌과 금속으로 만든 우상을 따르는 것과는 다르다.

신실함은 훈련, 특히 마음의 훈련이 없으면 불가능하다. 하나님의 가르침은 정기적으로 반복되어야 한다. 마음을 집중하려면 이미 알고 있고 반복할 수 있는 말이 필요하다. 테크놀로지 시대에는 암송을 과소평가하고 무엇이든 배우기보다는 검색할 수 있다고 생각한다. 그러나 테크놀로지가 이 에필로그에서 모세가 요구하는 영적인 작업을 대신할 수 없다. 배우고 가르침을 지키는 일에는 끝이 없다. 명확한 비전을 가진 말씀을 스스로 찾고, 언약의 책임과 대해 들으며, 교훈이 담긴 노래 가사를 마음에 두어야 한다.

31장

¹ 하늘이여 귀를 기울이라 내가 말하리라 땅은 내 입의 말을 들을지어다 ² 내 교훈은 비처럼 내리고 내 말은 이슬처럼 맺히나니 연한 풀 위의 가는 비 같고 채소 위의 단비 같도다 ³ 내가 여호와의 이름을 전파하리니 너희는 우리 하나님께 위엄을 돌릴지어다

¹ "Give ear, O heavens, and I will speak,

and let the earth hear the words of my mouth.

² May my teaching drop as the rain,

my speech distill as the dew,

like gentle rain upon the tender grass,

and like showers upon the herb.

³ For I will proclaim the name of the Lord;

ascribe greatness to our God!

⁴ 그는 반석이시니 그가 하신 일이 완전하고 그의 모든 길이 정의롭고 진실하고 거짓이 없으신 하나님이시니 공의로우시고 바르시도다 ⁵ 그들이 여호와를 향하여 악을 행하니 하나님의 자녀가 아니요 흠이 있

고 삐뚤어진 세대로다 6 어리석고 지혜 없는 백성아 여호와께 이같이 보답하느냐 그는 네 아버지시요 너를 지으신 이가 아니시냐 그가 너를 만드시고 너를 세우셨도다 7 옛날을 기억하라 역대의 연대를 생각하라 네 아버지에게 물으라 그가 네게 설명할 것이요 네 어른들에게 물으라 그들이 네게 말하리로다 8 지극히 높으신 자가 민족들에게 기업을 주실 때에, 인종을 나누실 때에 이스라엘 자손의 수효대로 백성들의 경계를 정하셨도다 9 여호와의 분깃은 자기 백성이라 야곱은 그가 택하신 기업이로다

4 "The Rock, his work is perfect,

for all his ways are justice.

A God of faithfulness and without iniquity,

just and upright is he.

5 They have dealt corruptly with him;

they are no longer his children because they are blemished;

they are a crooked and twisted generation.

6 Do you thus repay the Lord,

you foolish and senseless people?

Is not he your father, who created you,

who made you and established you?

7 Remember the days of old;

consider the years of many generations;

ask your father, and he will show you,

your elders, and they will tell you.

8 When the Most High gave to the nations their inheritance,

when he divided mankind,

he fixed the borders[1] of the peoples

according to the number of the sons of God.[2]

⁹ But the Lord's portion is his people,

  Jacob his allotted heritage.

¹⁰ 여호와께서 그를 황무지에서, 짐승이 부르짖는 광야에서 만나시고 호위하시며 보호하시며 자기의 눈동자같이 지키셨도다 ¹¹ 마치 독수리가 자기의 보금자리를 어지럽게 하며 자기의 새끼 위에 너풀거리며 그의 날개를 펴서 새끼를 받으며 그의 날개 위에 그것을 업는 것같이 ¹² 여호와께서 홀로 그를 인도하셨고 그와 함께한 다른 신이 없었도다 ¹³ 여호와께서 그가 땅의 높은 곳을 타고 다니게 하시며 밭의 소산을 먹게 하시며 반석에서 꿀을, 굳은 반석에서 기름을 빨게 하시며 ¹⁴ 소의 엉긴 젖과 양의 젖과 어린 양의 기름과 바산에서 난 숫양과 염소와 지극히 아름다운 밀을 먹이시며 또 포도즙의 붉은 술을 마시게 하셨도다

¹⁰ "He found him in a desert land,

  and in the howling waste of the wilderness;

 he encircled him, he cared for him,

  he kept him as the apple of his eye.

¹¹ Like an eagle that stirs up its nest,

  that flutters over its young,

 spreading out its wings, catching them,

  bearing them on its pinions,

¹² the Lord alone guided him,

  no foreign god was with him.

¹³ He made him ride on the high places of the land,

  and he ate the produce of the field,

 and he suckled him with honey out of the rock,

  and oil out of the flinty rock.

¹⁴ Curds from the herd, and milk from the flock,

    with fat³ of lambs,

  rams of Bashan and goats,

    with the very finest⁴ of the wheat—

    and you drank foaming wine made from the blood of the grape.

¹⁵ 그런데 여수룬이 기름지매 발로 찼도다 네가 살찌고 비대하고 윤택하매 자기를 지으신 하나님을 버리고 자기를 구원하신 반석을 업신여겼도다 ¹⁶ 그들이 다른 신으로 그의 질투를 일으키며 가증한 것으로 그의 진노를 격발하였도다 ¹⁷ 그들은 하나님께 제사하지 아니하고 귀신들에게 하였으니 곧 그들이 알지 못하던 신들, 근래에 들어온 새로운 신들 너희의 조상들이 두려워하지 아니하던 것들이로다 ¹⁸ 너를 낳은 반석을 네가 상관하지 아니하고 너를 내신 하나님을 네가 잊었도다

¹⁵ "But Jeshurun grew fat, and kicked;

    you grew fat, stout, and sleek;

  then he forsook God who made him

    and scoffed at the Rock of his salvation.

¹⁶ They stirred him to jealousy with strange gods;

    with abominations they provoked him to anger.

¹⁷ They sacrificed to demons that were no gods,

    to gods they had never known,

  to new gods that had come recently,

    whom your fathers had never dreaded.

¹⁸ You were unmindful of the Rock that bore⁵ you,

    and you forgot the God who gave you birth.

32장

¹⁹ 그러므로 여호와께서 보시고 미워하셨으니 그 자녀가 그를 격노하

게 한 까닭이로다 20 그가 말씀하시기를 내가 내 얼굴을 그들에게서 숨겨 그들의 종말이 어떠함을 보리니 그들은 심히 패역한 세대요 진실이 없는 자녀임이로다 21 그들이 하나님이 아닌 것으로 내 질투를 일으키며 허무한 것으로 내 진노를 일으켰으니 나도 백성이 아닌 자로 그들에게 시기가 나게 하며 어리석은 민족으로 그들의 분노를 일으키리로다 22 그러므로 내 분노의 불이 일어나서 스올의 깊은 곳까지 불사르며 땅과 그 소산을 삼키며 산들의 터도 불타게 하는도다

19 "The Lord saw it and spurned them,

because of the provocation of his sons and his daughters.

20 And he said, 'I will hide my face from them;

I will see what their end will be,

for they are a perverse generation,

children in whom is no faithfulness.

21 They have made me jealous with what is no god;

they have provoked me to anger with their idols.

So I will make them jealous with those who are no people;

I will provoke them to anger with a foolish nation.

22 For a fire is kindled by my anger,

and it burns to the depths of Sheol,

devours the earth and its increase,

and sets on fire the foundations of the mountains.

23 내가 재앙을 그들 위에 쌓으며 내 화살이 다할 때까지 그들을 쏘리로다 24 그들이 주리므로 쇠약하며 불 같은 더위와 독한 질병에 삼켜질 것이라 내가 들짐승의 이와 티끌에 기는 것의 독을 그들에게 보내리로다 25 밖으로는 칼에, 방 안에서는 놀람에 멸망하리니 젊은 남자도 처녀도 백발노인과 함께 젖 먹는 아이까지 그러하리로다 26 내가

그들을 흩어서 사람들 사이에서 그들에 대한 기억이 끊어지게 하리라 하였으나 27 혹시 내가 원수를 자극하여 그들의 원수가 잘못 생각할까 걱정하였으니 원수들이 말하기를 우리의 수단이 높으며 여호와가 이 모든 것을 행함이 아니라 할까 염려함이라

23 "'And I will heap disasters upon them;

I will spend my arrows on them;

24 they shall be wasted with hunger,

and.devoured by plague

and poisonous pestilence;

I will send the teeth of beasts against them,

with the venom of things that crawl in the dust.

25 Outdoors the sword shall bereave,

and indoors terror,

for young man and woman alike,

the nursing child with the man of gray hairs.

26 I would have said, "I will cut them to pieces;

I will wipe them from human memory,"

27 had I not feared provocation by the enemy,

lest their adversaries should misunderstand,

lest they should say, "Our hand is triumphant,

it was not the Lord who did all this.'"

28 그들은 모략이 없는 민족이라 그들 중에 분별력이 없도다 29 만일 그들이 지혜가 있어 이것을 깨달았으면 자기들의 종말을 분별하였으리라 30 그들의 반석이 그들을 팔지 아니하였고 여호와께서 그들을 내주지 아니하셨더라면 어찌 하나가 천을 쫓으며 둘이 만을 도망하게 하였으리요 31 진실로 그들의 반석이 우리의 반석과 같지 아니하니 우

리의 원수들이 스스로 판단하도다 ³² 이는 그들의 포도나무는 소돔의 포도나무요 고모라의 밭의 소산이라 그들의 포도는 독이 든 포도이니 그 송이는 쓰며 ³³ 그들의 포도주는 뱀의 독이요 독사의 맹독이라

²⁸ "For they are a nation void of counsel,

and there is no understanding in them.

²⁹ If they were wise, they would understand this;

they would discern their latter end!

³⁰ How could one have chased a thousand,

and two have put ten thousand to flight,

unless their Rock had sold them,

and the Lord had given them up?

³¹ For their rock is not as our Rock;

our enemies are by themselves.

³² For their vine comes from the vine of Sodom

and from the fields of Gomorrah;

their grapes are grapes of poison;

their clusters are bitter;

³³ their wine is the poison of serpents

and the cruel venom of asps.

³⁴ 이것이 내게 쌓여 있고 내 곳간에 봉하여 있지 아니한가 ³⁵ 그들이 실족할 그때에 내가 보복하리라 그들의 환난 날이 가까우니 그들에게 닥칠 그 일이 속히 오리로다 ³⁶ 참으로 여호와께서 자기 백성을 판단하시고 그 종들을 불쌍히 여기시리니 곧 그들의 무력함과 갇힌 자나 놓인 자가 없음을 보시는 때에로다 ³⁷ 또한 그가 말씀하시기를 그들의 신들이 어디 있으며 그들이 피하던 반석이 어디 있느냐 ³⁸ 그들의 제물의 기름을 먹고 그들의 전제의 제물인 포도주를 마시던 자들이 일

어나 너희를 돕게 하고 너희를 위해 피난처가 되게 하라

34 "'Is not this laid up in store with me,

    sealed up in my treasuries?

35 Vengeance is mine, and recompense,[6]

    for the time when their foot shall slip;

  for the day of their calamity is at hand,

    and their doom comes swiftly.'

36 For the Lord will vindicate[7] his people

    and have compassion on his servants,

  when he sees that their power is gone

    and there is none remaining, bond or free.

37 Then he will say, 'Where are their gods,

    the rock in which they took refuge,

38 who ate the fat of their sacrifices

    and drank the wine of their drink offering?

  Let them rise up and help you;

    let them be your protection!

39 이제는 나 곧 내가 그인 줄 알라 나 외에는 신이 없도다 나는 죽이기도 하며 살리기도 하며 상하게도 하며 낫게도 하나니 내 손에서 능히 빼앗을 자가 없도다 40 이는 내가 하늘을 향하여 내 손을 들고 말하기를 내가 영원히 살리라 하였노라 41 내가 내 번쩍이는 칼을 갈며 내 손이 정의를 붙들고 내 대적들에게 복수하며 나를 미워하는 자들에게 보응할 것이라 42 내 화살이 피에 취하게 하고 내 칼이 그 고기를 삼키게 하리니 곧 피살자와 포로된 자의 피요 1)대적의 우두머리의 머리로다 43 너희 민족들아 주의 백성과 즐거워하라 주께서 그 종들의 피를 갚으사 그 대적들에게 복수하시고 자기 땅과 자기 백성을 위하여 속

죄하시리로다

39 "'See now that I, even I, am he,

and there is no god beside me;

I kill and I make alive;

I wound and I heal;

and there is none that can deliver out of my hand.

40 For I lift up my hand to heaven

and swear, As I live forever,

41 if I sharpen my flashing sword[8]

and my hand takes hold on judgment,

I will take vengeance on my adversaries

and will repay those who hate me.

42 I will make my arrows drunk with blood,

and my sword shall devour flesh—

with the blood of the slain and the captives,

from the long-haired heads of the enemy.'

43 "Rejoice with him, O heavens;[9]

bow down to him, all gods,[10]

for he avenges the blood of his children[11]

and takes vengeance on his adversaries.

He repays those who hate him[12]

and cleanses[13] his people's land."[14]

44 모세와 눈의 아들 호세아가 와서 이 노래의 모든 말씀을 백성에게
말하여 들리니라

44 Moses came and recited all the words of this song in the hearing of
the people, he and Joshua[15] the son of Nun.

≋≋≋≋ 단락 개관 ≋≋≋≋

모세의 노래

노래는 신학을 전달하고 보존하는 가장 중요한 도구 중 하나이고, 특히 글쓰기가 소수의 사람에게 국한되는 시대에 그러하다. 히브리 시가 전형적으로 그렇듯 이 노래도 서로를 보완하는 평행배열(리듬 단위) 특징으로 가진다. 내러티브와 달리 시는 문법적 순서에 따른 문장으로 구성되지 않는다. 여러 생각이 행 또는 행의 조합 안에 녹아들어 있다. 가장 오래된 마소라 사본들서는 이 노래의 행들이 나뉘어 있다. 반복은 있어도 불필요한 중복은 없다. 너무 문자적으로 번역하기는 했으나 24절을 예로 들 수 있다.

> Ravaging famine
> Consuming plague
> Raging pestilence
> Fangs of beasts
> I will send against them
> With venomous creepers in dust(필자의 영문 번역).

> 그들이 주리므로 쇠약하며
> 불같은 더위와
> 독한 질병에 삼켜질 것이라
> 내가 들짐승의 이와
> 티끌에 기는 것의 독을
> 그들에게 보내리로다(개역개정).

스타카토 식으로 나열된 행들은 경고도 없이 줄줄이 닥치는 갑작스러운 재난을 감지하는 효과를 낳는다. 이 문장의 주어와 동사는 끝에서 둘째 줄에 나오며 더욱 큰 영향을 미친다. 이 모든 일이 일어나는 것은 하나님께서 그들과 함께하시기 때문이다. 그분이 이런 재난을 촉진시키는 것은 그들에게 언약을 주셨기 때문이다. 이스라엘이 맹세했을 때는 이런 결과에 동의한 것이다.

대다수의 시처럼 이 노래도 색다른 어휘와 기억에 남을 표현을 담고 있다. 위에서 인용한 본문에서 "질병"[레셰프(*reshef*)]과 "독한"[케테브(*qeteb*), '유행병']이라는 단어는 여기서 은유적으로 사용된 귀신의 이름들이다. 전자는 폭풍이나 파괴와 비슷하고, 후자는 번개의 격렬함이나 번득임과 유사하다. 어떤 면에서 은유는 번역하기가 불가능하다. 등가적 지시 대상은 제시할 수 있어도 그 표현에 어울리는 의미는 잃고 만다. 다른 문화권의 다른 언어로 쓰인 시를 번역할 때는 한계가 있을 수밖에 없다. 그런 점에서 그 시는 번역으로 옮겼을 때보다 당시 모압의 상황에서 이스라엘 백성에게 훨씬 더 큰 영향을 미쳤을 것이다.

이 시는 이스라엘의 구속자에게 드리는 찬미다. 그분은 그들의 반석이시다. 피난처라는 뜻이 아니라 변함없이 그들을 돌보고 그들과 함께하신다는 뜻이다. 하늘과 땅은 하나님의 말씀에 대한 증인이 되기 위해 소환된다(1절). 그 반석은 신실한 분으로 소개되고 있으나 그분이 낳은 자녀들에게 배신당했고, 따라서 그들은 하나님의 자녀가 아니다(2-6절). 하나님께서 짐승이 부르짖는 광야에서 이스라엘을 만나시고, 독수리가 자기 새끼를 지키는 것처럼 그들 위에 맴도시는 모습(10-11절)은 창조의 이미지를 떠올린다. 하나님은 이스라엘을 사랑으로 돌보셨지만 돌아온 것은 반역이었다. 그들은 과식한 짐승처럼 발로 찼다(15-18절). 그래서 하나님께서 결국 분노의 불이 스올의 깊은 곳까지 타들어가게 하실 것이다(19-25절). 그분이 이스라엘을 완전히 삼키지 않으시는 것은 다른 민족들이 오해할까 봐 염려하셨기 때문이다(26-31절). 다른 민족들의 교만은 하나님의 보복을 받게 되는데, 오직 하나님께만 그런 특권이 있기 때문이다(35절). 주님은 스스로 칼을 갈고 보복하겠다고 맹세하신다(40-41절). 이 노래는 찬양으로 마무리된다(43절). 이스라엘은 이 노래를 암송하면서 열방 가운데서 자신의 위치를 알게 될 것이다.

≋≋≋ 단락 개요 ≋≋≋

IV. 에필로그(31:1-34:12)

　B. 모세의 노래(32:1-44)

　　1. 이스라엘의 반석(32:1-6)

　　　a. 여호와의 이름에 대한 서문(32:1-3)

　　　b. 여호와의 완전한 일(32:4)

　　　c. 어리석고 패역한 백성(32:5-6)

　　2. 이스라엘과의 관계(32:7-18)

　　　a. 이스라엘의 후원자(32:7-14)

　　　b. 이스라엘의 반역(32:15-18)

　　3. 하나님의 주권과 구속(32:19-42)

　　　a. 이스라엘에 대한 분노(32:19-25)

　　　b. 열방에 대한 징벌(32:26-35)

32장

(1) 적국들의 교만(32:32-35)

(2) 하나님께서 적국을 멸망시키시다(32:32-35)

c. 이스라엘의 구속(32:36-42)

4. 종결부: 하나님의 보복을 기뻐하다(32:43)

5. 서명(32:44)

〰〰〰 주석 〰〰〰

32:1-6 첫 세 구절은 일인칭으로 보편적 청중에게 말하는 프롤로그 내지는 서문이다. 이 대목은 시편 49:1-4과 비슷하다. 이 시편 말씀은 곳곳에 있는 모든 사람에게 하나님의 길을 깨닫게 된 저자의 증언을 경청하라고 호소한다. 모세의 노래는 먼저 하늘과 땅이 증인이 된다는 것을 모티브로 삼는데(참고. 신 30:19; 31:28) 그 배경에는 언약이 있다. 이 말씀은 생명을 주는 물과 같다. 이 노래는 여호와의 놀라운 일을 찬미하는 송영이다(3절). 하나님의 행위는 완전무결하고 그분은 언제나 신실하시다. 이는 타락하고 패역하며 어리석은 이스라엘과 뚜렷한 대조를 이룬다.

5절은 구조적으로 어려운 구절이지만 정확히 이해하면 대표적인 시행(詩行)임을 알 수 있다. 핵심 용어는 '자녀가 아닌 존재'(non-children, "하나님의 자녀가 아니요")로서 이와 병행하는 단어들은 17절의 '신이 아닌 존재'(non-gods), 20절의 '진실이 없음'(non-faithfulness), 21절의 '신이 아닌 존재'와 '백성이 아닌 존재'(non-people) 등이다. 이 '자녀가 아닌 존재'가 '악을 행하다'라는 동사의 주어다. 이 줄은 간결하고 강력하다. "그분의 아들이 아닌 자들, 그들의 흠이 그분을 향해 악을 행했다"(필자의 번역). 하나님께서 그분의 자녀들로 창조하신 이들이 그들의 혈통을 의절한 것이다.

6절의 수사적 질문들은 이 시의 중요한 신학적 전제를 세운다. 이 반석은 이스라엘의 아버지이자 창조자시다. 아버지라는 은유는 '짓다'[6절, 카나 (qanah)]라는 동사처럼 출산의 개념을 전달한다. 이 단어는 창세기 4:1에서 아담과 하와가 낳은 첫 아들의 이름으로 사용되었다. 하와가 "주님의 도우심으로, 내가 남자 아이를 얻었다[카니티(qaniti)]"(새번역)라고 말한다. 그래서 그 이름을 카인(qayin, 가인)으로 지었다. 모든 자녀는 하나같이 하나님께서 지으신 존재다. 이스라엘은 하나님께서 창조하고 만들고 확보하신 존재였다. 이사야가 거듭 말하듯(사 43:1; 44:1-2) 이것은 그분이 이스라엘을 선택하셨다는 뜻이다. 이스라엘은 자신의 정당한 자격으로 다른 민족들보다 더 특별한 존재로 구별된 것이 아니다. 오히려 훨씬 더 근본적인 정체성은 이스라엘과 하나님의 관계에 있다. 이스라엘의 존재 자체가 하나님의 선택에 따른 것이라서 그렇다. 그런데 이스라엘이 그들의 창조자이자 유일한 부양자에게 사악한 반역으로 되갚을 만큼 어리석을 수 있다는 것이 참으로 큰 아이러니다.

32:7-14 이 구절들은 이스라엘이 열방 가운데 독특한 역할을 갖고 있다는 신학적 전제를 더욱 진전시킨다. 먼저 이스라엘의 기원을 기억하라는 명령으로 시작한다. 하나님은 창세기 10장에 설명되어 있듯 온 인류를 영토, 가족, 민족에 따라 구분하셨다. 목록에 실린 종족 수는 정확히 70으로 땅의 모든 민족을 상징한다. 창세기가 일일이 다 열거되지는 않지만 상징적 의미가 담겨 있는 것이 분명하다. 70은 여호와의 통치 아래 있는 인류 가족 전체를 상징한다. 이 숫자는 '이스라엘의 아들들'(신 32:8 마소라 본문, 개역개정은 "이스라엘 자손")의 수와 일치한다. 야곱의 아들들은 그 이름이 낱낱이 계산되었을 때 모두 70명이었다(창 46:27; 출 1:5; 신 10:22). 하나님께서 이스라엘의 아들 70명을 그분의 소유로 삼으신 것이다. 이스라엘은 70 민족 가운데서 여호와의 특별한 몫이 되었다. 이것이 이 시의 기본 전제다.

이 특별한 숫자는 그냥 넘어갈 수 없는 해석학적 질문을 제기한다. 스데반은 야곱의 아들들의 수가 75명이라고 말하는데(행 7:14), 이는 칠십인역의 창세기 46장에 나오는 사람들의 목록에서 스데반이 끌어온 숫자다. 이

32장

는 요셉의 다섯 아들을 어디에 배치하는지에 따라 결정되는 계산법이다. 그들은 이집트에서 태어난 것으로 간주되거나 이집트로 내려간 이들의 합계에 포함될 수 있다. 히브리 전승들은 이 두 가지 방식을 모두 취하지만, 75명이라는 수는 8절에 나오는 이스라엘의 아들들 70명과 일치하지 않는다. 다른 히브리어 본문들은 이 구절에서 이스라엘을 포함하지 않는다. 그 본문들은 하나님께서 엘로힘의 아들들[참고. 4QDeut'(사해사본)과 대다수의 헬라 전승]에 따라 민족들의 경계를 정하셨다고 말하는데, 이는 천상회의(Divine Councils)에 속한 구성원의 수를 의미한다. "하나님[엘로힘]의 아들들"은 욥 1:6, 곧 천상회의가 하나님 앞에 모이는 구절에 사용된 어구와 일치한다. 다니엘 10:13은 하늘의 군주들을 서로 다른 민족들에게 할당한다. 여러 시편(시 29:1; 82:1; 89:7)에 나오듯 하나님은 법정을 가지고 계신다. 하나님의 법정에 속한 여러 구성원들은 할당된 영토를 갖게 된다. 이스라엘의 특이한 점은 하나님께서 그 영토를 자신에게 할당한 공간으로 삼으셨다는 것이다. 이 영토는 다른 민족들처럼 법정의 구성원들에게 할당되지 않았다.

8절에서 본문이 '하나님의 아들들'에서 '이스라엘의 아들들'로 바뀐 것을 가리켜 랍비들은 '서기관들의 수정'이라고 부른다. 8절의 변경이 언제 일어났는지, 또 그 이유가 무엇일지를 둘러싸고 많은 논의가 있었다.[84] 이렇게 변경되려면 이스라엘의 아들들의 수가 사도행전 7:14에 나오는 75명이 아니라 70명으로 계산될 필요가 있다. 여기에 나오는 신학적 진술은 명백하다. 이스라엘은 하나님께서 민족들을 나눌 때, 자기 자신을 위해 선택하신 영토라는 것이다.

하나님을 자녀들을 돌보는 아버지로 그리는 이미지는 짐승이 부르짖는 시내 광야에서 그분이 이스라엘을 안고 자기 눈동자처럼 지키시는 모습으

---

84 참고. D. Barthélemy, "Les Tiqquné Sopherim et la critique textuelle de L'Ancien Testament," in *Congress Volume*, Bonn 1962, ed. John Emerton, VTSup 0 (Leiden: Brill, 1963), 285-304. 필자는 이 구절을 '서기관들의 수정'[틱쿤 소페림(*tiqqun soferim*)]으로 규정한다. 이 변경의 시기에 관한 연구는 다음 글을 참고하라. Innocent Himbaza, "Dt. 32:8, une correction tardive des scribes: Essai d'interprétation et de datation," *Bib* 83/4 (2002): 527-548.

로 묘사되어 있다. 하나님께서 이스라엘을 지키신 것은 독수리가 자기 둥지를 돌보는 것과 같다. 히브리어 이르(*'ir*, 11절)는 우가리트어로 '지키다' 또는 '보호하다'라는 뜻으로 시행에 잘 어울린다. 이는 이스라엘이 다른 신들에 의해 타락하지 않은 시절이었고(12절), 훗날 이사야가 포로 시절 이후에 하나님의 증인이 되도록 요청할 그런 모습이다(사 43:12). 처녀 이스라엘은 높은 언덕을 타고 다니고, 밭에서 나는 소산을 먹으며, 산에서 나는 꿀을 빨아먹는 등 승승장구했다. 그들은 소와 양에서 나는 풍부한 젖과 바산의 비옥한 언덕에서 나는 살진 짐승, 언덕에서 나는 잘 익은 밀, 그리고 포도주로 만드는 즙 많은 포도를 즐겼다. 아버지는 딸을 돌보는 데 아무것도 아끼지 않았다.

32:15-18 이스라엘의 반역이라는 맥락에서 "여수룬"이라는 이름의 사용은 효과적인 시적 아이러니다. 이 이름은 올바른[야샤르(*yashar*)] 자라는 뜻을 가지고 있다. 그러나 하나님께서 이스라엘에게 양식을 풍성하게 공급하신 결과는, 제멋대로 구는 살찐 짐승이 자기를 돌보는 사람을 발로 차는 것과 같다. 이스라엘은 그들의 창조자를 여기서 귀신들[쉐딤(*shedim*)]로 불리는 '신이 아닌 존재들'로 대체했다. 이들은 아카드어로 쉐두(*shedu*)로 알려진 보호령과 집의 수호신에 해당한다.[85] 그들은 경험상 창조주로 알았던 하나님을 신뢰하기는커녕 새로 발견한 '신이 아닌 존재들'로 그분을 화나게 했다. 그들은 그들을 낳은 반석, 돌에서 나오는 꿀로 그들을 양육했던 그분을 잊어버렸다.

32:19-25 신이 아닌 존재들에 대한 예배가 그 반석의 분노를 불러일으키고 반석은 언약에 따라 공의롭게 행동하신다. 그분은 진실이 없는 자들로부터 등을 돌리고 백성이 아닌 자들을 통해 그들의 질투를 유발하신다.

85 *AHw*, 1208.

백성이 아닌 자들이란 아마 "미디안과 아말렉과 동방 사람들"(삿 6:2-6)과 같은 유목민을 가리킬 것이다. 하나님의 진노는 산들의 뿌리까지 불태우는 뜨거운 불길 또는 산들의 중심까지 침투하는 날카로운 화살로 묘사된다. 하나님의 징벌은 다양한 종류의 재난으로 줄줄이 다가온다(참고. 단락 개요, 특히 신 32:24에 관한 논의). 24절의 은유는 지역 신들의 특징에 해당하는 유비를 사용한다. "티끌에" 기는 해충은 독사, 곤충, 또는 전갈일 수 있다. 바깥의 칼과 방안의 놀람은 모든 사람(한창때의 남자들과 처녀들, 젖 먹는 아이들과 노인들)을 공포에 빠뜨릴 것이다.

32:26-31 이 노래는 하나님께서 자신이 만든 민족을 전멸시키지 않은 이유를 진술하는 조건부 문장으로 전환된다. 만일 다른 민족들의 태도가 아니었다면, 그분은 이스라엘을 인류의 기억에서 없애버리셨을 것이다. 이스라엘의 적들이 그 상황을 오판한다. 그들이 우세한 것이 자기 힘 때문이라고 생각하는 것이다. 그 민족들이 이스라엘에 대한 하나님의 심판을 인식하지 못하는 것은 그들에게 깨달음이 전혀 없기 때문이다. 29절은 또 하나의 비현실적인 조건을 도입한다. 만일 그 민족들이 조금이라도 깨달았다면, 그들은 자신들이 승리한 상황을 제대로 분별했을 것이다. 여기서 그들의 "종말"[아하리트('aharit)]을 분별한다는 것은 사태가 왜 이렇게 되었는지, 그들이 왜 이런 상황에 처했는지 깨닫는다는 뜻이다. 어떻게 적군 한 명이 이스라엘 사람 천 명을 물리칠 수 있었겠는가? 적들은 이에 대해 생각한 적이 없다. 이스라엘이 패배한 것은 자기네 주님을 배신했기 때문이다. 적들은 그 반석이 이스라엘을 그들에게 팔아넘긴 것임을 분별했어야 한다. 적들은 이스라엘의 반석이 그들의 반석, 즉 그들의 신과 같지 않다는 것을 인식했어야 한다. 적의 신들은, 그들이 이스라엘에 대해 목격한 것과 같은 승리를 결코 안겨줄 수 없었을 것이다.

   31b절에 대한 번역("우리의 원수들이 스스로 판단하도다")은 모호한 싯구를 옮긴 것이다. 난점은 히브리어 페릴림(*pelilim*)이며, 이는 '판단하다' 또는 '판단'을 의미한다. 이 단어는 출애굽기 21:22, 즉 상처를 입힌 경우에 재판장이

벌금을 결정해야 하는 구절에 나온다. 적들은 그들의 신(반석)이 승리를 거두었다고 생각함으로써 잘못된 판단을 했다. 신명기 32:28에 나오는 민족을 이스라엘로 간주한다면, 29-31절의 추론이 오도된 민족인 이스라엘에게 적용될 것이고, 판단(페릴림)은 그 적들에 대한 이스라엘의 추론일 것이다. 이것이 ESV가 취하는 견해다. 즉 이스라엘은 그 적들에게는 신이 없다고("우리의 원수들이 스스로 판단하도다", 31절) 평가한다. 28절에 나오는 민족이 누구인지 모호하지만 전후관계를 보면 스스로 승리했다고 잘못 생각하는 적을 가리키는 듯하다.

32:32-35 이 시는 이제 열방에 임하는 심판으로 향한다. 하나님은 과거에 교만한 태도를 심판하셨듯 그 적을 심판하실 것이다. 적은 소돔과 고모라와 똑같은 운명에 처할 것이다. 그들은 정죄 받은 성읍들이 마셨던, 똑같은 포도에서 나온 포도주를 마실 것이다. 그 포도송이에는 독이 들어 있고 그 포도주는 뱀의 독과 같을 것이다. 하나님의 자비는 당연한 것으로 간주될 수 없다. 자신의 독자적인 힘을 주장하는 교만한 자를 위해서는 독이 든 포도주가 봉인되어 곳간에 보관되어 있다. 유다의 요새화된 성읍들에서 흔히 발견되는 유물 중 하나가 히브리어 *lmlk*("왕에게")가 인장으로 새겨진 항아리 손잡이다. 거기에는 종종 왕의 이름도 새겨져 있다. 요새화된 성읍에서 왕이 상업용이나 전쟁 준비용으로 봉인해서 비축한 포도주와 기름 항아리의 조각들이다. 모세의 노래는 이것을 하나님께서 전쟁에 나갈 때 그분의 곳간을 가리키는 이미지로 사용한다.

보복은 오직 하나님께만 속해 있다(35절). 이 중요한 개념은 바울(롬 12:19)과 히브리서 저자(히 10:30)가 그리스도인들이 피해를 당할 때 그들이 취할 행실에 관해 권면하면서 인용한다. 이와 똑같은 원리가 개인 행실에 대한 신명기의 언약에도 적용되었다(참고. 잠 25:21-22). 모세의 노래에서는 이 어구가 이스라엘의 적들에게 적용된다. 예수님은 이 구절을 주후 70년에 예루살렘이 황폐해질 것을 말씀하실 때 적용하신다(눅 21:22). 이는 신명기에 나오는 개념을 직접 적용한 경우다.

32:36-42 이스라엘은 기진맥진할 것이고 이제는 지도자도 전혀 없을 것이다(36절). "갇힌 자나 놓인 자"[아추르 웨아주브(*'atsur we 'azub*)]라는 표현은 보통 모든 사람을 가리키는 표현으로 여겨지지만, 왕이나 지도자를 지칭하는 '구속자-구원자'라는 보다 전문적인 뜻을 가지고 있다. 이 구문은 두 명사나 형용사가 합쳐져 서로를 보완하는 하나의 중언법이다(예. '좋고 따뜻한'). 아추르(*'atsur*)라는 단어는 '지배자' 내지는 '억제자'(예. 삼상 9:17, "다스리[다]", 공동번역)라는 뜻이고, 아주브(*'azub*)는 '돕는 자' 내지는 '구원자'(예. 출 23:5, '구조하다')를 의미하는 단어다. 구속자-구원자의 뜻은 열왕기하 14:26에서 알 수 있다. 이런 용어는 왕족의 모든 남성 구성원을 거론하기 위해 "모든 남자"(문자적으로 '담에 오줌을 누는 모든 사람')라는 표현과 함께 사용된다(왕상 14:10; 21:21; 왕하 9:8, 참고. 왕상 16:11).[86] 이 시의 개념은 이사야 2:6-4:1에서 이사야가 예루살렘에 대한 심판을 선언한 것과 똑같다. 하나님께서 거룩한 산 위에 그분의 통치를 세우기 전에 예루살렘은 지도자들을 완전히 잃어버리게 될 것이다(사 2:2-4). 신명기의 시에서는 이스라엘이 그 반석에 등을 돌리고 다른 신들을 섬기는 것이 헛되다고 하나님께서 지적하신다(37절). 하나님은 조롱하는 수사적 질문을 던지면서 어떻게 이 신들이 일어나 이스라엘을 보호할지 알고 싶다고 하신다.

이 노래는 모세가 앞서 이스라엘을 권면하면서 주장했던 근본적인 진술로 되돌아간다. "나 외에는 다른 신이 없도다"(39절, 새번역, 참고. 4:35, 39). 이스라엘이 무력하고 낙담할 때 이사야는 눈먼 이스라엘에 맞서 하나님이 단 한 분이심을 강조한다(사 43:10-13). 이스라엘은 그들을 구출하신 하나님외에는 다른 신이 없다는 진리의 증인이다. 오로지 그 하나님만이 심판에 따른 죽음을 초래했듯 생명을 주실 수 있다.

하나님은 이제 스스로 맹세하신다(40절). 그분은 칼을 날카롭게 갈았고 장차 적들에게 복수하실 것이다. 그분이 정의를 손에 쥐었을 때, 그분의 화

---

86 다음 글을 참고하라. Shemaryahu Talmon and Weston W. Fields, "The Collocation משתין בקיר ועצור ועזוב and Its Meaning," *ZAW* 101/1 (January 1989): 85-112.

살이 적의 피로 취하게 될 것이다. 장발("long-haired", 42절)이 무슨 뜻인지 분명치 않다. 머리칼은 그들이 수령임을 가리키든지 패배한 힘의 상징일 가능성이 있다. 하지만 삼손의 이야기를 언급한 것 같지는 않다. 이는 하나님의 적을 거론하는 맥락에 어울리지 않기 때문이다.

32:43 이 시의 종결부는 서두에서 천상의 존재들에게 말하는 돈호법으로 되돌아가 그들에게 찬양할 것을 요청한다. 이 부분은 41절의 주제, 곧 하나님께서 적들에게 "복수하[실]" 것이라는 말로 마무리된다. 한 걸음 더 나아가 우상 숭배와 더불어 무죄한 피를 흘린 것과 같은 혐오스러운 행위로 오염된 땅을 깨끗이 청소하실 것이라고 말한다. 이스라엘은 마침내 그토록 오랫동안 지속된 재난으로부터, 그리고 거기서 저질러진 죄악으로부터 해방될 것이다.

이 구절은 전달 과정에서 원문이 상당히 변형되었다. 대다수 영어 번역본에 나오는 마소라 본문은 민족들에게 하나님의 구원과 적의 징벌을 칭송하도록 요청한다. 그런 요청은 이스라엘의 구원이 온 세계를 위해 의미 있는 일임을 뜻한다.

가장 잘 보존된 마지막 연(聯)의 판본은 현재 4QDeut^q[87]로 알려진 쿰란 사본의 한 단편 안에 있다. 이 사본에서 마지막 단의 4분의 3이 신명기 32:41d-43을 담고 있다. 그 단의 오른편은 꿰매서 맞춘 행으로 있다. 43절의 여섯 행은 완전히 보존되어 있다. 평행으로 배열된 그 연들은 다음과 같이 나온다.

(1a) 아 하늘이여 그와 함께 즐거워하라

   (1b) 모든 신들아 그에게 절하라

(2a) 그는 그의 아들들의 피에 복수할 것이다

87 이 단편은 다음 글로 처음 출판되었다. Patrick W. Skehan, "A Fragment of the 'Song of Moses' (Deut. 32) from Qumran," *BASOR* 136 (December 1954): 12-15.

(2b) 그의 적들에게 복수를 돌려주라

(3a) 그를 배척하는 이들에게 되갚아주라

(3b) 그의 백성의 땅을 깨끗케 하라

마소라 본문에는 1b와 3a가 없는데, 이는 이 연들의 대구법에서 벗어난 것이므로 분명한 결함이다. 헬라어 번역본들에 여덟 행이 있는 것은 첫 두 줄의 서로 엇갈리는 판본을 보유하고 있기 때문이다. 그 가운데 일부는 이 시의 판본이 하나 이상 있거나 적어도 종결부가 여럿이기 때문인 듯하다.

32:44 이 서명은 31:22, 30에 나오는 그 노래에 대한 언급을 되풀이한다. 모세는 그 시를 가르치기 위해 그가 가르침을 받았던 곳에서 나온다. 또는 그가 그 시를 쓴 곳에서 나와서 그것을 백성에게 가르친다. 마소라 본문에 따르면, 모세는 이 시를 낭독할 때 "호세아"의 도움을 받는다. 민수기 13:16에 따르면, 모세의 후계자의 이름이 호세아에서 여호수아로 바뀌었다. '호세아'와 '여호수아'의 차이점은 여호수아 이름 맨 앞에 하나님의 이름이 포함되어 있다는 것이다.

≋≋≋ 응답 ≋≋≋

모세의 노래에 나오는 가장 중요한 은유는 하나님에 대해 사용된 것이다. 하나님은 반석[추르(tsur)]이시다. 이는 울퉁불퉁한 바위, 산의 돌출 부분, 피난처로 사용될 수 있는 큰 암석이다. 신명기 8:15을 보면, 하나님은 광야의 반석에서 물을 내셨다. 이 반석(추르)은 단순한 돌이 아니라 메마른 광야에 있는 척박한 산의 절벽이었다. 따라서 하나님과 관련해 이 단어를 가장 흔하게 써서 그분을 피난처로, 보호하는 장소(예. 시 18:2; 19:14; 사 26:4)로 묘사하는 것이 무척 자연스럽다. 이것은 풍경의 특징보다는 하나님에 대한 은유로 더 자주 사용되는 흔치 않은 단어 중 하나다. 하지만 모세의 노래에서 이 단어를 하나님께 적용하는 것은 성경에서 유일무이하다.[88] 이 은유를 이해하는 것이 이 시를 이해하는 열쇠다. 하나님은 언약의 이름인 여호와로 소개된다(3절). 그 다음 구절은 이 이름과 대등한 반석이란 이름을 제시하고 그분의 일이 완전하다고 말한다. 그분의 특징은 공정하고, 진실하고, 정확하고, 올바르다는 것이다. 이는 타락했고 패역하며 비뚤어진 그분의 언약 파트너와 대조를 이룬다. 이런 관점이 없으면 이 노래의 전개를 이해할 수 없다.

이 시의 강조점이 구조와 피난처를 상징하는 반석보다는 반석(추르)이신 하나님의 도덕적 성품과 의로움으로 바뀐다. 이 개념은 시편 92:15과 같이 여호와를 '정직한' 분으로 부르는 몇몇 구절에도 나온다. 신명기 32장에서는 반석이신 하나님은 이스라엘을 지으시고 구원하신 분이다(15절). 일반적으로 구원자를 반석으로 비유하기는 해도, 현재의 본문은 위험에서 구조하는 경우가 아니다. 여기에 나온 유일한 언급은 하나님께서 이스라엘을 이집트로 인도해 큰 민족이 되게 하신 후 그들을 노예상태에서 이

---

88 이와 관련해 다음 글을 참고하라. Michael P. Knowles, "'The Rock, His Work is Perfect': Unusual Imagery for God in Deuteronomy XXXII," *VT* 39/3 (1989): 307-322. 이 흥미로운 연구를 통해 이 시가 히브리어 추르를 중심으로 어떻게 언약의 하나님의 돌보심에 대해 여러 이미지를 발전시키고 있는지 볼 수 있다.

32장

끌어냈던 그 구조뿐이다. 하나님께서 이스라엘을 선택하신 것은 한 민족을 창조하는 계획에 따른 것이다. 이스라엘은 기존의 민족들 가운데서 선택된 것이 아니었다. 하나님의 선택은 그 자신을 위해 한 백성을 창조하시는 것이었다(6, 12절). 이스라엘은 태어났을 때 양육이 필요했고, 반석에서 나는 꿀과 굳은 반석에서 나는 기름을 빨아먹었다[와예네케후(*wayyeneqehu*), 13절]. 그 반석의 돌봄은 반석에서 양식을 끌어내는 힘을 가진 어머니의 돌봄과 같다. 이 노래에서 이스라엘의 반석이 열방의 신들과 대조된다. 열방은 그릇된 길로 인도를 받았다. 그들이 제사를 드린 반석은 그들을 실망시켰다(36-38절). 이스라엘이 저주를 받은 이유는 그들의 반석이 그들을 적의 손에 팔았기 때문임을 열방이 알게 될 것이다. 이스라엘의 적들은 이스라엘의 반석이 그들의 반석과 같지 않다는 사실을 알게 될 것이다.

이스라엘의 반석이 어떻게 그의 백성을 다루었는가 하는 주제를 발전시키는 것은 언약 준수를 권면하는 면에서 문화적으로 설득력이 있다. 이스라엘을 둘러싼 종교들을 보면, 그 신들이 산과 산에 관련된 특징과 동일시 되고 있다. 힘, 안전, 피난처 같은 개념들은 신의 별명인 반석(추르)에서 끌어온 것이다. 고대의 신전들은 산과 강의 이미지를 따라 다산과 풍요를 묘사했다. 가나안에서 바알은 특히 자폰산("북방에 있는" 산, 시 48:2) 봉우리와 연관이 있었다. 반석은 이스라엘을 낳았고, 그들에게 생명을 주셨다(신 32:17-18). 출산과 양육의 개념은 가나안의 신들에게 공통으로 적용되었다. 하지만 언약의 백성은 이런 활동이 오직 하나님께 속한 것임을 언제나 알아야 한다.

그리스도인은 이스라엘 못지않게 이 시를 깊이 묵상해야 한다. 오늘날 가장 남용되는 단어 중 하나가 '하나님'이다. 사람들은 이 단어가 무슨 뜻인지 잘 모르고 사용하곤 한다. 그러나 이 노래를 암송했던 이스라엘 사람들은 그들이 하나님에 대해 말할 때 그것이 무슨 뜻인지 정확히 알고 있었다. 이 단어는 전능함과 전지함 같은 추상적인 개념을 넘어선다. 이스라엘은 자신들과 관계를 맺은 그분의 성품과 행위를 알고 있었다.

32:45 모세가 이 모든 말씀을 온이스라엘에게 말하기를 마치고 46 그들에게 이르되 내가 오늘 너희에게 증언한 모든 말을 너희의 마음에 두고 너희의 자녀에게 명령하여 이 율법의 모든 말씀을 지켜 행하게 하라 47 이는 너희에게 헛된 일이 아니라 너희의 생명이니 이 일로 말미암아 너희가 요단을 건너가 차지할 그 땅에서 너희의 날이 장구하리라

32:45 And when Moses had finished speaking all these words to all Israel, 46 he said to them, "Take to heart all the words by which I am warning you today, that you may command them to your children, that they may be careful to do all the words of this law. 47 For it is no empty word for you, but your very life, and by this word you shall live long in the land that you are going over the Jordan to possess."

48 바로 그날에 여호와께서 모세에게 말씀하여 이르시되 49 너는 여리고 맞은편 모압 땅에 있는 아바림산에 올라가 느보산에 이르러 내가 이스라엘 자손에게 기업으로 주는 가나안 땅을 바라보라 50 네 형 아론이 호르산에서 죽어 그의 ¹⁾조상에게로 돌아간 것같이 너도 올라가는 이

32장

산에서 죽어 네 조상에게로 돌아가리니 51 이는 너희가 신 광야 가데스의 므리바 물 가에서 이스라엘 자손 중 내게 범죄하여 내 거룩함을 이스라엘 자손 중에서 나타내지 아니한 까닭이라 52 네가 비록 내가 이스라엘 자손에게 주는 땅을 맞은편에서 바라보기는 하려니와 그리로 들어가지는 못하리라 하시니라

48 That very day the Lord spoke to Moses, 49 "Go up this mountain of the Abarim, Mount Nebo, which is in the land of Moab, opposite Jericho, and view the land of Canaan, which I am giving to the people of Israel for a possession. 50 And die on the mountain which you go up, and be gathered to your people, as Aaron your brother died in Mount Hor and was gathered to his people, 51 because you broke faith with me in the midst of the people of Israel at the waters of Meribah-kadesh, in the wilderness of Zin, and because you did not treat me as holy in the midst of the people of Israel. 52 For you shall see the land before you, but you shall not go there, into the land that I am giving to the people of Israel."

33:1 하나님의 사람 모세가 죽기 전에 이스라엘 자손을 위하여 축복함이 이러하니라 2 그가 일렀으되 여호와께서 시내산에서 오시고 세일산에서 일어나시고 바란산에서 비추시고 일만 성도 가운데에 강림하셨고 그의 오른손에는 그들을 위해 2)번쩍이는 불이 있도다 3 여호와께서 백성을 사랑하시나니 모든 성도가 그의 수중에 있으며 주의 발 아래에 앉아서 주의 말씀을 받는도다 4 모세가 우리에게 율법을 명령하였으니 곧 야곱의 총회의 기업이로다 5 여수룬에 왕이 있었으니 곧 백성의 수령이 모이고 이스라엘 모든 지파가 함께한 때에로다

33:1 This is the blessing with which Moses the man of God blessed the people of Israel before his death. 2He said,

"The Lord came from Sinai
and dawned from Seir upon us;[1]
he shone forth from Mount Paran;
he came from the ten thousands of holy ones,
with flaming fire[2] at his right hand.
3 Yes, he loved his people,[3]
all his holy ones were in his[4] hand;
so they followed[5] in your steps,
receiving direction from you,
4 when Moses commanded us a law,
as a possession for the assembly of Jacob.
5 Thus the Lord[6] became king in Jeshurun,
when the heads of the people were gathered,
all the tribes of Israel together.

6 르우벤은 죽지 아니하고 살기를 원하며 그 사람 수가 적지 아니하기를 원하나이다
6 "Let Reuben live, and not die,
but let his men be few."

7 유다에 대한 축복은 이러하니라 일렀으되 여호와여 유다의 음성을 들으시고 그의 백성에게로 인도하시오며 그의 손으로 자기를 위하여 싸우게 하시고 주께서 도우사 그가 그 대적을 치게 하시기를 원하나이다
7 And this he said of Judah:
"Hear, O Lord, the voice of Judah,
and bring him in to his people.

33장

With your hands contend[7] for him,

and be a help against his adversaries."

8 레위에 대하여는 일렀으되 주의 둠밈과 우림이 주의 경건한 자에게
있도다 주께서 그를 맛사에서 시험하시고 므리바 물 가에서 그와 다투
셨도다 9 그는 그의 부모에게 대하여 이르기를 내가 그들을 보지 못하
였다 하며 그의 형제들을 인정하지 아니하며 그의 자녀를 알지 아니
한 것은 주의 말씀을 준행하고 주의 언약을 지킴으로 말미암음이로다
10 주의 법도를 야곱에게, 주의 율법을 이스라엘에게 가르치며 주 앞에
분향하고 온전한 번제를 주의 제단 위에 드리리로다 11 여호와여 그의
재산을 풍족하게 하시고 그의 손의 일을 받으소서 그를 대적하여 일
어나는 자와 미워하는 자의 허리를 꺾으사 다시 일어나지 못하게 하
옵소서

8 And of Levi he said,

"Give to Levi[8] your Thummim,

and your Urim to your godly one,

whom you tested at Massah,

with whom you quarreled at the waters of Meribah;

9 who said of his father and mother,

'I regard them not';

he disowned his brothers

and ignored his children.

For they observed your word

and kept your covenant.

10 They shall teach Jacob your rules

and Israel your law;

they shall put incense before you

and whole burnt offerings on your altar.

¹¹ Bless, O Lord, his substance,

and accept the work of his hands;

crush the loins of his adversaries,

of those who hate him, that they rise not again."

¹² 베냐민에 대하여는 일렀으되 여호와의 사랑을 입은 자는 그 곁에 안전히 살리로다 여호와께서 그를 날이 마치도록 보호하시고 그를 자기 어깨 사이에 있게 하시리로다

¹² Of Benjamin he said,

"The beloved of the Lord dwells in safety.

The High God⁹ surrounds him all day long,

and dwells between his shoulders."

¹³ 요셉에 대하여는 일렀으되 원하건대 그 땅이 여호와께 복을 받아 하늘의 보물인 이슬과 땅 아래에 저장한 물과 ¹⁴ 태양이 결실하게 하는 선물과 태음이 자라게 하는 선물과 ¹⁵ 옛 산의 좋은 산물과 영원한 작은 언덕의 선물과 ¹⁶ 땅의 선물과 거기 충만한 것과 가시떨기나무 가운데에 계시던 이의 은혜로 말미암아 복이 요셉의 머리에, 그의 형제 중 ³⁾구별한 자의 정수리에 임할지로다 ¹⁷ 그는 첫 수송아지같이 위엄이 있으니 그 뿔이 들소의 뿔 같도다 이것으로 민족들을 받아 땅 끝까지 이르리니 곧 에브라임의 자손은 만만이요 므낫세의 자손은 천천이리로다

¹³ And of Joseph he said,

"Blessed by the Lord be his land,

with the choicest gifts of heaven above,¹⁰

and of the deep that crouches beneath,

¹⁴ with the choicest fruits of the sun

    and the rich yield of the months,

¹⁵ with the finest produce of the ancient mountains

    and the abundance of the everlasting hills,

¹⁶ with the best gifts of the earth and its fullness

    and the favor of him who dwells in the bush.

 May these rest on the head of Joseph,

    on the pate of him who is prince among his brothers.

¹⁷ A firstborn bull^{*11*}—he has majesty,

    and his horns are the horns of a wild ox;

 with them he shall gore the peoples,

    all of them, to the ends of the earth;

 they are the ten thousands of Ephraim,

    and they are the thousands of Manasseh."

¹⁸ 스불론에 대하여는 일렀으되 스불론이여 너는 밖으로 나감을 기뻐하라 잇사갈이여 너는 장막에 있음을 즐거워하라 ¹⁹ 그들이 백성들을 불러 산에 이르게 하고 거기에서 의로운 제사를 드릴 것이며 바다의 풍부한 것과 모래에 감추어진 보배를 흡수하리로다

¹⁸ And of Zebulun he said,

 "Rejoice, Zebulun, in your going out,

    and Issachar, in your tents.

¹⁹ They shall call peoples to their mountain;

    there they offer right sacrifices;

 for they draw from the abundance of the seas

    and the hidden treasures of the sand."

20 갓에 대하여는 일렀으되 갓을 광대하게 하시는 이에게 찬송을 부를 지어다 갓이 암사자같이 엎드리고 팔과 정수리를 찢는도다 21 그가 자기를 위하여 먼저 기업을 택하였으니 곧 입법자의 분깃으로 준비된 것이로다 그가 백성의 수령들과 함께 와서 여호와의 공의와 이스라엘과 세우신 법도를 행하도다 22 단에 대하여는 일렀으되 단은 바산에서 뛰어나오는 사자의 새끼로다 23 납달리에 대하여는 일렀으되 은혜가 풍성하고 여호와의 복이 가득한 납달리여 너는 4)서쪽과 남쪽을 차지할지로다 24 아셀에 대하여는 일렀으되 아셀은 아들들 중에 더 복을 받으며 그의 형제에게 기쁨이 되며 그의 발이 기름에 잠길지로다 25 네 문빗장은 철과 놋이 될 것이니 네가 사는 날을 따라서 능력이 있으리로다 26 여수룬이여 하나님 같은 이가 없도다 그가 너를 도우시려고 하늘을 타고 궁창에서 위엄을 나타내시는도다 27 영원하신 하나님이 네 처소가 되시니 그의 영원하신 팔이 네 아래에 있도다 그가 네 앞에서 대적을 쫓으시며 멸하라 하시도다 28 이스라엘이 안전히 거하며 야곱의 샘은 곡식과 새 포도주의 땅에 홀로 있나니 곧 그의 하늘이 이슬을 내리는 곳에로다 29 이스라엘이여 너는 행복한 사람이로다 여호와의 구원을 너같이 얻은 백성이 누구냐 그는 너를 돕는 방패시요 네 영광의 칼이시로다 네 대적이 네게 복종하리니 네가 그들의 높은 곳을 밟으리로다

20 And of Gad he said,

"Blessed be he who enlarges Gad!

Gad crouches like a lion;

he tears off arm and scalp.

21 He chose the best of the land for himself,

for there a commander's portion was reserved;

and he came with the heads of the people,

with Israel he executed the justice of the Lord,

and his judgments for Israel.”

22 And of Dan he said,

"Dan is a lion's cub
that leaps from Bashan.”

23 And of Naphtali he said,

"O Naphtali, sated with favor,
and full of the blessing of the Lord,
possess the lake[12] and the south.”

24 And of Asher he said,

"Most blessed of sons be Asher;
let him be the favorite of his brothers,
and let him dip his foot in oil.

25 Your bars shall be iron and bronze,
and as your days, so shall your strength be.

26 "There is none like God, O Jeshurun,
who rides through the heavens to your help,
through the skies in his majesty.

27 The eternal God is your dwelling place,[13]
and underneath are the everlasting arms.[14]

And he thrust out the enemy before you
and said, 'Destroy.'

28 So Israel lived in safety,
Jacob lived alone,[15]
in a land of grain and wine,
whose heavens drop down dew.

29 Happy are you, O Israel! Who is like you,
a people saved by the Lord,

the shield of your help,

and the sword of your triumph!

Your enemies shall come fawning to you,

and you shall tread upon their backs."

1) 히, 백성 2) 불가타 역과 몇 사본에는 '불타는 규례' 3) 귀한 4) 바다쪽

1 Septuagint, Syriac, Vulgate; Hebrew *them 2* The meaning of the Hebrew word is uncertain *3* Septuagint; Hebrew peoples *4* Hebrew *your 5* The meaning of the Hebrew word is uncertain *6* Hebrew *Thus he 7* Probable reading; Hebrew *With his hands he contended 8* Dead Sea Scroll, Septuagint; Masoretic Text lacks *Give to Levi 9* Septuagint; Hebrew *dwells in safety by him. He 10* Two Hebrew manuscripts and Targum; Hebrew *with the dew 11* Dead Sea Scroll, Septuagint, Samaritan; Masoretic Text His firstborn bull *12* Or *west 13* Or *a dwelling place 14* Revocalization of verse 27 yields *He subdues the ancient gods, and shatters the forces of old 15* Hebrew *the abode of Jacob was alone*

≈≈≈≈≈ 단락 개관 ≈≈≈≈≈

모세의 축복

모세의 노래와 정기 낭독을 위한 토라의 위탁, 이 두 대목은 한편으로 이 것이 모세가 가르친 모든 말씀이라는 확신, 그리고 다른 한편으로는 이스 라엘의 삶이 이 말씀에 달려 있으므로 무시해서는 안 된다는 경고로 마무 리된다. 이어서 하나님은 모세를 죽음의 자리로 부르시는데, 이는 하나의 전환점이자 모세의 작별 축복에 대한 머리말이 된다.

　모세의 축복은 한편의 시다. 하지만 고대의 두루마리는 노래처럼 그것 을 시 형식으로 배열하지 않는다. 이 시는 모호한 단어들과 본문의 오류가 있어 해석하기가 무척 어렵다. 이는 한편의 시로서 오랫동안 고대의 필사 본으로 전달되면서 생긴 문제다. 이 시는 시내산을 회상한다. 모세가 사역

32장

을 시작할 때 경험한 하나님의 임재를 회상하는 이유는, 그와 똑같은 방식으로 그의 리더십을 마무리하기 위해서다. 모세는 노래에서 그랬던 것처럼 이스라엘의 미래와 약속의 땅에서 영위할 삶을 일별한다. 하지만 여기 축복에서는 각 지파의 잠재력과 풍성함을 묘사하면서 그들이 누릴 기회를 내다본다. 하지만 이 축복은 각 지파의 기회를 내다보면서 지파별로 그 잠재력과 풍성함을 묘사하고 있고, 이는 창세기 49장에 나오는 야곱의 축복과 상당히 비슷하다. 축복의 일부는 간구이고, 다른 부분은 지파들에게 직접 말하는 내용이다. 지파에 대한 설명도 하나의 축복으로 의미가 있다.

레위 지파를 제외하고 각 지파는 한 개인으로 언급된다. 일부 지파의 축복은 지파의 이름에서 유래한 것이며, 그중 세 지파는 전사의 기술을 나타내는 동물에 비유한다. 지파들은 출생 순서에 따라 열거되지 않고 지리적 패턴을 따르고 있다. 시므온은 언급되지 않는데, 아마도 별도의 영토가 없었기 때문에 유다에 포함되는 듯하다. 이 시는 장자인 르우벤으로 시작하지만 다른 지파들도 르우벤에게 속한 땅에 주둔하고 있다. 그 다음 지파는 요단 건너편에 있는 유다이고 이어서 레위가 나온다. 레위는 영토가 없었으나 제사장 지파로 예루살렘에 근거를 두었으므로 자연스럽게 따라온다. 이후 목록은 북쪽으로 이동하며 요셉 지파들을 열거하고, 이어서 서쪽에서 동쪽으로 갔다가(스불론, 잇사갈, 갓) 끝으로 북쪽과 서쪽(단, 납달리, 아셀)으로 옮겨간다. 이 시는 이스라엘의 공급자이나 보호자이신 하나님과 함께하는 이스라엘의 축복으로 마무리된다.

IV. 에필로그(31:1-34:12)

  C. 모세의 마지막 권면(32:45-47)

  D. 하나님께서 모세를 느보산으로 부르시다(32:48-52)

  E. 모세의 축복(33:1-29)

    1. 번쩍이는 모습으로 시내산에서 오신 여호와(33:1-5)

    2. 지파들에 대한 축복(33:6-25)

      a. 르우벤(33:6)

      b. 유다(33:7)

      c. 레위(33:8-11)

      d. 베냐민(33:12)

      e. 요셉(33:13-17)

      f. 스불론과 잇사갈(33:18-19)

      g. 갓(33:20-21)

      h. 단(33:22)

      i. 납달리(33:23)

      j. 아셀(33:24-25)

    3. 이스라엘, 하나님의 복을 받은 백성(33:26-29)

주석

32:45-47 이 구절에 보도된 모세의 마지막 말은 율법을 주고 노래를 가르친 일을 요약한다. "모세가 이 모든 말씀을 온 이스라엘에게 말하기를 마치고." 모세는 이제 이스라엘에게 모든 말씀을 전했고(31:1) 이 토라의 모든 말씀을 기록하기를 끝마쳤다(31:24). 모세의 말은 사실상 경고다(32:46). 그 이유는 그 가르침에 심오한 의미가 있기 때문이다. '경고'[메이드(me'id), "warning", 개역개정은 "증언"]로 번역된 단어는 시내산에서 하나님께서 십계명을 가르치신 데 사용되었다(시 50:7; 81:8, 참고. 왕하 17:15).[89] 모세의 가르침이 경고로 다가오는 것은 그 말에 담긴 무게 때문이다. 그 가르침은 공허하거나 무의미하지 않다. 하나님의 말씀은 곧 생명이다. 그 말씀은 백성을 생명을 주시는 하나님의 능력 안으로 백성들을 인도하는 언약에 관한 가르침이다. 모세는 신명기에 거듭 나오는 요구, 즉 이 말씀이 부모가 자녀에게 명령하는 교훈이 되어 자녀가 그 땅에서 장수하게 하라는 요구로 끝을 맺는다.

32:48-52 하나님께서 신명기 3:27에서 모세에게 말씀하셨듯 여기서도 말씀하신다. 사실상 똑같은 가르침이 민수기 27:12-14에도 나온다. "바로 그날"은 모세가 율법과 노래 가르치는 일을 끝마친 날이다. 신명기에 나오는 유일한 날짜는 모세가 (이집트에서 나온 지) 사십 년째 되는 해의 열한째 달 초하루에 말하기 시작한 때다(1:3). 모세는 "아바림" 산맥에 올라가야 한다. 이는 약속의 땅에서 사해 건너편으로 보이는 높은 언덕들을 묘사하는 이름이다. 이 산에 이르기 위해 모세는 그들이 왔던 길을 따라 하루 동

---

89 이 단어에 대한 충분한 논의는 다음 글을 참고하라. Moshe Weinfeld, Deuteronomy 1-11, AB 5 (New York: Doubleday, 1995), 257-262. 이 두 시편은 의례적 맥락에서 시내산을 기념하면서 하나님께서 거기서 그들에게 가르치신 말씀을 회상한다. 히브리어 메이드(me'id)는 보통 '증언하다'라는 뜻이지만 경우에 따라 '가르치다'를 의미할 수 있다.

안 되돌아가야 했을 것이다(참고. 민 33:47-48). 느보산 정상에서 모세는 이스라엘 백성이 여호수아의 인도로 들어갈 약속의 땅을 바라보았을 것이다.

모세가 약속의 땅에 들어가지 못하는 것은 가데스에 위치한 므리바('다툼의 장소')에서 범한 죄 때문이다. 백성이 물이 없어 불평할 때 모세가 불순종한 역사는 민수기 20:1-13에 기록되어 있다. 그 경우에 모세가 실제로 범한 죄에 관해서는 많은 논의가 있었으나, 최상의 설명은 모세와 아론이 반석을 향해 말한 내용에 있는 듯하다. "'우리'가 너희를 위하여 이 반석에서 물을 내라"(민 20:10). 토라는 인간의 능력과 하나님의 능력을 아주 엄격하게 구별한다. 모세의 이 행동, 즉 그가 명령할 때 일인칭을 사용해 경솔하게 말한 것(참고. 시 106:3)이 약속의 땅에 들어가지 못하게 된 죄였다.[90] 그 땅 밖에서 모세가 죽을 것이라는 설명은 그가 백성에게 마지막으로 축복하는 장면을 설정한다. 모세가 "그의 조상에게 돌아간다"는 말은 조상의 묘지에 묻히게 된다는 뜻이 아니라 그의 영이 앞서 간 이들과 재회한다는 뜻이다.

33:1 이것은 신명기에 나오는 네 번째 표제다. 이전의 표제는 1:1, 4:44, 29:1에 나온다. 이 표제들은 신명기의 세 부분, 즉 이 토라를 주고, 권면으로 마무리하고, 모세를 축복하는 내용을 소개한다. 모세는 "하나님의 사람," 즉 그의 말이 장차 이스라엘의 모습을 빚어내는 선지자다.

33:2-5 이 구절은 하나님께서 하늘 군대를 이끌고 시내산에서 폭풍우를 일으키며 돌진하시는 모습을 그린다. 주님은 하늘의 존재들과 함께 찬란한 광채에 둘러싸여 계신다. 그분이 가시는 길에는 땅이 흔들리고 불길이 타오른다. 그분은 땅을 밟고 열방을 짓밟으신다. 이 시의 종결부에서 하나님은 자기 백성을 구하러 오시는 전사다. 율법을 주신 것은 하나님께서 남

32장

---

90 모세의 죄 문제를 둘러싼 본문의 역사와 다른 이슈들에 관한 논의는 Milgrom, "Excursus 50," 449-456을 참고하라.

쪽에서 등장하시는 것(2절)의 후속편이다. 하나님께서 구원자로 남쪽에서 등장하시는 모습은 하박국 3:2-7과 시편 68:7-8, 15-18에도 나온다.

신명기 33:2의 마지막 두 줄은 매우 다양하게 번역된다. "그는 일만 성도 가운데에 강림하셨[다]"는 또한 지명과 함께 "[그는] 리벨보스 코데쉬로부터 다가오셨다"(NJPS)로 번역되기도 한다. 이 번역은 시내산, 세일산, 바란산을 거명하는 앞의 세 줄과 병행을 이룬다. 히브리어 코데쉬는 실제로 '거룩한'이란 뜻이고, 헬라어 번역가들은 하나님의 군대를 가리키는 그 다음 줄에 병행하여 그렇게 번역했다. "그의 오른손에는…번쩍이는 불"은 에쉬다트(*'eshdath*)를 번역한 것으로, 이는 알려지지 않은 단어이며 원문이 변형된 것이 거의 확실하다. 에쉬(*'esh*)는 '불'을 의미하고, 나머지 부분은 돌레케트(*doleqet*, '불타는'), 랍피도트(*lappidot*, '불길') 또는 다아(*da'ah*, '날다')의 변형일 가능성이 있다. "그에게 속한 모든 성도"(새번역)가 가리키는 대상은 모호하다. 이들은 하나님의 보호를 받고 그분의 말씀을 수령하는 이스라엘 군대를 가리키거나 그분의 통제와 명령 아래 있는 하늘의 군대일 수 있다 (참고. 슥 14:5). 이스라엘이 하나님의 지시를 받는 것으로 읽는다면 신명기 33:4, 곧 이스라엘이 모세에게서 받은 율법을 증언하는 화자가 나오는 구절로 자연스럽게 이어진다. 모세의 말은 이스라엘의 유산이요 전통이다. 하나님은 그들의 왕이시다. 그분은 "여수룬"에서 다스리시는데, 이는 이스라엘을 가리켜 '올바른 자'라고 말하는 애칭이다.

33:6 르우벤은 역대상 5:1-2에 설명되어 있듯 가장의 지위를 잃어버렸다. 라헬이 죽었을 때 르우벤은 집안의 안주인이었던 어머니의 지위를 라헬의 여종이 차지하지 못하게 하려 했다(창 35:22). 그는 너무 빨리 아버지의 후계자로서 자기 권리를 주장했다. 그는 탁월하지 못하게 될 것이었다 (창 49:3-4). 르우벤이 살기를 원한다는 기도는 그 지파가 너무 위축되어 생존이 위협받는 상황을 말한다. 사무엘하 24:5-6에 나오는 다윗의 인구조사에서 갓과 길르앗 지방이 언급되는 가운데 르우벤이 언급되지 않은 것은 중요한 의미를 지닐 수 있다.

33:7 유다는 다윗 시절에 그 땅의 남부 지방 전체를 차지하게 되었으나 다른 지파들과 분리되기에 이르렀다. 이것이 그를 그의 백성에게로 인도하게 해달라는 기도의 의미일 수 있다. 이것은 보호를 위한 기도다. 또한 사사기 1:1-20에서처럼 유다가 다른 지파들을 위해 싸우는 것을 가리킬 수도 있다. 이때 유다는 정복되지 않은 땅을 점령한 최초의 지파였다.

33:8-11 레위는 제사장 지파다. 신명기에서 모든 레위인은 제사장이 될 자격이 있다(참고. 18:1-8). "둠밈"과 "우림"은 중요한 문제에 관해 하나님의 뜻을 판단하는 수단이다. 제비뽑기는 군사적인 문제, 직책을 위한 안수, 땅의 할당을 결정하는 데 사용되었다. 이 용어들은 완전함[톰(*tom*)]과 빛[우르('*ur*)]을 가리킬 수 있으나, 이는 단어의 뜻에 기초한 추측에 불과하다. 레위는 "맛사[=시험하는 장소]에서 시험"을 받고 "므리바[=다툼] 물가에서" 다툰 지파였다. 이런 일의 한 가지 예로 레위 지파가 모세와 함께 섰던 금송아지 사건이 있다(출 32:26-29). 이 시는 우리가 출애굽기 17장과 민수기 20장을 통해 알고 있는 맛사와 므리바에서 일어난 사건들을 가리키는 것 같지 않다. 이때 백성들은 모세와 아론을 정죄하며 모세와 아론 그리고 하나님을 시험했다. 이 본문에서 하나님께서 그들을 시험하실 때 레위는 신실한 입장을 취한다. 레위는 하나님의 명령을 따라 범죄자들을 처형할 때 자기 가족에게도 편파적이지 않게 그 일을 신실하게 수행했다(참고. 출 32:26-27). 하나님은 이제 레위인에게 이스라엘에서 법을 집행하는 임무를 주셨다. 레위는 의례를 거행하고 모든 공동체의 문제를 다루는 등 광범위한 명령을 수행한다. 분향과 온전한 번제를 드리는 일은 일상적인 의례다. 이 축복은 물질적인 안녕과 적으로부터의 보호를 위한 기도로 막을 내린다. 레위인은 그들의 섬김에 대한 몫으로 일부 제물과 더불어 성읍들과 그 주변 지역을 할당받았다.

33:12 라헬은 베냐민을 낳다가 죽었다(창 35:17-19). 그녀는 죽어가는 순간에 아들의 이름을 "슬픔의 아들"(개역개정 난하주)이라고 지었으나 야곱

이 그 이름을 "오른손의 아들"(개역개정 난하주)이라고 다시 지었다. 오른손의 아들이란 총애 또는 보호받는 자녀(참고. 시 110:1)라는 뜻이다. 베냐민은 항상 총애 받는 아들이었고 이 축복에도 비슷하게 묘사되어 있다. 예루살렘은 본래 베냐민의 영토 안에 있었기에 베냐민이 언제나 선도하는 지파였다. 베냐민은 왕국이 분열되었을 때 유다의 일부가 되어 그 영토 안에서 안전하게 남아 있었다. ESV에 따르면, 이 축복의 마지막 절은 하나님께서 배후에서 베냐민을 보호하고 계시다는 뜻이다. 이는 또한 하나님께서 베냐민의 경계 내에 있는 그분의 성소에 거주하신다는 뜻일 수 있다.

33:13-17 요셉 지파(에브라임과 므낫세)는 풍성한 산물과 군사력의 복을 받았다. 시에 나오는 긴 목록은 요셉 지파들의 재산과 세력을 포괄적으로 강조하고 있다. 이 두 지파의 땅은 예루살렘의 북쪽 중부 고원지대 전역과 갈릴리의 동쪽 바산 전역을 포함한다. 이 비옥한 영토는 여호와의 복을 받은 곳으로밖에 묘사될 수 없었다. "풍성함"[메게드(*meged*)]이라는 단어는 이 땅의 풍요로움의 모든 측면에서 반복되는 일종의 후렴이다. 이 단어는 '선물'[미그다노트(*migdanot*)]과 '최상급[열매]'[메가딤(*megadim*)]이라는 뜻을 가지고 있다. 비와 깊은 물은 하늘과 땅의 열매이고 그 백성에게 주어진 선물이다. 곡식은 태양의 산물이고 달로 표시되는 계절에 따라 무르익는다. 산과 언덕은 나무, 보석, 금속, 양식을 생산해낸다. "땅의 선물과 거기 충만한 것"은 다른 백성들과의 교역을 가리킬 수 있다. 이 모든 것은 모세가 '시내산'의 "가시떨기나무"[사네(*saneh*)]에서 만났던 하나님께서 베푸시는 은총이다(출 3:1-10). 요셉은 모든 지파 가운데 총애 받은 자, 그 형제들 중에 으뜸[나지르(*nazir*)]이었다.

요셉은 또한 전사로, "첫 수송아지"처럼 위엄 있는 자로 묘사되어 있다. 역대기에 따르면, 르우벤이 장자였지만 자신의 위상을 높이려고 아버지의 첩을 범했기 때문에 그 지위를 요셉에게 잃어버렸다고 한다(대상 5:1-2). 요셉은 호적에서 장자의 권리를 얻은 한편, 유다는 그의 형제들 중에 지도자가 되었다. 이 모든 것은 창세기 이야기를 해석한 것이다. 형제들이 요셉에게 고개를 숙이지만 그들의 지도자로 떠오른 사람은 유다다. 모세의 축복은 야곱 집안 이야기의 결과를 따르고 있다.

뿔은 언제나 정치적, 군사적 힘의 상징이다. 에브라임과 므낫세의 군대는 땅 끝까지 군림한다는 면에서 황소의 두 뿔과 같다.

33:18-19 스불론은 지중해로 연결되는 영토를 차지한 한편, 잇사갈은 스불론의 남동부 지역을 확보했다. 모세가 그들의 여정과 거처에 대해 축복하는데, 이는 공적인 업무와 가정 일을 모두 포함하는 활동 전체를 가리키는 듯하다. "산"은 아마 잇사갈과의 경계에 있는 다볼(수 19:22)일 것이고 순례와 예배의 장소임이 분명하다. 그곳은 드보라와 바락이 시스라를 물리치기 위해 병력을 배치했던 장소다(삿 4:6-16). 또한 예배와 다른 집회의 장소로 유명했던 곳이기도 하다.

이 두 지파는 길고 비옥한 이스르엘 골짜기를 통해 지중해로 쉽게 접근할 수 있다. 그들은 바다에 풍성한 물고기와 모래 속에 숨겨진 조개를 채취하여 염료와 램프, 그릇과 장식품을 만드는 데 사용한다.

33:20-21 갓에 대한 축복은 부분적으로 모호한 용어들 때문에 이해하기가 어렵다. 갓이 나머지 땅을 정복하기 전에 요단 동편에서 영토를 선택한 것과 관계가 있는 듯하다. 갓을 광대하게 하시는 복은 르우벤의 생존을 위한 기도와 대조적으로 그 인구를 가리킬 수 있다(33:6). 갓의 남자들은 분명히 사나운 전사들이다. 광야에서 다윗을 지원하려고 오는 갓 사람들이 "얼굴은 사자 같고" "빠르기는 산의 사슴 같[다]"(대상 12:8)고 묘사되어 있다. "한 지도자의 몫"(새번역)은 보기 드문 히브리어 메호케크(mehoqeq)을 번역한 것으로 '법이나 법령을 쓰다'라는 뜻이다(예. 사 10:1). 이 때문에 이 용어가 때로는 야곱의 몫이었던 율법을 공포했던 모세(신 33:4)를 가리키는 것으로 간주되곤 한다. 그러나 이것은 갓 지파에게 그리 중요하지 않다. 이 말은 존경받는 지도자에게 어울리는 비옥한 목초지를 선택한 것을 가리킬 가능성이 더 많다. 백성의 수령들이 모인 것은 갓에게 그 영토를 허락하되

33장

나중에 약속의 땅을 정복할 때 그 지파가 이스라엘 군대를 이끌기로 결정했음을 가리킬 수 있다(신 3:18; 민 32:29). 주님의 공의와 심판을 집행한다는 것은 이스라엘을 구원할 때 자기 몫의 책임을 맡는 것을 말하는 듯하다.

33:22 단 지파는 바산의 무리 가운데서 먹잇감을 노리는 사자 새끼처럼 작지만 공격적이다. 바산 지파는 갈릴리 바다의 북쪽에 있었으므로 그 영토는 은유의 일부임에 틀림없다.

33:23 납달리의 영토는 갈릴리 북부의 서쪽 해안을 끼고 있고, 숲과 과실나무를 포함해 다양한 식물이 자라는 비옥한 땅이다. 이 축복은 갈릴리 바다의 서쪽과 남쪽 해안에 대한 접근성을 말한다.

33:24-25 아셀은 납달리의 서쪽 갈릴리 북부에 위치하고 지중해까지 뻗어 있다. 이곳은 특히 올리브기름으로 잘 알려진 비옥한 영토다. 그러나 상업과 군사 이동에 사용되는 주요 도로의 길목에 있는 해안 부족이기 때문에 공격에 취약하다. 성문의 빗장은 안보에 매우 중요하다. 히브리어 도베(*dobe'*)에 관해서는 달리 알려진 바가 없기 때문에 25절에 나오는 "능력"이란 단어는 문맥에서 추측한 것이다. 이 단어는 "능력"이 적절한 의미인 우가리트어에서 발견된다.

33:26-29 축복의 종결부는 하나님의 주권적인 돌봄을 받는 이스라엘의 행복한 상태를 기뻐한다. 이스라엘의 고유성은 하나님 안에 있고, 이분과 같은 신은 없다. 이 축복은 시내산에서 나오시는 전사 하나님에 대한 찬양으로 시작해 이스라엘이 쓰러진 적들을 밟는 모습으로 끝난다. 하늘 군대의 지휘관(33:2)은 구름을 타고 오는 분이시다(26절). 주님은 이스라엘의 방패이며 칼이시다. 적들은 이스라엘 앞에서 뒷걸음친다. 하나님께서 이스라엘을 그 거처에서 안전하게 살게 하셨다. "모세의 시편"인 시편 90:1은 이와 비슷하게 하나님은 대대로 우리의 피난처이자 힘이라고 선언한다.

이스라엘을 이곳까지 인도하신 하나님의 도우심은 이스라엘이 미래의 복을 확신할 수 있는 근거다.

≋≋≋≋ 응답 ≋≋≋≋

같은 가족이라 해도 각 구성원들의 운명은 예측할 수 없고 동일하지도 않다. 모세의 축복은 야곱의 여러 아들들 사이에 큰 차이가 있음을(때로는 암묵적으로) 인정한다. 야곱의 장자인 르우벤은 자기 영토도 거의 없이 갓에게 지파가 점령당하는 시점에서 몰락하는 것처럼 보인다. 야곱의 둘째 아들인 시므온은 자기 영토를 가져본 적이 없고 모세의 최후 축복에서 언급조차 되지 않는다. 야곱의 셋째 아들인 레위는 지파의 영토는 없으나 성읍들과 그 주변의 자산을 가지고 있다. 야곱의 넷째 아들인 유다는 지파들 중에 지도자로 등장하지만 매우 취약한 존재로도 나타난다. 유다는 다른 지파들로부터 분리되어 있으며, 많은 노력에도 불구하고 그 형제들에게 도움을 호소해야 한다. 반면에 라헬의 아들은 의심의 여지없이 존경과 권력을 받는다. 베냐민은 사랑을 받고, 요셉의 지파들은 부와힘을 부여받는다. 팔레스타인 땅은 작지만 다채롭기 때문에 지파들은 저마다 무척 다른 환경에서 살아간다.

모든 가족 구성원의 공통점은 하나님의 공급하심이다. 형제들을 물질적인 복의 측면에서 서로 비교하면 안 된다. 신명기는 그런 복을 중요하게 여기지 않는다. 시므온과 르우벤은 비록 작지만 모든 이스라엘에 속한 하나님의 돌보심과 공급하심을 받는다. 이곳을 "곡식과 포도주가 가득한 이 땅"(28절, 새번역)이라고 선언하는 마지막 축복은 지위와 상관없이 모든 지파에게 해당한다. 모든 지파가 여호와의 구속을 즐거워하기 때문에 모두에 대해 "어느 누가 또 너희와 같겠느냐?"(29절, 새번역)라고 외칠 수 있다.

평등은 언제나 토론과 논쟁의 주제다. 보통은 평등이 무슨 뜻인지 또 어떤 요인이 정말로 중요한지에 대해 전혀 생각하지 않은 채 서로 비교하는 경우가 너무나 많다. 평등에 관한 토론은 흔히 부를 중심으로 벌어지지만, 그 수준에서도 실제 평등이 이루어지려면 어떤 차이를 고려해야 하는지는 거의 생각하지 않는다. 이는 개별적인 핵가족 내에서도 마찬가지다. 자녀를 동등하게 대하는 것은 거의 모든 부모의 바람이다. 그러나 무엇이 평등인지 결정하기가 얼마나 어렵고, 모든 자녀가 만족할 만큼 평등을 이루기가 얼마나 불가능한지 알게 되면 모든 부모가 크게 낙담한다.

족장 야곱은 모든 자녀를 똑같이 대하는 척하지 않았고, 심지어 모두를 평등하게 대하려 했다고 말하기도 어렵다. 라헬은 야곱이 사랑한 아내였으며, 모든 아들의 장자권을 그녀의 장남이 받았다. 이 축복에서 보았듯 지파들의 운명이 펼쳐지면서 부와 재산의 측면에서 라헬 지파가 앞서 나가는 것이 분명하다. 하지만 이스라엘의 역사를 살펴보면 이것이 지속적으로 영향을 미치는 결정적인 요인이 되지는 않는다. 이스라엘 자손의 지도자는 모든 취약함에도 불구하고 유다 지파에서 나온다. 예루살렘은 그 민족뿐 아니라 하나님의 나라를 대표하는 도시가 된다. 그렇다고 다른 지파의 중요성이 깎이는 것은 아니다. 모세의 축복은 모든 역할을 존중하고 지지해야 한다는 교훈을 준다. 모든 가정에서 가장 중요한 가치는 가족 구성원 모두가 생명을 주시고 구원하시는 분의 돌봄과 공급을 받는 것이다.

¹ 모세가 모압 평지에서 느보산에 올라가 여리고 맞은편 비스가 산꼭대기에 이르매 여호와께서 길르앗 온 땅을 단까지 보이시고 ² 또 온 납달리와 에브라임과 므낫세의 땅과 서해까지의 유다 온 땅과 ³ 네겝과 종려나무의 성읍 여리고 골짜기 평지를 소알까지 보이시고 ⁴ 여호와께서 그에게 이르시되 이는 내가 아브라함과 이삭과 야곱에게 맹세하여 그의 후손에게 주리라 한 땅이라 내가 네 눈으로 보게 하였거니와 너는 그리로 건너가지 못하리라 하시매 ⁵ 이에 여호와의 종 모세가 여호와의 말씀대로 모압 땅에서 죽어 ⁶ 벳브올 맞은편 모압 땅에 있는 골짜기에 장사되었고 오늘까지 그의 묻힌 곳을 아는 자가 없느니라 ⁷ 모세가 죽을 때 나이 백이십 세였으나 그의 눈이 흐리지 아니하였고 기력이 쇠하지 아니하였더라 ⁸ 이스라엘 자손이 모압 평지에서 모세를 위하여 애곡하는 기간이 끝나도록 모세를 위하여 삼십 일을 애곡하니라

¹ Then Moses went up from the plains of Moab to Mount Nebo, to the top of Pisgah, which is opposite Jericho. And the Lord showed him all the land, Gilead as far as Dan, ² all Naphtali, the land of Ephraim and Manasseh, all the land of Judah as far as the western sea, ³ the Negeb,

and the Plain, that is, the Valley of Jericho the city of palm trees, as far as Zoar. 4 And the Lord said to him, "This is the land of which I swore to Abraham, to Isaac, and to Jacob, 'I will give it to your offspring.' I have let you see it with your eyes, but you shall not go over there." 5 So Moses the servant of the Lord died there in the land of Moab, according to the word of the Lord, 6 and he buried him in the valley in the land of Moab opposite Beth-peor; but no one knows the place of his burial to this day. 7 Moses was 120 years old when he died. His eye was undimmed, and his vigor unabated. 8 And the people of Israel wept for Moses in the plains of Moab thirty days. Then the days of weeping and mourning for Moses were ended.

9 모세가 눈의 아들 여호수아에게 안수하였으므로 그에게 지혜의 영이 충만하니 이스라엘 자손이 여호와께서 모세에게 명령하신 대로 여호수아의 말을 순종하였더라 10 그 후에는 이스라엘에 모세와 같은 선지자가 일어나지 못하였나니 모세는 여호와께서 대면하여 아시던 자요 11 여호와께서 그를 애굽 땅에 보내사 바로와 그의 모든 신하와 그의 온 땅에 모든 이적과 기사와 12 모든 큰 권능과 위엄을 행하게 하시매 온 이스라엘의 목전에서 그것을 행한 자이더라

9 And Joshua the son of Nun was full of the spirit of wisdom, for Moses had laid his hands on him. So the people of Israel obeyed him and did as the Lord had commanded Moses. 10 And there has not arisen a prophet since in Israel like Moses, whom the Lord knew face to face, 11 none like him for all the signs and the wonders that the Lord sent him to do in the land of Egypt, to Pharaoh and to all his servants and to all his land, 12 and for all the mighty power and all the great deeds of terror that Moses did in the sight of all Israel.

≋≋≋≋ 단락 개관 ≋≋≋≋

모세의 죽음

이 책은 이미 소개된 다양한 주제들을 개진하며 막을 내린다. 이를테면 모세가 약속의 땅에 들어갈 수는 없어도 바라볼 수 있다는 것(3:25-26), 모세의 죽음과 여호수아의 계승(31:1-6), 선지자로서 모세의 우월성(18:15-18) 등이다. 이 책은 모세가 사십 년째 되던 해에 선포한 마지막 말(1:3)로 시작해 그 모든 말을 마무리한다(32:45). 화자는 이제 이스라엘의 여정이 끝날 때 그 배경을 처음 소개한 이래로 줄곧 예상되었던 실제 사건으로 글을 맺는다.

≋≋≋≋ 단락 개요 ≋≋≋≋

IV. 에필로그(31:1-34:12)

   F. 모세의 죽음(34:1-12)

      1. 모세가 약속의 땅을 바라보다(34:1-4)

      2. 모세의 죽음과 장사(34:5-7)

      3. 여호수아의 위임(34:8-9)

      4. 모세에 대한 찬사(34:10-12)

34장

주석

34:1-4 모세는 이 책의 초반부에 묘사되었던 그 땅(1:7-8)을 살펴본다. 그 땅은 물론 비어 있는 곳이 아니다. 모세는 큰 성벽들과 사람들의 이동을 위한 도로들을 보았을 것이다. 여기에는 다양한 지방들이 묘사되어 있다. 모세는 모든 지역, 특히 산에 가려진 산지 서쪽의 지역을 다 볼 수는 없었을 것이다. 그는 단과 헤르몬과 유다 지역까지, 그리고 지중해까지 뻗어 있는 지역을 본다.

34:5-6 한 개인의 생애를 기억할 목적으로 묘지에 표시를 하는 것이 통상적인 관행이다. 물론 한 사람의 생애가 좋은 이유나 나쁜 이유로 원치 않는 주목을 끌 때도 있다. 한 인물에 대한 존경심에 기여하거나 여행자의 영성에 유익하다고 보기 어려운 성인(聖人)의 사당이 수없이 많다. 모세는 하나님의 사람으로 구별된 인물이다. 화자는 모세에 대해 설명하며 그 구별됨에 종지부를 찍는다. 이 경우는 하늘로 들려올라간 엘리야(왕하 2:1-18)와 동일한 범주에 속한다. 엘리야의 시신을 찾음으로써 예언의 메시지를 확인하고, 그가 불명예스럽게 장사되지 못한 채 버려지지 않았음을 확신하게 된다. 신명기에 나오는 이 기사도 그와 동일한 목적을 이룬다. 모세가 하나님의 구별하심으로 제대로 장사되었으나, 그의 무덤이 공연히 사람들의 이목을 끌어서는 안 된다는 것이다.

34:7 이 장의 이야기 흐름이 모세에 관한 정보로 끊어진다. 신명기의 구조에서 3:27-28로부터 31:2-3과 여호수아 1:2로 이어지는 장면을 보면, 모세의 리더십이 여호수아로 넘어간다. 모세에 관한 정보는 그가 뛰어난 지도자였음을 알려준다. 모세는 불타는 떨기나무를 볼 때가 80세였고(출 7:7) 마지막 메시지를 전하기 시작할 때가 120세였다(신 1:3). 한 세대를 40년으로 계산하면 120년은 세 세대를 살아낸 세월이다. 창세기 6:3에 따르면 모세는 사람이 기대할 수 있는 최장기 수명을 산 것이다. 모세는 이상

적인 건강을 누리기도 했다. 그는 시력이 여전히 좋고 피부에 주름도 없다. 그의 "기력[레아흐(leakh)]이 쇠하지 아니하였[다]"고 묘사되어 있다. 에필로 그는 모세가 지도자 역할을 수행할 힘이 없다고 진술하지만(31:2) 하나님 은 그에게 불타는 떨기나무에서 주신 소명을 이루기에 충분한 힘을 허락 하신다.

34:8-9 30일은 일반적으로 용인된 애도 기간이다(참고. 21:13). 이 기간이 끝나면 백성들은 여호수아를 지도자로 받아들일 준비가 된다. 모세는 앞 서 여호수아에게 기름을 부어 이를 가능하게 했다. 이제 여호수아는 소명 을 따를 수 있는 지혜를 하나님에게 받는다. 제사장 엘르아살이 공식적으 로 기름을 붓는 장면은 민수기 27:12-23에 묘사되어 있다. 거기서 여호수 아는 소명을 수행할 권위를 부여받는다. 여기서는 그가 하나님의 권능을 받는다고 말한다.

34:10-12 신명기에 나오는 모세에 대한 마지막 찬사는 그를 백성의 삶 에서 위대한 계시의 대리인으로 구별한다. 장차 선지자들은 모세의 말을 백성의 상황에 적용하고 백성을 위해 언약을 해석하게 될 것이다. 시내산 에서 시작된 계시를 성취하는 최후의 위대한 계시 순간은 하나님께서 그 분의 아들을 보내시는 사건과 함께 도래한다(히 1:1-4). 히브리서 저자는 출 애굽과 언약 수여로 시작된 구속이 그리스도 안에서 성취되었다는 것을 보여주기 위해 길게 설명한다.

$$\approx\!\!\approx\!\!\approx\!\!\approx \quad 응답 \quad \approx\!\!\approx\!\!\approx\!\!\approx$$

시편 90편은 시편 전체에서 "모세의 기도"라는 제목이 붙은 유일한 노래다. 시편의 제4권의 첫 노래로서 구속의 노래들로 뚜렷이 전환됨을 보여준다. 시편은 2편에서 다윗의 약속을 성취하기 위한 메시아의 기름 부음을 시작으로, '하나님 나라'(kingdom)를 주제로 구성되어 있다. 시편 72편에 나오는 왕의 기도가 시편 제2권을 결론짓는 한편, 시편 89편에 나오는 다윗 언약의 성취를 위한 기도는 다윗 혈통의 왕에 대한 배척에 비추어 다윗 언약에 관한 많은 의문을 남기며 제3권을 마무리한다. 제4권은 출애굽을 기념하는 구속의 시편들을 포함하며 모세의 기도로 적절하게 시작된다.

시편 90편은 세 단락으로 나뉜다. 첫째 단락은 하나님의 영원한 목적과 대비되는 (모세와 달리) 보통 약 70년에 불과한 인생의 짧음을 탄식한다(시 90:1-6). 둘째 단락은 하나님의 거룩하심과 대비되는 인간의 죄로 인한 인생의 슬픔을 탄식한다(시 90:7-12). 마지막 단락은 하나님의 자비를 구하는 기도다(시 90:13-17). 첫째 기도는 나날의 몸부림에 상응하는 자비를 간구한다(13-15절). 둘째 기도는 하나님께서 우리 손이 행한 일을 취해 그분의 일의 일부로 삼아달라는 성취를 간구한다(시 90:16-17). 이 두 간구는 특히 모세의 생애에 어울린다.

모세의 노래는 대부분을 소외된 채로 보낸 그의 인생에 대한 성찰이다. 처음 40년은 바로 딸의 궁전에서 살았고, 그곳에서 자신이 동포인 백성으로부터 소외된 것을 의식하고 그들의 해방자로 부름 받았다고 느낀다. 그들의 지도자가 되려고 했던 그의 시도는 실패하고, 그는 미디안 땅 어딘가에서 목자로 일하면서 미디안 제사장의 딸과 결혼하여 40년을 보낸다. 80세가 되었을 때, 그는 본래의 비전을 이룰 가능성이 희박해졌으나 바로 그 일을 이루도록 부름을 받는다. 모세는 신실하게 그의 백성들을 이집트에서 이끌어낸다. 그러나 그 결과는 시내산을 떠난 지 불과 11일 만에 불평 많고 반역적인 백성을 이끌고 죽을 때까지 광야를 방황하는 운명에 처하는 것이다. 결국 그는 약 120년 동안 그토록 들어가길 갈망했던 그 땅을 바라보기만 한 채 느보산 아래 골짜기에서 죽음을 맞이한다.

모세는 처음 광야에서 방황하던 40년 동안 어떤 소망을 품었을까? 그는 하나님께서 어떻게 그의 손이 행하는 일을 취해 사용하시길 기대하는가? 가데스 바네아에서 정죄를 받아 또 다시 40년간 광야를 방황하게 되었을 때, 모세는 남은 생애에 어떤 소망을 품었을까? 이 모든 여정에서 그 나름대로 성취한 것이 있는가?

신명기의 끝에 나오는 찬사는 후대가 기억하는 모세의 모습이다. 그는 하나님과 직접 대면하여 우리에게 구속사의 시작인 계시를 준 위대한 선지자다. 그는 이스라엘의 바로 그 선지자다. 이스라엘의 선지자라면 평생을 광야에서 소외된 채 보냈어야 한다고 생각하지 않을 수 있으나, 그런 경험은 약속된 메시아의 생애를 가리키고 기대하게 한다(참고. 빌 2:6-8). 모세의 생애는 하나님께서 모든 사람에게 요구하시는 것이 바로 모세가 가르치는 것, 즉 역경 앞에서도 하나님을 신뢰하는 것이라는 진리를 증언한다. 역경에 직면해서도 하나님을 신뢰하는 것이다. 우리 주 하나님은 자기백성에게 하나님을 사랑하고 경외하라고, 할례 받은 마음으로 살라고 요구하신다. 그런 사랑과 경외는 80년의 광야 생활을 의미할 수도 있다. 하나님은 이해하기 가장 쉬운 방식으로 구원을 이루지 않으신다. 그러나 결국 하나님은 그분의 백성을 위한 영광스러운 구속을 계획하고 계시며, 그 목표와 절정은 예수 그리스도의 인격과 사역에서 찾을 수 있다.

성경구절 찾아보기

ESV 성경 해설 주석

신명기

초판 1쇄 인쇄 2023년 9월 25일
초판 1쇄 발행 2023년 10월 13일

지은이 어거스트 H. 콘켈
옮긴이 홍병룡

펴낸이 오정현
펴낸곳 국제제자훈련원
등록번호 제2013-000170호(2013년 9월 25일)
주소 서울시 서초구 효령로68길 98(서초동)
전화 02) 3489-4300 **팩스** 02) 3489-4329
이메일 dmipress@sarang.org

ISBN 978-89-5731-880-5 94230

　　　978-89-5731-825-6 94230(세트)